W0320538

La Première Guerre mondiale

John Keegan

La Première Guerre mondiale

Traduction de l'anglais par Noëlle Keruzoré
revue par
Pierre-Olivier Cervesi et Antoine Bourguilleau

LE GRAND LIVRE DU MOIS

Titre original :

The First World War

© John Keegan, 1998.
© Perrin et agnès viénot éditions, 2003, pour la traduction française.

ISBN original Random House, Londres 0-09-1801788

A ceux de Kilmington
qui ne sont jamais revenus
de la Grande Guerre 1914-1918

CHRISTIANA
NORVÈGE
Edimbourg
Belfast
IRLANDE
MER
DU
NORD
DANEMARK
Copenhague
DUBLIN
Manchester
Kiel
Birmingham
ANGLETERRE
HOLLANDE
Hambourg
Elbe
LONDRES
La Haye
Brême
Southampton
Anvers
OCÉAN
ATLANTIQUE
Manche
BRUXELLES
ALLEMAGNE
Brest
BELGIQUE
Liège
Francfort
Rouen
Marne
LUXEMBOURG
PARIS
Rhin
Seine
Golfe de
Gascogne
Loire
Belfort
Munich
FRANCE
Berne
Bordeaux
Turin
Milan
Venise
Pô
Ebre
Gênes
MER
MADRID
Marseille
Florence
Tage
ESPAGNE
Barcelone
Corse
ITALIE
Guadiana
ROME
Naples
Sardaigne
Mer
Tyrrhénienne
MER MÉDITERRANÉE
Palerme
ALGER
Oran
Bizerte
Bône
TUNIS

Situation
au 30 novembre 1914
Puissances centrales et alliées
Puissances de l'Entente
États neutres
Front occidental
Front oriental
STOCKHOLM
Golfe de Finlande
Revel
ST PETERSBOURG
(Petrograd)
Pskov
Riga
Libau
Dvinsk
Dvina
MER BALTIQUE
Konigsberg
Danzig
Vistule
Vilna
Smolensk
Grodno
Minsk
Tannenberg
Desna
Volga
Brest-Litovsk
Varsovie
Lodz
Kiev
Vorskha
Don
Cracovie
Lemberg
Dniepr
Don
Dniestr
Bug
Budapest
Odessa
AUTRICHE-
HONGRIE
Prout
Mer
d'Azov
Drave
BESSARABIE
Save
BELGRADE
BUCAREST
VALACHIE
MER NOIRE
SERBIE
Danube
SOPHIA
BULGARIE
MONTÉNÉGRO
CONSTANTINOPLE
ALBANIE
Ankara
Dardanelles
GRÈCE
Mer
Égée
EMPIRE OTTOMAN
(TURQUIE)
Smyrne
Mer
Ionienne
ATHÈNES
CHYPRE

1

UNE TRAGÉDIE EUROPÉENNE

La Première Guerre mondiale fut un conflit tragique et inutile. Inutile, dans la mesure où le fil des événements qui la provoquèrent aurait pu être rompu à tout moment au cours des cinq semaines de crise qui précédèrent les premiers combats, si l'on avait fait preuve de prudence et de bon sens. Tragique, car elle provoqua la mort de dix millions d'êtres humains, en traumatisa un plus grand nombre encore, et anéantit l'humanisme propre à la culture européenne. Lorsque, quatre ans plus tard, les armes se turent enfin, la paix produisit une rancœur politique et une haine raciale d'une intensité telle qu'on ne peut expliquer les causes de la Seconde Guerre mondiale sans évoquer la Première. La Seconde Guerre mondiale, cinq fois plus meurtrière et infiniment plus coûteuse du point de vue matériel, fut la conséquence directe de la Première. Le 18 septembre 1922, l'ancien combattant Adolf Hitler lança à l'Allemagne défaite un défi qu'il relèvera dix-sept ans plus tard : « Je ne peux pas croire que deux millions d'Allemands soient morts pour rien... Non, nous ne pardonnons pas, nous crions : vengeance [1]* ! »

Les témoignages de sa vengeance se dressent partout sur le continent européen qu'il a ravagé ; dans les centres reconstruits des villes de sa propre patrie, rasés par la campagne de bombardements stratégiques qu'il provoqua, et dans ceux (Leningrad, Stalingrad, Varsovie, Rotterdam, Londres) dont lui-même fit des champs de ruines. Les fortifications abandonnées du Mur de l'Atlantique, construites dans le vain espoir de tenir ses ennemis

* On trouvera les notes en fin de volume.

à distance, témoignent tout autant de ce désir de vengeance, comme les baraquements délabrés d'Auschwitz et les vestiges des camps d'extermination de Sobibor, Belzec et Treblinka. Une chaussure d'enfant dans la poussière polonaise, un morceau de barbelé rouillé, des restes d'ossements humains pulvérisés près de l'endroit où sévissaient les chambres à gaz sont autant de vestiges de la Première que de la Seconde Guerre mondiale [2]. Leurs antécédents sont les débris des barbelés qui recouvraient les champs où couraient les tranchées et qui, avec l'humidité du matin, emplissent l'air de France d'une odeur de rouille, les buffleteries recouvertes de rosée que le visiteur découvre sous une haie, un insigne ou un bouton recouvert de vert-de-gris ou des chargeurs corrodés et des éclats d'obus piqués de rouille. Ils ont aussi pour antécédents les restes d'anonymes qui sont encore aujourd'hui ramenés à la surface par les agriculteurs labourant le sol imbibé de sang de la Somme (« Je m'arrête aussitôt. J'ai le plus grand respect pour vos compatriotes anglais morts ici »), de même que le film insoutenable de ces corps empilés dans les fosses communes de Belsen en 1945 a pour antécédent cette séquence floue de soldats français empilant les corps de leurs camarades tombés lors de la seconde offensive de Champagne en 1915. L'industrie de la mort de masse, création de la Première Guerre mondiale, a vu son rendement impitoyablement augmenter durant la Seconde.

On peut trouver d'autres monuments commémoratifs. Il n'y a que peu de communes françaises et britanniques à ne pas disposer d'un monument aux morts de la Seconde Guerre mondiale. Mon village du sud-ouest de l'Angleterre a le sien, avec sa liste de noms gravés sur le socle d'une croix funéraire se dressant en son centre. Mais il s'agit d'un rajout, venu après coup. La croix elle-même a été érigée en souvenir des jeunes gens tombés lors de la Première Guerre mondiale, qui sont deux fois plus nombreux que ceux de la Seconde. Sur les deux cents habitants que comptait le village en 1914, W. Gray, A. Lapham, W. Newton, A. Norris, C. Penn, L. Penn, et W. J. White ne revinrent pas du front, soit environ un homme sur quatre en âge de servir. On peut trouver ces noms de famille dans des registres paroissiaux remontant au XVIe siècle, et ils subsistent dans le village aujourd'hui. Il est donc facile de se rendre compte que la Grande Guerre a provoqué des souffrances d'une intensité inconnue depuis l'établissement des Anglo-Saxons sur l'île avant la conquête normande et qui, fort heureusement, n'ont jamais été égalées depuis. La croix commémorative est, avec l'église, le seul monument public du village. On en trouve de semblables dans chaque village des environs, dans les villes du comté, où le nombre de noms est démultiplié, ainsi que dans la cathédrale du diocèse de Salisbury. On en trouve également dans toutes les cathédrales de France, chacune abritant une plaque où l'on peut lire : « A la gloire de Dieu et à la mémoire du million de soldats de l'Empire britannique morts durant la Première Guerre mondiale et dont le plus grand nombre repose en France. »

A n'en pas douter, on trouvera non loin de là un monument à la mémoire des morts du lieu. On en trouvera d'autres dans toutes les villes et les villages des environs. La France a perdu deux millions d'hommes au cours de la Grande Guerre, soit deux hommes pour neuf qui y sont partis. Ils sont souvent représentés par la statue d'un *poilu* en uniforme bleu horizon pointant, dans une posture de défi, sa baïonnette vers l'est, en direction de la frontière allemande. La liste des noms figurant sur le socle est longue à fendre le cœur, et l'est d'autant plus quand la répétition du même nom indique de nombreux morts au sein d'une seule et même famille. De semblables listes gravées dans la pierre sont visibles dans chacune des villes et villages de la plupart des nations ayant pris part à la Grande Guerre. Je trouve tout particulièrement poignant le sobre classicisme du monument à la division de cavalerie de Vénétie situé à côté de la cathédrale de Murano, dans la lagune de Venise. On y trouve, colonne après colonne, les noms de jeunes gens originaires des plaines du Pô et qui moururent sur les côtes escarpées des Alpes juliennes. La même émotion me gagne dans les églises de Vienne, où d'austères plaques de pierre rappellent le sacrifice des anciens régiments des Habsbourg, aujourd'hui presque oubliés par l'Histoire [3].

Les Allemands, ne pouvant décemment pas pleurer leurs quatre millions de morts de la Seconde Guerre mondiale (la Wehrmacht étant par trop compromise dans les atrocités perpétrées par le régime nazi), font face à une difficulté similaire, non plus morale mais matérielle, pour rendre hommage à ceux qui sont tombés lors de la Première, puisqu'ils reposent, pour la plupart, en terre étrangère. La révolution bolchevique leur a interdit l'accès aux champs de bataille de l'Est, et l'accès à ceux de l'Ouest ne leur a été accordé qu'à contrecœur, pour leur permettre de récupérer et d'inhumer les restes des leurs. Les Français et les Belges n'accordent que peu de place dans leurs cœurs ou sur leur sol aux cimetières militaires allemands. Tandis que le statut de *sépulture perpétuelle* fut accordé aux sites où reposent les morts britanniques (et qui, dans les années 1920, s'étendirent le long de la ligne de front de l'Ouest en une myriade de cimetières paysagers dont la beauté coupe le souffle), les Allemands durent, pour rassembler les restes des leurs, creuser des fosses communes dans des lieux retirés. Il n'y a qu'en Prusse orientale, sur les lieux de l'épopée de Tannenberg, qu'ils ont pu ériger un mausolée imposant et triomphal, à la mémoire de ceux qui tombèrent au combat. Chez eux, loin des fronts où leurs jeunes compatriotes sont morts, leur chagrin se matérialise dans des monuments au sein des églises ou des cathédrales, s'inspirant essentiellement de l'austérité de l'art gothique, et utilisant souvent l'image de la *Crucifixion* de Grünewald ou du *Christ au Tombeau* de Holbein [4].

Le corps du Christ de Grünewald, comme celui de Holbein, est celui d'un homme ayant saigné et souffert, et qui est mort seul, sans l'ultime soutien de ses parents ou amis. Cette image représente fort bien le simple soldat de la Grande Guerre, puisque plus de la moitié de ceux tombés à l'Ouest, et peut-être un plus grand nombre encore de ceux tombés à l'Est, disparurent pour de bon dans les vastes étendues des champs de bataille. Ces portés disparus furent si nombreux qu'au lendemain de la guerre, sur la proposition d'un pasteur anglican ayant servi comme aumônier lors du conflit, on estima que la façon la plus appropriée de rendre hommage aux morts de la guerre serait d'exhumer l'un de ces inconnus puis de l'inhumer de nouveau en un lieu prestigieux. Un corps fut ainsi choisi, porté à l'abbaye de Westminster et placé à l'entrée, sous une plaque sur laquelle on peut lire : « Il fut enterré avec les Rois parce qu'il avait œuvré pour Dieu et pour Sa maison. » Le même jour, date du deuxième anniversaire de l'armistice du 11 novembre 1918, un Soldat inconnu français fut inhumé sous l'Arc de triomphe à Paris. Plus tard, d'autres soldats inconnus furent inhumés dans de nombreuses capitales des nations victorieuses [5]. Mais en 1924, lorsque les Allemands, vaincus, voulurent ériger un monument national en l'honneur de leurs morts, son inauguration devint le théâtre d'un déchaînement de contestations politiques. Le discours du président Ebert, qui avait perdu deux fils à la guerre, fut écouté jusqu'au bout, mais les deux minutes de silence qui devaient suivre furent interrompues par des slogans pour ou contre la guerre. Une émeute éclata qui dura toute la journée [6]. Les pertes occasionnées par la guerre engendrèrent des souffrances qui continuèrent de diviser l'Allemagne jusqu'à l'avènement de Hitler, neuf ans plus tard. Peu après son accession à la chancellerie, des auteurs nazis commencèrent à représenter Hitler, le « caporal inconnu », comme l'incarnation vivante du « Soldat inconnu » à qui l'Allemagne de Weimar, en tant qu'Etat, n'avait pas su rendre hommage. Hitler ne tarda pas à se qualifier lui-même dans ses discours de Führer de la nation allemande et de « Soldat inconnu de la guerre mondiale ». Il sema là le grain dont la récolte se soldera pour l'Allemagne par quatre millions de morts supplémentaires [7].

Les rancœurs dues à la guerre ne tardent jamais à se faire sentir mais leur guérison est longue. Fin 1914, soit quatre mois après le déclenchement de la Grande Guerre, 300 000 Français avaient été tués et 600 000 blessés sur une population masculine de vingt millions dont peut-être la moitié était en âge d'être mobilisée. A la fin de la guerre, près de deux millions de Français avaient trouvé la mort, en majorité dans l'infanterie, principale arme de service, qui avait perdu 22 pour cent de ses effectifs. Ce sont les tranches d'âge les plus jeunes qui subirent les pertes les plus importantes : les classes de 1912 à 1915 accusèrent des pertes évoluant entre 27 et 30 pour cent. Beaucoup de ces jeunes gens n'étaient pas encore mariés. En 1918, la France comptait néanmoins 630 000 veuves de guerre, en plus d'un très grand nombre de jeunes femmes condamnées au célibat. Le déséquilibre entre les sexes pour la classe d'âge de vingt ans en 1921 était de quarante-cinq hommes pour cinquante-cinq femmes. En outre, sur les cinq millions de blessés de guerre, plusieurs centaines de milliers étaient de « grands mutilés », des soldats ayant perdu leurs membres ou leurs yeux. Les plus touchés étaient peut-être ceux défigurés par des blessures au visage. Certains étaient si horribles à voir que des centres d'accueil furent créés à l'écart des villes afin qu'ils puissent s'y rassembler [8].

Les souffrances endurées par la génération allemande ayant

connu la guerre étaient comparables. « Les classes d'âge de 1892 à 1895, des hommes âgés de dix-neuf à vingt-deux ans quand la guerre éclata, furent réduites de 35 à 37 pour cent. » Au total, sur les seize millions d'hommes nés entre 1870 et 1899, 13 pour cent furent tués, avec une moyenne de 465 600 par année de guerre. Les pertes les plus élevées, comme dans la plupart des armées, furent subies par les officiers, dont 23 pour cent perdirent la vie (25 pour cent pour les officiers de métier) contre 14 pour cent pour les simples soldats. Parmi les « grands mutilés » allemands qui survécurent, 44 657 avaient perdu une jambe, 20 877 un bras, 136 leurs deux bras et 1 264 leurs deux jambes. On comptait également 2 547 aveugles de guerre, qui ne constituaient qu'une partie de ceux qui avaient été gravement blessés à la tête et dont la plupart en moururent. En tout, 2 057 000 Allemands perdirent la vie pendant la guerre, ou immédiatement après, des suites de leurs blessures [9].

Mais l'Allemagne, bien que comptant le plus grand nombre de morts dénombrés (ceux de la Russie et de la Turquie n'ont jamais pu l'être avec exactitude) n'est pas la nation à avoir proportionnellement le plus souffert. En Serbie, sur une population d'avant-guerre de cinq millions d'habitants, la guerre avait entraîné la mort directe de 125 000 personnes, civils et militaires, auxquels s'ajoutaient 650 000 civils ayant succombé aux privations ou à la maladie. Au total, la Serbie fut amputée de 15 pour cent de sa population, contre 2 à 3 pour cent pour les populations britannique, française et allemande [10].

Ces proportions, bien que plus faibles, laissèrent pourtant de terribles séquelles psychiques qui frappèrent les hommes les plus jeunes et les plus actifs de la société. Au fur et à mesure que cette guerre s'éloigne dans le temps, il est de bon ton de parler d'exagération et de dénigrer les lamentations sur la « génération perdue ». Les démographes démontrent que les pertes furent rapidement compensées par l'accroissement naturel de la population, et que, selon certains historiens décidément insensibles, elles ne furent ressenties que par une infime partie de la population. Au pire, affirment-ils, seuls 20 pour cent de ceux partis au combat ne revinrent jamais, les chiffres étant, dans l'ensemble, inférieurs : 10 pour cent ou même moins. Pour la majorité, la guerre n'aurait donc été qu'un simple épisode de leur vie, une interruption du cours de la normalité à laquelle la société serait rapidement retournée après que les armes se sont tues.

Ce jugement est bien présomptueux. Il est vrai que, comparée à celle de 1939-1945, la Grande Guerre a causé peu de dégâts matériels. Aucune grande ville européenne n'a été détruite ou sévèrement touchée comme l'ont été toutes les grandes villes allemandes par les bombardements aériens de la Seconde Guerre mondiale. La Première Guerre mondiale est restée un conflit rural aussi bien sur le front de l'Est que sur le front de l'Ouest. Les champs où se sont déroulés les combats ont été rapidement remis en culture et en pâture, et les villages détruits par les bombardements, exception faite de ceux des alentours de Verdun, bien vite reconstruits. La guerre n'a pas infligé à l'héritage culturel européen des dégâts irréparables : la halle aux draps médiévale d'Ypres a aujourd'hui la même apparence qu'avant les bombardements de 1914-1918, tout comme la grand-place d'Arras et la cathédrale de Reims. Les trésors de Louvain, brûlés en 1914 lors d'un acte isolé de vandalisme, ont été remplacés pièce par pièce dans l'immédiat après-guerre.

Surtout, la guerre n'infligea aux populations civiles concernées aucun des bouleversements ni aucune des atrocités délibérées de la Seconde Guerre mondiale. Il n'y a qu'en Serbie et, au tout début, en Belgique, que des communautés durent abandonner leurs maisons, leurs terres et leurs vies paisibles. Hormis celle d'Arménie turque, aucune population ne fut victime d'un génocide, et malgré l'horreur du traitement infligé par le gouvernement ottoman à ses sujets arméniens, les marches forcées qu'il leur imposa pour les épuiser à mort appartiennent plus à l'histoire de l'Empire ottoman qu'à celle de la guerre proprement dite. La Première Guerre mondiale, à la différence de la Seconde, ne vit aucun déplacement systématique de population, aucune famine organisée, aucune expropriation, peu de massacres ou d'atrocités commises. En dépit des efforts de la propagande d'Etat pour prouver le contraire, et malgré la cruauté des champs de bataille, elle fut, curieusement, une guerre civilisée.

Cela ne l'a en rien empêchée de causer un tort irréversible à la civilisation, à cette civilisation rationnelle et libérale de l'Europe des Lumières, mais aussi, par là même, à la civilisation mondiale. L'Europe d'avant-guerre, malgré son attitude hégémonique envers le reste du monde, avait le respect des principes constitutionnels, de l'autorité de la Loi et du gouvernement représentatif. L'Europe d'après-guerre perdit rapidement confiance en ces principes. Ils furent totalement abandonnés en Russie après 1917, en Italie après 1922, en Allemagne en 1933, en Espagne après 1936, et ne furent qu'inégalement observés dans les nouveaux Etats créés ou agrandis en Europe centrale et méridionale. Quinze ans à peine après la fin de la guerre, le totalitarisme, mot nouveau désignant un système rejetant le libéralisme et le constitutionnalisme inspirant la politique européenne depuis la chute de la monarchie en 1789, était presque partout en plein essor. Le totalitarisme n'était que la poursuite de la guerre par d'autres moyens. Il uniformisa et militarisa les masses qui le soutenaient tout en privant les électeurs de leurs droits de vote, en excitant leurs plus bas instincts politiques et en marginalisant et menaçant toute opposition interne. Moins de vingt ans après la fin de la Grande Guerre, cette « Der des Der », comme on l'appelait au plus fort de l'immense l'espoir suscité par la paix, l'Europe se retrouvait saisie par la peur d'un nouveau conflit, provoqué cette fois par les actions et les ambitions de seigneurs de guerre plus agressifs que tous ceux que le vieux continent avait pu connaître durant le XIXe siècle. Elle se réarmait massivement et produisait des armes (chars, bombardiers, sous-marins) que la Première Guerre mondiale n'avait connues qu'au stade embryonnaire mais qui menaçaient de faire de la Seconde une catastrophe bien pire.

Lorsqu'elle éclata en 1939, la Seconde Guerre mondiale apparut incontestablement comme la conséquence de la Première, et, pour une grande part, comme son prolongement. Ses circonstances (le mécontentement des peuples germaniques face à leur situation) étaient identiques, de même que ses causes immédiates (un conflit entre un dirigeant germanique et un voisin slave). Bien qu'occupant des positions différentes, les mêmes hommes étaient en place : Gamelin, commandant en chef français en 1939, était officier de l'état-major de Foch, commandant en chef suprême des armées alliées en 1918 ; Churchill, premier lord de l'Amirauté en 1939, l'avait été en 1914 ; Hitler, « premier soldat du Troisième Reich », avait été l'un des premiers volontaires à emboîter le pas du Kaiser Guillaume en 1914. Les champs de bataille allaient être les mêmes : la Meuse, que les divisions blindées allemandes traversèrent avec une facilité déconcertante en mai 1940, s'était avérée infranchissable à Verdun de 1914 jusqu'à 1918 ; Arras, théâtre de l'une des batailles de tranchées les plus âpres du front de l'Ouest pour le Corps expéditionnaire britannique, vit la seule contre-attaque victorieuse de l'armée britannique en 1940 ; quant à la Bzura, étroit cours d'eau coulant à l'ouest de Varsovie, elle constitua un point stratégique dans la conduite des opérations sur le front de l'Est aussi bien en 1939 qu'en 1915. Beaucoup de ceux qui partirent au combat en 1939 étaient les mêmes qui, plus jeunes et moins gradés, étaient partis en 1914, persuadés de revenir victorieux avant que « les feuilles ne se mettent à tomber ». Les survivants pouvaient toutefois déceler une différence : en 1939, la guerre était redoutée, sa menace réelle, et on savait ce qu'elle signifiait. En 1914, au contraire, la guerre était venue d'un ciel sans nuages, frappant des populations qui en ignoraient tout et avaient été élevées dans l'idée que jamais plus elle ne jetterait le trouble en Europe.

L'HARMONIE EUROPÉENNE

A l'été 1914, l'Europe jouit d'une productivité constante dont la stabilité repose à ce point sur l'échange et la coopération entre les nations que la croyance en l'impossibilité d'une guerre généralisée semble relever du simple bon sens. *La Grande Illusion,* ouvrage traitant des interdépendances économiques, devient un best-seller en 1910. Son auteur, Norman Angell, y démontre, à la satisfaction de presque tous les experts, que les inévitables perturbations qu'entraînerait une guerre sur le crédit international ne peuvent qu'empêcher son éclatement ou provoquer sa fin rapide. C'est un message auquel le monde industriel et commercial de l'époque adhère complètement. Vingt ans de dépression précipitée par une faillite bancaire en Autriche en 1873 mais compensée par une baisse des prix des matières premières et des produits manufacturés laissent place, dans les dernières années du XIXe siècle, à une production industrielle encore en hausse. De nouveaux types de produits manufacturés (équipements électriques, teintures chimiques, véhicules à moteur à explosion) ont fait leur apparition comme autant de tentations pour les consommateurs. De nouvelles sources de matières premières ont été découvertes, qu'il est possible d'extraire à moindres frais. De nouveaux gisements de métaux précieux font leur apparition, essentiellement en Afrique du Sud, et viennent alimenter le crédit. L'augmentation de la population (de l'ordre de 35 pour cent en Autriche-Hongrie entre 1880 et 1910, de 43 pour cent en Allemagne, de 26 pour cent en Grande-Bretagne et de plus de 50 pour cent en Russie) développe sensiblement la taille des marchés intérieurs. L'émigration (ils sont vingt-six millions à quitter l'Europe pour les Amériques ou l'Australasie de 1880 à 1910) accroît également la demande de marchandises sur ces nouveaux territoires. Dans le même temps, la formidable expansion que l'on devine des empires d'outre-mer, en Afrique et en Asie, fait entrer par millions leurs habitants dans le marché international, aussi bien comme fournisseurs de matières premières que comme consommateurs de produits manufacturés. Une deuxième révolution des transports a grandement accéléré et étendu le commerce avec l'étranger. En 1893, la marine à vapeur dépasse pour la première fois en tonnage la marine à voile, tandis que l'essor du réseau ferroviaire en Europe de l'Est et en Russie (il est quasiment achevé en Europe de l'Ouest et aux Etats-Unis depuis 1870) fait entrer ces immenses régions, riches en céréales, en minéraux, en pétrole et en bois, dans une économie internationale intégrée. Entre 1890 et 1913, le réseau russe passe de 31 000 à 71 000 kilomètres de voies. Au début du XXe siècle, les banquiers ont repris confiance. Indexé sur l'or, le capital circule librement, majoritairement de l'Europe vers les Amériques et l'Asie, à un taux de 3 milliards 500 millions de francs par an pour les dix premières années du XXe siècle. En Grande-Bretagne, en France, en Allemagne, en Hollande et en Belgique, les profits procurés par les investissements à l'étranger finissent par constituer un élément significatif du revenu des particuliers et des entreprises. En 1914, en raison d'une industrialisation précoce mais également d'une intense activité de ses banques, maisons de négoce et entrepreneurs industriels, la Belgique, bien qu'étant l'un des pays les plus petits d'Europe, est devenue la sixième puissance économique mondiale.

Le capital européen est englouti par les chemins de fer de Russie, les mines d'or et de diamants d'Afrique du Sud, les usines textiles de l'Inde, les plantations d'hévéas d'Afrique et de Malaisie, les fermes d'élevage d'Amérique du Sud, les élevages de moutons de l'Australie, les champs de blé du Canada, et par presque tous les secteurs de la gigantesque économie des Etats-Unis qui, en 1913, est déjà prépondérante, générant à elle seule un tiers de la production industrielle mondiale. La plus grande partie de ce capital transite par la City de Londres. Bien que sa réserve bancaire centrale en or soit modeste (elle n'est que de 250 millions de francs en 1890 contre les 950 millions que possède la Banque de France, les 400 millions de la Reichsbank et le milliard 420 millions de la Réserve fédérale américaine), le réseau mondial de ses banques privées et de ses comptoirs d'escomptes, de ses compagnies d'assurances et de ses sociétés marchandes, ainsi que ses bourses de valeurs et de commerce en font un passage obligé pour tous les pays industrialisés désireux de vendre, d'acheter ou d'emprunter. Sa prédominance étaie la certitude, émise d'un ton si convaincant par Norman Angell, que toute atteinte au rééquilibrage effectué quotidiennement ruinerait non seulement la confiance dans le système monétaire qui régit le monde mais encore le système lui-même.

Le 17 janvier 1912 à Londres, Norman Angell prononce un discours à l'Institut des banquiers sur « L'influence de l'activité bancaire sur les relations internationales ». Il défend l'idée que

> l'interdépendance commerciale, typique de la banque comme d'aucune autre profession ou activité, le fait que l'intérêt et la solvabilité d'un individu soient liés à ceux de l'ensemble, que la confiance dans le respect des obligations mutuelles soit indispensable afin d'éviter l'effondrement de pans entiers de l'édifice, tout cela tend à prouver que la moralité est peut-être moins fondée sur l'abnégation que sur une action éclairée au service des intérêts de chacun, et sur une compréhension plus nette et plus exhaustive de tous les liens qui nous unissent les uns aux autres. Et cette compréhension plus nette ne peut manquer d'améliorer non seulement les relations d'un groupe avec un autre, mais les relations de tous les hommes avec tous les autres hommes, afin de créer une conscience débouchant sur une coopération plus efficace entre les hommes et sur une société meilleure.

W. R. Lawson, ancien rédacteur en chef du *Financial Times*, fait à la fin du discours l'observation suivante : « Il me paraît évident que M. Norman Angell a fait la quasi-unanimité aujourd'hui [11]. »

En ce début de XXe siècle, les banquiers (dont beaucoup des plus en vue à Londres sont allemands) ne sont pas les seuls à accepter l'interdépendance entre les nations comme une condition nécessaire à la marche du monde dont l'importance est amenée à grandir. L'acceptation dépasse largement ce cercle restreint et s'explique essentiellement par des raisons purement pratiques. La révolution des communications (chemin de fer, télégraphe et poste) nécessite une coopération internationale. Sans elle, il serait impossible de pourvoir aux besoins des nouvelles technologies et des structures bureaucratiques nécessaires aux transports et à l'envoi de messages. L'Union télégraphique internationale est créée en 1865, l'Union postale universelle en 1875. On organise une conférence internationale pour l'uniformisation technique des chemins de fer en 1882. Elle se tient cependant trop tard pour pouvoir uniformiser les standards de l'Europe de l'Ouest et de l'Europe de l'Est, où la Russie a déjà adopté un écartement de voies plus large. Si en 1914 comme en 1941 les puissances en guerre avec la Russie auront beaucoup de difficultés à exploiter ce réseau ferroviaire, il ne constitue, en temps de paix, qu'un simple frein aux échanges commerciaux. L'Organisation météorologique internationale est créée en 1873. Elle permet l'échange d'informations sur les variations climatiques dans le monde, informations cruciales pour le transport maritime. L'Union radiotélégraphique internationale fait son apparition en 1906 et octroie des longueurs d'ondes distinctes pour cette nouvelle invention qu'est le télégraphe sans fil. Dans tous les cas, il s'agit d'organisations gouvernementales dont le travail est soutenu par des traités et des lois dans les Etats signataires. Dans le même temps, le monde du commerce, soumis aux mêmes nécessités, crée ses propres associations internationales afin de réguler certaines activités : c'est le cas pour la publication des tarifs douaniers en 1890, des brevets et des marques en 1883, de la propriété industrielle, littéraire et artistique en 1895 et, en 1913, pour la publication des statistiques commerciales. Un Institut agricole, rassemblant et publiant des statistiques sur la production et la commercialisation des produits agricoles, voit le jour en 1905. De leur côté, certains corps de métier et certaines professions mettent en place leurs propres institutions : le

Congrès international des chambres de commerce est établi en 1880, le Congrès des actuaires en 1895, l'Association des comptables en 1911, la Commission électrotechnique internationale en 1906, le Comité pour l'unification de la législation maritime en 1897, la Conférence des mers Blanche et Baltique (qui standardise la charte maritime) en 1905. Un Bureau international des poids et mesures a été organisé en 1875, et les premières Conventions internationales des droits d'auteurs sont signées dans les années 1880.

Sans de tels organismes, tout le réseau d'achats et de ventes, de collectes et de distributions, de garanties et d'escomptes, de prêts et d'emprunts, n'aurait jamais pu se nouer dans le petit périmètre de la City de Londres. Mais l'internationalisme n'est pas seulement commercial. Il est également intellectuel, philanthropique et religieux. Le seul véritable mouvement transnational reste, et ce depuis la chute de l'Empire romain, l'Eglise catholique. Ses épiscopats sont répartis partout dans le monde et reliés à celui de Rome. Son représentant en ce milieu d'été 1914, le pape Pie X, n'est qu'un prisonnier volontaire derrière les murs du Vatican, s'opposant farouchement à toute velléité de modernisation théologique et se méfiant de ses propres libéraux autant que des protestants. Ces derniers sont tout aussi divisés, entre luthériens, calvinistes, anabaptistes et indépendants de toutes sortes. Certaines confessions réussissent néanmoins à coopérer, du moins dans le cadre des Missions. Celle qui opère à l'intérieur de la Chine et regroupe plusieurs Eglises protestantes date de 1865. En 1907 à Tokyo, les universitaires chrétiens fondent le Mouvement chrétien international et, trois ans plus tard, une conférence universelle des Missions, tenue à Edimbourg, élargit encore leur champ d'action. Mais l'Europe reste peu touchée par cet élan. Le seul organisme inter-protestant est l'Alliance évangélique, fondée en 1846 pour résister au catholicisme.

Les différences entre ces confessions rendent bien aléatoire l'entente entre chrétiens. Dans l'Europe de 1914, massivement chrétienne dans ses croyances et dans ses pratiques, un simple fidèle considère la philanthropie comme un moyen d'expression plus accessible. Ainsi, d'inspiration chrétienne, la lutte contre l'esclavage a été un des tous premiers problèmes internationaux soulevés en Occident. En 1841, la Grande-Bretagne, la France, la Russie, l'Autriche et la Prusse ont signé un traité faisant du trafic d'esclaves un acte de piraterie. Ce traité consacre une politique que la Grande-Bretagne a déjà mise en application, des patrouilles anti-esclavage de la *Royal Navy* sillonnant les côtes de l'Afrique occidentale. En 1889, les clauses en sont étendues par un nouveau document. Ironie du sort, c'est à Bruxelles, capitale d'un roi exerçant un pouvoir brutal et esclavagiste au Congo, qu'il est ratifié. La coopération internationale a alors déjà éradiqué le commerce maritime d'esclaves dans les faits. La « traite des Blanches », trafic de femmes et d'enfants à des fins de prostitution, incite à l'action internationale et provoque tout du moins des réactions indignées. En 1877 se tient à Genève un congrès de la Fédération abolitionniste internationale. D'autres conférences suivent en 1899 et 1904, mais c'est en 1910 qu'une convention fait du trafic humain un crime passible de la loi de chacun des neuf pays signataires, et ce où qu'il ait été commis.

Les philanthropes se préoccupent également des conditions de travail. A une époque d'émigration massive, les gouvernements ne peuvent et ne cherchent d'ailleurs pas à exercer un contrôle sur le sort de ceux partant chercher une nouvelle vie à l'autre bout du monde. Toutefois, le mouvement pour la réduction du temps de travail et l'interdiction du travail des enfants a, tout au long du XIXe siècle, grandement influencé la législation de nombreux Etats européens. Certains lui donneront même par la suite valeur internationale. En 1914, beaucoup de pays européens ont signé des traités bilatéraux garantissant les droits des travailleurs à la protection sociale et à l'indemnisation, tout en réduisant le temps de travail des femmes et des enfants. Ces traités ont pour but essentiel de protéger les itinérants amenés à travailler en zones frontalières. Celui signé en 1904 entre la France et l'Italie est significatif : il garantit à leurs citoyens respectifs des possibilités de couverture réciproques et le respect des lois sur le travail des deux pays. Il convient de considérer ces traités comme la réponse des Etats aux associations internationales de travailleurs, comme la Ire Internationale, fondée par Karl Marx à Londres en 1864, et la IIe, fondée à Paris en 1889. C'est aussi pour se prémunir de leurs appels à la révolution sociale que les gouvernements, en particulier celui de Bismarck en Allemagne après 1871, promulguent des lois protégeant les droits des travailleurs.

D'autres mesures de protection sont plus anciennes. Des

accords internationaux visent à endiguer la propagation des maladies, le plus souvent par la mise en quarantaine des navires de commerce revenant des antipodes ou par celle des immigrants en provenance du Proche-Orient, région considérée en Europe comme la principale source d'épidémies. La vente d'alcool et de drogues est également sous contrôle international. En 1912, à La Haye, se tient une conférence sur l'opium réunissant douze gouvernements. Elle se solde par un échec sans surprise, mais l'initiative démontre le goût croissant des gouvernements pour l'action concertée, comme celle ayant permis d'éradiquer les actes de piraterie. La coopération est également de mise entre les Etats concernant l'extradition de leurs criminels respectifs, exception faite des cas où le crime peut être qualifié de « politique ». Les Etats libéraux refusent catégoriquement leur soutien aux gouvernements exerçant un pouvoir tyrannique, même s'ils sont dans l'ensemble favorables au principe de souveraineté absolue. Toutefois, l'ingérence dans les affaires intérieures des autres Etats se limite aux intérêts du monde chrétien. Le sort que l'Empire ottoman réserve à ses minorités a ainsi déclenché une intervention internationale en Grèce en 1827, au Liban en 1860 et à plusieurs reprises par la suite. En 1900, la complicité de l'Empire chinois dans le siège mené par les Boxers des légations étrangères à Pékin entraîne l'envoi d'une expédition internationale de grande envergure, menée par des marins britanniques, des cosaques russes, de l'infanterie coloniale française, des *bersaglieri* italiens, des détachements des armées allemande et austro-hongroise, ainsi que par des gardes japonais et des *marines* américains.

Cette opération est une totale réussite, montrant que l'Europe peut agir de concert quand elle le veut. Elle peut aussi vibrer et penser de concert. Les élites européennes partagent peu ou prou la même culture, un goût commun pour l'art de la renaissance italienne et flamande, la musique de Mozart et de Beethoven, le grand opéra, l'architecture médiévale, le renouveau classique, ainsi que pour la littérature étrangère moderne. Tolstoï est une figure européenne, de même que d'autres auteurs du passé proche ou lointain. Victor Hugo, Balzac, Zola, Dickens, Manzoni, Shakespeare, Goethe, Molière et Dante sont connus, au moins de nom, de tous les lycéens européens. Le français, l'anglais, l'allemand et l'italien leur sont généralement enseignés en classe de langue étrangère. En dépit d'une résistance croissante à la prépondérance du latin et du grec dans les lycées, Homère, Thucydide, César et Tite-Live ne manquent à aucun programme, et l'étude des classiques perdure sur l'ensemble du continent. L'enseignement des principes d'Aristote et de Platon maintient une harmonie dans le domaine philosophique, et ce malgré l'agitation que provoquent les idées avancées par Hegel et Nietzsche au XIXe siècle. Les bases classiques demeurent, peut-être plus solidement encore que les principes chrétiens. Les diplômés des universités européennes partagent un ensemble d'idées et de connaissances ; même s'ils ne représentent qu'une très faible minorité, leurs vues communes préservent la spécificité de la culture européenne.

Celle-ci est appréciée par un nombre croissant de touristes, mais les gens ordinaires voyagent peu. Les seuls étrangers susceptibles d'être rencontrés par les Européens avant 1914 sont des marins, des pâtres franchissant les frontières avec leurs troupeaux, des ouvriers saisonniers se rendant aux moissons, des cuisiniers, des serveurs, des musiciens itinérants, des colporteurs, des artisans spécialisés ou des agents de compagnies étrangères. Le touriste fortuné fait exception. Au XVIIIe siècle, le voyage était le passe-temps favori des classes aisées. Au début du XXe, ce plaisir gagne les classes moyennes, notamment grâce à la révolution des chemins de fer et à l'essor de l'industrie hôtelière. Les guides de Karl Baedeker constituent le vade-mecum du voyageur à l'étranger. En 1900, ils connaissent leur treizième édition pour Rome, leur neuvième pour les Alpes orientales et déjà leur septième pour la Scandinavie. Le tourisme est pour l'essentiel encadré et peu aventureux. Les endroits les plus visités sont Venise, Florence, la Ville sainte, les châteaux du Rhin et Paris, la « Ville lumière ». Mais on assiste aussi à de grandes migrations annuelles vers les villes thermales d'Europe centrale comme Carlsbad et Marienbad, vers les côtes méditerranéennes de France et d'Italie, vers les Alpes enfin. Certains voyageurs se risquent plus loin. Des étudiants d'Oxford et de Cambridge, accompagnés de leurs tuteurs, se sont déjà lancés dans ce qui va devenir une institution du XXe siècle : le voyage en Grèce. Et on peut lire dans le guide Baedeker pour l'Autriche, incluant la Bosnie, au paragraphe consacré à Sarajevo : « ... les nombreux minarets et les petites maisons entourées de jardins confèrent à la ville une apparence très pittoresque... Les rues bordant la rivière sont principalement occupées par les Autrichiens et autres immigrants, tandis que la plupart des Turcs et des Serbes habitent les hauteurs... ce qu'on appelle le Konak est la résidence du commandant autrichien. On peut en visiter le jardin [12] ».

En 1914, le visiteur de Sarajevo le plus prestigieux est François-Ferdinand, héritier du trône d'Autriche. Il se déplace alors dans son propre empire, mais les membres des familles royales d'Europe voyagent beaucoup à l'étranger, et leurs relations constituent l'un des liens les plus importants entre les Etats. Si les mariages internationaux sont rares, même dans les milieux aisés d'Europe, ils restent, entre les familles royales, un instrument de relations extérieures. Les descendants de la reine Victoria ont épousé des membres de presque toutes les familles royales protestantes d'Europe. Ena, une de ses petites-filles, a même brisé la barrière confessionnelle pour devenir reine d'Espagne. En 1914, les petits-fils de Victoria occupent les trônes de son propre pays et d'Allemagne. La famille de sa belle-fille, les Sonderbourg-Glücksbourg du Danemark, compte parmi ses membres l'impératrice de Russie ainsi que les rois de Grèce et de Norvège. Dans une large mesure, toutes les sommités royales d'Europe sont effectivement apparentées. Même les Habsbourg d'Autriche, souverains des plus hiératiques, mêlent à l'occasion leur sang à celui d'étrangers. Et comme tous les Etats d'Europe, à l'exception de la France et de la Suisse, sont des monarchies, un réseau de relations d'une grande densité a pu être constitué. Les liens symboliques prolongent ceux de naissance : le Kaiser est colonel du 1er régiment de dragons britanniques et amiral dans la *Royal Navy* tandis que son cousin George V est colonel du 1er régiment de dragons de la garde prussienne. L'empereur autrichien est colonel du 1er régiment de dragons de la garde britannique. Parmi les colonels étrangers des régiments autrichiens figurent le tsar de Russie, les rois de Suède, de Belgique, d'Italie, d'Espagne, de Bavière, du Wurtemberg, de Saxe et du Monténégro.

Les liens symboliques sont cependant de peu de poids dans les affaires extérieures, tout comme les liens de sang ou ceux établis par le mariage. L'Europe du XIXe siècle n'a instauré aucun instrument solide de coopération ou de médiation diplomatique entre les Etats. Le « Concert de l'Europe », création involontaire de Napoléon, a fait son temps, de même que la Ligue antirévolutionnaire des trois empereurs. Il est d'usage de dire de l'Europe de 1914 qu'elle est le continent des nationalismes, et rien n'est plus vrai. L'Eglise catholique a depuis longtemps perdu son autorité paneuropéenne. L'idée d'un œcuménisme des nations est mort en 1804, avec le Saint-Empire romain germanique. C'est en vain que l'on a cherché à combler ce vide en établissant un code de loi internationale. Son principe de base, établi par le traité de Westphalie de 1648, est celui de la souveraineté des nations, ce qui compromet grandement son efficacité dans la mesure où un Etat ne se sent en rien concerné dès lors que ses intérêts ne sont pas en jeu. Le seul lieu où les Etats acceptent de mettre de côté leurs intérêts propres n'est pas sur terre mais en haute mer. Selon un accord signé entre les principaux Etats à Paris en 1856, les manœuvres militaires privées y sont proscrites, et obligation est faite d'y observer une stricte neutralité. L'immunité du personnel médical et de ceux qui lui sont confiés a été instaurée par la première convention de Genève de 1864, et une limitation partielle de la capacité de destruction des armements a été négociée à Saint-Pétersbourg en 1868. Toutefois, la convention de Genève ne relève que du simple élan humanitaire, tandis que la déclaration de Saint-Pétersbourg n'interdit en rien le développement des armes automatiques ni celui des projectiles explosifs.

En décidant en 1899 de réunir une conférence internationale visant non seulement à renforcer la limitation de l'armement mais également à créer une cour de justice internationale arbitrant les conflits entre les Etats, le tsar Nicolas II fait preuve d'innovation. Les historiens croient pourtant déceler dans ses injonctions aux puissances de se réunir à La Haye un aveu de la faiblesse militaire russe. Tel est également le discours des contemporains les plus cyniques, tout comme celui des indéfectibles ennemis de la Russie, en Allemagne et en Autriche. Les gens plus mesurés, et ils sont nombreux, pensent différemment. Ils ne restent pas insensibles à l'avertissement du tsar, selon lequel « la course galopante aux armements », visant à produire des armées de plus en plus nombreuses, une artillerie de plus en plus lourde et des navires de guerre de plus en plus gros, « transforme la paix armée en un fardeau écrasant qui pèse sur toutes les nations et qui, si elle continue, entraînera le cataclysme qu'elle cherche précisément à éviter ». C'est peut-être par égard pour cette partie de l'opinion publique que la conférence de La Haye de 1899 consent à la fois à une limitation de l'armement, en particulier par l'interdiction des bombardements aériens, et à la création de la Cour internationale

UNE EUROPE DE SOLDATS

La faille dans les dispositions de cette Cour internationale est le caractère volontaire que doit revêtir son adhésion. « Ce qui est remarquable, écrit le délégué américain à propos de la confé rence, c'est que la Cour d'arbitrage... est considérée par toutes les nations comme la manifestation d'un vrai désir d'œuvrer pour la paix et de débarrasser les différents peuples de la crainte qui les oppresse tant : la hantise qu'à tout moment une guerre n'éclate. » Un délégué allemand, plus avisé, fait observer que le « caractère volontaire » de l'adhésion à la Cour exempte « chaque nation de tout semblant d'obligation, morale ou autre [13] ». La lucidité sur la situation de l'Europe de ce début de siècle est davantage du côté allemand que du côté américain. De l'aveu général, la peur d'une guerre s'est répandue, mais elle demeure aussi vague que l'idée que l'on se fait d'un conflit moderne. Plus forte encore est la peur, particulièrement au sein des classes politiques des grands pays, de ne pouvoir faire face au défi de la guerre elle-même. La Grande-Bretagne, la France, l'Allemagne, la Russie ou l'Autriche-Hongrie se sentent toutes menacées d'une manière ou d'une autre. Les trois grands empires européens, allemand, autrichien et russe, vivent dans la crainte du mécontentement de leurs minorités, surtout l'Autriche-Hongrie, dirigée par les Allemands et les Magyars mais peuplée de communautés slaves bien plus nombreuses. Ils sont également tous trois secoués par des revendications requérant davantage de démocratie (et en Russie, la démocratie tout court), et de façon encore plus vive lorsque nationalisme et élan démocratique s'expriment d'une même voix. La question de la démocratie ne concerne pas la Grande-Bretagne et la France dont la population, au moins masculine, possède tous les pouvoirs électoraux.

C'est le fardeau d'un autre type d'empire qui leur pèse : l'administration de vastes territoires d'outre-mer en Afrique, en Inde, en Arabie, dans le Sud-Est asiatique, aux Amériques et dans le Pacifique, sources d'une immense fierté nationale mais suscitant la jalousie et l'agressivité de leurs voisins européens. Les Britanniques soupçonnent la Russie, limitrophe de leurs possessions d'Asie centrale, d'avoir des vues sur l'Inde. Bien que non fondé, ce soupçon demeure. Les Allemands, ressentant cruellement leur manque de colonies, cherchent à étendre celles qu'ils possèdent en Afrique et dans le Pacifique. Ils se montrent toujours prêts à disputer, en particulier à la France, l'influence sur les quelques zones échappant encore à la domination européenne.

Sur un continent où certaines grandes puissances exercent leur autorité sur une constellation de peuples assujettis et où deux autres, la France et la Grande-Bretagne, contrôlent la majeure partie du reste du globe, il est inévitable que les comportements des uns par rapport aux autres soient marqués par la suspicion et les rivalités. La plus significative manifestation de ces rivalités émane de l'Allemagne lorsqu'elle décrète en 1900, dans sa Seconde Loi navale, la constitution d'une flotte à même de rivaliser avec la *Royal Navy*. L'Allemagne a beau posséder alors la deuxième marine marchande du monde, les Britanniques estiment à juste titre que la promulgation de la Seconde Loi navale constitue une menace injustifiée sur la domination séculaire qu'ils exercent sur les mers et réagissent en conséquence. En 1906, la course menée pour dépasser la production navale allemande en navires de guerre modernes est la plus populaire et la plus importante question de politique intérieure en Grande-Bretagne. La forte rivalité militaire existant entre les puissances européennes suscite l'émulation, comme le montre très nettement la décision de la France, nation de quarante millions d'habitants, d'aligner sur l'Allemagne, qui en compte alors soixante, ses effectifs mobilisables. Tel est le but que veut atteindre, du moins à court terme, la « loi de trois ans » de 1913 qui prolonge la durée du service militaire. D'autres rivalités existent, et non des moindres, entre la Grande-Bretagne et la France. Bien qu'alliées pour contenir l'agressivité croissante de l'Allemagne, elles trouvent motif à se quereller sur des questions d'intérêt colonial en Afrique.

La caractéristique commune de ces désaccords est qu'ils échappent tous au processus d'arbitrage international évoqué lors des discussions de La Haye en 1899. Lorsque apparaît l'éventualité d'un conflit, les puissances impliquées ne prennent pas la peine de recourir aux dispositions prises à La Haye pour un arbitrage international, mais règlent la querelle, comme à l'accoutumée, par un traité international adéquat. C'est ce qui se produit au moment de la première (1905) puis de la seconde (1911) crise marocaine entre la France et l'Allemagne, lesquelles ont avivé les ressentiments de cette dernière devant l'extension de l'influence française en Afrique du Nord. Ce sera également le cas lors de la Première (1912) et de la Seconde (1913) Guerre balkanique, dont l'issue lèse l'Autriche, alliée de l'Allemagne. Chaque fois la paix est préservée, du moins temporairement. Mais à aucun moment n'est envisagé le recours à une solution supranationale, dont la conférence de La Haye a pourtant ouvert la voie.

En ces premières années du XXe siècle, la politique internationale (par quoi il faut entendre principalement la politique européenne) n'a pas pour objectif la recherche de moyens propres à éviter l'éclosion d'un conflit mais plutôt la recherche de la sécurité par la prédominance militaire. Cela se traduit, comme l'a fait observer le tsar avec éloquence en 1899 à La Haye, par la formation d'armées et de flottes aux effectifs toujours plus importants, par l'acquisition de canons plus nombreux et plus lourds, et par la construction de ceintures de fortifications frontalières renforcées et élargies. Les stratèges militaires européens considèrent néanmoins les fortifications comme une idée périmée. Les succès récents obtenus par l'artillerie lourde sur des ouvrages en béton (comme à Port-Arthur au cours de la guerre russo-japonaise de 1904-1905) les ont persuadés de l'action déterminante du canon, à même de faire la différence. L'idée d'une défense statique a vécu. La croyance en la toute-puissance du mouvement offensif est largement répandue, comme l'ont démontré de nombreuses manœuvres d'infanterie soutenues par des canons de campagne mobiles capables de traverser rapidement le champ de bataille. Les états-majors estiment que la cavalerie, fortement présente dans chacune des armées européennes, a toujours un rôle à tenir. Dans les années précédant 1914, l'armée allemande ajoute treize régiments de chasseurs à cheval (*Jäger zu*

Pferde) à son ordre de bataille, tandis que les armées française, autrichienne et russe augmentent également les effectifs de leur cavalerie. Mais pour obtenir la victoire, les généraux comptent surtout sur une infanterie nombreuse, équipée du nouveau fusil à répétition, rompue à la tactique en ordre serré, et instruite dans l'idée que de lourdes pertes seront inévitables tant que rien de décisif ne sera accompli [14]. Les fortifications improvisées (trous de combat et retranchements creusés à la hâte défendus par des fantassins armés de fusils) ont montré leur efficacité au vu des pertes subies par leurs assaillants, que ce soit sur les fleuves Tugela et Modder pendant la guerre des Boers, en Mandchourie pendant la guerre russo-japonaise ou sur les lignes de Chatalia pendant la Seconde Guerre balkanique. Elles sont pourtant négligées. Les adeptes européens de la théorie militaire estiment qu'aucune ligne de tranchées ne peut arrêter des fantassins motivés et suffisamment bien menés.

Ainsi, parmi les grandes entreprises industrielles européennes du début du XXe siècle, celle consistant à « produire » des soldats se révèle florissante. En voyant la Prusse et son armée de conscrits vaincre l'Autriche en 1866 et la France en 1870, toutes les puissances européennes ont reconnu (exception faite de la Grande-Bretagne, ceinte par la mer et protégée par la flotte la plus nombreuse du monde) la nécessité de soumettre leurs jeunes gens à une instruction militaire précoce. Une fois instruits, ceux-ci doivent rester à la disposition de l'Etat, comme réservistes, jusque dans la force de l'âge. Cette obligation crée des armées dont les effectifs pléthoriques se partagent entre l'armée d'active et la réserve. Au sein de l'armée allemande, modèle de toutes les autres, un appelé passe les deux premières années de sa vie d'adulte sous l'uniforme. Il se retrouve prisonnier de casernes dirigées par des officiers absents et administrées par des sergents un peu trop présents. Durant les cinq années qui suivent son retour à la vie civile, obligation lui est faite de réintégrer l'unité de réserve de son régiment pour une instruction annuelle. Ensuite, il est versé dans une unité de seconde ligne ou *Landwehr*, dans laquelle il sert jusqu'à l'âge de trente-neuf ans. Enfin, jusqu'à l'âge de quarante-cinq ans, il appartient au *Landsturm*, la réserve de troisième ligne. Des équivalents existent en France, en Autriche et en Russie. Cela permet de maintenir au sein de la société civile une société militaire parallèle, immergée et invisible en temps normal, forte de plusieurs millions d'hommes ayant porté un fusil, marché au pas, essuyé les remarques cinglantes d'un sergent et appris à obéir aux ordres.

Immergée de la même manière sous la surface de la géographie civile européenne, existe une géographie militaire, constituée des districts de corps d'armée et de divisions. La France s'est dotée sous la Première République de quatre-vingt-dix départements administratifs auxquels on a le plus souvent donné le nom de la rivière les traversant : l'Oise, la Somme, l'Aisne, la Marne ou la Meuse, des noms que la Première Guerre mondiale va rendre tristement célèbres. La France est également divisée en vingt districts militaires couvrant quatre ou cinq départements. Chaque district militaire est en temps de paix le siège d'un corps de l'armée « d'active » et, en cas de guerre, le dépôt d'un groupe de divisions de réserve équivalent. En cas de mobilisation, les six cent mille hommes des quarante-deux divisions d'active seraient rejoints par vingt-cinq divisions de réserve et par des unités de réserve auxiliaires. Au total, la France serait en mesure d'aligner une armée de plus de trois millions d'hommes. Du 1er district de corps d'armée (départements du Nord et du Pas-de-Calais) au 18e (Landes et Pyrénées) (le 19e corps ayant ses quartiers en Afrique du Nord française), la géographie militaire reproduit la géographie civile à tous les niveaux. En Allemagne, elle est divisée en vingt et un districts, mais sa population plus nombreuse fournit davantage d'appelés et d'unités de réserve [15]. Le Ier district (Prusse orientale) abrite en temps de paix les Ire et IIe divisions d'infanterie, auxquelles s'ajoute, en temps de guerre, le Ier corps de réserve ainsi qu'une multitude d'unités de la *Landwehr* et du *Landsturm*, dédiées à la défense du cœur de la Prusse contre le danger d'une attaque russe. La géographie militaire russe ressemble à celle de l'Allemagne, de même que celle de l'Autriche-Hongrie, dont le kaléidoscope plurilingue d'archiduchés, de royaumes, de principautés et de marquisats en fait l'armée européenne la plus complexe. Elle comprend aussi bien des hussards hongrois et des fusiliers tyroliens que des fantassins bosniaques portant le fez et le sarouel de leurs anciens maîtres ottomans [16].

Malgré la diversité des unités composant les armées européennes (diversité allant des tirailleurs algériens français — « les Turcos » — en turban et veste courte brodée, aux cosaques russes en cafetan et chapeau d'astrakan, jusqu'aux highlanders écossais portant kilt, aumônière et pourpoint), leur organisation est similaire. Elle repose sur la principale unité de combat : la division. Fruit de la réforme militaire opérée par Napoléon, la division comprend normalement douze bataillons d'infanterie, douze batteries d'artillerie, douze mille fusils et soixante-douze canons. Sa puissance de feu est phénoménale. En une minute, la division peut tirer cent vingt mille cartouches d'armes portatives (bien plus si ses vingt-quatre mitrailleuses se joignent à l'action) et un millier d'obus explosifs : une puissance de feu inimaginable lors des guerres précédentes. En 1914, il existe en Europe plus de deux cents divisions mobilisables ou susceptibles de l'être. Elles disposent en théorie d'une puissance de feu suffisante pour se détruire intégralement les unes les autres en quelques minutes de tuerie collective. L'offensive s'en trouve pleinement justifiée : le premier à se servir de la puissance de feu dont il dispose l'emportera.

Un point cependant n'est pas perçu : la puissance de feu n'a d'effet qu'à la condition d'être dirigée de façon précise et appropriée, ce qui nécessite des communications. Un tir mal dirigé est inutile si des observateurs ne sont pas présents pour en rectifier l'axe, donner l'ordre de changer de cible, signaler les succès, corriger les échecs et coordonner l'action de l'infanterie et de l'artillerie. Les communications nécessaires à une telle coordination exigent, sinon l'instantanéité, du moins que le délai entre l'observation et la réponse soit réduit au minimum. Or les équipements des armées européennes du début du XXe siècle, aussi élaborés soient-ils, n'offrent pas de tels moyens. Les transmissions sont au mieux téléphoniques ou télégraphiques, orales dans le pire des cas. Comme le téléphone et le télégraphe dépendent du maintien en bon état de câbles fragiles, susceptibles d'être endommagés sur le champ de bataille, les transmissions orales constituent le seul recours possible en cas de défaillance. Les généraux se trouvent alors à la merci de retards et d'incertitudes, comme aux périodes les plus reculées de la guerre.

La radiocommunication, la télégraphie sans fil comme on l'appelle alors, n'offre qu'une solution théorique au problème. Dépendants de batteries trop encombrantes pour servir militairement (hormis sur les navires de guerre), les équipements sans fil de l'époque sont inutilisables en campagne. Si la radiotélégraphie allait jouer un rôle stratégique mineur au début de la guerre, son emploi tactique allait toujours s'avérer négligeable, y compris dans les derniers mois du conflit. Les flottes de combat se révélèrent incapables d'assurer la sécurité de leurs transmissions, au combat comme à proximité immédiate de l'ennemi [17]. Avec le recul, et malgré l'optimisation de la puissance de feu qu'elle promet, il apparaît que cette technique balbutiante n'est pas assez développée pour faire la différence.

Si les possibilités des transmissions modernes manquent à ceux devant conduire la guerre, elles font encore ô combien plus défaut à ceux qui désirent préserver la paix. Ce qu'il y a de dramatique dans la crise diplomatique qui précéda les premiers combats d'août 1914 et allait se solder par les quatre terribles années que dura la Grande Guerre, c'est que les hommes d'Etat et les diplomates furent peu à peu dépassés par le cours des événements sans parvenir à les contrôler ni à les infléchir. Bien qu'honorables et compétents, les fonctionnaires des chancelleries et ministères des Affaires étrangères des grandes puissances demeurent alors tributaires de l'habituel schéma « note écrite-encodage-envoi » que suppose l'échange de messages par télégraphe. Les potentialités du téléphone, à même de contourner ces difficultés, semblent leur échapper. Celles de la radio, disponible mais inutilisée, leur échappent tout autant. Pour finir, ce dialogue de sourds va mener les Etats européens à la destruction de leur continent et de sa civilisation, comme dans une marche funèbre.

2

PLANS DE GUERRE

Les armées se dotent de plans. Alexandre le Grand en avait conçu un pour envahir l'Empire perse. Il consistait à pousser l'armée de l'empereur Darius à la bataille, puis à le tuer ou à le faire prisonnier [1]. Hannibal avait également un plan lors de la Seconde Guerre punique : échapper au contrôle naval exercé par Rome sur la Méditerranée en faisant passer l'armée carthaginoise par le détroit de Gibraltar, traverser ensuite les Alpes (chacun connaît l'histoire de ses éléphants) avant d'affronter les légions romaines dans leur propre patrie. Le plan de Philippe II pour gagner la guerre contre l'Angleterre en 1588 prévoyait l'envoi de son armada sur la Manche, l'embarquement de l'armée combattant ses sujets rebelles en Hollande, et son débarquement sur les côtes du Kent. Celui de Marlborough pour sauver la Hollande en 1704 visait à attirer l'armée française vers le Rhin et à lui livrer bataille quand elle se serait assez éloignée de ses bases pour que sa défaite devienne probable. Quant à Napoléon, il élabora quasiment un plan par an durant sa vie de stratège : en 1798 pour ouvrir un deuxième front contre ses ennemis européens en Egypte, en 1800 pour battre l'Autriche en Italie, en 1806 pour terrasser la Prusse, en 1808 pour conquérir l'Espagne, en 1812 pour écarter la Russie de la guerre. Les Etats-Unis avaient un plan en 1861, le plan Anaconda, conçu pour étrangler la rébellion dans le Sud en instaurant un blocus des côtes et en s'emparant du Mississippi. Même Napoléon III avait, si l'on peut dire, un plan lors de sa désastreuse campagne contre la Prusse en 1870 : pénétrer dans le Sud de l'Allemagne et retourner les Etats non prussiens contre Berlin [2].

Cependant, tous ces plans furent mis sur pied lorsque la guerre menaçait ou quand elle avait déjà commencé. En 1870, même si Napoléon III ne s'en rend pas compte, une nouvelle ère de planification militaire a commencé : celle des plans de guerre conçus dans l'abstrait, à tête reposée, que l'on classe et que l'on ressort lorsque l'éventualité d'un conflit se concrétise. Son développement a deux sources, distinctes mais liées. La première est la construction du réseau ferroviaire européen, entamée dans les années 1830. Les militaires comprennent très vite que le chemin de fer va révolutionner la guerre en permettant des mouvements et des apports de troupes peut-être dix fois plus rapides qu'à pied ou à cheval. Mais ils comprennent tout aussi vite que de tels mouvements doivent être méticuleusement planifiés. Les campagnes lointaines étaient déjà soigneusement organisées par le passé : l'idée que les armées antiques ou médiévales se lançaient à l'aventure est une illusion romantique. Ainsi en était-il d'Alexandre le Grand : soit il longeait la côte, restant toujours à moins de cent vingt kilomètres de ses navires d'approvisionnement, soit il envoyait ses agents acheter du fourrage à des fonctionnaires perses moyennant récompense. Charlemagne exigeait quant à lui des comtes de son royaume qu'ils réservent jusqu'aux deux tiers de leurs pâturages pour son armée, si elle était amenée à combattre sur leur territoire [3]. Le réapprovisionnement de la troisième croisade, après un départ désastreux, fut assuré par Richard Cœur de Lion qui choisit un itinéraire lui permettant d'être en contact permanent avec sa flotte de soutien [4]. Toutefois, la logistique antérieure à l'arrivée du chemin de fer restait très empirique, ce qui lui donnait une grande souplesse : il était toujours possible de parquer le bétail et les bêtes de trait sur le bas-côté lorsque l'on n'en avait pas besoin, et d'acheter ou de réquisitionner du bétail pour remplacer celui qui avait été mangé ou était mort de fatigue. Rien de tout cela n'est envisageable avec le chemin de fer. On ne trouve pas de locomotives dans les cours de ferme, et la mauvaise gestion du matériel roulant pendant la guerre franco-prussienne, où des wagons vides s'empêtrent dans la zone de déchargement, bloquant l'arrivée de wagons pleins sur des kilomètres, donna aux Français une leçon qu'ils n'ont jamais oubliée [5]. Le transport en chemin de fer doit être planifié en temps de guerre aussi rigoureusement qu'en temps de paix, plus rigoureusement même, comme l'apprennent les soldats du XIXe siècle. La mobilisation oblige des lignes transportant habituellement des milliers de passagers par mois à en déplacer des millions en quelques jours. L'élaboration de calendriers de circulation des trains est donc cruciale en période de paix.

C'est une tâche à laquelle les officiers doivent être formés. Fort heureusement, il existe déjà des lieux de formation adéquats : les écoles de guerre des armées. C'est de là que provient la seconde source de la planification militaire abstraite. Les écoles de guerre, comme les écoles commerciales et techniques, sont des créations du XIXe siècle. Les subalternes de Napoléon faisaient leurs classes auprès de leurs aînés puis apprenaient sur le tas. La maîtrise pratique qu'ils en retirèrent persuada leurs adversaires de systématiser la compétence militaire. En 1810, la Prusse inaugure, le jour même de la fondation de l'université de Berlin, une école de guerre pour former ses officiers aux fonctions de l'état-major [6]. Des tentatives similaires avaient déjà vu le jour par le passé, en Prusse même et dans d'autres pays. Mais le travail d'état-major y était envisagé de façon bien limitée : secrétariat, élaboration de cartes, classification de données. Les officiers sortant de ces établissements étaient amenés à ne devenir que des laquais. En 1854 encore, soit cinquante-cinq ans après la fondation d'une école de guerre en Grande-Bretagne, les commandants de l'armée britannique en partance pour la Crimée sélectionnent leurs cadres par l'immémoriale méthode consistant à choisir parmi ses amis et ses protégés [7]. Influencée par le très cérébral Helmuth von Moltke, la Prusse s'apprête à transformer son école *de* guerre en une véritable école *pour* la guerre. Ses futurs diplômés seront amenés à penser comme des généraux, à participer à des jeux de guerre réalistes *, à étudier des probabilités militaires concrètes sur le terrain au cours de « sorties », et à rendre sur papier des « solutions » à des problèmes de stratégie nationale. Après les spectaculaires victoires prussiennes sur l'Autriche en 1866 et sur la France en 1870, les institutions en place dans ces pays et dans d'autres sont rapidement modernisées. Il arrive que l'on en fonde de nouvelles, dites « supérieures » comme l'*Ecole de guerre* en 1880 ou le Centre des hautes études militaires en 1908 [8]. Leurs méthodes d'instruction (simulations sur cartes et sorties sur le terrain) imitent celles

* Le célèbre *Kriegspiel* (*NdT*).

des Prussiens. Les textes allemands sont traduits, l'histoire militaire récente est analysée. Une fois nommés dans les états-majors généraux de leurs armées, et à la suite d'une sélection féroce, les plus brillants brevetés sont chargés de mettre au point des procédures de mobilisation, d'établir des calendriers de déploiement ferroviaire, et d'élaborer des plans parant à toute éventualité dans le domaine de la sécurité nationale et qui sont souvent de nature particulièrement offensive. Il n'existe hélas rien d'équivalent à ces écoles dans le monde diplomatique. Le professorat en histoire moderne a été créé au XVIIIe siècle à Oxford pour éduquer les futurs diplomates, mais le ministère des Affaires étrangères britannique continue en 1914 d'admettre dans ses rangs beaucoup d'attachés honoraires, jeunes gens dont les pères sont des amis d'ambassadeurs, l'équivalent des favoris qui ont accompagné lord Raglan en Crimée.

Ainsi la diplomatie reste-t-elle un art appris dans les ambassades, un enseignement altruiste. Avant 1914, les diplomates d'Europe forment la seule classe internationale du continent. Ils se fréquentent tous et parlent le français entre eux. Bien que dévoués à l'intérêt de leurs nations, tous envisagent leur rôle comme un rempart à la guerre.

> A titre d'exemple, les ambassadeurs de France, de Russie, d'Allemagne, d'Autriche et d'Italie, qui sous la présidence de sir Edward Grey sont parvenus à régler la crise des Balkans de 1913, représentent tous des rivalités nationales dangereuses et aiguës. Pourtant, ils ont pleine confiance dans la probité et le jugement des uns et des autres, partagent une même déontologie professionnelle et désirent par-dessus tout empêcher une conflagration générale. Ce n'est pas à cause de la vieille diplomatie... que... l'Europe a été brisée par la Première Guerre mondiale... D'autres influences et intérêts non diplomatiques présidaient au cours des choses [9].

Ces propos sont tenus par Harold Nicolson, un diplomate de la vieille école, comme son père. Parmi les intérêts non diplomatiques qu'il cite figurent à l'évidence ceux des soldats de métier. S'ils ne sont pas plus bellicistes que leurs collègues diplomates, ils ont en revanche reçu une formation dont l'éthique est radicalement différente. Elle consiste à déterminer par quels moyens s'assurer l'avantage militaire en cas de crise internationale et non à la désamorcer. Leur point de vue est déterminé par le programme des écoles supérieures de guerre, lui-même conditionné par les impératifs posés par la mobilisation, la concentration et le déploiement des troupes, ces opérations dépendant en dernier lieu des moyens ferroviaires. A.J.P. Taylor qualifiera avec désinvolture le déclenchement des hostilités en 1914 de « guerre des horaires de trains », ce en quoi il se trompe. En effet, s'ils n'avaient pas écouté les conseils de leurs états-majors, les chefs d'Etat auraient pu à tout moment, en y mettant un peu de bonne volonté, empêcher l'escalade. L'expression de Taylor est cependant pertinente, prise dans une acception moins légère. L'élaboration de calendriers de circulation a contribué de façon si éclatante à la victoire de la Prusse sur la France en 1870 que ce type de planification a pris le pas sur tout autre dans l'esprit des militaires européens. Le *M Tag* (jour de la mobilisation), comme l'appellent les Allemands, devient une obsession maladive. A partir de celui-ci, un calcul inflexible fixe la quantité de troupes pouvant être acheminées, la rapidité avec laquelle l'opération peut être effectuée, et ce vers n'importe quelle zone frontalière. Le *M Tag* détermine également la quantité de réserves pouvant suivre, ainsi que la largeur du front sur lequel pourront ultérieurement se déployer les armées. Des équations équivalentes déterminent les aptitudes réciproques de l'ennemi. Ainsi, les premiers plans de guerre revêtent une rigidité toute mathématique à laquelle sont confrontés les chefs d'Etat. Chef de l'état-major général français en juillet 1914, le général Joffre pense faire son devoir en avertissant le Gouvernement que chaque jour de retard pour proclamer la mobilisation générale se traduira, comme s'il s'agissait d'une loi de la nature, par l'abandon à l'ennemi d'une portion du territoire national profonde de vingt-cinq kilomètres. En ayant adopté, en référence à la stratégie de la Première Guerre mondiale, le terme de « front » afin de décrire des ceintures mouvantes de haute et de basse pression, les météorologues nous offrent un reflet des plus utiles du fonctionnement des mentalités militaires dans les années qui ont précédé la guerre [10].

En 1914, toutes les armées européennes disposent de plans élaborés de longue date et pour la plupart remarquables de rigidité. Aucun n'est comparable à ce que l'on appellerait aujourd'hui une « politique de sécurité nationale ». Mise au point par une assemblée réunissant politiciens, diplomates, responsables des services de renseignements et chefs des forces armées, une telle politique est également conçue pour servir les intérêts vitaux d'une nation. Mais au début du XXe siècle, ce concept de collaboration à la tête de l'Etat n'existe pas, bien au contraire. Les plans militaires se doivent de rester des secrets militaires, *stricto sensu.* Connus de leurs seuls concepteurs, souvent ignorés d'un service à un autre, ils sont à peine communicables en temps de paix aux chefs de l'exécutif [11]. En 1915, le commandant de la marine italienne n'est par exemple prévenu de l'entrée en guerre de son pays contre l'Autriche que le jour même. A l'inverse, en 1914, le chef de l'état-major autrichien a un tel ascendant sur le ministre des Affaires étrangères qu'il ne l'informe pas des avis militaires concernant la probabilité d'une déclaration de guerre par la Russie [12]. Il n'y a qu'en Grande-Bretagne que les plans militaires font l'objet de discussions ouvertes. Cet esprit de concertation est le fruit de la création en 1922 d'un Comité de Défense Impériale (Commitee of Imperial Defence ou CID) composé d'hommes politiques, de membres de la fonction publique, de diplomates, mais également d'officiers supérieurs et d'officiers des services de renseignements. Le CID reste cependant tributaire de l'armée dans la mesure où la *Royal Navy*, la marine de guerre britannique, possède son propre plan pour gagner n'importe quelle guerre. Héritière de Nelson, elle se tient majestueusement à l'écart des délibérations du comité, prête à livrer une seconde bataille de Trafalgar [13]. En Allemagne, où l'armée et le Kaiser ont dès 1889 réussi à exclure et le ministre de la Guerre et le Parlement de la mise au point de la politique militaire, la planification de guerre est le domaine réservé du grand état-major général. L'amirauté n'a droit qu'à des miettes d'informations, et ce n'est qu'en décembre 1912 que le Premier ministre Bethmann-Hollweg est informé du principal plan de guerre, bien que celui-ci soit préparé depuis 1905.

Et pourtant, ce plan, dit « plan Schlieffen » du nom de celui qui l'a élaboré, constitue le document gouvernemental écrit le plus important, tous pays confondus, de ces dix premières années du XXe siècle. On peut même dire qu'il s'agit du document officiel le plus important de ces cent dernières années, car ce qu'il va entraîner sur le champ de bataille, les espoirs qu'il va inspirer et ceux qu'il va anéantir vont avoir des conséquences encore palpables aujourd'hui. Les effets des plans prospectifs sur le déroulement des événements ne doivent jamais être exagérés ; ils ne peuvent déterminer ce qui va se produire. Après le déclenchement d'un plan donné, les événements correspondent rarement aux prévisions les plus minutieuses. De nature incertaine, ils ont toujours des effets que le concepteur du plan ne peut anticiper. Le plan Schlieffen ne va pas faire exception. Il n'a en aucun cas précipité la Première Guerre mondiale, qui relève de décisions ou d'absence de décisions d'un certain nombre de personnes en juin et juillet 1914. On ne peut davantage l'imputer à un groupe d'officiers du grand état-major général allemand ou à un seul d'entre eux, pour des décisions prises des années auparavant. Conçu pour obtenir une victoire rapide dans une guerre courte, le plan Schlieffen, même en échouant (et il échoue), ne peut en rien déterminer la suite des événements. La longue guerre qui s'ensuivit aurait cependant pu être évitée à la condition de voir les belligérants mettre un terme aux combats après l'échec des premiers affrontements. Toutefois, en raison du terrain choisi pour son application et des actions qu'il prévoit, le plan Schlieffen n'offre pas cette alternative. Une fois enclenché (et ce au plus fort de la crise), le plan allemand, en raison de ses imperfections, ne peut qu'entraîner une extension politique de la guerre, et donc la probabilité de la voir durer. Il comporte par ailleurs de dangereuses incertitudes : incertitude sur son issue rapide, incertitude plus grande encore sur ce qui adviendra s'il échoue.

Le plan conçu par Schlieffen est par essence un plan d'anticipation. Nommé à la tête du grand état-major général allemand en 1891, il se met immédiatement à la recherche du moyen d'assurer au mieux la sécurité de son pays en fonction du contexte politique dans lequel celui-ci évolue. Les plans hérités de ses prédécesseurs, le grand Moltke l'Ancien et Waldersee, prennent comme donnée première la difficile position de l'Allemagne, coincée entre la Russie et son alliée la France, implacablement hostile depuis sa défaite de 1870 et la perte de l'Alsace-Lorraine. Cela présage, dans le pire des cas, d'une guerre sur deux fronts. Les deux hommes croient peu à leurs chances de victoire sur la France, protégée par une ligne de forteresses en cours de modernisation. Ils en concluent logiquement que l'armée allemande doit mener un combat défensif à l'ouest, en se servant du

Rhin pour faire barrage à une offensive française, et déployer ses principales forces à l'est. Mais même dans ce cas, elle doit se limiter à l'établissement d'une ligne défendable à la frontière russe : chercher à exploiter une victoire dans le royaume (russe) de Pologne « en pénétrant plus avant dans le territoire russe, écrivait Moltke en 1879, ne serait d'aucun intérêt pour nous ». Il se souvenait de la catastrophique marche de Napoléon sur Moscou [14].

Schlieffen s'en souvient également. Pur produit du système d'instruction militaire mis en place par Moltke, il n'en comprend cependant que le contenu et non ce qui l'inspire. Tout en insistant sur la rigueur dans l'analyse militaire, Moltke a toujours eu le souci d'adapter ses idées stratégiques à l'esprit de la diplomatie allemande. Bismarck et lui, en dépit de divergences sur la politique à mener, ont su faire preuve d'ouverture d'esprit l'un par rapport à l'autre. Mais les affaires étrangères n'intéressent pas Schlieffen : il croit en la suprématie de la force. En prenant la tête de l'état-major, il va pouvoir s'adonner en toute latitude à sa préoccupation. En effet, le jeune Kaiser a fait l'erreur de rejeter le traité de « réassurance » négocié par Bismarck avec la Russie en 1890. Ce traité obligeait la Russie à rester neutre envers l'Allemagne à moins que celle-ci n'attaque la France, et contraignait l'Allemagne à la neutralité envers la Russie sauf si cette dernière s'attaquait à l'Autriche-Hongrie, alliée de l'Allemagne [15]. Schlieffen se met à penser comme un joueur d'échec, mais les pièces identifiables sont peu nombreuses : une France plus faible que l'Allemagne mais protégée par des fortifications, ; une Russie plus faible que l'Allemagne mais protégée par de grands espaces ; un allié autrichien faible mais hostile à la Russie et par conséquent pouvant servir à détourner l'attention, voire peut-être à faire contrepoids ; une Italie alliée de l'Allemagne et de l'Autriche mais si faible qu'elle ne compte pour presque rien ; une Grande-Bretagne dont il est possible de ne pas tenir compte, dans la mesure où Schlieffen s'intéresse si peu à la puissance navale qu'il va même jusqu'à en mépriser la marine de guerre allemande. Celle-ci prend cependant de plus en plus d'importance au cours du règne du Kaiser [16].

Seul le rapport de forces ainsi établi l'influence dans sa réflexion. A partir de celui-ci, Schlieffen bâtit en plusieurs étapes un plan qui, en cas de guerre, engagerait les sept huitièmes de l'armée allemande dans une offensive de grande envergure contre la France. Jouant son va-tout, il prend le risque de perdre son roi en cas d'échec. Mais Schlieffen n'envisage pas l'échec. Dès août 1892, il a décidé de concentrer l'effort de guerre à l'ouest et non à l'est, contrairement aux plans de Moltke et Waldersee. En 1894, c'est une stratégie pour détruire les forteresses françaises le long de la frontière franco-allemande qu'il propose. Mais en 1897, ayant accepté l'incapacité de l'artillerie lourde allemande à causer suffisamment de dégâts aux fortifications, il commence d'admettre pour lui-même que « l'offensive ne doit pas craindre de violer la neutralité de la Belgique et du Luxembourg ». En d'autres termes, les forteresses françaises ne pourront être neutralisées qu'en les débordant. Les plans écrits entre 1899 et 1904, testés lors de séances de *Kriegspiel* et de sorties sur le terrain, envisagent une avance à travers le Luxembourg et la pointe sud de la Belgique, engageant plus des deux tiers de l'armée. Dans ce que l'on appelle son « Grand Mémorandum » de décembre 1905, achevé juste avant son départ, après quatorze années passées au poste militaire le plus éminent, Schlieffen finit par abandonner toute forme de modération : la neutralité belge, garantie conjointement par la Grande-Bretagne, la France et la Prusse depuis 1839, ne doit plus être timidement transgressée mais violée sans retenue. Disposée sur une ligne s'articulant de la frontière suisse et courant presque jusqu'à la mer du Nord, la quasi-totalité de l'armée allemande devra avancer dans un grand mouvement d'enveloppement, traversant d'abord la Belgique, l'aile extérieure passant au nord de Bruxelles, puis les plaines de Flandres pour atteindre, vingt-deux jours après la mobilisation, la frontière franco-belge. Au trente et unième jour, la ligne allemande doit courir le long des rivières de la Somme et de la Meuse et, à partir de là, l'aile droite devra infléchir sa marche vers le sud, envelopper Paris par l'ouest et repousser l'armée française vers l'aile gauche arrivant d'Alsace-Lorraine. Une grande tenaille semi-circulaire de 650 kilomètres de circonférence, aux mâchoires distantes de 325 kilomètres, se refermera sur elle. Sous cette inexorable pression, les Français seront contraints de livrer une bataille décisive, combattus jusqu'à immobilisation puis écrasés. Quarante-deux jours après la mobilisation, la guerre à l'ouest sera terminée. L'armée allemande victorieuse pourra reprendre le train pour traverser l'Allemagne en direction de l'est et y infliger une nouvelle défaite cinglante, aux Russes cette fois [17].

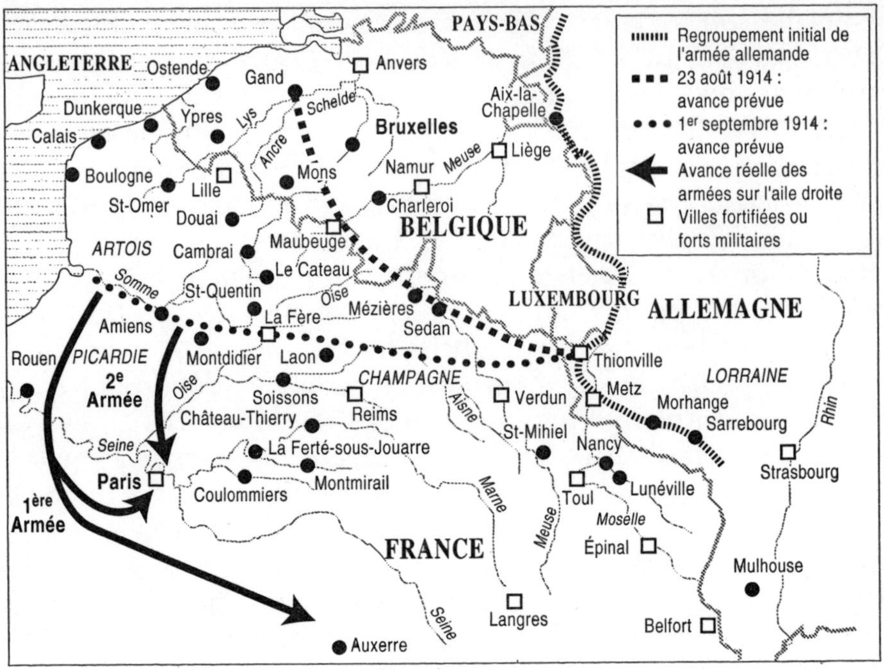

Le plan Schlieffen

Bien qu'à la retraite, Schlieffen continue de remanier son plan jusqu'à sa mort. Homme sans passe-temps, il n'a pas d'autre occupation. A la tête de l'état-major, il travaille souvent jusqu'à minuit, puis se détend en lisant à ses filles des livres d'histoire militaire. L'histoire militaire est une passion allant de pair chez lui avec la rédaction de plans de guerre. Bien qu'ayant dirigé le Service historique du grand état-major général avant d'en prendre la tête, Schlieffen étudie l'histoire d'une manière exclusivement technique. Ce qui l'intéresse, c'est la disposition des armées sur une carte et non ce qui anime ses soldats ou la motivation des gouvernements les ayant envoyés au combat [18]. Il est obsédé par la bataille de Cannes au cours de laquelle Hannibal avait encerclé les légions romaines en 216 avant J.-C. La victoire écrasante du chef carthaginois est la principale source d'inspiration pour son Grand Mémorandum de 1905. Il voit dans la bataille de Cannes une démonstration de pur génie tactique, dégagé des considérations de politique, de logistique, de technologie ou de psychologie du combat. Son passage dans la troupe en tant que jeune officier chez les lanciers de la Garde semble n'avoir laissé aucune trace : lors des guerres de 1866 et 1870, il fait déjà partie de l'état-major. En 1884, il est historien militaire professionnel. Après 1891, les spéculations cartographiques semblent l'avoir complètement accaparé. Distant, cynique et d'une grande arrogance intellectuelle, devenant même de plus en plus hautain à mesure qu'il est maintenu à son poste pour une durée encore inégalée, Schlieffen est parvenu à la fin de sa carrière à réduire la guerre, du moins pour lui-même, à une pure abstraction. Un extrait du Grand Mémorandum en donne une idée :

> Dans la mesure du possible, l'armée allemande l'emportera par un enveloppement effectué par son aile droite. Celle-ci sera donc renforcée au maximum. Dans ce but, huit corps d'armée et cinq divisions de cavalerie traverseront la Meuse en empruntant cinq itinéraires en deçà de Liège et avanceront en direction de Bruxelles-Namur ; un neuvième corps d'armée (le XVIIIe) les rejoindra après avoir traversé la Meuse au-dessus de Liège. Ce dernier devra aussi neutraliser la citadelle de Huy, la traversée de la Meuse devant se faire dans les environs de celle-ci.

Plus étonnant, compte tenu de son obsession des mouvements de troupes, Schlieffen ne se préoccupe pas du tout d'augmenter les effectifs de l'armée allemande de façon à s'assurer de sa capacité à écraser l'ennemi. Comme Holger Herwig l'a récemment suggéré, il partage la crainte, courante au sein de la *Generalität* prussienne, qu'une telle augmentation permette la corruption par des socialistes venus des grandes villes d'une armée de jeunes ruraux apolitiques [19]. Et si en 1905 il exige la levée de trente-trois nouveaux bataillons d'infanterie, c'est uniquement pour mettre son plan à l'abri de l'échec. A ce stade, ses besoins sont satisfaits, même si la jeune population mâle allemande, déjà nombreuse et en augmentation, pourrait facilement y pourvoir. Le problème intellectuel qu'il s'est posé à lui-même, et qu'il croit pouvoir résoudre, est le suivant : comment remporter une guerre courte avec les ressources disponibles. Son ambition est de renouveler les triomphes du grand von Moltke en 1866 contre l'Autriche et en 1870 contre la France, guerres qui durèrent respectivement six et sept semaines. Par-dessus tout, il veut éviter une guerre « d'usure ». « Une stratégie d'attrition, écrit-il, ne servira à rien si l'entretien de millions d'hommes coûte des milliards [20]. »

A l'inverse de Hitler, Schlieffen ne vivra pas assez longtemps pour se rendre compte que des plans d'agression, aussi brillants soient-ils, s'ils sont imparfaits, entraînent l'usure comme par une loi inexorable de réactions en chaîne. Cependant, compte tenu des circonstances imposées par son époque, Schlieffen a la sagesse de limiter l'étendue de son offensive. Le plan de Hitler échouera de cette absence de mesure : après une victoire déferlante à l'ouest, il se persuadera qu'un tel succès peut être renouvelé dans les vastes espaces de l'est. Schlieffen, au contraire, recule devant ces étendues. Il a la lucidité de voir que l'élan d'une armée avançant à pied ou à cheval dans des steppes infinies finirait par s'épuiser. De là ses veillées tardives à considérer les cartes des Flandres et d'Ile-de-France, disposant un corps d'armée ici, osant là une avancée latérale, jetant un pont sur cette rivière ou masquant telle ou telle forteresse. Mais ses spéculations nocturnes n'ont pas pour but d'accorder avec exactitude le nombre de soldats allemands à celui que les Français sont susceptibles de mettre en ligne : elles ne visent qu'à l'établissement d'un bon ratio entre la capacité de déplacement offerte par les réseaux routiers belges et français et les effectifs affectés à son plan. De tels calculs servent de base à l'enseignement des écoles de guerre : les élèves, translatant sur une carte routière la longueur d'une colonne en marche (vingt-neuf kilomètres pour un corps par exemple), sont amenés à déterminer combien de troupes il est possible de faire passer par un secteur donné et à quelle vitesse. Etant entendu que trente-deux kilomètres par jour constituent la limite d'une marche forcée, telle sera la progression d'un corps sur une seule route. Mais l'arrière d'une colonne de vingt-neuf kilomètres restera, à la fin de la journée, proche du point de départ de la tête de celle-ci, ou l'aura à peine quitté. S'il existait deux routes parallèles, les arrières pourraient faire la moitié du chemin, s'il y en avait quatre, les trois quarts et ainsi de suite. Dans l'idéal, les unités d'un corps avanceraient non pas en colonnes mais en lignes côte à côte, permettant ainsi une progression de trente-deux kilomètres de l'ensemble à la fin de la journée. Dans la pratique, comme Schlieffen l'admet dans un de ses amendements, il n'existe au mieux que des routes parallèles distantes de un ou deux kilomètres. Or son grand mouvement d'enveloppement est censé progresser sur un front de trois cents kilomètres avec environ trente corps. Chacun d'entre eux n'aurait que dix kilomètres de front où avancer, sur lesquels il ne pourrait y avoir au mieux que sept routes parallèles : ce n'est pas suffisant pour permettre à l'arrière des colonnes de rattraper l'avant en une journée. En soi, cela représente déjà un inconvénient sérieux ; mais à y regarder de plus près, cette situation interdit de surcroît toute tentative de faire entrer davantage de troupes dans le rayon du mouvement enveloppant : il n'y a tout simplement pas assez d'espace [21].

La détermination de Schlieffen à ne travailler qu'avec les chiffres à sa disposition est donc juste : son plan s'appuie sur des réalités mathématiques. Comme il le reconnaît dans son ultime amendement, toute tentative d'augmenter les effectifs sur les routes, et même en se contentant d'employer ceux prévus, provoquerait un inutile embouteillage : « Une masse superflue se formera derrière la ligne de feu [22]. » Mais malheureusement pour les Allemands, le plan ne s'appuie pas exclusivement sur des réalités mathématiques : au bout du compte, il se nourrit également des désirs que Schlieffen prend pour la réalité. Son rêve est de renouveler les grandes victoires de 1870, non pas comme à l'époque sur la frontière franco-germanique (il pense que les Français ne feront pas à l'Allemagne la « faveur » de s'engouffrer une nouvelle fois la tête la première sur son territoire), mais au cœur même de la France. Pourtant, cette dernière, comme il se plaît à le souligner encore et toujours, est « une grande forteresse » : fortifiée à ses frontières et à l'intérieur de son territoire, fortifiée par-dessus tout au niveau de Paris, ville cerclée de fortifications modernes. La Belgique, bien qu'également fortifiée, offre la possibilité de contourner les forts français des frontières, son armée étant trop modeste pour résister bien longtemps à la puissante armée allemande. Cependant, passer par la Belgique pour rallier Paris rallonge la progression et rétrécit le front d'attaque. De là découle cette obsession pour le réseau routier et la recherche d'un corridor donnant accès à l'Ile-de-France par les Flandres et à Paris. Par ce corridor, les corps d'armée de l'aile droite pourraient passer en masse et assez rapidement pour atteindre le terrain de la bataille décisive, tout cela six semaines seulement après la mobilisation : tout dépassement de ce délai permettrait aux Russes de se porter sur les frontières et d'écraser les modestes forces laissées à l'est pour défendre les abords de Berlin.

Schlieffen rêve d'une tornade, mais ses calculs augurent d'un modeste orage. Même dans son Grand Mémorandum de 1905, il prend acte de ses craintes. « Il est donc essentiel, écrit-il, d'accélérer le plus possible l'avancée de l'aile droite allemande » et « les commandants de l'armée doivent constamment être en alerte et convenablement répartir les itinéraires de marche ». Il a pourtant conscience de la difficulté de la manœuvre lorsque la distance de progression moyenne des troupes n'atteindra que les vingt kilomètres journaliers [23]. Les ordres d'accélération ou de changement de routes n'y changeraient pas grand-chose. Il évoque ensuite l'habituel « essoufflement de l'offensive » : « Les corps d'active [de temps de paix] doivent être préservés pour le combat et non utilisés pour des tâches touchant aux transmissions, aux installations de sièges ou à la prise de forteresses », même si, dans le même temps, « les voies ferrées nécessaires au ravitaillement de l'armée doivent aussi être gardées [24], et les grandes villes et provinces densément peuplées de la Belgique et du nord-ouest de la France doivent être occupées [25] ». De telles tâches absorbent les troupes de combat comme une éponge. Enfin, il y a les imprévus. « Si les Anglais accostent et avancent, les Allemands feront halte... vaincront les Anglais et poursuivront leurs opérations contre les Français. » Aucun délai n'est prévu pour ce retard. Dans un amendement ultérieur apparaît également la crainte que les Français, vexés par leur revers de 1870, pourraient bien avoir retrouvé leur âme guerrière : « A présent qu'ils sont pleins d'un esprit offensif, nous devons nous attendre à ce que la partie [de leur armée] ne subissant pas d'attaque avance de manière offensive [26]. » Cette perspective fait resurgir le spectre du combat d'attrition, de la longue bataille dont l'issue se décide par le fer et le sang. Dans tous les cas de figure, le danger est présent : « Si l'ennemi tient bon devant le grand mouvement d'enveloppement, tout le long de la ligne, les corps tenteront, comme dans une guerre de siège, de se confronter à l'ennemi, position après position, jour après nuit, avançant, se retranchant, avançant. » A supposer que de telles avancées soient possibles et que les Allemands évitent « le marasme vécu lors de la guerre en Extrême-Orient » (la guerre russo-japonaise de 1904-1905), les Français pourraient reculer plus loin à l'intérieur de « la grande forteresse » comme « il convient de considérer la France [27] ». « Si les Français abandonnent l'Oise et l'Aisne, et se replient derrière la Marne, la Seine, etc., la guerre n'en finira jamais [28]. »

Ce n'est pas là la seule note désespérée du Grand Mémorandum : il y en a d'autres. Schlieffen voudrait des troupes plus nombreuses au point décisif, l'aile droite du grand enveloppement passant par la Belgique et le nord de la France : « Il faut lever encore plus de forces... Il faut lever huit corps d'armée... Nous n'arrêtons pas de nous vanter de notre forte densité de population, des importants effectifs dont nous disposons, mais ces masses, entraînées et armées, atteignent maintenant le maximum d'hommes qu'elles peuvent fournir... Ces huit corps d'armée sont plus que nécessaires sur l'aile droite ou en arrière de celle-ci. » Schlieffen préconise la création de ces huit corps, apport représentant plus d'un quart des forces de l'armée, à partir des réserves, les *Ersatz* (contingents sans instruction) et la *Landwehr* (réservistes ayant dépassé l'âge de conscription). Il semble cependant partager la crainte des autres généraux, réticents à gonfler les effectifs de l'armée par l'engagement d'éléments peu fiables. L'accent devient de plus en plus désespéré : « La proportion [des huit corps] pouvant être transportée [vers l'aile droite] dépend des capacités des chemins de fer... [ils] sont nécessaires à l'encerclement de Paris... Leur avancée et l'attaque de la position sont montrées en carte 3 [29]. »

C'est ici qu'un lecteur attentif du Grand Mémorandum y verra un plan irréaliste : la carte 3 ne montre en aucun cas comment les nouveaux corps avanceront sur Paris ni comment ils envahiront ce point d'appui central de la « grande forteresse » qu'est la France : les corps apparaissent sur la carte, sans indication sur la manière dont ils ont atteint Paris et ses environs. Les « capacités des chemins de fer » sont inconnues : dans le plan de Schlieffen, les chemins de fer ne conduisent pas les assaillants au-delà de la frontière allemande avec la Belgique et la France. Ce premier mouvement effectué, c'est le réseau routier qui doit prendre la relève et le pas pesant des fantassins qui dicte la vitesse de progression. Schlieffen lui-même estime celle-ci à seulement vingt kilomètres par jour. Durant la crise d'août et septembre 1914, les unités allemandes, françaises et britanniques vont toutes dépasser cette vitesse, parfois d'un jour sur l'autre : le Ier bataillon du *Gloucestershire Regiment* parcourra ainsi une moyenne de vingt-six kilomètres au cours de la grande retraite de Mons vers la Marne. Il couvrira respectivement trente-sept et trente-trois kilomètres les 27 et 28 août. Mais l'estimation de Schlieffen n'est pas trop éloignée de la vérité [30]. L'armée de von Kluck sur l'aile extérieure du grand enveloppement parcourra un peu plus de vingt et un kilomètres par jour entre le 18 août et le 5 septembre 1914, et ce sur une distance de quatre cent vingt kilomètres [31]. Pour que les « huit nouveaux corps », dont Schlieffen a besoin pour consolider son plan, puissent atteindre le lieu d'action décisif, il faudrait que leur progression soit plus rapide et réalisée sur une distance plus grande. Déjà hautement improbable, cette prévision se heurte de surcroît au fait que cette progression devrait s'effectuer sur les mêmes routes que celles empruntées par les corps déjà existants : cela est tout simplement impossible.

C'est donc sans surprise que l'on trouve, à la lecture attentive du Grand Mémorandum, cet aveu de Schlieffen : « Nous sommes trop faibles » (pour parachever le plan). Dans un amendement ultérieur, il estime que la réalisation de son plan devra se faire « sur une ligne si étendue, [que] nous aurons tout de même besoin de forces plus massives que nous ne l'avons jusqu'à présent estimé [32] ». Il fait face à une impasse logique. Les chemins de fer permettront de positionner ses troupes pour son grand mouvement enveloppant, et les routes belges et françaises de leur faire gagner les environs de Paris six semaines après la mobilisation. Mais elles n'arriveront pas avec la force nécessaire pour remporter une bataille décisive, à moins d'être accompagnées de huit corps, soit deux cent mille hommes, pour lesquels il n'y a pas de place. Les fondements mêmes de ce plan, conçu pour remporter une victoire éclair, s'avèrent défectueux.

Un dossier est néanmoins constitué pour une éventuelle utilisation. Moltke le Jeune, neveu du vainqueur de 1866 et 1870, y apporte des retouches à son arrivée à la tête du grand état-major général en 1906. Schlieffen agit de même et continuera de le faire jusqu'à la veille de sa mort, le 4 janvier 1913. Ni l'un ni l'autre ne trouvent de solution aux problèmes inhérents au plan. Moltke est généralement accusé de les avoir aggravés en renforçant l'aile gauche du dispositif allemand au détriment de l'aile droite massive qu'avait conçue Schlieffen. Mais le fond du problème est ailleurs. Il est vrai que l'état-major de Moltke a réduit le temps nécessaire à l'embarquement des troupes dans les trains et à leur débarquement aux points de concentration à la frontière. Ces économies sont d'au moins deux jours dans certains secteurs, voire quatre jours dans d'autres [33], mais elles ne permettent pas tout : au-delà des voies ferroviaires, où le mouvement peut effectivement être accéléré par une planification adéquate, il y a les routes où il ne peut pas l'être. La moyenne inflexible des vingt kilomètres de marche par jour bloque les calculs des plus grands esprits. Moltke et le grand état-major général répondent au problème en l'ignorant. Le plan Schlieffen est conservé dans les dossiers, pour en être sorti et appliqué en août 1914 avec d'épouvantables résultats.

Pourtant, le plan de guerre français, le plan XVII, accorde à l'Allemagne la « faveur » que Schlieffen pensait ne jamais pouvoir obtenir. Il prévoit en effet une attaque fulgurante traversant la frontière commune avec l'Allemagne, l'entrée en Lorraine et une poussée sur le Rhin. Schlieffen juge cette stratégie comme la moins à même de servir les intérêts français. Si la France a consacré beaucoup de moyens depuis les années 1880 à l'amélioration et à l'extension des fortifications protégeant son territoire, l'Allemagne en a fait tout autant. Les provinces d'Alsace et de Lorraine, annexées par le tout nouvel Empire allemand en 1871, ont été solidement fortifiées par la France lors des deux siècles précédents. Sous le gouvernement impérial allemand (l'Alsace-Lorraine est un territoire du « Reich » directement sous administration berlinoise), les fortifications de Metz et de Thionville sur la Moselle, ainsi que de Strasbourg sur le Rhin ont été modernisées à grands frais. Ces villes sont des points de passage entre la France et l'Allemagne. Schlieffen part du principe que jamais le haut commandement français n'envisagera de les attaquer.

Pendant la période où le Grand Mémorandum est en préparation, l'intuition de Schlieffen s'avère correcte. Le plan français XIV, achevé en 1898, est fondé sur la défense de la frontière commune en cas de guerre avec l'Allemagne. Une attaque française est jugée impossible en raison des écarts d'effectifs : une population française stagnante de quarante millions de personnes ne peut se mesurer à une population allemande dynamique, déjà forte de cinquante millions d'âmes et s'accroissant rapidement. En outre, le haut commandement français est impressionné par la capacité avérée de l'Allemagne de « gonfler » rapidement son armée en temps de crise par l'incorporation de ses réservistes. Le système de réserve français n'a pas fonctionné en 1870. Trente ans plus tard, les généraux français ne pensent pas que le système sera plus performant à l'avenir : le plan XIV n'attribue aucun rôle aux formations de réserves séparées, le plan XV de 1903, quant à lui, prévoit un rôle subalterne.

Le problème des réserves va préoccuper les esprits militaires français tout au long des dix premières années du XXe siècle. Alors que les généraux allemands se démènent pour trouver comment transporter leurs effectifs le plus rapidement possible sur le champ d'action choisi, les Français s'arrachent les cheveux pour trouver des effectifs en nombre suffisant. La loi sur la conscription de 1905, imposant deux ans de service militaire à tous les jeunes Français, sans exemption possible, atténue ce problème en augmentant la taille de l'armée « d'active » ou de temps de paix. De fait, cette loi rend l'armée française de temps de paix plus importante que celle que l'Allemagne a prévu de déployer vers la Belgique, ce qui fait resurgir le problème des réserves. Si le front est amené à s'élargir, l'armée française de temps de paix aura toujours besoin d'incorporer rapidement des réserves, même si elle est numériquement supérieure à celle que l'Allemagne peut aligner sur leur frontière commune. En 1907, le plan XV *bis* prévoit de concentrer des troupes françaises au sud de la Belgique. Deux ans plus tard, le plan XVI augmente cette concentration, même si les nouvelles dispositions dépendent de l'incorporation de réservistes dont l'utilisation pose encore question au haut commandement. En 1911, la crainte d'une grande offensive allemande passant par la Belgique et renforcée par des réserves massives se fait de plus en plus vive. Un nouveau chef d'état-major français, Victor Michel, présente alors une stratégie radicalement différente des plans XIV à XVI : toutes les réserves disponibles doivent fusionner avec les unités d'active, et l'armée doit être déployée dès la mobilisation le long de toute la frontière française, de la Suisse à la mer du Nord [34].

Sans que celui-ci s'en doute, le plan de Michel reproduit celui de Schlieffen. Il prévoit même une offensive pénétrant en Belgique, laquelle tomberait nez à nez avec la « puissante aile droite » de Schlieffen. Les conséquences de l'application d'un tel plan nous restent inconnues, mais elles n'auraient certainement pas été pires que celles produites par le plan de guerre, totalement différent, adopté par la France en 1914. Malheureusement, Michel fait figure d'intrus dans les cercles militaires ; c'est un général « républicain » dont la politique est peu appréciée de ses pairs. Il ne tarde pas à être démis de ses fonctions par un nouveau gouvernement de droite. Le plan XVII entre en application en avril 1913 et prend une direction totalement opposée à la sienne. Il n'est plus question de fusionner les unités de réserve avec les unités d'active. Le déploiement vers le nord en direction de la mer est réduit, ne laissant que la 5e armée à gauche du dispositif. Elle devra parer au danger d'une avancée allemande à travers le nord de la Belgique, à partir d'une position faisant face au sud de ce même pays. Mais, surtout, les opérations sur la frontière commune prendront une tournure offensive. « Quelles que soient les circonstances, établit le plan XVII, l'intention du commandant en chef doit être d'avancer avec toutes les forces unies pour l'attaque des armées allemandes. » Ce qui revient à une attaque pénétrant en Lorraine, la « faveur » que Schlieffen ne s'imagine pas voir accorder par la France [35].

Il existe plusieurs raisons à l'adoption du plan XVII, trouvaille de Joseph Joffre, successeur de Michel. Tout d'abord l'absence de toute assurance ferme des services de renseignements : rien ne permet de prêter aux Allemands l'intention de prendre un risque aussi problématique d'un point de vue stratégique et aussi répréhensible d'un point de vue diplomatique qu'une percée à travers le nord de la Belgique. Etant donné le caractère secret des planifications de guerre de l'époque, de telles hypothèses s'avèrent difficiles à vérifier. Le 2e Bureau français (renseignements) s'obstine à ne repérer aucun indice [36]. Une autre raison réside dans l'inquiétude suscitée par la réponse de l'Allemagne à la loi française de 1905, portant la durée du service militaire obligatoire à deux ans : en 1911-1913, elle promulgue ses propres lois sur la conscription, augmentant nettement les effectifs de son armée de temps de paix [37]. Ces mesures, ainsi que la capacité avérée de l'Allemagne à déployer ses formations de réserve dès la mobilisation, expliquent l'accent mis sur une utilisation maximale des forces françaises, devançant ainsi l'entrée en ligne des réservistes des deux camps. Cela revient à attaquer, et à un endroit que les Allemands devront défendre et où ils pourront facilement être trouvés, à savoir de l'autre côté de la frontière qui les sépare. Par ailleurs, la France a réagi aux lois de conscription allemandes de 1911-1913 par une autre loi prolongeant le passage sous les drapeaux d'une année. Cependant, cette loi des trois ans, adoptée en 1913, ne comble pas l'écart toujours croissant entre les effectifs allemands et français. En revanche, elle augmente les effectifs de l'armée française de temps de paix, réduisant automatiquement ceux des réservistes et renforçant ainsi l'argument en faveur d'une action offensive immédiate en cas de guerre. Une dernière raison à l'adoption du plan XVII se trouve dans le développement des relations de la France avec ses alliés. Depuis 1905, les états-majors généraux britanniques et français travaillent en étroite collaboration. En 1911, la France et la Grande-Bretagne sont liées par un accord ferme stipulant qu'une violation du traité signé entre elles et l'Allemagne en 1839 (traité garantissant la neutralité de la Belgique) entraînerait l'envoi d'une force expéditionnaire britannique venant prendre place à la gauche du dispositif français. Cet accord atténue le « problème belge », à défaut de le résoudre. Les deux pays espéraient pourtant mieux : en l'espèce, que la Belgique laisserait les Français ou les Anglais, voire les deux, avancer leurs troupes sur son territoire en cas de menace allemande. Les deux puissances ont essuyé le refus de l'état-major belge, refus représentant pour la France une raison supplémentaire d'adopter le plan XVII, même si elle se rassure de la garantie du soutien britannique. Certes, aucun traité formel ne lie vraiment les deux pays, mais les généraux français ont appris que, « quand [les] états-majors se sont accordés sur quelque chose, l'action suit [38] ».

Il en va de même du côté de la Russie, bel et bien alliée à la France : « Ce n'est pas si souvent que les experts français et russes tombent d'accord sur un plan. » A partir de là, les généraux français pensent que l'offensive du plan XVII sera une nécessité si la Russie accepte d'apporter l'aide dont la France aura besoin au déclenchement d'une guerre avec l'Allemagne [39]. Les difficultés stratégiques de la Russie sont à la fois semblables et différentes de celles de la France. Comme la France, elle mettra plus de temps que l'Allemagne à utiliser ses réserves en cas de crise. Ses premières opérations doivent donc aussi s'appuyer sur l'armée d'active. Cependant, contrairement à une France n'ayant toujours pas réussi à mettre au point un système satisfaisant venant articuler ses réserves et son armée d'active, les problèmes russes relèvent davantage de sa géographie que de l'organisation de son armée. En effet, les grands foyers de population au sein de la Russie sont particulièrement distants de la frontière avec l'Allemagne, et leur déploiement sur celle-ci peut prendre beaucoup de temps. Mais ces distances sont aussi un avantage pour la Russie ; en cas de guerre, elles se traduisent en facteur temps au bénéfice des Russes, qui ne risquent pas d'être surpris en pleine mobilisation. La Russie pourra accepter une perte initiale de territoire pendant qu'elle rassemblera son armée, ce que la France ne peut pas se permettre. De cela, les Français ont pleinement conscience. En un sens, le plan XVII se justifie ainsi : la grande bataille qu'il doit provoquer à l'ouest se traduira par un gain de temps à l'est. Dans un autre sens, il trouve sa raison d'être dans le besoin ressenti par les Français de convaincre très tôt les Russes qu'il s'agit d'une lutte à mort. Plus la crise sera grave et soudaine et plus le danger sera grand pour la France ; la menace se reportera dès lors très vite sur la Russie qui, dans son propre intérêt, se devra de marcher rapidement au secours de la France.

Mais la Russie a la réputation de toujours tarder. Elle exaspère à juste titre les généraux français. Il est déjà assez fâcheux que leurs homologues russes s'entourent de secrets et fassent souvent preuve de désorganisation, contrairement aux Britanniques qui inspirent confiance même s'ils ne sont pas officiellement alliés, mais il est bien pire encore que la Russie manque à ses engagements. « Avant 1911, les Russes ont toujours refusé, malgré la pression continuelle des Français, de promettre plus qu'une action offensive indéterminée dans les vingt jours suivant la mobilisation. Fin 1910, même ce mince espoir est menacé quand Saint-Pétersbourg retire plusieurs unités de la Pologne russe et que le tsar rencontre le Kaiser à Potsdam. » Complètement paniqué, Joffre convoque en août 1910 les états-majors pour une nouvelle série de pourparlers. Il obtient du général Sukhomlinov, le ministre de la Guerre russe, la promesse que l'armée russe « entreprendra quelque action offensive au seizième jour dans l'espoir de retenir au moins cinq ou six corps allemands susceptibles autrement d'être utilisables sur le front de l'Ouest ». Encore une fois, cette promesse n'est que verbale. Les Français n'ont aucune garantie écrite que les Russes feront ce qu'ils ont dit, ni même d'impression très claire du type d'action envisagée par eux [40].

Les Russes ont quelques excuses. Les dix premières années du XXe siècle ont été pour eux une période tourmentée où ils ont connu une révolution et essuyé une défaite lors de la guerre avec le Japon en Extrême-Orient. Elle a laissé les caisses de l'Etat vides, et l'armée en plein désarroi. Au cours des années 1906-1909, le plan Schlieffen aurait pu aboutir, car en cas de conflit les Russes espéraient alors au mieux pouvoir s'en tenir à une stratégie de défense, attitude qui n'aurait procuré aucune aide à la France. En 1909, ils sont suffisamment remis pour rédiger le Programme de mobilisation numéro 18. Il contient au moins une clause prônant une offensive, laquelle n'interviendrait cependant qu'après un répit destiné à couvrir le rassemblement des réserves et à déterminer si la menace vient plutôt de l'Allemagne ou de l'Autriche. En juin 1910, l'état-major russe est déjà plus affirmatif : le Programme de mobilisation numéro 19 reconnaît l'Allemagne comme principal ennemi. Cependant, dans le cadre de ce plan, la quasi-totalité de la Pologne russe serait abandonnée à l'ennemi. Cela irrite fortement les commandants de districts occidentaux dont il est prévu depuis longtemps que leur rôle serait d'attaquer les Autrichiens. Il s'ensuit de nouveaux débats au sein de l'état-major visant à déterminer ce qui est opérationnellement possible, ce qui est dû aux engagements traditionnels de la Russie dans les Balkans et ce qu'il en est de l'alliance avec la France. Un compromis est décidé : deux variantes sont apportées au Programme 19, l'une prévoit un effort dirigé principalement contre l'Autriche, l'autre contre l'Allemagne [41].

Si les Français avaient eu connaissance de la première de ces variantes, elle aurait confirmé leurs pires craintes. Fort heureusement pour eux, au cours de ce même mois d'août 1912 où l'état-major russe met la touche finale aux deux variantes du Programme 19, ils parviennent à arracher au général Jilinski, chef de l'état-major russe, la promesse que son armée attaquera l'Allemagne avec au moins huit cent mille hommes. Impliquant la moitié des forces russes en temps de paix, l'attaque interviendrait « après M+15 », soit quinze jours après la mobilisation [42].

Dans l'article III de la Convention militaire franco-russe de septembre 1913, cette promesse se réaliserait même plus tôt, « au jour 15 » et non pas « après M+15 ». Cette soudaine manifestation d'ardeur de la part des Russes dans leur engagement auprès de leurs alliés a été expliquée de diverses manières. Selon l'une de ces explications, l'armée russe de 1913 s'est largement remise du chaos dans lequel l'avait plongée la défaite face aux Japonais. Un nouveau programme de dépenses, le « Grand Programme » de Sukhomlinov, promet de réelles améliorations et une véritable expansion au cours des quatre années suivantes. Une autre explication est la foi en des renseignements trompeurs. En 1913, la Russie a « un agent en poste », le colonel autrichien Alfred Redl. Ce dernier leur a vendu les plans de mobilisation de son armée où il s'avère que l'Autriche-Hongrie minimise les dangers que fait peser sur elle la première variante du Programme 19. « Une troisième explication au comportement des Russes est le poids de leur alliance avec la France... Si la France tombe facilement aux mains des Allemands, les Russes pensent avoir peu de chances de tenir face aux hordes combinées de l'Allemagne et de l'Autriche-Hongrie... Soit la Russie et la France s'en sortent ensemble, soit elles tombent ensemble et... la Russie devra faire tout son possible pour remplir ses obligations, quitte pour cela à conduire des opérations offensives au jour 15 après la mobilisation. » Enfin, il a été avancé que les généraux russes ont soudainement fermé leurs esprits aux dangers dans lesquels les jetterait une guerre offensive, à la différence d'une guerre défensive centrée sur leurs propres intérêts mais sans risque. En cela, ils se démarquent uniquement des Français et des Allemands par le caractère tardif de leur décision à prendre quelque risque [43].

Si la Russie inquiète la France dans les années 1906-1914, par sa tendance à tergiverser et à faire traîner les choses, tel est aussi le cas de l'Autriche avec son allié allemand. Les deux pays, ennemis lors de la guerre de 1866 qui avait abouti à la domination de l'Allemagne sur l'Europe centrale, ont réglé leurs différends depuis 1882. Mais l'alliance signée alors ne comportait aucune clause militaire. Bismarck, le chancelier allemand, a prudemment préféré rester en dehors des multiples problèmes intérieurs et extérieurs de l'Autriche : l'antagonisme séculaire avec la Turquie ottomane, la querelle avec l'Italie à propos de la perte de Venise (qui vient juste d'être acceptée) ou encore les visées de la Serbie et de la Roumanie sur les terres des Habsbourg habitées par leurs minorités, visées déjà fortes et qui n'ont fait que s'amplifier. Néanmoins, les deux états-majors se livrent à des études stratégiques informelles : l'Autriche apprend qu'en cas de guerre sur deux fronts l'Allemagne adoptera une stratégie défensive contre la France et offensive face à la Russie. De son côté, l'Allemagne apprend avec satisfaction que l'Autriche attaquera la Pologne russe. Mais les choses ne vont guère plus loin. Lorsqu'il prend ses fonctions, Schlieffen est jugé par l'état-major autrichien « taciturne » et « peu avenant [44] ». Ce n'est qu'après son départ, en janvier 1909, que commenceront de productives négociations.

Les intentions de Moltke le Jeune, chef de l'état-major allemand, sont sans ambiguïté. Le plan Schlieffen repose dans son casier, et il exige des Autrichiens le déploiement le plus large et le plus rapide possible contre la Pologne russe. Mais l'initiative des pourparlers est venue de son homologue autrichien, Conrad von Hötzendorf, qui s'alarme alors d'une guerre, non seulement contre la Russie, mais aussi contre sa protégée serbe. Il a par ailleurs d'autres craintes. L'Italie n'est pas une alliée fiable, pas plus que la Roumanie. Aucune de ces éventualités n'est favorable à l'Autriche. La pire serait que la Serbie provoque une guerre avec l'Autriche-Hongrie dans laquelle la Russie interviendrait alors que le déploiement de l'armée des Habsbourg se serait effectué dans la mauvaise direction, à savoir le sud du Danube et non le nord de la Pologne. La solution qu'il envisage est de diviser son armée en trois à la mobilisation : un *Minimalgruppe Balkan* de dix divisions se déployant contre la Serbie, un *Staffel A* de trente divisions sur le théâtre polonais, et un *Staffel B* de douze divisions. Ce dernier ferait le « balancier » pour renforcer l'un ou l'autre des groupes selon ses besoins.

Ce plan n'offre pas grand-chose à Moltke. Le 21 janvier, il écrit à Conrad pour apporter des améliorations à ses dispositions. Balayant les craintes autrichiennes sur le manque de fiabilité des Italiens et des Roumains, il lui certifie que la guerre à l'ouest sera terminée avant l'achèvement de la mobilisation russe. L'Allemagne sera en mesure d'envoyer d'imposantes forces à l'est. Mais il ne donne aucun calendrier ; cet oubli cause l'inquiétude de Conrad qui a lui aussi une guerre à mener sur deux fronts. Le 26 janvier, il avertit Moltke que l'Allemagne ne doit pas compter sur le transfert du *Minimalgruppe Balkan* vers la Pologne avant le cinquantième jour suivant la mobilisation. L'Allemagne peut-elle garantir l'envoi de soutiens dans les quarante jours ? Si ce n'est pas le cas, il estime préférable de rester sur la défensive en Pologne et de soumettre la Serbie par un assaut massif. Conrad désire ardemment la destruction de la Serbie. Comme beaucoup de Germano-Autrichiens, il déteste le petit royaume slave, non seulement en raison de son manque de respect de l'hégémonie autrichienne sur les Balkans, mais également parce qu'il agit comme un aimant sur les dissidents serbes de l'empire des Habsbourg. Une victoire sur la Serbie semble être la solution la plus sûre aux problèmes de l'Autriche avec ses minorités slaves.

Moltke répond par quelques promesses et autant de rejets. Les Français ne peuvent retarder les renforts allemands plus de quatre semaines (le plan Schlieffen, dont l'Autriche n'a pas connaissance, en prévoit six). Il n'y a donc aucun risque ; il y aurait même nécessité que l'Autriche attaquât la Russie en Pologne. Même si l'Autriche se retrouve engagée dans une guerre contre la Serbie, l'Allemagne lui apportera son soutien. Le problème serbe « se réglera de lui-même pour l'Autriche, tout naturellement ». Conrad note : « Certes. Mais que dois-je faire si je suis déjà pieds et poings liés en Serbie [45] ? » Les Autrichiens disposant de soixante divisions auxquelles les Serbes ne pourront en opposer que dix, soit deux fois le rapport qu'on estime généralement nécessaire à une victoire, Conrad apparaît bien timoré. Son armée ne peut être battue par les Serbes, même s'il n'engage que son *Minimalgruppe Balkan* contre eux. Le principal souci de Moltke est de faire en sorte que la Russie soit également impliquée sur deux fronts : un front polonais à l'ouest où les Allemands seraient temporairement faibles, et un front polonais au sud où il espère que les Autrichiens se montreront pugnaces. Il réprime toute forme d'irritation envers les tergiversations de Conrad et promet quasiment, par retour de courrier, de se joindre à l'Autriche dans une offensive : « Je n'hésiterai pas à lancer l'attaque qui appuiera l'offensive simultanée de l'Autriche [46]. » Promesse hasardeuse dans la mesure où il ne pourra certainement pas la tenir : le plan Schlieffen stipule en effet que la fraction de l'armée allemande laissée en Prusse orientale pendant le déroulement de la grande bataille de l'Ouest doit rester sur la défensive. Cette promesse est apparemment faite en toute bonne foi, et la lettre datée du 19 mars 1909 dans laquelle elle figure va continuer à servir d'arrangement entre les deux alliés dans les années qui suivent. En novembre 1910, Conrad est démis de ses fonctions car jugé trop belliqueux ; mais, rappelé à son poste dès l'année suivante, il retrouve dans son dossier la promesse faite aux Autrichiens. Lors de sa toute dernière rencontre avec Moltke avant-guerre à la station de vacances de Carlsbad en mai 1914, le chef de l'état-major allemand répond à la demande de son homologue autrichien d'engager plus de troupes à l'est par une vague formule : « Je ferai ce que je pourrai. Nous n'avons pas la supériorité sur les Français [47]. » Schlieffen était sûr du contraire, confiant dans « l'aile droite puissante » qu'il a tracée sur la carte du nord de la France. Mais il avait compté sur une volonté plus ferme de la part des Autrichiens et une moindre puissance des Russes.

Il n'avait en revanche guère prévu l'intervention des Britanniques. Le Grand Mémorandum fait toutefois une allusion à cette possibilité. Un appendice daté de février 1906 en examine l'importance, mais part du principe que les Britanniques se contenteraient de rejoindre Anvers ou la côte allemande sur la mer du Nord. Nulle part n'est exprimée la crainte de les voir venir se joindre aux unités françaises pour entraver l'avancée allemande à travers la Belgique. Les discussions militaires entre la France et la Grande-Bretagne, résultat de l'accord d'Entente cordiale d'avril 1904, ne commencent qu'en décembre 1905. C'est à ce moment que le Grand Mémorandum est achevé ; rien ne pouvait dès lors lui permettre de tenir compte de ces discussions. En dépit de celles-ci, la Grande-Bretagne ne parvient pas à se décider sur la forme que pourraient prendre ses opérations sur le continent. Il existe bien la possibilité d'une opération amphibie ayant la faveur de la *Royal Navy*, celle-ci y décelant le moyen de forcer la flotte de haute mer allemande à livrer bataille [48]. Mais il ne s'agit là que d'une « stratégie de diversion » et l'humeur générale du commandement militaire penche plutôt pour une « stratégie de concentration », au point décisif. Ce point décisif, dans une guerre où les Allemands seraient les assaillants, se situe en France : c'est donc là, en plusieurs étapes, que l'état-major britannique décide en accord avec les Français d'engager une force expéditionnaire. En avril 1906, le Comité de défense impériale établit des plans visant à envoyer des troupes directement aux Pays-Bas. Cinq années suivent sans changement, la Belgique refusant d'admettre l'armée britannique sur son territoire. La France, quant à elle, se montre incapable de mettre au point un plan de guerre convaincant. En 1911, la nomination de Joffre comme chef de l'état-major français et de Henry Wilson comme directeur des opérations militaires en Grande-Bretagne change la tournure des événements. Joffre est redoutable, Wilson dynamique. Lorsqu'ils se rencontrent pour la première fois à Paris en novembre, Joffre révèle les grandes lignes du plan XVII [49]. En août, Wilson a déjà donné un aperçu au Comité de défense impériale de la meilleure utilisation possible d'un corps expéditionnaire britannique, aussi modeste soit-il. Mais les dépenses nécessaires à la *Royal Navy* et la réticence traditionnelle du pays à la conscription ne lui permettent pas d'engager une armée de plus de six divisions sur le continent. Ces six divisions, en opérant contre l'aile droite allemande, pourraient faire pencher la balance en obligeant les Allemands à réorienter leurs forces pour leur faire face. « Plus les forces détachées du point décisif par les Allemands seront importantes, argumente Wilson, mieux ce sera pour les Français et pour nous-mêmes. » Il s'attache à la préparation en détail de la manière la plus rapide et la plus efficace de faire traverser la Manche à ce corps expéditionnaire. Cette opération, nécessairement rapide, serait menée avec la coopération active de la Marine. Cette dernière aurait alors tout le loisir de se concentrer sur le moyen d'amener la flotte allemande à une action décisive. Les Britanniques restent néanmoins prudents. Aussi ardemment francophile qu'il soit, Wilson parvient à laisser les Français jusqu'en août 1914 sans indication spécifique concernant le lieu où la force expéditionnaire entrera en campagne. Par ailleurs, ces derniers doivent attendre novembre 1912 pour arracher au ministre des Affaires étrangères, sir Edward Grey, quelque chose qui ressemble à un engagement en vue d'une action commune [50]. « Si l'un des deux gouvernements, écrit-il, avait de graves raisons de s'attendre à une agression sans provocation d'une tierce puissance, ou à quelque chose menaçant la paix générale, il devrait immédiatement décider avec l'autre gouvernement s'ils doivent tous deux agir pour empêcher cette agression et préserver la paix et, dans un tel cas de figure, quelles mesures ils doivent prendre en commun. Si ces mesures devaient impliquer une action commune, les plans des états-majors généraux seront immédiatement étudiés, et les gouvernements devront alors décider de les appliquer ou non. » Le principe de « splendide isolement », malgré tous les dangers représentés par une économie en déclin et une force navale allemande en plein essor, pouvait encore faire hésiter la Grande-Bretagne à s'engager envers un allié.

Il est en effet évident que, contrairement aux puissances continentales, la Grande-Bretagne jouit du luxe « de pouvoir fixer le degré de son engagement dans une guerre » comme bon lui semble. Ce résumé de Bacon des avantages de la puissance navale reste aussi vrai au XXe siècle qu'au XVIe. La France et l'Allemagne, la Russie et l'Autriche ne bénéficient pas de la protection de frontières maritimes. Séparées les unes des autres au mieux par des cours d'eau ou des montagnes, au pire par rien de plus qu'un trait sur une carte, leur sécurité repose sur leurs armées. Cela a pour conséquence de les mettre dans une situation particulièrement ardue, semblable à celle qui va lier les grandes puissances nucléaires soixante ans plus tard. « Utilisez-les ou perdez-les » devient le mot d'ordre de la stratégie en matière de missiles, car des missiles non utilisés au cours d'une crise peuvent être réduits à l'état de débris à la première frappe d'un opposant : de la même manière, une armée qui ne frappe pas dès que possible peut être détruite en cours de mobilisation. Et si, ayant achevé de mobiliser, elle tarde à attaquer, elle aura découvert son jeu et perdu l'avantage laborieusement acquis dans son plan de guerre. Ce danger menace tout particulièrement l'Allemagne : si elle ne parvient pas à passer à l'offensive dès l'arrivée en train des troupes aux points de débarquement, le déséquilibre des forces entre l'Est et l'Ouest sera inutilement révélé, de même que, ce qui est pire, la concentration contre la Belgique : le plan Schlieffen sera dévoilé, la France aura tout le temps de remédier aux dangers que lui fait courir son plan XVII, la Russie sera incitée à envahir en masse la Prusse occidentale, et l'Autriche se retrouvera avec la charge, non désirée et probablement impossible pour elle à assumer, de garantir la sécurité de l'Europe centrale.

S'il y avait entre les puissances européennes un moyen de

négociation permanent, les plans de guerre prospectifs ne représenteraient peut-être pas une menace immédiate. Soixante ans plus tard, les risques suicidaires représentés par la planification de guerre nucléaire pousseront les superpuissances à trouver un tel moyen en convoquant régulièrement des conférences au sommet et en installant le téléphone rouge entre Moscou et Washington. Et ce en dépit de divisions occasionnées par des différences idéologiques qui n'ont pas d'équivalents dans l'Europe des rois et des empereurs. Avant 1914, les moyens techniques ne permettent pas cette fréquence et cette immédiateté des liaisons. Personne n'y est disposé, ni dans les ambassades, où l'on s'en tient aux rythmes majestueux du temps passé, ni au sein des gouvernements. Le Comité de défense impériale britannique, qui réunit des chefs de services de renseignements, des diplomates et des serviteurs de l'Etat, fait exception mais n'est pas parfait : la *Royal Navy*, jalouse de sa supériorité, joue une autre partition. L'armée française fait de même au sein du Conseil supérieur de guerre, bien plus informel. En Allemagne, en Russie et en Autriche, régimes autocratiques où le souverain est commandant en chef aussi bien en titre que dans les faits et où tous les organes du système militaire dépendent directement de lui, les communications entre ces mêmes organes sont minées par les intrigues et les jalousies. Ce système prend, avec des effets désastreux, sa forme la plus extrême en Allemagne où

> il n'existe aucune disposition gouvernementale pour contrebalancer la concentration des décisions (concernant les plans et la politique) sur une seule personne, le Kaiser. Près de cinquante personnes ont directement accès à lui, mais il n'existe aucune discussion ou coordination d'usage parmi eux ou entre eux, ni aucun partage des informations importantes et particulières dont chacun dispose. Aucun conseil permanent ou régulier n'existe à cet effet. Même les informations concernant le plan de guerre sont tenues secrètes et ne circulent qu'entre ceux ayant besoin de les connaître. Elles ne sont pas partagées entre le grand état-major, le ministère de la guerre, le Cabinet militaire, le ministère de la Marine, l'Amirauté et le ministère des Affaires étrangères [51].

Il est difficile d'imaginer, soixante ans plus tard, l'aviation militaire stratégique américaine mettant librement au point des plans de guerre nucléaire contre la Russie sans en référer au Département d'Etat, à la flotte ou à l'armée, et laissant au Président le soin de distiller au Gouvernement les détails qu'il juge nécessaire à son information. La présence d'un président élu à la régulière aurait sans doute pu mettre de l'ordre dans ce système. Mais rien de tel n'est à attendre d'un monarque héréditaire montrant de moins en moins d'intérêt pour les affaires militaires après 1904 [52], ce qui est effectivement le cas du Kaiser. Lors de la crise de 1914, alors qu'il sera le seul à pouvoir mettre un frein à la progression inexorable du plan Schlieffen, il constate son incompréhension du mécanisme qu'il est censé contrôler : cédant à la panique, il laisse un bout de papier décider des événements.

3

LA CRISE DE 1914

Des plans secrets ont déterminé qu'une crise qui ne serait pas réglée par des moyens diplomatiques raisonnables conduirait, dans le contexte européen de 1914, à une guerre générale. De tels moyens ont certes su régler des crises par le passé, notamment lors des querelles entre les puissances européennes sur leurs positions en Afrique et lors des troubles provoqués par les guerres balkaniques de 1912-1913. Cependant, ces crises ne relevaient que de questions d'intérêt national, non de questions d'honneur ou de prestige. Or, en juin 1914, c'est l'honneur de l'Autriche-Hongrie, la plus sensible des puissances européennes car la plus faible, qui est piqué au vif par le meurtre de l'héritier du trône, commis par un assassin se réclamant du voisin étranger le plus subversif de la double monarchie. L'Empire austro-hongrois, réunissant cinq grandes religions et une douzaine de langues, vit dans la crainte de la subversion ethnique. La principale source de subversion provient de la Serbie, royaume chrétien agressif, peu développé, théâtre de violences intérieures, et ayant obtenu son indépendance après des siècles de rébellion contre le joug de l'Empire ottoman. La Serbie indépendante ne rassemble pas tous les Serbes : d'importantes communautés allogènes demeurent, par les aléas de l'Histoire, sujets autrichiens. Ceux d'entre eux qui éprouvent des sentiments nationalistes rejettent l'autorité des Habsbourg presque autant que leurs frères libres ont rejeté celle des Ottomans. Les plus extrémistes sont prêts à tuer. Et c'est le meurtre de l'héritier des Habsbourg par l'un d'entre eux qui déclenche la crise fatale de l'été 1914.

En 1914, les manœuvres d'été de l'armée austro-hongroise ont lieu en Bosnie, ancienne province ottomane occupée par l'Autriche en 1878 et annexée à l'empire en 1908. François Ferdinand, neveu de l'empereur François-Joseph et inspecteur général des armées, arrive en Bosnie le 25 juin pour superviser ces manœuvres qui prennent fin le 27. Le lendemain matin, il part avec son épouse pour la capitale de la province, Sarajevo, afin d'y remplir des engagements officiels. Le jour est mal choisi : 28 juin, le Vidovdan, date anniversaire de la défaite des Serbes face aux Turcs, en 1389. C'est à cet événement, instaurant une longue période d'oppression étrangère, que les Serbes attribuent l'origine d'une histoire nationale douloureuse [1]. Après le retrait de l'Empire ottoman, ce sont les Habsbourg que les nationalistes serbes qualifient d'oppresseurs. L'administration de la province a été prévenue que la visite du prince héritier n'était pas bienvenue et qu'elle pouvait même se révéler dangereuse. François-Ferdinand reste sourd à l'avertissement : les menaces à l'encontre de personnalités sont monnaie courante à une époque ayant vu des fanatiques ou des illuminés tuer un tsar, une impératrice d'Autriche et un président de la République française. Dans le cas présent, plusieurs meurtriers sont en place, tous munis de bombes et de pistolets. Le groupe se compose de cinq jeunes Serbes et, pour des raisons purement symboliques, d'un Bosniaque de confession musulmane [2]. Sur le chemin menant l'archiduc à la résidence du gouverneur de la province, l'un des terroristes lance une bombe sur la voiture transportant François-Ferdinand et son épouse ; mais elle rebondit et explose sous la voiture qui suit, blessant un officier à l'intérieur. Le cortège impérial poursuit sa route. Trois quarts d'heure plus tard, en route vers l'hôpital pour visiter le blessé, le chauffeur de l'archiduc et de son épouse se trompe d'itinéraire. Rebroussant chemin, il doit momentanément s'arrêter. Cet arrêt est l'occasion qu'attend un des conspirateurs, Gavrilo Princip, resté dissimulé dans la foule. Armé d'un revolver, il s'avance et tire. L'épouse de l'archiduc meurt sur le coup, ce dernier dix minutes plus tard. Princip est arrêté sur-le-champ [3].

L'enquête révèle rapidement que les terroristes, tous autrichiens, se sont procuré leurs armes en Serbie avant de franchir de nouveau clandestinement la frontière autrichienne avec l'aide d'une organisation nationaliste serbe. Les enquêteurs autrichiens l'identifient comme étant la *Narodna Odbrana* (Défense nationale). Créée en 1908 pour lutter contre l'intégration de la Bosnie à l'Empire autrichien, elle pose le principe, comme toute la mouvance nationaliste, que la Bosnie est historiquement serbe. En réalité, l'organisation responsable est « L'union de la Mort », nommée communément la *Main noire*, dont l'action est clandestine [4]. Cette méprise n'a guère importance, les deux organisations ayant des membres communs, et la *Narodna Odbrana* apportant son aide à la *Main noire* en Bosnie. Cette dernière, plus funeste, a pour but « l'unification de toutes les Serbies ». Elle fait prononcer un serment de mort à ses initiés. Mais, surtout, elle se trouve sous le contrôle de celui dont le nom de code est « Apis », lequel n'est autre que le colonel commandant la section des renseignements de l'état-major général de l'armée serbe.

Il n'a jamais été possible d'établir le degré de connaissance du complot qu'avait le gouvernement serbe : le monde du renseignement a toujours été trouble, à l'époque comme de nos jours, à ceci près que celui d'alors comptait dans ses rangs davantage d'officiers en uniforme, comme le révèle avec sensation l'affaire Dreyfus. Apis, nom sous lequel se cache en fait le colonel Dragutin Dimitrijevic, est un révolutionnaire autant qu'un soldat (il a participé au brutal renversement de la dynastie des Obrenovic en 1903) et aurait pu mener une double vie. Quelle que soit la vérité, au 2 juillet, trois des membres du groupe de meurtriers ont fait des aveux complets révélant que leurs armes provenaient d'un arsenal militaire serbe et que des gardes-frontières serbes les ont fait repasser en Autriche. Des informations qui suffisent à celle-ci pour confirmer sa conviction bien ancrée de la malveillance des Serbes à son égard et réveiller son désir tout aussi intense de punir le petit royaume des troubles qu'il provoque au sein de l'empire.

La question slave constitue le plus important des problèmes de minorités que connaît l'empire. Celui posé par les Serbes devient une menace active et croissante. Si le problème des Polonais est atténué par le partage de leur ancien royaume entre l'Allemagne et la Russie, celui des Tchèques par un processus pesant aboutissant à la germanisation de leurs grandes villes et celui des Croates par leur appartenance catholique, il semble que rien ne puisse atténuer celui des Serbes si ce n'est l'usage de la force. Chrétiens orthodoxes, ils forment une minorité aussi bien religieuse que nationale. La tutelle russe de l'Eglise orthodoxe les rend très arrogants. Leurs longues années de guérilla pour résister à la domination turque les ont rendus opiniâtres et autonomes mais aussi, aux yeux des Autrichiens, retors et peu fiables. La pauvreté leur conserve un esprit belliqueux. Car belliqueux, le petit royaume de Serbie l'est à l'extrême : seul, il a obtenu son indépendance des Ottomans et acquis gloire et territoires lors des guerres balkaniques de 1912-1913. Cette renaissance nationale a réveillé dans le royaume l'idée d'une Grande Serbie qui sert de point de ralliement pour les Serbes autrichiens de Bosnie et de Croatie. Il s'agit de lui résister, non seulement car les Serbes ne représentent qu'une minorité parmi d'autres sur ces territoires, mais également parce que aucun de ces territoires ne saurait être cédé. Question de stratégie, mais aussi d'un système impérial qui, bien qu'au bord de l'effondrement, continue de nier la valeur de la nationalité comme idée politique. Faire des concessions à une minorité obligerait bientôt à en faire à d'autres, ce qui annoncerait la dissolution de l'empire.

La preuve de la complicité serbe, officielle ou non, dans l'assassinat de François-Ferdinand révélée dans la confession des conspirateurs le 2 juillet suffit donc à en persuader un grand nombre, au sein du gouvernement impérial, qu'une guerre contre la Serbie est désormais une nécessité. Le fait est que le comte Berchtold, ministre des Affaires étrangères austro-hongrois, a passé la majeure partie de la semaine précédant l'attentat à mettre au point d'agressives mesures diplomatiques à l'encontre de la Serbie. Son intention est de persuader l'Allemagne d'apporter son soutien à l'Autriche dans sa recherche d'alliance avec la Bulgarie et la Turquie, ennemies des Serbes pendant la Seconde Guerre balkanique de 1913. Il en résulterait un encerclement du gouvernement de Belgrade par des nations hostiles : Bulgarie et Turquie à l'est, Autriche-Hongrie à l'ouest et au nord. L'attentat donne un caractère d'urgence aux mesures diplomatiques de Berchtold. Un émissaire autrichien est dépêché à Berlin avec le document début juillet. Le 4, veille de son départ, Berchtold lui apporte des amendements radicaux. Le mémorandum exige à présent du gouvernement allemand de reconnaître que le différend entre l'empire et la Serbie est « irréconciliable ». Il affirme « l'impérieuse... nécessité pour la monarchie [austro-hongroise] de trancher d'une main ferme la toile que ses ennemis tentent de tisser au-dessus de sa tête ». Une lettre d'accompagnement prétend que « l'affaire de Sarajevo... résulte d'une conspiration très bien organisée, dont les ficelles sont tirées par Belgrade » et insiste sur le fait que « le pivot de la politique panslave [la Serbie comme promotrice de la « Grande Serbie »] doit être éliminé en tant que puissance dans les Balkans [6] ». Berchtold donne à son émissaire, le comte Hoyos, autorité verbale pour avertir les Allemands que Vienne va faire la demande à Belgrade de garanties quant à ses agissements futurs. En cas de refus, une action militaire suivra. Ainsi, six jours après l'attentat, l'Autriche affirme sa position. Il reste maintenant à savoir si l'empereur allemand et son gouvernement, sans le soutien desquels l'Autriche n'osera passer à l'acte, vont les appuyer.

Or tout le problème est là pour l'Autriche : oser. Avec le recul, il est tentant d'imaginer que, si l'Autriche avait frappé tout de suite, dans un coup de colère où l'emportement dynastique aurait claironné haut et fort sa juste croyance en la culpabilité serbe, l'Europe l'aurait laissé prendre des mesures sans s'en mêler. La Russie, grande sœur slave, a bien un faible pour les Serbes, mais les sentiments n'ont rien à voir avec les intérêts vitaux et ne constituent certainement pas un motif de guerre. Bien qu'également slaves, les Bulgares ont connu la défaite et l'humiliation en 1913 sans que la Russie ne vole à leur secours. En outre, même dans une région aussi violente que les Balkans, les Serbes détonnent, et encore plus aux yeux de l'Europe civilisée qu'aux yeux des Russes. Le comportement « asiatique » des officiers de son armée en 1903, qui ont non seulement tué leur roi et leur reine mais ont ensuite jeté leurs corps par une fenêtre du palais royal avant de les hacher en menus morceaux avec leurs sabres, a partout suscité l'émoi. L'Italie, qui convoite la portion de côte adriatique à laquelle aspire également la « Grande Serbie », n'aurait certainement rien fait pour arrêter sa partenaire de la Triple Alliance si celle-ci avait puni Belgrade. Même si elle l'avait voulu, la France ne pouvait apporter un soutien plus conséquent à la Serbie que les armes déjà fournies. Quant à la Grande-Bretagne, elle n'était en rien impliquée dans les Balkans. Si l'Autriche avait réagi dans la minute, sans chercher le soutien des Allemands, il est possible et même probable que les Serbes se seraient retrouvés dans un isolement aussi stratégique que moral. La Serbie n'aurait eu d'autre ressource que la capitulation devant l'ultimatum autrichien. Ce sont les réticences de l'Autriche à agir unilatéralement qui transforment un conflit local en une crise européenne généralisée. Ces réticences sont en grande partie à mettre sur le compte de gouvernements européens enclins à une précaution instillée dans leurs esprits par des années de planification de guerre virtuelle.

L'ensemble des arrangements et des traités d'assistance mutuelle, se combinant ou s'opposant (la France qui entrerait en guerre auprès de la Russie et inversement si l'une d'elles était attaquée par l'Allemagne, la Grande-Bretagne qui prêterait assistance à la France si les intérêts vitaux des deux nations étaient jugés menacés, l'Allemagne, l'Autriche-Hongrie et l'Italie [la Triple Alliance] qui feraient front commun si l'une d'elles était attaquée par deux autres Etats), est communément considéré comme le mécanisme ayant entraîné les « Alliés » (la France, la Russie et la Grande-Bretagne) dans un conflit avec les « Puissances centrales » (l'Allemagne et l'Autriche-Hongrie) en 1914. Au sens légal le plus strict, on ne peut dire le contraire. Mais ce n'est pas un traité qui pousse l'Autriche à courir à Berlin pour y trouver conseils et soutien après l'attentat de Sarajevo — en tout cas aucun traité appliqué —, mais l'anticipation des conséquences militaires qui suivraient si elle agissait seule. Dans le pire des cas, la Russie menacerait l'Autriche à leur frontière commune pour la dissuader d'entreprendre la moindre action contre la Serbie. L'Autriche chercherait alors du soutien du côté de l'Allemagne. Ce soutien, s'il était accordé, risquerait d'entraîner la France dans la crise pour faire contrepoids à la pression allemande sur la Russie. L'alliance entre la France et la Russie serait une circonstance entraînant la mise en application de la Triple Alliance (avec ou sans l'Italie). Les éléments d'une guerre européenne généralisée seraient alors réunis. Ainsi, ce sont les spéculations de l'Autriche sur une éventuelle réaction militaire, et la manière dont elle croit deviner qu'une mesure de précaution en entraînera une autre, qui la poussent à solliciter dès le début la Triple Alliance. Ce sont bien ces spéculations et non la Triple Alliance qui déclenchent le processus militaire.

Les Autrichiens s'interrogent sur les conséquences possibles d'une réplique. Ce n'est certes pas Berchtold, homme affable et indolent, mais irrité par l'affront serbe, qui ferait un distinguo entre le nationalisme serbe et la Serbie, pas plus que le chef de l'état-major, Conrad von Hötzendorf, depuis longtemps radicalement favorable à une guerre contre elle. La prudence est incarnée par le vieil empereur François-Joseph qui, en 1914, règne depuis soixante-six ans et par le comte Tisza, Premier ministre hongrois. L'empereur répugne à la guerre pour de multiples raisons, mais surtout parce qu'elle est source de changements. Il estime à juste titre que le changement est le pire ennemi d'un empire fragile. Tisza craint lui aussi les changements que la guerre est susceptible d'apporter car, malgré une moindre démographie, la part de pouvoir de la Hongrie au sein de l'empire est égale à celle de l'Autriche, et il importe donc que le système impérial reste à l'identique. Si la guerre était perdue, il faudrait faire des concessions aux Slaves, peut-être instaurer le « trialisme » sonnant l'arrêt de mort du « dualisme » austro-hongrois. Si la guerre était gagnée avec la contribution des Slaves de l'empire, la conséquence serait quand même le trialisme. C'est à la prudence de ces deux hommes, calculée dans le cas de l'empereur, partisane dans celui de Tisza, que se heurte le désir d'une action immédiate contre la Serbie. Le 2 juillet, l'empereur insiste auprès de Berchtold pour que rien ne soit entrepris avant qu'il n'ait consulté Tisza. Ce dernier confirme le même jour au ministre des Affaires étrangères que l'empereur doit prendre le temps de considérer les objections hongroises. C'est ainsi que Berchtold, frustré dans son désir d'agir seul et sans tarder, prend la décision, pour calmer la première des craintes des deux hommes (à savoir un isolement de l'Autriche dans une crise où des plans de guerre hostiles, en particulier russes, peuvent la menacer), de franchir le pas fatal : chercher à s'assurer que l'Allemagne sera à ses côtés.

Avec l'arrivée à Berlin le 5 juillet du comte Hoyos, l'émissaire de Berchtold, les planifications de guerre deviennent allemandes. Le mémorandum de Berchtold est remis au Kaiser par l'ambassadeur autrichien le jour même. Au cours du déjeuner, Guillaume II autorise ce dernier à dire à l'empereur François-Joseph que l'Autriche peut « compter sur le soutien inconditionnel de l'Allemagne [7] ». L'offre semble s'appliquer aussi bien à la proposition d'alliance avec la Bulgarie qu'à l'action contre la Serbie. La possibilité d'une intervention russe fait l'objet de discussions mais est écartée. Elle l'est aussi au cours de l'entretien avec les ministres et les conseillers militaires du Kaiser que l'ambassadeur voit ensuite. Le général von Falkenhayn, ministre de la Guerre, demande si des mesures préparatoires doivent être entreprises, ce à quoi on lui répond par la négative. Le chancelier Bethmann-Hollweg a été informé de son côté par son ministère des Affaires étrangères que la Grande-Bretagne ne s'impliquera pas dans une crise dans les Balkans, pas plus que la Russie si la situation devait en arriver là. Le lendemain, lundi 6 juillet, après avoir réaffirmé sa propre conviction à un certain nombre d'officiers militaires que la Russie n'interviendra pas, pas plus que la France, et que par conséquent des mesures préventives sont inutiles, le Kaiser part sur le yacht impérial, le *Hohenzollern*, pour sa croisière annuelle dans les fjords norvégiens. Il doit rester absent trois semaines. Le chef du grand état-major général et le ministre de la Marine sont en congé et il n'ordonne pas leur rappel.

Mais le Kaiser a insisté, aussi bien auprès de l'ambassadeur autrichien qu'auprès de ses dignitaires, sur un point : l'Autriche doit faire preuve de fermeté dans sa décision. La *Schlamperei* autrichienne (mélange de tergiversation et d'atermoiement) est un objet d'irritation constante pour l'impétuosité allemande. Le jeune empire, né dans l'urgence nationaliste et où tout se fait dans l'urgence, perd facilement patience face au vieil empire qui pense que le temps règle tout. La première semaine de juillet 1914 voit donc une étrange inversion des attitudes. Pour une fois, c'est l'Autriche qui est pressée et l'Allemagne qui part en vacances. Mais, dans le fond, rien ne change. Le Kaiser et ceux qui l'accompagnent sur le *Hohenzollern* s'adonnent à l'exercice physique intensif, organisent des régates, se font lire de l'histoire militaire. Les Autrichiens, sommés de prendre une décision, ne savent pas quoi faire [8].

Le Conseil impérial des ministres ne se réunit que le mardi 7 juillet, soit dix jours après l'attentat et cinq après le passage aux aveux des meurtriers. Berchtold, sentant les arguments en faveur de l'Autriche et le temps filer avec une égale rapidité, propose une action militaire. L'Empire austro-hongrois a mobilisé deux fois contre la Serbie au cours des années précédentes, en 1909 et en 1912, sans que la Russie ne réagisse ni dans un cas ni dans l'autre, et la garantie des Allemands renforce à présent sa position. Tisza résiste. Il insiste pour que la prise de mesures militaires soit précédée de l'envoi d'une liste de réclamations, dont aucune ne serait trop humiliante à accepter pour la Serbie. Ce n'est que dans le cas où elles seraient rejetées qu'il adresserait un ultimatum menant à la guerre. Ses adversaires, trois Germano-Autrichiens, un Polonais et un Croate, argumentent, mais en tant que Premier ministre hongrois et représentant de la moitié de l'empire, il a le dernier mot. Il obtient de Berchtold la concession d'attendre pour présenter ses propositions à l'empereur qu'il ait mis ses propres objections par écrit. Ce qui demande un jour supplémentaire. Ainsi, aucune décision ne peut être prise avant le jeudi 9 juillet.

François-Joseph accepte alors que tout ultimatum soit précédé de la transmission d'une note, comme le désire Tisza. Ce n'est pas ce que Berchtold veut entendre. Sa position ne cesse de se durcir, se rapprochant de celle du maréchal Conrad von Hötzendorf, lequel prône la guerre depuis l'attentat de Sarajevo. Il maintient sa pression de sorte que, le dimanche 12 juillet, Tisza est prêt à accepter la présentation d'une note à faire suivre si nécessaire par un ultimatum, et non pas d'une note offrant un délai de réponse. La distinction est plus importante que le choix des mots ne le laisse supposer : une note n'engage en rien un pouvoir souverain, contrairement à un ultimatum. Le mardi 14 juillet, lorsque Tisza et Berchtold se revoient, le Premier ministre hongrois obtient gain de cause sur l'ultimatum mais doit concéder l'imposition d'un délai de réponse minime : elle devra se faire dans les quarante-huit heures seulement après la remise de la note. Les termes de cette dernière sont établis, de même que la date de la réunion ministérielle lors de laquelle elle sera finalement approuvée.

Cette date est le dimanche 19 juillet, soit vingt et un jour après l'attentat. Berchtold informe également Tisza que la note ne pourra être présentée en bonne et due forme que la semaine suivante : le président français, Raymond Poincaré, s'apprête à partir en visite officielle en Russie le 16 juillet et ne rentrera pas avant le samedi 25 juillet. La remise d'une note de l'Autriche à la Serbie pendant que les chefs d'Etat russe et français (respectivement le protecteur des Serbes et son principal allié) sont en étroits contacts pourrait les amener à tenir un conseil diplomatique et stratégique. L'espoir d'un conflit purement local et d'une Serbie isolée (espoir déjà objectivement entamé par le retard pris, comme Berchtold doit subjectivement le reconnaître) serait alors dangereusement réduit. Telle est l'explication donnée à Berlin pour repousser à nouveau la *démarche*. Les Allemands, se défend Berchtold, peuvent être parfaitement « assurés qu'il n'y a pas une once d'hésitation ou de doute [à Vienne] ».

La note autrichienne, sur laquelle les Austro-Hongrois finissent par s'accorder de façon concluante le dimanche 19 juillet, répond à certaines des objections de Tisza. Comme il s'était opposé dès le début à toute demande susceptible d'augmenter le nombre de Slaves dans l'empire, la note ne présente aucune menace d'annexion ni, malgré les désirs de Conrad, de démembrement : si elle accepte l'intégralité de la liste des réclamations autrichiennes, la Serbie gardera son intégrité. Mais la demande faite à la Serbie de présenter des garanties quant à son comportement futur répond tout autant au souhait de Berchtold. A cet effet, la note réclame avant toute chose que le journal du gouvernement serbe publie en première page une condamnation de toute propagande en faveur de la séparation de n'importe quelle portion de territoire de l'empire, condamnation que le roi serbe doit renouveler dans un ordre du jour à son armée. Suit une liste de dix réclamations numérotées, dont cinq fixent l'interdiction de la propagande ou de la subversion. La dernière exige des garanties prouvant l'application des autres. Aucun de ces points ne comporte de violation de la souveraineté serbe, à la différence des points 5, 6, 7 et 8. Non seulement ces derniers stipulent l'arrestation, l'interrogatoire et la punition des dignitaires serbes impliqués dans l'attentat, mais ils exigent également que des fonctionnaires austro-hongrois prennent part à l'application de ces mesures sur le territoire serbe. En somme, on ne fait pas confiance à la Serbie pour mener elle-même l'enquête sur cette affaire : la supervision de l'Autriche est nécessaire. Le délai fixé pour la réponse à la note est de quarante-huit heures après sa remise, soit le 23 juillet. Berchtold sait maintenant que cela correspondra au jour où le président français quittera la Russie. Le document parviendra à Belgrade à 6 heures de l'après-midi (heure locale) et arrivera à expiration le samedi 25 juillet.

Vingt-cinq jours après l'attentat, le gouvernement serbe est prévenu du départ de la note. Le Premier ministre serbe, Nicolas Pasic, a malgré tout décidé de quitter la capitale et de partir à la campagne. Et malgré la remise du document au ministère des Affaires étrangères par l'ambassadeur autrichien, il poursuit son voyage. Ce n'est que pendant la nuit qu'il décide de faire demi-tour, et à 10 heures le lendemain matin seulement qu'il réunit ses ministres pour décider de la réponse à donner. Les gouvernements russe, allemand et britannique ont déjà reçu leur copie du texte. La situation est analogue en France où, malgré l'absence du Président et du ministre des Affaires étrangères, la note est bien parvenue à Paris et se trouve entre les mains d'un conseiller. À Belgrade, en revanche, l'ambassadeur britannique est souffrant, le Russe vient de mourir et n'a pas été remplacé, alors que le remplaçant du Français, victime d'une dépression nerveuse, vient à peine d'arriver. Le corps ministériel serbe est donc privé de conseillers diplomatiques expérimentés à un moment où il en a cruellement besoin. Belgrade est une petite ville reculée et le Gouvernement, bien qu'ayant l'expérience de la rudesse de la diplomatie de guerre balkanique, est mal préparé à affronter une crise pouvant impliquer l'ensemble des grandes puissances. De surcroît, en l'absence de Pasic, les ministres serbes ont pris peur à la lecture de la note. Si, à son retour, la guerre est évoquée avec audace, on se dirige très vite vers un consentement. Des messages parviennent de sir Edward Grey, le ministre des Affaires étrangères britannique, et de Paris, conseillant l'un comme l'autre d'accepter autant de points qu'il est possible de la note autrichienne. Le lendemain samedi 25 juillet au matin, les délégations britannique et française à Belgrade informent leurs pays respectifs que Belgrade va accéder aux demandes de l'Autriche, à l'exception de la condition stipulant que des représentants de l'autorité impériale seront admis sur le territoire serbe pour superviser l'enquête.

Mais même sur ce point épineux, les Serbes n'ont pas encore pris de décision. L'attentat a eu lieu vingt-sept jours plus tôt, et l'Autriche peut donc encore parvenir au résultat qu'elle aurait très bien pu atteindre si elle avait dès le début fait usage de sa légitimité à intervenir contre la Serbie. Hormis la question de l'orgueil national, les intérêts vitaux d'aucune autre puissance ne sont menacés, quand bien même la Serbie autoriserait les représentants du pouvoir autrichien à participer aux poursuites judiciaires effectuées sur son territoire. Ce serait une humiliation pour les Serbes et une violation de l'idée de souveraineté qui régit les relations des Etats européens entre eux. Compte tenu du statut de semi-paria des Serbes aux yeux de la communauté internationale, les autres puissances n'en feraient certainement pas une question de principe, à moins d'en décider autrement. Aussi, toujours à midi le samedi 25 juillet, soit cinq heures avant l'arrivée à expiration du délai fixé par la note autrichienne, l'attentat de Sarajevo reste, du point de vue diplomatique, une affaire entre l'Autriche-Hongrie et la Serbie, rien de plus.

Mais la réalité n'est pas qu'une affaire de diplomatie : en trois semaines et six jours depuis l'attentat, les peurs ont eu le temps de s'aviver, les prémonitions de se formuler et les positions de se dessiner. Le vendredi après-midi, alors que les ministres serbes s'apprêtaient à capituler, sir Edward Grey avait déjà demandé aux ambassadeurs allemand et autrichien à Londres, le prince Lichnowsky et le comte Mensdorff, d'envisager un prolongement du délai, en prévision d'une rebuffade des Serbes. Il soulève aussi la question de la médiation. Acceptant que l'Autriche refuse, comme elle l'a clairement fait comprendre, toute interférence dans ses négociations avec la Serbie, il avance toutefois l'idée que l'Allemagne, la France et l'Italie pourraient servir de médiateurs entre l'Autriche et la Russie si cette dernière mobilisait, éventualité que la communauté diplomatique envisage. Une mobilisation russe durcirait partout les positions des uns et des autres, même s'il ne se trouve personne pour y voir le motif à une mobilisation générale sur le continent et encore moins au déclenchement d'une guerre. Toutefois, revenant ce soir-là au ministère des Affaires étrangères, Mensdorff affirme à nouveau aux médiateurs (à l'exception de sir Grey, parti en week-end de pêche) la position de l'Autriche : la note n'est pas un ultimatum et ne sera pas nécessairement suivie d'une déclaration de guerre si une réponse satisfaisante n'arrivait pas dans les délais impartis.

Il reste une nuit et la matinée du samedi aux Serbes pour arrêter une position. Au matin du 25 juillet, ils sont toujours enclins à la capitulation, non sans réticences, lesquelles laissent entrevoir un esprit toujours belliqueux. C'est au cours de l'après-midi que l'ambassadeur serbe auprès du tsar leur fait savoir que ce dernier, depuis son palais de campagne, ne ménage pas son soutien à la Serbie. A 11 heures, sans toutefois envisager la mobilisation, Nicolas II a annoncé la « Période de préparation à la guerre » qui la précède. Cette nouvelle bouleverse les décisions prises par les ministres serbes. Ce matin-là, ils s'étaient mis d'accord pour accepter toutes les réclamations de l'Autriche sans réserves majeures. A présent résolus, ils mettent des conditions à six d'entre elles et rejettent catégoriquement la plus importante : que les enquêteurs autrichiens puissent officier sur le territoire serbe. Dans la précipitation des heures qui suivent, la réponse à la note est rédigée à plusieurs reprises, des lignes sont barrées, des passages corrigés à l'encre. Comme cela se produira à l'ambassade japonaise de Washington la veille de Pearl Harbor, le préposé à la rédaction du texte cède à la nervosité. Le document final, palimpseste de révisions et de rajouts de dernière minute, n'a rien de diplomatique. Il est toutefois achevé à un quart d'heure de l'échéance, mis sous enveloppe scellée et apporté par le Premier ministre en personne, Nicolas Pasic, à l'ambassadeur autrichien. Dans l'heure qui suit sa réception, tout le personnel de l'ambassade a pris le train pour la frontière autrichienne et quitté Belgrade.

S'ensuit un curieux entracte de deux jours du dimanche 26 au lundi 27 juillet. La Serbie mobilise sa petite armée, la Russie rappelle ses plus jeunes réservistes vers les unités de ses districts militaires occidentaux. On assiste à des scènes de liesse populaire à Vienne à l'annonce du rejet par le Gouvernement de la réponse serbe, et des scènes identiques ont lieu dans les villes allemandes, y compris à Berlin. Néanmoins, le dimanche, le Kaiser est toujours en croisière, tandis que Poincaré et Viviani, le ministre français des Affaires étrangères, tous deux à bord du *France,* doivent attendre le soir avant de recevoir un câble leur demandant de rentrer de toute urgence. Dans l'intervalle, des discussions se tiennent dans un esprit davantage spéculatif que pragmatique et va-t'en-guerre. Bethmann-Hollweg donne l'instruction à ses ambassadeurs de Londres et de Paris d'avertir que les mesures militaires prises par la Russie peuvent être perçues comme une menace. L'ambassadeur allemand à Saint-Pétersbourg est chargé d'annoncer que la non-suspension de ces mesures obligera l'Allemagne à mobiliser. Il précise : « Cela signifierait la guerre ». Dans la réponse que lui adresse l'ambassadeur, Bethmann-Hollweg apprend qu'une médiation franco-britannique tente de réfréner la position de leur alliée. Sazonov, ministre russe des Affaires étrangères, consent à davantage de modération. Le Kaiser et le gouvernement autrichien en sont informés. Le ministère des Affaires étrangères britannique, sur la base de ses propres informations, croit voir un espoir que les Russes acceptent une médiation par le Royaume-Uni, la France, l'Allemagne et l'Italie. L'espace d'un instant se répand le sentiment que la crise, comme celles de 1909 et 1913, va se régler par la négociation.

Mais cet espoir est irréaliste : les politiciens et les diplomates ne connaissent ni ne maîtrisent les mécanismes abstraits de la planification de guerre. Ils ne savent pas davantage comment elle fonctionne une fois enclenchée. Seuls sir George Buchanan, ambassadeur britannique à Saint-Pétersbourg, et Jules Cambon, ambassadeur français à Berlin, mesurent pleinement l'effet d'escalade d'une proclamation de mobilisation sur une autre et le caractère inexorable d'un déploiement de force une fois le processus lancé [9]. Comme il l'a déjà rapporté au ministère britannique des Affaires étrangères, Buchanan a averti les Russes : une mobilisation de la Russie entraînera non seulement celle de l'Allemagne mais également une déclaration de guerre. Cambon en est arrivé à la même conclusion. Mais ils ne sont que de simples ambassadeurs, qui plus est loin de chez eux à une époque où les communications sont malaisées : leurs voix manquent de poids, et, bien pire, ils ne parviennent pas à faire sentir l'urgence de la situation. Seuls ceux se trouvant au cœur des décisions, dans les entourages du tsar et du Kaiser, à Paris, à Vienne, à Londres, se font entendre. En dépit de leur faible nombre (quelques ministres, bureaucrates et soldats dans chaque capitale), les informations dont ils disposent ne sont pas portées à la connaissance de tous. Celles qui le sont ne sont pas comprises de la même manière, et l'on ne prend guère la peine de s'accorder sur ce qui a été effectivement compris. Les informations arrivent par à-coups, tantôt abondantes, tantôt rares, toujours incomplètes. Impossible de les mettre en corrélation ou de les faire afficher comme dans les centres de gestion de crise modernes. Et si cela avait été possible, rien ne dit que la crise de 1914 aurait été mieux gérée qu'elle ne l'a été. Les systèmes de communication modernes peuvent submerger d'informations leurs utilisateurs, leur faisant perdre du temps de réflexion. Mais en 1914, c'est le manque d'informations qui fait perdre du temps à ces hommes cherchant à reconstituer les faits qui leur manquent. Le temps, dans toutes les crises, est bien souvent l'élément qui fait le plus défaut pour arriver à une solution que l'on pourrait trouver sans peine à tête reposée.

On dispose de nos jours d'organismes de négociations comme les conseils régionaux de sécurité et les Nations unies. En 1914, rien de tout cela n'existe, et les « temps morts » doivent être organisés par des hommes de bonne volonté. Sir Grey, le ministre britannique des Affaires étrangères, en est un. Il a proposé une conférence à quatre puissances le dimanche 26 juillet, et il passe le lundi à essayer de la réunir. S'il n'y avait eu qu'une proposition en circulation, peut-être y serait-il parvenu ; mais d'autres circulent également, détournant l'attention. Le lundi, les Russes proposent des pourparlers directs avec les Autrichiens afin qu'ils modèrent leurs exigences envers les Serbes. Ils suggèrent aussi que les ambassadeurs des grandes puissances à Belgrade exercent une pression dans la direction opposée pour faire fléchir la résistance serbe. A la diversion vient délibérément s'ajouter la confusion. Le plus haut responsable du ministère allemand des Affaires étrangères, Gottlieb von Jagow, assure verbalement aux ambassadeurs britannique et français que l'Allemagne est soucieuse de préserver la paix mais préfère des négociations directes entre la Russie et l'Autriche à une plus large médiation. Or, dans le même temps, l'Allemagne ne pousse en rien l'Autriche dans la voie du dialogue avec la Russie : son but est de retarder la mobilisation russe tout en maintenant un processus diplomatique neutralisant la Grande-Bretagne et la France, cette dernière acceptant le lundi après-midi de participer à la conférence à quatre puissances proposée par sir Grey. Enfin, il y a le sabotage. En apprenant la proposition de conférence faite par le ministre britannique des Affaires étrangères ce même lundi, Berchtold informe depuis Vienne l'ambassadeur allemand qu'il a l'intention « d'envoyer une déclaration de guerre officielle demain, au plus tard après-demain, pour couper court à toute tentative de médiation [10] ».

En conséquence de quoi, l'Autriche-Hongrie déclare la guerre à la Serbie le mardi 28 juillet. C'est maintenant Berchtold, et non plus Conrad, qui est pressé. Il y a déjà eu échange de tirs entre troupes serbes et autrichiennes (des Autrichiens ont ouvert le feu sur des Serbes qui se sont aventurés trop près de la frontière), ce que Berchtold considère comme début de guerre. Celle-ci est maintenant telle qu'il l'a voulue, dans des conditions qu'il aurait pu obtenir dans les jours ayant suivi l'attentat, à savoir une offensive franche et localisée contre la Serbie. Le retard d'un mois a failli tout compromettre, mais il conserve l'espoir que la diplomatie retardera de part et d'autre une prise de décisions irréversibles pendant qu'il règle ses comptes avec la Serbie.

Son empressement à agir est amplifié par la découverte des plans de guerre de son propre pays, lesquels entravent le peu d'espoir placé dans une issue rapide du conflit [11]. Conrad von Hötzendorf a fait savoir à Berchtold que sa division tripartite des forces (la concentration « minimale » à la frontière balkanique, la concentration principale contre la Russie en Pologne, la formation de « balancier » pour renforcer l'une ou l'autre) empêche une offensive immédiate contre la Serbie, à moins d'avoir la garantie que la Russie ne mobilisera pas. Aussi modestes soient-elles, les seize faibles divisions de l'armée serbe sont plus nombreuses que celles du groupe « minimal ». La prudence opérationnelle exige donc l'engagement de la formation « de va-et-vient » afin de mener à bien une guerre rapide contre la Serbie. Mais si la formation « de balancier » part au sud, la frontière polonaise au nord sera dangereusement exposée. Tout dépend donc des intentions russes.

La Russie en a déjà fait beaucoup. Le samedi précédent, jour où la nouvelle de l'emphatique soutien à la Serbie a encouragé le gouvernement de Belgrade à changer d'avis et à rejeter la note autrichienne, elle a déclenché des mesures militaires appelées « Période de préparation à la guerre ». Comme il ne s'agit dans le cas présent que d'apprêter l'armée du temps de paix de la Russie d'Europe, la procédure est préventive et n'entend pas provoquer une escalade, ni de mobilisation chez une autre puissance. L'équivalent en Allemagne est « l'Etat de danger de guerre » (*Kriegsgefahrzustand*) et en France *la Couverture*, réglant les opérations frontalières. La mesure russe peut se justifier par le fait que la Serbie a mobilisé et que l'Autriche mobilise seulement contre elle, mobilisation partielle intervenant le même jour. La France est informée de la mesure (la convention franco-russe stipule que la Russie doit consulter son alliée avant de mobiliser), et le représentant militaire allemand à la cour russe informe Berlin qu'il a « l'impression que tout est mis en place pour une mobilisation contre l'Autriche [12] ». En pratique, il a été fait bien plus. Sous couvert de « Période de préparation à la guerre », des ordres de mobilisation ont été envoyés pour les districts militaires de Kiev, Odessa, Moscou et Kazan, soit la moitié de la Russie d'Europe. Ils sont étendus le lundi 27 juillet au Caucase, au Turkestan, à Omsk et à Irkoutsk.

Au début de ce qui va être la dernière semaine de paix, la moitié de l'armée russe (à l'exception des unités attenantes à l'Allemagne, se trouvant en Pologne et dans les provinces baltes) est mise sur le pied de guerre. La France a été avertie et approuve : en fait, Messimy, ministre de la Guerre, et Joffre, chef de l'état-major, poussent même la Russie à tenir son armée aussi prête que possible. Mais les généraux russes n'ont pas besoin de se faire prier : à l'instar de leurs homologues européens, ils considèrent que leur responsabilité consiste à se préparer au pire. Et le pire pour eux serait que, en cherchant à dissuader l'Autriche de mener une guerre en Serbie, leurs préparatifs ne provoquent une mobilisation générale de l'Allemagne. Cela arrivera si la mobilisation partielle, déjà en cours, déclenche une mobilisation totale en Autriche entraînant (et les Russes ont toutes les raisons de le croire) également une mobilisation totale en Allemagne. Ainsi, le mardi 28 juillet, le chef de l'état-major russe, Januchkevitch, son intendant général, son responsable de la mobilisation et son responsable du transport s'accordent pour que la « Période de préparation à la guerre » soit remplacée par une proclamation de mobilisation officielle [14]. En privé, ils reconnaissent qu'une guerre généralisée ne peut certainement plus être évitée : l'équation « mobilisation partielle russe contre l'Autriche = mobilisation autrichienne totale = mobilisation allemande totale = la guerre » se tient là, tel quelle, devant eux. Ils décident alors de n'annoncer publiquement qu'une mobilisation partielle et s'attèlent à en prévoir les dispositions. Mais dans le même temps, une autre disposition, intéressant quant à elle la mobilisation générale, sera présentée au tsar afin qu'il valide les deux.

Ayant été informé le matin même de la déclaration de guerre de l'Autriche à la Serbie, Sazonov s'entretient dans l'après-midi avec Paléologue, l'ambassadeur français en Russie. Albertini, grand historien des origines de la guerre, conclut de cette entrevue que Paléologue « doit avoir approuvé [la décision de mobilisation partielle] et promis l'entière solidarité française ». Pour l'heure, il tente de calmer les craintes que l'annonce de mobilisation ne manquera pas de provoquer à Vienne, Paris, Londres et Rome. Il demande que le gouvernement allemand soit également prévenu, tout en « insistant sur le fait que la Russie n'a aucune intention d'attaquer l'Allemagne [15] ». Pourtant, Januchkevitch informe ce soir-là tous les districts militaires que « le 30 juillet sera proclamé premier jour de notre mobilisation générale ». Le lendemain matin, après avoir vu Sazonov, il rend visite au tsar et s'assure sa signature des ordres de mobilisation, aussi bien totale que partielle [16]. L'après-midi, le responsable de la section mobilisation obtient les signatures des ministres concernés ; le ministre de l'Intérieur, orthodoxe dévot, n'apposera sa signature qu'après avoir fait le signe de croix. Le soir même, l'intendant général fait taper les ordres au centre télégraphique de Saint-Pétersbourg et les tient prêts pour expédition.

Cette décision de lancer la mobilisation générale « est peut-être la plus importante de toute l'histoire de l'empire russe et elle ruine bel et bien tout espoir d'éviter une grande guerre européenne [17] ». Elle est aussi inutile. Sazonov accède apparemment aux requêtes des militaires quand il apprend le bombardement de Belgrade par des canonnières autrichiennes sur le Danube dans la nuit du 29 juillet. Or l'attaque est insignifiante : le Kalemegdan, la forteresse turque qui trône sur les hauteurs de Belgrade à la jonction entre le Danube et la Save, ne pourrait succomber qu'à un bombardement d'artillerie lourde et existe toujours aujourd'hui. En outre la mobilisation autrichienne ne menace en rien la sécurité de la Russie. En effet, la guerre de l'Autriche contre la Serbie ne permet pas aux Austro-Hongrois de s'engager ailleurs dans une guerre à plus grande échelle. Aussi modeste que soit l'armée serbe, sa taille aussi bien que son expérience du combat exigent, selon les calculs de Vienne, l'engagement contre elle de plus de la moitié des forces dont dispose l'Autriche. Le regroupement « minimal » et celui de « balancier » totalisent vingt-huit divisions autrichiennes, et les vingt restantes sont trop peu nombreuses pour lancer une offensive en Pologne russe. Enfin, en Serbie même, le terrain est difficilement praticable, montagneux, dépourvu de routes, très boisé et donc susceptible de retarder sérieusement un envahisseur cherchant à emporter rapidement la décision : c'est en tout cas ce qui va arriver en 1915 quand l'Allemagne, l'Autriche et la Bulgarie attaqueront la Serbie en plusieurs points mais mettront deux mois à soumettre les Serbes [18].

La Russie pourrait donc, sans mettre sa sécurité en péril, sans menacer la paix générale et sans abandonner les Serbes, se contenter ce 29 juillet d'une mobilisation partielle, à distance respectable de ses frontières. La mobilisation générale, incluant les districts militaires bordant l'Allemagne, signifie une guerre générale. Cette perspective effrayante se dessine à présent dans toutes les capitales européennes. Ceux qui s'inquiètent le plus des préparatifs militaires des autres (Januchkevitch, Moltke, Conrad, Joffre) se préoccupent de ne leur concéder aucun avantage. Quant à ceux qui craignent le plus la guerre elle-même, ils cherchent à gagner du temps par tous les moyens. Parmi eux, Bethmann-Hollweg, le chancelier allemand. Il a déjà donné instruction à l'ambassade d'Allemagne à Saint-Pétersbourg de prévenir Sazonov que « les mesures de mobilisation russes nous obligeront à mobiliser et qu'alors une guerre européenne ne pourra plus être évitée [19] ». Le Kaiser agit de même. L'après-midi du 29 juillet, il télégraphie en anglais à son cousin le tsar lui demandant « d'aplanir toute difficulté susceptible de se présenter encore ». La réponse un rien pathétique du tsar suggère « qu'il serait bon de confier la question austro-serbe à la conférence de La Haye », laquelle conférence, création sans poids réel du tsar, ne doit pas se réunir avant 1915 [20]. Plus tard ce soir-là, un second télégramme du Kaiser parvient à Saint-Pétersbourg : « Il serait tout à fait possible à la Russie, y suggère-t-il, de rester spectatrice du conflit austro-serbe sans engager l'Europe dans la guerre la plus terrible qu'elle ait jamais connue », et il conclut en se proposant de nouveau de jouer les médiateurs. A la réception de ce télégramme, le tsar téléphone immédiatement au ministre de la Guerre et ordonne l'annulation de la mobilisation générale : l'ordre ne concernera finalement qu'une mobilisation partielle. Il intervient juste à temps car, à 21 h 30 ce 29 juillet, l'intendant général se trouve au centre télégraphique de Saint-Pétersbourg, prêt à superviser la transcription en morse des ordres [21].

Cette annulation devrait permettre le sursis nécessaire à la sauvegarde de la paix. Le lendemain jeudi 30 juillet à l'aube, les Britanniques cherchent toujours à organiser une médiation, tout en refusant de révéler s'ils interviendront ou non dans une guerre en Europe. La France n'a pris aucune mesure préventive conséquente, les troupes autrichiennes marchent contre la Serbie, et l'Allemagne n'a mobilisé aucune troupe. Les dirigeants de l'armée allemande sont cependant dans un état d'extrême inquiétude. Pour le général von Falkenhayn, ministre de la Guerre, la mobilisation partielle de la Russie représente une menace aussi grande que si elle était totale. Considérant qu'elle donne aux Russes une avance susceptible d'enrayer le réglage minutieux du plan Schlieffen, Falkenhayn souhaite mobiliser sur-le-champ mais se heurte à Bethmann-Hollweg. Celui-ci espère toujours que Berchtold parviendra à convaincre les Russes de ne voir dans l'offensive contre la Serbie qu'un conflit local. Moltke, chef du grand état-major général, est moins radical mais demande pour le moins la proclamation du *Kriegsgefahrzustand* dans le but d'aligner les préparatifs allemands sur ceux des Russes. Pour ce faire, il s'invite à 13 heures à une réunion entre Bethmann-Hollweg, Falkenhayn et l'amiral Tirpitz, ministre de la Marine. Il ne parvient pas à obtenir gain de cause. Mais ce qu'il apprend peu après l'alarme au point d'être convaincu de la nécessité d'une mobilisation générale devant être déclenchée sur-le-champ et par tous les moyens. En effet, l'officier de liaison autrichien du grand état-major général, en lui dessinant les grandes lignes des dispositions actuelles de son armée, révèle instantanément à Moltke que cette dernière laissera la frontière est de l'Allemagne dangereusement exposée en cas de guerre. « Il avait besoin de quarante divisions austro-hongroises [en Pologne autrichienne] prêtes à l'attaque et on ne lui offrait que vingt-cinq divisions sur la défensive [22]. » Moltke exprime sa grande inquiétude à l'attaché militaire autrichien. Plus tard dans la soirée, il télégraphie à Conrad von Hötzendorf à Vienne : « Tenez ferme devant la mobilisation russe. L'Autriche-Hongrie doit être préservée, mobilisez immédiatement contre la Russie. L'Allemagne va mobiliser. »

Ce faisant, Moltke outrepasse largement ses pouvoirs, même dans le cadre d'un Etat militariste. Cette ingérence est d'autant plus répréhensible que le chancelier et le Kaiser cherchent encore à persuader les Autrichiens de circonscrire le conflit et de limiter leurs objectifs en leur disant : « Arrêtez-vous à Belgrade. » En lisant le télégramme le lendemain matin vendredi 31 juillet, Berchtold exprime une surprise compréhensible : « C'est incroyable ! Qui dirige le Gouvernement, Moltke ou Bethmann ? » Cela ne l'empêche pourtant pas d'y donner suite. Tout en affirmant à Conrad von Hötzendorf : « J'avais l'impression que l'Allemagne battait en retraite, mais j'ai reçu une déclaration des plus rassurantes de la part des autorités militaires responsables », il agit en sorte que l'ordre de mobilisation générale soit présenté à François-Joseph en fin de matinée [23]. Il lui est retourné signé peu après midi et est immédiatement publié.

A elle seule, cette annonce est susceptible d'amener le tsar à reconsidérer sa décision d'annuler la mobilisation générale du 29 juillet au soir. Mais, en réalité, celle-ci a déjà été reconsidérée. Toute la journée du jeudi 30, Sazonov, Sukhomlinov et Januchkevitch, respectivement ministre des Affaires étrangères, ministre de la Guerre et chef de l'état-major, ont fait part de manière pressante de leurs craintes au tsar. Celui-ci séjourne dans sa résidence d'été sur la mer Baltique, où il nage, joue au tennis, s'inquiète d'une hémorragie de son fils hémophile. Il croit toujours à la paix et a foi dans les bonnes intentions de son cousin Guillaume II. Homme bon mais toujours évasif, ce qui tend à le rendre agaçant, il repousse pendant toute la matinée les arguments de ses ministres. Au cours de l'après-midi, Sazonov prend le train pour Peterhof afin de lui parler de vive voix. Il est dans un état de grande agitation, renforcé par l'attitude sans équivoque de Paléologue. L'ambassadeur français, avec lequel il s'est entretenu plus tôt, ne l'a en rien dissuadé d'envenimer la crise. Paléologue, patriote farouche, semble avoir déjà accepté l'idée d'une guerre inévitable et paraît avoir voulu uniquement s'assurer de l'engagement russe quand elle éclatera [24]. Sazonov, quant à lui, n'a jamais voulu la guerre, mais sa nature nerveuse et impressionnable se laisse emporter par les mises en garde des généraux affirmant que l'avantage pourrait être perdu. En outre, il souffre particulièrement de cette névrose développée par les Russes au sujet du contrôle des Balkans : qu'une puissance hostile s'empare du Bosphore, porte de sortie de la mer Noire vers la Méditerranée, et la Russie sera coupée du reste du monde. Entre 15 et 16 heures ce jeudi 30 juillet, Sazonov réitère ses inquiétudes au tsar. Celui-ci l'écoute, pâle et tendu, montrant de temps en temps une irritation inhabituelle. Le général Tatistchev, son représentant personnel auprès du Kaiser, est présent. A un moment donné il observe : « Oui, la décision est difficile à prendre », ce à quoi Nicolas II répond d'un ton brutal : « Je vais la prendre [25]. » La décision est effective peu de temps après. Sazonov quitte la salle d'audience et téléphone à Januchkevitch, lui transmettant l'ordre de proclamer la mobilisation générale. « Maintenant vous pouvez mettre votre téléphone en miettes », conclut-il. Le chef d'état-major russe avait en effet déclaré que, s'il recevait une deuxième fois l'ordre de mobilisation générale, il mettrait son téléphone en miettes de façon à être injoignable. La mobilisation, trop avancée, aurait rendu impossible une autre annulation.

L'heure a sonné. Ce soir-là, les affiches annonçant la mobilisation apparaissent sur les murs de Saint-Pétersbourg et des autres villes de Russie. Les réservistes doivent commencer à se présenter à leurs dépôts le lendemain, vendredi 31 juillet. Pour des raisons jamais vraiment élucidées, cette information cruciale pour tous les Russes ne parvient officiellement à Paris et à Londres que tard dans la soirée : l'ambassadeur britannique a tardé à la télégraphier, et le télégramme de Paléologue a pris un retard inexpliqué. Les Allemands sont mieux informés : ils sont au courant dès le vendredi matin. A 10 h 20, un télégramme leur arrive, émanant de Pourtalès, leur ambassadeur à Saint-Pétersbourg : « Premier jour de mobilisation, le 31 juillet [26]. » C'est ce que Moltke attendait. Il va maintenant obtenir l'autorisation dont il a besoin pour prendre les mesures de précaution militaires jugées nécessaires. En revanche, cette nouvelle désole Bethmann-Hollweg. Jusqu'à l'arrivée du télégramme, le chancelier a espéré que l'Autriche pouvait être amenée à négocier directement avec la Russie, et que celle-ci pouvait être conduite à accepter le caractère local et limité de la guerre contre la Serbie. A présent il doit accepter ce qui semble inévitable. L'annonce de la mobilisation générale en Autriche arrive à 12 h 30. L'Allemagne proclame l'« Etat de danger de guerre » dans la demi-heure suivante.

L'« Etat de danger de guerre » est une mesure préventive qui n'implique pas nécessairement la mobilisation. Mais les mobilisations autrichienne et russe, à moins de voir cette dernière annulée, conduisent l'Allemagne à mobiliser à son tour. Un ultimatum est envoyé à cet effet peu après 15 heures le 31 juillet à Saint-Pétersbourg et à Paris. Chacun de ces deux télégrammes stipule que « la mobilisation [allemande] suivra si la Russie ne suspend pas toute mesure de guerre contre nous ou l'Autriche-Hongrie ». Celui adressé à la Russie exige sous douze heures « une assurance nette quant à cela » ; celui destiné à la France contient l'avertissement que « la mobilisation signifie inévitablement la guerre » et réclame une déclaration de neutralité « dans une guerre germano-russe... sous dix-huit [18] heures [27] ».

L'après-midi du 31 juillet voit donc la crise, commencée trente-quatre jours plus tôt avec l'attentat de Sarajevo, atteindre son paroxysme. Sa durée est en fait bien moindre. De l'attentat du 28 juin aux conclusions de l'enquête de la justice autrichienne et aux aveux des conspirateurs le 2 juillet, seulement cinq jours se sont écoulés. Dans la période suivant immédiatement, les Autrichiens auraient pu décider d'agir unilatéralement et sans grand risque de provoquer l'intervention des Russes, protecteurs de la Serbie. Au lieu de cela, l'Autriche a cherché le soutien de l'Allemagne, lequel lui est accordé le 5 juillet. Temps écoulé depuis l'attentat : huit jours. S'ensuit une interruption de dix-neuf jours pendant lesquels les Autrichiens attendent que le président français achève sa visite officielle en Russie le 23 juillet. La crise débute donc véritablement le 24 juillet, date de l'envoi par l'Autriche de la « note nécessitant réponse sous délai [quarante-huit heures] ». C'est à l'expiration de ce délai le lendemain, soit vingt-huit jours après l'attentat, que l'affrontement diplomatique se transforme brutalement en une crise à laquelle aucun des belligérants ne s'attendait. L'Autriche voulait seulement punir la Serbie mais n'a pas eu le courage d'agir seule. L'Allemagne ne souhaitait pas la guerre mais un succès diplomatique qui aurait renforcé ses alliés autrichiens aux yeux des nations européennes. La Russie refusait également la perspective d'une guerre mais sans toutefois comprendre que le soutien apporté à la Serbie ferait insidieusement s'approcher le danger de la voir éclater. Le 30 juillet, soit trente-trois jours après l'attentat, l'Autriche est en guerre avec la Serbie. Son armée mobilisée, elle n'a cependant concentré aucune force contre les Russes et reste inactive à la frontière serbe. La Russie a proclamé la mobilisation partielle mais ne se concentre contre personne. Le Kaiser et le chancelier allemands croient toujours possible une conciliation entre l'Autriche et la Russie pouvant amener une annulation de leurs mobilisations, même si Moltke appelle maintenant à une mobilisation allemande. La France, qui n'a pas encore mobilisé, craint de plus en plus cette perspective. Quant à la Grande-Bretagne, ce n'est que le 25 juillet qu'elle réalise le véritable danger. Le 30, elle espère encore des Russes qu'ils vont accepter que l'Autriche punisse la Serbie, tout en étant déterminée à ne pas faire faux bond à la France.

Ce sont donc les événements du 31 juillet (la mobilisation générale russe et les ultimatums allemands à la Russie et à la France) qui font du problème une question de guerre ou de paix. A moins de retirer son ultimatum, le lendemain 1er août, soit le trente-cinquième jour après l'attentat, l'Allemagne mobilisera contre la Russie, rendant, selon les termes de l'ultimatum allemand à la France, « la guerre inévitable ». Mais ce retrait est incompatible avec son rang de grande puissance, et il ne faut pas attendre de la Russie qu'elle l'accepte, pour les mêmes raisons. La mobilisation allemande obligera, selon les termes de la Convention franco-russe de 1892, les deux pays à mobiliser et, en cas d'attaque de l'un d'eux par l'Allemagne, à mener contre elle une guerre conjointe. La Convention stipule bien que l'Allemagne doit attaquer l'un des deux pays pour qu'ils s'engagent dans une guerre commune. La mobilisation de l'Allemagne n'implique que leurs mobilisations, et même une déclaration de guerre allemande, si elle n'était pas suivie d'une action militaire, ne ferait pas entrer le traité en vigueur. Toutefois, les Allemands ont prévenu la France que mobiliser leur armée signifiait la guerre avec la Russie. Dans l'Europe du début du XXe siècle, il est impensable pour des grandes puissances de se déclarer la guerre sans que des actions suivent. Ainsi, tandis que les heures s'écoulent le 31 juillet, les armées ne sont plus séparées que par un fil. Les douze heures accordées par l'Allemagne à la Russie pour répondre à son ultimatum sont, selon toute estimation rationnelle, les douze dernières heures de paix. Pour la France, l'exactitude fait défaut. Wilhelm Freiherr Schoen, l'ambassadeur allemand à Paris, est venu avertir le ministère français des Affaires étrangères de l'envoi de l'ultimatum à la Russie à 18 heures le vendredi 31 juillet. Mais concernant la France, il ne sait pas exactement quand la période commence et quand elle finit (elle va de minuit à midi le lendemain). La précision est désormais inutile. La guerre se profile à moins d'une demi-journée [28].

L'armée française l'attend pour le 31 juillet. La nouvelle, avérée ou exagérée, des préparatifs militaires allemands a eu raison de Joffre, « l'imperturbabilité personnifiée », et l'a plongé dans un état de profonde inquiétude. A l'image de Januchkevitch le 29 juillet et de Moltke le 30. Le général français craint de perdre l'avantage et imagine déjà les troupes allemandes s'approchant secrètement de leurs positions de déploiement alors que ses propres soldats seront encore dans leurs casernes ; les réservistes allemands s'équipant dans leurs dépôts lorsque les siens seront toujours chez eux. L'après-midi du vendredi 31 juillet, il remet à Messimy, le ministre de la Guerre, une courte note qui résume, mieux que tout autre document émis lors de la crise de juillet 1914, l'état d'esprit dans lequel se trouvent les dirigeants militaires de l'époque :

> Il est absolument nécessaire que le Gouvernement sache qu'à partir de ce soir, tout retard de vingt-quatre heures apporté à la convocation des réservistes et à l'envoi du télégramme de couverture se traduira par un recul de notre dispositif de concentration, c'est-à-dire par l'abandon initial d'une partie de notre territoire, soit de quinze à vingt kilomètres pour chaque jour de retard. Le Commandant en chef ne saurait accepter cette responsabilité [29].

Ce soir-là, il demande officiellement au Président d'ordonner sur-le-champ la mobilisation générale. Sa requête est examinée par le Cabinet le lendemain matin, et le premier jour de mobilisation, fixé au 2 août, est proclamé à 16 heures cet après-midi-là.

Les Français ont espéré retarder cette proclamation jusqu'à l'annonce de la mobilisation allemande, afin qu'elle ne soit pas reçue comme une provocation. Mais il n'en est rien : l'ordre français précède d'une heure celui de l'Allemagne. En outre, deux heures plus tard, l'ambassadeur allemand à Saint-Pétersbourg remet à Sazonov la déclaration de guerre à la Russie. Il est 19 heures passées, heure locale, le samedi 1er août. L'échange a lieu dans un climat de grande émotion fait de récriminations mutuelles, d'accusations contre les autres, de regrets, d'accolades, de larmes. L'ambassadeur quitte Sazonov « d'un pas chancelant [30] ».

Pourtant l'irrévocable ne semble pas avoir encore été accompli. Sur la base d'un télégramme du Kaiser le suppliant de ne pas violer la frontière allemande, le tsar espère toujours que la guerre pourra être évitée. Dans le même temps, Guillaume II s'est persuadé que les Britanniques resteront neutres si la France n'est pas attaquée. Il donne l'ordre à Moltke de suspendre le plan Schlieffen et de diriger l'armée vers l'est. Ce dernier est atterré et explique que la paperasserie nécessaire à ce changement va prendre un an. L'invasion du Luxembourg, préliminaire indispensable au bon déroulement du plan Schlieffen, est annulée [31]. A Londres, ce dimanche 1er août, l'ambassadeur français, Paul Cambon, est au désespoir par le refus des Britanniques de déclarer leur position. La Grande-Bretagne, tout au long de la crise, est restée persuadée que, comme si souvent par le passé, des négociations directes entre les parties impliquées viendraient à bout des difficultés. Puissance à part, elle n'est tenue par aucun traité et a caché à tous ses intentions, y compris à la France. A présent, les Français réclament que les promesses liant les deux pays soient suivies d'effet. La Grande-Bretagne va-t-elle déclarer son soutien inconditionnel à la France ? Et dans le cas d'une réponse positive, à quel moment et sur quels points ? Les Britanniques eux-mêmes ne le savent pas. Le Cabinet passe tout le samedi et tout le dimanche 2 août à débattre des mesures à prendre. Le traité de 1839 garantissant la neutralité de la Belgique la forcerait à agir, mais cette neutralité est toujours intacte. Elle ne peut donner de réponse ferme à la France, pas plus qu'à l'Allemagne qui lui a réclamé des clarifications le 29 juillet. Des mesures de précaution ont été prises : la flotte est sur le pied de guerre, et la France a même reçu la secrète assurance que la *Royal Navy* protégera ses côtes de la Manche. Mais le Cabinet n'ira pas plus loin. Enfin, le 2 août, l'Allemagne envoie le dernier de ses ultimatums, à la Belgique cette fois. Elle exige un droit de passage sur son territoire afin de mener ses opérations contre la France, menaçant de la traiter en ennemie en cas de refus. L'ultimatum expire vingt-quatre heures plus tard, le lundi 3 août. C'est ce même jour que l'Allemagne décide, affirmant qu'un avion français a violé l'espace aérien allemand, de déclarer la guerre à la France. L'arrivée à expiration de l'ultimatum à la Belgique, que le Cabinet britannique finit par considérer comme cause de guerre, est l'événement décisif. Le mardi 4 août, la Grande-Bretagne envoie son propre ultimatum exigeant pour minuit l'arrêt des opérations militaires allemandes en cours contre la Belgique. Elle ne reçoit aucune réponse. Ainsi, à minuit, la Grande-Bretagne, la France et la Russie sont en guerre avec l'Allemagne.

Pourtant la Première Guerre mondiale n'a pas encore tout à fait commencé. Les Autrichiens parviennent à retarder leur déclaration de guerre à la Russie jusqu'au 5 août et ne sont toujours pas en guerre contre la Grande-Bretagne et la France une semaine plus tard. Toutes deux sont amenées à prendre la décision pour les Autrichiens et proclament les hostilités ouvertes le 12 août. Les Italiens, partenaires de l'Allemagne et de l'Autriche-Hongrie dans le cadre de la Triple Alliance, s'en sont strictement tenus aux termes du traité et se déclarent neutres. Les Serbes, cause première de la crise, sont oubliés. La guerre va mettre quatorze mois à atteindre leur petit royaume.

4

LES BATAILLES DES FRONTIÈRES ET DE LA MARNE

Si, à l'approche de la guerre, l'appréhension a gagné les hommes d'Etat, sa déclaration est saluée par d'énormes manifestations d'enthousiasme populaire dans les capitales de toutes les nations belligérantes. La foule déferle dans les rues, hurlant, applaudissant, chantant des chants patriotiques. A Saint-Pétersbourg, l'ambassadeur français, Maurice Paléologue, se fraie un chemin vers la place du Palais d'Hiver, « où une multitude innombrable se presse avec des drapeaux, des bannières, des icônes, des portraits du tsar. L'empereur paraît au balcon. Instantanément, tout le monde s'agenouille et entonne l'hymne russe. En cette minute, pour ces milliers d'hommes qui sont là prosternés, le tsar est vraiment l'autocrate investi d'une mission divine, le chef militaire et politique de son peuple, le souverain absolu des corps et des âmes [1] ». Nous sommes le 2 août. La veille, une foule similaire s'est rassemblée sur l'Odeonplatz à Munich, capitale du royaume allemand de la Bavière, où elle a entendu l'annonce de la mobilisation. Parmi elle, Adolf Hitler : « [Je n'ai] pas honte de reconnaître que je fus transporté par un enthousiasme tumultueux et... tombai à genoux et remerciai de tout cœur le ciel de m'avoir donné le bonheur de vivre à une telle époque [2]. » A Berlin, le Kaiser apparaît au balcon de son palais vêtu de l'uniforme *feldgrau*. Il s'adresse à une foule agitée : « L'Allemagne connaît une heure sombre. De toutes parts, des envieux nous obligent à avoir recours à une défense justifiée. On nous force à prendre l'épée... Et maintenant, je vous commande à tous d'aller à l'église, de vous agenouiller devant Dieu et de le prier de venir en aide à notre vaillante armée. » Dans la cathédrale de Berlin, le pasteur du Kaiser mène la foule des fidèles dans la récitation du Psaume 130, tandis qu'à la synagogue de l'Oranienstrasse le rabbin adresse des prières en vue de la victoire [3].

Des scènes similaires se déroulent à Londres le 5 août. A Paris, dès « 6 heures du matin » selon un officier d'infanterie, les régiments de la ville font se déplacer les foules aux gares du Nord et de l'Est.

> Sans aucun signal, le train sortit lentement de la gare. A ce moment-là, spontanément, comme un feu qui couve et qui explose soudain dans des flammes rugissantes, une immense clameur s'éleva comme des milliers de gorges se mettaient à entonner *La Marseillaise*. Tous les hommes se tenaient aux fenêtres du train, agitant leurs képis. Depuis les voies, les quais et les autres trains, la foule faisait signe en retour... Les foules s'amassaient dans toutes les gares, derrière toutes les barrières et à toutes les fenêtres le long de la route. On entendait partout : « Vive la France ! Vive l'armée ! » tandis que les gens agitaient leurs mouchoirs et leurs chapeaux. Les femmes envoyaient des baisers et des bouquets de fleurs sur notre convoi. Les jeunes hommes criaient : « Au revoir ! A bientôt [4] ! »

Et c'est effectivement très bientôt que la plupart des jeunes hommes vont recevoir leur ordre de mobilisation. Les réservistes qui n'ont pas encore été appelés font leurs préparatifs. Dans la majeure partie des armées, la veille de la date de ralliement est un « jour libre » consacré aux adieux à la famille et à l'employeur. Selon Richard Cobb, grand spécialiste de l'histoire de France, « on entendait des gens qui ne se connaissaient absolument pas se parler d'une étrange manière, comme si les Parisiens étaient soudain devenus des créatures sorties [du pays des Merveilles] d'Alice jouant avec des cartes, des jours de la semaine ou des dates d'un nouveau genre de calendrier. " Tu es de quel jour ? " et avant que l'autre ait pu répondre " Moi, je suis du premier " (sous-entendu : " Essaie de faire mieux "). " Je suis du neuvième " (" Pas de pot, tu vas tout rater, ce sera déjà fini "). " Moi, je suis du troisième donc je n'aurai pas à attendre *trop* longtemps. " " Moi, je suis du onzième " (" Tu n'iras jamais jusqu'à Berlin, toi [5] ") ». Un réserviste allemand attendant ses galons d'officier présente un compte rendu plus prosaïque de la manière dont le processus a balayé la notion d'individu. Il est en voyage d'affaires à Anvers. Ses papiers militaires le somment de rejoindre

> le régiment d'artillerie de campagne le plus proche au deuxième jour de mobilisation... Quand je suis arrivé à Brême le 3 août, ma famille était dans tous ses états. Ils croyaient que les Belges m'avaient arrêté et tué... Le 4 août, je me présentai à l'armée comme réserviste et l'on m'informa que j'appartenais à présent au régiment d'artillerie de campagne de réserve numéro 18 qui se formait à Behrenfeld près de Hambourg, à 120 kilomètres de là. Les proches n'avaient pas accès au bâtiment où nous devions nous rassembler. Dès que j'en eus l'occasion, je confiai un message à un petit garçon pour mettre ma famille au courant... Les proches n'avaient pas accès au quai de la gare non plus, seulement les gens de la Croix-Rouge qui nous distribuaient des cigares, des cigarettes et des bonbons gratuits. Dans le train, je fus heureux de retrouver des amis que je connaissais de mes clubs de tennis et d'aviron... Le 6 août, on me donna mon uniforme *feldgrau* que je n'avais jamais porté auparavant. La couleur en était gris-vert avec des boutons ternes, le casque était recouvert d'un tissu gris pour que ses ornements ne brillent pas dans le soleil, et les hautes bottes d'équitation étaient marron et très lourdes... Tous les soldats et la plupart des officiers étaient des réservistes, mais l'officier commandant était un régulier... La plupart des sous-officiers étaient des réguliers. Les chevaux étaient aussi réservistes. Leurs propriétaires (chasseurs, hommes d'affaires et fermiers) devaient les déclarer en bonne et due forme, et l'armée savait à tout moment où se trouvaient les chevaux [6].

Au cours de la première semaine d'août, les chevaux comme les hommes se rassemblent par centaines de milliers dans toute l'Europe. Même la petite armée britannique recrute 165 000 montures pour la cavalerie et incorpore des bêtes pour l'artillerie et les caissons régimentaires. Les Autrichiens en réquisitionnent 600 000, les Allemands 715 000, les Russes plus d'un million pour doter leurs vingt-quatre divisions de cavalerie [7]. Les armées de 1914 restent des armées napoléoniennes dans leur dépendance au cheval : les calculs des officiers de l'état-major font état d'environ un cheval pour trois hommes. Walter Bloem, officier du 12e régiment de réserve des Grenadiers de

Brandebourg, emporte autant de bagages pour ses deux chevaux que pour lui-même lorsqu'il est mobilisé à Stuttgart : « Ma malle, mon sac de fourniment marron et deux caisses de sellerie... portant les étiquettes rouges spéciales " bagage de guerre. Urgent " » avant de les envoyer par avance en train vers Metz, sur la frontière française.

Les trains ont marqué les mémoires de tous ceux qui sont partis combattre en 1914. La section des chemins de fer du grand état-major général allemand a organisé le mouvement de 11 000 trains pendant la période de mobilisation ; et pas moins de 2 150 trains de cinquante-quatre wagons chacun traversent le pont Hohenzollern sur le Rhin entre le 2 et le 18 août [8]. Les principales compagnies ferroviaires françaises, la Compagnie du Nord, de l'Est, de l'Ouest, la PLM, la POM ont depuis 1912 un plan de concentration pour l'acheminement de 7 000 trains. Nombre d'entre eux se sont rapprochés des centres d'embarquement avant le début des hostilités.

> Les voyageurs arrivant [à Paris] de Melun rapportèrent des récits incroyables de trains vides, à l'arrêt, sans locomotive et souvent de provenances diverses, des wagons de différentes compagnies rattachés les uns aux autres, ceux de première classe à ceux à plates-formes, dont beaucoup avaient sur le côté des inscriptions à la craie... rangés en attente tout le long du chemin depuis le chef-lieu de la Seine-et-Marne jusqu'à l'approche de la gare de Lyon. Des témoignages tout aussi étranges provenant de voyageurs allant à la gare du Nord faisaient état de la présence le long des immenses voies de garage de Creil de plusieurs milliers de locomotives à l'arrêt, sans fumée, inactives [9].

Ces trains ne resteront pas longtemps à l'arrêt. Bientôt ils se mettront en mouvement, remplis de centaines de milliers de jeunes gens faisant route à vingt ou trente kilomètres à l'heure. Le voyage, entrecoupé de fréquents arrêts, interminables et inexpliqués, les portera vers les points de débarquement, situés à proximité des frontières. Beaucoup de gares frontalières sont de simples arrêts au milieu de villages somnolents. Prêtes depuis longtemps, elles se présentent sous la forme de quais d'un kilomètre de long qui ne trouvaient pas en temps de paix de raison d'être dans les rares allées et venues s'y déroulant. Les images de ces voyages sont parmi les plus fortes à nous être parvenues de ces deux premières semaines d'août 1914 : les inscriptions à la craie sur les wagons (« *Ausflug nach Paris* » et « *A Berlin* »), les jeunes visages impatients émergeant de cols ouverts d'uniformes jamais portés et de couleur vert kaki, *feldgrau*, gris brochet, vert olive, bleu sombre, se pressant aux fenêtres. Les visages resplendissent dans le soleil éblouissant de ce mois de récolte et l'on voit des sourires, des mains levées, la grimace de cris muets, l'ambiance impalpable des vacances, la rupture de la routine. Partout l'embarquement ressemble à un départ en vacances, les épouses et les promises en jupes entravées et robes à taille haute faisant le chemin jusqu'au terminus en donnant le bras aux hommes installés côté fenêtre. Les Allemands partent à la guerre avec des fleurs fixées au canon de leurs fusils ou coincées entre les boutons de leurs tuniques. Les Français marchent en rangs serrés, courbés sous le poids de leurs énormes paquetages, se frayant un passage au travers d'une foule occupant tous les trottoirs. Une photographie prise à Paris en cette première semaine d'août montre un sergent marchant à reculons devant les hommes de sa section. Ils avancent penchés, le sergent tel un chef d'orchestre rythmant le pas sur le pavé des soldats rendus fébriles par l'effort du départ et l'appel aux armes [10]. Un orchestre invisible semble jouer *Sambre et Meuse* ou le *Chant du Départ*. Les soldats russes paradent devant leurs icônes régimentaires pour être bénis par l'aumônier, les Autrichiens en affirmant leur loyauté envers François-Joseph, symbole de l'unité entre les dizaines de nationalités d'un empire sur le déclin. Quel que soit le pays, la mobilisation provoque un énorme branle-bas, le passage d'une société civile à une nation armée. L'armée britannique, exclusivement professionnelle, est la mieux préparée à la guerre : une fois ses réservistes rappelés, elle est prête à se déployer. « Nous avons trouvé les casernes pleines de réservistes, dont beaucoup avaient encore leurs vêtements civils, et il en arrivait encore des tas par quasiment chaque train », écrit le 5 août à Colchester le musicien H. V. Sawyer de la 1re brigade de *riflemen*. « La fourniture des uniformes, des bottes et de l'équipement suivait rapidement son cours mais n'était dans certains cas pas très facile. Je me souviens d'un homme en particulier qui devait peser près de 110 kilos... C'était dur pour les réservistes de laisser leurs bonnes situations et leurs confortables maisons pour revenir aux uniformes grossiers et aux lourdes bottes [11]. »

Le musicien Shaw rassemble ses effets de temps de paix et les renvoie par train chez lui. « En fait, je n'avais pas besoin de prendre cette peine. Mais comment pouvais-je savoir que je pliais la jolie tunique vert sombre de mon uniforme de revue pour la dernière fois de ma vie [12] ? » A Paris, le lieutenant Edward Spears, du 11e hussards, transféré de l'armée britannique à l'armée française, se revêt de kaki : « " Vous avez un drôle d'air, on dirait un canari plein de poussière ", me dit la concierge qui me laissa passer à l'une des entrées les plus reculées du ministère de la Guerre. C'était une déception, mais on s'habituait au fait que, depuis longtemps, les Français considéraient que partir en guerre en col et cravate (l'uniforme de service des officiers britanniques comportait une tunique à col ouvert) manquait de sérieux et ne convenait pas à la gravité de la situation [13]. » Suite à la guerre des Boers, les Britanniques ont opté pour un changement vestimentaire que les Français n'ont su opérer. En dépit de quelques tentatives et de débats houleux, ces derniers partent en guerre en 1914 dans la même tenue que celle portée en 1870, et pour ainsi dire quasiment la même que sous Napoléon. La cavalerie lourde porte le casque en cuivre orné d'un long panache de crins de cheval, et certains sont affublés de plastrons du même modèle que ceux de Waterloo. La cavalerie légère est munie d'une veste à soutache et d'un pantalon garance. Celle de l'armée d'Afrique porte une tunique bleu ciel, les spahis une grande cape rouge, les zouaves une large culotte rouge et un gilet turc. Mais du fait de leur grand nombre, les plus voyants de tous sont les fantassins de l'armée métropolitaine. Sous un long pardessus bleu à rabats, les jambes sont recouvertes d'un pantalon garance fourré dans des bottes montant jusqu'au mollet [14]. Le tout est en laine épaisse : le poids accablant de ces uniformes dépassés sera un supplice supplémentaire dans les combats de l'été et de l'automne 1914 qui se déroulent sous un soleil de plomb.

La cavalerie autrichienne part en guerre dans un uniforme aussi désuet que celui des Français : seule l'infanterie a été rééquipée d'une tenue grise. Contrairement à ce que l'on pourrait croire, les Russes sont dotés d'un équipement assez moderne. Leur uniforme est constitué d'un haut vert olive, la *Gymnastirka* s'inspirant de la tunique des athlètes. Mais il existe des exceptions « exotiques », comme la cavalerie légère d'Astrakhan. Seuls les Allemands sont allés aussi loin que les Britanniques. La totalité de leur armée a revêtu le *feldgrau*. Cependant, par déférence à la tradition, chaque branche de service dispose d'une version camouflée de son uniforme de parade. Les uhlans portent une tunique de lancier croisée et les hussards une tunique à brandebourg gris-vert. Les cuirassiers, les dragons et les fantassins conservent leur casque à pointe recouvert d'un couvre-casque gris-vert. De petites touches de couleur, des soutaches et des galons distinguent les régiments les uns des autres dans presque toutes les armées : les Autrichiens font une distinction minutieuse entre dix nuances de rouge dont le garance, le cerise, le rose, l'amarante, le carmin, le homard, l'écarlate et le vin ; pour le col, six nuances de vert et trois de jaune. Les régiments hongrois de l'armée de François-Joseph portent des nœuds à la hongroise et des galons sur leur pantalon, les fantassins de Bosnie-Herzégovine le fez rouge et le sarouel des Balkans. Même les Britanniques, que le capitaine Walter Bloem décrit à la première rencontre comme portant « une tenue de golf gris-marron [15] », font exception à l'uniformité du kaki pour les *Lowlanders* et les *Highlanders* : ces derniers gardent leur pantalon en tartan, leur aumônière et leur kilt.

Quelle que soit leur tenue, les fantassins de toutes les armées doivent supporter le poids énorme de leur équipement : fusil de cinq kilos, baïonnette, outil de tranchée, étuis à munitions contenant cent cartouches voire davantage, gourde, gros sac contenant des chaussettes et une chemise de rechange, musette remplie de vivres de réserve et du nécessaire de campagne, tel est l'équipement courant. Après l'expérience des longues marches à travers le *veld* pendant la guerre des Boers, les Britanniques ont adopté l'équipement « scientifique » Slade-Wallace en toile, conçu pour répartir le poids aussi équitablement que possible sur tout le corps. Malgré cela, il a tendance à peser sur les épaules et la taille. Les Allemands restent fidèles au cuir, le manteau entourant un sac à dos rigide en peau brute et par conséquent étanche. Les Français empilent tout dans leur « chargement de campagne », montagne pyramidale surmontée de la marmite individuelle en métal : les reflets du soleil sur ces marmites vont permettre au jeune lieutenant Rommel de repérer et de tuer nombre de soldats français dans un champ de maïs, au cours des combats sur les frontières de ce même mois d'août [16]. Les Russes roulent leurs effets, pardessus et tout le reste, dans un boudin jeté sur une épaule et passant sous l'autre bras. Mais quel que soit son agencement, aucune charge de marche de fantassin ne pèse moins de vingt-cinq kilos. Et il faut avancer, kilomètre après kilomètre, pour en atteindre comme prévu trente par jour, dans des bottes rigides, peu commodes et cloutées (les « cornets à dés » britanniques, les brodequins français ou les *Blücher* allemands), véritable supplice tant qu'elles ne se sont pas faites au pied.

Les pieds sont aussi importants que les trains en août 1914, ceux des chevaux comme ceux des hommes car, après le débarquement dans les zones de concentration, cavalerie et infanterie se déploient sur la ligne de marche. Pour les Allemands, cela présage des jours de marche vers l'ouest et le sud au cours desquels les pieds des hommes vont saigner et les fers des chevaux se perdre. Le tintement éloquent d'un clou mal ajusté est le signal pour le cavalier qu'il doit trouver un maréchal-ferrant s'il veut suivre le rythme de la colonne le lendemain. Pour le conducteur d'un attelage, un bruit similaire menace la mobilité des six bêtes qui y sont harnachées. En 1914, une division d'infanterie comporte 5 000 chevaux, une division de cavalerie plus de 5 000. Tous doivent être maintenus en bonne santé et leurs sabots entretenus si l'on veut parcourir les trente kilomètres journaliers et si l'on souhaite que les fantassins soient nourris, que les rapports de reconnaissance soient envoyés et les combats d'infanterie soient couverts par des tirs d'artillerie en cas de rencontre avec l'ennemi. Une division d'infanterie en marche occupe vingt-deux kilomètres de route, et l'endurance des chevaux compte autant que celle des fantassins dans cette course vers l'avant : les chevaux tirent les cuisines roulantes, permettant la préparation des repas pendant la marche, ainsi que les caissons de munitions des brigades d'artillerie [17].

Cette course s'effectue dans trois directions. Pour les Français, elle va vers le nord-est depuis leurs points de débarquement à Sedan, Montmédy, Toul, Nancy et Belfort, derrière la frontière de 1870. Pour le Corps expéditionnaire britannique *,

* British Expeditionary Force ou BEF.

qui commence son débarquement à Boulogne le 14 août, elle s'opère vers le sud-est en direction du Cateau, situé juste avant la frontière belge. Il s'agit là de marches courtes. En revanche, pour les Allemands les marches prévues sont longues. Dans un premier temps dirigées vers l'ouest, elles obliquent ensuite vers le sud et Châlons, Epernay, Compiègne, Abbeville et Paris. La Ire armée du général von Kluck constitue l'aile droite du dispositif et doit effectuer une marche de 320 kilomètres depuis ses points de débarquement d'Aix-la-Chapelle jusqu'à la capitale française.

Cependant, avant d'atteindre Paris, il y a Liège, Namur et toutes les autres forteresses des fleuves belges, autant d'obstacles empêchant les Allemands de passer aisément en France. La Belgique, pays prospère proportionnellement à sa taille, s'est enrichie grâce à une révolution industrielle précoce et la colonisation du Congo. Elle a fait de lourds investissements de fortifications pour préserver sa neutralité. Gardant les passages de la Meuse, les forts de Liège et de Namur sont les plus modernes d'Europe. Construits entre 1888 et 1892 selon les plans du général Henri Brialmont, ils ont été conçus pour résister aux attaques du canon de 210 mm, le plus lourd existant alors. Chacun consiste en une ceinture de quarante kilomètres de circonférence de forts indépendants, situés à une distance suffisante pour protéger la ville elle-même d'une attaque et pour s'offrir les uns aux autres la protection de leurs canons respectifs. Liège en dispose de 400 de calibre de 150 mm ou inférieur, répartis dans les douze forts du dispositif et tous protégés de béton armé et de blindage. La garnison de 40 000 hommes comprend les servants mais aussi les « troupes d'intervalles » censées creuser, devant la menace d'une invasion, des tranchées entre les forts. Elles doivent également tenir en respect l'infanterie ennemie tentant de s'infiltrer par les brèches.

La robustesse des forts belges alarme Schlieffen et ses successeurs à l'état-major général. Ces forts sont en effet extrêmement robustes, enterrés, indépendants les uns des autres et entourés de surcroît d'un fossé de dix mètres de profondeur. Un assaut d'infanterie ne peut en venir à bout. Il faut donc briser leur revêtement épais par des tirs d'artillerie précis, et ce rapidement car un retard aux points de traversée de la Meuse menacerait le bon déroulement du plan Schlieffen. Aucun canon assez lourd pour accomplir cette opération n'existait au départ en retraite de Schlieffen en 1906. Mais trois ans plus tard, Krupp produit un prototype d'obusier de 420 mm assez puissant pour percer le béton des forts belges. La société autrichienne Skoda travaille dans le même temps sur un modèle de 305 mm. Il est prêt en 1910. Ce dernier a l'avantage d'être transportable sur route, s'il est démonté en tube, affût et attelage. Il est possible de le répartir sur trois véhicules motorisés. Dans sa forme originelle, l'obusier Krupp doit pour sa part être transporté par voie ferrée et mis en batterie à l'extrémité d'une voie Decauville reposant sur une plate-forme en béton. Jusqu'à ce qu'un modèle transportable sur route soit mis au point, l'Autriche va prêter à l'Allemagne plusieurs de ses 305 mm. En août 1914, seuls cinq des Krupp à transport ferroviaire et deux des nouveaux canons transportables sur route sont alors achevés [18].

Il faut pourtant prendre Liège. La nécessité et l'urgence sont telles que le plan de guerre allemand prévoit le détachement d'un groupe spécial d'intervention de la IIe armée pour mener à bien cette mission. Commandée par le général Otto von Emmich, sa ligne de départ se situe entre Aix-la-Chapelle et Eupen, au nord de l'étroit corridor de territoire français situé entre les Pays-Bas et le Luxembourg. Ce dernier, bien qu'indépendant et neutre, doit être envahi par la grande offensive allemande quelques jours après l'attaque du groupe Emmich qui dispose de quarante-huit heures pour accomplir sa mission. Les Allemands espèrent que la Belgique ne pourra pas résister à une violation de son territoire. Dans le cas contraire, sa résistance devra être réduite rapidement.

Ces deux espoirs vont se révéler vains. Une des clauses du serment prêté par le souverain belge lors de son accession au trône le rend responsable de la défense du territoire national, tandis que l'article 68 de la Constitution en fait le commandant en chef en cas de guerre. Il est aussi constitutionnellement président de son propre Conseil des ministres, et par conséquent chef de gouvernement, doté de pouvoirs exécutifs peu habituels dans une démocratie. Albert Ier, roi des Belges, est un homme à prendre ses responsabilités à cœur. Intellectuel, déterminé, noble d'âme, il mène une vie privée irréprochable et montre l'exemple par la finesse avec laquelle il dirige les affaires publiques. Le souvenir de son oncle, le vieux Léopold II, malmené par le Kaiser en 1904, est bien présent : « Vous allez devoir choisir. Vous serez avec nous ou contre nous. » Il a lui-même subi un traitement similaire à Potsdam en 1913, lorsque son attaché militaire fut prévenu que la guerre était « inévitable et proche », et qu'il était « impératif pour les faibles de se ranger du côté des puissants [19] ». Albert est déterminé à rester neutre, et il fait une interprétation correcte du traité de 1839 : le droit à la neutralité de la Belgique a pour contrepartie de ne s'engager auprès d'aucune puissance étrangère [20]. C'est pour cette raison que son gouvernement a catégoriquement refusé, en 1912, une offre britannique d'assistance dans le cas d'une invasion allemande : l'accepter aurait porté atteinte aux garanties internationales de son indépendance.

Cependant, la proposition britannique, et le fait de savoir que seule la prévenance diplomatique a empêché la France d'en faire une similaire, a eu pour effet d'obliger l'état-major belge à faire face aux réalités de la défense nationale. Toute intervention britannique ou française, bien qu'appelant à la résistance, serait bienveillante. Elle ne menacerait pas l'indépendance de la Belgique, que ce soit à long ou même à court terme. En revanche, une intervention allemande aurait non seulement pour objet la préemption du territoire belge dans le cadre d'une agression de plus grande envergure, mais aussi très vraisemblablement la réquisition des ressources belges pour l'effort de guerre allemand. La Belgique serait soumise au gouvernement militaire allemand pendant toute la durée des hostilités. Par conséquent, à compter de 1911,

> les autorités politiques et militaires belges entreprennent un important remaniement de la politique belge. Trois questions inquiètent tout particulièrement Bruxelles : comment mettre au point une stratégie militaire qui limiterait la destruction de la Belgique, comment s'assurer qu'une nation garante ne forcerait pas la Belgique à entrer contre son gré dans une guerre, et comment s'assurer qu'une puissance protectrice, une fois conviée, partirait. Lentement, sur une période de plusieurs mois et après bien des débats, les réponses commencent à se faire jour. D'un point de vue militaire, l'état-major général belge décide de s'opposer à toute violation de la Belgique. En même temps, il espère cantonner l'ensemble des hostilités à une zone limitée, peut-être la province du Luxembourg belge. En d'autres

termes, la Belgique résistera, mais fera tout pour ne perdre ni son intégrité, ni sa neutralité [21].

Plus facile à dire qu'à faire. La Belgique n'a adopté le principe du service militaire obligatoire qu'en 1912 dans la foulée du bilan stratégique, et, en 1914, ses effets sont peu perceptibles. L'armée est l'une des plus désuètes d'Europe. La cavalerie porte toujours l'uniforme du début du XIXe siècle : pantalon cramoisi, bonnet en fourrure, képi de lancier polonais. L'infanterie est en bleu sombre avec shako recouvert de toile cirée, bonnet à plume ou bonnet à poil de grenadier. Les rares mitrailleuses sont tirées par des équipages de chiens, comme les chariots à lait flamands tant photographiés par les touristes. L'essentiel de l'artillerie est affecté aux forteresses de Liège et de Namur et aux anciennes protections d'Anvers. En fait, l'armée est moins nombreuse que la Garde civique, ces milices urbaines en hauts-de-forme créées à l'époque de la guerre de Trente Ans. Les soldats belges sont patriotes et se montreront particulièrement courageux, mais leur capacité à limiter les combats contre un envahisseur de la partie est de leur territoire est illusoire.

Pour commencer, ils tentent pourtant d'appliquer vaillamment la stratégie de l'état-major général. L'ultimatum allemand, qui prête à tort aux Français l'intention de violer le territoire belge et affirme le droit de l'Allemagne d'y intervenir par anticipation, est remis le 2 août au soir, avec son échéance de douze heures. Le roi Albert, présidant un Conseil d'Etat, l'examine deux heures plus tard. La réunion dure jusqu'au petit matin. Les avis divergent. Le chef de l'état-major, le général Antonin de Selliers, avoue la faiblesse de l'armée et recommande de se retirer derrière la Velpe, près de Bruxelles. Son aide de camp, le général de Ryckel, exige pour sa part une attaque surprise en Allemagne : « Il faut les renvoyer d'où ils viennent. » Cette folie est rejetée, de même que le défaitisme de Selliers. Le roi se soucie essentiellement de s'assurer qu'aucun appel ne soit lancé à la France ou à la Grande-Bretagne (dont l'aide est assurée) si elles ne réaffirment pas leur respect de l'indépendance du pays. Il est finalement décidé d'un compromis : la Belgique ne lancera pas d'appel à l'assistance française ou britannique tant que son territoire ne sera pas physiquement violé, mais, dans le même temps, l'ultimatum allemand sera rejeté. La réponse, décrite par

Albertini comme « le document le plus noble produit pendant la crise », se termine par la résolution de « repousser tout manque de respect aux droits [de la Belgique] par tous les moyens à sa disposition [22] ».

Elle est remise à la légation allemande à 7 heures le 3 août au matin et reçue à Berlin peu après midi. Cependant les Allemands trouvent le moyen de croire que les Belges ne feront rien de plus qu'une démonstration de force suffisante pour faire la preuve de leur neutralité, avant de leur autoriser le passage. Plus tard ce soir-là, le Kaiser adresse un appel personnel à Albert (qui est membre de la maison des Hohenzollern-Sigmaringen et, par conséquent, un parent éloigné). Il réaffirme ses « intentions les plus amicales » et prétexte « la nécessité de l'heure » pour justifier l'invasion qu'il s'apprête à lancer [23]. En le recevant, le roi des Belges fait éclater sa colère pour la première fois après deux jours particulièrement éprouvants : « Mais pour qui me prend-il ? » Il ordonne immédiatement la destruction des ponts sur la Meuse à Liège, ainsi que des ponts ferroviaires à la frontière luxembourgeoise [24]. Il charge également le commandant de la forteresse de Liège, le général Gérard Leman, « de tenir jusqu'au bout... la position [qu'il a] mission de défendre ».

Ancien instructeur militaire du roi, Leman est un vieux soldat de métier, dans la plus pure tradition du XIXe siècle. Il a passé trente ans de sa vie à l'Ecole de guerre belge. C'est aussi un homme d'honneur, courageux malgré son âge avancé et, de surcroît, doté d'un sens du devoir à toute épreuve. La Meuse, qu'il a pour charge de tenir, est un fleuve puissant. *Sambre et Meuse*, chant de marche traditionnel de l'armée française, évoque ces deux fleuves formant une barrière que les armées révolutionnaires défendirent contre leurs ennemis en 1792. A Liège, le fleuve passe par une gorge étroite de quinze mètres de profondeur. Sa traversée est impossible face à une défense déterminée, comme va bientôt le découvrir Emmich. A l'aube du 4 août, ses troupes entrent en Belgique. Des escortes de cavaliers distribuent des tracts niant toute intention agressive. Ils ne tardent pas à essuyer les tirs de cavaliers et de troupes à bicyclette belges qui montrent une détermination tout à fait inattendue à s'opposer à leur avance. Parvenant à poursuivre leur chemin jusqu'à Liège, ils trouvent les ponts en amont et en aval de la ville déjà détruits, en dépit de l'avertissement stipulant que les démolitions seraient considérées comme des « actes hostiles ». Les Allemands répondent comme ils ont menacé de le faire ; les souvenirs des « francs-tireurs » de la guerre franco-prussienne de 1870 sont vivaces. Malgré la place héroïque attribuée aux *Freischütze* qui ont participé à la guerre de libération de la Prusse contre Napoléon en 1813-1814, l'Allemagne interprète la loi internationale de manière répressive : une force d'occupation a le droit de traiter la résistance civile comme rébellion et de punir ceux qui résistent par des exécutions sommaires et des représailles collectives [25]. Comme des enquêtes ultérieures le prouveront, il n'y a pas eu, ou peu, de francs-tireurs en Belgique en 1914. C'était une nation peu portée sur la chose militaire, et qui n'était préparée à la guerre ni intellectuellement ni physiquement. En dépit de sa détermination à se défendre par tous les moyens légitimes, le Gouvernement se montre dès le début soucieux d'empêcher les citoyens de commettre des actes inutiles et dangereux d'opposition à l'invasion allemande. Par voie d'affiche, il met en garde contre « tout prétexte à des mesures de répression ayant pour conséquence des effusions de sang ou le pillage et le massacre de la population innocente [26] ». Le Gouvernement conseille également aux civils de remettre leurs armes à feu aux autorités. Par endroits, la Garde civique prend tellement l'avertissement au sérieux qu'elle dépose ses armes à la mairie locale [27].

La non-résistance n'apaise en rien l'envahisseur. Quasiment dès les premières heures, des civils innocents sont abattus et des villages brûlés, atrocités toutes violemment niées par les Allemands dès que la nouvelle (attestée par la suite) parvient aux journaux des pays neutres. Des prêtres sont également abattus, peut-être parce que les officiers allemands se souviennent qu'ils ont mené la résistance de la Bretagne catholique contre les armées de la Révolution française en 1793. Le « viol de la Belgique » ne se justifie absolument pas d'un point de vue militaire et cause un tort énorme à l'Allemagne, en particulier aux Etats-Unis où les réputations du Kaiser et de son gouvernement sont rapidement ternies par des rapports faisant état de massacres et de spoliations du patrimoine. La réputation de l'armée allemande est aussi déshonorée : le 4 août, premier jour de l'incursion d'Emmich contre les forts de la Meuse, six otages sont exécutés à Warsage, et le village de Battice est entièrement brûlé. « Notre avancée en Belgique est sans doute brutale, écrit Moltke le 5 août, mais nous luttons pour notre existence même, et tous ceux qui se mettent en travers de notre route doivent en assumer les conséquences [28]. » Les conséquences croissent en horreur : au cours des trois premières semaines, on fait état de massacres de civils à grande échelle dans des petites villes belges comme Andenne, Seilles, Tamines et Dinant. A Andenne, on dénombre 211 morts, à Tamines 384, à Dinant 612. Les victimes, tuées de façon systématique, sont aussi bien des femmes et des enfants que des hommes. A Tamines, les otages sont rassemblés sur la place, abattus par des pelotons d'exécution, et les survivants achevés à la baïonnette. Ces pelotons d'exécution ne sont pas constitués, comme les « groupes d'action » de l'holocauste hitlérien, de tueurs recrutés spécialement mais de soldats allemands ordinaires. Bien plus, ceux qui sévissent à Andenne sont en fait les réservistes des régiments les plus distingués de l'armée prussienne, les *Garde-Regimenter zu Fuss* [29].

Le pire de tous ces actes de violence débute le 25 août à Louvain. Cette petite ville universitaire, l'« Oxford belge », rassemble des trésors d'architecture, de peinture, de manuscrits et de livres du gothique et de la Renaissance flamands. Apparemment prise de panique par un mouvement nocturne de ses propre troupes, l'armée d'occupation, forte de 10 000 hommes, commence à crier aux « francs-tireurs » puis à mettre le feu aux rues et bâtiments suspectés de les abriter. Au bout de trois jours d'incendies et de pillages, la bibliothèque de 230 000 livres a été dévastée par le feu, 1 100 autres bâtiments détruits, 209 civils tués et les 42 000 habitants évacués de force [30]. La condamnation internationale de cette guerre de l'Allemagne contre « la culture » blesse profondément le pays où universitaires et intellectuels sont à l'avant-garde de l'appel au patriotisme et présentent cette guerre comme l'attaque de barbares, de philistins et de décadents (respectivement les Russes, les Britanniques et les Français) contre la brillante culture allemande. Le 11 août, le professeur von Harnack, directeur de la Bibliothèque royale à Berlin, a déclaré que « la civilisation moscovite mongole n'a pas pu supporter la lumière du XVIIIe siècle, encore moins celle du XIXe, et maintenant, au XXe siècle, elle part à la dérive et nous menace [31] ». Le principe de la « Lumière » est une idée chère aux Allemands. Celle, au XVIIIe siècle, de Lessing, Kant et Goethe (qui appela à « plus de Lumière » sur son lit de mort) a permis à l'Allemagne de faire son entrée dans la vie intellectuelle européenne. La « Lumière » a inspiré les immenses contributions de l'Allemagne à l'érudition philosophique, classique et historique tout au long du XIXe siècle. Que des Allemands passent pour des brûleurs de livres ruine cette image. Bien plus difficile à supporter : le dégoût exprimé par les grands centres d'enseignement et de savoir du monde entier. Les universités américaines aussi bien qu'européennes dénoncent les atrocités commises, et des comités sont créés dans vingt-cinq pays pour rassembler des fonds et des livres afin de restaurer la bibliothèque de Louvain [32]. Les universitaires et écrivains allemands répondent par un « Appel au monde de la culture », signé par des scientifiques aussi éminents que Max Planck et Wilhelm Röntgen, qui « approuve l'hypothèse des francs-tireurs et le droit aux représailles, et affirme que sans les soldats allemands, la culture allemande aurait depuis longtemps été balayée [33] ».

L'appel n'a aucun écho. Le tort a été fait. Ironie du sort, il a été le fait d'hommes ayant rejoint tardivement l'invasion, les 17e et 18e divisions de réserve. Elles avaient en effet été retenues trois semaines dans leur district d'origine de Schleswig-Holstein pour contrer de possibles attaques amphibies de la part des Britanniques sur la côte de la mer du Nord [34]. Loin du théâtre d'action, les divisions se sont laissé entièrement imprégner par la propagande de la presse à propos des francs-tireurs, ainsi que par les rapports, objectifs quant à eux, de la ténacité totalement inattendue des Belges dans la défense des forts de la Meuse. Avec le recul, il est difficile de déterminer ce qui fit enrager le plus les Allemands. Peut-être ce dernier fait : la rumeur alarmante du mythe des francs-tireurs, cachés sur des toits ou dans des haies. En revanche, la réalité avérée de leur résistance fait non seulement littéralement voler en éclats l'illusion de la passivité belge, mais elle menace le bon déroulement de l'avancée allemande vers l'ouest.

Le groupe Emmich est composé des 11e, 14e, 24e, 28e, 38e et 43e brigades spécialement détachées de leurs divisions d'origine, ainsi que des 2e, 4e et 9e divisions de cavalerie, auxquelles s'ajoutent cinq bataillons d'élite de *Jäger* (infanterie légère), provenant de l'armée de temps de paix mais renforcés pour les opérations. Il traverse la frontière belge le 4 août et prend immédiatement la direction de Liège, à trente kilomètres à l'ouest de son point de départ, en suivant l'axe de l'actuelle autoroute internationale entre Aix-la-Chapelle et Bruxelles. Les unités du groupe Emmich apportent avec elles deux batteries d'obusiers de 210 mm, les plus lourds dont on dispose en attendant que les monstres des usines Krupp ainsi que les canons autrichiens puissent être acheminés. Au matin du 5 août, le capitaine Brinkman, récemment encore attaché militaire allemand à Bruxelles, apparaît à Liège pour sommer Leman de se rendre [35]. Refus catégorique. Le bombardement allemand des forts de l'Est commence peu après. Mais lorsque l'infanterie et la cavalerie tentent d'avancer, ils trouvent la route barrée. Les ponts détruits obligent la 34e brigade à traverser la Meuse sur des ponts flottants. Les garnisons des forts répliquent sans relâche aux tirs, tandis que les « troupes d'intervalles » de la 3e division, en ligne dans les tranchées creusées à la hâte, combattent vaillamment chaque fois que les avant-gardes allemandes tentent de bousculer leurs positions. Au cours de la nuit du 5 au 6 août, les victimes allemandes ne cessent de s'accumuler. Elles sont particulièrement nombreuses au fort Barchon où les assaillants « arrivaient, ligne après ligne, presque épaule contre épaule, jusqu'à ce que, lorsque nous les abattions, ils ne tombent les uns sur les autres, formant une horrible barricade de morts et de blessés [36] ». On croit voir, dans le combat confus et amer de cette nuit-là, comme un avant-goût de ce qui va s'ensuivre dans des lieux qui ne sont pas encore touchés par la guerre comme Vimy, Verdun et Thiepval.

Pourtant, il existe encore à ce moment-là une possibilité de succès par une prise de décision énergique, ce qu'empêcheront bientôt les barbelés et les lignes de tranchées sans fin du front de l'Ouest. A l'aube du 6 août, le général Erich Ludendorff, officier de liaison entre la IIe armée et le commandement d'Emmich, se porte en avant dans la confusion générale et découvre que le commandant de la 14e brigade a été tué. Le remplaçant immédiatement dans ses fonctions, et donnant l'ordre qu'un obusier de campagne l'appuie de sa puissance de feu au point d'assaut, Ludendorff mène ses nouvelles troupes dans une traversée du village de Queue-de-Bois vers un point surélevé d'où il peut voir, de l'autre côté de la Meuse, les deux ponts de la ville intacts et l'intérieur même de Liège. A l'insu des Belges et du haut commandement allemand, avec lequel Ludendorff a perdu tout contact, une force de six mille Allemands a pénétré à l'intérieur du cercle de défense de Leman. De sa position avantageuse, il dépêche un détachement vers l'avant avec un drapeau blanc et somme Leman de se rendre. Nouveau refus. Une tentative de coup de main suit, mais ses membres sont abattus à la porte des quartiers généraux du général belge [37]. L'audacieuse percée de Ludendorff oblige cependant Leman à quitter la ville et à trouver refuge au fort Loncin, sur le côté ouest de la ceinture extérieure. Il décide également de renvoyer l'infanterie, la 3e division et la 15e brigade qui la soutiennent, rejoindre l'armée de campagne sur la Gette, près de Bruxelles, pensant qu'elles seront balayées dans une bataille contre ce qu'il estime être cinq corps d'armée allemands. Leman se trompe dans ses calculs. Les brigades allemandes ne représentent qu'une petite partie des cinq corps différents auxquels elles appartiennent. Cependant, à plus long terme, sa décision se révèle juste car elle permet de préserver 1/6e de l'armée belge. Celle-ci pourra ainsi se battre pour la défense d'Anvers dont le roi Albert a déjà décidé de faire le point fort de la résistance finale de la Belgique.

Il s'ensuit un moment où tout s'équilibre. Ludendorff est à l'intérieur de la ceinture fortifiée, mais en force insuffisante pour obliger à la reddition des forces belges. L'essentiel des troupes d'Emmich est à l'extérieur de la ceinture. Leman est déterminé à poursuivre la résistance tant que les forts resteront intacts, ce qui est toujours le cas. Le gouvernement français, à qui Albert a demandé son aide, promet seulement d'envoyer les corps de cavalerie de Sordet, dans un simple but de reconnaissance cependant. Les Britanniques, dont on espérait le déploiement de six divisions vers la Belgique, décident d'en laisser deux au pays. Joffre refuse d'étendre la masse de son armée vers le nord, car cela amenuiserait l'offensive qu'il a prévue vers le Rhin : son souhait, c'est que le roi des Belges fasse descendre son armée de Bruxelles, loin d'Anvers, pour rejoindre son aile gauche. La carte de la situation est la suivante : une armée française alignée en direction de la Lorraine, une armée allemande dont le gros n'a pas encore franchi ni la frontière belge ni la frontière française, une armée britannique mobilisant encore avant d'embarquer, et une armée belge concentrée à l'intérieur de son pays. A Liège, une modeste force de frappe allemande est immobilisée par une poignée de troupes de forteresse. Cette dernière garde les points de passage dont la possession va déterminer l'avenir des événements militaires à l'ouest.

Ludendorff va rompre cet équilibre : doté d'un physique et d'une personnalité imposants, véritablement dépourvu de peur morale ou physique, indifférent aux bonnes opinions, même de celles de ses supérieurs, antipathique, insensible (il apprendra la mort de deux de ses beaux-fils pendant la guerre sans jamais manquer à ses fonctions de haut commandant), Ludendorff se résout à envoyer la 14e brigade au centre de Liège et à courir le risque de se heurter à une opposition. Elle est inexistante : s'approchant des portes de la vieille citadelle, il frappe à l'entrée avec le pommeau de son épée et on lui ouvre [38]. La reddition des gardes lui livre la ville. Son attaque audacieuse lui donne le contrôle des ponts. Il décide de retourner sans tarder à Aix-la-Chapelle et de faire venir de toute urgence la IIe armée afin de parachever ce succès.

En son absence, le groupe Emmich est venu à bout de la résistance des forts Barchon et Evegnée, davantage par chance que par un véritable travail de destruction : il faut pour cela attendre l'arrivée des monstrueux obusiers que le général von Bülow, à la demande expresse de Ludendorff, fait envoyer le 10 août [39]. Le premier Krupp de 420 transportable sur route, retardé par des démolitions, finit par arriver dans les environs du fort Pontisse deux jours plus tard. Son installation effectuée, le bombardement commence. Les servants portent des casques rembourrés et sont couchés à plat ventre à une distance de deux cents mètres. Le canon est actionné électriquement. « Soixante secondes s'écoulèrent, le temps pour l'obus de parcourir sa trajectoire de 4 000 mètres, et chacun écouta au téléphone le rapport de notre commandant de batterie posté à 1 500 mètres du fort bombardé qui pouvait observer de près la colonne de fumée, de terre et de feu qui s'éleva vers le ciel [40]. » Le premier des obus, doté d'un système de retardement censé ne le faire exploser qu'après pénétration de l'enveloppe de protection du fort, manque sa cible. Six minutes plus tard, un deuxième est lancé, suivi de cinq autres, chacun « progressant » vers la cible à mesure que la trajectoire est corrigée. Le bruit oppressant des détonations qui se rapprochent fait sentir aux défenseurs pétrifiés l'ampleur de la dévastation qui se prépare. Le huitième obus atteint son but. Puis le canon se tait pour la nuit ; mais le lendemain matin, il est rejoint par un autre arrivé d'Essen, et le bombardement reprend. Le tir a été corrigé, et les obus de 900 kilos ne tardent pas à « faire voler en éclats le blindage et des blocs de béton, crevassant les voûtes et empoisonnant l'air d'une épaisse fumée brunâtre [41] ». Le fort Chaudfontaine est détruit par l'explosion de son dépôt d'explosifs à 9 heures. A 12 h 30, le fort Pontisse est en ruine, sa garnison physiquement hors d'état : c'est la reddition. Le tir est alors dirigé vers le fort Embourg, qui tombe à 17 h 30. Le 14 août, c'est au tour du fort Liers de se rendre à 9 h 40, et de celui de Fléron un quart d'heure plus tard. Enfin, le 15 août, les obusiers, dont l'un est maintenant installé sur la plus grande place de Liège, réduisent les forts Boncelle à 7 h 30 et Lautin à 12 h 30, avant d'orienter le tir vers le fort Loncin où le général Leman a réinstallé son quartier général neuf jours auparavant. Après 140 minutes de bombardement, le dépôt de munitions est touché et la forteresse détruite dans l'explosion.

Les premières troupes allemandes à partir pour en prendre possession trouvent « un paysage alpin miniature constitué de débris disséminés comme des petits cailloux dans un torrent... Des pièces d'artillerie lourde et de munitions avaient été projetées partout. Une coupole était sortie de son emplacement... elle était retombée sur son dôme. Elle ressemblait à présent à une tortue géante, renversée sur sa carapace. » Au milieu des décombres, on trouve le général Leman sans connaissance. A Emmich, qu'il a déjà rencontré en manœuvres quelques années auparavant, il dit depuis le brancard où il a été installé : « Je vous demande de bien vouloir attester le fait que vous m'avez trouvé inconscient [42]. »

Les deux derniers forts, ceux de Hollogne et de Flémelle, se rendent sans davantage de combats le 16 août. Les canons Krupp et Skoda sont retirés de leurs emplacements et dirigés vers les forts de Namur où ils arrivent le 21 août. Le 24, ils renouvellent la victoire de Liège après trois jours de bombardement. Ces deux « batailles navales sur terre ferme », dans lesquelles des canons plus lourds que ceux installés sur les

Dreadnought sont venus à bout de cibles blindées incapables de manœuvrer, sonnent le glas de la confiance militaire vieille de trois cents ans dans la capacité des forteresses à résister à l'avancée d'une armée hostile sans l'intervention active en soutien de troupes mobiles. Cette confiance n'a de toute façon jamais été que conditionnelle. Le prince de Ligne, l'un des généraux les plus éminents de l'époque des forteresses du XVIIIe siècle, écrivait : « Plus j'observe et plus je lis, plus je suis convaincu que la meilleure des forteresses est une armée, et le meilleur des remparts un rempart d'hommes [43]. » Les forts, à Maubeuge, Przemysl, Lemberg, Verdun, vont faire l'objet de combats intenses en 1914, 1915 et 1916, mais uniquement comme points de rencontre fixes autour desquels la bataille décisive sera menée par des masses en mouvement et avec des armes mobiles. Ce sont bien des remparts d'hommes, et non de fer ou de béton, qui vont former les fronts de la Première Guerre mondiale.

Un tel rempart est précisément en cours de formation loin au sud des points de traversée de la Meuse, au moment même ou le groupe Emmich canonne et réduit en morceaux Liège et Namur. Si l'élément Emmich du plan allemand est téméraire, le plan français prévoit un début de guerre qui l'est davantage, et ce à une échelle tout autre : rien moins qu'une offensive tête en avant à travers la frontière de 1871 pour pénétrer dans l'Alsace-Lorraine annexée. « En tout état de cause, dit le plan XVII, l'intention du général commandant en chef est de se porter, toutes forces réunies, à l'attaque des armées allemandes [44]. » Celles que les Français s'attendent à trouver, comme en 1870, sont déployées le long de la frontière commune entre le Luxembourg et la Suisse. Le programme des opérations de Joffre est d'envoyer ses cinq armées en deux groupes vers l'avant : la 5e et la 3e à gauche, la 2e et la 1re à droite, et la 4e disposée en échelon légèrement en arrière pour couvrir l'espace entre les deux masses, vers lequel, selon les calculs des Français, la topographie et les fortifications canaliseront toute avancée allemande.

Si les Allemands ne s'étaient pas longtemps consacrés à un plan radicalement différent, le plan XVII ne serait pas un mauvais plan. Mais en l'état, il rend les dispositions françaises obsolètes et dangereuses. Ce plan est pourtant bien adapté à la géographie, tant naturelle qu'humaine et militaire, de l'est de la France. Les annexions de l'Allemagne en 1871 ont spolié la

France de larges bandes de sa frontière « naturelle » parmi lesquelles le Rhin entre Strasbourg et Mulhouse. Elles laissent cependant de solides positions aux mains des Français, dont les hauteurs des Côtes de Meuse entre Verdun et Toul et, plus au sud, les sommets des Vosges au nord de Nancy et d'Epinal [45]. La plaine non fortifiée entre ces deux zones, la Trouée de Charmes, est le piège dans lequel les Français espèrent attirer les Allemands. Les contreforts de gauche et de droite (les Hauts de Meuse et les Vosges), pourvus de routes et de voies ferrées, puissamment fortifiés, constituent de solides points de départ pour la descente des deux groupes d'armées vers les vallées de la Moselle et du Rhin. C'est sur ces deux poussées (5e et 3e armées d'un côté, 2e et 1re de l'autre) que repose le plan XVII.

Cependant, avant de lancer l'une d'elles, Joffre a déclenché un assaut préliminaire censé, comme celui d'Emmich en Belgique, ouvrir une brèche pour la plus grande offensive à suivre. Le 7 août, le 7e corps du général Bonneau, basé à Besançon, se met en route pour s'emparer de Mulhouse en Alsace et, espère-t-on, soulever la population contre les Allemands. Bonneau s'avoue peu empressé et le montre dans les faits. Il met deux jours à parcourir les vingt-quatre kilomètres qui le séparent de Mulhouse et s'en fait chasser en vingt-quatre heures lorsque les Allemands contre-attaquent. Bien pis, il bat alors en retraite vers Belfort, sur la frontière suisse, la seule forteresse à avoir résisté aux Allemands pendant toute la guerre franco-prussienne de 1870. L'humiliation, réelle et symbolique, met Joffre hors de lui. Il congédie sur-le-champ Bonneau et Aubier, le commandant de la 8e division de cavalerie qui l'accompagne. C'est le premier avertissement d'une plus grande purge à suivre. Car Joffre n'hésite pas à limoger. Il s'est déjà débarrassé de deux généraux visiblement incompétents après les manœuvres de 1913 ainsi que de sept commandants de division qui se sont montrés léthargiques ou inaptes lors de la mobilisation et de la mise en place de la Couverture [46]. A la fin du mois d'août, il aura démis de leurs fonctions un commandant d'armée, trois commandants de corps sur vingt et un, et trente et un commandants de divisions sur cent trois. En septembre, il fera subir le même sort à trente-huit autres commandants de divisions, en octobre à onze et en novembre à douze [47]. D'autres seront mutés de divisions d'active vers des divisions territoriales, ou tout simplement dégradés. Dans certaines divisions, il ne donne qu'un mois, parfois moins, aux généraux pour faire leurs preuves. Ainsi, les généraux Superbie et Bataille, qui portent mal leurs noms, restent respectivement cinq semaines et dix jours à la tête de la 41e division. Bolgert, qui succède à Bataille, y reste neuf jours avant d'être rétrogradé dans une division de réserve, et il doit sans doute s'estimer chanceux de ne pas disparaître complètement des cadres d'active. C'est pourtant ce qui advient à la majorité : sur les quarante-huit commandants de divisions d'infanterie de temps de paix, seuls sept sont encore en poste en janvier 1915. L'un d'eux, Raffenet, de la 3e coloniale, a été tué ; un autre, Boë de la 20e, grièvement blessé. Quelques-uns tels Deligny, Hache, Humbert ont été promus commandants de corps, de même que Pétain qui a commencé la guerre comme simple brigadier. Tous les autres ont définitivement disparu. « J'étais déterminé sur la question, écrira plus tard Joffre. Je me débarrasserais des généraux incompétents et les remplacerais par ceux qui étaient plus jeunes et plus énergiques. » La situation joue pour lui : les généraux français sont soit trop vieux (en 1903, leur moyenne d'âge était de soixante et un ans contre quarante-quatre en Allemagne), soit, s'ils sont plus jeunes, inaptes [48]. Cependant, Joffre est loin de montrer l'exemple. Doté d'un sérieux embonpoint, il aime les plaisirs de la table et, même au plus fort de la crise de 1914, ne laisse rien interrompre son repas. Malgré cela, il est imperturbable, d'une grande sagacité, et il juge bien les caractères, qualités qui vont porter l'armée française tout au long de la campagne à venir alors que la crise s'intensifie.

LA BATAILLE DES FRONTIÈRES

Une curieuse période de calme suit l'effervescence de la mobilisation et la migration massive vers les zones de concentration. Les historiques des divisions, aussi bien françaises qu'allemandes, font état d'un battement d'une semaine, voire dix jours, entre le débarquement aux frontières et le début de l'action. Ce temps est consacré à la distribution de provisions, à de rapides exercices et au déploiement à pied vers le front. Pour certains officiers vétérans, tant français qu'allemands, et pour d'autres qui ont étudié l'histoire, il y a quelque chose de familier dans ces événements préliminaires. Ils ressemblent à ceux de la Guerre franco-prussienne quarante-quatre ans plus tôt, à la différence que tout se déroule de manière bien plus efficace. A cela près, les trains transportant les troupes sont identiques, les longues colonnes de chevaux, de fantassins et de canons sont les mêmes. Chez les Français, l'uniforme aussi est identique, et, des deux côtés, les armes également : la puissance révolutionnaire de l'artillerie à tir rapide et du fusil à répétition doit encore se révéler.

Le front de bataille choisi par le haut commandement français est, pour une bonne part, lui aussi, identique, même s'il est vrai qu'en 1870 aucune opération n'a eu lieu au point où les frontières française et luxembourgeoise se rejoignent. En 1914, les zones de déploiement des 3e, 4e et 5e armées françaises remontent de ce point vers la Belgique. Mais en Lorraine, les soldats de la 1re armée se retrouvent sur les mêmes routes que leurs grands-pères sous le commandement de Napoléon III. Les lignes de départ se situent plus à l'ouest en raison de la perte des territoires après la défaite de 1871. Mais les axes de progression ainsi que les objectifs sont les mêmes : la Sarre, Sarrebruck et, au-delà, la campagne qui mène au Rhin. Ils ont été fixés par l'Instruction générale n° 1 de Joffre du 8 août [49].

L'offensive en Lorraine débute le 14 août, lorsque la 1re armée de Dubail et la 2e de Castelnau, en échelon sur la gauche de la 1re, traversent la frontière et avancent vers Sarrebourg. Le revers de Bonneau à Mulhouse semble oublié. Les Français avancent en libérateurs et en conquérants, orchestres en tête et couleurs déployées. L'idée que les Allemands pourraient avoir un plan pour remporter une victoire dans les provinces perdues (qu'ils nomment « territoires du Reich ») semble n'avoir traversé aucun esprit dans le haut commandement français. Celui-ci sous-estime la force des Allemands et pense que ceux-ci vont rester sur la défensive. En fait, les VIe et VIIe armées allemandes, commandées par le Kronprinz Rupprecht de Bavière et le général Josias von Heeringen, ancien ministre de la Guerre prussien, comprennent huit corps, et non six. Ils s'apprêtent à contre-attaquer massivement les Français dès qu'ils présumeront trop de leurs forces.

Ce qui ne tarde pas à se produire. Pendant quatre jours, les Allemands reculent, contrecarrant, sans vraiment s'y opposer fermement, l'avancée française qui, en certains endroits, atteint les vingt-cinq kilomètres à l'intérieur du territoire du Reich. Un étendard de régiment allemand est pris et présenté à Joffre à Vitry-le-François où il a établi son Grand Quartier général (GQG). Château-Salins est repris, suivi de Dieuze et, enfin, le 18 août, de Sarrebourg, toutes villes françaises depuis les guerres menées par Louis XIV contre les Habsbourg au XVIIe siècle. Puis le front perd de son caractère spongieux. L'infanterie française se heurte à une résistance allemande gagnant en fermeté. La modeste armée d'Alsace, qui ne cesse d'avancer à la droite de la 1re, reprend Mulhouse le lendemain, mais ce succès n'apporte pas grand soutien car un énorme écart la sépare des positions de Dubail. Cet écart n'est pas le seul : la 1re armée n'est pas en contact solide avec la 2e, et à l'ouest de la vallée de la Sarre, Dubail et Castelnau ont perdu tout contact opérationnel. Dubail a conscience de cette faiblesse et entend y remédier le 20 août en lançant une attaque visant d'un côté à rétablir le contact, de l'autre à ouvrir une brèche qui permettrait au corps de cavalerie de Conneau (les 2e, 6e et 10e divisions) de déboucher à l'arrière de l'ennemi et d'envelopper son flanc. Mais alors même qu'il prépare son attaque dans la nuit du 19 au 20 août, les Allemands s'apprêtent à lancer la contre-attaque qu'ils ont programmée [50].

Les armées de Rupprecht et de Heeringen ont été temporairement placées sous la direction d'un seul état-major, celui du général Krafft von Delmensingen. Ainsi, pendant que les 2e et 1re armées françaises coordonnent tant bien que mal leurs actions au gré de liaisons téléphoniques sporadiques, les VIe et VIIe armées allemandes fonctionnent comme une seule entité. Cela préfigure une nouvelle approche dans l'art de commander qui va amener la création de formations aussi larges que le système de communication peut les contrôler. Le 20 août, l'efficacité de ce système est rapidement avérée. A peine lancée, l'attaque nocturne de Dubail est brisée. Cette déconvenue est suivie d'une offensive simultanée des huit corps allemands contre les six français le long de toute la ligne de bataille. Le 8e corps français qui a atteint la Sarre à Sarrebourg est écrasé : son artillerie ne fait pas le poids devant les canons allemands plus lourds et sous le feu desquels l'infanterie allemande chasse les Français position après position.

L'artillerie lourde cause encore davantage de tort à la 2e armée, frappée par un bombardement concentré sur l'ensemble de sa ligne de front au lever du jour le 20 août. Les 15e et 16e corps abandonnent leurs positions devant les attaques d'infanterie qui s'ensuivent. Seul le 20e, sur l'extrême gauche, tient bon. Il combat sur son territoire et se trouve sous le commandement du général Ferdinand Foch, au talent et à la détermination exceptionnels. Tandis que ses soldats s'accrochent, Castelnau ordonne au reste de l'armée de rompre le contact et de battre en retraite derrière la Meurthe, à savoir sur la ligne de départ de l'offensive, quittée six jours plus tôt. Elle a failli être enveloppée sur ses deux flancs, ce qui aurait causé un désastre irrémédiable pour l'ensemble de l'armée française. Le contact a été perdu avec la 1re armée, et Dubail doit en conséquence la retirer également de la bataille. Au 23 août, elle s'est aussi rabattue sur la Meurthe et s'apprête à défendre le fleuve, articulant sa défense sur de solides positions que Foch a installées sur les hauteurs du Grand Couronné de Nancy. A cet endroit, les deux armées se retranchent dans l'attente de nouveaux assauts allemands. Schlieffen avait prévenu : de tels assauts ne devaient pas être tentés si la victoire qu'il avait su prévoir faisait suite à une offensive française en Lorraine. Mais la tentation de l'exploiter est trop forte : von Moltke cède aux demandes de Rupprecht et Delmensingen et autorise la reprise de l'offensive. Entre le 26 août et le 7 septembre, elle échoue face aux vaillantes défenses des Français que les Allemands trouvent, contre toute attente, retranchés le long de la Meurthe [51].

L'ampleur du redressement français sur la droite de son immense front va mettre du temps à se révéler. Partout ailleurs, le désastre persiste. Au nord des 1re et 2e armées se tiennent les 3e et 4e armées, à qui Joffre a confié la mission de pénétrer le massif forestier des Ardennes et de frapper en direction des villes d'Arlon et Neufchâteau, au sud de la Belgique. Leur front d'attaque est de quarante kilomètres, avec une perspective de progression de douze environ. Deux considérations vont à l'encontre des instructions offensives de Joffre. Tout d'abord la topographie des Ardennes, constituée de forêts épaisses, de collines escarpées et de vallées humides, empêche les manœuvres militaires, confinant les troupes sur les quelques routes existantes. Ensuite, les armées allemandes (la IVe, commandée par le duc de Wurtemberg, et la Ve, commandée par le Kronprinz allemand), sont déployées pour une attaque vers l'est. Cette disposition va les faire entrer en collision avec les forces françaises en marche et égales en nombre : huit corps contre huit. De cette égalité, le quartier général de Joffre n'a pas la moindre idée. La principale force de reconnaissance française, le corps de cavalerie de Sordet, a parcouru les Ardennes entre le 6 et le 15 août sans détecter de présence ennemie. Les cavaliers ont monté leurs chevaux à cru (les cavaliers français ont la fâcheuse habitude de ne pas descendre de leurs montures) mais n'ont pas vu la moindre trace d'unités allemandes. En conséquence de quoi, le 22 août, le GQG a assuré Langle, de la 4e armée, et Ruffey, de la 3e, « qu'aucune opposition sérieuse n'est à attendre [52] ». Des rapports d'aviation ont confirmé ce jugement parfaitement erroné tout au long de la semaine précédente [53].

Les Allemands sont mieux renseignés que les Français. Leurs propres aviateurs ont fait état dans leurs rapports de mouvements ennemis significatifs sur le front de la 4e armée. Même si ce qui a été observé n'était en fait que la marche vers la Meuse d'éléments de la 5e armée de Lanrezac, cette erreur d'interprétation alerte les Allemands sur les véritables intentions de Joffre [54]. Au 20 août, l'armée du Kronprinz n'a pas bougé de sa position, tandis que son artillerie lourde bombarde à la frontière française les forteresses de Montmédy et Longwy, toutes deux mal équipées et mal défendues. Mais au matin du 22 août, elle se met en marche accompagnée de la IVe armée. Cette dernière est particulièrement menacée de débordement, et ses quartiers généraux ont donné l'ordre au corps se trouvant sur la gauche de veiller à maintenir le contact avec son voisin [56].

En fait, ce sont les Français plutôt que les Allemands qui risquent de se faire déborder. Leurs formations sont disposées « en échelon », comme un escalier descendant vers l'est du nord au sud, si bien que le flanc de chaque corps est exposé sur sa gauche. Si les Allemands exerçaient une forte pression au nord du front français, les échelons risqueraient fort de se disloquer les uns après les autres, menant à l'effondrement des 4e et 3e armées. Et c'est précisément ce qui arrive le 22 août. En fait, c'est la 3e armée qui cède la première. Avançant à l'aube, son avant-garde tombe sur une résistance allemande inattendue et, lorsqu'un bombardement soudain réduit au silence son artillerie de soutien, l'infanterie panique et se débande. Le reste de l'armée, séparée par une énorme faille en son centre, est arrêtée net et doit se battre avec acharnement pour tenir sa position. La 4e armée, privée de soutien au sud, ne parvient pas non plus à progresser, hormis en son centre, position tenue par le corps colonial. Ce dernier, seul véritable élément de métier dans l'armée française, est composé de régiments de métropolitains formant, en temps de paix, les garnisons de l'empire en Afrique du Nord et de l'Ouest, ainsi qu'en Indochine. Ses soldats sont des vétérans endurcis et expérimentés. C'est précisément ce qui va causer leur perte. Se portant vers l'avant avec une détermination faisant défaut aux unités d'appelés moins rompus au combat, les troupes coloniales se retrouvent coincées au milieu d'une masse bien plus importante d'Allemands. Avançant les uns derrière les autres sur un front de seulement 500 mètres de large, cinq de ses bataillons lancent des attaques à la baïonnette au travers de forêts denses. Ils sont repoussés par le feu concentré des fusils et des mitrailleuses. Au fur et à mesure qu'ils s'acharnent, les pertes des coloniaux augmentent. Au soir du 22 août, la 3e division coloniale a perdu 11 000 hommes, tués ou blessés, sur un effectif total de 15 000 : il s'agit des pertes les plus lourdes subies par l'armée française au cours de la bataille des Frontières [57]. Sa destruction met fin aux efforts de la 4e armée pour gagner du terrain, tout comme l'effondrement du 5e corps a stoppé l'offensive de la 3e armée, plus avant vers le sud.

Le plan XVII est mis en échec entre Givet et Verdun, dans un secteur crucial, et sur un front de cent vingt kilomètres de large. Joffre refuse d'y croire. Le 23 août au matin, il indique à de Langle de Cary qu'il n'y a « que trois corps ennemis devant [votre] front... il vous faut [donc] reprendre l'offensive le plus tôt possible [58] ». De Langle de Cary obéit et tente de suivre cet ordre, mais son armée est repoussée encore plus loin ce jour-là. La 3e armée et l'armée de Lorraine nouvellement formée n'ont pas plus de réussite. Le 24 août, la 4e armée se retire derrière la Meuse pour se protéger, suivie de peu par la 3e. Pendant ce temps, l'essentiel de l'armée de Lorraine de Maunoury est ramenée à Amiens, où une nouvelle armée, la 6e, va être créée avec ses divisions de réserve.

La bataille de la Sambre

Sur deux secteurs de la frontière française, l'Alsace-Lorraine et les Ardennes, les Allemands ont, à la fin de la troisième semaine de guerre, engrangé des victoires significatives. Les opérations vont maintenant se déplacer vers le seul secteur n'ayant encore connu aucun affrontement majeur : la frontière franco-belge. C'est sur cette ligne que le plan d'offensive des Allemands doit réussir afin de réaliser le rêve de Schlieffen d'une campagne conclue en six semaines. La prise de Liège en a établi les bases. La retraite de l'armée belge qui s'est ensuivie vers le camp retranché d'Anvers en a ouvert la voie. La chute de Namur, imminente le 24 août, achèvera de débarrasser le théâtre d'opérations de ses obstacles majeurs. Plus significatif, le haut commandement français, malgré l'ampleur des avertissements donnés par l'invasion de l'est de la Belgique par les Allemands, semble rester obstinément aveugle aux dangers qui menacent. Lanrezac, commandant de la 5e armée, déployée au nord du dispositif français, a mis en garde le GQG, avant même le début de la guerre : il craint que son flanc gauche (le plus au nord) soit enveloppé par une poussée allemande en Belgique. Joffre a écarté ces craintes. Il pense davantage à sa propre offensive en Allemagne. Le GQG, situé à Vitry-le-François sur la Marne, à l'est de Paris, va bientôt entendre le canon tonner. Mais le commandant en chef continue à soutenir que les Allemands ne déploieront aucune force majeure sur le territoire belge au nord de la Meuse.

Au cours des six jours qui suivent, Joffre revoit sa position. Ses ordres dirigent tout d'abord la 5e armée de Lanrezac vers l'angle formé par la Sambre et la Meuse. Cette mesure de précaution est ensuite accompagnée d'un ordre visant à rallier la 5e armée au BEF. Celui-ci mène des opérations contre l'aile gauche de la ligne de bataille allemande, dont l'apparition massive en Belgique ne peut plus être niée [59]. A cette date, la bataille contre les armées de von Kluck, de von Bülow et de von Hausen, à savoir la bataille de la Sambre pour les Français et de Mons pour les Britanniques, est sur le point d'avoir lieu. Elle débute par ce que les stratèges militaires nomment une « bataille de rencontre », c'est-à-dire un affrontement déterminé par les actions menées par les troupes engagées plutôt que par les ordres émanant des états-majors. Il faut dire que ces ordres ne poussent pas à l'engagement. Lors d'une conférence tenue à Chimay l'après-midi du 21 août, Lanrezac annonce aux chefs d'état-major des corps d'armée qui lui sont subordonnés que l'objectif de la 5e armée est de tenir les hauteurs de la rive sud de la Sambre [60]. Il craint qu'en envoyant ses soldats tenir la ceinture de petits bâtiments industriels et de cabanons, appelée le Borinage, qui longe la rive entre Charleroi et Namur, ceux-ci se retrouvent engagés dans des affrontements de rue sans grand intérêt, échappant de surcroît à son contrôle. Von Bülow coordonne les mouvements des Ire, IIe et IIIe armées auxquelles il donne des ordres identiques. Mais ses raisons sont différentes. Le 20 août, Moltke l'a prévenu de l'importance des forces françaises lui faisant face. Les Britanniques se trouvent sur sa droite, sans toutefois être localisés, et il convient en conséquence de ne pas lancer d'attaque à travers la Sambre avant que la IIe et la IIIe armées puissent coordonner un mouvement de tenaille. Le lendemain matin, von Bülow télégraphie à von Hausen qu'il retarde l'avancée de la IIe armée, ce qui signifie que la IIIe doit agir de même.

Des événements de moindre envergure prennent alors le relais. A moins d'être larges, les fleuves sont toujours difficiles à défendre. Les méandres créent des poches absorbant les troupes et provoquent des méprises entre unités voisines lorsqu'il s'agit de déterminer les responsabilités des unes et des autres. Les ponts en particulier posent problème : qui est responsable d'un pont situé à la limite entre deux unités ? Constructions et végétation aggravent les problèmes, brisant les lignes de visibilité et entravant des mouvements latéraux le long de la rivière lorsque surviennent des attaques locales nécessitant l'envoi rapide de renforts. L'expérience a appris aux militaires qu'il était plus facile de défendre une rivière sur la rive opposée à l'attaque ; mais si c'est cette dernière qui doit être défendue, il est préférable de le faire à bonne distance, loin du cours d'eau [61]. Toutes ces vérités vont à nouveau être démontrées au cours de la bataille qui se développe sur la Sambre le 21 août.

Lanrezac, avec une parfaite orthodoxie, a donné l'ordre que les ponts soient tenus par des postes avancés. L'essentiel de la 5e armée attend sur les hauteurs de la rivière. De là, elle peut avancer pour interdire une traversée allemande ou bien monter sa propre offensive en franchissant les ponts menant en Belgique. Mais les postes avancés sont face à un dilemme : à Auvelais, par exemple, situé à mi-chemin entre Namur et Charleroi, ils se trouvent à découvert depuis la rive opposée et demandent l'autorisation de traverser la rivière ou bien de se replier. Le commandant de leur régiment, tenu par les instructions de Lanrezac, refuse. Il leur envoie cependant des troupes de soutien. Les renforts découvrent qu'il existe davantage de ponts à défendre que ne l'exigent les ordres reçus. Tandis qu'ils prennent leurs positions, des patrouilles de la IIe armée allemande apparaissent sur la rive opposée. Sentant une bonne opportunité, elles demandent la permission de tenter une traversée au quartier général du corps. Il s'agit de celui de la Garde impériale que visite Ludendorff au moment même où le message arrive. Faisant preuve de l'esprit d'initiative l'ayant déjà distingué quinze jours auparavant à Liège, il prend la responsabilité personnelle de donner son aval à la tentative. La 2e division de la Garde attaque, tombe sur un pont qui n'est pas défendu (il y en a huit là où les troupes françaises pensaient qu'il n'y en avait qu'un), et y prend pied. A l'ouest d'Auvelais, à Tergné, une patrouille de la 19e division allemande trouve un autre pont non gardé et le franchit sans en demander l'ordre. Saisissant l'opportunité, le commandant divisionnaire envoie un régiment entier à sa suite et pousse les défenseurs français à la retraite. Ainsi, dans l'après-midi du 21 août, deux gros méandres de la Sambre sont aux mains des Allemands et une brèche de dix kilomètres de large a été ouverte en travers du front de la rivière.

Ces résultats illustrent à merveille ce qu'est une bataille de rencontre. Ils sont largement à mettre au crédit des troupes allemandes et de leurs commandants. Pourtant, Lanrezac peut encore rétablir la situation en s'en tenant à son plan initial : sa position principale reste les hauteurs au sud de la Sambre. Mais de manière inexplicable, il donne son assentiment à la décision de ses deux subordonnés, commandant les 3e et 10e corps, de contre-attaquer afin de reconquérir les méandres perdus de la Sambre. Au matin du 22 août, leurs troupes sont repoussées en subissant de lourdes pertes.

> L'infanterie française fit une démonstration de bravoure, avançant à travers les champs de betteraves belges, drapeaux

> déployés et clairons sonnant les notes stridentes de la « charge ». Comme les rangs se rapprochaient des lignes allemandes... fusils et mitrailleuses ouvrirent un feu continu meurtrier depuis les murs, tertres et fenêtres des maisons. En face, l'attaque s'enraya. Courant, trébuchant, rampant, les Français tentaient tant bien que mal de se couvrir et l'attaque cessa, laissant la Garde allemande maîtresse incontestée du terrain [62].

Cette nuit-là, les deux corps ont pris position sur les hauteurs, comme le souhaitait Lanrezac, mais l'effort fourni dans la journée n'a eu pour résultat que des pertes encore plus importantes. Sur les régiments engagés, dont chacun avait comme effectifs de départ quelque 2 500 hommes, le 24e en a perdu 800, le 25e, de Cherbourg, en déplore 1 200, le 36e (Caen) 1 000, le 49e (Bayonne) 700, le 74e (Rouen) 800, le 129e (Le Havre) 650 [63]. D'un point de vue stratégique, le résultat est encore pire. Seules trois divisions allemandes ont été nécessaires pour contenir les neuf divisions françaises, contraintes à un recul de onze kilomètres. Le contact avec la 4e armée, sur la Meuse, a été rompu, celui avec le BEF à Mons n'a pu être établi. Quant au corps de cavalerie de Sordet, qui a complètement échoué dans sa mission de repérer les Allemands avant qu'ils ne tombent sur les Français le long de la Sambre, il recule derrière les positions de la 5e armée. Ses hommes sont épuisés et ses chevaux exténués. La situation ne s'améliore pas le 23 août. En dépit de la reprise de l'offensive par quelques éléments de la 5e armée, ce sont les Allemands qui gagnent du terrain : sur la droite, ils parviennent à traverser en force l'obstacle constitué par la confluence de la Sambre et de la Meuse, et ce malgré une contre-attaque organisée par le général Mangin, qui passe dès lors pour l'un des guerriers les plus féroces de l'armée française. Une heure avant minuit, Lanrezac conclut qu'il est battu et télégraphie à Joffre : « Ennemi menace ma droite sur la Meuse... Givet menacé, Namur enlevé... Décide replier armée demain [64]. »

La bataille de Mons

Lanrezac ne fait pas mention de la situation sur sa gauche, alors que ses alliés britanniques ont eux aussi combattu les

Allemands toute la journée du 23 août. Ils ont fait preuve de bien plus d'efficacité dans la défense d'un obstacle fluvial, le canal Mons-Condé, que n'en ont montré les troupes françaises sur la Sambre. Le BEF, constitué d'une division de cavalerie et de quatre divisions d'infanterie, a commencé à débarquer au Havre, à Boulogne et à Rouen onze jours plus tôt, avant d'arriver sur le canal le 22 août. Au matin du 23, ses soldats se sont déployés sur un front de trente kilomètres, le 2e corps à l'ouest et le 1er, commandé par le général Douglas Haig, à l'est. Cette disposition vise à se protéger de la Ire armée de von Kluck, forte de quatorze divisions, qui pourrait fondre sur eux depuis le Nord. Le général sir John French, commandant les forces britanniques sur le continent, espérait progresser au même niveau que Lanrezac dans une avancée en Belgique. La nouvelle de la défaite du général français sur la Sambre rend la chose impossible. Toutefois, lorsque, peu avant minuit le 22 août, parvient un message des quartiers généraux de la 5e armée française demandant de l'aide, il accepte de défendre le canal pendant vingt-quatre heures. Mais les Français n'ont pas saisi la nature de l'assaut allemand : la demande est celle d'une attaque contre le flanc de von Kluck, alors que celui-ci s'étend déjà bien au-delà des positions de la 5e armée et de celles des troupes de French. Les Britanniques vont se retrouver, ne serait-ce qu'un instant, à devoir supporter la puissante aile droite allemande, si déterminante pour le succès du plan Schlieffen (« L'aile droite doit rester forte », aurait dit son concepteur sur son lit de mort).

Le BEF se montre à la hauteur. Cas unique en Europe, l'armée britannique est une force entièrement régulière, composée de soldats professionnels forgés aux réalités du combat par les conflits qui secouent l'empire. Beaucoup ont fait la guerre des Boers quinze ans plus tôt, contre d'habiles tireurs d'élite qui se retranchaient pour défendre leurs positions. Ils y ont appris la puissance du fusil à répétition et la nécessité de creuser de profondes tranchées pour y échapper. Les vétérans russes s'étant battus pendant la guerre contre le Japon ont également retenu ces leçons. Les Britanniques sont les seuls soldats d'Europe de l'Ouest à les connaître parfaitement. Ayant reçu l'ordre de tenir le canal Mons-Condé, ils se mettent à creuser sur-le-champ. Au matin du 23 août, ils sont fermement retranchés sur toute sa longueur. Situé au cœur d'une région minière, le canal offre une excellente position de défense. Les constructions minières et les cabanons constituent des points forts, et les terrils, des postes d'observation d'où l'artillerie de soutien peut être dirigée vers les troupes ennemies en marche [65].

Les Allemands les surpassent en nombre de six divisions contre quatre, mais ils ne sont pas préparés au déluge de feu qui va s'abattre sur eux. « L'impression dominante chez les Allemands était d'avoir face à eux un ennemi invisible », camouflé derrière la terre fraîchement retournée dans des tranchées bien plus profondes que les Français, inexpérimentés, et les Belges, proches de l'amateurisme, ne songeraient à creuser [66]. Sur le Tugela et la Modder comme à Spion Kop, les Boers ont appris à l'infanterie britannique ce que coûte un assaut contre d'habiles fusiliers dissimulés derrière des levées de terre. Le 23 août, les Britanniques ont l'occasion de donner eux-mêmes cette leçon. Le fusil *Lee-Enfield* et son chargeur de dix cartouches est une arme supérieure au Mauser allemand, et le soldat anglais un meilleur tireur. « Quinze cartouches à la minute » est devenu une formule bien connue, mais c'était la norme pour la plupart des fantassins. Ils étaient encouragés par des primes d'excellence au tir et par le fait qu'on leur donnait des munitions gratuites pour gagner leur insigne pendant leur temps libre [67]. Un officier allemand des 12e grenadiers de Brandebourg est un des premiers à faire l'expérience des effets d'un fusil précis et à longue portée.

> En face [des positions de ma compagnie] s'étendait un champ extrêmement long, plat et d'aspect marécageux. Son côté gauche était pénétré de constructions et de cabanes éparses, et sur sa droite, une étroite bande boisée dépassait. Tout au bout, à environ 1 400 mètres droit devant, il y avait d'autres groupes d'habitations dispersés. Entre les constructions les plus proches et celles plus lointaines, quelques vaches paissaient tranquillement [68].

La sérénité émanant de cette scène bucolique est illusoire. Le lendemain, le capitaine Bloem va découvrir comment les Britanniques « avaient transformé chaque maison, chaque mur en une petite forteresse : l'expérience de vieux soldats acquise, à n'en pas douter, au cours de dizaines de guerres coloniales [69] ». Au matin de la bataille de Mons, alors que sa compagnie progresse à découvert, le danger contenu dans ce paysage désert devient soudain réalité.

> Nous avions à peine quitté le bord du bois qu'une grêle de balles nous siffla aux oreilles et claqua dans les arbres situés derrière nous. Cinq ou six cris près de moi, cinq ou six de mes camarades en gris tombèrent dans l'herbe... Le tir semblait être à longue portée et venir de la gauche... Nous étions là, à avancer comme à la parade... et au loin en face, un bruit martelant et perçant, puis une pause, puis un martèlement plus rapide : des mitrailleuses [70] !

Les soldats qui font face aux grenadiers de Brandebourg appartiennent au 1er bataillon du *Queen's Own Royal West Kent Regiment* et ce sont leurs fusils, plutôt que les deux mitrailleuses du bataillon, qui font le plus de victimes. A la fin de la journée, le régiment de Bloem s'est « complètement désintégré ». Beaucoup d'hommes ont perdu le contact avec leurs supérieurs pendant les affrontements. Honteux et cherchant à se justifier, ils ne rentrent que le soir. Ils sont cinq cents à avoir été tués ou blessés, dont trois des quatre commandants de compagnie du bataillon. Bloem a la chance d'être indemne. Des bilans similaires sont faits dans de nombreuses autres unités, car aucun bataillon britannique n'a lâché de terrain. L'artillerie de soutien, dont les canons de soixante livres des 48e et 108e batteries lourdes, a maintenu un feu de soutien constant tout au long de l'assaut. Le total des pertes britanniques est de 1 600 tués, blessés et disparus. Les pertes allemandes, jamais complètement révélées, doit s'élever à près de 5 000 hommes. Le 75e régiment d'infanterie de Brême a perdu 381 hommes dans son attaque contre les *Royal Scots* et le *King's Royal Rifle Corps*, sans réussir à pratiquer la moindre brèche dans leurs lignes.

Ce soir-là, les Allemands de l'armée von Kluck sont exténués. Ils ne peuvent que s'écrouler et aussitôt s'endormir sur la rive nord du canal, songeant que tout le travail qu'ils ont accompli dans la journée est à refaire le lendemain. Le canal n'a pu être franchi qu'à un endroit. Les Britanniques, tout aussi épuisés, s'apprêtent à se replier sur des positions situées légèrement au sud du canal. Ils sont pour leur part enthousiastes et remplis du sentiment d'une lutte bien menée. L'avis des historiens officiels allemands selon lequel « la bataille de Mons se termina sur un échec des Britanniques » ne leur paraîtrait pas être le reflet de la réalité [71]. Ils espèrent maintenir leur défense du flanc gauche des Alliés le lendemain. Mais alors même qu'ils se replient vers leurs positions nocturnes, de nouveaux ordres arrivent. Ils ordonnent la retraite.

Tard dans la soirée du 23 août, le lieutenant Edward Spears, qui assure la liaison avec la 5ᵉ armée française, arrive au quartier général du général French avec une nouvelle alarmante : du fait du succès allemand sur la Sambre, le général Lanrezac a fait savoir à Joffre qu'il donnait l'ordre à la 5ᵉ armée de battre en retraite vers le sud dès le lendemain. French a annoncé à peine quelques heures plus tôt : « Je tiendrai le terrain à présent occupé » ; les positions doivent être renforcées « par n'importe quel moyen pendant la nuit ». Mais il est bien obligé de reconnaître que, si ses alliés ont l'intention de se replier, il doit faire de même [72]. Au matin du 24 août, le BEF entame une retraite générale. A 9 h 45, Joffre explique dans un message au ministre de la Guerre pourquoi tout le front doit reculer.

> Au nord, notre armée opérant entre Sambre et Meuse, l'armée anglaise a dû subir des échecs dont je ne connais pas encore la portée, mais qui l'ont contrainte à reculer... Force est donc de se rendre à l'évidence... Nos corps d'armée n'ont pas montré en rase campagne les qualités offensives que nous avaient fait espérer les succès partiels du début... Nous sommes donc condamnés à une défensive appuyée sur nos places fortes et sur les grands obstacles du terrain, en cédant le moins possible de territoire. Notre but doit être de durer, le plus longtemps possible, en nous efforçant d'user l'ennemi, et de reprendre l'offensive le moment venu [73].

LA GRANDE RETRAITE

La grande retraite a commencé ; une retraite qui va ramener, dans les quatorze jours qui vont suivre, les armées française et britannique aux environs de Paris. Le GQG, le quartier général de Joffre à Vitry-le-François, va être abandonné le 21 août. Dans un premier temps, il va être installé à Bar-sur-Aube avant de s'établir le 5 septembre à Châtillon-sur-Seine. Pourtant, la dépêche de Joffre, aussi lugubre qu'elle ait pu paraître au ministre de la Guerre Messimy, reste l'un des grands documents de la guerre. Dans les quelques phrases qui la constituent, elle dessine un plan de rétablissement, et même de victoire finale. Les grandes places fortes, et en particulier Verdun, sont toujours aux mains des Français. Les caractéristiques topographiques constituant des défenses naturelles contre l'Allemagne, à savoir les montagnes des Vosges ainsi que les voies navigables de la Seine et de ses affluents, sont inviolées. Le moral de l'armée française, inconsidérément obnubilée par l'offensive en temps de paix, n'est pas affecté par la guerre. Si l'armée parvient à maintenir sa cohésion dans sa retraite vers la capitale, l'opportunité d'un retour offensif demeure. Chaque kilomètre parcouru signifie pour l'armée allemande un éloignement de ses liens avec ses bases de soutien sur le Rhin et au-delà, tandis que l'armée française voit les siens raccourcir et se renforcer. « Les opérations ultérieures, écrit Joffre dans son Instruction générale n° 2 du 25 août, seront réglées de manière à reconstituer à notre gauche, par la jonction des 4e et 5e armées, de l'armée anglaise et des forces nouvelles, prélevées sur la région de l'Est, une masse capable de reprendre l'offensive, pendant que les autres armées contiendront, le temps nécessaire, les efforts de l'ennemi [74]. »

L'endroit indiqué par Joffre pour le positionnement de cette « nouvelle masse offensive » (comprenant la 6e armée, commandée par le général Maunoury, et la 9e, commandée par le général Foch) est une ligne sur la Somme près d'Amiens, à soixante-quinze kilomètres au sud-ouest de Mons. Ainsi, Joffre envisage déjà une longue retraite avant qu'un redéploiement de ses forces puisse permettre la reprise de l'attaque. Il fait preuve d'un sombre réalisme dans son appréciation de la situation de l'armée française. Même en Lorraine, où elle a essuyé ses plus rudes revers, elle n'a jamais effectué une retraite de plus de cinquante kilomètres. La réalité de celle qui se prépare va être encore plus sombre que tout ce que Joffre imagine. L'aile droite allemande, malgré douze jours de combat et de marche à travers la Belgique, garde toute sa fraîcheur. Soutenus par les victoires remportées, endurcis par des jours passés sur les routes, sentant la victoire finale toute proche, les fantassins allemands sont prêts à oublier les pieds douloureux, à s'accrocher fermement et à avancer résolument si les sacrifices demandés par la distance à parcourir peuvent permettre de battre l'armée française. « Cette course effrénée et sans fin, dit le commandant du bataillon de Bloem à ce dernier au septième jour après Mons, est absolument essentielle... Surtout, faites votre possible pour maintenir le moral à tout prix. Il doit être bien clair que nous ne devons laisser aucun répit à l'ennemi jusqu'à ce que nous l'ayons bel et bien battu sur l'ensemble du front. Dites-leur que la sueur épargne le sang. » Les Brandebourgeois de Bloem n'ont pas besoin d'encouragements. Malgré des « talons, des plantes de pied et des orteils en feu... des pans entiers de peau se détachant laissant la chair à vif », ils maintiennent le rythme, jour après jour, sous le soleil brûlant de l'un des plus beaux étés du siècle [75]. Se retirant devant eux, le 1er bataillon du *Gloucestershire Regiment*, pour ne donner qu'un exemple, enregistre une distance parcourue de 390 kilomètres en treize jours, dont seulement un de repos (le 29 août), et deux marches successives de plus de trente kilomètres les 27 et 28 août [76]. Ce que les Français et les Britanniques endurent, les Allemands le subissent aussi.

Des deux côtés, on marche et on se bat, les Français et les Britanniques pour retarder l'avancée allemande ou pour échapper au danger, les Allemands pour forcer le passage devant les résistances rencontrées. Le 1er corps britannique doit se battre à Landrecies et à Maroilles le 26 août, mais il a peu souffert à Mons et peut facilement se dégager pour poursuivre sa retraite. En revanche, le 2e corps, entamé par la bataille de Mons, est contraint de livrer ce même jour au Cateau une bataille encore plus importante pour le même résultat. Le général Smith-Dorrien, commandant du 2e corps, a trois divisions d'infanterie sous ses ordres, et la division de cavalerie en soutien. Ses hommes épuisés sont attaqués au matin du 26 août par trois divisions d'infanterie et trois divisions de cavalerie allemandes, renforcées au cours de la journée par deux divisions d'infanterie supplémentaires, soit un total de huit contre quatre. Un tel déséquilibre des forces offre aux Allemands la possibilité de déborder les Britanniques sur leurs flancs, et à mesure que le jour avance, ils y parviennent. Le front court le long de l'ancienne voie romaine reliant Le Cateau à Cambrai où, trois ans et trois mois plus tard, les Britanniques lanceront la première attaque de chars d'assaut, arme de guerre encore inconnue. Au début de la bataille, l'infanterie britannique tient ses positions grâce à l'emploi efficace des ses fusils, soutenus par son artillerie de campagne. Puis, à mesure que le nombre d'ennemis augmente au cours de l'après-midi, les flancs commencent à s'écrouler, les unités à se disloquer et les batteries à perdre leurs servants sous le poids des bombardements ennemis. A l'approche du soir, le 2e corps est proche de l'implosion. Le salut vient en partie d'erreurs allemandes, mais tout autant de l'intervention du corps de cavalerie de Sordet. Au Cateau, celui-ci rehausse considérablement sa réputation perdue par son incapacité à repérer les Allemands en Belgique. L'une de ses divisions territoriales si dédaignées, et dont les réservistes ont passé l'âge de la conscription, combat vaillamment près de Cambrai pour retarder l'arrivée du IIe corps allemand. A la tombée de la nuit, le 2e corps britannique a perdu huit mille hommes, tués, blessés ou disparus pendant la bataille (plus que l'armée de Wellington à Waterloo). La retraite reprend [77]. Trente-huit canons, soit la moitié de l'artillerie d'une division, sont perdus, malgré les tentatives désespérées pour les récupérer. A la position de la 122e batterie de l'Artillerie royale, les efforts de sauvetage d'un courageux officier et de sa troupe pour extirper leur équipement offrent « un spectacle incroyable : une scène brève et brutale de chevaux galopant et chutant, et puis de quatre épaves de canons, dont quelques avant-trains jonchent le sol çà et là et l'un d'eux renversé à la verticale sur la ligne d'horizon, et des hommes morts et des chevaux morts partout [78] ».

Ce jour-là, Joffre rencontre à Saint-Quentin sir John French, le commandant du BEF. Il est accompagné de Lanrezac et du général d'Amade, commandant du groupe de territoriaux qui, d'une façon inattendue, s'est si bien battu à la gauche des troupes anglaises. La réunion est morose. Lanrezac et French ont du mal à s'entendre depuis leur première rencontre, dix jours auparavant, alors que Joffre commence déjà à douter des capacités du commandant de la 5e armée, pourtant depuis longtemps son protégé. L'atmosphère de la réunion, tenue dans le salon mal éclairé d'une maison particulière, est pesante. French affirme ne pas avoir reçu l'Instruction générale n° 2 de Joffre pour une future contre-offensive. Tout ce dont il peut parler concerne ses propres difficultés et, par conséquent, de l'échec de Lanrezac à le soutenir. L'attitude de ce dernier laisse entendre que le BEF est davantage une gêne qu'un soutien. La langue fait barrage : les Français ne parlent pas l'anglais, French très peu le français. Le général Henry Wilson, chef d'état-major adjoint, assure la traduction. Les personnalités aussi contrastent. Joffre et Lanrezac, hommes grands et massifs dans leurs uniformes bleus à boutons dorés, ressemblent à des chefs de gare ; le rusé Wilson et l'irascible French, avec leurs culottes en whipcord et leurs bottes d'équitation rutilantes, semblent sortis d'une scène de chasse à courre. Les Français sont également déroutés par le fait que le commandant du BEF soit maréchal : dans l'armée française, ce titre n'est pas un grade mais une « dignité d'Etat » accordée aux grands vainqueurs. Les soldats républicains, dont le plus haut grade est celui de général, regardent avec méfiance un supérieur en titre dont les succès ont été remportés contre des fermiers sud-africains.

La conférence n'aboutit à aucune décision claire, et, lorsqu'elle s'achève, Lanrezac refuse de déjeuner avec French [79]. En revanche, Joffre accepte. En retournant à son GQG, il a la ferme intention de mettre les choses au point avec Lanrezac. Il comprend que les Britanniques aient besoin de répit et que, s'il était vaincu, le BEF se retirerait vers les ports de la Manche. En conséquence, Joffre ordonne à Lanrezac d'arrêter net sa retraite. Le lendemain 27 août, il devra contre-attaquer la IIe armée allemande qui le talonne de près sur le chemin menant à Paris. Lanrezac est mécontent mais obéit. Il a pour instruction d'aligner la 5e armée le long du cours supérieur de l'Oise. Il dispose pour cela de deux corps, les 10e et 3e, tournés au nord en défense, et du 18e, en position d'attaque vers l'ouest. C'est à cet endroit que l'Oise prend la direction du sud pour rejoindre la Seine à Pontoise, au nord-ouest de Paris. Les divisions de von Bülow vont devoir traverser la rivière pour atteindre leurs objectifs. Un quatrième corps, le 1er, commandé par un Franchet d'Esperey très déterminé, doit rester en réserve derrière l'angle droit formé par les deux ailes de la 5e armée. La bataille, que les Français appellent bataille de Guise et les Allemands bataille de Saint-Quentin, débute au matin du 29 août dans une brume épaisse. Le corps de la Garde impériale et le 10e corps de

Plattenburg sortent de leurs positions d'un pas volontaire. Leurs commandants estiment qu'aucune résistance sérieuse n'est à attendre des Français avant l'Aisne, à cinquante-cinq kilomètres de là. Ils sont surpris par la résistance qu'opposent les 10e et 3e corps français qui leur infligent de lourdes pertes. Plattenburg, commandant du corps de la Garde, perd un fils, tué dans les affrontements. Le prince Eitel Friedrich, fils cadet du Kaiser, doit se mettre à la tête du 1er régiment de la Garde, le tout premier des régiments allemands, et le mener au combat en battant du tambour [80].

Cependant, au cours de la journée, la Garde et le 10e corps (Hanovre) avancent de quelque cinquante kilomètres et, alors que le soir approche, s'apprêtent à consolider le terrain gagné. A ce moment-là, le visage de la bataille change. Franchet d'Esperey a reçu l'ordre peu avant midi de se porter en soutien. A 18 heures, après avoir passé des heures à positionner son artillerie pour obtenir une puissance de feu optimale, il l'exécute en personne. Juché sur un cheval de bataille alezan à la tête des régiments avançant derrière leurs couleurs déployées, au son des cuivres de leurs fanfares, l'artillerie du corps tonnant au-dessus, Franchet d'Esperey mène ses soldats à la contre-attaque. L'effet galvanise tant les 3e et 10e corps qu'ils se joignent au mouvement. Tandis que la nuit tombe, les villages perdus le matin sont repris, et les Français victorieux consolident des positions d'où ils comptent reprendre la contre-attaque le lendemain. Leur succès est d'autant plus surprenant qu'ils avaient simplement ordre de ne pas lâcher pied, pendant que le 18e corps de Mas Latrie soulageait les Britanniques en attaquant vers Saint-Quentin. Le bilan du 29 août sur son front est décevant et il va bientôt être relevé de ses fonctions. En revanche, Franchet d'Esperey se taille une solide réputation à Guise. Surnommé « Desperate Frankie » (« Frankie l'acharné ») par ses admirateurs britanniques, il va sous peu succéder à Lanrezac à la tête de la 5e armée. Cette récompense est on ne peut plus méritée : sa spectaculaire intervention a arrêté net les Allemands. De plus, elle a fait gagner à l'armée le jour et demi nécessaire pour se repositionner en vue du retour offensif que Joffre est toujours déterminé à livrer.

Ses chances de succès dépendent maintenant davantage des mouvements des armées allemandes que des siennes. Si elles persistent dans leur marche vers le sud-ouest, cherchant à déborder Paris par la droite, le projet de Joffre de constituer une masse offensive pour percer leur flanc risque d'échouer du fait de la distance et des difficultés de logistique. En revanche, si les Allemands bifurquent vers le sud-est, laissant Paris sur leur gauche, ils feraient alors aux Français ce que Schlieffen a appelé, dans un autre contexte, « une faveur ». Comme le montre son Grand Mémorandum, il en était venu à considérer que l'option choisie, quelle qu'elle soit, favoriserait les Français. Déborder Paris par la droite laisserait l'aile extérieure allemande exposée à une offensive lancée par la garnison du camp retranché de Paris. Passer par la gauche ouvrirait une brèche entre les deux ailes de l'attaque. Paris, tel un brise-lames, diviserait alors les vagues d'assaut allemandes, créerait une ouverture dans la ligne d'attaque et les exposerait à un débordement. Ce « problème de Paris » avait conduit Schlieffen à « la conclusion que nous sommes trop faibles pour poursuivre les opérations dans cette direction [81] ». Le défaut de conception qu'il avait reconnu dans la théorie, l'état-major allemand en fait maintenant l'expérience pratique sur le terrain, alors même que ses troupes marchent vers le sud et que leurs chefs tergiversent sur leur destination finale.

La difficulté du choix est apparue peu après le départ du Kaiser et du grand état-major général allemand * de Berlin pour Coblence, sur le Rhin, le 17 août (ils s'installeront ensuite à Luxembourg avant de prendre leurs derniers quartiers dans la petite station de Spa en Belgique). La décision de Moltke de laisser von Bülow, commandant de la IIe armée, superviser les opérations de la Ire et de la IIIe, se justifiait dans les premiers temps de la campagne, lorsque la nécessité d'écraser la Belgique était impérieuse. Mais, peu après le départ pour Coblence, elle commence à avoir de fâcheuses conséquences. Le souci de von Bülow de pouvoir assurer un soutien mutuel entre les armées sur l'aile droite empêche Hausen, à la tête de la IIIe armée, de frapper les arrières de Lanrezac alors qu'il se retire de la Sambre le 24 août. Enfin, alors que le front se déplace vers la Somme, Moltke laisse ses propres soucis concernant la difficile situation

* Le commandement suprême de l'armée, *Oberste Heersleitung* ou OHL, comme on le baptisera pendant la guerre.

de la VIIIe armée, qui défend la Prusse orientale contre les Russes, altérer son contrôle sur les opérations du front de l'Ouest. Voyant dans la chute de Namur une possibilité d'économiser les forces, il décide de réorienter les troupes ainsi libérées non pas vers leurs formations d'origine mais sur le front de l'Est [82].

Cependant, la VIIIe armée n'a nul besoin des réserves de la Garde et du 11e corps comme Ludendorff, nouvellement nommé à la tête de son état-major, le fait savoir à l'OHL le 28 août. Ces unités n'en sont pas moins transférées d'un front à l'autre. Pendant ce temps, les forces allemandes ont été encore affaiblies par le détachement de plusieurs corps d'armée : le 3e corps de réserve a été appelé pour contenir l'armée belge au camp retranché d'Anvers, le 4e corps de réserve pour occuper Bruxelles et le 7e corps de réserve pour assiéger Maubeuge sur la Sambre. Une importante garnison française tient courageusement derrière les lignes ennemies. La perte de cinq corps sur la ligne de combat (soit un septième de l'armée de l'Ouest) soulage effectivement les difficultés logistiques de Moltke. Mais celles-ci vont en augmentant à mesure que ses armées s'éloignent de l'Allemagne, tout en se rapprochant les unes des autres alors qu'elles convergent vers Paris sur un réseau routier saturé. Cependant, la concentration de ses forces au point décisif est la clé d'une victoire ; or les détachements effectués par Moltke amenuisent plus qu'elles n'optimisent les chances de voir réaliser cette concentration. Par ailleurs, le 27 août, il diminue encore cette possibilité en ordonnant aux armées de l'aile extérieure, la Ire de von Kluck et la IIe de von Bülow, de se déployer. La Ire armée doit passer à l'ouest de Paris, la IIe doit se diriger droit sur la ville, tandis que la IIIe doit passer à l'est. Les IVe et Ve armées, toujours occupées à combattre les Français sur le cours inférieur de la Meuse, doivent pousser vers l'ouest pour les rejoindre. Les VIe et VIIe armées, opérant sur le front où les Français ont lancé leur première offensive, doivent tenter de gagner la Moselle pour la traverser.

La marche à l'ouest de Paris est cette manœuvre pour laquelle Schlieffen avait estimé l'armée allemande « trop faible ». Seule sa réalisation permettrait d'en juger, mais les directives de Moltke ne sont pas mises en application avant le 27 août. Le lendemain, von Kluck prend seul la décision de modifier les directives reçues et de se porter vers le sud-est, à droite de Paris. Il avance, pour expliquer la modification de son ordre de marche, la disparition de toute menace provenant du BEF, apparemment trop éprouvé par la bataille du Cateau, et la possibilité de mettre définitivement hors de combat la 5e armée par une offensive contre son flanc. En dépit d'ordres tout à fait précis dirigeant von Kluck à l'ouest de Paris, Moltke donne son assentiment. Le 2 septembre, il va même plus loin. Dans un message adressé aux Ire et IIe armées, télégraphié depuis les quartiers généraux de l'OHL à Luxembourg, il annonce que « l'intention du haut commandement est de repousser les Français en direction du sud-est en *les coupant de Paris* *. La Ire armée doit suivre la IIe en échelon tout en couvrant le flanc droit des armées. » Moltke accepte, à défaut de l'avoir décidé, le fait accompli. La IIe armée a stoppé son mouvement, exténuée par les combats et les longues marches, ce qui implique que la Ire armée doive aussi marquer une pause avant de se positionner en échelon. Pendant ce temps, la 5e armée française s'esquive vers l'est, diminuant ainsi le danger d'une attaque sur son flanc et s'éloignant par là même de Paris. Le BEF n'est pas hors de combat mais a tout simplement disparu dans la nature, sans être entravé par la cavalerie ennemie, comme les fantassins allemands l'avaient été par les Français en Belgique au cours des premières semaines de la campagne. Quant au regroupement des forces que constitue Joffre à Paris et aux alentours, il demeure tout à fait inconnu de l'OHL [83].

Dans le même temps, les armées en marche cheminent difficilement, parcourant de vingt-cinq à trente kilomètres par jour dans la chaleur accablante de cette fin d'été. « Bientôt nous traversions la dernière crête qui nous séparait de la vallée de la Marne, se souvient Bloem. C'était encore une journée de grande chaleur et épuisante. Quarante kilomètres à gravir des collines et à descendre des vallons sous un soleil de plomb. Sur notre gauche, nous entendions les canons de l'armée de Bülow avec lesquels nous semblions sur le point d'être à nouveau en contact. » Quelques actions ont lieu ici ou là, des accrochages entre les avant- et les arrière-gardes, de courts et amers engagements, comme celui ayant lieu à Néry le 1er septembre. La 1re brigade de

* C'est l'auteur qui souligne.

cavalerie et la batterie L de la *Royal Horse Artillery* britanniques retiennent la progression de la 4e division de cavalerie allemande pendant toute une matinée. Les canonniers de la batterie L obtiennent trois *Victoria Cross* pour ce combat inégal livré à l'ennemi, qui se termine, comme un historien allemand le rapporte, « au désavantage incontestable de la cavalerie allemande [84] ». Beaucoup de ponts sont détruits puis reconstruits tandis que les armées franchissent les nombreux cours d'eau du bassin parisien. Des obstacles sont disputés, des duels d'artillerie ont lieu, et de brefs échanges de coups de feu se produisent lorsque des éclaireurs se heurtent à des avant-postes ou que les poursuivants rattrapent les arrières d'une colonne en retraite. Mais pour l'immense majorité des soldats des deux camps, la dernière semaine d'août et la première semaine de septembre ne sont qu'une période de calvaire, passée à marcher toute la journée, en route avant le lever du soleil et ne s'arrêtant qu'au crépuscule. Ben Clouting, cavalier du 4e *Dragoon Guards*, rapporte que son régiment est réveillé à 4 h 30 le 1er septembre, à 2 h 00 le 2 septembre, à 4 h 20 les 3 et 5, et à 5 h 00 le 6. Il se rappelle que les chevaux, aux côtés desquels il leur arrive souvent de marcher pour soulager leurs dos, « ne tardèrent pas à laisser tomber la tête, et ne se secouaient plus comme ils ont l'habitude de le faire... Ils s'endormaient debout, les jambes pliées... En avançant, ils trébuchaient et perdaient totalement l'équilibre, tombant en avant et s'arrachant la peau des genoux ». Pour les hommes, « le plus dur... pis encore qu'une quelconque gêne physique ou même que la faim... c'était l'épuisement. On pouvait supporter la douleur, piocher dans la nourriture, mais le manque de repos était insupportable... Je tombai plus d'une fois de mon cheval et en regardai d'autres en faire autant, s'affaissant lentement vers l'avant, s'agrippant au cou de leurs chevaux d'un air hébété, à moitié conscients. A chaque halte, les hommes s'endormaient instantanément [85]. »

Les fantassins, qui eux ne peuvent chevaucher, tombent par dizaines à l'arrière des colonnes en route, et ceux qui traînent ainsi derrière les autres « avec une sinistre détermination... avançaient en clopinant seuls ou par deux... cherchant désespérément à ne pas se laisser distancer par leurs régiments... La nourriture provenait des dépôts de rations de l'intendance, de simples boîtes de biscuits [et] du bœuf en conserve... Parfois, une marque à la craie indiquait à quel régiment allait la nourriture, mais le plus souvent, nous nous contentions de nous servir, remplissant le plus possible toutes nos poches[86] ». En visite d'inspection des armées françaises le 30 août, Joffre passe en revue « des colonnes battant en retraite... Le rouge des pantalons était maintenant couleur brique pâle, les manteaux étaient en lambeaux et déchirés, les chaussures maculées de boue, les yeux caverneux dans des visages ternes, las et noircis par des barbes de plusieurs jours. Vingt jours de campagne semblaient avoir fait vieillir les soldats d'autant d'années. » Mais les Français et les Britanniques, même si leurs marches quotidiennes sont longues, se rapprochent de leurs lignes de communication. Les Allemands, eux, s'éloignent des leurs et souvent sans nourriture, même si, à l'image des Britanniques, c'est de repos bien plus que de rations qu'ils ont besoin. Un témoin français note le 3 septembre, à l'arrivée d'une unité allemande à son lieu de cantonnement pour la nuit : « Ils tombèrent complètement épuisés, marmonnant d'un air hébété “ Quarante kilomètres, quarante kilomètres ! ”. C'est tout ce qu'ils étaient capables de dire[87]. »

Ce même jour, les quartiers généraux de von Kluck s'installent dans le château de Louis XV à Compiègne. C'est là qu'il reçoit le message que Moltke lui a télégraphié le 2 septembre commandant à sa Ire armée de suivre la IIe de Bülow « en échelon » vers le sud-est afin de couper la route de Paris aux Français[88]. Von Kluck décide de prendre l'ordre au pied de la lettre, c'est-à-dire en pivotant encore plus vers l'est. Cela lui permettra de continuer à poursuivre la 5e armée de Lanrezac, de traverser la Marne et de déclencher la bataille décisive pour laquelle Moltke songe plutôt aux armées du centre venant de la Meuse vers l'ouest. L'effort stratégique allemand, même si Moltke et Kluck ne le perçoivent pas, est en train de se disloquer. « Moltke, commente un historien français, n'avait jamais beaucoup cru à la possibilité de faire manœuvrer les masses... Comme son oncle (Moltke l'Ancien), il juge nécessaire de laisser à chaque chef d'armée une large liberté de mouvement[89]. » Mais n'exercer qu'un contrôle distant importait peu en 1870, lorsque le front était étroit. Les opportunités pour les armées de dévier de l'axe d'avancée critique étaient minimes. La négligence de Moltke le Jeune dans sa gestion du front bien plus étendu de

1914 se traduit d'abord par le glissement de son armée de droite, celle sur qui tout repose, vers le sud. Censée marcher vers le sud-ouest, elle devrait ensuite virer au sud-est, à angle droit dans la direction qui, selon le plan de campagne, doit être maintenue pour remporter la victoire.

Les critiques souligneront plus tard la propre incapacité de Schlieffen à décider du chemin que l'aile droite devait prendre. Ses défenseurs estimeront que von Kluck a eu raison de rester sur les talons de Lanrezac. La vérité est qu'il est mené par le bout du nez. Chaque kilomètre qu'il parcourt à la poursuite de la 5e armée, une fois qu'il a franchi l'Oise et se dirige vers la Marne, sert les desseins de Joffre. Si la ligne sur laquelle ce dernier espère se battre recule encore vers le sud, de la Somme vers l'Oise puis vers la Marne à mesure que la carte de la situation change, l'occasion de porter le coup fatal s'en trouve renforcée. A mesure que von Kluck élargit la brèche entre l'armée et Paris sur sa droite, sans accomplir le débordement crucial qui lui permettrait de commencer à encercler Lanrezac par l'ouest, il crée un espace où Joffre peut positionner sa « masse de manœuvre » contre le flanc allemand. Cette « masse », ainsi que la garnison de Paris déjà existante, menace de porter au général allemand un coup bien plus sévère que celui que ce dernier peut à présent espérer assener aux Français.

L'Instruction générale n° 2 de Joffre, datée du 25 août, laisse entrevoir la création de cette « masse de manœuvre ». Il fait ensuite savoir qu'elle sera constituée du 7e corps, de quatre divisions de réserve et peut-être d'un autre corps d'active. Tous doivent être transportés vers l'ouest en train. Au 1er septembre, elle se compose ainsi : 7e et 4e corps, détachés des 1re et 3e armées, et 55e, 56e, 61e et 62e divisions de réserve. L'ensemble forme la 6e armée, placée sous le commandement du général Maunoury. La garnison de Paris lui est associée, avec la 45e division venant d'Algérie, cinq divisions territoriales (les 83e, 85e, 86e, 89e et 92e), une brigade de spahis et une brigade de fusiliers marins [90]. Voilà les armées de Paris constituées et placées sous le commandement du général Gallieni. Vétéran des guerres coloniales françaises, ce dernier est âgé de soixante-cinq ans en 1914, et Maunoury de soixante-sept : même dans une guerre de vieux généraux (Moltke a soixante-six ans, Joffre soixante-deux), on pourrait les croire trop âgés pour trouver l'énergie nécessaire à élaborer un retour offensif contre la plus grosse armée jamais déployée sur un champ de bataille. Mais Maunoury et Gallieni débordent de vitalité, ce dernier tout particulièrement. Parti à la retraite, il est rappelé le 25 août pour remplacer le général Michel, jugé incompétent, au poste de gouverneur militaire de Paris. Il prévient de suite Messimy, le ministre de la Guerre, que l'ennemi sera aux portes de la capitale douze jours plus tard pour mettre un siège auquel Paris ne peut résister. Des renforts, qui ne peuvent être obtenus que de Joffre, sont exigés : mais ce dernier refuse. Ses décisions, en tant que commandant suprême ayant tous les pouvoirs sur les opérations, prévalent sur celles des ministres et même sur celles du Président. Les réclamations de Gallieni déclenchent une crise gouvernementale. Se voyant reprocher les dangers contre lesquels Gallieni met maintenant en garde, Messimy préfère être démis de ses fonctions plutôt que d'accepter un nouveau poste, provoquant ainsi la chute du gouvernement. Remplacé par le coriace et taciturne Millerand, il part rejoindre l'armée sur le front comme capitaine de réserve [91].

La crise politique n'entame pas plus le caractère imperturbable de Joffre que ne l'ont fait les revers militaires. Il continue à se délecter de longs déjeuners, à prendre de solides dîners et à avoir son compte d'heures de sommeil. Cependant, à l'inverse de Moltke qui reste cantonné dans ses quartiers généraux à Luxembourg loin du théâtre d'action, il rend visite à ses subordonnés et à ses troupes presque tous les jours. Il voit Lanrezac les 26, 28 et 29 août, rend visite aux commandants des 3e et 4e armées le 30 août, et de nouveau à Lanrezac le 3 septembre. Il voit également sir John French les 26 août et 3 septembre. Les Britanniques sont inquiets. Le commandant du BEF a été secoué par l'intensité des combats à Mons, encore plus par ceux du Cateau. Il s'est persuadé que son armée a besoin de quelques jours de repos avant d'être à nouveau engagée. A mesure que la retraite se poursuit, il envisage avec son état-major de revenir sur ses bases de départ, de quitter la France et de ne revenir que lorsque ses troupes se seront reposées et auront été rééquipées en Angleterre. Il en est arrivé à croire que les Français positionnés sur sa droite et sur sa gauche battent en retraite sans le prévenir, le laissant exposé aux attaques des Allemands. French annonce alors son intention de se retirer derrière la Seine, par une marche raisonnable de huit jours, et de transférer ses réserves de Rouen et du Havre, sur la Manche, vers Saint-Nazaire ou même La Rochelle sur la côte atlantique. Kitchener, le ministre de la Guerre, exige des clarifications dans un certain nombre de télégrammes. Aucune n'arrivant, il embarque pour la France, convoque French à l'ambassade britannique à Paris et lui fait très clairement comprendre que sa tâche est de coopérer avec Joffre, et ce y compris en cas de péril extrême pour sa propre armée [92].

Cela signifie que celle-ci doit prendre part à la « masse de manœuvre » rassemblée le 3 septembre au nord-ouest et à l'ouest de Paris. Cette dernière est constituée de la 6e armée nouvellement formée, de la garnison de Paris, du BEF, de la 5e armée et, à sa droite, de la 9e armée, elle aussi nouvellement créée et commandée par le général Ferdinand Foch. Celui-ci, promu au poste de commandant du 20e corps, est une étoile montante. Celle de Lanrezac, en revanche, chute le 3 septembre. Ce jour-là, Joffre prend une auto pour se rendre à ses quartiers généraux de Sézanne. Il annonce à Lanrezac son remplacement par Franchet d'Esperey. L'entrevue est douloureuse, d'autant plus qu'une amitié lie les deux hommes et que Lanrezac était le protégé de Joffre. Il est maintenant un homme usé par les combats de Belgique qu'il avait été pratiquement le seul à prévoir. Tandis que les deux généraux font quelques pas dans la cour de l'école où la 5e armée a ses quartiers généraux, Joffre lui explique qu'il estime qu'il a perdu son pouvoir de décision. Puis Lanrezac se retire, accompagné d'un seul sous-officier, pour ne plus jamais revêtir l'uniforme [93].

Pendant ce temps, Gallieni, autre personnalité montante, terrorise la municipalité de Paris en voulant placer la ville en état de siège. Le 2 septembre, le Gouvernement, comme en 1870, a transféré son siège à Bordeaux. Le 31 août, Joffre a intégré la capitale à la zone des armées sur laquelle il a tout pouvoir. Ainsi, fort de son autorité constitutionnelle, le gouverneur militaire donne des instructions pour préparer la destruction de la tour Eiffel (elle est le site de la station de transmissions des radiocommunications de l'état-major général). Il prend également des mesures préparatoires pour installer des charges explosives sous les ponts de la Seine, faire sortir du réseau ferroviaire parisien tout le matériel roulant pouvant servir à l'ennemi, approvisionner les 2 924 canons des fortifications en munitions et débarrasser pour l'artillerie les champs de tir de leurs arbres et de leurs maisons. Des ouvriers sont réquisitionnés pour accomplir cette tâche. En 1914, Paris est toujours une ville fortifiée, entourée de murs et d'une ceinture de forts. La ville est par ailleurs déclarée camp retranché. On la dote de défenses improvisées s'étendant jusque dans la campagne environnante : « l'obstacle de Paris », qui a tant gêné Schlieffen pendant toutes ces longues années où il mettait au point son plan, se trouve ainsi renforcé.

Or l'obstacle a déjà fait son œuvre. Le 3 septembre, « l'aile droite puissante » de Schlieffen, représentée par la Ire armée de von Kluck, a dérivé de quarante kilomètres vers l'est de Paris et s'est alignée en direction du sud avec la VIe armée. La garnison de Paris se trouve derrière elle, le BEF sur son flanc droit, la 5e armée devant, et la 9e armée de Foch menace sa gauche. Elle peut s'engouffrer dans l'espace formé entre elle et la IIe armée de Bülow. C'est l'existence même de Paris et la manœuvre de fuite de Lanrezac qui a permis ce résultat.

Pendant ce temps, le réseau ferroviaire français dépêche sur le front les forces avec lesquelles Joffre compte livrer bataille. Le système étant centralisé à partir de Paris, les troupes sont rapidement acheminées vers les points critiques depuis le secteur est qui se stabilise de plus en plus. Au 5 septembre, la 6e armée est constituée du corps de cavalerie de Sordet et de la 45e division (algérienne), auxquels se rajoutent le 7e corps, retiré d'Alsace, et les 55e et 56e divisions de réserve de Lorraine ; le 4e corps est quant à lui en route depuis la 4e armée. La 9e, à l'origine organisée comme détachement Foch, comprend désormais les 9e et 11e corps transférés de la 4e armée, les 52e et 60e divisions de réserve, la 9e division de cavalerie, la 42e division et la 18e division de la 3e armée. Entre le camp retranché de Paris et la Marne, Joffre dispose donc, au début de la grande bataille qui tire son nom du fleuve, de trente-six divisions. A cela s'ajoute le BEF, renforcé par l'arrivée de quatre nouvelles brigades venues d'Angleterre. Les Ire, IIe, IIIe, IVe et V^e^ armées allemandes qui leur font face en totalisent un peu moins de trente : la « puissante aile droite » de Schlieffen est maintenant surclassée en nombre, résultat de l'incapacité de Moltke à tenir ses subordonnés et du refus de Joffre de paniquer face aux premières défaites. Il existe bien d'autres raisons à cette disparité, notamment les difficultés logistiques des Allemands à mesure que leurs lignes de communication se sont allongées, et le soulagement conséquent des problèmes de renforts et de ravitaillement des Français à mesure qu'ils revenaient vers leur centre. Néanmoins, les circonstances de l'ouverture de la bataille de la Marne trahissent une erreur tactique de la part des Allemands. Reste maintenant à voir si la tactique des Français va pouvoir arracher la victoire des mâchoires de la défaite.

LA BATAILLE DE LA MARNE

« Nous sommes au trente-cinquième jour », exulte le Kaiser devant une délégation de ministres à ses quartiers généraux luxembourgeois le 4 septembre. « Nous assiégeons Reims, nous sommes à cinquante kilomètres de Paris [94]. » En 1914, ce trente-cinquième jour a une importance toute particulière pour l'état-major allemand. Il est à mi-chemin entre le trente et unième jour après la mobilisation, où une carte dressée par Schlieffen lui-même montre les armées allemandes se tenant sur la Somme prêtes à fondre sur Paris, et le quarantième, où ses calculs déterminent qu'aura lieu une bataille décisive [95]. L'issue de cette bataille est essentielle. Schlieffen et ses successeurs ont calculé que les insuffisances du réseau ferroviaire russe empêcheraient les armées du tsar de se rassembler en force suffisante avant le quarantième jour. Une offensive à l'est semble impossible avant ce terme. Ainsi, c'est entre le trente-cinquième et le quarantième jour que le résultat de la guerre va se décider.

Les 4 et 5 septembre, les ordres devant déclencher l'engagement sont donnés. « L'ennemi, admet Moltke le 5 septembre, a su éviter l'attaque enveloppante des Ire et IIe armées et est parvenu, avec une partie de ses forces, à établir le contact avec Paris [96]. » Les Ire et IIe armées doivent donc rester sur la défensive devant la capitale, pendant que la IIIe avancera vers l'aval de la Seine et que les IVe et Ve armées attaqueront vers le sud-est. Leur but est d'ouvrir une voie permettant aux VIe et VIIe armées de franchir la Moselle et d'achever l'encerclement de l'ennemi. C'est précisément le contraire de ce que voulait Schlieffen : son plan attendait des Ire et IIe armées qu'elles repoussent les Français sur l'aile gauche allemande. Le 4 septembre, Joffre a fait connaître son Instruction générale n° 6 qui anticipe la reconnaissance par Moltke de la gravité de sa situation et propose des moyens de l'exploiter. « Il convient de profiter de la situation aventurée de la Ire armée allemande pour concentrer sur elle les efforts des armées alliées [en face] [97]. » En conséquence, la 6e armée, à l'extrémité extérieure, traversera l'Ourcq, affluent de la Marne, et avancera en contournant le flanc allemand, tandis que le BEF, la 5e armée et la 9e de Foch effectueront une avancée vers le nord. L'ordre prend effet au 6 septembre. Le piège va se refermer sur celui qui croyait le tendre : ce sont les Allemands, et non les Français, qui vont être la cible d'un encerclement.

Mais entre la conception et la réalisation de cet ordre, il y a les barrières des cours d'eau, non pas la Marne elle-même, mais ses affluents : l'Ourcq, qui coule du nord au sud au travers de la ligne d'avancée de la 6e armée de Maunoury, le Grand et le Petit Morin, qui coulent d'est en ouest, et coupent le front du BEF et des 6e et 9e armées. La marge de manœuvre de cette dernière est de plus entravée par les marais de Saint-Gond qui s'étendent sur le réseau fluvial. Aucune de ces voies navigables ne constitue un véritable obstacle. Elles risquent cependant de morceler l'action et exigent en conséquence que l'attaque soit particulièrement préparée. Cette nécessité va davantage jouer en faveur des Allemands que des Français, grâce au sens tactique du général von Gronau, officier d'artillerie dirigeant le IVe corps de réserve. Son unité a joué jusqu'alors un rôle modeste dans la campagne, affaiblie qu'elle a été par le transfert d'unités nécessaires pour couvrir le flanc du gros de la Ire armée. Von Gronau n'en reste pas moins vigilant quant à ses responsabilités. Son corps est stationné à l'extrémité du mouvement enveloppant de l'avancée allemande. Il est donc non seulement lui-même dans une position vulnérable, mais il assure de surcroît la sécurité de l'ensemble de l'aile droite du mouvement offensif. Au matin du 5 septembre, tandis que la 6e armée de Maunoury se positionne pour l'offensive du lendemain, Gronau est pris d'inquiétude devant les rapports de sa division de cavalerie : ses patrouilles ont trouvé des troupes françaises progressant tout au long de son front. Comme le IVe corps de réserve est en retrait sur le côté de la Ire armée de von Kluck, cela signifie que l'ennemi manœuvre pour prendre la Ire armée de flanc. Sa réponse est instantanée et courageuse : il décide d'attaquer.

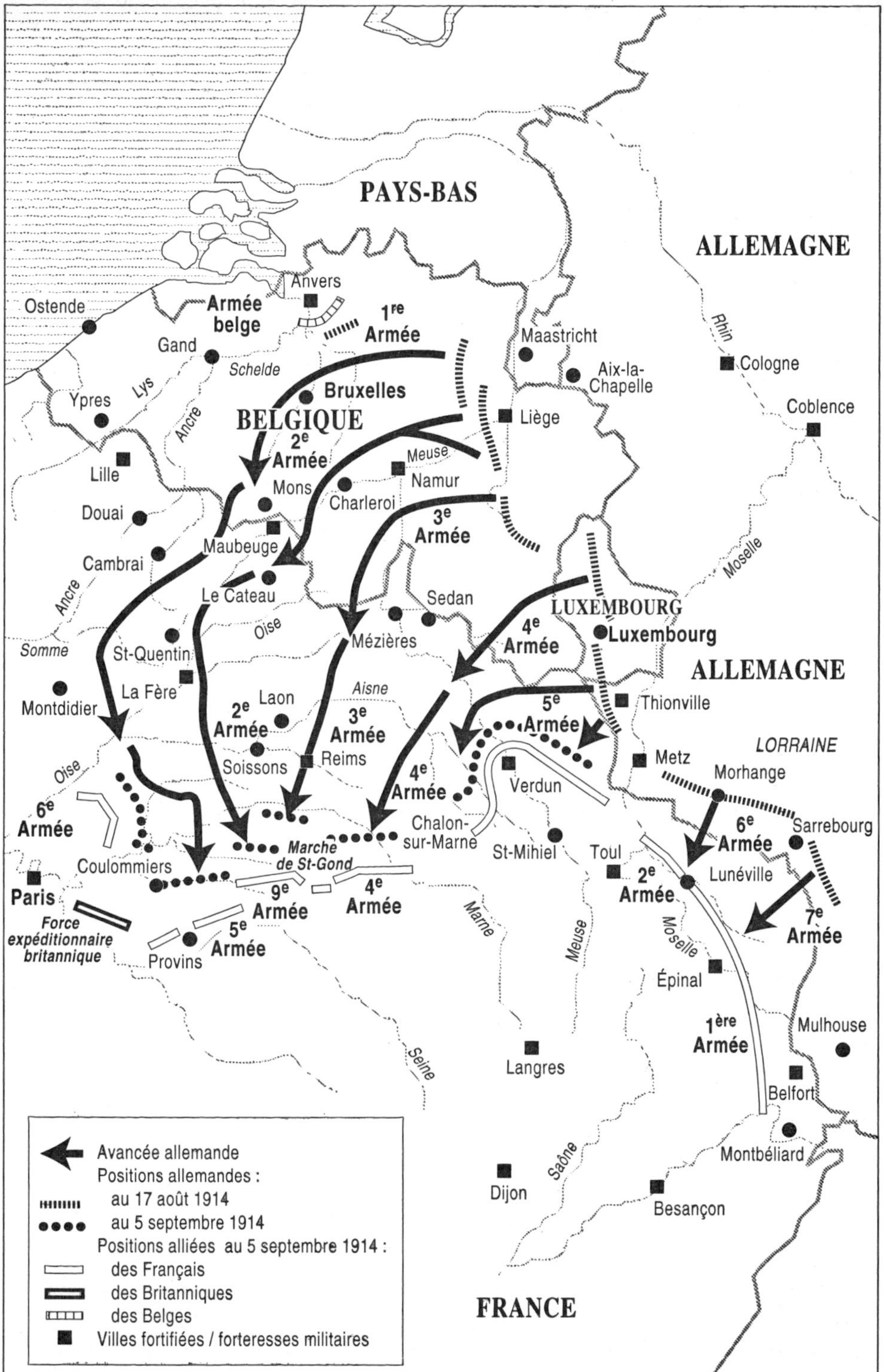

L'avancée allemande, 1914

Alors que l'avant-garde de Maunoury, constituée des 55e et 56e divisions de réserve et de la Brigade marocaine, avance en direction de l'Ourcq en milieu de matinée le 5 septembre, elle se retrouve soudain prise pour cible par des Allemands occupant un terrain censé être désert qui déversent sur eux une pluie de projectiles de tous calibres. Les Français se couchent et des tirs nourris commencent à s'échanger, qui durent toute la journée. A la tombée de la nuit, von Gronau estime avec sagesse qu'il a gagné le temps nécessaire pour sauver la Ire armée d'une attaque surprise. Il rappelle ses troupes qui se retirent vers la ligne que les Français comptaient prendre d'assaut le 6 septembre. Au clair de lune, ces derniers poursuivent les Allemands, lançant des attaques contre des positions déjà abandonnées.

La bataille de la Marne a donc débuté avec un jour d'avance sur les prévisions de Joffre et dans des conditions imposées par l'ennemi. Grâce à l'initiative de von Gronau, le flanc ouvert en grand qui offrait la possibilité d'un encerclement a été couvert, et von Kluck prévenu à temps pour dépêcher du renfort de son centre vers sa droite avant que le danger n'augmente. Le général allemand réagit avec une efficacité et une détermination qu'il n'avait pas montrées durant la période où il laissait son armée dériver à la suite de celle de Lanrezac. Au matin du 6 septembre, il a transféré son IIe corps du sud de la Marne vers l'ouest de l'Ourcq, afin de former une ligne au nord de la position de von Gronau. En outre, il établit un calendrier de transfert vers le nord de son dispositif : le IVe corps pour le 7 septembre, le IIIe corps pour le 8 et le IXe pour le 9. Ce que les stratèges appellent « les lignes intérieures » sont désormais un avantage à mettre au compte de von Kluck. Cet avantage, Joffre en a bénéficié lors de la dernière semaine d'août et la première semaine de septembre, lorsqu'il a fait revenir derrière la ligne de front, depuis les armées non disloquées d'Alsace et de Lorraine, les éléments constitutifs des 6e et 9e armées.

A une différence près cependant, mais elle est de taille : les transferts opérés par Joffre n'ont pas modifié la situation stratégique. Le front s'est stabilisé dès que les Français ont cessé d'attaquer et qu'ils ont aménagé de solides positions défensives derrière la Meuse et la Moselle. En revanche, les replis de von Kluck affaiblissent son front principal, où il a toujours pour mission de porter un coup décisif permettant de gagner la guerre avant le quarantième jour. En outre, il le fait au moment où les Français se rassemblent pour livrer leur contre-offensive. Et effectivement, le 9 septembre, soit le quarantième jour exactement, la Ire armée allemande, sur laquelle Schlieffen avait tout misé, n'est absolument pas sur la Marne, elle s'est entièrement retirée sur l'Ourcq où elle ne fait face ni à Paris ni à l'essentiel de l'armée française, sa cible stratégique, mais bien au détachement de Maunoury. Entre les Ire et IIe armées allemandes, une énorme brèche de cinquante-cinq kilomètres s'est ouverte. Les Allemands en font peu de cas : ils croient que le BEF qui lui fait face n'a ni la force ni le désir de tenter une percée [98].

Il faut dire que, à la différence de ses courageux soldats, French a donné à von Moltke, von Kluck et voir Bülow de bonnes raisons de penser ainsi. « Le petit Maréchal », corpulent, rougeaud et irascible s'est montré excellent à mener la cavalerie dans les petites guerres de l'armée britannique. Mais, commandant la seule armée dont dispose son pays, qui plus est impliquée dans le plus grand conflit de son histoire, French se montre de plus en plus nerveux. Les pertes de Mons l'ont déstabilisé, et celles, bien plus lourdes, du Cateau ont complètement ébranlé sa détermination. Il craint que le BEF ne s'écroule si on ne lui accorde pas un répit lui permettant de se reposer et de se rééquiper. Ses inquiétudes sont avivées par la conviction d'avoir été abandonné par Lanrezac. Celui-ci s'est retiré de la Sambre sans le prévenir, laissant les Britanniques couvrir son retrait. Le mois d'août n'est pas terminé que French déteste déjà Lanrezac et ne fait plus confiance à aucun Français. Il conserve pour Joffre une estime personnelle mais, comme il l'affirme à Kitchener le 30 août, « ma confiance dans les capacités des chefs de l'armée française à mener cette campagne vers une conclusion heureuse décline rapidement [99] ». Au cours des jours suivants, il parle de transférer sa base des ports de la Manche vers la Bretagne, de l'impossibilité de laisser le BEF « prendre une position sur la ligne de front pendant au moins dix jours », de se retirer derrière la Seine par « une marche d'environ huit jours... à une distance considérable de l'ennemi [100] ». Kitchener est obligé de venir à Paris le 2 septembre pour mettre un frein au défaitisme de French, mais celui-ci se montre toujours réticent à reprendre le combat. Le 5 septembre, il continue à tergiverser. L'Instruction générale n° 6 de Joffre concernant la contre-offensive est pourtant des plus claires : la participation des Britanniques est nécessaire à sa réussite. Ce n'est que lorsque Joffre trouve, au milieu de cette crise aiguë, le temps de lui rendre visite dans son quartier général et lui adresse un appel personnel qu'il se reprend. French est un sentimental. Au moment où Joffre lui prend les deux mains et le supplie au nom de « la France », des larmes lui montent aux yeux. Il s'essaie à la langue de son allié, ne peut sortir un mot, puis lâche à un officier de l'état-major qui parle mieux le français que lui : « Bon sang, je ne trouve pas mes mots. Dites-lui que tout ce qu'un homme peut faire, les nôtres le feront [101]. »

Tous les problèmes ne sont pas réglés pour autant. Le BEF s'est trop retiré pour pouvoir rejoindre sur l'heure les 5e et 6e armées dans l'offensive générale. « Desperate Frankie », le nouveau commandant de la 5e armée qui fait l'admiration de tous ses collaborateurs britanniques, entre dans une rage folle devant l'apparente défection de son allié. La 6e armée marche en échelon pour s'aligner sur l'arrière des Allemands. Mais elle se heurte progressivement au gros des forces de von Kluck et vacille devant les contre-attaques qui se succèdent. Cela n'a rien d'étonnant dans la mesure où il ne s'agit que d'une force improvisée. Ses composants, quatre divisions de réserve, seulement deux divisions d'active et un assemblage de formations de cavalerie et de Nord-Africains, n'ont ni les qualités ni les effectifs suffisants pour faire jeu égal avec la Ire armée de von Kluck. Celle-ci comporte huit divisions d'active, renforcées de formations de réserve et de cavalerie. En outre, les distances à parcourir pour les divisions allemandes sont très courtes au regard de celles couvertes par la 6e armée depuis la frontière de l'Est. Apparaissant sur le flanc gauche de Maunoury au matin du 9 septembre, le IXe corps a effectué la plus longue marche, mais celle-ci n'a été que de soixante-cinq kilomètres, et c'est intact et plein de vigueur qu'il se déploie. Arrivé plus tôt, il repousse tous les efforts de Maunoury pour gagner du terrain et ne cesse de contre-attaquer. Cette situation critique pour les Français n'est retournée que par l'intervention pleine de panache de l'artillerie de la 45e division, menée par le colonel Nivelle, futur commandant de l'armée française. A ce premier effort offensif va venir s'ajouter celui de la garnison de Paris, débarquée sur place en taxis. Les « taxis de la Marne » vont passer à la postérité. La bataille de l'Ourcq se déroule entre le 5 et le 8 septembre et semble donner l'avantage à von Kluck. Au soir du 8 septembre, il se sent suffisamment en confiance pour annoncer à ses subalternes que « la décision sera obtenue demain par une attaque enveloppante ». En somme, le plan Schlieffen est peut-être sur le point de réussir [102].

Mais c'est sans compter sur la situation géographique. L'agressivité dont a fait preuve l'armée de von Kluck face à celle de Maunoury a en fait dangereusement accentué l'espace qui la sépare de la IIe armée. Cet espace est trop large pour être comblé par les seules troupes allemandes à ne pas être engagées ailleurs, à savoir les 2e et 9e divisions de cavalerie. En outre, celles-ci sont trop faibles pour s'opposer aux forces qui s'apprêtent à exploiter cette brèche. Bien qu'accordée sans enthousiasme, le maréchal French est fidèle à sa parole donnée. Il fait partir l'ensemble du BEF le 6 septembre et, en dépit des quinze kilomètres à parcourir pour atteindre le point de départ voulu par Joffre, il couvre rapidement la distance, accompagné des éléments d'un tout nouveau 3e corps constitué en France le 21 août. Les Britanniques livrent bataille à Rozoy, ce qui alerte von Kluck. Von Bülow est déjà alerté : sa IIe armée a été engagée toute la journée contre la 5e armée française, galvanisée par son nouveau commandant, Franchet d'Esperey. Le 7 septembre, von Bülow fait savoir par radio au haut commandement qu'il retire par sécurité les troupes se trouvant à l'est de la brèche. Le BEF marche en effet vers elles. Elles se retirent derrière le Petit Morin : une retraite de quinze kilomètres, voire davantage. Mais il y a pire. Sous pression toute la journée, le général allemand doit faire basculer son aile droite vers le nord, ce qui ne fait qu'élargir la brèche entre son armée et celle de von Kluck. La voie est libre pour une avancée alliée d'envergure vers la Marne.

L'aile droite de l'armée allemande est à présent effectivement divisée en trois sections : la Ire armée de von Kluck au nord de la Marne et la droite de la IIe armée de von Bülow au sud de la Marne. La rivière revient sur celle-ci à travers les voies navigables du Grand et du Petit Morin, et la gauche de cette même IIe armée, qui n'est que très mal reliée à la IIIe armée de von Hausen, est positionnée sur le Petit Morin même, dans les marais de Saint-Gond, là où le fleuve prend sa source. Toute cette région est « constituée de grands espaces ouverts. Elle est très cultivée, parsemée de bois et de villages, mais n'a pas de grandes forêts, à part celles qui sont au sud. Elle est coupée en son milieu d'est en ouest par les profondes vallées, qui sont presque des ravins, du Grand Morin, du Petit Morin, de la Marne, de la Haute Ourcq, de la Vesle, de l'Aine et de l'Ailette. » Les marais de Saint-Gond constituent une exception topographique, « une large ceinture de marécages... [s'étendant] d'est en ouest sur dix-neuf kilomètres, avec une largeur moyenne de trois kilomètres... cinq petites routes et trois chemins traversent [les marais] du nord au sud, qui [sans eux seraient] infranchissables, constituant un obstacle militaire de première importance [103] ». Le 6 septembre, la droite de von Bülow et la gauche de la IIIe armée de von Hausen sont fermement fixées sur la bordure nord des marais. La 9e armée de Foch se trouve de l'autre côté. La mission que Joffre lui a confiée est de protéger le flanc de la 5e armée, luttant pour repousser von Bülow au-delà de la Marne. Fidèle à son tempérament, Foch choisit de l'interpréter offensivement. Tandis que son centre et sa droite tiennent ferme, il ordonne à sa gauche, à savoir la 42e division, d'avancer avec le soutien de la division marocaine et d'une partie du 9e corps. Tout au long des 6 et 7 septembre, ces derniers se battent vaillamment pour contourner l'extrémité ouest des marais, pendant que le reste de la 9e armée et les Allemands se livrent à des duels d'artillerie par-dessus le terrain détrempé des mêmes marais.

La bataille menace de tourner à l'impasse, tout comme celle sur la frontière de l'Est. La situation va cependant être bouleversée par l'inhabituelle audace de von Hausen. Il a été dit de ce général saxon qu'il se montrait trop déférent envers von Kluck et von Bülow, tous deux prussiens et opérant sur sa droite, et trop intimidé par le Kronprinz qui commande sur sa gauche, pour prendre des décisions fermes quant à la direction de sa propre armée. Le 7 septembre, il fait preuve d'une indépendance venant contredire ces deux jugements. Persuadé que la férocité des combats des deux jours précédents a émoussé l'attention de l'ennemi, il décide de le surprendre par une attaque nocturne. Peu avant l'aube du 8 septembre, les 32e et 23e divisions de réserve, ainsi que les 1re et 2e divisions de la Garde, traversent les marais et le terrain sec situé plus à l'est. Ils tombent sur les Français et les repoussent à la baïonnette sur cinq kilomètres. Cette victoire locale ébranle la confiance de la 9e armée de Foch dont les positions de droite sont enfoncées au cours de la journée tandis que celles de gauche sont maintenues à grand-peine.

Les événements du 8 septembre poussent Foch à rédiger un message appelé à devenir célèbre : « Mon centre cède, ma droite recule, situation excellente. J'attaque [104]. » Ce message n'a probablement jamais été envoyé. Néanmoins, les actions du général sont à l'image de ces mots. Tout au long de la journée du 9 septembre, utilisant les renforts envoyés par Franchet d'Esperey, et dans l'attente de l'arrivée du 21e corps depuis la Lorraine, Foch arrive à colmater toutes les brèches pratiquées par Hausen. Il parvient même à organiser une contre-attaque à l'extrémité droite de la position de son armée en fin de journée. En tenant son front, Foch remporte en quelque sorte une victoire.

Dans le même temps, sur l'Ourcq, le 9 septembre est également un jour critique. La Ire armée de von Kluck se bat maintenant comme une entité indépendante car elle est séparée de la IIe armée de von Bülow par un espace de soixante-cinq kilomètres dans lequel le Corps expéditionnaire britannique s'est engouffré en direction du nord, vers la Marne, et sans vraiment rencontrer d'opposition. Mais elle représente toujours une force imposante, par ailleurs décidée à attaquer. Avec quatre corps en ligne, ses effectifs sont toujours plus nombreux que ceux de la 6e armée de Maunoury. Empiétant sur les flancs des Français au nord et au sud, elle conserve une chance de remporter une bataille d'encerclement et ainsi de renverser une situation de plus en plus dangereuse sur l'aile droite. L'essentiel de son déploiement s'est effectué au nord, où le IXe corps de von Quast, soutenu par le IIIe de von Arnim, a ses positions. Ceux-ci se tiennent prêts à fondre sur la 61e division de réserve française et à tourner son flanc, ce qui permettrait de tomber dans le dos des défenseurs de Paris. Au matin du 9 septembre, von Quast lance son attaque. Il ne reçoit au début qu'une faible opposition de la part de l'artillerie des 1re et 3e divisions de cavalerie françaises. Lorsque ses troupes arrivent contre les positions de la 61e division de réserve, elles contraignent l'infanterie française à la fuite, si bien qu'en début d'après-midi von Quast est prêt à s'élancer sur un terrain non défendu. Sur la Marne, l'avantage semble pencher une fois encore du côté des Allemands.

La mission du lieutenant-colonel Hentsch

Telle est la situation. Von Quast ne rencontre aucune résistance et ses soldats sont galvanisés par le succès. Paris, distant de seulement cinquante kilomètres, leur tend les bras. Le chemin menant à la capitale française semble ouvert et la victoire promet d'être proche. Mais à 14 heures, von Quast reçoit un appel téléphonique en provenance des quartiers généraux de von Kluck. L'offensive doit être interrompue : un ordre de retraite est arrivé. La Ire armée doit se retirer vers le nord en direction de la Marne. Ce retrait semble non seulement concerner la Ire armée mais également l'ensemble de l'aile droite. La réalité sur le terrain est plus vaste encore. Ce grand mouvement, la traversée de la Belgique et du nord de la France, le coup de maître qui devait mettre un terme à la guerre à l'ouest avant le quarantième jour a échoué. La vision de Schlieffen s'est évaporée dans la fournaise de la bataille.

Mais pas seulement. Un technicien militaire a estimé avec sang-froid que les positions des Ire, IIe et IIIe armées n'étaient pas tenables. Le technicien en question est un officier de l'état-major général de grade intermédiaire, le lieutenant-colonel Richard Hentsch. Commandant en temps de paix de la Section des opérations du grand état-major général, il est devenu à la mobilisation chef du service des renseignements. Dans l'immédiat après-guerre, les historiens se sont étonnés que ce soit à un officier d'un rang si modeste qu'ait échu le pouvoir d'annuler le grand plan de Schlieffen. Le haut commandement allemand lui-même, à la demande de Hentsch, mena une enquête officielle en 1917 pour étudier la pertinence de son intervention. Aujourd'hui encore, l'étendue des pouvoirs qui lui ont été confiés semble incroyablement vaste, d'autant plus que Hentsch était un officier saxon dans une armée largement dominée par les Prussiens. En outre, c'était un officier des renseignements, évoluant au sein d'un état-major où le service des opérations traitait celui auquel il appartenait comme quantité négligeable. Hentsch n'en est pas moins un personnage d'envergure. Il s'est fait remarquer comme étudiant à l'Ecole de guerre et a gagné l'estime de ses pairs et de ses supérieurs. C'est un intime de Moltke et de von Bülow [105]. Il apparaît évident qu'il est l'homme idéal pour servir d'intermédiaire entre l'OHL et l'aile droite, à un moment où la distance les séparant a atteint les 240 kilomètres. Moltke estime ne pas pouvoir se permettre d'effectuer lui-même un voyage qui lui ferait perdre du temps. Il considère que les communications par signaux ne sont ni satisfaisantes ni sûres. Son chef du service des renseignements, bien informé, est parfaitement qualifié pour pallier cette carence. Il est cependant regrettable, et cette impression va perdurer, que Moltke ait envoyé Hentsch en mission sans rien de plus qu'une instruction verbale pour asseoir ses pouvoirs plénipotentiaires [106].

Le 8 septembre à 11 heures, le lieutenant-colonel quitte Luxembourg en auto. Il est accompagné de deux capitaines, Köppen et Kochip. Il se rend successivement aux quartiers généraux des Ve, IVe et IIIe armées. Dans chacun d'eux, il discute de la situation et conclut qu'aucune armée n'a besoin de se retirer de son front, à l'exception peut-être de l'aile droite de la IIIe armée. Il envoie néanmoins un message radio à Luxembourg : « Situation et perspectives entièrement favorables à la IIIe armée [107]. » Au cours de la soirée, il arrive aux quartiers généraux de la IIe armée, d'où von Bülow est temporairement absent. A son retour, le général, ses deux officiers d'état-major principaux et la délégation de Hentsch étudient la situation. Le résultat de leur conversation va se révéler décisif pour l'issue de la campagne à l'ouest. Von Bülow mène les débats. La difficile position de son armée pourrait être exploitée par l'ennemi de deux façons : soit en retournant l'aile droite de sa propre armée, soit en se rassemblant contre l'aile gauche de la Ire armée. Etant donné que l'espace les séparant est aux mains des Français et des Britanniques, ces derniers ont toute liberté d'action et peuvent l'utiliser avec des résultats « catastrophiques ». Von Bülow propose alors une « retraite concentrique volontaire [108] », c'est-à-dire un repli des positions les plus avancées de l'offensive menaçant Paris vers des lignes plus sûres, parce que défensives, au-delà de la Marne. C'est sur cette note qu'à minuit l'assemblée se sépare. Le lendemain matin 9 septembre, Hentsch s'entretient à nouveau avec l'état-major de von Bülow, mais pas avec le général lui-même. Il convient alors de rendre visite à von Kluck à la Ire armée pour lui conseiller un repli qui comblerait la dangereuse brèche. Il part sur-le-champ. Alors qu'il parcourt les quatre-vingts kilomètres le séparant des quartiers généraux de la Ire armée, von Bülow décide d'agir sur les bases des conclusions auxquelles Hentsch est arrivé avec ses subordonnés. Il annonce par signaux à von Kluck et à von Hausen qu'un « aviateur signale quatre longues colonnes marchant vers la Marne » (l'aviateur en question est le lieutenant Berthold, les colonnes celles du BEF), et qu'en conséquence « la IIe armée commence à se retirer [109] ».

La retraite qui s'ensuit est précipitée. Une fois que la IIe armée entame le mouvement, les Ire et IIIe sont obligées de s'y conformer. Mécaniquement, les IVe, Ve et VIe doivent reculer elles aussi. Le long d'un front de quatre cents kilomètres, l'infanterie allemande abandonne le terrain gagné par de rudes combats au cours des deux semaines précédentes. Moltke donne lui-même les ordres de retraite de l'aile gauche. Hentsch revient à l'OHL à 14 heures le 10 septembre. Il est porteur du premier rapport détaillé de la situation du front de l'Ouest. Celui-ci va permettre de compléter enfin les brefs messages échangés par signaux entre Moltke, von Bülow et lui-même depuis deux jours. Le chef de l'état-major décide alors de faire ce qu'il aurait pu faire dès le début, à savoir rendre lui-même visite à ses commandants d'armée. Au matin du 11 septembre, il quitte Luxembourg par la route. Il se rend tout d'abord aux quartiers généraux de la Ve armée où il voit le Kronprinz. A ceux de la IIIe, il trouve Hausen frappé par une crise de dysenterie. Moltke conclut sa visite par la IVe armée. C'est là qu'il reçoit un message de von Bülow annonçant un nouveau danger pour la IIIe armée, causé par une attaque française : il décide alors que les IVe et Ve armées doivent suivre les Ire, IIe et IIIe dans leur repli. Les positions vers lesquelles il les dirige se trouvent sur un affluent situé immédiatement au-dessus de la Marne, l'Aisne. « Les lignes ainsi atteintes, précise-t-il, seront fortifiées et défendues [110]. »

Ce sont là ses dernières instructions générales aux armées allemandes : le 14 septembre, il est relevé de ses fonctions et remplacé par le général Erich von Falkenhayn, le ministre de la Guerre. Ce sont aussi les instructions les plus cruciales depuis celles de la mobilisation générale, et elles le resteront jusqu'à celles mettant en œuvre l'armistice quatre ans et deux mois plus tard. En effet, « la fortification et la défense » de l'Aisne, atteinte par les Ire et IIe armées allemandes le 14 septembre, déclenchent la guerre de tranchées. Quels que soient les facteurs techniques limitant la capacité de l'armée allemande en 1914 (manque de transports mécaniques, rigidité des réseaux de signaux pour les lignes téléphoniques et télégraphiques, etc.), aucun n'entrave son aptitude à creuser. Elle dispose de plus d'unités de génie que n'importe quelle autre armée en Europe (trente-six bataillons contre vingt-six français). Elle est par ailleurs la mieux entraînée au retranchement rapide [111]. En 1914, l'outil de tranchée est devenu un des éléments de l'équipement de tous les fantassins européens. Mais si la cavalerie britannique s'enorgueillit de ne prendre part à aucun exercice de tranchées, et que les Français négligent « les notions de couverture les plus élémentaires », le soldat allemand doit faire usage de sa pelle en manœuvres depuis au moins 1904. « A partir de 1906, les observateurs étrangers remarquèrent que les positions défensives allemandes étaient fréquemment constituées de plusieurs lignes de tranchées successives reliées par des sapes de communication, et que souvent un dispositif de barbelés était tendu devant elles. » Les Allemands ont non seulement relevé l'importance des tranchées pendant la guerre des Boers et la Guerre russo-japonaise mais, contrairement aux autres, ils en ont tiré les leçons [112].

Ainsi, à la fin de la deuxième semaine de septembre, les troupes françaises et britanniques buttent contre les positions où se sont arrêtés les Allemands. Leur contre-offensive est stoppée par des tranchées courant sur une ligne continue le long de la crête du plateau situé derrière l'Aisne et son affluent la Vesle, entre Noyon et Reims. La ligne se poursuit de part et d'autre, bifurquant au sud-ouest à Verdun et suivant la Meurthe jusqu'à sa montée à travers les Vosges, très escarpée, pour rejoindre la frontière suisse à Bâle. Cependant, au-delà de Reims, les armées des deux camps (les Ve et VIe armées allemandes, les 1re et 2e armées françaises) ont été tellement affaiblies par les combats et les replis que les opérations se sont ralenties. Le front critique se trouve maintenant sur l'Aisne, et c'est là qu'entre le 13 et le 27 septembre les deux camps montent une succession d'attaques, à mesure que des troupes sont rendues disponibles. Les Alliés espèrent ainsi continuer leur poursuite, alors que les Allemands veulent tenir leur ligne et même reprendre l'offensive. Au début, les Franco-Britanniques sont d'humeur optimiste. Wilson, chef-adjoint de l'état-major britannique, et Berthelot, son homologue français, ont tenté d'estimer, au cours de l'avancée vers l'Aisne, le temps nécessaire à leurs armées pour se retrouver sur la frontière belge face aux troupes alle-

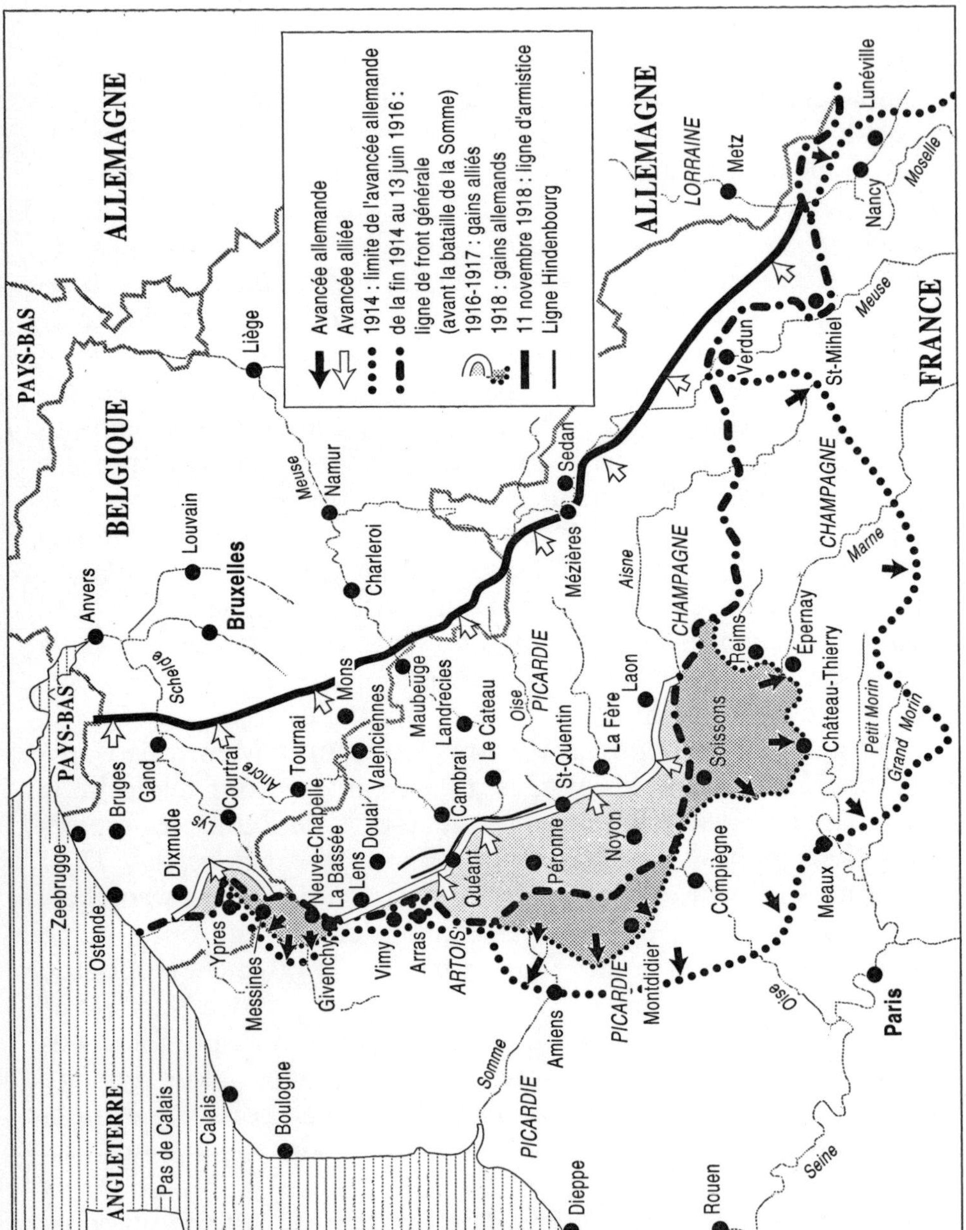

Le front Ouest

mandes. Le premier avance un mois, le second trois semaines. Tous deux vont bientôt découvrir que l'époque de « la guerre fraîche et joyeuse » est finie [113].

L'Aisne est un fleuve profond, large, franchissable uniquement par l'établissement de ponts. Au début de la bataille, tous n'ont pas été détruits ; d'autres ont été improvisés. Aucun n'est sûr tant qu'il est à portée du feu de l'artillerie allemande. Au-delà de la rivière, le terrain monte à près de 165 mètres au-dessus de la vallée pour former un long massif crénelé par des saillants entre des falaises. Cet environnement, densément boisé, est long de quelque trente kilomètres. Il offre d'excellents points d'observation et des positions de tir dominantes, tandis que la route qui le traverse, le Chemin des Dames, tracée pour les filles de Louis XV, permet une communication latérale rapide de gauche à droite [114]. Une formation britannique, la 11e brigade d'infanterie, est la première à tenter un assaut. Elle a découvert un pont intact à Vénizel et, le 12 septembre, réussit à s'établir sur la crête après une marche d'approche de cinquante kilomètres sous une pluie battante [115]. Les difficultés vont ensuite en augmentant. La 6e armée française tente le lendemain de contourner la crête du Chemin des Dames près de Compiègne mais rencontre une résistance allemande sur l'ensemble de son front. Le BEF est également retenu au centre du Chemin des Dames ce jour-là. Le seul succès est réalisé sur la droite par la 5e armée française. Elle s'engouffre dans la brèche existant toujours entre les armées de von Kluck et von Bülow et atteint Berry-au-Bac sur la rive nord de l'Aisne.

Cependant, la brèche est rapidement comblée par des troupes dépêchées de Maubeuge où la courageuse garnison française a finalement été obligée de rendre la forteresse le 8 septembre. Mais elle l'est également par d'autres formations venant d'Alsace-Lorraine et formant la nouvelle VIIe armée allemande, qui prend place entre la Ire et la IIe armées. En outre, l'acharnement avec lequel les Allemands creusent renforce le dispositif d'heure en heure * [116]. Parallèlement, la capacité des Français à trouver des réserves est entravée par leur besoin de tenir Reims, repris le 12 septembre, mais soumis à des bombardements

* Les premiers matériels de terrassement à parvenir sur ce qui est en train de devenir le front de l'Ouest arrivent d'Allemagne le 14 septembre.

dévastateurs les jours suivants : les dommages causés à sa fameuse cathédrale, devant laquelle se tient la statue de Jeanne d'Arc, jetteront autant le discrédit sur les envahisseurs que la mise à sac de Louvain un mois auparavant. Joffre utilise toutes les troupes disponibles pour former une nouvelle 2e armée sur son aile extérieure avec à sa tête l'ardent général de Castelnau. Celle-ci est au début composée de corps prélevés des 6e, 1re et ancienne 2e armées, libérées pour la plupart par la stabilisation du front en Lorraine et en Alsace.

En dépit d'une formulation encore évasive, l'intention de Joffre est de se déployer en travers du front allemand sur le Chemin des Dames et de récupérer ainsi les départements du Nord, à l'agriculture et à l'industrie prospères, perdus par la France au cours du mois d'août. Tandis qu'à partir du 14 septembre sir John French ordonne à ses troupes de se retrancher soit sur le terrain qu'elles occupent sur l'Aisne soit au-dessus, Joffre cherche des moyens pour sa nouvelle manœuvre. Le 17 septembre, il donne à son armée l'instruction de « maintenir l'ennemi sous la menace d'une attaque, et de l'empêcher ainsi de se dégager et de transférer des forces d'un point à l'autre [117] ». Trois jours auparavant, Falkenhayn, le nouveau chef de l'état-major allemand, a de même ordonné de contre-attaquer tout le long du front avec des intentions identiques. Les deux commandants ont compris que l'opportunité de remporter la campagne de l'Ouest se trouvait maintenant au nord du front, sur le vaste territoire dénué de troupes s'étirant sur cent cinquante kilomètres entre l'Aisne et la mer. Celui qui parvient à constituer une armée pouvant s'y battre sans relâcher sa pression sur la zone des tranchées peut encore espérer déborder l'ennemi et ainsi triompher.

Or, une armée se trouve dans la région. Il s'agit de l'armée belge, qui se cramponne avec acharnement à la « redoute nationale » dans le camp retranché d'Anvers où elle a battu en retraite au cours de la troisième semaine d'août. Le roi Albert, en tant que commandant en chef, est parfaitement conscient des dommages qu'il peut causer à la position stratégique de l'envahisseur en opérant contre ses arrières. Le 24 août, il monte une opération d'envergure depuis Anvers en direction de Malines. Le 3e corps de réserve et la division navale, laissés en arrière par le commandement suprême allemand pour contenir les Belges, se montrent tout juste assez puissants pour bloquer l'avancée belge. Ce n'est que le troisième jour qu'ils parviennent à leur faire rebrousser chemin. Le 9 septembre, Albert refait une tentative, et ses hommes atteignent Vilvorde, à vingt kilomètres des lignes extérieures de la forteresse, avant d'être arrêtés [118]. Le 27 septembre, une troisième tentative d'offensive a lieu, tout aussi infructueuse, qui correspond aussi au dernier jour d'opérations actives entre les Alliés et les Allemands sur l'Aisne. Passé cette date, les Allemands ont reçu du renfort pour faire le siège d'Anvers. Ils peuvent entreprendre la lente réduction de la forteresse, pendant que la situation entre l'Aisne et la mer prend des allures de course frénétique.

Cet épisode a été appelé « la course à la mer ». Il s'agit bel et bien d'une course, mais pas à la mer. Le but est plutôt de trouver un espace entre la mer et la position de l'Aisne avant que l'autre camp ne puisse l'exploiter. Le front se stabilisant sur toute sa longueur, les deux côtés peuvent économiser des forces dans les tranchées en constitution pour envoyer des formations au nord. La plus importante d'entre elles est la toute nouvelle 10e armée française, commandée par le général de Maud'huy et comprenant les 10e et 16e corps. À partir du 25 septembre, ils commencent à se déployer au-delà de la Somme, sur les vastes plaines de craie s'étendant vers le nord, au-dessus de la campagne plus escarpée de l'Aisne. Son arrivée est salutaire. Les seuls Français dans les environs appartiennent à quelques rares troupes territoriales et de cavalerie. Cependant, alors qu'elle commence à se déployer, avec l'intention de pousser en direction du sud-est derrière le front allemand, une masse allemande équivalente est en marche pour lui faire barrage. Celle-ci est composée de trois entités, le IVe corps, la Garde et le Ier corps bavarois de réserve. L'ensemble va former la nouvelle VIe armée dont certains éléments ont dû traverser la campagne depuis l'Aisne, tandis que d'autres étaient transférés par train vers la Belgique [119]. En accord avec von Bülow, le plan de Falkenhayn est d'utiliser cette VIe armée pour monter une offensive vers l'ouest, en direction de la Manche. Dans le même temps, huit des onze divisions de cavalerie allemandes balaieront la côte des Flandres, et les assiégeants d'Anvers mettront définitivement fin à la résistance belge. L'issue qu'en attend Falkenhayn est une nouvelle poussée à travers le nord de la France, qui laisserait les Allemands avec la possession de tout le territoire au-dessus de la Somme. Ils seraient alors en position pour fondre sur Paris, depuis des lignes débordant la zone retranchée française entre l'Aisne et la Suisse.

Le plan de Falkenhayn fonctionne en partie. A Anvers, à la date du 27 septembre, le général von Beseler, ingénieur de formation, a mis au point un procédé efficace pour faire céder les trois lignes de défense du camp retranché. Les canons très lourds utilisés avec succès pour les sièges de Liège et de Namur ayant été transférés sous son commandement, il commence le 3 octobre par bombarder la ceinture la plus extérieure et la plus récente avant de lancer son infanterie dans la brèche ainsi pratiquée. Une intervention britannique stabilise temporairement la crise. Le 4 octobre, une avant-garde de la *Royal Naval Division*, débarquée à Dunkerque le 19 septembre et stationnée depuis dans l'ouest de la Belgique, arrive à Anvers par le train [120]. Dans la foulée apparaît le premier lord de l'Amirauté *, Winston Churchill, avide d'action et de gloire. Les *Royal Marines* et les marins de la division arrêtent provisoirement l'avancée allemande. Mais dans la nuit du 5 octobre, les hommes de Beseler réussissent à pénétrer la deuxième ceinture de forts à un point non gardé. Ils avancent jusqu'à la première, cordon de vieilles redoutes construites en 1859. L'artillerie allemande parvient rapidement à démolir leur maçonnerie vétuste, forçant la *Royal Naval Division* et ce qui reste de l'armée belge à évacuer en direction du point le plus occidental de la Belgique, sur l'Yser. Le 10 octobre, le général Deguise, l'héroïque commandant belge d'Anvers, rend son épée à un colonel allemand. Il est accompagné d'un sergent et d'un simple soldat : c'est tout ce qui reste de la garnison toujours sous son commandement [121].

En revanche, les deux autres éléments du plan de Falkenhayn s'effondrent. Entre le 1er et le 6 octobre, l'offensive de la nouvelle VIe armée, dont la mission est de « briser la résistance fléchissante de l'ennemi » entre la Somme et les Flandres, est enrayée et mise en échec par la 10e armée française. C'est à ce moment-là et à cet endroit précis que Foch, agissant comme délégué de Joffre sur ce point critique, donne cet ordre célèbre : « Pas de repli. Attaquez [122]. » Au final, l'offensive des huit divisions de cavalerie allemandes, le plus grand corps de cavaliers jamais rassemblé sur le front de l'Ouest pendant toute la durée

---

* Chef d'état-major de la Marine.

de la guerre, se heurte vite à l'apparition, à l'ouest de Lille, du 21e corps français et de sa propre cavalerie de soutien.

LA PREMIÈRE BATAILLE D'YPRES

Ainsi, à la fin de la deuxième semaine d'octobre, l'espace sur le front de l'Ouest dans lequel une percée décisive peut être lancée par une extrémité ou l'autre a été réduit à un corridor étroit dans les Flandres belges. La région offre un des paysages les plus désolés d'Europe de l'Ouest : une immense plaine détrempée, un entrelacs de champs ouverts, de pâturages et de cultures, reposant sur une nappe phréatique affleurant aux premières pelletées. De petits bois se dressent entre les villages et les fermes isolées, ainsi que quelques éminences que l'on peut deviner au loin, derrière les remparts de la vieille ville d'Ypres. La vision dominante, trop lugubre pour être qualifiée de paysage, est celle de champs à perte de vue, interrompue çà et là par le clocher d'une église et qui, quelles que soient les directions, ne livre au regard que de lointains horizons brumeux, ne laissant rien présager d'autre que les abondantes et fréquentes pluies qui arrosent la région.

C'est là qu'entre le 8 et le 19 octobre arrivent en train et par la route les cinq corps d'armée qui constituent à présent le BEF venu soutenir la défense alliée. Au nord de celui-ci se trouvent les restes de l'armée belge ayant réussi à s'échapper d'Anvers. En longeant la côte, les hommes ont atteint la ville de Nieuport, à l'embouchure de l'Yser qui se jette dans la mer. La plupart des hommes de la *Royal Naval Division* ont déjà gagné Ostende, où la 7e division britannique, débarquée plus tôt, tient une tête de pont. Le 14 octobre, ils vont rejoindre l'essentiel du BEF près d'Ypres [123]. Sur l'Yser, fleuve étroit mais encaissé et qui constitue un obstacle militaire majeur dans la zone côtière, les Belges érigent rapidement des barricades. Ils mettent au point des plans pour inonder la campagne environnante si la ligne du fleuve venait à être percée. Bien que battus à Anvers, ils se réorganisent rapidement, et leur résistance sur l'Yser va forcer l'admiration de leurs alliés ainsi que le respect des Allemands. Leurs six divisions ont vu leur force réduite à 60 000 hommes, mais ils parviennent à occuper quinze kilomètres de terrain totalement plat et sans relief. Ils vont tenir la plupart de leurs positions jusqu'à ce que, après la perte de 20 000 hommes supplémentaires, le roi Albert décide le 27 octobre d'ouvrir les vannes à l'embouchure de l'Yser et de noyer la région. Les inondations provoquées créent une zone infranchissable de quinze kilomètres de long entre Nieuport et Dixmude [124].

Au sud de cette ville, la ligne de l'Yser et du canal d'Ypres est tenue par une brigade de vigoureux soldats de métier, des fusiliers marins français. Jusqu'à Langemarck, dans la banlieue d'Ypres, ce sont les territoriaux et la cavalerie qui occupent le front. Nouvellement arrivés, les Britanniques ont délimité une ligne d'avancée de Langemarck vers le sud, formant un cercle autour d'Ypres en direction de la crête basse du plateau à Passchendaele, puis à nouveau en direction du sud à travers la Lys, vers le canal de La Bassée. Leur ligne fait cinquante-cinq kilomètres de long, et pour la tenir sir John French dispose de six divisions d'infanterie, plus une de réserve, et trois divisions de cavalerie, aussi peu adaptée à la défense que la cavalerie peut l'être, par son manque de mitrailleuses et d'artillerie. Il ne peut compter que sur peu de renforts : une autre division d'infanterie, la 8e, quelques cavaliers réguliers ou territoriaux et, en provenance d'Inde, l'avant-garde de quatre divisions d'infanterie et de deux divisions de cavalerie de l'armée des Indes. Celles-ci sont composées d'unités britanniques et indiennes dans un rapport de un pour trois. En dépit d'une forte proportion de robustes Gurkhas, les Indiens sont peu préparés aux rudesses de l'hiver européen [125]. L'arrivée de ces troupes faibles en artillerie et sans expérience d'opérations d'envergure ne promet aucune amélioration des capacités offensives du BEF.

Pourtant, au début de ce qui va devenir la première bataille d'Ypres (dans laquelle les unités indiennes vont se battre vaillamment et efficacement aussi bien en défense qu'en attaque), le maréchal French a encore l'espoir de monter une attaque. Avec l'appui des armées françaises, il espère mener les Alliés au grand centre industriel qu'est Lille, et, de là, à Bruxelles [126]. Son espoir est partagé par Foch, désormais au commandement de l'aile Nord des armées françaises. Il s'est persuadé que l'ennemi n'a pas la force de tenir sur la plaine côtière, qu'il croit encore être un front ouvert. Tous deux se fourvoient. Falkenhayn, le nouveau chef de l'OHL, dispose non seulement de la VIe armée, avec ses onze divisions d'active, du IIIe corps de réserve de Beseler, qui a conquis Anvers, mais également d'une toute nouvelle série de formations levées pour la guerre, fortes de huit divisions.

Celles-ci font partie d'un groupe de corps de réserve, numérotés de XXII à XXVII, formés à partir de volontaires n'ayant jamais reçu d'instruction militaire. Comme l'Allemagne n'a eu besoin de mobiliser que 50 pour cent des hommes en âge de l'être dans chaque classe annuelle pour remplir les rangs de l'armée de temps de paix (la France en a conscrit 86 pour cent), elle dispose d'un réservoir de cinq millions d'hommes âgés de vingt à quarante-cinq ans pour le service actif [127]. Les meilleurs d'entre eux sont des étudiants exemptés le temps de leurs études. Ils ont réagi à l'ouverture des hostilités en se portant massivement volontaires, suivis de lycéens s'apprêtant à entrer à l'Université, et de jeunes gens inaptes au service. Le futur célèbre écrivain Ernst Jünger, qui vient juste d'avoir son baccalauréat, fait partie de la deuxième catégorie ; Adolf Hitler, citoyen autrichien résidant à Munich, de la troisième. Après une attente de trois jours au bureau de recrutement, Jünger parvient à se faire enrôler dans la 44e division de réserve [128]. Quant à Hitler, il est finalement versé dans la 6e division de réserve bavaroise, après en avoir appelé solennellement au roi de Bavière [129]. Avant de partir pour le front, les recrues sont instruites pendant deux mois par des sergents qui sont majoritairement des maîtres d'école rappelés sous les drapeaux [130]. Sur les treize nouvelles divisions ainsi constituées, deux partent pour la Russie, une pour le front de Lorraine, et dix pour les Flandres. Au cours de la troisième semaine d'octobre, ce sont ces dernières qui vont lancer l'assaut contre le BEF entre Langemarck et Ypres.

La bataille qui s'ensuit fait rage de façon quasi ininterrompue de début octobre à fin novembre, alors que Britanniques et Français tentent toujours de déborder les Allemands. Les belligérants des deux camps finissent par accepter l'arrivée de l'hiver et leur propre épuisement. D'un point de vue géographique, cette bataille est divisée en quatre : une nouvelle offensive du corps de von Beseler contre les Belges sur la côte, rendue nulle par les inondations ; une tentative des Français, conduits par

Foch, pour percer au nord d'Ypres vers Gand, loin à l'intérieur du territoire belge (projet trop optimiste arrêté par la propre offensive des Allemands) ; la bataille d'Ypres elle-même, entre le BEF et les volontaires allemands. Enfin, au sud, une bataille défensive conduite par l'aile droite du BEF contre les divisions régulières de la VIe armée allemande. Etant donné la confusion des combats, la lutte sur ces trois derniers secteurs devient vite une seule et même bataille. Les survivants britanniques peuvent affirmer avoir participé à « la Première d'Ypres », distinction qui marque à la fois un succès crucial et la destruction de l'ancienne armée de métier.

Arrivant par étapes de l'Aisne (le 2e corps le 10 octobre, le 3e corps le 13), le BEF avance résolument à l'est d'Ypres, vers les crêtes qui se dessinent à huit kilomètres de là. Les noms de ces basses hauteurs, Passchendaele, Broodseinde, Gheluvelt, Messines vont devenir familiers au cours des quatre années de guerre qui vont suivre. Aucun de ces premiers assaillants ne le sait encore et n'entend résonner cette menace. Les corps allemands nouvellement constitués montent eux aussi en ligne : le XIVe le 15 octobre, suivi des VIIe et XIXe, puis du XIIIe corps le 19 octobre. Sous la pression, les Britanniques se replient. Le 4e corps, composé de la 7e et de la 3e division de cavalerie, est repoussé tout près des anciens remparts d'Ypres. Le 1er corps, commandé par le général Douglas Haig, s'assure de la ville le 20 octobre. Mais les forces disponibles s'épuisent, alors que les seuls renforts promis, en provenance de l'empire et notamment d'Inde, sont encore en chemin. Le même jour les Allemands lancent une offensive générale sur l'ensemble du front, du canal de La Bassée au sud jusqu'à l'estuaire de l'Yser au nord. Ils alignent vingt-quatre divisions contre dix-neuf, ce dernier chiffre incluant six divisions belges terriblement affaiblies. La véritable lutte oppose en réalité quatorze divisions d'infanterie allemandes à sept divisions britanniques, dont trois divisions de cavalerie combattent comme fantassins. Quelques marins et territoriaux français tiennent la ligne du fleuve entre les Britanniques et les Belges, dos à la mer.

Elle ne tient que grâce aux Britanniques, dont l'emploi du fusil à répétition se révèle très supérieur. En revanche, le rapport en artillerie leur est défavorable : deux canons allemands pour un canon anglais, et en artillerie lourde le rapport est de dix contre un. L'attribution de mitrailleuses — deux par bataillon — est la même chez l'ennemi. En matière de tir, toujours curieusement appelé « musketry » par le BEF, les Allemands sont surclassés. Entraînés à tirer quinze coups visés par minute, les fusiliers britanniques, ceux de l'infanterie comme ceux de la cavalerie, viennent facilement à bout des assauts des Allemands. Chargeant en rangs très serrés, ils constituent des cibles immanquables [131]. Il est tentant de penser que l'incroyable disparité des pertes subies au cours du combat d'octobre et novembre autour d'Ypres (24 000 Britanniques morts pour 50 000 Allemands) s'explique par le fait que les premiers défendent et les seconds attaquent. Mais il n'en est rien : les tranchées britanniques ne sont pas encore protégées par des barbelés. Ce sont au mieux des trous d'un mètre de profondeur creusés à la va-vite, au pis des fossés où l'eau de pluie et les remontées de la nappe phréatique atteignent la hauteur du genou. Aux endroits les plus humides, les défenseurs s'accroupissent derrière des monticules de sacs de sable ou de précaires barricades de bois. En l'absence de solides barrières physiques pour tenir l'ennemi à distance, c'est le feu des fusils, crépitant avec une densité que les Allemands confondent souvent avec des tirs de mitrailleuses, qui vient briser les attaques. Il oblige les survivants à se terrer ou à retourner en rampant vers leurs lignes de départ. « Au-dessus de chaque buisson, de chaque haie, de chaque pan de mur flottait un filet étroit de fumée, écrit un historien allemand, trahissant la présence de mitrailleuses faisant partir leurs balles [132]. » Erreur : la fumée est la signature de l'adresse au tir d'un seul soldat britannique.

A la fin du mois d'octobre, l'offensive des Allemands a échoué au prix de pertes incroyables, notamment parmi les volontaires. Aujourd'hui, au cimetière de Langemarck, derrière un portail décoré des insignes de toutes les universités allemandes, reposent dans un mausolée les corps de vingt-cinq mille soldats-étudiants. D'autres se trouvent par groupe de trois ou quatre sous des pierres tombales gravées aux noms du « Volontaire Schmidt » ou du « Mousquetaire Braun ». Surplombant cette hécatombe, on peut voir les sculptures de Käthe Kollwitz, elle-même endeuillée en 1914, représentant une mère et un père pleurant la mort de leur fils [133]. Ils symbolisent les dizaines de milliers de bourgeois allemands à qui le « *Kindermord bei Ypern* », le massacre des Innocents à Ypres, fit perdre l'illusion d'une guerre courte, glorieuse et économe en vies humaines et fit au contraire découvrir la réalité de la guerre d'attrition, de la mort de masse et de l'espoir de victoire qui s'éloigne.

Cette brutale désillusion est l'œuvre des plus simples soldats (dits « Tommy Atkins » — d'où leur surnom de « Tommies »), issus de la classe ouvrière, vétérans, journaliers sans naissance ni éducation. Ils ne partagent en rien le patriotisme mystique des Allemands ayant « quitté les salles de lecture et les bancs de l'école [pour] se fondre dans l'élan d'un immense corps, [assoiffés] d'inhabituel, de grand danger... [et] possédés [par la guerre] comme par une drogue [134] ». Leur patriotisme se limite à la petite communauté formée par le régiment et leur loyauté donnée à leurs compagnons de caserne. « Au bout d'un moment, se souvient le caporal William Holbrook des *Royal Fusiliers*, séparé de sa section dans la confusion du combat, je suis tombé sur d'autres camarades et un officier... Une fois rassemblés, on en était à décider quoi faire lorsqu'un officier allemand est arrivé en rampant à travers les buissons. En nous voyant, il a dit dans un anglais parfait " je suis blessé ",... [notre officier] lui dit : " Si vous ne lanciez pas ces maudites attaques, vous ne vous feriez pas blesser. " Ça nous a bien fait rire ! On lui a fait un bandage et on a attendu là. Peu après [notre officier] a été tué par une balle perdue. Nous n'avions plus de chef. Tout ce qu'on entendait, c'étaient des tirs, mais je n'avais pas la moindre idée d'où je pouvais bien être. » Holbrook retrouve un ami : « Cainici, qu'il s'appelait, c'était un Italien de Londres, un vrai Cockney que c'était, je l'aimais bien. » Il s'abrite avec lui des obus, extrait une bille de shrapnell du genou de son ami lorsque celui-ci est touché, l'accompagne vers l'arrière, puis repart en rampant pour trouver « un meilleur endroit ». Il tombe sur un Allemand à l'agonie, le soigne, le voit mourir, le recouvre « avec des feuilles et des petites branches, tout ce que je pouvais dégoter là » jusqu'à ce qu'enfin, « entendant d'où venait le feu, j'ai su quelle direction [prendre] et j'ai rampé », pour enfin rejoindre son unité [135]. Le prosaïsme cockney de Holbrook (les *Royal Fusiliers* étant un régiment londonien), illustre bien l'esprit du BEF : ses soldats meurent par milliers à Ypres, non pas pour un idéal de dévouement mais parce que c'est ce qu'on attend d'eux et que, de toute façon, ils n'ont pas le choix.

Le 31 octobre, Falkenhayn renouvelle l'offensive sur un front plus étroit, à cheval sur la route menant de Menin, sur les hauteurs occupées par les Allemands, à Ypres. L'attaque est montée par le groupe Fabeck, du nom de son commandant. Rassemblé tout spécialement, il consiste en un mélange de corps de métier et de corps de volontaires totalisant six divisions. Attaquant en contrebas de leurs positions, à travers une ceinture de végétation que les Britanniques vont continuer d'appeler « bois » (Polygon, Shrewsberry, Nun's Wood) longtemps après que les arbres eurent disparu, les Allemands gagnent du terrain, et au plus fort de l'attaque réussissent même une percée à Gheluvelt. Ils sont néanmoins repoussés par un assemblage hétéroclite de bataillons disloqués : régiments du Worcester, du Gloucestershire, du pays de Galles, du Queen's, du 60e *Rifles*, des *Loyals*, du Sussex, du Northamptonshire, des *Gordon Highlanders*, de l'Infanterie légère de l'Oxfordshire et du Buckinghamshire *, auxquels s'ajoutent quelques *Royal Dragoons* combattant à pied. L'histoire allemande évoque des « réserves ennemies trop fortes » et des Britanniques « mettant en ligne deux nouvelles divisions [136] ». En réalité, il s'agit de petits groupes d'hommes épuisés, comblant les brèches, rechargeant leurs *Lee-Enfields* et enchaînant des « mad-minutes ** » sur les vagues gris-vert qui ne cessent de déferler. L'arrivée de quelques unités françaises, réclamées par French à Foch, renforce la défense, mais le secteur crucial tient grâce aux fusiliers britanniques.

Le 11 novembre, les Allemands renouvellent leur offensive. C'est selon leurs calculs le vingt-deuxième jour de bataille, « où la mort est devenue un camarade proche [137] ». Le point de pression est Nun's Wood (Nonnenboschen, ou Bois aux Nonnes), juste au nord de la route de Menin et à seulement six kilomètres d'Ypres. Les magnifiques bâtiments gothiques de l'ancienne cité lainière, la fabrique de tissu, la cathédrale, les maisons de tisserands ont déjà été réduits à l'état de ruines par l'artillerie lourde allemande. La campagne environnante est également en train de prendre cet aspect grêlé et dénudé qui va la caractériser pendant

---

* L'un des plus célèbres régiments de l'armée anglaise, surnommé « Ox and Bucks » (*NdT*).

** Tactique issue des guerres coloniales, consistant à délivrer pendant une courte période un volume de feu maximum au détriment de la précision afin de briser les attaques en masse (*NdT*).

des années. Ses villages et ses fermes sont détruits par les tirs d'obus, les petits châteaux de la noblesse flamande ont leurs toits éventrés et semblent abandonnés. Le 31 octobre, un obus a touché de plein fouet le château de Hooge, à trois kilomètres d'Ypres, tuant de nombreux membres de l'état-major des 1re et 2e divisions britanniques [138]. Le 11 novembre, Hooge devient la cible d'une attaque menée conjointement par la garde prussienne et la 4e division allemande. La bataille fait rage toute la journée. L'assaut initial du Ier régiment de la Garde, fleuron de l'armée allemande, est stoppé par un rassemblement de cuisiniers et d'ordonnances d'officiers de la 5e compagnie du génie. Plus tard, quelques dizaines d'hommes du 2e bataillon de l'infanterie légère de l'Oxfordshire et du Buckinghamshire contre-attaquent et repoussent les 1er et 3e régiments de la Garde vers leurs positions de départ.

Le combat autour d'Ypres va se poursuivre sporadiquement jusqu'au 22 novembre, jour par lequel les historiens officiels marquent la fin de la première bataille d'Ypres. Les survivants britanniques, dont le nombre d'indemnes atteint moins de la moitié des 160 000 hommes envoyés en France, continuent imperturbablement à creuser et à élever des remblais pour solidifier leur ligne de défense, entamée par cinq semaines de lutte acharnée. Les Français creusent également afin de protéger le territoire pour lequel ils se sont battus au nord et au sud de la ville. La ligne de front court, au mieux, à un peu plus de huit kilomètres vers l'est. Ailleurs, elle est bien plus proche. Partout les Allemands tiennent les hauteurs, dominant le croissant peu profond de tranchées que les Britanniques vont tenir pendant l'essentiel de la guerre, et que l'on appelle « le Saillant ». Sa conquête a été incroyablement coûteuse en vies humaines, pour les Français comme pour les Britanniques. Les Allemands, « dont les avant-gardes ont connu leurs derniers instants de vie et de résolution dans les plaines de Flandres », ont subi des pertes encore plus lourdes [139]. Au moins 41 000 volontaires allemands, les Innocents d'Ypres, sont tombés devant ses murs.

Ces morts ne représentent qu'une fraction des morts de la bataille des Frontières, de la grande retraite qui l'a suivie, des batailles de la Marne et de l'Aisne, de la course à la mer et de la première bataille d'Ypres elle-même. L'armée française, qui a mobilisé deux millions d'hommes, a le plus souffert. En septembre, ses pertes (comprenant tués, blessés, disparus et prisonniers) dépassent les 200 000, en octobre les 80 000 et en novembre les 70 000. Les pertes du mois d'août, dont les chiffres officiels n'ont pas été révélés, pourraient avoir dépassé les 160 000. Les morts atteignent l'incroyable total de 306 000 tués, soit dix fois plus que le taux de mortalité naturelle chez les vingt-trente ans. 45 000 hommes de moins de vingt ans sont morts, 92 000 entre vingt et vingt-quatre ans, 70 000 entre vingt-cinq et vingt-neuf ans [140]. Chez ceux de plus de trente ans, le nombre de morts dépasse les 80 000. Ces pertes frappent une population mâle de vingt millions d'individus, et plus particulièrement les dix millions ayant l'âge d'être mobilisés. De son côté, sur une population masculine totale de trente-deux millions, l'Allemagne a perdu 241 000 hommes, dont 99 000 dans le groupe d'âge vingt-vingt-quatre ans [141]. La Belgique, sur 1 800 000 hommes mobilisables, en a perdu 30 000, chiffre se répétant avec une effroyable constance chaque année de guerre [142]. Le total est identique à celui des morts britanniques, à la différence près que ces derniers appartiennent presque tous à une armée de métier et à la réserve de volontaires ayant déjà accompli leur temps d'engagement. Ceux n'y appartenant pas et qui ont trouvé la mort sont peu nombreux. C'est le cas de soldats citoyens des quelques régiments de territoriaux, comme les *London Scottish*, qui ont rejoint Ypres avant la fin de la bataille, et les Cipayes des divisions de Lahore et de Meerut [143]. Mais leur taux de pertes ne va pas tarder à augmenter cruellement. En effet, les Indiens vont être amenés à tenir de longues portions de front tout au long de l'hiver, subissant des pertes de 100 pour cent dans certains bataillons avant la fin de l'année 1915. C'est pourtant l'arrivée en force du Corps territorial cette même année qui à elle seule va permettre à l'armée britannique de soutenir sa part dans l'effort de guerre en France. Il participera ainsi aux offensives montées par Joffre en Artois et en Champagne [144].

La perspective d'une offensive, alliée ou allemande, semble bien lointaine au moment où l'hiver tombe sur la France en cette fin d'année 1914. Une ligne continue de tranchées de 765 kilomètres de long s'étire de la mer du Nord à la frontière suisse. Exténués par les pertes humaines, privés de réapprovisionnements pour remplacer des stocks de munitions épuisés par la lutte à outrance des quatre derniers mois, les combattants sont tapis de part et d'autre d'une zone étroite et déserte : le no man's land. La tentative de débordement sur les flancs, faite par chacun afin de réaliser une percée décisive, a échoué pour la bonne raison que les flancs eux-mêmes ont été protégés par des tranchées et des zones inondées. Les espoirs de succès par une attaque frontale ont aussi temporairement disparu. Les échecs des Français en Alsace et en Lorraine en août, des Britanniques sur l'Aisne en septembre, des Allemands dans les Flandres en octobre et en novembre ont persuadé jusqu'aux plus belliqueux des commandants que des offensives qui ne sont pas soutenues par une artillerie très supérieure n'ont aucune chance d'aboutir. A cette heure, toutes les armées manquent de canons et de munitions. A la fin de la première bataille d'Ypres, les batteries britanniques sont limitées à six obus par jour. C'est à peine assez pour troubler les parapets des tranchées adverses, et tout à fait insuffisant pour soutenir l'infanterie dans une avancée contre des mitrailleuses [145]. Ainsi, une forme de paix s'installe.

La guerre à l'ouest est allée au bout de sa logique. Au cours des quatre mois séparant la mobilisation de la stabilisation du front, elle est passée d'une forme d'hostilité expectative à une autre, plus active. Entre les deux s'est déroulée une phase intermédiaire où l'agression réciproque a été intense. Avec le recul, de grandes similarités entre les campagnes de 1914 et de 1870 apparaissent. Toutes deux ont débuté par des attaques françaises en Lorraine et en direction du Rhin ; toutes deux se sont transformées en contre-offensive des Allemands causant de lourdes pertes aux Français. Toutes deux se sont poursuivies par une avancée allemande vers les alentours de Paris sans parvenir à obtenir la victoire face à une détermination française retrouvée ; toutes deux ont culminé avec l'édification de positions retranchées trop solides pour être emportées par un assaut soudain. Toutes deux débouchent sur la décision de devoir patienter face aux événements jusqu'à ce que l'ennemi soit en infériorité. Mais la comparaison ne tient pas au-delà. En 1870, les Allemands avaient réussi à encercler Paris et à contraindre les armées françaises restantes à des opérations locales désordonnées. En 1914, l'armée française surmonte la défaite sur le terrain, maintient sa cohésion, repousse l'envahisseur loin de Paris, remporte une bataille défensive, et c'est selon ses termes qu'une guerre de tranchées se fera non au cœur du pays mais à la périphérie du territoire national. En 1870, les armées allemandes pouvaient parcourir le nord, le centre et l'ouest de la France comme elles le désiraient. A la fin de 1914, l'armée française contrôle encore soixante-dix-sept des quatre-vingt-dix départements de la République. Elle reste déterminée et dispose de ressources matérielles, ainsi que du soutien d'une grande puissance impériale et maritime résolue à combattre jusqu'à la victoire sur l'envahisseur. Dans ces conditions, l'Allemagne ne peut pas renouveler la victoire rapide et facile qui avait été la sienne quarante-quatre ans plus tôt.

5

VICTOIRE ET DÉFAITE À L'EST

« Dans les opérations militaires, tout est une question de temps », écrivait Wellington en 1800, et c'est effectivement à sa parfaite appréciation du temps qu'il doit, parmi ses autres victoires, celles de Salamanque et de Waterloo [1]. Le temps a également préoccupé Schlieffen : le temps nécessaire pour mobiliser, pour se concentrer, pour se déployer et marcher vers l'objectif crucial. Ces calculs l'ont persuadé (et avec lui ceux qui ont hérité de ses plans) de faire le pari d'engager presque toutes les forces de l'Allemagne à l'ouest et d'attendre, à l'est, la victoire sur la France. Les faiblesses avérées des Russes ont persuadé Schlieffen et son successeur Moltke que quarante jours s'écouleraient avant qu'ils puissent apparaître en force aux frontières de l'Allemagne, et ils placent donc leurs espoirs dans une victoire contre la montre.

Le temps n'est pourtant pas la seule dimension dans laquelle une guerre se déroule : l'espace en est une autre. Il a souvent été l'allié des Russes par le passé, surtout en 1812 lorsque Napoléon mena la Grande Armée dans sa longue marche sur Moscou. Cependant, au cours des dix premières années du XXe siècle, Schlieffen et les officiers du grand état-major général se sont convaincus que la question de l'espace à l'est jouait désormais en leur faveur. L'Empire russe s'étend sur d'immenses distances, et celles séparant les frontières des centres de population où les réservistes doivent être mobilisés, et que la médiocrité du réseau ferroviaire ne permet guère de réduire, achèvent particulièrement de persuader les militaires allemands et autrichiens que, si leurs périodes de mobilisation se comptent en jours, celle des Russes se compte en semaines [2].

Il semble que l'espace puisse également jouer pour l'Allemagne de son côté de la frontière. La division des territoires entre les trois empires (allemand, autrichien et russe), résultat de la partition de la Pologne un siècle auparavant, peut au premier abord sembler favoriser la Russie en cas de guerre. En effet, la Pologne russe, centrée sur Varsovie, forme un grand saillant entre les montagnes des Carpates autrichiennes au sud et la Prusse orientale au nord. Cette position menace la Silésie allemande qu'aucune voie d'eau sérieuse ne protège d'une invasion. En revanche, le cœur de la Russie est protégé par la Vistule et les marais du Pripet. Mais le saillant polonais peut également être considéré comme une région d'opérations défensives, car de part et d'autre de ses flancs s'étend un terrain difficilement praticable. Les Carpates ne forment pas qu'un mur défensif, elles offrent toute une série de points dominants contre un envahisseur venant du nord-est. Quant à la Prusse orientale, aussi plat que soit son relief dans son ensemble, elle opposerait à une armée en marche un ensemble de lacs et de forêts rendant difficile le maintien de l'ordre et des communications entre ses unités. La région des lacs Mazures, patrie de la joyeuse *Mazurka*, est parsemée de petites communautés isolées du monde extérieur auquel elles ne sont reliées que par des chemins sablonneux ne pouvant que réduire la vitesse de progression d'une armée à celle d'un escargot. En outre, au-delà de la Mazurie, à Thorn, Graudenz et Marienburg sur la Vistule, une chaîne de forteresses protège les régions peuplées de la Prusse orientale. Elles répondent aux forteresses des Carpates autrichiennes, Cracovie, Przemysl et Lemberg (Lvov)[3]. Le haut commandement russe connaît depuis longtemps le caractère stratégique ambigu du saillant polonais où une offensive audacieuse pouvant menacer Berlin peut tourner à la catastrophe si l'adversaire coordonne un mouvement en tenaille à l'arrière du saillant. Il a par conséquent privé la région de voies ferrées et de routes susceptibles de servir une contre-offensive ennemie. Il a aussi prudemment mis au point deux stratégies en direction de l'ouest : un plan retenant de grandes forces en réserve, et un plan résolument offensif.

Sous la pression française, et par un authentique souci d'honorer l'alliance des deux pays contre l'Allemagne, le haut commandement russe favorise en 1914 ce second plan. En tout état de cause, deux cinquièmes de l'armée du temps de paix sont stationnés autour du grand centre militaire de Varsovie. Leur renforcement par les réserves mobilisées à l'intérieur du pays peut facilement y être réalisé, de même que leur déploiement stratégique contre la Prusse orientale et les Carpates [4]. Sens commun et intelligence exigent l'un et l'autre que l'essentiel des forces occidentales de la Russie prennent la direction du sud, vers les Carpates. En effet, contrairement à l'Allemagne, l'Autriche-Hongrie peut espérer n'avoir à mener une guerre que sur un seul front (l'armée serbe semblant dans un premier temps pouvoir être ignorée) et donc y déployer sa force principale. Cependant, au vu de la faiblesse de l'Allemagne sur sa frontière est, l'état-major russe estime qu'il dispose de forces suffisantes pour lancer une offensive en Prusse orientale qui, bien que laissant les mains libres aux Autrichiens, provoquerait à coup sûr une crise à Berlin. Le corps des officiers allemands, dominé par les propriétaires terriens de l'Elbe orientale, y a son berceau historique : une attaque à travers la Mazurie vers Königsberg et les autres bastions des chevaliers teutoniques dont ils descendent ne manquerait pas de créer au sein du haut commandement allemand une vive inquiétude, aussi bien matérielle que psychologique.

L'énorme *Aufmarsch* à l'ouest ne laisse, il est vrai, que peu de troupes à l'Allemagne pour tenir le cœur de la Prusse. Son plan de guerre ne réserve qu'une seule de ses huit armées au front de l'Est, la VIIIe armée commandée par un authentique Prussien, le général Max von Prittwitz und Gaffron. Elle est constituée des Ier, XVIIe et XXe corps, du Ier corps de réserve ainsi que de la 1re division de cavalerie. Tous sont basés en Prusse : le Ier d'active et le Ier de réserve à Königsberg, siège des chevaliers teutoniques ; le XVIIe à Dantzig ; le XXe à Allenstein ; la 1re division de cavalerie à Königsberg, Intersburg et Deutsche Eylau. A la VIIIe armée s'ajoutent des unités d'*Ersatz* et de la *Landwehr*, levées parmi les réservistes plus jeunes et plus âgés, ce qui augmente peut-être son effectif d'un corps entier. Nul doute que ces soldats, dont beaucoup sont des recrues ou des réservistes originaires de la région menacée, se battront avec ténacité face à toute invasion de leur pays.

Ils sont néanmoins en infériorité numérique par rapport aux forces que le haut commandement russe a désignées pour attaquer la Prusse orientale : les 1re et 2e armées opposent sept divisions de cavalerie (dont deux de la Garde impériale) contre une seule aux Allemands et neuf corps aux quatre de Prittwitz. En outre, Rennenkampf, commandant la 1re armée, et Samsonov, à la tête de la 2e, sont des vétérans de la guerre russo-japonaise, dans laquelle ils ont chacun commandé une division, tandis que Prittwitz n'a aucune expérience du feu. Leurs formations sont énormes : les divisions ont seize bataillons en lieu et place des douze habituels. Une masse humaine nécessaire pour combler les pertes et dont on dit bien souvent qu'elle n'a reçu aucune instruction [5]. En dépit d'un équipement inférieur à celui des Allemands en artillerie, et plus particulièrement en artillerie lourde, on ne peut pas dire qu'ils manquent d'obus : toutes les armées ont totalement sous-estimé les dépenses qu'exige une bataille moderne, et avec l'autorisation de tirer sept cents obus par jour, les artilleurs russes ne sont pas moins bien lotis que les Français se battant sur la Marne [6]. Par ailleurs, l'industrie des munitions va répondre aux exigences de la guerre avec une incroyable réussite. Malgré tout, les forces russes accusent de sérieux défauts. La proportion de cavaliers, de loin supérieure à toutes les autres armées, constitue un poids pour le service des transports, lui-même inférieur à celui de l'Allemagne. Il doit livrer une quantité de fourrage que la valeur des troupes montées ne justifie pas : quarante trains sont néanmoins nécessaires pour le ravitaillement des quatre mille hommes d'une division de cavalerie et des seize mille d'une division d'infanterie [7].

Les défauts sont également d'ordre humain. Les officiers des régiments russes sont par définition infortunés, et souvent sans éducation. Tout jeune officier aspirant dont les parents ont les moyens de payer la formation entre à l'école d'état-major où il s'égare en de multiples corvées régimentaires sans pour autant acquérir les compétences nécessaires au service d'état-major. Comme Tolstoï le décrit de façon si mémorable dans son compte rendu de la bataille de Borodino, le corps des officiers russes réunit deux classes ne se connaissant pas : une masse de commandants de compagnies et de bataillons reçoit ses ordres d'une poignée d'aristocrates, tous recommandés [8]. Les qualités des soldats paysans, courage, loyauté et obéissance, ont toujours compensé les erreurs et les omissions de leurs supérieurs ; mais face aux armées de pays ayant éradiqué l'illettrisme, comme c'est loin d'être le cas en Russie, les fantassins russes sont de plus en plus désavantagés. Ils perdent facilement courage devant les revers, surtout face à une artillerie supérieure, et se rendent sans honte et *en masse* s'ils se sentent abandonnés ou trahis [9]. La trinité Tsar-Eglise-Patrie a toujours le pouvoir de susciter le courage le plus incroyable, mais la défaite et la boisson peuvent rapidement ronger une dévotion où se mêlent les couleurs du régiment et celles des icônes.

Pourtant, ce sont de splendides régiments qui se mettent en route, à pied ou à cheval, à la mi-août pour envahir la Prusse orientale : ceux de Vladimir, de Souzdal, d'Ouglitch et de Kazan de la 16e division d'infanterie, les régiments de Lituaniens, de Volhyniens et de grenadiers de la 3e division de la Garde, les lanciers et hussards du même corps, les cosaques de la mer Noire, avec en tête de leurs colonnes les chanteurs du régiment et à l'arrière les cuisines roulantes [10]. La guerre a été ressentie comme un déchirement ; rares sont les hommes qui comprennent pourquoi ils font route vers l'ouest. Mais le régiment est comme un village, l'officier une sorte de châtelain, et, tant que les convenances des repas et de la messe dominicale sont observées, que se présente de temps en temps l'occasion de boire une vodka ou d'un rendez-vous galant au village *, les soldats du tsar partent avec ardeur malgré la menace des coups de feu [11].

Ils pouvaient avoir confiance. L'énorme supériorité des forces russes (quatre-vingt-dix-huit divisions d'infanterie mobilisées, trente-sept de cavalerie) aurait dû assurer à la *Stavka*, le haut commandement russe, une majorité écrasante sur la VIIIe armée allemande, même avec les quarante divisions austro-hongroises stationnées au sud pour faire jeu égal [12]. Seulement, Rennenkampf et Samsonov ne parviennent pas à coordonner leurs mouvements et leurs décisions. Les ailes de leurs armées, alignées respectivement pour faire face à l'ouest en direction de Königsberg, et au nord en direction de Graudenz, auraient dû, si elles avaient été bien menées, enlever rapidement ces deux villes forteresses. Ce faisant, elles pourraient réaliser un mouvement de tenaille pour encercler la VIIIe armée et l'anéantir, ou bien encore précipiter sa fuite vers l'arrière, ouvrant ainsi la Prusse occidentale et la Silésie à une invasion russe plus conséquente.

---

* *Août 1914*, de Soljenitsyne, saisit de façon mémorable l'ambiance au moment de la mobilisation russe.

L'espace géographique va perturber la bonne marche de l'offensive combinée des deux généraux. Moins pardonnable, la prudence et l'incompétence vont la disloquer dans le temps. En d'autres termes, les Russes répètent l'erreur si souvent commise dans le passé par des armées jouissant apparemment d'une incontestable supériorité numérique. Cette erreur, commise par les Spartes à Leuctres, par Darius à Gaugamèles ou par Hooker à Chancellorsville, consiste à s'exposer à la défaite dans le détail, c'est-à-dire de permettre à un adversaire plus faible de se concentrer dans un premier temps contre une partie de l'armée, puis contre l'autre, et ainsi de les battre toutes les deux. La façon dont la géographie joue en faveur de l'Allemagne est d'autant plus facile à expliquer. Même s'il est vrai que l'est de la Prusse orientale offre une voie de passage relativement plate à un envahisseur en provenance de Russie, la chaîne de lacs alimentant l'Angerapp constitue en revanche une barrière significative. Des moyens de passer existent, en particulier à Lötzen, mais en 1914 la ville est fortifiée. En conséquence, une barrière aquatique de près de quatre-vingts kilomètres de long du nord au sud se tient à la jonction des 1re et 2e armées, tendant ainsi à les séparer. D'un point de vue stratégique, l'option la plus simple est de passer au nord et au sud de la position de l'Angerapp plutôt que d'attaquer de front. C'est ce que le général Jilinsky, commandant du front du Nord-Ouest, décide de donner comme directives à Rennenkampf et à Samsonov [13].

Il est conscient de l'opportunité qu'une telle séparation offre aux Allemands et veille en conséquence à protéger les flancs de ses deux armées. Cependant, les mesures prises ne font qu'augmenter le danger, dans la mesure où Jilinsky permet à Rennenkampf de renforcer son flanc sur la côte baltique, qui n'est pas en danger, et à Samsonov de détacher des troupes pour protéger ses liens avec Varsovie, qui ne sont pas plus menacés. Il prend également des dispositions pour qu'un corps de la 2e armée se tienne immobile dans l'espace séparant celle-ci de la 1re. Il en résulte une dispersion de l'effort qui affaiblit considérablement les deux armées au moment même de passer à l'offensive [14]. Alors qu'ils ont commencé à se déployer avec une supériorité de dix-neuf divisions contre neuf, Rennenkampf et Samsonov partent en fait à l'attaque avec un total de seize divisions seulement.

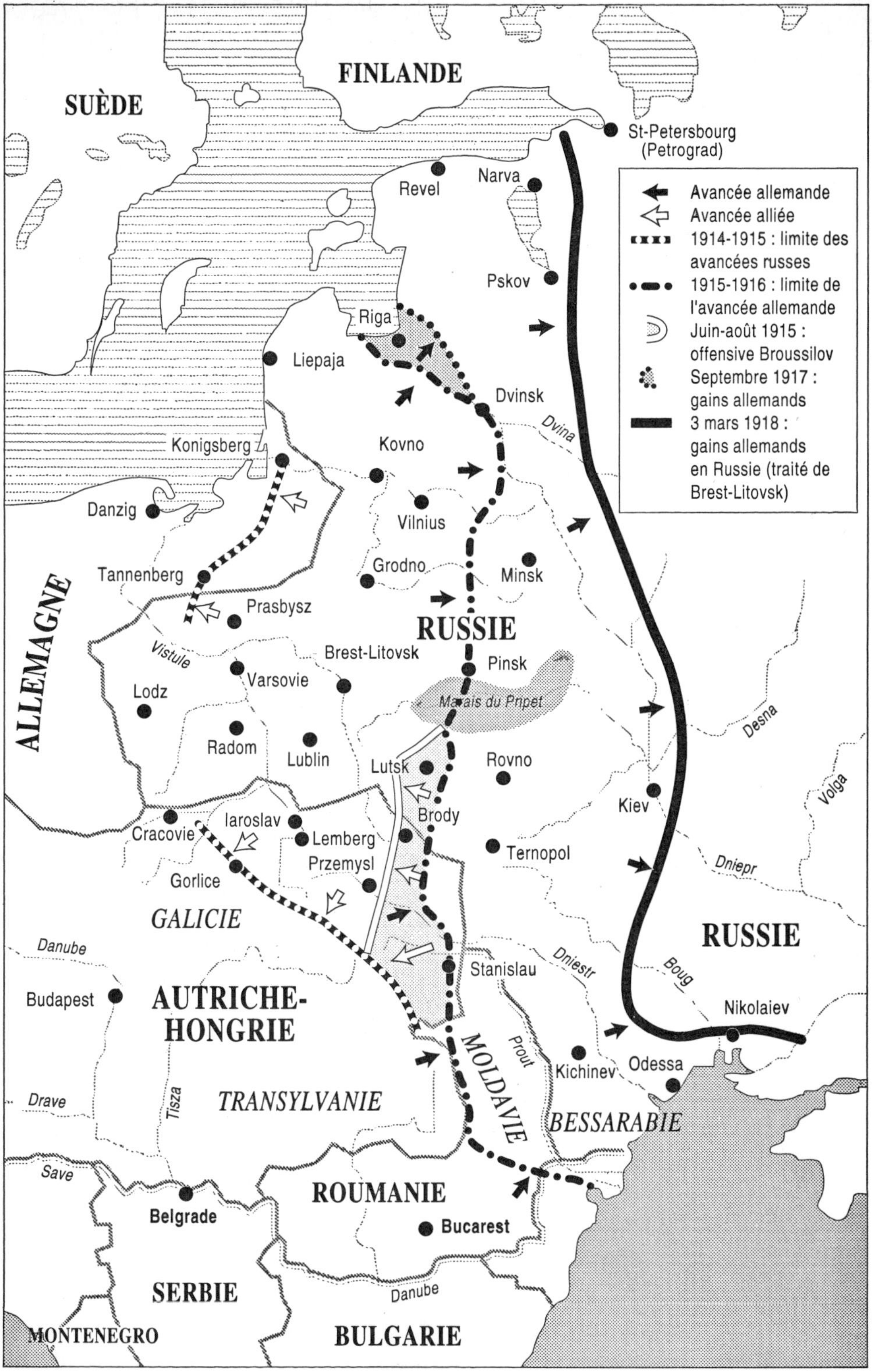
FINLANDE
SUÈDE
St-Petersbourg
(Petrograd)
Revel
Narva
Avancée allemande
Avancée alliée
1914-1915 : limite des avancées russes
1915-1916 : limite de l'avancée allemande
Juin-août 1915 : offensive Broussilov
Septembre 1917 : gains allemands
3 mars 1918 : gains allemands en Russie (traité de Brest-Litovsk)
Pskov
Riga
Liepaja
Dvinsk
Dvina
Konigsberg
Kovno
Danzig
Vilnius
Grodno
Minsk
Tannenberg
Prasbysz
ALLEMAGNE
RUSSIE
Vistule
Brest-Litovsk
Pinsk
Varsovie
Lodz
Marais du Pripet
Desna
Radom
Lublin
Lutsk
Rovno
Kiev
Volga
Brody
Iaroslav
Cracovie
Lemberg
Przemysl
Ternopol
Dniepr
Gorlice
GALICIE
RUSSIE
Danube
Dniestr
Boug
Stanislau
Budapest
AUTRICHE-HONGRIE
Nikolaiev
Prout
MOLDAVIE
Kichinev
Odessa
Drave
Tisza
TRANSYLVANIE
BESSARABIE
Save
ROUMANIE
Belgrade
Bucarest
SERBIE
Danube
MONTENEGRO
BULGARIE

Le front Est

Pis encore, les deux armées atteignent leurs lignes de départ avec cinq jours de décalage. La 1re traverse la frontière de la Prusse orientale le 15 août, ce qui constitue une belle réussite si l'on considère que les Français et les Allemands n'ont alors pas encore achevé leurs concentrations à l'ouest. Mais la 2e armée n'y parvient que le 20. Séparées par quatre-vingts kilomètres de lacs représentant trois jours de marche, ni l'une ni l'autre ne sont en mesure de secourir rapidement celle qui serait en difficulté. Sans qu'ils le sachent, c'est précisément ce qui attend Rennenkampf et Samsonov.

La victoire des Allemands sur les Russes dans la guerre du renseignement achève de régler le problème. Ces derniers ont beau savoir qu'ils sont en supériorité numérique, ils manquent de moyens efficaces pour localiser les Allemands. Malgré ses nombreux effectifs, la cavalerie russe ne cherche pas à pénétrer profondément les positions ennemies et préfère mettre pied à terre pour former une ligne de feu dès lors qu'elle rencontre une résistance. Dans le même temps, les reconnaissances aériennes ne parviennent pas à localiser les mouvements de l'ennemi, et ce en dépit des 244 appareils dont dispose l'armée russe, ce qui en fait la deuxième aviation d'Europe [15]. En revanche, dès le 9 août, soit une semaine avant qu'elles ne franchissent la frontière, le 2e bataillon d'aviation allemand et les deux dirigeables basés à Posen et Königsberg font état de la force et de la direction de marche des colonnes russes [16]. Avions et dirigeables vont continuer à fournir de précieuses informations tout au long de la campagne [17].

Mais ce sont les tout premiers renseignements donnés qui sont décisifs. Les Allemands savent que les deux armées russes n'avancent pas au même rythme, la 2e ayant du mal à progresser sur un terrain difficile et à travers les nombreux affluents de la Vistule. Fort de l'information que Rennenkampf devance Samsonov de plusieurs jours, Prittwitz peut décider de déployer sans trop d'inquiétude l'essentiel de la VIIIe armée au nord des lacs Mazures. Lorsque les Russes lancent leur offensive par une vigoureuse attaque à Stallupönen le 17 août, ils sont repoussés. Trois jours plus tard, leur corps principal arrive en force à Gumbinnen. Le Ier corps allemand avance en fait vers eux pour les attaquer à la faveur de l'obscurité. Son commandant, von François, l'un des nombreux officiers allemands de descendance huguenote, est aussi agressif que son air le laisse deviner, et ses troupes sont à son image. Elles appartiennent à certains des régiments prussiens les plus célèbres : les 1er, 3e et 4e grenadiers, ainsi que le 33e fusiliers. C'est avec férocité qu'ils attaquent les Russes leur faisant face. Cependant, l'ennemi a préparé pendant la nuit des tranchées et fortifié des bâtiments et des corps de ferme. Plus les Allemands se portent en avant, plus le nombre de leurs victimes augmente. L'artillerie russe, traditionnellement l'arme la mieux entraînée de l'armée du tsar, est en bonne position. Tirant à courte portée, elle alourdit le bilan. Pour compléter ce massacre, les batteries allemandes de la 2e division se mettent à tirer, par erreur mais avec efficacité, sur leur propre infanterie. Beaucoup de soldats allemands cherchent à s'échapper en battant précipitamment en retraite. Ceux qui y parviennent sont en état de choc et ne peuvent être réexpédiés au combat. En milieu d'après-midi, le Ier corps stoppe son offensive. Son voisin, le XVIIe, est commandé par von Mackensen, le célèbre hussard des Gardes du corps. Encouragé par les premiers rapports du Ier corps faisant état de succès, il attaque pendant ce temps en direction du nord-ouest dans le flanc des Russes. Mais les vagues d'assaut sont parties sans les reconnaissances nécessaires : elles révéleraient pourtant que, sur son front comme sur celui de von François, les Russes sont retranchés. Depuis leurs positions, ils déversent un feu dévastateur sur les fantassins allemands. Lorsqu'ils sont eux aussi victimes involontaires de leur propre artillerie, ils rompent le combat et se replient vers l'arrière. En fin d'après-midi, la situation sur le front du XVIIe corps est encore pire que sur celui du Ier : la bataille de Gumbinnen menace, alors qu'elle n'est encore qu'un revers tactique, de devenir une catastrophe stratégique. A la droite du XVIIe corps, la 1re division de réserve, sous le commandement de von Below, contre-attaque pour protéger le flanc de Mackensen d'une avancée russe. Cependant, aux quartiers généraux de la VIIIe armée, même l'annonce de ce succès ne peut arrêter le mouvement de panique. Prittwitz se persuade de plus en plus que la Prusse orientale doit être abandonnée et que l'ensemble de son armée doit battre en retraite derrière la Vistule.

A l'OHL, Moltke est mortifié par les rapports faisant état de la situation critique de la VIIIe armée. Ils remettent en cause l'idée même de temporisation à l'est alors que la victoire serait obtenue à l'ouest. Vingt des quarante jours prévus se sont écoulés, et le plan Schlieffen menace déjà de s'écrouler. Au désastre apparent en Prusse orientale s'ajoutent des inquiétudes d'ordre personnel. C'est en effet de cet endroit que provient l'élite de l'armée, et la perte de sang-froid de Prittwitz met la nation dans son ensemble, les femmes, les enfants et les vieux serviteurs des officiers à la merci de l'ennemi. Le 21 août, les officiers d'état-major de Prittwitz, Hoffmann et von Waldersee, parviennent tant bien que mal à lui faire reprendre ses esprits, mais Moltke n'a plus confiance en lui. Il décide que la première chose à faire est d'envoyer immédiatement à l'est un stratège de tout premier ordre afin de reprendre les choses en main. Il désigne Ludendorff. Par deux fois, ce dernier a brillamment résolu des situations de crise en Belgique. Il décide ensuite de se débarrasser purement et simplement de Prittwitz, jugeant que son intention déclarée de se retirer derrière la Vistule, bien que reconsidérée par la suite, est la preuve d'une volonté chancelante. A sa place, il nomme Paul von Beneckendorf und Hindenburg, officier à la retraite au caractère ferme et à l'esprit brillant. Lieutenant au 3e régiment de la Garde à pied, Hindenburg a été blessé à Königsgrätz en 1866 et a pris part à la guerre franco-prussienne. Apparenté aux chevaliers teutoniques ayant arraché la Prusse orientale aux païens lors des croisades nordiques, Hindenburg a servi au sein du grand état-major général avant de commander un corps d'armée. Il a pris sa retraite en 1911 à l'âge de soixante-quatre ans, mais demande à être réincorporé au déclenchement de la guerre. Lorsque l'appel de Moltke lui parvient, il a quitté l'armée depuis si longtemps qu'il doit se présenter dans l'ancien uniforme bleu porté avant l'apparition du *feldgrau*. Ludendorff et lui, aussi différents soient-ils, le premier un technocrate bourgeois, le second un petit hobereau, vont d'emblée s'unir dans ce que Hindenburg appellera lui-même « un mariage heureux [18] ». Leurs qualités, autorité naturelle chez Hindenburg, intellect sans pitié chez Ludendorff, se complètent parfaitement et vont faire d'eux l'un des partenariats militaires les plus efficaces de l'Histoire.

A leur arrivée à la VIIIe armée le 23 août, Hindenburg compte cependant sur Ludendorff pour prendre l'initiative. Ses quartiers généraux ont quitté la veille Marienburg, ancienne commanderie des chevaliers teutoniques, pour Rastenburg, futur emplacement du *Repaire du Loup* de Hitler. Le 24 août, les deux généraux sont sur le front pour s'entretenir avec Scholtz, commandant du XXe corps. Celui-ci fait face à la 2e armée de Samsonov qui cherche le contact. Scholtz se montre nerveux : il s'attend à une offensive massive contre lui, mais doute de l'aptitude de ses troupes à y résister. Il veut se retirer. Ludendorff insiste pour qu'il tienne. Les renforts ne lui parviendront que s'il se maintient. Il doit tenir ferme et se battre.

Ces renforts ont reçu leur ordre de marche non de Hindenburg ou de Ludendorff, mais de ce même Prittwitz qui vient d'être démis de ses fonctions. Après s'être remis du choc de Gumbinnen, il a compris que von François, bien qu'ayant perdu huit mille hommes, a arrêté Rennenkampf, libérant ainsi des forces pouvant être utilisées ailleurs. Les vieux exercices de jeu de guerre, dont certains furent pratiqués par Schlieffen lui-même, ont appris à la génération d'officiers dont Prittwitz fait partie que le meilleur moyen pour défendre la frontière de la Prusse orientale consiste à battre une des armées russes d'un côté des lacs, puis d'emprunter les lignes de chemin de fer allant du nord au sud derrière eux pour renouveler l'opération de l'autre côté. Grâce à un remarquable courage moral et aux sages conseils de son chef d'état-major Max Hoffmann, il décide que Rennenkampf peut être considéré comme battu ou en tout cas mis hors de combat. Avant même l'arrivée de Hindenburg, il a lancé les Ier et XVIIe corps à la rencontre de Samsonov sur le front du Sud. En conséquence, Ludendorff n'a pas besoin de mettre au point un plan (bien qu'il en soit arrivé à la même conclusion que Prittwitz), mais simplement de reprendre celui déjà mis en place.

Du côté russe, Rennenkampf sent bien que les forces allemandes lui faisant face s'amenuisent, et il en conclut que von François et Mackensen se retirent vers la forteresse de Königsberg sur la côte baltique. Que leur départ se soit fait dans la précipitation, les troupes s'entassant dans les trains et ne laissant derrière elles qu'un écran de cavalerie et de *Landwehr* pour tenir les anciennes positions de von François, Rennenkampf n'en a pas la moindre idée. Il se voit déjà contraint à faire le siège de Königsberg. Cela nécessiterait une infanterie nombreuse et un renfort d'artillerie lourde difficile à rassembler en peu de temps. Dans l'immédiat Jilinsky et lui pensent que le gros de l'offensive incombe désormais à Samsonov. Il est à présent au contact des Allemands au sud des lacs et doit les empêcher de fuir en traversant la basse Vistule. Pour garantir le mouvement d'enveloppement nécessaire, Samsonov reçoit l'ordre de faire basculer son aile gauche encore plus loin de Rennenkampf. Pendant ce temps, celui-ci avance prudemment avec sa cavalerie et transmet par radio des ordres pour le siège de Königsberg [19].

L'interception par les Allemands des communications radio russes est entrée dans la légende de ce que l'on appelle aujourd'hui la bataille de Tannenberg. Dans sa version la plus sensationnelle, on raconte que les opérateurs radio des quartiers généraux de Rennenkampf et Samsonov émettaient en clair des rapports détaillés indiquant les mouvements et les intentions de leurs deux armées. Interceptés, ils auraient été utilisés avec des effets meurtriers par les Allemands. La réalité est en fait à la fois plus complexe et plus terre à terre. Certes, de nombreux messages russes sont envoyés en clair, mais les Allemands font de même. Côté russe, la cause n'a rien à voir avec une paresse digne d'Oblomov *, mais provient d'une mauvaise répartition des manuels de codage. Côté allemand, c'est le manque de temps qui l'explique. Les opérateurs allemands sont débordés et transmettent souvent des messages non codés en se disant que leurs ennemis les manqueront. Ils fondent cet espoir sur le fait qu'eux-mêmes passent à côté de nombreux messages russes. « On avait trop besoin des appareils et des opérateurs pour se permettre de balayer du vide », et le manque de décodeurs est par ailleurs réel [20]. A la fin du mois d'août 1914, nombre de messages circulent en Prusse orientale dont aucun ennemi ne peut faire usage.

Quoi qu'il en soit, au matin du 25 août, Hindenburg va bénéficier d'une aide providentielle. Alors qu'il s'apprête à quitter les quartiers généraux de la VIIIe armée, on lui transmet la transcription d'un ordre complet émanant de la 1re armée russe. Il révèle un ordre de marche devant logiquement aboutir au siège de Königsberg, mais surtout que la 1re armée va faire halte à quelque distance de la ville le 26 août. Elle sera alors loin de

* Le héros de Gontcharov.

toute position lui permettant de prêter main-forte à la 2e armée dans la bataille à venir [21]. Fort de cette information, il s'entretient avec von François dont le corps vient juste de commencer à arriver sur le flanc de Samsonov. La distance séparant les deux armées russes joue pour lui, et à présent le facteur temps l'avantage également : Rennenkampf a dû ralentir sa marche alors que, s'il avait pressé le pas, il aurait pu faire passer la 1re armée russe bien au-delà de la zone des lacs, à un endroit d'où elle aurait pu marcher vers le sud à la rescousse de Samsonov.

C'est alors que von François, dont l'agressivité bornée s'apparente parfois à un refus de coopérer, interrompt le bon déroulement d'un plan qui aurait dû porter successivement son Ier corps, le XVIIe et le XXe contre les flancs de Samsonov. Affirmant attendre l'arrivée en train de son artillerie, il tarde à attaquer le 25 août, de même que le lendemain. Ludendorff arrive pour redynamiser l'offensive, mais l'hésitation de von François a déjà produit son effet. Ne rencontrant aucune opposition, Samsonov a lancé son centre vers l'avant, en direction de la Vistule contre laquelle il espère clouer les Allemands. Par cette manœuvre, il expose les flancs étirés de son armée aussi bien à von François, maintenant positionné au sud, qu'à Mackensen et Scholtz dont les XVIIe et XXe corps descendent du nord. Le 27 août, von François retrouve son mordant et pousse ses hommes à l'attaque. Négligeant le danger menaçant ses arrières, Samsonov fait de même. Le lendemain, ses troupes avancées trouvent sur leur passage un rassemblement disparate de troupes allemandes qu'elles écrasent, opérant ainsi une percée sur un territoire vide donnant sur la Vistule. Pris d'un accès de rage en contradiction avec son apparence impassible, Ludendorff ordonne à von François de détacher une division pour porter secours aux unités disloquées. Ce dernier, toujours aussi peu enclin à coopérer, n'obéit pas et dirige le plus vite possible tous les bataillons à sa disposition vers l'est. Comme tout le poids de l'armée de Samsonov va vers l'ouest en empruntant différents itinéraires, celle-ci rencontre peu d'opposition. Au matin du 29 août, son infanterie de tête atteint Willenberg, située en Prusse orientale, juste après la frontière russe. Elle tombe sur des troupes allemandes du XVIIe corps de Mackensen. Ayant déjà combattu au sud des lacs Mazures, elles attaquent depuis la veille en direction du sud. Le contact entre les extrémités des deux pinces (le

151e d'infanterie d'Ermland du Ier corps et le 5e hussards de Blücher du XVIIe corps) annonce l'encerclement de Samsonov [22].

Les batailles de « chaudron » — autrement appelées « à front renversé » — se répétèrent de nombreuses fois au cours de la Seconde Guerre mondiale, en particulier à l'est où, en 1941, l'armée allemande encercla plus d'une fois les Russes par centaines de milliers. Mais lors de la Première, les victoires par encerclement sont rares. C'est une des raisons pour lesquelles Tannenberg (comme Hindenburg décide d'appeler la bataille, en référence à la défaite des chevaliers teutoniques devant les Slaves au même endroit en 1410) est si particulière. Les Allemands font 92 000 prisonniers russes, qui s'additionnent aux 50 000 tués ou blessés. Le nombre de victimes, largement inférieur à celui de l'ouest, est tout à fait quelconque au regard des campagnes qui sont encore à venir. Mais un tel nombre de prisonniers sera rarement atteint dans des épisodes comparables de la guerre, ni même approché. Tannenberg devient donc pour les Allemands la victoire la plus éclatante de tout le conflit. Elle a sauvé le cœur de la Prusse d'une occupation par un ennemi que la propagande allemande décrit de plus en plus comme « barbare », ce qui est en soi assez injuste. En effet, les commandants russes, dont bon nombre sont des Allemands baltes ayant des attaches familiales en Prusse orientale, ont su maintenir un bon niveau de comportement parmi leurs soldats. Mais elle a également écarté le danger d'une plus grande avancée sur le territoire industrialisé de la Silésie et vers Berlin [23]. Tannenberg est une délivrance célébrée comme telle. Après la guerre, les couleurs des régiments y ayant participé furent déployées dans un imposant Monument aux morts construit sur le modèle de Stonehenge, dans lequel Hindenburg fut enterré après son décès. En 1945, lorsque les Russes envahirent la Prusse orientale, il fut exhumé et le monument dynamité. Les couleurs des régiments de Tannenberg se trouvent maintenant à l'Ecole militaire de Hambourg, tandis que le corps de Hindenburg repose au Schloss Hohenzollern, le siège de la dynastie impériale [24].

Tannenberg a une importance militaire différente, bien plus grande en fait que sa signification symbolique. Elle inverse en effet les priorités du plan allemand. Avant Tannenberg, la victoire était attendue sur le front de l'ouest. Après Tannenberg, le désastre à l'est ne menace plus, alors que la victoire à l'ouest continue de se faire attendre semaine après semaine. Cette victoire anéantit temporairement les Russes. Le pauvre Samsonov, abattu par la catastrophe, réchappe de peu à l'encerclement. Mais ce n'est qu'un sursis. A ses officiers, il exprime à plusieurs reprises son désespoir : « L'empereur avait confiance en moi. Comment pourrai-je encore le regarder en face [25] ? » Parvenant à s'isoler un bref instant, il se brûle la cervelle. Récupéré plus tard, son corps est inhumé dans le domaine familial. Sa fin est plus enviable que celle de beaucoup de ses soldats, morts seuls dans l'anonymat des forêts prussiennes et dont les corps n'ont jamais été retrouvés. Leurs restes y sont encore aujourd'hui, et leur famille ne purent faire leur deuil qu'après que tout espoir de les revoir vivants eut disparu. Tannenberg marque le début du long martyre des armées du tsar. Un martyre qui culminera avec leur effondrement en 1917.

Pourtant, malgré l'incompétence de leurs commandants et la médiocrité de leurs moyens de combat, les Russes ont des ressources, comme ils vont le démontrer à maintes reprises lors des campagnes de 1915 et 1916, et dès la fin de 1914. En dépit de l'effondrement de Samsonov, Rennenkampf refuse d'accepter la défaite. Lorsque Hindenburg dirige contre lui tout le poids de la VIIIe armée, maintenant renforcée par le IXe corps et le corps de réserve de la Garde venus de l'ouest, il fait preuve d'une grande fluidité dans l'emploi de ses troupes. Ce sont maintenant elles qui sont en infériorité numérique, malgré l'arrivée depuis les arrières de la Xe armée. Cible de Hindenburg, la 1re armée ne compte toujours que neuf divisions, contre dix-huit allemandes. Mais au cours de ce qui va s'appeler la bataille des Lacs Mazures, lancée le 7 septembre comme la bataille de la Marne, elle échappe à toutes les tentatives d'encerclement du général allemand. Von François dirige les premières opérations et parvient à isoler quelques unités à Lötzen, au cœur de la région des lacs. Tout en combattant, Rennenkampf se replie sur les lacs et au-dessus, faisant passer les unités d'un flanc à l'autre selon les besoins. Le 13 septembre, il repasse en territoire russe après avoir extirpé l'ensemble de son armée, entraînant les Allemands à sa suite. Au 25 septembre, ses combats d'arrière-garde lui ont donné le temps et l'espace d'organiser une contre-attaque avec sa propre armée et la 1re, qu'il déclenche le même jour et qui lui permet de déloger les Allemands de leurs positions, en regagnant une grande partie du terrain perdu. Par endroits, elles retrouvent même les lignes atteintes sur l'Angerapp lors de l'invasion du mois d'août.

LA GALICIE ET LA SERBIE

Cependant, le succès de la contre-offensive des lacs Mazures est plus tactique que stratégique, car il n'implique qu'une fraction des forces russes. La majorité est déployée face à la partie sud du saillant polonais. De cette position, elle contient les Autrichiens, dont la principale ligne de résistance longe les crêtes des Carpates, traversées des cols stratégiques menant à la plaine hongroise, vers le Danube et au cœur de l'Autriche. Il s'agit d'un front gigantesque : cinq cents kilomètres de long depuis la jonction entre les frontières autrichienne et russe avec la Roumanie neutre jusqu'à Cracovie en Pologne autrichienne. Il est défendu par d'imposantes fortifications, dont celles de Lemberg (Lvov) et de Przemysl qui viennent d'être rénovées. Le plan de guerre russe prévoit pour ce secteur la concentration de quatre armées, la 3e, la 4e, la 5e et la 8e, formant le front du Sud-Ouest sous le commandement, à la mobilisation, du général Nikolaï Ivanov. Elles doivent attaquer dès leur déploiement, ce qui est également l'intention des Autrichiens. Néanmoins, ces derniers ne parviennent pas à déterminer à quel front donner la priorité entre la Galicie et la Serbie. En conséquence, les troupes de François-Joseph prennent du retard dans la phase de concentration, alors que les Russes, défiant les estimations des états-majors allemand et autrichien, se montrent plus rapides. En effet, ces estimations n'ont pas tenu compte du fait que les deux cinquièmes de l'armée russe sont stationnés dans le saillant polonais, ni que la *Stavka* pourrait faire manœuvrer ses troupes depuis la Pologne avant même l'achèvement de la mobilisation générale. La différence d'attitude est cruciale. Les états-majors germaniques, dont la dernière expérience de conflit remonte à quarante ans, ne peuvent concevoir d'entamer des opérations d'envergure avant la mise en place prévue par leur plan de guerre. Les Russes éprouvent moins le besoin de tout programmer. Ils sortent à peine d'une guerre contre le Japon et ont l'expérience de dizaines d'années de batailles de frontières en Asie centrale. Ils sont par conséquent bien plus aptes à improviser. En conséquence de quoi, à la fin du mois d'août, les Russes disposent de cinquante-trois divisions d'infanterie et dix-huit divisions de cavalerie en place sur le front autrichien. Les Autrichiens n'ont que trente-sept divisions d'infanterie et dix de cavalerie à leur opposer, avec des effectifs inférieurs de surcroît. Alors même que la Russie est pressée par les Français de monter des opérations obligeant l'Allemagne à détacher des unités du front de l'Ouest pour celui de l'Est, l'Autriche subit une pression encore plus forte pour venir soulager la VIIIe armée allemande en infériorité numérique en Prusse orientale.

Cependant, le principal objectif de guerre de l'Autriche, affectif à défaut d'être rationnel, demeure la punition de la Serbie qui a précipité la crise de juillet par son implication dans l'attentat de Sarajevo. Le bon sens voudrait que l'Autriche déploie toute sa force en avant des Carpates pour engager un combat avec les Russes, protecteurs de la Serbie et grands frères slaves. Mais les actes de violence et les dizaines d'années de provocation exigent la défaite du gouvernement de Belgrade et de la dynastie de parvenus des Karageorgevic. Conrad von Hötzendorf, le chef d'état-major autrichien, tient prêt depuis longtemps un plan concernant la Serbie seule et appelé « Cas de guerre B ». Mais au cours des années 1912-1913, il réalise qu'une crise avec la Serbie entraînerait une guerre avec la Russie, et le « Cas de guerre R » entraîne la réduction de l'armée des Balkans pour renforcer celle de Galicie [26]. L'état-major général manie et remanie le déploiement de trois groupes : le « Staffel A » qui partirait en Galicie en cas de guerre avec la Russie, le « groupe des Balkans » qui attaquerait la Serbie, et le « Staffel B » qui se joindrait à l'une ou l'autre des campagnes selon la rapidité de la mobilisation russe. La section des transports en chemin de fer prépare les horaires en conséquence.

Mais la confusion règne dans le camp autrichien. Conrad, qui éprouve pour les Serbes une haine quasi pathologique, déclare à la mobilisation que les intentions militaires de la Russie ne sont pas claires. Il n'y a selon lui aucun danger à envoyer le Staffel B rejoindre le groupe des Balkans, ce qu'il décide de faire.

Lorsqu'il devient clair que la Russie a l'intention d'attaquer en Galicie, Conrad décide d'envoyer le Staffel B au nord, ce qui correspond à la fois à la stratégie autrichienne et au serment solennel fait aux Allemands d'intervenir en ce sens. Mais comme le Staffel B est déjà en route pour le sud, une remise à jour des calendriers de circulation présente des difficultés. Le 1er août, il l'autorise à poursuivre son chemin et à prendre part à l'attaque contre la Serbie avant de reprendre le train vers le front de Galicie. Le Staffel B a pour mission de faire une « démonstration » visant à éloigner les forces serbes de l'axe principal de l'invasion autrichienne.

Cette idée de démonstration révèle à quel point les Autrichiens saisissent mal les qualités militaires des Serbes. A Vienne, ils sont considérés comme des semi-barbares totalement arriérés. La participation du corps d'officiers serbes aux meurtres et à la mutilation du roi et de la reine Obrenovic en 1903, ainsi que les nombreux rapports de pratique de mutilations de cadavres au cours de la guerre des Balkans, ont conduit l'armée autrichienne à s'imaginer qu'une campagne dans les Balkans ne présenterait pas plus de difficultés que celles communément rencontrées par les Britanniques et les Français lors de leurs campagnes coloniales en Afrique ou en Asie. Certes, les Serbes ont participé à la victoire sur les Turcs en 1912, mais les Turcs ne sont-ils pas eux aussi des barbares arriérés ? Les Autrichiens s'attendent à une victoire facile, et ce en dépit de la géographie de la Serbie. Fait de hautes montagnes recouvertes de forêts et entrecoupées de profondes vallées fluviales, sans beaucoup de routes et encore moins de voies ferroviaires, le relief serbe est réputé impraticable pour une armée.

En fait, s'ils peuvent apparaître effectivement barbares dans la cruauté avec laquelle ils font la guerre, les Serbes ne sont pas du tout attardés d'un point de vue militaire. Leur système de conscription permet une mobilisation proportionnellement plus élevée que dans n'importe quel autre pays d'Europe. Leurs soldats, des jeunes garçons aux vieillards, sont des guerriers dans l'âme et de féroces patriotes, résistants et se contentant de peu. Leur armement est éclectique, mais chaque homme possède une arme, et les unités de première ligne ont conservé la plupart des armes modernes acquises au cours des guerres balkaniques, dont cent batteries d'artillerie et quatre mitrailleuses par régiment d'infanterie. Avec une réserve de troisième ligne d'hommes âgés de quarante à quarante-cinq ans, et des « soldats aptes de soixante et soixante-dix ans affectueusement appelés “ oncles ” » se joignant aux première et deuxième lignes (les *poziv*), la Serbie peut aligner quatre cent mille hommes dans un délai extrêmement court. Soit presque autant que les VIe, V^e^ et IIe armées du Staffel B autrichien [27].

Néanmoins, les Autrichiens ont un avantage car le commandant serbe, le *voïvode* * Radomir Putnik, s'attend à une attaque en provenance du nord, venant de Hongrie à travers le Danube et en direction de Belgrade. Au lieu de cela, le plan de Conrad prévoit une attaque par l'ouest, depuis la Bosnie, vers le saillant de territoire serbe enfermé par la Drina et la Save. Ce choix est judicieux car ce saillant est l'une des rares zones de terrain plat du pays. Commencée le 12 août, l'offensive se déroule effectivement dans de bonnes conditions, grâce au caractère concentrique de l'attaque, au sud à travers la Save et à l'est à travers la Drina. Si Putnik avait pressé ses troupes vers l'avant, elles auraient pu se faire encercler et piéger. Rusé, ce vétéran de la guerre contre la Turquie refuse de prendre ce risque. Au lieu de cela, il organise sa principale ligne de résistance derrière la plaine, le long du Vardar et du plateau se trouvant au-delà. Les défenseurs n'arrivent que dans la nuit du 14 août, après une marche forcée de cent kilomètres effectuée en quarante-huit heures. Mais une fois en place, ils déversent un feu dévastateur sur les attaquants. Potiorek, le commandant autrichien, demande par signaux à Conrad de faire intervenir la IIe armée, la formation de « balancier » des plans B et R, afin de soulager la pression. Le chef de l'état-major refuse, bien que Potiorek fasse état dans son rapport de « la violence effroyable » des combats [28]. Il lance un nouvel appel le 16 août alors que le combat s'intensifie, puis un troisième le 17 août, où il obtient enfin satisfaction, à condition que le départ pour la Galicie de la formation de « balancier » ne soit pas retardé. La bataille sur la Drina et la Save met maintenant en présence les Ve et VIe armées autrichiennes, une partie de la IIe, et l'intégralité de l'armée serbe. Sans cesse repoussée par le feu de l'artillerie autrichienne,

* Chef de guerre. Titre honorifique accordé seulement aux généraux ayant remporté une victoire, comme Putnik l'a fait de manière spectaculaire contre les Turcs.

celle-ci renouvelle ses attaques, et son opiniâtreté finit par venir à bout des Autrichiens. Le 19 août, le commandant de la Ve armée autrichienne se retire de l'autre côté de la Save. La IIe armée lance une dernière et vaine offensive le 20 août, avant de rejoindre le Staffel A en Galicie, comme elle aurait dû le faire dès le début. La VIe armée, jamais véritablement engagée, se joint au repli général. Au 24 août, les Serbes ont expulsé l'ennemi de l'ensemble de leur territoire.

Toutefois, les combats ne cessent pas en Serbie en 1914. Le 6 septembre, les Serbes donnent suite à leur victoire en pénétrant sur le territoire autrichien. La manœuvre est loin d'être avisée, et ils doivent bientôt repasser la Save en laissant cinq mille hommes dans l'affaire. Plus tard ce mois-là, les Serbes découvrent un point faible dans les défenses de Potiorek sur la Drina. Ils pénètrent alors en Bosnie et se dirigent vers Sarajevo, provoquant la panique des fonctionnaires de prison qui font transférer Gavrilo Princip et ses complices à la forteresse de Theresienstadt en Bohême. Le meurtrier de l'archiduc y mourra en avril 1918. Theresienstadt deviendra tristement célèbre au cours de la Seconde Guerre mondiale : « ghetto modèle », les Juifs allemands âgés et déracinés y seront internés avant d'être plus tard exterminés dans le processus de la « Solution finale ». L'occupation serbe de la Bosnie ne dure que quarante jours. Le 6 novembre, Potiorek (que François-Ferdinand était venu inspecter à Sarajevo) lance une offensive générale. Dotée de solides renforts prêts à monter en ligne après une lourde préparation d'artillerie, son attaque concentrique repousse les Serbes de position en position au nord-est de leur pays, jusqu'à la ligne de la Morava à cent trente kilomètres de la frontière bosniaque. Par deux fois Putnik donne l'ordre de rompre le combat et de battre en retraite, alors que l'hiver empire, recouvrant les collines d'un mètre de neige. Le 2 décembre, la capitale Belgrade tombe et le roi Pierre libère ses soldats de leur serment, leur permettant ainsi de rentrer sans déshonneur chez eux, s'ils le souhaitent [29]. Il annonce son intention de poursuivre la lutte et apparaît sur la ligne de front, fusil à la main. Son exemple marque peut-être un tournant. Putnik estime que les Autrichiens se sont trop étendus. Il lance une nouvelle offensive le 3 décembre qui brise la ligne autrichienne, et, en douze jours de combat, chasse l'ennemi du territoire serbe. Plus de quarante mille des deux cent mille Austro-Hongrois combattant en Serbie depuis novembre sont morts. Les *Shvaba*, comme les Serbes surnomment avec dédain les Autrichiens et les Allemands, ne reprendront leur effort de conquête du royaume qu'à l'automne 1915. L'épopée serbe prendra alors une tournure plus sombre.

Les batailles de Lemberg

Cependant, la campagne en Serbie n'est jamais qu'un à-côté de la grande bataille que mène l'Autriche avec la Pologne russe sur sa frontière nord. Ces opérations ont débuté par une bataille de rencontre. Les Autrichiens, tout comme les Russes, ont établi des plans avant la guerre prévoyant d'attaquer dès la fin du déploiement. Les uns et les autres marchent vers l'offensive avec des bonheurs divers. Le plan de Conrad est de renforcer sa gauche et de tenter un enveloppement du flanc russe dans la grande plaine polonaise au sud de Varsovie, tout en conduisant une « défense active » sur sa droite, en Galicie orientale, où il peut se servir des grandes forteresses de Lemberg et de Przemysl comme contreforts. Le plan russe prévoit lui aussi un enveloppement en Galicie occidentale, mais bien plus qu'une défense active à l'est. Les Russes sont divisés : Alexeïev, le chef d'état-major du front du Sud-Ouest, est partisan d'un effort à l'ouest, alors que Danisov, l'éminence grise de la *Stavka*, préfère agir à l'est. Un compromis est trouvé qui prévoit un « double encerclement ». Mais les Russes, bien que plus puissants que les Autrichiens, manquent malgré tout de force pour imprimer une égale pression sur les deux secteurs. La phase d'ouverture de la bataille de Galicie va donc se révéler confuse et indécise.

Cependant, les données géographiques favorisent les Russes. Le terrain convient bien à leurs énormes formations d'infanterie rompues à la marche et à leur abondante cavalerie. Les positions autrichiennes sur le versant avancé des Carpates forment un saillant s'avançant d'une part entre la Vistule et son affluent la San sur la gauche, et d'autre part le Dniestr sur la droite. La Vistule, coulant vers le nord, bloque les Autrichiens à gauche ; le Dniestr, coulant lui vers le sud-est, constitue pour les Russes un solide soutien. A partir de là, ils ont tout le loisir de lancer depuis la droite des opérations contre le saillant des Carpates.

La configuration force donc les Autrichiens à avancer vers une poche que les Russes menacent de dominer sur deux côtés tout en pouvant se permettre de négliger le troisième.

Autre faiblesse du côté autrichien, le manque de fiabilité d'une partie de son armée. Ce sujet fait l'objet de nombreux débats, sur lesquels les opinions n'ont cessé de changer depuis la guerre. Au cours du conflit, les journalistes alliés ne manquent pas d'évoquer la désaffection des soldats slaves de François-Joseph et de leur sentiment de fraternité avec les Russes. Les articles pleuvent sur l'empressement de certains contingents slaves, en particulier ceux des Tchèques et des Serbes autrichiens, à se rendre facilement. L'effondrement de l'armée autrichienne à la fin de 1918 sera pris comme la preuve que la propagande alliée voyait juste sur la nature intrinsèquement instable de l'empire. Des enquêtes après la guerre montreront que les désertions étaient exceptionnelles, et que, dans son ensemble, l'armée était restée remarquablement *kaisertreu* *, ce que l'on peut croire car il est impossible d'attribuer la moindre défaite autrichienne à la déloyauté. Aujourd'hui, les opinions semblent avoir adopté une position médiane. Sur les neuf groupes linguistiques recensés chez les soldats austro-hongrois, dont 44 pour cent étaient slaves (Tchèques, Slovaques, Croates, Serbes, Slovènes, Ruthènes, Polonais et Musulmans bosniaques), 28 pour cent allemands, 18 pour cent hongrois, 8 pour cent roumains et 2 pour cent italiens, les Allemands se montrèrent toujours fiables, même s'ils ne furent pas toujours enthousiastes. Les Hongrois, non-Slaves bénéficiant d'un statut privilégié qui en faisait les égaux des Allemands, restèrent des soldats fiables jusqu'à ce que la défaite finale ne se dresse devant eux. Les Croates catholiques étaient depuis longtemps fidèles à l'empire, et nombre d'entre eux le resteront. Les Polonais, détestant les Russes, n'ayant aucune confiance dans les Allemands et jouissant de nombreux privilèges électoraux et sociaux sous les Habsbourg, étaient *kaisertreu*. Les Musulmans bosniaques, réunis dans des sortes de régiments coloniaux, étaient fiables. En revanche, les Italiens et le reste des Slaves, particulièrement les Tchèques et les Serbes, perdirent vite l'enthousiasme de la mobilisation [30]. Une fois que la guerre cessa d'être une brève

* « Fidèle à l'empereur ».

aventure, l'armée devint pour eux « une prison des nations » dont les gardiens étaient les Allemands, supérieurs et omniprésents.

Ce destin apparaît bien triste pour une armée ayant joui d'une organisation pluriethnique réussie, et même appréciée, pendant l'essentiel du règne de François-Joseph. Commandés dans leurs propres langues, les régiments de l'armée impériale (fusiliers tyroliens, hussards hongrois, cavalerie légère dalmate) formaient un kaléidoscope de la diversité de l'empire. Ils ne connaissaient pas la discipline brutale de l'armée du Kaiser, portaient des uniformes attrayants, étaient bien nourris. Ils étaient les héritiers de traditions et de distinctions régimentaires remontant au siège de Vienne par les Turcs au XVIIe siècle, voire au-delà. Pendant trois ans, le passage sous les drapeaux procurait au jeune conscrit une alternative plaisante à la routine de l'atelier ou du travail de labour. Les manœuvres annuelles étaient l'occasion de vacances d'été appréciables [31]. Les anniversaires régimentaires, où les orchestres jouaient, le vin coulait et le colonel honoraire, un archiduc, un prince ou peut-être même l'empereur en personne venait en visite, étaient de joyeuses fêtes. Le retour au foyer, une fois le temps expiré, était synonyme de nouvelles célébrations et d'un statut d'adulte respecté. La réalité de la guerre n'était qu'une éventualité fort distante.

Cette réalité s'impose rapidement et cruellement sur le front des Carpates en août 1914. Au premier engagement, les Autrichiens dominent leur adversaire. Ils déploient trente-sept divisions d'infanterie, organisées de gauche à droite sur un front de quatre cents kilomètres en Ire, IVe et IIIe armées. Les deux flancs sont dotés de détachements, et un écran de dix divisions de cavalerie s'étale en avant. En face, les Russes avancent en arc de cercle. Leurs 4e, 3e et 8e armées comprennent au total cinquante-trois divisions d'infanterie et dix-huit de cavalerie. Malgré cette supériorité numérique, la réussite est du côté de Conrad. Le 23 août, il attaque. Son aile gauche tombe sur l'aile droite russe à Krasnik, juste de l'autre côté de la San en territoire russe [32]. La formation autrichienne de tête est la Ire armée, en grande partie composée de Slovaques de Presbourg (Bratislava) et de Polonais de Cracovie. Les Slovaques sont peu politisés et les Polonais antirusses. Tous catholiques, ils se battent avec acharnement pour un empereur de même confession dans une bataille de trois jours contre la 4e armée russe qui s'est avancée sans attendre ses réserves [33]. L'état-major général russe relève qu'à l'ouverture « la 18e division tombe sous un feu ennemi violent qui oblige les régiments de Riazan et de Riask à battre en retraite... alors que le 5e d'infanterie légère est quasiment encerclé [34] ». Les choses vont de mal en pis. Au 26 août, les Russes ont reculé de trente kilomètres vers Lublin (où Staline installera son gouvernement polonais fantoche en 1945). Ce même jour, la IVe armée autrichienne rencontre la 3e armée russe s'avançant à Komarov, non loin du Bug. Une fois encore, les Russes ont la malchance de tomber sur des unités ennemies conséquentes : le IIe corps autrichien, composé des régiments viennois parmi lesquels le *Hoch und Deutschmeister*, dont le colonel est toujours l'empereur en hommage à l'association de la dynastie avec le Grand Maître des chevaliers teutoniques ; le IXe corps, levé parmi les Allemands des Sudètes et le XVIe composé de Hongrois. On ne peut rassembler formation plus impériale. La victoire autrichienne est acquise après une semaine de lutte. Les Russes sont quasiment encerclés.

Peu à peu, l'insécurité géographique des positions autrichiennes commence à se faire jour. A l'est de Komarov, la frontière avec la Russie forme un virage serré pour continuer vers le sud-est en direction de la frontière avec la Roumanie, pays neutre. En apparence, ce flanc offert peut facilement se défendre car une succession de cours d'eau, le Bug, le Dniestr et ses affluents, les deux Lipas et la Wereszyca coulent derrière lui à trente ou quarante kilomètres d'intervalle. En outre, les sources du Bug sont protégées par la grande forteresse de Lemberg (Lvov), une seconde forteresse plus solide encore se dressant à Przemysl, non loin derrière. Sur un tel terrain, la IIIe armée autrichienne devrait pouvoir aisément opposer une solide résistance aux Russes : en effet, la IIe armée, opérant en Serbie, lui apporte à présent le soutien des divisions rattachées au groupe des Balkans. Par ailleurs, le cœur de l'armée elle-même est constitué du fameux XIVe corps d'Innsbruck, comprenant les quatre régiments des *Kaiserjäger* tyroliens et leurs bataillons de réserve des *Kaiserschützen*. Ces tireurs d'élite montagnards éprouvent une loyauté particulière envers l'empereur qui est le colonel en titre des quatre régiments. Cependant, la IIIe armée a été défavorisée par la décision de Conrad de lui confier un rôle « défensif actif », pendant que les Ire et IVe armées tentent d'encercler le flanc russe en Galicie occidentale. En conséquence, elle est déployée à l'intérieur du territoire autrichien, à quelque cent kilomètres derrière la frontière, sur la Gnilaïa Lipa. Elle aurait dû y être en sécurité si Brudermann, son commandant, n'en avait décidé autrement. Mais le 25 août, apprenant la présence de « cinq ou six divisions russes » à l'ouest de Ternopol, il décide de passer à l'attaque [35]. Ce même jour pourtant, il perd le XIVe corps, rappelé au nord auprès de la IIe armée. Par le jeu des transferts et des mouvements d'unités, son armée est à présent largement constituée de Roumains (XIIe corps), de Slovènes et d'Italiens (IIIe corps), ainsi que d'Ukrainiens de langue ruthène (XIe corps), plus proches des Russes que n'importe quelle autre nationalité au sein de l'empire des Habsbourg [36]. Non seulement ce mélange ethnique est presque le moins *kaisertreu* qui se puisse trouver dans l'armée de François-Joseph, mais encore la IIIe armée va se retrouver en totale infériorité numérique par rapport à la 3e armée russe à la rencontre de laquelle elle s'avance. Lorsque celle-ci a lieu, moins de 100 bataillons d'infanterie autrichiens, soutenus par 300 canons, tombent brutalement sur près de 200 bataillons russes, soutenus par 685 canons [37]. Au cours des trois jours de combat qui suivent dans la région accidentée située entre les deux Lipas, les Autrichiens subissent une première défaite à Zloczow, à seulement quarante kilomètres de Ternopol. Repoussés, ils battent en retraite dans la plus grande confusion, sinon dans la panique. Certaines unités défaites reculent même jusqu'à Lemberg.

Si les Russes avaient donné suite à leur victoire, les forces autrichiennes auraient été écrasées. Mais Ruzski, le général victorieux, n'en fait rien, et la IIIe armée de Brudermann va pouvoir se reconstituer. Pour surprenante qu'elle soit, cette situation a connu des précédents au cours des guerres antérieures. De chaque côté, on apprécie mal l'étendue de ce qui a été accompli. Ruzski pense n'avoir remporté qu'un « joli succès défensif » et marque une pause pour regrouper ses forces [38]. Conrad pense avoir remporté une grande victoire de l'autre côté du théâtre des opérations et estime le revers de la IIIe armée comme local et temporaire. S'il renforce Brudermann, il peut encore poursuivre le double enveloppement qui est la base de son plan de guerre.

Au 30 août, il a porté la force autrichienne faisant face à Ruzski à 150 bataillons, soutenus par 828 canons. Cette manœuvre n'a été possible qu'en faisant revenir l'essentiel du groupe des Balkans vers la IIe armée. Comme Ruzski ne bouge pas, Conrad pense que le moment est opportun pour reprendre l'offensive. Celle-ci reposera en grande partie sur la IIe armée qui se bat à la droite de la IIIe. Toutes deux vont former un groupe d'armées placé sous l'autorité de Eduard von Böhm-Ermolli, commandant victorieux de la IIe armée. Elle attaque à nouveau le 29 août entre les deux Lipas, avec des résultats encore plus désastreux que la première fois. La force russe qui lui est opposée dépasse maintenant les 350 bataillons, soutenus par 1 304 canons. Au cours de l'engagement qui s'ensuit, 20 000 Autrichiens sont capturés et des milliers d'autres sont tués ou blessés.

Malgré l'évidence de la déroute, Conrad persiste à croire en ses chances de l'emporter. Ses succès locaux sur l'aile gauche, le mouvement dilatoire des Russes sur la droite le persuadent qu'il peut laisser les IIe et IVe armées procéder à une retraite en profondeur derrière Lemberg. Il espère y attirer les Russes pour permettre ensuite à la IVe armée, descendant du nord, de prendre l'ennemi de flanc. La principale ligne de résistance doit être la Wereszyca, affluent du Dniestr qui coule vers le sud entre Lemberg et Przemysl. Conrad est en partie poussé à cette entreprise vouée à l'échec par le désir d'imiter la réussite de Hindenburg et Ludendorff en Prusse orientale. Deux autres facteurs entrent en ligne de compte : le succès apparent des armées allemandes à l'ouest, au moment où s'ouvre la bataille de la Marne, et l'impatience grandissante de ses alliés devant l'incapacité autrichienne à fournir sa part d'effort. Début septembre, le Kaiser Guillaume fait remarquer d'un ton acide au représentant de Conrad à l'OHL que « notre petite armée de Prusse orientale a attiré douze corps ennemis contre elle, en a détruit une moitié et s'est attaquée à l'autre... on ne peut exiger plus ». Certes, le Kaiser exagère, mais Conrad ne faisant face qu'à quinze corps tout au plus, la pique le touche au vif. Il est déterminé à conduire ses armées à la victoire, en dépit de leur épuisement [39].

Et, de fait, son plan manque de peu ses objectifs. Les Russes mettent du temps à poursuivre leur avancée après l'abandon de Lemberg, où ils n'entrent que le 3 septembre. Ce délai a permis à la IVe armée autrichienne, pourtant exténuée et diminuée par les pertes, d'avancer à travers le front de la 3e armée russe et de revenir sur la forteresse. Les IIIe et IIe armées remportent même un certain succès sur la position de la Wereszyca, retardant ainsi de quelques jours la fermeture du verrou russe sur le centre autrichien. L'imminence en devient de plus en plus évidente et les Russes le perçoivent : le 5 septembre, Alexeïev fait la communication suivante à Davidov : « L'effort vigoureux de l'Autriche pour briser nos dispositions [au nord de Lemberg] peut être considéré comme paralysé. Le moment d'annoncer notre contre-offensive est arrivé [40]. » Conrad persiste à négliger la menace. La IVe armée poursuit sa marche, mais le 6 septembre, à Rava Russka, à cinquante kilomètres au nord de Lemberg, elle doit combattre une partie de la 3e armée russe. Sa progression est stoppée.

L'effort de Conrad pour déborder une force plus puissante s'essayant elle-même à la même manœuvre menace de tourner à la catastrophe. Une énorme brèche s'est ouverte entre sa Ire armée, qui bataille toujours contre les Russes au nord, et ses trois autres armées, coincées derrière Lemberg. Il n'a pas de réserves propres, et l'envoi d'une formation allemande de réserve de troisième ligne n'aboutit qu'à des pertes supplémentaires. De leur côté, les Russes regroupent quotidiennement des renforts, dont la 9e armée, rassemblée près de Varsovie. Ils tiennent leurs mâchoires ouvertes, prêtes à se refermer sur les IVe, IIIe et IIe armées autrichiennes. Seize corps russes font maintenant face à onze corps autrichiens, massés pour la plupart dans une poche étroite que l'ennemi domine des deux côtés. Au nord, la Ire armée subit un assaut auquel elle est incapable de résister du fait de sa position isolée. Les efforts des troupes alpines du XIVe corps, qui tente de réunir les deux moitiés du front autrichien, ne permettent pas de la dégager. Conrad appelle les Allemands à la rescousse. La réponse du Kaiser est lapidaire : « Vous ne pouvez quand même pas demander [à Hindenburg et Ludendorff] plus qu'[ils n']ont déjà accompli [41]. » Le chef d'état-major autrichien lance alors les IIe et IIIe armées dans une nouvelle offensive sur la Wereszyca. Quand elle échoue, avec la cavalerie russe s'infiltrant sur son front et menaçant ses arrières, Conrad n'a d'autre recours que d'ordonner la retraite générale. Dans un premier temps dirigée vers la San, celle-ci se poursuit ensuite vers le Dunajec. Cet affluent de la

Vistule est distant de cinquante kilomètres seulement de Cracovie, capitale de la Pologne et plus grande ville de l'Europe de l'Est catholique entre Vienne et Varsovie. Przemysl, l'énorme forteresse veillant sur les espaces de la chaîne des Carpates où la San et le Dniestr prennent leur source pour ensuite descendre vers la plaine polonaise, a été abandonnée. Sa garnison de 150 000 soldats est encerclée derrière les lignes russes. L'ennemi occupe le territoire autrichien sur une profondeur de 240 kilomètres. L'Autriche-Hongrie a perdu 400 000 hommes sur les 1 800 000 mobilisés, dont 300 000 sont prisonniers [42]. Parmi les pertes les plus sévères figurent celles subies par le XIVe corps tyrolien, constitué des quatre régiments de *Kaiserjäger* auxquels l'empereur tient tant, de leurs réservistes des *Kaiserschützen*, du VIe régiment des chasseurs à cheval et des batteries d'artillerie de montagne [43]. Sur les 50 000 hommes que compte ce corps, on ne dénombre pas moins de 40 000 tués et blessés, perte qui prive l'armée autrichienne de ses troupes les plus braves, les plus expérimentées, qui ne seront jamais remplacées [44]. Au cours de l'effort crucial visant à maintenir la cohésion du front, et pendant la bataille culminante qui s'est déroulée autour de Lemberg, elles ont payé le plus lourd tribut.

LA GUERRE À L'EST

La nature de ces batailles titanesques menées sur le front de l'Est est difficile à se représenter à l'échelle humaine. L'armée russe, composée à 80 pour cent de paysans, illettrés pour la plupart, n'a laissé aucune littérature comparable à celle connue sur le front de l'Ouest. « Les souvenirs personnels sont très rares. Personne ne les a rassemblés. » En l'absence de copistes, la voix du soldat-paysan russe n'a pu nous parvenir [45]. Bien qu'étant mieux éduqués, les Autrichiens n'ont guère plus produit de souvenirs, probablement parce que les expériences personnelles ont été moins importantes que le bouleversement provoqué par l'effondrement de l'empire des Habsbourg. Des intellectuels et des artistes (Wittgenstein, Rilke, Kokoschka) ont laissé des lettres, des journaux intimes et au moins un roman classique, *Le Brave*

Soldat Chveik, de Hasek. Mais ces mémoires restent isolés, et ce roman ne doit pas être considéré comme représentatif de l'attitude des soldats austro-hongrois. On peut entrevoir le calvaire de l'armée impériale devant les plaques commémoratives des régiments figurant dans les églises viennoises. Elles sont encore aujourd'hui décorées de rubans et de couronnes aux dates anniversaires. Mais pour l'essentiel, l'expérience des armées du tsar et du Kaiser au cours des vastes campagnes de mouvement de 1914 n'est pas restée dans les mémoires. Peut-elle être seulement reconstituée ?

Les photographies y aident, y compris celles datant de manœuvres d'avant-guerre. Mais les images plus rares du temps de guerre ont davantage de valeur [46]. Toutes montrent des hommes formant des rangs massifs, souvent épaule contre épaule. Peut-être cherchent-ils, comme le dit l'expression allemande, « le contact du tissu », une façon pour les hommes de trouver du courage combat. De longues baïonnettes sont fixées aux fusils. Gibernes et attirails gênent leurs mouvements, et ils flottent dans leurs tenues de tissu grossier n'offrant aucune protection contre les balles. D'ici à quelques mois, la plupart des armées auront adopté le casque en fer, premier retour à l'armure depuis sa disparition au XVIIe siècle. Les premiers mois de la Première Guerre mondiale marquent la fin de deux cents ans d'un certain style de combat d'infanterie qui enseignait que les manœuvres et la discipline sont la meilleure défense contre les obus, malgré la conception de plus en plus élaborée de ces derniers. Ces photographies démontrent une grande désobéissance aux règles tactiques qui, dans toutes les armées, fixent les modalités de dispersion. Dans l'armée russe, le règlement de 1912 établit que l'unité de base, le peloton de cinquante hommes, doit s'étaler sur plus de cent pas, soit un mètre entre chaque soldat [47]. Dans le même temps, il prescrit un front d'attaque de cinq cents mètres pour un bataillon, ce qui signifie qu'un commandant doit le disposer en quatre lignes de quatre pelotons chacune. Comme les hommes placés en avant masqueraient alors le feu de ceux situés à l'arrière, on comprend que les règlements n'aient pas toujours été respectés et que l'essentiel des bataillons se soit regroupé en une seule ligne de front. De telles pratiques obéissent, sinon à la lettre, du moins à l'esprit des règlements. Ils requièrent de l'infanterie qu'elle obtienne une supériorité de feu grâce à une ligne de tirailleurs avancés permettant aux troupes de soutien de se ruer à l'assaut sur une distance d'environ cent mètres. La doctrine de l'armée autrichienne est identique [48]. Le règlement de 1911 stipule que les fantassins « sans le soutien des autres armes, et même en infériorité numérique, peuvent l'emporter dès l'instant où [ils] font preuve de fermeté et de bravoure ». Ce point de vue est répandu dans toutes les armées du continent, en Allemagne, en Autriche, en Russie de même qu'en France, la plus acquise à l'idéologique de l'offensive. Il s'appuie non seulement sur la doctrine, mais également sur une analyse de la nature des combats récents, en particulier ceux de la guerre russo-japonaise. Il est accepté partout que la nouvelle puissance de feu entraîne des taux de pertes élevés. Mais les milieux militaires estiment que la détermination à accepter ces pertes est la clé de la victoire [49].

Ainsi, à Tannenberg et à Lemberg, nous devons nous imaginer l'infanterie partant à l'assaut en rangs serrés. Les positions ennemies sont tenues par une infanterie elle-même très dense, mais placée derrière des défenses improvisées. L'artillerie de campagne, déployée à courte portée derrière la ligne de feu, envoie des salves en soutien. Dans l'armée russe, le règlement de 1912 prescrivait que le feu soit « délivré en salves courtes et rapides, les canons de campagne tirant au-dessus de l'infanterie en marche [50] ». Aucune armée ne connaît de procédures, et encore moins d'équipement, pour corriger le tir. Les téléphones sont rares (l'armée de Samsonov n'en a au total que vingt-cinq), et les lignes téléphoniques sont presque automatiquement coupées dès le début de l'engagement. La communication se fait en agitant les mains ou des drapeaux. Le tir d'artillerie est le plus souvent corrigé au jugé [51].

Les batailles de 1914 sur le front de l'Est ressemblent donc beaucoup à celles menées par Napoléon cent ans plus tôt, comme d'ailleurs celles de la campagne de la Marne, à la différence que l'infanterie tire couchée plutôt que debout et que les fronts s'étendent sur des distances cent fois plus importantes. La durée des batailles a également augmenté : d'une journée elles passent à une semaine, voire plus. Néanmoins, l'horreur reste la même : nombre vertigineux de victimes, aussi bien dans l'absolu que proportionnellement au nombre d'engagés, et résultats dramatiques. Après Borodino en 1812, bataille d'une durée et d'une intensité quasiment sans précédent, Napoléon avança de cent soixante kilomètres pour atteindre Moscou. Après Lemberg, Conrad fait une retraite de deux cent quarante kilomètres vers les environs de Cracovie.

LES BATAILLES POUR VARSOVIE

L'effondrement autrichien sur le front des Carpates entraîne l'une des premières grandes crises stratégiques de la guerre. Non seulement la partie hongroise de l'empire se trouvant derrière la chaîne montagneuse est menacée d'invasion — les généraux russes discutent même crânement entre eux de la prise de Budapest, capitale hongroise —, mais encore le cœur de l'Allemagne se retrouve soudainement sous la menace d'une poussée russe en Silésie, vers les grandes villes de Breslau et de Posen. La Prusse orientale n'est pas hors de danger, tandis qu'à l'extrémité sud du front, Broussilov, le meilleur des généraux russes, menace les cols des Carpates. Même Moltke, aussi usé qu'il puisse être par l'évidence de l'échec du plan Schlieffen, parvient à trouver le temps de détourner son attention de la bataille de l'Aisne pour la porter sur les affaires du front de l'Est. Le 15 septembre, jour qui précède son remplacement par Falkenhayn à la tête de l'état-major, il téléphone à Ludendorff et lui donne l'ordre de constituer une nouvelle armée dite « du Sud », ainsi dénommée car elle doit se concentrer au sud de la Prusse orientale, pour combler la brèche entre la VIIIe armée victorieuse et les Autrichiens en déroute. Autant alarmé que Moltke par l'aggravation de la situation, Ludendorff propose en retour que la nouvelle armée incorpore l'essentiel des troupes de la VIIIe armée, mais Moltke n'a plus l'énergie pour lui donner corps. En revanche, son successeur n'hésite pas. Le 16 septembre, aussi incisif d'esprit qu'il est imposant d'apparence, Falkenhayn annonce que l'essentiel de la VIIIe armée va quitter la Prusse orientale pour rejoindre la nouvelle armée, la IXe, dont Ludendorff sera chef d'état-major et Hindenburg commandant. Hoffmann, responsable opérationnel pendant la bataille de Tannenberg, les rejoint au même poste. Le 18 septembre,

Ludendorff rencontre Conrad, avec lequel il s'accorde sur un nouveau plan visant à parer au danger dans lequel se trouve le front austro-allemand. Au lieu d'attendre une offensive russe en Silésie, la Xe armée lancera une attaque à travers la Vistule et poussera jusqu'à Varsovie, centre russe des opérations sur le front polonais [52].

Cependant, les Russes ont leurs propres plans. Au cours du mois de septembre, ils en ont même trop, le commandement suprême — la *Stavka* — en ayant un, et les généraux commandant les fronts du Nord-Ouest et du Sud-Ouest en ayant d'autres. Les rapports de l'état-major général russe font état de « dissensions [entre eux], aboutissant à des directives différentes [53] ». Le front du Nord-Ouest, à présent sous le commandement de Ruzski, est, d'après les estimations de celui-ci, dangereusement exposé par suite des succès allemands en Prusse orientale. Il doit procéder à une longue retraite, pouvant même l'amener jusqu'au fleuve Niémen, à cent cinquante kilomètres à l'est des lacs Mazures. Au besoin, Varsovie elle-même doit être abandonnée. En revanche, le front du Sud-Ouest veut exploiter sa victoire vers l'ouest, en direction de Cracovie. La *Stavka* a une alternative radicale : l'essentiel de la force russe sur le front de l'Est doit se retirer, se concentrer autour de Varsovie et de la grande forteresse d'Ivangorod, en amont de la Vistule. L'objectif est de déclencher une offensive concertée vers la Silésie dans le but de porter la guerre directement en Allemagne.

Tous ces plans, mais plus particulièrement ceux de Ruzski et de la *Stavka*, sont typiques d'un certain style russe qui consiste à utiliser l'espace plutôt que la force comme moyen stratégique. Aucun général français ne songerait à céder le sol de sa patrie pour obtenir l'avantage militaire. De même, en Prusse orientale, les généraux allemands considèrent la défense de la frontière comme un devoir sacré. Les Russes habitant au contraire un empire s'étendant sur près de dix mille kilomètres depuis les terres arables de la Pologne occidentale jusqu'aux glaces du détroit de Béring, la perte de cent cinquante kilomètres ne représente qu'une bagatelle liée aux manœuvres militaires. Au cours de leurs guerres contre les Turcs, les Suédois, et surtout contre Napoléon, des provinces entières ont été perdues avant d'être récupérées lorsque la distance et la résistance des soldats-paysans sont venues à bout de l'envahisseur. 1914 ressemble en cela à 1812 : abandonner du terrain maintenant revient au final à le récupérer plus tard, et ce au désavantage de l'ennemi. Au 23 septembre, la *Stavka* a acquis la certitude que la IXe armée allemande se concentre en Silésie et avance vers Varsovie. Le grand-duc Nicolas, maintenant à la tête de la *Stavka*, décide en conséquence de rompre le combat avec la majeure partie de ses forces et d'attendre l'avancée allemande. Pendant ce temps, Broussilov restera menaçant à l'est des Carpates, tandis que la 10e armée montera une nouvelle offensive contre la Prusse orientale. Lorsque la IXe armée de Hindenburg et Ludendorff apparaîtra au centre, les 4e et 9e armées russes avanceront vers Varsovie pour s'opposer à elle. Dans le même temps, le reste de l'armée à disposition de la *Stavka*, soit les 2e, 5e et 1re armées, attaquera sur son flanc.

L'opération est titanesque, et le nombre de soldats engagés aussi important qu'à l'ouest. Mais l'espace et la latitude de mouvement y sont de loin bien plus importants que sur ce théâtre comparativement limité. Les Russes commencent à recevoir des renforts conséquents depuis les districts militaires de la lointaine Sibérie, et fin septembre parviennent avec succès et sans attirer l'attention de l'ennemi à transférer la plupart de leurs unités engagées dans les Carpates vers la région de Varsovie. Constatant une réduction de leur front, les Autrichiens s'avancent. Mais s'ils réussissent à soulager la garnison de Przemysl le 9 octobre, celle-ci ne tarde pas à être à nouveau encerclée, lorsque le plan de Ludendorff, les associant aux Allemands pour marcher sur Varsovie, se révèle mal conçu. La *Stavka* voit d'un bon œil sa 10e armée retourner au combat sur la frontière de la Prusse orientale. Lors de la bataille d'Augustov (29 septembre-5 octobre), son attaque est repoussée mais elle a causé quelques frayeurs à Hindenburg et Ludendorff : trop confiante après la victoire de Tannenberg, la VIIIe armée n'a pas pris la peine de retrancher ses positions, et les Russes obtiennent quelques succès tactiques avant d'être arrêtés.

Début octobre, quatre fronts se sont constitués à l'est. Du nord au sud : un front germano-russe sur la frontière est de la Prusse orientale, un front austro-germano-russe sur la Vistule, un front russo-autrichien sur la San, et enfin un front russo-autrichien dans les Carpates orientales. Le tout s'étend, de la Baltique à la frontière roumaine, sur près de huit cents kilomètres, avec toutefois un espace de cent cinquante kilomètres au nord, entre Varsovie et la Prusse orientale, protégé par un mince écran de cavalerie. Mais c'est au centre, là où la Vistule coule vers le nord d'Ivangorod à Varsovie, que se situe le point central de la véritable guerre de mouvement, la plus importante que l'Europe ait connue depuis la campagne d'Austerlitz. A cet endroit, deux offensives de débordement sont en cours : la IXe armée allemande descend le long de la rive Ouest de la Vistule, Hindenburg et Ludendorff croyant les Russes en infériorité numérique près de Varsovie et espérant les encercler par le nord. Pour leur part, les Russes s'apprêtent à traverser la Vistule depuis l'est, au sud d'Ivangorod, vers laquelle les Autrichiens se sont imprudemment avancés. Depuis cette ville, ils comptent remonter au-dessus de Varsovie et lancer leur propre offensive d'encerclement.

Si les Allemands disposaient de meilleurs moyens de déplacement que la marche à pied ou à cheval, ils pourraient mener leur manœuvre à bien : vingt-cinq ans plus tard, les maréchaux de Hitler auraient trouvé là les circonstances idéales pour un encerclement par des forces blindées. Mais les généraux du Kaiser ne disposent pas de tels moyens. Il y a pis : les Russes sont en supériorité numérique. De Varsovie à Przemysl, ils déploient cinquante-cinq divisions d'infanterie contre trente et une autrichiennes et treize allemandes [54]. Lorsque Ludendorff constate, le 18 octobre, que la IXe armée court à la défaite s'il continue à la pousser vers Varsovie, il décide de la retirer. Conrad, qui a suivi la retraite délibérée des Russes de Przemysl vers la San, est moins prudent. Le 22 octobre, il tente d'attaquer en direction d'Ivangorod. Défait, il bat en retraite le 26. Przemysl, avec sa garnison de cent cinquante mille hommes, se fait encercler pour la deuxième fois, alors que quarante mille soldats de la Ire armée autrichienne sont tués, blessés ou capturés. Les soldats de François-Joseph échouent près de Cracovie, où ils avaient été repoussés après leur défaite dans les batailles de Galicie en août. Les Allemands sont repoussés à seulement quatre-vingts kilomètres de Breslau en Silésie, près du point de départ de leur marche sur Varsovie.

LES BATAILLES HIVERNALES EN GALICIE ET DANS LES CARPATES

La bataille de Varsovie est une incontestable victoire de la *Stavka*. Même si elle n'a pas abouti à l'encerclement recherché, elle a fait la preuve de la supériorité de manœuvre des Russes et d'une utilisation stratégique de la déception. Malgré l'avantage supposé des Allemands dans les interceptions radio, c'est Ludendorff qui s'est fait surprendre par le redéploiement russe le long de la Vistule d'Ivangorod à Varsovie, effectué avec rapidité et discrétion. La question reste pour les Russes : que faire maintenant ? Pour la *Stavka*, cela ne fait aucun doute : reprendre l'offensive prévue et retardée par la poussée vers Varsovie de la IXe armée allemande. Le 2 novembre, elle établit une directive en conséquence [55]. L'arrivée continuelle de renforts en provenance des districts militaires de Sibérie, d'Asie centrale et du Caucase procure les ressources nécessaires. Le dispositif en place, la masse centrale, constituée des 2e et 5e armées, pressera vers l'avant, passant Breslau et Posen en direction de Berlin. Dans le même temps, les armées du Sud se lanceront également à l'offensive, entre Cracovie et Przemysl, dans le but de mettre définitivement hors de combat les forces autrichiennes présentes en Galicie et dans les Carpates [56].

Deux obstacles à ce plan existent, et ils sont particulièrement gênants dans la mesure où ils compromettent l'offensive centrale. Le premier concerne le doute existant sur les capacités des Russes à transporter leurs troupes suffisamment vite aux points de contact avec l'ennemi. Au cours de la manœuvre ayant vu ces mêmes troupes atteindre avec célérité Varsovie et Ivangorod en octobre, la *Stavka* avait pu utiliser le dense réseau ferroviaire du centre de la Pologne. Cependant, par mesure défensive, l'ouest de ce pays n'a pas été équipé de voies ferrées : il n'existe que quatre lignes Est-Ouest et seulement deux qui traversent la Vistule [57]. En outre, au cours de leur retraite de Varsovie le mois précédent, les Allemands ont détruit le réseau ferroviaire derrière eux sur une profondeur de cent cinquante kilomètres. Le second obstacle revêt un caractère davantage positif que négatif. Ludendorff prévoit également une reprise de l'offensive, mais cette fois à partir de bases situées plus en arrière que celle lancée en octobre. L'objectif reste le même, à savoir prendre les Russes de flanc dans les plaines de la Pologne occidentale et les couper de leur base de Varsovie. Ludendorff utilise la liaison ferroviaire restée intacte entre la Silésie et Thorn, la vieille forteresse se tenant sur la Vistule à l'endroit où celle-ci entre en Prusse occidentale. A la date du 10 novembre, il y a transféré l'ensemble de la IXe armée, désormais constituée de onze divisions. Les renforts ont été dépêchés en urgence du front de l'Ouest à la demande de Hindenburg, devenu le 1er novembre commandant en chef sur le front de l'Est [58].

La IXe armée lance son attaque le 11 novembre avec un soutien d'artillerie important. Elle frappe le 5e corps sibérien dont les positions sont trop étendues et dépourvues de fortifications. Une brèche de cinquante kilomètres est rapidement ouverte, et les Sibériens se retrouvent coupés de la 2e armée à laquelle leur corps appartient et dont l'avancée vers la frontière allemande est effective [59]. Bien qu'en infériorité numérique face aux Russes sur ce front (vingt-quatre divisions contre quinze), les Allemands ont l'avantage et tentent de l'exploiter. Ce n'est qu'au quatrième jour de leur offensive, parfois appelée la seconde bataille de Varsovie, que la *Stavka* se rend compte de l'ampleur de la crise. Elle ordonne alors un désengagement, lequel est effectué avec une grande efficacité. En deux jours de marche forcée, la 2e armée russe se replie sur la grande ville cotonnière de Lodz, centre ferroviaire où abondent les ressources. C'est maintenant au tour des Allemands d'être en situation délicate. Les forces de débordement russes apparaissent du nord et du sud, et trois divisions de réserve allemandes se retrouvent encerclées [60]. Elles ne sont dégagées qu'à grand-peine. Sûre de leur capture, la *Stavka* avait dépêché des trains à Lodz pour emporter leurs soldats en captivité.

La bataille de Lodz prend fin le 23 novembre sur un résultat incertain. Ludendorff parvient cependant à lui donner des allures de victoire. Cette manœuvre lui permet d'arracher à Falkenhayn quatre corps d'armée du front de l'Ouest pour les porter vers celui de l'Est : les IIe et IIIe corps d'active et les XIIe et XXIe corps de réserve vont venir constituer la Xe armée dans le secteur Nord. Un autre corps de réserve, le XXIVe, arrive de France pour se joindre aux Autrichiens dans le secteur Sud. Les renforts déployés au nord vont être mal employés. Au cours du mois de décembre, ils sont engagés dans une série d'assauts entraînant la chute de Lodz le 6 décembre, mais ils finissent par s'épuiser après une avancée de près de cinquante kilomètres vers la Ravka et la Bzura, petits affluents de la Vistule au sud-ouest de Varsovie. Pays de culture étendu et sans obstacles, le terrain y est excellent pour les opérations offensives. C'est là qu'en 1939 l'armée polonaise réalisera sa seule contre-attaque victorieuse face au Blitzkrieg hitlérien [61]. Il convient également à la défense, si les troupes s'enterrent, ce que les Russes savent très bien faire. Confrontés à leurs tranchées, les Allemands font de même, si bien que l'hiver voit l'immobilisation complète du secteur central du front de l'Est. Celui-ci restera gelé, tant militairement que physiquement, jusqu'au printemps suivant.

Au sud, l'arrivée des renforts allemands, en particulier de la 47e division du XXIVe corps de réserve, va apporter des résultats tout à fait différents. En dépit des revers et des terribles pertes subies, les Autrichiens se sont repris dans le cours du mois de novembre et ont lancé une série de contre-attaques autour de Cracovie. Il sont bientôt rejoints par l'aile droite de la IXe armée allemande, commandée par Hindenburg avant sa promotion et dont le commandement échoit désormais à Mackensen. Egalement renforcés par la IIe armée de Böhm-Ermolli en provenance des Carpates, les Autrichiens parviennent, au cours de combats confus et meurtriers, à gagner du terrain au nord de la Vistule, entre Cracovie et Czestochowa, la cité sainte du peuple polonais. Mais les armées russes du front du Sud-Ouest, soit les 2e, 5e, 4e, 9e, 3e et 11e armées, sont présentes en plus grand nombre et parviennent à faire venir des renforts. L'affrontement débute le 16 novembre, et après dix jours de combats, Conrad doit accepter la défaite et retirer ses troupes vers des positions plus proches de la frontière allemande que celles d'où il est parti. Au sud de Cracovie, la situation est encore plus grave. Comme des troupes sur le front des Carpates ont été prélevées pour l'offensive de Cracovie-Czestochowa, les cinq principaux cols traversant les montagnes se retrouvent exposés à une avancée russe. Le 20 novembre, Broussilov s'empare du col de Lupkow, et le 29, Boroevic, son opposant autrichien, se retrouve confronté à la possibilité d'une offensive ennemie contre Budapest.

Mais contre toute attente, la chance va sourire aux Autrichiens, en raison d'une judicieuse initiative prise à un moment où les circonstances matérielles désavantagent particulièrement l'ennemi. Se laissant aller, comme à son habitude, à l'indécision, le haut commandement russe va de surcroît favoriser l'initiative autrichienne. Le 29 novembre, le grand-duc Nicolas convoque Ruzski et Ivanov, les deux commandants de front, aux quartiers généraux de la *Stavka* à Siedlice pour planifier les opérations à venir. Les avis divergent, comme si souvent par le passé. Ruszki veut se retirer du front du Nord-Ouest, en raison des pertes subies à Lodz, vers Varsovie. Ivanov, en revanche, sentant une opportunité s'offrir suite aux dommages qu'il a causés aux Autrichiens sur la ligne Cracovie-Czestochowa, veut regrouper ses forces et repartir à l'attaque. « La route de Berlin passe par l'Autriche-Hongrie », affirme-t-il[62]. Son avis prime. Cependant, sa marge de manœuvre ne dépend pas de la permission du grand-duc mais de la disponibilité des ravitaillements et des renforts. Pas moins de 1 400 000 recrues ont été incorporées entre octobre et novembre, mais elles ne sont pas formées et beaucoup n'ont pas d'armes. Les munitions font cruellement défaut. Les usines russes n'ont pas encore atteint le niveau de production qu'elles auront en 1915 et — la mer Blanche étant fermée par les glaces, les mers Noire et Baltique par les navires ennemis —, les importations sont exclues. L'artillerie est rationnée à dix salves par canon et par jour.

Conrad frappe au moment même où ces circonstances prévalent. Il a senti un point faible à la jonction de la 3e armée russe, au sud de Cracovie, et de la 8e armée de Broussilov dans les Carpates. Entre les villes de Limanowa et Lapanow, un espace de près de trente kilomètres est sans défense. Il rassemble alors le meilleur des troupes dont il dispose : la 43e division allemande et le XIVe corps autrichien. La division allemande est encore fraîche, ce qui est loin d'être le cas du XIVe corps. Des milliers de ses fusiliers tyroliens ont été tués au cours des combats du mois de septembre près de Lemberg, et il a été difficile de combler les pertes. Néanmoins, lorsqu'ils frappent le 3 décembre, l'effet de surprise est du côté austro-hongrois. En quatre jours de combats, les Russes sont repoussés de soixante kilomètres. Le 10 décembre, les renforts commencent à apparaître, et l'attaque de Conrad est arrêtée. Elle a tout de même permis à Boroevic de mener l'offensive dans les Carpates et de s'assurer de nouvelles positions plus solides sur les versants de montagne les plus avancés. Cette bataille de Limanowa-Lapanow bloque non seulement le plan d'Ivanov de pousser au-delà de Cracovie vers l'Allemagne, mais elle porte encore atteinte aux visées russes d'une avancée sur Budapest. En conséquence de quoi, elle constitue une double victoire, ruinant la stratégie consistant à porter la guerre en l'Allemagne, comme celle d'une victoire indirecte sur elle à travers l'écrasement de l'Autriche-Hongrie.

Mais cette victoire de Limanowa-Lapanow n'est qu'un dernier sursaut. L'armée impériale et royale n'entreprendra plus jamais d'opération décisive ni n'obtiendra de victoire qu'un commandant autrichien pourra pleinement et personnellement revendiquer. Par la suite, que ce soit dans les conflits avec la Russie ou dans la guerre avec l'Italie, ses victoires (Gorlice, Caporetto) ne seront remportées qu'avec l'aide des Allemands et sous leur commandement. Et, de fait, la victoire de l'armée autrichienne à Limanowa doit beaucoup au renfort des troupes allemandes. Dès lors, elle ne combattra plus que comme subalterne de l'armée allemande avec des défaillances allant par ailleurs croissantes. Cela est dû à la fois à son entrée dans le conflit avec des effectifs insuffisants pour mener une guerre de masse et à des pertes subies sans rapport avec les effectifs mobilisés. En décembre, toutes les armées accusent des pertes tout bonnement inimaginables en juillet 1914. L'armée russe est passée de 3 500 000 hommes à la mobilisation à deux millions. Mais elle dispose sans doute d'au moins dix millions de conscrits pouvant être appelés sous les drapeaux [63]. En revanche, l'Autriche-Hongrie a perdu 1 268 000 hommes sur 3 500 000 mobilisés mais n'a en réserve qu'un tiers de ce total pour les remplacer, le chiffre officiel étant de 1 916 000 [64]. En outre, nombreux sont ceux servant l'empire à contrecœur et qui en feront de plus en plus la démonstration à mesure que la guerre va se prolonger. Avant la fin de 1914, les vaillants montagnards du Tyrol et du Vorarlberg ont épuisé leurs capacités offensives. Les Allemands d'Autriche ont également énormément souffert, de même que les belliqueux Magyares du royaume de Hongrie. Les Slaves de l'empire vont se révéler de moins en moins fiables. Le tout premier revers en Serbie a ainsi été en partie imputé au manque d'enthousiasme du VIIe corps et de sa 21e division, presque exclusivement tchèque. Au cours du combat avec les Russes, on soupçonne les Tchèques du IXe corps d'être massivement passés à l'ennemi. La résistance de l'armée est aussi minée par les très lourdes pertes déjà subies par ses officiers de métier et ses sous-officiers chevronnés. Elle est sur le point de ne plus être que ce que l'histoire officielle autrichienne appelle elle-même « une armée de *Landsturm* * et de milice ».

Ce que cela présage va bientôt se révéler lorsque, un mois après Limanowa-Lapanow, Conrad tente de renouveler le succès plus à l'est dans les Carpates. Les Allemands préparent dans le même temps leur propre offensive en Mazurie visant à écraser définitivement la menace russe sur la Prusse orientale, et lui prêtent trois divisions, la 3e de la Garde, la 48e de réserve et la 5e de cavalerie. Le plan consiste à attaquer sur les basses Beskides, où les formations allemandes doivent percer, puis s'écarter dans les deux directions assistées par les divisions autrichiennes sur les flancs. Les conditions sont défavorables : les Beskides s'élèvent à 2 600 mètres, sont recouvertes d'une neige épaisse en hiver, et peu de routes les parcourent. En outre, les Allemands sont mal équipés pour les opérations de montagne. Il n'y a donc rien d'étonnant à ce que l'offensive, lancée le 23 janvier, ne rencontre que peu de succès. Ce qui en revanche est surprenant, c'est la progression des Autrichiens. Lors de la bataille de Kolomea, ils obligent les Russes à descendre les flancs est des Carpates et atteignent Czernowitz, à la jonction des frontières autrichienne, russe et roumaine. Mais les gains de terrain sont minces, et la reprise de l'offensive le 27 février ne mène à rien de concluant. Les Autrichiens perdent plus de 90 000 hommes dans ces opérations, sans que les Russes se soient montrés particulièrement efficaces [65]. En mars, ils contre-attaquent dès qu'ils en ont l'occasion, contre un ennemi épuisé par la rudesse des éléments et l'inutilité de ses efforts. Le général von Kralowitz, chef d'état-major du Xe corps autrichien, rapporte que « les hommes sont déjà éreintés et sans défense... Chaque jour, des centaines d'entre eux meurent de froid. Les blessés qui ne peuvent se replier seuls sont condamnés à mourir... on ne peut lutter contre l'apathie et l'indifférence qui se sont emparées des hommes [66]. »

L'échec de ces contre-offensives hivernales dans les Carpates fait sombrer le moral de l'énorme garnison autrichienne de Przemysl, encerclée depuis le mois d'octobre. Sa délivrance était

* C'est-à-dire deuxième ligne.

un des objectifs principaux de l'opération du mois de janvier. Lorsque celle-ci et sa réplique de février échouent, le commandant de la forteresse, après avoir tenté une sortie qu'un officier britannique détaché auprès des Russes qualifiera de « parodique », détruit toutes les fortifications que les bombardements russes n'ont pas entamées, son artillerie et ses munitions, brûle ses ravitaillements et, le 22 mars, se rend [67]. Deux mille cinq cents officiers et 117 000 soldats partent en captivité [68]. Les officiers, que l'observateur britannique décrit comme « ayant l'air bien portants et bien nourris », en souffrent peu dans un premier temps : un dessinateur de l'*Illustrated London News* les dépeint dans les cafés de la ville aux côtés des conquérants, assis à des tables certes séparées mais échangeant des saluts à chaque arrivée et à chaque départ, à l'image du protocole de guerre du XVIIIe siècle [69].

En Mazurie, ni les Russes ni les Allemands ne sont d'humeur à échanger des civilités. La 10e armée russe y occupe toujours la bande de Prusse orientale prise au cours de la bataille d'Augustov fin septembre, et les Allemands sont déterminés à la reprendre. Cependant, leur plan comporte plus que l'espoir d'un succès local : il a deux objectifs plus ambitieux. Le premier est d'encercler la 10e armée russe entre la Mazurie et la forêt d'Augustov, dernière forêt vierge d'Europe. Le second est un encerclement plus large encore de l'ensemble des forces russes en Pologne, mené conjointement avec l'offensive des Autrichiens dans les Carpates. Falkenhayn n'a désiré aucune de ces opérations, toutes deux exigeant des renforts qu'il préfère économiser pour le front de l'Ouest. Mais il est dépassé par Hindenburg. Bien qu'étant son subordonné, celui-ci accède directement au Kaiser depuis son triomphe de Tannenberg. Les troupes sont pourtant levées, en grande partie grâce aux capacités supérieures de l'armée allemande de créer de nouvelles formations à partir de ses structures existantes. Là où les Russes et les Autrichiens compensent les pertes de leur mieux avec des recrues souvent sans formation, les Allemands subdivisent leurs divisions de première ligne, promeuvent des formations de deuxième ligne et organisent de nouvelles divisions à partir des réserves et des nouvelles classes de conscrits. De cette manière, durant le mois de novembre 1914, ils créent huit nouvelles divisions pour le front de l'Est à partir des bataillons de remplacement des districts militaires, numérotés de 75 à 82. Bien que ne disposant que de neuf bataillons d'infanterie au lieu des douze réglementaires, ces nouvelles divisions bénéficient d'une dotation en artillerie similaire. Elles annoncent en fait l'organisation à neuf bataillons qui, plus tard au cours de la guerre, va devenir la norme [70].

La « bataille hivernale de Mazurie », avec les 75ᵉ, 76ᵉ, 77ᵉ, 78ᵉ, 79ᵉ et 80ᵉ divisions en avant-garde, débute le 9 février 1915. Deux armées, l'ancienne VIIIᵉ armée, victorieuse à Tannenberg, et la nouvelle Xᵉ armée, attaquent du nord et du sud de la ceinture des lacs. Elles percent dans des conditions climatiques épouvantables (neige, brouillard et froid mordant) pour rapidement menacer les Russes d'encerclement. Les retranchements de l'infanterie russe sont sommaires, et, comme c'est souvent le cas, les fantassins sont mal soutenus par des commandants d'artillerie plus préoccupés de sauver leurs canons que de faire corps avec l'infanterie qui se fait progressivement encercler [71]. Le service de renseignements russe est médiocre, sous-estimant largement la force des Allemands. Le haut commandement, qui a laissé la 10ᵉ armée isolée et sans ravitaillement, assure avec suffisance à Sievers, son commandant, que la 12ᵉ armée, pourtant loin au sud de sa position, va lui venir en aide. Sievers a prévenu, avant le déclenchement de la tempête, que « rien n'empêchera [son armée] d'être exposée au même sort que [celle de Rennenkampf] en septembre [72] ». Ses supérieurs n'en tiennent pas compte, de sorte que, à la date du 16 février, la menace d'un nouveau Tannenberg se profile. Le 20ᵉ corps de Boulgakov se retrouve acculé dans un secteur de plus en plus restreint de la forêt d'Augustov. Les attaques qu'il subit sont si féroces que parmi les principales victimes figurent les tout derniers troupeaux d'aurochs, les derniers bisons sauvages d'Europe [73]. La tenaille allemande se referme le 21 février, jour où Boulgakov et ses 12 000 hommes font leur reddition. Les Allemands affirment en capturer 90 000, mais la majorité des soldats de la 10ᵉ armée qui n'ont pas été tués ou blessés dans le combat se sont en fait échappés à travers la forêt. Il n'y a pas eu de second Tannenberg, mais la Prusse orientale a été libérée du danger d'une invasion russe pour de bon, pour la présente guerre tout au moins.

La bataille hivernale des Carpates ne laisse pas entrevoir un résultat aussi clair et net. Dans la continuité des efforts fournis à

Limanowa en décembre puis dans la chaîne des Beskides en janvier, les Autrichiens et les troupes allemandes qui leur sont adjointes renouvellent l'attaque en février. La réaction russe est énergique et inattendue. Conrad, le chef d'état-major autrichien, lance l'offensive avec deux objectifs parallèles : alléger la pression pesant sur la garnison encerclée de Przemysl, et remporter un succès qui dissuaderait l'Italie, enhardie par les revers autrichiens, d'entrer en guerre auprès des Alliés. Les conditions géographiques et climatiques dans les Carpates infligent des souffrances terribles aux soldats de Conrad qui meurent de froid et de faim dans les vallées escarpées et les forêts. Les formations russes sont moins touchées. Elles comprennent un corps de Finlandais qui sont peut-être les soldats les plus résistants d'Europe. Les Russes répondent à l'attaque des Autrichiens par une contre-offensive à la fin du mois de mars. Malgré le secours de trois divisions allemandes, la 4e, la 28e de réserve et la 35e de réserve, Conrad est bousculé. Au début d'avril, les Russes dominent le front des Carpates. En dépit de pertes atteignant dans l'ensemble de leur armée presque deux millions d'hommes depuis le début de la guerre, ils envisagent à nouveau une percée au-delà des crêtes de la plaine hongroise. Celle-ci apporterait des résultats décisifs pour l'ensemble de la campagne à l'est dès le retour du printemps. Les Autrichiens, dont les pertes dans les trois premiers mois de 1915 ajoutent 800 000 victimes aux 1 200 000 de 1914, sont à bout de force [74]. L'empire des Habsbourg se retrouve face à une crise aiguë nécessitant l'aide massive des Allemands, quel qu'en soit le prix à payer en matière de dépendance politique et d'honneur national.

6

L'IMPASSE

L'épuisement, plus rapide à l'ouest qu'à l'est, de toutes les armées au cours de l'hiver 1914 fait apparaître au printemps 1915 de nouvelles frontières en Europe. Elles diffèrent radicalement de celles d'avant-guerre, vagues et poreuses. Il était alors possible de les traverser sans passeport aux rares postes de douanes, et sans aucune formalité ailleurs. La nouvelle frontière fait penser au *limes* des légions romaines, cette barrière de fortifications séparant un vaste empire militaire du monde extérieur. Il est vrai que rien de semblable n'a été observé en Europe depuis Rome, ni sous Charlemagne, ni sous Louis XIV, ni même sous Napoléon, et rien ne le sera avant l'avènement de la guerre froide, trente ans plus tard.

Cependant, contrairement au *limes* et au rideau de fer, cette nouvelle ligne démarque une frontière qui n'est ni sociale ni idéologique. Ce n'est qu'une simple ligne de fortification, aussi bien défensive qu'offensive, séparant les puissances en guerre. De telles fortifications ont déjà été édifiées par le passé, notamment en Virginie et dans le Maryland lors de la guerre de Sécession, au Portugal par Wellington pendant la guerre d'Espagne, à Chatalia près d'Istanbul au cours de la guerre des Balkans, mais également par les tsars dans la Steppe (les lignes Cherta) aux XVIIe et XVIIIe siècles. Mais aucune n'est comparable en longueur, en profondeur ou en complexité à la nouvelle frontière européenne de 1915. De Memel, sur la mer Baltique, à Czernowitz dans les Carpates, et de Nieuport, en Belgique, à la frontière suisse près de Fribourg, la ligne de front s'étend sur près de deux mille kilomètres. Les barbelés, invention des propriétaires de ranchs américains dans les années 1870, ont commencé, dès le printemps, à faire leur apparition de manière à former un espace infranchissable entre les tranchées opposées. Des abris souterrains, dits « tranchées-abris », et des lignes de soutien et de réserve à l'arrière du front apparaissent également. La nouvelle frontière n'est pour l'essentiel qu'un fossé, creusé assez profondément pour pouvoir abriter des hommes et suffisamment étroit pour représenter une cible difficile pour le feu d'artillerie. Elle est par endroits tracée en quinconces pour dévier les explosions, les éclats et les shrapnels, ainsi que pour empêcher les attaquants pénétrant dans une tranchée de massacrer ses occupants par un tir en enfilade. Sur un sol humide ou pierreux, les tranchées sont peu profondes, cachées derrière des parapets de terre, renforcés la plupart du temps par des sacs de sable. Plus le sol est sec et malléable, moins il y a besoin de « revêtements » de consolidation, en bois ou de clayonnage, le long des murs intérieurs, et plus les tranchées-abris sont profondes. Au début, celles-ci ne sont que de simples niches sur le côté de la tranchée. Creusées dos à l'ennemi pour protéger l'entrée des éclats d'obus, elles deviennent vite de profonds abris auxquels on accède par des escaliers. Les *Stollen*, profonds de dix mètres voire plus, que les Allemands creusent dans la craie de l'Artois et de la Somme, résisteront aux bombardements les plus violents.

Il n'y a pourtant pas de système de tranchée standard. Leur aspect varie d'un endroit à l'autre, d'un front à l'autre, en fonction de la nature du terrain, de la densité de troupes sur un espace donné (élevée à l'ouest, faible à l'est), de la doctrine tactique et des circonstances ayant conduit la ligne à s'installer précisément où elle se trouve. Au printemps 1915, l'espace séparant les lignes de front des adversaires, appelé *no man's land*, peut atteindre trois à quatre mille mètres sur le front de l'Est. Entre Gorlice et Tarnow, au sud de Cracovie, où va bientôt se dérouler une grande percée austro-allemande, « il n'y a que de minces fossés mal reliés derrière une ou deux rangées de barbelés, et les communications vers l'arrière sont souvent transmises à terrain découvert... Il n'y a quasiment aucune position de réserve non plus [1]. » A l'ouest, en revanche, le no man's land a habituellement deux ou trois cents mètres de large, parfois moins : à certains endroits, il n'en fait que vingt-cinq. D'intenses combats de tranchées peuvent même aboutir à l'instauration d'une barrière de barbelés « internationale », entretenue par les deux côtés. Les barbelés ont commencé à abonder au printemps 1915, mais les enchevêtrements attachés à des poteaux de bois, puis plus tard à des piquets à vis pouvant être fixés sans de bruyants coups de marteau, demeurent peu profonds. Les ceintures de cinquante mètres de profondeur ne se développeront qu'au cours des années suivantes. A l'arrière de la ligne de front, les Britanniques prennent l'habitude de creuser une ligne de « soutien », séparée de la première de deux cents mètres, et la plupart du temps une ligne « de réserve » plus grossière, quatre cents mètres en amont de la deuxième. Pour relier ces lignes, des tranchées « de communication » sont établies, également en quinconce, ce qui permet aux services de secours et au ravitaillement d'être constamment couverts pour atteindre le front. D'un point de vue schématique, cette disposition aurait paru familière à n'importe quel ingénieur de siège du XVIIIe siècle, avec ses parallèles reliées par des sapes [2]. Mais la bonne ordonnance théorique ne tarde pas à disparaître à mesure que les tranchées sont abandonnées parce qu'envahies par les eaux, exposées à la vue de l'ennemi ou perdues et occupées au cours des combats. On ne cesse d'en construire de nouvelles afin d'améliorer la ligne de front ou pour compenser les portions perdues : les boyaux de communication ou de soutien deviennent alors de nouvelles lignes de front, une avancée réussie laissant derrière elle tout un système de tranchées, qui sera peut-être repris si l'avantage change de camp. Comme le révéleront bientôt les premières photographies aériennes, le front de l'Ouest devient rapidement un dédale d'impasses et de tranchées se ressemblant toutes, dans lesquelles les soldats, et même parfois des unités entières, se perdent facilement. A la relève, des guides connaissant la topographie des tranchées sont obligés d'accompagner les nouvelles unités lorsqu'un bataillon doit se substituer à un autre. Désormais indispensables, des panneaux indicateurs indiquent les tranchées les plus stables ainsi que les ruines des anciennes habitations. Dans le saillant d'Ypres, au cours de l'hiver 1914-1915, il existe toujours des traces de constructions que les *tommies* baptisent *Tram Car Cottage*, *Battersea Farm*, *Beggars Rest*, *Apple Villa*, *White Horse Cellars*, *Kansas Cross* ou *Doll's House* [3].

Dépêchés à Ypres en octobre 1914 pour combler une brèche, les Britanniques se sont enterrés partout et du mieux possible. Les trous de combat, qu'un homme seul peut creuser au rythme d'un mètre cube de terre déplacé en trois minutes, soit suffisamment pour lui faire un abri en une demi-heure, deviennent des tranchées lorsqu'ils sont reliés entre eux [4]. Le plus souvent, l'abri est dans un premier temps constitué à partir d'un fossé ou d'une rigole déjà existante. A mesure qu'on l'approfondit ou que la pluie tombe, ces refuges naturels se remplissent d'eau et ne sont habitables qu'au prix d'un énorme travail. Il arrive qu'ils ne le soient plus du tout, comme le découvre le 2e fusiliers du *Royal Welsh* au sud d'Ypres en octobre 1914.

> Les routes et de nombreux champs sont bordés par de profonds fossés... le sol est surtout argileux, et sablonneux... Les commandants de la compagnie mirent leurs hommes à creuser derrière des détachements de couverture (protégeant le front des Allemands en face)... [Les compagnies] C et D creusèrent section par section des tranchées à traverses réglementaires. [La compagnie] A creusa par pelotons... La compagnie B creusa une tranchée de soutien... et y laissa un peloton en poste. Les trois autres pelotons se rendirent à un fossé asséché bordé de saules derrière Cellar Farm... et y apportèrent des améliorations à l'aide de leurs outils de tranchée [5].

En décembre, sur un secteur proche, ils s'emparent d'une zone identique.

> Pendant vingt-quatre heures, c'était « de la pluie, de la pluie et encore de la pluie ». Les inondations hivernales étaient arrivées, le fossé s'avéra être un ruisseau qui donnait sur la rivière. C'était l'un de ces nombreux canaux sur ces terres basses qui en sont pleines. Le parapet s'effondra à gauche et à droite. La tranchée-fossé se remplit d'un rapide courant et dut être abandonnée sur-le-champ.

Avec l'aide des *Royal Engineers*, et utilisant le bois provenant d'une scierie avoisinante, la tranchée est finalement restaurée et construite au-dessus du niveau de l'eau.

> [Le bois] dut être fixé dans une masse mouvante de boue... par des hommes travaillant dans soixante centimètres... d'eau, à portée de voix de l'ennemi... Il fallut deux semaines de travaux acharnés pour obtenir une tranchée sèche conçue sur un sol dépassant le niveau habituel d'inondation... En 1917, elle restait toujours la tranchée la plus sèche du secteur [6].

La longévité de cette tranchée fait exception. Le front de l'Ouest a beau devenir statique, peu de bandes de terrain gardent leur état d'origine entre 1914 et 1917. L'expérience des fusiliers en janvier 1915 dans une position près de la Lys, au sud d'Ypres, explique pourquoi :

> La Lys continuait à monter, il fut donc décidé de laisser les tranchées et de construire un parapet. Les travaux ont commencé aujourd'hui [25 janvier]... Sur un sol où l'eau était si proche de la surface, il était souvent difficile de trouver du terreau suffisamment solide pour remplir les sacs de sable, et donc, au cours des semaines suivantes, le bataillon travailla dur pour construire des parapets à partir de boue liquide. Les structures en bois du parapet étaient faites par sections par les [*Royal*] *Engineers*. Ces sections, claies faites de petit bois, plaques de tôle ondulée et innombrables sacs de sable, les détachements de transport de nuit devaient se les coltiner... Sur la gauche du bataillon, on trouva une ouverture par laquelle presque toute la tranchée pouvait être asséchée, et donc être occupée... Tandis que les parapets et la tranchée se construisaient, les sections des barbelés de la compagnie rivalisaient de travail... au bout d'un certain temps, des ceintures de barbelés situées à quelques mètres, fixées sur des poteaux, parcouraient tout le front. Jusqu'à son achèvement, qui prit des semaines, la ligne resta isolée. Pour franchir un front de compagnie, il fallait par endroits traverser au pas de course ou sauter par-dessus, pour échapper aux tireurs allemands, à qui l'on doit la plupart des victimes des premiers mois de l'année [7].

Peu à peu, des bataillons comme celui du 2e fusiliers du *Royal Welsh* transforment le secteur britannique du front en une ligne défendable et presque habitable. En se retirant de la Marne sur un terrain soigneusement choisi, les Allemands évitent les secteurs humides, situés en contrebas et facilement observables, qu'ils laissent à leurs ennemis. Leur stratégie de retranchement s'est rapidement mise en place, comme le rapportent les troupes françaises lancées à leur poursuite et arrêtées par séquence à mesure qu'elles s'avancent depuis la Marne. Le 13 septembre, dans le rapport du soir qu'il fait parvenir à Joffre au GQG, Franchet d'Esperey signale que la 5e armée est tombée sur un nouveau phénomène, un système organisé de tranchées s'étendant au-delà de Reims, de part et d'autre de la ville. Il précise que ses avant-gardes ne peuvent ni le contourner ni le pénétrer. Dans les jours qui suivent, chacun des autres commandants d'armée fait parvenir de semblables rapports. Le 15 septembre, Foch signale pour la 9e armée qu'il a été arrêté par une ligne retranchée s'étendant vers l'est depuis le flanc de la 5e armée. Le 16 septembre, Sarrail, commandant la 3e armée, signale que celle-ci est en contact continu avec l'ennemi qui a « encerclé Verdun d'un réseau de tranchées ». Un assaut d'infanterie ne lui semble pas pouvoir en venir à bout. Sur sa droite, Castelnau découvre le même jour que sa 6e armée se trouve face à une ligne continue de tranchées qu'il lui est impossible de déborder. Le 17 septembre, Dubail, commandant la 1re armée, rapporte que son front est traversé par une ligne similaire établie par des ouvriers que les Allemands ont réquisitionnés parmi la population locale [8]. Ainsi, de Reims à la frontière suisse, les Allemands ont déjà réussi à exécuter l'ordre du 10 septembre de Moltke de « se retrancher et de tenir » les positions atteintes après la retraite de la Marne. De l'Aisne à la Manche, une ligne de tranchées a été creusée par à-coups à mesure que les mouvements de débordements successifs échouent. La « course à la mer » s'achève par des travaux d'approfondissement des fossés, d'assèchement et de bricolage de fortune, comme le décrivent les officiers du 2e fusiliers du *Royal Welch*. Ils se trouvent désormais tous sous le feu d'un ennemi retranché en hauteur et au sec, sur les crêtes dominant Ypres et ses environs.

Les Britanniques ont cependant l'expérience récente d'une guerre en Afrique du Sud où les Boers leur ont donné d'importantes leçons. Ils savent depuis qu'il est préférable de complexifier tout système de tranchées, compensant ainsi l'infériorité de leurs positions dans les Flandres en doublant ou triplant leur première ligne. Ils entendent ainsi se prémunir aussi bien des assauts d'infanterie soudains que des dommages causés par l'artillerie. Les Allemands, qui ont effectué leurs derniers travaux de siège lors de l'encerclement de Paris en 1871 et dont les connaissances de la guerre de tranchée dérivent de l'étude de la guerre russo-japonaise, ont une tout autre doctrine. Dans deux instructions datant des 7 et 25 janvier, Falkenhayn ordonne que les armées de l'Ouest fortifient le front avec une force suffisante pour s'assurer qu'il puisse être défendu par de petits effectifs contre des attaques de forces supérieures en nombre, et ce pendant une longue période [9]. L'insistance de Falkenhayn sur ce point est due à son besoin de plus en plus pressant de trouver des renforts en France et en Belgique pour sa campagne de l'Est. Les combats en Mazurie et sur la Vistule, ajoutés à la nécessité de soutenir les Autrichiens en Galicie, absorbent des effectifs toujours croissants. Il a déjà envoyé sur place treize divisions, sans compter les formations levées localement, et sept autres les rejoindront avant la stabilisation du front. Celles qui sont transférées comptent de surcroît parmi les meilleures dont il dispose : la 3e division de la Garde, six autres divisions d'active et quatre divisions de réserve de première ligne, dont la 1re division de réserve de la Garde. Elles représentent plus d'un dixième de son armée du front de l'Ouest et un tiers des formations prussiennes d'active, dont on vante les qualités offensives.

A l'est, l'armée allemande constitue une force de frappe grandissante. Par un effet de balancier, celle se battant à l'ouest, bien qu'incluant toujours des unités d'élite, comprend un nombre disproportionné de formations non prussiennes, comme les Bavarois, les Saxons, les Hessois. Elles proviennent de réserves plus faibles et de divisions levées pour la guerre n'ayant reçu aucune instruction. Dans ce contexte, il n'est donc pas surprenant que la doctrine de défense mise au point par Falkenhayn soit draconienne. La ligne de front, principale ligne de résistance, sera construite pour durer, fortifiée en conséquence, devra être tenue à tout prix, et reprise par contre-attaque immédiate si elle tombe. Des positions secondaires ne seront construites que par mesure de précaution. Certains généraux allemands, dont le prince Rupprecht, commandant de la VIe armée face aux Britanniques dans les Flandres, s'opposent à la construction d'une deuxième ligne, argumentant que les troupes de première ligne tiendront avec moins d'ardeur si elles savent que leurs arrières sont assurés. Ce n'est que le 6 mai 1915 que l'OHL lance un ordre général pour que l'ensemble du front allemand soit renforcé par une deuxième ligne de tranchées, à deux ou trois mille mètres en arrière de la première [10]. La principale ligne de résistance est en train de devenir une monstrueuse fortification. Dans la craie de l'Artois et de la Somme, sur les hauteurs de l'Aisne et de la Meuse, l'infanterie allemande se terre profondément pour construire des abris anti-obus. Des postes de mitrailleuses en béton font leur apparition derrière les tranchées dont les murs sont lourdement renforcés de bois et de fer. Les parapets sont hauts et épais, le sol des tranchées recouvert de caillebotis. D'un point de vue militaire, le front allemand se fortifie de semaine en semaine. D'un point de vue domestique, il devient confortable. La lumière électrique fait son apparition dans les abris les plus profonds, de même que des châlits, le plancher, les cloisons et même les tapis et les tableaux. Depuis leurs postes de commandement souterrain, des lignes de téléphone partent vers l'arrière, les reliant aux batteries d'artillerie. Les Allemands sont préparés à un long séjour.

Les Français ne se permettent pas un tel confort. L'occupation de la France par l'ennemi est une intrusion qui doit prendre fin dans les plus brefs délais. Dès octobre 1914, les départements du Nord, du Pas-de-Calais, de la Somme, de l'Oise, de l'Aisne, de la Marne, des Ardennes, de la Meuse, de la Meurthe-et-Moselle et des Vosges sont entièrement ou partiellement soumis à l'occupation allemande. Cette occupation est plus qu'une simple violation du territoire national : c'est une atteinte grave à la vie économique de la France. Les quatre-vingts départements français épargnés par la guerre sont largement agricoles. En revanche, les dix passés sous la coupe de l'Allemagne contiennent l'essentiel de l'industrie de manufacture française et la plupart des minerais de charbon et de fer du pays. Il est urgent de les récupérer, ne serait-ce que pour poursuivre la guerre. Joffre ne veut donc pas d'une ligne de front imprenable sur le modèle allemand, car il entend utiliser les positions tenues par ses soldats comme base de départ d'offensives décisives. Mais dans un sens, il partage avec Falkenhayn la nécessité d'économiser les forces, à une différence près cependant. Son homologue allemand veut transformer l'ensemble du front de l'Ouest en un théâtre d'opérations défensif, de façon à pouvoir trouver des troupes à envoyer sur le front de l'Est, alors que Joffre veut le subdiviser en secteurs défensifs aussi bien qu'offensifs, les premiers procurant des forces d'attaque aux seconds. La géographie détermine ce découpage : les secteurs humides ou ayant un relief important (les Flandres au nord, les hauteurs de la Meuse et des Vosges au sud) seront défensifs ; les secteurs offensifs seront ceux situés à ces deux extrémités du front, en particulier ceux touchant le grand saillant allemand dans la région calcaire de la Somme, à Arras et en Champagne près de Reims.

En décembre, deux offensives sont lancées dans ces secteurs mais se révèlent prématurées. La première bataille de l'Artois, du 14 au 24 décembre, n'aboutit à aucun résultat. L'offensive de Champagne, qui commence le 20 décembre, traîne en longueur jusqu'au 17 mars car elle est ponctuée de pauses prolongées. Elle coûte aux Français quatre-vingt-dix mille hommes et ne leur rapporte aucun gain territorial. Des combats locaux, aussi peu concluants, ont également lieu plus au sud, en Argonne, près de Verdun, dans le saillant de Saint-Mihiel, et autour de l'Hartmannswillerkopf dans les Vosges, point culminant où les deux camps dépêchent leurs troupes de montagne, les *Jäger* allemands et les chasseurs alpins français. Elles s'affrontent au cours d'assauts tout aussi infructueux. « *Le Vieil Armand* », comme l'appellent les Français, va devenir le tombeau de bon nombre de leurs meilleurs soldats. Mis dans l'obligation de reconnaître que l'armée française est encore trop mal équipée et les tranchées allemandes trop fortifiées pour obtenir le moindre résultat décisif, Joffre reconsidère ses plans. Au cours du mois de janvier, il fait passer deux instructions établissant les bases de l'organisation du front. Dans la première, il donne l'ordre que les secteurs offensifs soient constitués de points d'appui situés de façon à tenir sous leur feu le no man's land et les flancs. Seuls des guetteurs seront mis en garnison dans les zones défensives. Dotées de larges réseaux barbelés, celles-ci seront soutenues par l'artillerie des zones offensives. Sur l'ensemble du front, deux rangées de barbelés doivent être construites, à environ vingt mètres d'écart et sur une profondeur d'une dizaine de mètres. Elles devront comporter des espaces permettant aux patrouilles de circuler. Derrière la ligne de front se trouveront des positions secondaires avec des abris anti-obus pour les compagnies devant contre-attaquer [11]. Une étude des fronts des huit armées françaises montre que l'essentiel du travail demandé par Joffre a déjà été fait. Dans sa seconde lettre de janvier, il stipule que le front doit être renforcé par la création d'une deuxième ligne, trois kilomètres en arrière de la première et identique à elle. L'opération consiste à se prévaloir contre des percées locales. Un tel travail a déjà été effectué dans les secteurs de Verdun et de Reims. Joffre ajoute dans son instruction générale que les fronts doivent être tenus par le moins d'hommes possible, afin d'économiser les forces et de minimiser les pertes. Les commandants d'unités devront éviter d'envoyer leurs avant-gardes trop près des positions ennemies, pratique jugée coûteuse en vies pour des résultats insignifiants.

Cette politique est exactement à l'opposé de celle que les Britanniques développent, consistant à « dominer le no man's land » en creusant des tranchées plus proches de celles de l'ennemi et en lançant de fréquents « coups de main ». Il semble que la première de ces intrusions de tranchées soit montée dans la nuit du 9 au 10 novembre 1914 près d'Ypres par le 39e chasseurs de Garwhal du corps des Indes [12]. Les féroces incursions au sein des positions ennemies à la faveur de l'obscurité sont traditionnelles et typiques des combats de frontières en Inde. Ce premier fait d'armes représente peut-être l'introduction de pratiques militaires tribales dans l'art de la guerre « civilisé » des armées occidentales. L'événement crée un précédent dont les Britanniques vont faire une habitude et que les Allemands vont imiter. Malgré leur longue expérience de ce type de guerre en Afrique du Nord, les Français ne démontrent pas le même enthousiasme pour ces actions barbares et sanglantes. Disposant de davantage de canons de campagne dans leurs réserves de corps que les Britanniques ou les Allemands, ils préfèrent contrôler leurs fronts défensifs à distance par un feu d'artillerie pour lequel, depuis la fin de la pénurie d'obus de l'hiver 1914-1915, ils sont amplement équipés.

Au printemps suivant, ces trois méthodes pour tenir le front de l'Ouest ne paraîtraient pas aussi différentes à un observateur aérien. Vu du ciel, le front offre une apparence monotone et uniforme, celle d'une ceinture de terre remuée, de végétation ravagée et de bâtiments dévastés sur quelque six kilomètres de large. Plus tard, à mesure que la puissance d'artillerie augmentera et que les combats d'infanterie donneront l'avantage à un camp ou à un autre, la zone de destruction s'élargira. En revanche, ce qui va peu changer au cours des vingt-sept prochains mois, c'est la longueur du front. Celle-ci semble ne pas varier, en dépit des efforts fournis par les armées belligérantes pour qu'il en soit autrement. Ce n'est qu'en mars 1917, lorsque les Allemands opérèrent un rétrécissement de leur front sur la Somme, se retirant trente kilomètres en arrière vers des lignes fortifiées à l'avance, que le front de l'Ouest se modifiera. Avant cela, il reste le même, mois après mois, sur presque chaque mètre de sa longueur, courant en forme de S inversé sur 750 kilomètres de la mer du Nord à la frontière suisse. Il part de Nieuport en Belgique, où l'Yser, fleuve lent, rejoint la mer entre de hautes berges bétonnées distantes seulement de trente mètres. Sur sa rive est se trouvent les Allemands, et sa rive ouest est occupée par les Français car Joffre rechigne à confier ce pivot aux Belges, alors qu'il s'agit là de leur propre territoire. En dessous du grand ensemble d'écluses de Nieuport, le front suit la ligne de l'Yser vers le sud à travers un paysage de champs de betteraves et de canaux d'irrigation parfaitement plat. Au-dessus de ceux-ci, les routes courent sur des chaussées jusqu'à Dixmude où une saillie de terrain légèrement plus élevée traverse la plaine de Flandre en direction de la mer. Après novembre 1914, la majeure partie de ce territoire se retrouve envahi par les eaux, les inondations formant une barrière infranchissable pour les troupes navales allemandes tenant les tranchées sur le côté est.

Sous Dixmude, la ligne reprend juste au-dessus du niveau de la mer jusqu'à Ypres, qu'elle contourne en une boucle peu profonde appelée « le Saillant ». Il est dominé de novembre 1914 à octobre 1918 par les tranchées allemandes situées sur le terrain plus en hauteur de Passchendaele et Gheluvelt. Le commerce lainier a fait la fortune d'Ypres au Moyen Age, une admirable cathédrale et une magnifique fabrique de tissu en fournissent la preuve. Toutes deux sont dans un état de ruine avancé dès le printemps 1915, de même que les remparts du XVIIe et les casernes du XIXe siècle. Des milliers de soldats britanniques vont les croiser dans leur marche vers le sud, le long d'un itinéraire qui, juge-t-on, les tient à l'abri des obus dans leurs allées et venues en direction ou en provenance des tranchées. Derrière Ypres, le terrain remonte vers le mont Kemmel, le mont Cassel et le mont des Cats, « la Suisse flamande », où les généraux britanniques ont leurs quartiers généraux. C'est également là que les troupes en permission se divertissent, dans les petites villes de Poperinge, dite « Pop », et Bailleul. « Pop » devient un lieu d'attractions variées pour le BEF : on y trouve la célèbre *Talbot House*, ou *Toc H*, tenue par le révérend Tubby Clayton, destinée aux âmes nobles et dévotes, prêtes, comme il le dit lui-même, à ne plus tenir compte du rang social une fois à l'intérieur. Il y a également le peu recommandable *Skindles* pour les officiers recherchant un bon repas et la compagnie de femmes légères. Il est difficile aujourd'hui de reconnaître *Skindles*, mais *Toc H* est toujours là, sa chapelle mansardée, dite « Pièce d'en haut », respirant la religiosité anglicane de ces volontaires provinciaux jetés dans l'enfer de la guerre. Sombre et austère sous ses avant-toits, cette chapelle reste une étape profondément émouvante de tout pèlerinage sur le front de l'Ouest.

Au sud d'Ypres, les avantages géographiques dont jouissent les Allemands deviennent plus évidents encore dans les crêtes d'Aubers et de Messines, objectifs fréquents des offensives britanniques. C'est également le cas dans les bassins houillers autour de Lens, où les terrils peuvent servir de points stratégiques, de même que les carreaux de mines, jusqu'à leur destruction par l'artillerie. Tout près, à La Bassée, la ligne entre en France et commence à remonter les crêtes calcaires de l'Artois. C'est ici que, très tôt, des ingénieurs cherchant les nappes aquifères se trouvant en profondeur sous la surface ont creusé des puits « artésiens », auxquels l'Artois a donné son nom. A cet endroit, le sol procure aux Allemands les meilleures conditions de défense de tout le front de l'Ouest. La ceinture calcaire s'étend ensuite vers le sud, traverse la Somme, avant d'atteindre la Champagne. Mais nulle part les Allemands ne dominent mieux leurs ennemis qu'à Vimy. A l'est, la pente plonge de manière soudaine et spectaculaire dans la plaine de Douai, en direction de la grande voie ferroviaire stratégique Nord-Sud, « la ligne de la rocade », reliant Lille à Metz. A Vimy, la séparation entre les plateaux et la plaine est si radicale que les Allemands doivent absolument tenir cet endroit, ce qu'ils feront jusqu'à ce que les Canadiens le leur arrache lors d'un assaut épique en 1917.

Au-dessous de Vimy, la ligne passe légèrement à l'est d'Arras, autre trésor de l'architecture du Moyen Age et symbole de sa richesse lainière. Ravagée pendant la guerre, elle a aujourd'hui été restaurée des caves aux greniers (les caves ayant abrité des troupes alliées par dizaines de milliers au cours du conflit). La ligne de front se déplace ensuite vers les terres basses de la Somme. Fleuve peu avenant, marécageux et méandreux, la Somme traverse toutefois une campagne pouvant sembler agréablement familière aux Anglais : elle est vallonnée, allongée et verdoyante, rappelant la plaine de Salisbury ou les Downs du Sussex. Les Britanniques vont apprendre à la connaître. En 1916, leur front, qui s'est progressivement étendu vers le sud à mesure que leurs effectifs augmentaient, atteint presque la vallée de la Somme à Péronne, ville devant constituer jusqu'à la fin de la guerre la nouvelle jonction avec les armées françaises.

La ligne de front française, même après le transfert aux Britanniques de quelques kilomètres de celle-ci au nord de la Somme, restera toujours plus longue. Tout de suite au sud de la Somme, elle court à travers la campagne, plus dense et plus boisée que celle du Nord, jusqu'à atteindre Noyon dans l'Oise, où elle trouve son point le plus proche de Paris, distant de seulement quatre-vingt-dix kilomètres. Pendant presque toute la durée de la guerre, l'encadré administratif du journal publié par le grand homme politique radical Georges Clemenceau portera ces mots : « Les Allemands sont à Noyon. » Puis elle vire abruptement vers l'est pour longer la côte de la crête entre l'Aisne et l'Ailette, appelée « Chemin des Dames » et dont nous avons déjà parlé. C'est à cet endroit qu'apparaissent pour la première fois les tranchées établies par les Allemands, après la bataille de la Marne, et qui constitue par conséquent la partie originelle du front de l'Ouest.

A l'est du Chemin des Dames, où l'échec de l'offensive du même nom précipitera en 1917 les mutineries de l'armée française, la ligne suit les hauteurs dominant Reims, qui va rester à portée de l'artillerie allemande pendant presque toute la durée de la guerre. Plus loin, se prolongeant toujours vers l'est, les tranchées traversent le plateau sec et pierreux de la « Champagne pouilleuse ». Ironie du sort, il s'agit là d'un des plus grands centres d'entraînement de l'armée française en temps de paix. L'absence en cet endroit de haies et d'arbres convenait en effet bien, avant guerre, aux manœuvres d'importants corps de troupes, ainsi qu'à la pratique d'exercices d'artillerie. L'état-major envisageait alors une guerre mobile que la constitution du front de l'Ouest allait complètement décevoir.

A l'est de la Champagne, près de Sainte-Menehould, la ligne pénètre dans la forêt de l'Argonne, enchevêtrement sauvage d'arbres, de ruisseaux et de petites collines, dans laquelle aucun des deux camps ne pourra monter d'opération majeure, mais où se produiront cependant de constants affrontements. Au-dessus de l'Argonne s'élèvent les hauteurs de la Meuse, couronnées par les fortifications de Verdun et encerclées à l'est par les tranchées allemandes plongeant ensuite dans la plaine de la Woëvre. D'une importance critique pour les Allemands, la Woëvre ne peut être perdue car elle permet une approche aisée de leur grande forteresse de Metz. Ils ont durement bataillé au cours des premiers combats de 1914 pour la conserver. Fin septembre, ils se sont assuré l'avantage de prendre pied de l'autre côté de la Meuse, à Saint-Mihiel, un saillant établissant une tête de pont au-delà de l'obstacle fluvial le plus important du front de l'Ouest. Ce saillant causera beaucoup de problèmes aux Français et restera aux mains des Allemands jusqu'à sa reprise par les Américains en septembre 1918.

Après Saint-Mihiel, l'avantage est du côté des Français. Au cours de la bataille des frontières, ils ont réussi à conserver la ville de Nancy, ainsi que des points élevés semblables dans ses environs, comme le ballon d'Alsace, d'où s'étendent des points de vue dominants dans toutes les directions. La possession des crêtes des Vosges et de la ligne de la Meurthe, qui coule entre ces montagnes, assure la sécurité des Français sur l'extrémité est du front de l'Ouest [13]. Sur ses quatre-vingts derniers kilomètres, le front court généralement en territoire allemand (qui était français avant 1871). Il traverse les hauteurs des Vosges, passe la brèche de Belfort avant d'atteindre la frontière suisse près du village de Bonfol. A cet endroit, la milice de l'armée suisse, entièrement mobilisée depuis le début des hostilités, surveille depuis son territoire neutre les extrémités des tranchées françaises et allemandes [14].

LA STRATÉGIE DU FRONT DE L'OUEST

La géographie stratégique du front de l'Ouest est d'une lecture aisée aujourd'hui, tout comme elle l'était à l'époque. Dans une large mesure, elle a déterminé les plans mis au point par les belligérants, au début de la guerre des tranchées et dans les années suivantes. Telle qu'elle se présente, la situation est impropre aux opérations de grande envergure qui avaient été envisagées des deux côtés, et dans lesquelles la puissance de l'artillerie aurait frayé un chemin pour l'infanterie, dont les percées auraient ensuite été exploitées par la cavalerie. La chaîne montagneuse des Vosges est caractéristique de l'impasse que représente l'instauration d'une ligne de front fortifiée : Français comme Allemands ne la garniront que de troupes de second rang, renforcées d'une infanterie de montagne se disputant à l'occasion les positions élevées. En fait, au sud de Verdun, aucun des deux camps ne va produire d'effort majeur entre septembre 1914 et septembre 1918, et cette partie du front, longue de deux cent cinquante kilomètres, restera « inactive ». Ailleurs, l'Argonne se révèle ne pas convenir aux opérations offensives, pas plus que, pour des raisons différentes, la zone côtière flamande. La première est trop accidentée, trop entrecoupée de voies d'eau et obstruée par la forêt, la seconde trop détrempée pour pouvoir y mener des attaques. Le pilonnage de l'Argonne transforme les bois en une jungle de végétation anarchique. Dans les marais des Flandres, situés au niveau de la mer, les bombardements réduisent très vite le sol à l'état de bourbier. Au centre, les hauteurs de l'Aisne et de la Meuse, si elles font l'objet d'engagements très disputés, favorisent trop le défenseur pour qu'une offensive aboutisse. Il n'y a donc que dans les zones calcaires et sèches de la Somme et de la Champagne que les attaques offrent la promesse de succès décisifs. La première se trouve en deçà du pays humide des Flandres, la seconde au-dessus des forêts montagneuses de la Meurthe et de la Moselle. Elles sont séparées l'une de l'autre par le plateau de l'Aisne et de la Meuse, saillant du front dont elles forment les flancs. La logique veut donc que ce soit depuis ces flancs que les attaquants lancent leur principal effort et que les défenseurs s'apprêtent à y résister.

Ces attaquants et ces défenseurs, quels sont-ils ? En août

1914, les Allemands sont les premiers à attaquer. Les cartes de Schlieffen montrant « la ligne du 31e jour » correspondent avec une sinistre exactitude à la ligne de front telle qu'elle se constitue à la fin de la même année. En septembre, les Français contre-attaquent. Les engagements constituant l'épisode de la « course à la mer » suivent le cours de la ligne, stabilisée de manière similaire en Artois, en Picardie et dans les Flandres. Le tracé du réseau ferroviaire explique comment cela a pu se produire. Au début de la campagne de 1914, les Allemands prennent possession de la ligne Lille-Metz, qui court du nord au sud dans la partie du territoire qu'ils envahissent. En revanche, les Français gardent le contrôle de la ligne Nancy-Paris-Arras qui lui est à peu près parallèle. Cette dernière est plus proche de la ligne d'engagement que la première, et cette proximité explique que les Français sont plus à même que les Allemands de faire venir rapidement des réserves au point crucial.

> Il convient donc mieux de considérer la « course à la mer » comme une série d'affrontements se produisant le long des barreaux d'une échelle dont les montants sont constitués par ces deux voies parallèles de chemin de fer. Comme le montre l'observation rapide d'une carte ferroviaire, Amiens, Arras et Lille, près desquelles seront disputés les principaux engagements de la « course à la mer », sont toutes situées sur des lignes courant à travers champ et reliant les deux grands itinéraires Nord-Sud. Comme la géographie physique et humaine ne varie pas au cours des combats, l'avantage stratégique est du côté français, et l'avantage tactique du côté des Allemands, puisqu'ils ont fait le choix du terrain [15].

Comme les conditions géographiques sont déterminantes dans les choix stratégiques, l'avantage dont jouissent les Français les pousse à l'offensive. Cependant, la géographie n'est pas seule à entrer en ligne de compte dans une telle décision. Les véritables raisons se trouvent ailleurs. Victime de l'offensive allemande d'août 1914 l'ayant lésée d'une partie de son territoire, la France est obligée d'attaquer. La fierté nationale et la nécessité économique du pays l'exigent. Menant une guerre sur deux fronts, l'Allemagne doit rester sur la défensive, car les revers essuyés à l'est nécessitent le déplacement de troupes de la

France vers la Pologne pour une offensive dans cette région. La sécurité de l'empire en dépend, de même que la survie de son allié autrichien. L'armée des Habsbourg a été cruellement éprouvée par les batailles en Galicie et dans les Carpates, son équilibre ethnique mis à mal, ses réserves humaines et matérielles quasiment épuisées. Si les Russes renouvellent leur effort, elle pourrait ne pas le supporter. Le véritable enseignement de 1914 n'est donc pas l'échec du plan Schlieffen mais le danger d'effondrement des puissances centrales en Europe de l'Est.

Des mesures ont été prises au coup par coup contre ce risque dès la dernière semaine d'août, avec le transfert de Namur en Prusse orientale de la 3e division de la Garde et de la 38e division. Elles sont suivies par dix autres entre septembre et décembre. Moltke ne voulait en envoyer aucune. Son successeur, Falkenhayn, n'apprécie aucun de ces transferts. Il pense que la guerre se remportera par un effort majeur effectué à l'ouest. Pourtant, l'armée française se remet de ses pertes (trente-trois nouvelles divisions sont en train d'être constituées) tandis que se met en place une industrie de guerre. Les Britanniques achèvent la création d'une toute nouvelle armée constituée de volontaires, tout en instruisant leur milice de temps de paix, le corps territorial, au service actif. Au total, une soixantaine de divisions sont créées, auxquelles s'ajouteront bientôt celles du Canada et de l'Australie qui s'empressent de traverser l'Atlantique et le Pacifique pour voler au secours de la mère patrie. Falkenhayn ne connaît pas précisément ces chiffres, mais son impression d'un regroupement massif de forces est suffisamment nette. Sous peu, la force s'opposant aux Allemands sur le front de l'Ouest passera du simple au double, alors qu'eux-mêmes atteignent déjà les limites de ce qui leur est possible de mobiliser. Le nombre de leurs divisions peut encore être augmenté en réduisant les effectifs de l'infanterie dans chacune d'elles. Cette mesure déjà en cours renforce le rôle de l'artillerie et des sections de mitrailleuses pour compenser la diminution de la puissance de feu. Néanmoins, la limite absolue de disponibilité des troupes est déjà proche.

Dans ces circonstances, Falkenhayn s'est persuadé que 1915 devait être une année offensive à l'ouest et défensive à l'est, cette décision faisant partie d'une politique plus large visant à amener la Russie à accepter une paix séparée. Mais il lui manque l'autorité pour mener à bien son projet. Bien que le Kaiser, chef suprême des armées, le confirme au poste de chef d'état-major en janvier 1915 lorsqu'il abandonne celui de ministre de la Guerre, il est parfaitement conscient que le véritable prestige se trouve du côté de Hindenburg, grand vainqueur de Tannenberg, et de son chef d'état-major (l'*OberOst*) Ludendorff. S'ils se refusent à quelque chose, Falkenhayn ne peut l'exiger. A l'inverse, il se trouve de plus en plus contraint d'accéder à leurs desiderata. En outre, Ludendorff mène une campagne active pour réduire son autorité, que le système allemand ne définit d'ailleurs pas de manière claire. Alors que Joffre exerce les pleins pouvoirs au sein de la zone des armées, et que Kitchener, nommé ministre de la Guerre au déclenchement du conflit, agit lui aussi dans les faits comme commandant en chef, Falkenhayn n'est ni commandant suprême, puisque ce titre revient au Kaiser, ni son subalterne direct, puisque entre Guillaume II et lui se trouve le Cabinet militaire, corps sans autorité exécutive mais d'une redoutable influence [16]. C'est en son sein que Ludendorff commence à intriguer. Il reçoit l'appui du chancelier, Bethmann-Hollweg, qui partage pleinement l'admiration du peuple allemand pour Hindenburg. Au cours du mois de janvier 1915, le chancelier se présente devant le Cabinet militaire avec la proposition que Falkenhayn soit remplacé par le vainqueur de Tannenberg, de manière à ce qu'une offensive d'envergure puisse être lancée à l'est. Lorsque les officiers supérieurs du Cabinet lui font remarquer que le Kaiser apprécie Falkenhayn, un ami d'enfance, qu'il a toute sa confiance, mais qu'en revanche il n'aime pas Ludendorff, jugé trop ambitieux, le chancelier se retire. Peu de temps après, il entre en contact avec le commandant von Haeften, agent de Ludendorff au sein des quartiers généraux suprêmes, qui lui suggère d'aller trouver directement le Kaiser. C'est non seulement ce que fait Bethmann-Hollweg, mais il s'assure de surcroît le soutien de l'impératrice et du Kronprinz pour argumenter en faveur de la stratégie de Ludendorff. Falkenhayn réplique, tout d'abord en exigeant de Hindenburg qu'il démissionne de son poste — bien que l'opinion publique rende la chose impossible —, puis en s'assurant du transfert de Ludendorff des quartiers généraux de l'est vers ceux de l'armée austro-allemande en Galicie.

Lorsque Hindenburg demande son retour au Kaiser, il se

rend compte qu'il est allé trop loin. Guillaume II trouve que la popularité du vainqueur de Tannenberg défie son autorité de commandant suprême, et Hindenburg ne parvient pas à imposer sa volonté. Sous la pression de sa femme, de son fils, du chancelier, et même de Moltke qu'il a pourtant écarté, il maintient Falkenhayn, tout en sachant qu'il doit également garder Hindenburg et lui accorder presque tout ce qu'il demande. Il en résulte un compromis : Falkenhayn, bien qu'ayant subi un affront, ne voit pas dans la critique de sa stratégie un motif de démission. Il parvient à un arrangement personnel avec Hindenburg et consent au retour de Ludendorff aux quartiers généraux de l'*OberOst*. Percevant que Falkenhayn ne bougera pas de son poste, Hindenburg se contente du transfert de troupes de l'ouest vers l'est qu'il a déjà obtenu, et de la liberté d'action qui lui est ainsi offerte pour tenter d'emporter la décision sur les Russes. Il espère pouvoir obtenir d'autres troupes en se montrant suffisamment convaincant à défendre l'idée d'une offensive écrasant l'armée russe et qui stabiliserait un front de l'Est toujours fluctuant. Dans cet espoir se profile une seconde bataille à l'est de Cracovie qui amènera la grande percée de Gorlice-Tarnow au mois de mai suivant. En attendant, le débat entre « occidentaux » et « orientaux » allemands va continuer à faire rage sans trouver de solution [17].

Du côté allié, de telles divisions n'existent pas encore. Malgré l'absence de toute organisation de commandement supranationale, semblable au Comité allié des chefs d'état-major qui va coordonner avec réussite la stratégie anglo-américaine pendant la Seconde Guerre mondiale, l'entente informelle entre les états-majors généraux britanniques et français fonctionne bien. Le point de vue des Russes est représenté par leurs officiers de liaison. Le maréchal French et le général Joffre partagent de toute façon les mêmes vues. Ce dernier n'a qu'une idée en tête : chasser l'envahisseur du territoire national. French est solidaire, même si ses raisons sont moins patriotiques que stratégiques. Curieusement, il pense, comme Hindenburg, que la guerre va se régler sur le front de l'Est. Néanmoins, « jusqu'à ce que les Russes [puissent] finir le travail », il est certain que la politique la plus juste pour la Grande-Bretagne consiste à engager toutes les troupes à sa disposition dans les opérations du front de l'Ouest [18]. Leur nombre augmente rapidement. Début 1915, le

BEF est suffisamment renforcé pour être divisé en deux armées, la 1re et la 2e. Les territoriaux arrivent massivement en France, et les premières divisions de volontaires des nouvelles armées de Kitchener commencent également à faire leur apparition. Bientôt, les Britanniques seront à même de relever leurs alliés sur plusieurs secteurs du front et de monter leurs propres offensives.

Mais où ? Un premier plan prévoyant une offensive anglo-belge soutenue par la *Royal Navy* est abandonné devant les avertissements du ministère de la Guerre : ses navires légers ne feront pas le poids face à l'artillerie côtière allemande, il ne peut risquer ses navires de combat dans des eaux où il est si difficile de manœuvrer [19]. Les plans prévoyant d'utiliser des troupes contre les Autrichiens se révèlent tout aussi irréalistes. Bien que militairement faible, l'Autriche-Hongrie est, géographiquement, quasiment inabordable pour une puissance maritime. La mer Adriatique, bordant les côtes de l'Autriche, est interdite d'accès aux marines britannique et française, les sous-marins autrichiens et les dreadnoughts récemment construits les dissuadant de s'y aventurer. Un soutien peut être apporté à la vaillante Serbie, mais uniquement en empruntant des itinéraires traversant la Bulgarie, hostile bien qu'en dehors du conflit, ou la Grèce qui préserve avec prudence sa neutralité. Si l'Italie s'engage dans la guerre aux côtés des Alliés, ce qui semble de plus en plus probable, cela augmentera la pression sur l'Autriche. Mais en aucun cas cela n'apportera de soutien direct à la Serbie, pas plus que cela n'ouvrira l'Adriatique, puisque les dreadnoughts italiens sont basés en Méditerranée. La Roumanie, favorable aux Alliés, ne peut risquer d'entrer dans la guerre tant que la Russie ne prend pas l'avantage sur le front de l'Est, mais seulement à cette condition. La seule autre région située au-delà du front de l'Ouest où la Grande-Bretagne peut donc encore engager des actions indépendantes reste la Turquie. Le 31 octobre, elle s'est engagée dans la guerre aux côtés de l'Allemagne et de l'Autriche, mais le seul front actif qu'elle ait ouvert se situe dans le Caucase, contre la Russie, c'est-à-dire trop loin de tout centre de pouvoir britannique pour qu'une action puisse y être envisagée. En outre, le gouvernement britannique n'est pas encore disposé à engager des troupes ailleurs qu'en France, même s'il est prêt à déployer ses forces navales, sous réserve toutefois de garder son hégémonie en mer du Nord, et de les employer à bon escient. En janvier, le Conseil de guerre britannique commence à envisager la préparation d'une expédition navale dans les Dardanelles dans le but d'ouvrir une voie vers les ports russes de la mer Noire. Mais l'opération doit rester strictement navale : l'engagement de la Grande-Bretagne auprès de la France reste premier à tout point de vue [20].

Pourtant, le front de l'Ouest présente, tant militairement que géographiquement, un véritable casse-tête stratégique. Il y a tout d'abord la difficulté première consistant à briser la ligne de tranchée. Puis vient celle de choisir des axes de progression pouvant provoquer un retrait allemand d'envergure. Au cours du mois de janvier, la section des opérations de l'état-major français du GQG, à présent situé à Chantilly, grand centre équestre au nord de Paris, commence à analyser le problème. Il se penche sur les communications ferroviaires servant de soutien aux armées allemandes. Il existe trois réseaux reliant les troupes allemandes à leur patrie, au-delà du Rhin. Celui situé le plus au sud est réduit et facilement défendable. Restent les deux autres permettant aux Allemands de tenir le grand saillant entre les Flandres et Verdun. Si l'un d'eux, et à plus forte raison si les deux réseaux pouvaient être coupés, les troupes du Kaiser seraient obligées de se retirer, créant peut-être à nouveau les conditions d'une guerre de mouvement dont on est persuadé qu'elle est la seule à pouvoir offrir la possibilité d'une victoire décisive. Les Français à Chantilly et les Britanniques à Saint-Omer, où est établi leur GQG, s'accordent donc dans le courant du mois de janvier sur une stratégie pour l'année 1915. Celle-ci consiste à lancer des offensives depuis les flancs du saillant, au nord contre les crêtes d'Aubers et de Vimy se tenant entre les voies ferroviaires alliées et allemandes, dans la plaine de Douai, et au sud contre les hauteurs de Champagne protégeant la ligne de chemin de fer entre Mézières et Hirson. En théorie, les attaques convergeront, menaçant ainsi les Allemands d'encerclement.

Tel est l'accord entre Français et Britanniques. Une offensive sera menée conjointement au printemps dans les Flandres et en Artois, et une seconde, uniquement française, en Champagne [21]. Il se trouve que ce premier accord va servir de référent pour l'essentiel de l'effort allié sur le front de l'Ouest pendant toute la durée de la guerre. D'autres suivront à l'automne qui arrive, au cours de l'année 1917 et, finalement, avec succès, en 1918. Il n'y a qu'en 1916 que les Alliés tenteront quelque chose de différent, lors de la bataille de la Somme.

Mais auparavant va se produire l'échec de l'offensive du printemps 1915, pour des raisons appelées à devenir tragiquement familières à chaque nouvelle tentative de percer le front allemand. Au mois de mars, la déroute d'une attaque britannique préliminaire à Neuve-Chapelle aurait pourtant pu servir d'aver tissement. Tous les facteurs contribuant à empêcher les offensives de tranchées d'aboutir y étaient déjà réunis, aussi bien ceux de nature fonctionnelle que ceux de nature structurelle. Les premiers vont trouver une solution de règlement à mesure que le temps passe, mais les seconds vont persister, même après le développement et le déploiement à grande échelle du char d'assaut en 1917. Parmi les problèmes fonctionnels figurent l'insuffisance du soutien d'artillerie, la rigidité de la planification, le mauvais positionnement des réserves et le manque de délégation dans le commandement. Les problèmes structurels concernent la faible mobilité et la vulnérabilité de l'infanterie lorsqu'elle part à l'assaut, ainsi que l'absence de moyens de communication rapides entre le front et l'arrière, entre l'infanterie et l'artillerie et entre unités voisines. Le déroulement de l'action à Neuve-Chapelle montre, comme dans un laboratoire militaire, comment se sont combinés ces facteurs.

LES BATAILLES DU FRONT DE L'OUEST EN 1915

L'offensive de Neuve-Chapelle est lancée pour plusieurs raisons. La plus évidente est que sir John French souhaite rassurer ses alliés sur l'engagement total des Britanniques. Il s'est en effet montré incapable d'accéder à la demande de Joffre lui demandant d'appuyer la préparation de l'offensive à venir en Artois en se chargeant d'une plus grande partie du front français. Cependant, même si cela n'a jamais été clairement dit, French est également très soucieux de rétablir la réputation de son armée, malmenée aux yeux des Français par son incapacité à gagner du terrain lors des combats de décembre. Son plan est simple. Neuve-Chapelle est un village en ruine à trente kilomètres au sud d'Ypres, situé dans le secteur de l'Artois où les Britanniques ont étendu leurs positions à mesure que les nouvelles troupes arrivaient en France au cours de l'hiver. Le 10 mars, il doit faire l'objet d'une offensive des 7e et 8e divisions, ainsi que des divisions indiennes de Meerut et de Lahore. Le front d'attaque s'étend sur environ 8 000 mètres, derrière lequel 500 canons protégés par des barbelés ont été rassemblés pour déverser 200 000 obus, de calibre léger pour l'essentiel, sur les tranchées allemandes [22]. Il est également prévu un tir de « barrage », terme désignant une préparation d'artillerie parallèle à l'assaut et bombardant l'arrière des tranchées ennemies afin d'empêcher les renforts d'atteindre les positions prises sous le feu. Pendant leur avancée, Britanniques et Indiens seront soutenus par des réserves se déplaçant vers l'avant pour s'emparer de nouveaux objectifs. Elles devront toutefois attendre pour cela les ordres de sir Douglas Haig, de la 1re armée, transmis par l'intermédiaire des quartiers généraux de corps, de divisions, de brigades et de bataillons subalternes.

Déclenché à 7 heures du matin, le bombardement surprend totalement les Allemands, exploit qui ne sera que rarement renouvelé. Exploit plus conséquent encore, la 1re armée a réussi à rassembler une force d'attaque de 60 000 hommes à cent mètres des positions ennemies, et ce dans le plus grand secret. Les défenseurs appartiennent à deux régiments d'infanterie et à un bataillon de *Jäger*. Représentant environ un septième des forces de leurs assaillants, ils sont écrasés. Leurs barbelés ont été cisaillés en maints endroits et leurs tranchées détruites. Lorsque les fantassins britanniques se lancent à l'assaut à 8 heures 5, ils ne rencontrent aucune résistance, et en vingt minutes une brèche de 1 500 mètres de large est ouverte dans la ligne allemande. Les éléments nécessaires à une victoire, locale mais significative, ont été remportés.

Cependant, les problèmes fonctionnels entraînant l'échec commencent à apparaître. Le plan britannique prévoit qu'après la prise du premier objectif, situé à 200 mètres à l'intérieur des barbelés allemands, l'infanterie devra marquer une pause de quinze minutes au cours de laquelle l'artillerie bombardera les ruines du village de Neuve-Chapelle. Le but est de mettre hors de combat tous les défenseurs susceptibles d'y être retranchés.

En fait, il n'y en a aucun. Ceux qui ont échappé à l'assaut initial se sont rués à l'arrière vers les points forts construits précisément pour enrayer ce type de percée. Après ce second bombardement, les Britanniques avancent rapidement en rase campagne en sentant la victoire proche. Cependant, les ordres sont maintenant de marquer une deuxième pause. Le commandant de l'unité de pointe, la 2e *rifle brigade*, parvient à envoyer un message demandant la permission de passer outre ces ordres et de poursuivre l'avancée. Etonnamment (il n'y a à l'époque ni lignes téléphoniques ni radio), ce message est reçu. Encore plus étonnant, les quartiers généraux de la brigade répondent assez rapidement pour modifier la situation, mais dans le mauvais sens : la permission d'avancer est en effet refusée.

Il est maintenant près de 9 heures et demie et les Allemands se reprennent. L'instruction tactique de Falkenhayn du 25 janvier stipule que, en cas de percée ennemie, les flancs de la brèche doivent être tenus et immédiatement renforcés, pendant que les réserves se presseront à l'avant pour la combler. Et c'est précisément ce qui se produit. Sur la gauche des Britanniques, où le bombardement a laissé les positions allemandes intactes, deux mitrailleuses sont mises en batterie par le 11e bataillon de *Jäger*, faisant des centaines de victimes parmi les soldats du 2e *Scottish Rifles* et du 2e Middlessex. Sur la droite, les assaillants se sont perdus, mésaventure courante sur le terrain accidenté de la zone de tranchées, et se sont arrêtés pour se réorienter. Profitant de ce répit, les Allemands leur faisant face organisent rapidement la défense du flanc. Dans le même temps, comme le veut le plan, de nouveaux bataillons britanniques se massent dans la brèche ouverte par les premières vagues d'assaut. A 10 heures, « environ neuf mille hommes [se sont tassés] dans l'espace étroit entre le village de Neuve-Chapelle et le parapet de départ britannique [où], allongés, assis ou debout à ne rien faire dans la boue, et serrés comme des sardines, ils attendent patiemment d'avancer ». Fort heureusement, les batteries d'artillerie allemandes pouvant les atteindre ont peu de munitions à leur disposition [23].

L'artillerie britannique, qui bénéficie de larges stocks, ne peut être rapidement alertée de la détérioration de la situation ; c'est un de ces défauts structurels pouvant conduire à l'échec. Sans radio, les communications dépendent de signalisations par drapeaux ou de l'envoi d'estafettes, les premiers étant la plupart du temps masqués et les seconds lents et vulnérables. A 11 heures et demie, un bombardement s'abat sur les positions des mitrailleuses du 11e *Jäger*. Un officier et soixante-trois hommes en sortent pour se rendre, après avoir tué environ mille soldats britanniques. Il est impossible de tenter un bombardement précis et opportun de tels points d'appui car les tirs ne peuvent être correctement corrigés. Pendant ce temps, les commandants allemands du secteur, officiers subalternes mais déterminés et bien formés, dépêchent des réserves vers les flancs, à bicyclette ou à pied. A l'inverse, les officiers subalternes britanniques illustrent un des problèmes fonctionnels évoqués, en faisant remonter leurs observations le long de la chaîne de commandement, comme le stipule le plan. Il faut s'assurer de l'accord d'une autorité supérieure pour toute modification du plan initial. A l'arrière, les lignes de téléphone accélèrent les communications, mais elles restent toujours désespérément, et même mortellement, lentes. « Le commandant de corps, assis au chaud à huit kilomètres voire plus de la bataille devait prendre une décision sur la base d'informations des plus minces et souvent fausses, et les ordres nécessaires devaient alors repartir, en suivant la même chaîne, pour être étudiés et recopiés en détail à chaque étape (quartiers généraux de divisions, de brigades, de bataillons) jusqu'à finalement parvenir aux compagnies de la ligne de front [24]. » Ce que tout cela signifie, c'est qu'entre 9 heures du matin, où la ligne allemande a été brisée et une brèche ouverte, et la rédaction d'ordres fermes pour exploiter ce succès, obtenu à 3 heures moins dix de l'après-midi, près de six heures se sont écoulées. Le temps que ces ordres écrits redescendent, par téléphone et estafette, trois autres heures sont perdues. L'heure de reprise de l'avancée sur le terrain se situe entre 17 h 30 et 18 heures [25].

L'obscurité commence à tomber et les réserves allemandes à arriver. Les flancs de la percée sont consolidés depuis la fin de la matinée. A la nuit tombée, de nouvelles troupes allemandes, dépêchées vers l'avant depuis des bataillons situés en soutien à l'arrière, comblent la brèche ouverte et étendent leurs flancs pour opérer la jonction avec les positions des extrémités qui n'ont jamais été perdues. Le lendemain matin, les Britanniques repartent à l'attaque, mais un brouillard épais empêche leur artillerie de localiser les cibles : l'offensive doit bientôt être interrompue. C'est maintenant au tour des Allemands de découvrir que les problèmes structurels peuvent entraver les opérations d'un plan pourtant bien conçu. Le jour où les Britanniques ont lancé leur assaut, le 10 mars, une nouvelle division, la 6e division de réserve bavaroise, nouvellement créée et dans laquelle Adolf Hitler sert comme estafette, a été dépêchée vers l'avant pour lancer une contre-attaque au petit matin du 11 mars. Mais la nuit est sombre, la visibilité en rase campagne réduite, et les troupes ne parviennent tout simplement pas à marcher assez vite pour rejoindre leurs positions de départ. L'attaque est donc repoussée d'un jour, sur l'ordre du prince Rupprecht, commandant la VIe armée dans le secteur de laquelle se trouve Neuve-Chapelle, après que celui-ci fut venu constater par lui-même la situation. Lorsque, au matin du 12 mars, l'attaque est enfin lancée, elle est immédiatement arrêtée, tout en provoquant de lourdes pertes dans les rangs allemands. Les Britanniques ont utilisé la pause imposée par le brouillard de la veille pour consolider les positions acquises et mettre en batterie vingt mitrailleuses sur des points dominants.

En conséquence, à Neuve-Chapelle, le « taux de change » des victimes, comme on l'appelle maintenant, est finalement quasi équivalent : 11 652 Britanniques tués, blessés, disparus ou prisonniers contre environ 8 600 Allemands [26]. Ce résultat est appelé à devenir courant lors de ces offensives de tranchées à tranchées, qu'elles soient d'envergure ou modestes, dès qu'un assaut est suivi d'une contre-attaque ennemie. Avec le recul, son explication est assez aisée : au départ de l'attaque, l'avantage se trouve du côté des assaillants, du moins tant qu'est préservée une certaine discrétion, possibilité diminuant à mesure que la guerre se prolonge et que les défenseurs apprennent que survivre est avant tout une question de vigilance. Mais presque aussitôt les attaquants entrés dans les positions ennemies, l'avantage tend à passer du côté des défenseurs, qui connaissent le terrain, contrairement aux attaquants, et ont préparé des positions de retrait : ils se replient alors vers leur artillerie en suivant, lorsqu'ils ont de la chance, des lignes de téléphone intactes. Les attaquants, eux, se retrouvent dans la situation exactement inverse, manœuvrant dans un environnement inconnu, déroutant, et de plus en plus éloignés de leur artillerie de soutien à mesure qu'ils avancent. Ils perdent ainsi progressivement le contact avec elle alors que leurs lignes téléphoniques sont rompues ou abandonnées. Par la suite, lorsque les défenseurs contre-attaquent, l'avantage s'inverse. Les attaquants se sont familiarisés avec le terrain conquis, ont organisé leurs positions de façon à gêner l'ennemi, et rétabli les liaisons téléphoniques avec leur artillerie. Dans ce mouvement de balancier, les problèmes fonctionnels et structurels handicapent d'abord un côté puis l'autre. Au final, ils déjouent tout effort de percée derrière les lignes ennemies ou de retour vers la ligne originelle de défense. Le résultat de ces offensives et contre-offensives est une ligne de tranchée encore plus dense et confuse, ressemblant à des morceaux de chair rongés et boursouflés par une intervention chirurgicale ratée.

Les Britanniques considèrent cependant que Neuve-Chapelle est un succès partiel, ne serait-ce que parce qu'il rétablit la réputation de leur armée aux yeux des Français. Il est injuste qu'elle ait jamais été remise en question. Ce qui est en cause n'est pas la combativité des soldats britanniques mais le point de vue toujours colonial de leurs commandants, espérant des résultats décisifs à partir de forces comparativement modestes et de surcroît diminuées par les pertes. Les généraux français, produits d'une tradition différente, s'attendent à des pertes massives, que leurs soldats semblent encore prêts à subir avec un fatalisme tout patriotique. Les soldats britanniques, réguliers, territoriaux ou volontaires, sont en train de faire l'apprentissage de cette abnégation, tandis que ceux qui les dirigent en arrivent à accepter le fait que les opérations dans les nouvelles conditions apportées par la guerre de tranchées ne peuvent aboutir qu'avec une préparation des plus méthodiques. Les dons de vivacité et d'improvisation qui ont permis de remporter des victoires en montagne et dans le désert pendant cent ans ne seront d'aucune utilité en France. Les seuls à se démarquer de cette nouvelle tendance plus dure sont les Indiens, dont Neuve-Chapelle est le chant du cygne sur le front de l'Ouest. Ils continueront à combattre, dans les batailles à venir de Festubert et de Loos, mais plus comme force principale. Les pertes déjà subies ont entamé beaucoup de bataillons, et les cipayes, élevés dans une tradition d'honneur guerrier totalement différente de celle de l'Europe, ne parviennent pas à comprendre que le soldat recevant une blessure n'ait pas le droit de retourner vers sa tranchée.

« Nous sommes comme du grain jeté à nouveau dans le four, écrit un soldat sikh à son père la semaine suivant Neuve-Chapelle, et dont plus rien ne pousse. » Un Rajput blessé a écrit aux siens, un peu plus tôt : « Ce n'est pas la guerre, c'est la fin du monde [27]. » D'ici à la fin de l'année, les deux divisions d'infanterie indiennes seront transférées de France vers la Mésopotamie où, lors d'une campagne dans le désert contre les Turcs, ils redécouvriront une façon plus familière de faire la guerre.

Neuve-Chapelle est une bataille significative car elle annonce, à une moindre échelle, la nature et le déroulement de l'offensive de printemps en Artois, dont elle constitue un préliminaire, ainsi que de celles devant avoir lieu à l'automne, toujours en Artois mais également en Champagne. En effet, l'espace d'un instant, les vagues d'assaut britanniques et indiennes ont entrevu la voie menant à la crête d'Aubers, qui sera l'objectif lors de l'offensive d'Artois. Mais avant qu'elle puisse être lancée, les Britanniques subissent une attaque dans les Flandres, connue sous le nom de seconde bataille d'Ypres. La première, qui a sécurisé le « Saillant » fin 1914, avait tourné court en décembre au cours de combats confus et infructueux, largement menés par les Français. Début avril, Falkenhayn est décidé à accentuer sa pression sur le saillant d'Ypres, à la fois pour masquer le transfert de troupes vers le front de l'Est pour la prochaine campagne de Gorlice-Tarnow, et pour tester les nouvelles armes chimiques. L'attaque doit être une offensive limitée, étant donné que les espoirs de Falkenhayn de parvenir à une décision à l'ouest doivent, comme il le sait, être repoussés tant que Hindenburg et Ludendorff pourront faire en sorte que soit privilégié le front de l'Est. Néanmoins, il espère gagner du terrain et consolider une position plus dominante sur la côte de la Manche.

Les Allemands ont déjà fait usage d'armes chimiques le 3 janvier, sur le front de l'Est, à Bolimov, en tirant des obus remplis de gaz sur les positions russes de la Ravka, à l'ouest de Varsovie. L'agent chimique, que les Allemands appellent le *T-Stoff* (bromure de xylène) est lacrymal mais non mortel. Il semble n'avoir pas le moins du monde troublé les Russes : les températures étaient si basses que l'agent chimique a gelé au lieu de s'évaporer [28]. Mais en avril les Allemands disposent en grandes quantités d'un agent mortel, le chlore. Ce gaz asphyxiant, qui entraîne la mort par stimulation de la production de fluide dans les poumons, et provoque l'étouffement, est un matériau dérivé des colorants utilisés par l'industrie allemande, contrôlée par l'IG Farben qui exerce un quasi-monopole mondial sur ces produits. Carl Duisberg, qui dirige l'IG Farben, a déjà sauvé l'effort de guerre allemand de l'effondrement en réussissant à synthétiser les nitrates, composants essentiels des explosifs qui ne peuvent être obtenus organiquement qu'à partir de sources sous contrôle allié. Parallèlement, il collabore avec le plus grand chimiste industriel d'Allemagne, Fritz Haber, qui dirige l'Institut de l'Empereur Guillaume à Berlin, pour mettre au point un moyen de pulvériser du chlore en grande quantité sur les tranchées ennemies. Des expériences avec des obus remplis de gaz ont échoué, même si, remplis d'un autre gaz, les obus se verront plus tard largement utilisés. L'émission directe, avec un vent favorable, de chlore enfermé dans des cylindres pressurisés est plus prometteuse. Le 22 avril, 6 000 cylindres contenant 160 tonnes de gaz sont installés face à Langemarck, au nord d'Ypres, où les tranchées sont tenues par les Français de la 87e division territoriale et la 45e division d'active, cette dernière étant composée de régiments de zouaves métropolitains d'Algérie, d'infanterie légère d'Afrique (bataillons disciplinaires de métropolitains) et de tirailleurs algériens. A leurs côtés se trouve la division canadienne, première des divisions impériales à avoir atteint le front de l'Ouest. Le reste du saillant d'Ypres est tenu par trois unités britanniques régulières, les 5e, 27e et 28e divisions.

L'après-midi du 22 avril est ensoleillé, balayé d'une légère brise courant d'est en ouest. A 17 heures, après un important bombardement, un nuage gris verdâtre commence à s'avancer depuis les tranchées allemandes vers les tranchées françaises, et des milliers de zouaves et de tirailleurs algériens reviennent bientôt vers l'arrière, en se tenant la gorge, toussant, trébuchant, et le visage bleui. Dans l'heure, la ligne de front est abandonnée, et une brèche de sept kilomètres de large est ouverte dans les défenses d'Ypres. Une partie du gaz dérive vers les positions canadiennes, mais leur ligne résiste, et des renforts arrivent pour contenir l'avancée de l'infanterie allemande qui, en maints endroits, s'enterre au lieu de continuer à progresser. Le lendemain, du côté allié, l'improvisation est de mise. Le gaz est rapidement identifié et, le chlore étant soluble, le lieutenant-colonel Fergusson, de la 28e division, propose le port sur la bouche d'une pièce de tissu imbibée d'eau pour se protéger. Le 24 avril, les Allemands attaquent à nouveau les Canadiens au gaz, mais l'effet est moindre que le 22 et davantage de renforts sont disponibles. Les Britanniques, comme les Français, tentent de contre-attaquer. Le 1er mai, une nouvelle attaque au gaz se produit dans le terrain accidenté que les Britanniques appellent Hill 60 (Colline 60), Dump (Décharge) et Caterpillar (Chenille), au sud d'Ypres, où une ligne de chemin de fer parcourt les terrils du sillon près de Zillibeke. Aujourd'hui encore, le paysage bouleversé de ce minuscule champ de bataille dégage toujours une atmosphère de morbidité sinistre, même au regard des autres vestiges du front de l'Ouest. Ce même jour, les soldats du 1er bataillon du *Dorset Regiment* tiennent leur tranchée tandis que les gaz les saisissent à la gorge et que l'infanterie allemande leur tire dessus à travers le no man's land. La scène devait être aussi proche qu'il est possible de l'enfer. La situation est rétablie par un jeune officier, le sous-lieutenant Kestell-Cornish. Se saisissant d'un fusil, il tire, en compagnie des quatre hommes qui restent des quarante de son peloton, à travers le nuage de gaz pour tenir les Allemands à distance [29]. Un autre officier s'occupant des gazés rapporte : « Au moins 200 hommes me sont passés entre les mains... Certains sont morts en ma présence, d'autres en repartant vers l'arrière... J'ai dû parlementer avec beaucoup d'entre eux pour les convaincre qu'ils n'étaient pas morts. » En fait, « 90 hommes sont morts empoisonnés dans les tranchées, [et] sur les 207 amenés aux centres [de soins] les plus proches, 46 sont morts presque aussitôt et 12 après de longues souffrances [30] ».

Malgré tout, la ligne tient grâce au sens du devoir quasi inhumain des *Dorset*, et le saillant d'Ypres, bien qu'ayant progressé vers la ville (qui n'est plus distante que de trois kilomètres), ne sera plus jamais entamé par la suite. Les différents gaz, du mortel phosgène au gaz « moutarde » vésicant, continueront à être utilisés tout au long de la guerre, et le chlore tuera en mai des milliers de soldats russes lors des offensives allemandes à l'ouest de Varsovie. Cependant, leurs limites intrinsèques, à savoir la nécessité d'un vent favorable et le développement rapide de masques efficaces, expliquent qu'ils ne seront jamais une arme décisive, comme cela aurait pu être le cas si d'importantes réserves avaient été disponibles pour exploiter le premier effet de surprise obtenu par les Allemands à Langemarck.

Les Alliés n'ont aucune innovation technologique à leur opposer au moment de lancer leurs offensives sur le front de l'Ouest en 1915. Elles échouent toutes les deux, causant de lourdes pertes, pour des gains de terrain insignifiants. En mai, ils attaquent en Artois contre les hauteurs permettant aux Allemands de dominer leurs positions. Les Britanniques s'élancent sur la crête d'Aubers le 9 mai, les Français sur celle de Vimy une semaine plus tard. Bien que ces derniers disposent d'une artillerie conséquente et de munitions en nombre (1 200 canons, 200 000 obus), contrairement aux Britanniques, la différence entre ce qu'ils accomplissent est négligeable. La 1re armée de Haig est arrêtée net. Les Français, dont le fer de lance est le 33e corps de Pétain, gagnent le sommet de la crête de Vimy. De là, ils dominent la plaine de Douai où sillonnent les voies de chemin de fer cruciales qui sont aux mains de l'ennemi. Mais, les réserves allemandes étant plus proches que les leurs, positionnées dix kilomètres en arrière, les Français sont définitivement repoussés. C'est une parfaite illustration des problèmes structurels entraînant l'échec dans la guerre de tranchées [31].

A la reprise de l'offensive en septembre, en Champagne et de nouveau en Artois, les résultats sont peu différents, bien que les deux armées disposent d'un nombre considérablement plus grand d'unités à déployer. Du côté français, cette augmentation a été obtenue par une réorganisation permettant la création de douze nouvelles divisions (numérotées de 120 à 132). Les Britanniques, quant à eux, ont poursuivi le débarquement de nouvelles divisions territoriales en France. En outre, apparaissent pour la première fois en nombre dans ce pays des divisions de la « Nouvelle Armée » ou « armée de Kitchener », entièrement constituée de volontaires. Le plan d'attaque a été proposé à sir John French par Joffre le 4 juin. Il stipule comme préliminaire que les Britanniques prennent en charge une plus grande partie du front français de façon à libérer la 2e armée à la tête de laquelle Pétain vient d'être nommé, pour l'offensive se déroulant en Champagne. Haig a déjà repris en main une partie du front français dans les Flandres. Répondant à la demande de Joffre, la nouvelle 3e armée part pour la Somme, plus au sud, pour soulager l'armée de Pétain. Les Britanniques tiennent à présent la majeure partie de la ligne courant d'Ypres à la Somme. Ils ne laissent qu'une courte portion près de Vimy, d'où la 10e armée française attaquera dès les préparatifs du plan de Joffre terminés.

Mais ces préparatifs sont lents à aboutir. La volonté est pourtant là : le 7 juillet, à la première conférence de guerre interalliée tenue à Chantilly, les Français, les Britanniques, les Belges, les Serbes, les Russes et les Italiens, qui ont rejoint l'Entente en mai, se sont engagés à agir en commun. Mais la volonté ne pallie pas au défaut de moyens. A la fin du mois de juin, lors de la rencontre entre les ministres français et britannique chargés des munitions, David Lloyd George fait savoir à Albert Thomas, son homologue, que le BEF manque autant de canons que d'obus pour pouvoir fournir un effort majeur en France. Il souhaite reporter l'offensive commune au printemps suivant. Joffre résiste. Il veut agir vite, aussi bien pour maintenir la pression sur les Allemands que pour empêcher le départ de troupes vers d'autres théâtres d'opérations. Le gouvernement britannique, dans lequel les conservateurs ont rejoint les libéraux pour former une coalition le 26 mai, reconnaît que l'offensive de l'automne est un test de confiance et se rétracte. Cependant, les difficultés pratiques persistent. L'arrivée des Britanniques sur la Somme s'éternise. La préparation de l'offensive en Champagne également. Les deux alliés ont appris qu'une attaque d'envergure contre les tranchées ennemies ne peut être improvisée ; des routes doivent être construites, le ravitaillement acheminé, des positions de batterie aménagées. Le début de ce qui va s'appeler la deuxième offensive de Champagne est repoussé de fin août au 8 septembre, puis au 25, Pétain exigeant une préparation d'artillerie très longue.

Les Allemands profitent du retard pris et des signes avant-coureurs d'une attaque imminente pour renforcer les secteurs de leur front contre lesquels, à l'évidence, l'offensive se prépare. Les instructions données en janvier par Falkenhayn établissent qu'une seconde position doit être construite derrière la première, ainsi qu'entre les deux, des nids de mitrailleuses bétonnés. Malgré l'ampleur du travail que cela nécessite, le système est en place à l'automne, formant une ceinture défensive pouvant s'étendre en profondeur jusqu'à cinq kilomètres [32]. L'expérience ayant déjà montré qu'un mouvement offensif de cinq kilomètres sous le feu de l'ennemi pousse les assaillants encombrés par leur paquetage aux limites de leur courage physique et moral, les positions allemandes sur le front de l'Ouest sont, de ce point de vue, imprenables ; plus encore contre une offensive censée réussir une percée le premier jour. Mais il y a pis pour les assaillants : la doctrine défensive des Allemands exige que la deuxième position soit établie sur l'autre versant de toutes les hauteurs occupées (et les Allemands ont fait le choix judicieux, lors de la retraite de 1914, d'occuper les plateaux), de manière à la protéger du feu d'artillerie ennemi. En revanche, le rôle de l'artillerie allemande n'est pas de bombarder les tranchées mais les fantassins ennemis dès que ces derniers se rassemblent, avant d'établir un barrage dans le no man's land une fois leur marche lancée. Ceux qui franchissent cette barrière de feu sont laissés aux mitrailleurs : l'expérience prouve qu'ils peuvent arrêter une attaque à une distance de seulement 200 mètres, voire moins [33].

L'efficacité des préparatifs allemands va se révéler redoutable le 25 septembre 1915, que ce soit à Loos en Artois, où le BEF lance son offensive, à Souchez, non loin de là, où les Français reprennent l'assaut de la crête de Vimy, à Tahure, à la Folie et à la Main de Massiges en Champagne, objet d'attaques uniquement françaises. Dans ces deux secteurs, les offensives sont précédées d'une décharge de chlore. A Loos, les gaz restent en suspens dans le no man's land et reviennent même vers les tranchées britanniques, gênant l'avancée au lieu de la faciliter. Quoi qu'il en soit, les six divisions britanniques engagées (trois régulières, la 1re, la 2e et la 7e, deux de la « Nouvelle Armée », les Ecossais des 9e et 15e, et une territoriale, la 47e) sont vite arrêtées par les mitrailleuses. Les 21e et 24e divisions de réserve, toutes deux issues de l'armée Kitchener, se mettent en route pour apporter leur soutien, mais leurs positions de départ sont si éloignées qu'elles n'atteignent la ligne de front britannique qu'à la nuit. Elles reçoivent l'ordre de reprendre l'avancée le lendemain dans la matinée, qu'elles passent à se rassembler pour l'attaque. En début d'après-midi, elles avancent en dix colonnes « chacune [d'] environ mille hommes, avançant comme à la parade ». Les défenseurs allemands sont stupéfaits à la vue d'un « front entier couvert par l'infanterie ennemie ». Ils se redressent, certains montent même sur les parapets des tranchées et se mettent à tirer avec ivresse dans la masse des hommes avançant à travers l'étendue des prairies. Les mitrailleurs ont ouvert le feu à une portée de 1 400 mètres. « Jamais des mitrailleuses n'avaient eu à accomplir un travail aussi simple... Les tubes chauffés et suintant d'huile, elles balayaient les rangs ennemis. Une mitrailleuse tira à elle seule 12 500 cartouches cet après-midi-là. L'effet fut dévastateur. On pouvait voir les ennemis tomber littéralement par centaines, mais ils poursuivaient leur marche en bon ordre et sans interruption », jusqu'à atteindre les barbelés intacts de la seconde position des Allemands : « Confrontés à un obstacle infranchissable, les survivants firent demi-tour et commencèrent à se retirer. »

Les survivants représentent à peine la majorité de ceux ayant participé à l'attaque. Des 15 000 fantassins des 21e et 24e divisions, plus de 8 000 ont été tués ou blessés. Ecœurés par la vue du « champ de cadavres de Loos », les Allemands cessent le feu lorsque les Britanniques rejoignent leurs positions, « tellement le sentiment de compassion et de pitié était grand après une telle victoire [34] ». Loos est effectivement une victoire allemande. Bien que les Britanniques persistent à attaquer pendant encore trois semaines. Ils ne remportent pourtant rien de plus qu'un étroit saillant de cinq kilomètres de profondeur, dans lequel 16 000 soldats britanniques perdent la vie et près de 25 000 sont blessés. La bataille a été un baptême du feu terrible pour les divisions Kitchener, même si les Ecossais des 9e et 15e divisions semblent ne pas avoir fait grand cas de leurs pertes. Le revers les incite même à repartir à l'attaque. Le commandant John Stewart, du 9e *Black Watch*, écrit à sa femme après la bataille : « Ce qui compte le plus, c'est de tuer plein de Huns en perdant le moins de monde possible. C'est un jeu épatant et nos alliés le jouent au poil [35]. » Il n'est pas le seul à parler ainsi. Les nouvelles divisions de volontaires britanniques sont très avides de prouver leurs qualités de soldats, et le patriotisme des Français est toujours aussi ardent. Pendant encore un an, voire plus, les deux armées vont garder cet enthousiasme qui finira par s'émousser devant tant de pertes inutiles.

Cependant, en termes stratégiques, la bataille de Loos est un échec, de même que l'offensive de Champagne lancée le même jour par la 2e armée de Pétain et de la 4e de Langle. Vingt divisions ont attaqué côte à côte sur un front de trente kilomètres, soutenues par mille canons lourds et sous le couvert d'un nuage de gaz semblable à celui employé à Loos. Les résultats sont tout aussi inefficaces. Certains régiments français quittent leurs tranchées au son de la fanfare, toutes couleurs déployées. D'autres, lorsque l'avancée faiblit, sont poussés vers l'avant par des officiers supérieurs. L'un d'eux, le célèbre général Charles Mangin, est touché à la poitrine par une balle alors qu'il organise un assaut. Il sera néanmoins de retour à son poste dix jours plus tard. Malgré tous ses efforts et ceux d'autres officiers comme lui, malgré la bravoure continue du simple soldat français, les tentatives sur les hauteurs de Champagne ne font nulle part gagner plus de cinq kilomètres de terrain. La seconde ligne allemande n'est pas investie et, lorsque le combat prend fin le 31 octobre, leurs positions sont toujours intactes, alors que du côté français les pertes s'élèvent à 143 567 hommes [36].

L'année a été sinistre pour les Alliés sur le front de l'Ouest. Beaucoup de sang a été versé pour des résultats médiocres, et tout espoir de succès est repoussé à 1916. Les Allemands ont prouvé qu'ils avaient beaucoup appris sur les méthodes de défense d'un front constitué de tranchées ; les Alliés quant à eux n'ont rien appris sur la façon de le percer. La leçon est amère pour les Français, d'autant plus que, dans une guerre devenant véritablement mondiale, leurs alliés semblent chercher des solutions ailleurs, laissant les forces ennemies les plus nombreuses occuper leur territoire. Cependant, la perspective d'une défaite des puissances centrales au moyen de victoires périphériques semble aussi lointaine que celle d'une percée sur le Rhin. En Russie, où l'intervention allemande a sauvé les Autrichiens du désastre, sur le nouveau front italien qui s'est ouvert en mai dans les Balkans, sur les champs de bataille turcs, le cours des événements joue en faveur de l'ennemi. Il n'y a qu'en mer et dans les lointaines colonies allemandes que les Alliés ont obtenu l'avantage. Mais ils sont bien conscients que ce n'est ni sur le théâtre naval ni sur le théâtre colonial que se jouera la victoire.

7

LA GUERRE AU-DELÀ DU FRONT DE L'OUEST

A la fin de l'année 1915, aucun des belligérants ne mène la guerre qu'il avait voulue ou à laquelle il s'attendait. Les espoirs de victoire rapide ont été brisés, de nouveaux ennemis ont fait leur apparition, de nouveaux fronts se sont ouverts. Seule la France livre une guerre à peu près conforme aux prévisions stratégiques de son état-major. Mais à sa mauvaise appréciation de la planification et du prix à payer s'ajoute le fait qu'elle est à présent impliquée dans des campagnes secondaires dans les Balkans et en Méditerranée orientale, après l'intervention inattendue des Turcs en novembre 1914. L'entrée de la Turquie bouleverse aussi les calculs de la Russie qui comptait ne combattre que l'Allemagne et l'Autriche : elle doit à présent mener une difficile campagne dans le Caucase. L'Allemagne espérait une guerre à front unique menée en deux étapes : tout d'abord contre la France, pendant qu'un groupement de forces bien moindre tiendrait son front de l'Est. Une autre campagne victorieuse, contre la Russie cette fois, suivrait la victoire sur le front de l'Ouest. Au lieu de cela, elle se trouve lourdement engagée aussi bien sur le front de l'Ouest que sur celui de l'Est, et obligée de maintenir sur ce dernier des forces considérables en territoire autrichien pour appuyer son alliée. L'Autriche, qui a cru que la guerre se limiterait à une expédition punitive contre la Serbie, a récolté les fruits de la tempête qu'elle a provoquée par son inconscience : elle doit désormais faire face non seulement à la Russie mais encore à l'Italie. Quant à la Serbie, elle subit les conséquences directes de son intransigeance et se retrouve anéantie en tant qu'Etat. La Grande-Bretagne, qui n'a engagé au début qu'un corps expéditionnaire pour soutenir les Français dans les Flandres, doit à présent assumer la responsabilité d'une partie plus grande du front occidental. Simultanément, il lui faut mobiliser un contingent pour combattre les Turcs à Gallipoli, en Egypte et en Mésopotamie, ainsi que pour appuyer les Serbes et réduire les garnisons des colonies africaines de l'Allemagne. Des hommes doivent aussi être envoyés en renfort des équipages des navires défendant la mer du Nord contre la flotte de haute mer allemande. Il est indispensable pour la Grande-Bretagne de maintenir son hégémonie en Méditerranée, de chasser et détruire les navires de commerce ennemis et de défendre les siens contre les attaques d'*U-Boote.* La guerre, que les soldats commencent déjà à appeler la Grande Guerre, est en train de devenir un conflit mondial, et ses limites sont repoussées de plus en plus loin à mesure que les mois passent.

LA GUERRE DANS LES COLONIES ALLEMANDES

L'Allemagne a dû devenir elle-même un empire, le IIe Reich, proclamé dans la galerie des Glaces à Versailles en janvier 1871, avant de pouvoir rejoindre les grandes puissances européennes dans la course coloniale. Les vastes conquêtes de celles-ci ne laissent que des miettes aux Allemands. L'Afrique du Nord est alors française, l'Asie centrale et la Sibérie sont russes et l'Inde britannique. Heinrich von Treitschke, l'idéologue du nationalisme allemand, annonce que « la colonisation est une question de vie ou de mort [1] ». Malgré cela, l'acquisition de colonies suscite peu d'enthousiasme populaire, peut-être parce que les seules zones encore exploitables se trouvent dans les endroits les moins favorisés d'Afrique. C'est par l'intermédiaire des marchands allemands que s'initie l'entrée sur le continent. Entre 1884 et 1914, ceux-ci ont établi des enclaves commerciales au Cameroun, au Togo et en Afrique du Sud-Ouest (Namibie) sur la côte ouest et dans ce qui est aujourd'hui la Tanzanie sur la côte est. Le gouvernement impérial s'est ensuite assuré la possession de ces enclaves. Par des achats — notamment à l'Espagne — et avec des visées impériales délibérées, l'Allemagne a parallèlement obtenu la Papouasie, les îles Samoa et Caroline, Marshall, Salomon, Marianne et Bismarck dans le Pacifique sud et central. La région côtière de Kiao-tchéou et son port de Tsing-tao ont été arrachés à la Chine en 1897.

Au déclenchement de la guerre, les Français et les Britanniques entreprennent des actions pour réduire les garnisons des colonies allemandes. Entrés en guerre le 23 août sur les bases d'une interprétation scrupuleuse de leurs obligations établies par le traité anglo-japonais de 1911, les Japonais attaquent de la même manière Tsing-tao et les îles du Pacifique central. Au-delà de l'accord le liant à la Grande-Bretagne, le Japon cherche surtout à améliorer sa position stratégique dans le Pacifique aux dépens des Allemands. Il occupe les îles Marianne, Marshall et Caroline en octobre. Transférées sous son autorité par mandat après 1918, elles vont former le périmètre extérieur de son bastion d'îles dans la guerre qui l'opposera aux Etats-Unis vingt-cinq ans plus tard. Les îles Samoa tombent aux mains des troupes néo-zélandaises le 29 août. La Nouvelle-Guinée allemande (la Papouasie) se soumet sans condition à une expédition australienne le 17 septembre, de même que les îles Salomon et Bismarck. La réduction de Tsing-tao est plus longue. Lourdement fortifiée et défendue par 3 000 fusiliers marins allemands, elle représente un énorme obstacle militaire pour un assaillant. Les Japonais ne prennent aucun risque et débarquent avec 50 000 hommes pour en faire le siège. Ils sont plus tard rejoints par le 2e *South Wales Borderers* et le 36e *Sikhs* britanniques conformément au traité de Tien-tsin [2]. Trois lignes de défense font face aux attaquants. Les deux premières sont abandonnées sans résistance par les Allemands. Contre la troisième, les Japonais creusent des parallèles dans le style traditionnel des guerres de tranchées et commencent à bombarder avec des obusiers de 270 mm, semblables à ceux qui ont réduit les défenses russes tout près de là, à Port Arthur, dix ans plus tôt. Dans la nuit du 6 au 7 novembre, un assaut d'infanterie est livré, à travers un no man's land réduit à 300 mètres de large. Le lendemain matin, le capitaine Meyer Waldeck, l'officier naval faisant office de gouverneur, se rend avec ses troupes. Deux cents de ses hommes ont été tués face à 1 455 Japonais. La résistance aura été courageuse, mais purement symbolique.

En Afrique, le minuscule territoire du Togo, pris entre la Côte de l'Or britannique (actuel Ghana) et le Dahomey français (actuel Bénin), est rapidement envahi le 27 août par les troupes des *West African Rifles* et les tirailleurs sénégalais. Territoire bien plus vaste, équivalent en surface à l'Allemagne et la France réunies, le Cameroun se révèle plus difficile à conquérir. Sa garnison comprend à peu près 1 000 Européens et 3 000 Africains. La force alliée se compose de régiments du Nigeria, de la Côte de l'Or et de la Sierra Leone sous commandement britannique, d'une infanterie africaine française et d'un contingent belge en provenance du Congo. Accompagnée de dizaines de milliers de porteurs, soutiens essentiels à toute campagne dans la forêt ou la brousse africaine, l'armée alliée finit par constituer une force de 25 000 hommes. Mais malgré sa supériorité numérique, la distance, le climat et la topographie émoussent ses premiers efforts. Trois colonnes britanniques sont en route à travers la frontière nigérienne à la fin du mois d'août, chacune séparée par 400 kilomètres de terrain sans routes. Près du lac Tchad, sur l'ancien itinéraire du commerce d'esclaves en Afrique centrale récemment conquis par les Français, l'une d'elles avance vers Mora, une deuxième approche de Yaroua, à 800 kilomètres de la mer, et la troisième, proche de la côte elle-même, se dirige vers Nsanakang. Toutes trois rencontrent une forte résistance et doivent rebrousser chemin après avoir subi de lourdes pertes. Les Français ont plus de succès : ils s'emparent d'une tête de pont côtière et remportent une modeste bataille à Kousseri, au sud du lac Tchad. L'arrivée de renforts donne par la suite l'avantage aux Britanniques. Grâce à l'assistance de quatre croiseurs (notamment français) et d'une flotte de petites embarcations, ils prennent solidement pied sur la côte et capturent Douala, capitale coloniale et station télégraphique, le 27 septembre. Leur route les conduit ensuite vers l'intérieur des terres en remontant les fleuves et les deux courtes voies ferroviaires coloniales. L'objectif est Yaoundé, à 225 kilomètres de la côte, où l'ennemi a établi un dépôt d'artillerie. L'habile résistance allemande, au cours d'une saison de pluies diluviennes, retarde l'avancée britannique jusqu'au mois d'octobre 1915. Dans l'intervalle, les soldats africains se mettent à cultiver des potagers pour augmenter leurs rations dont le ravitaillement est irrégulier [3]. Au retour de la saison sèche en novembre, les Alliés peuvent enfin se mettre en route vers la région montagneuse centrale et parviennent à encercler la majeure partie des Allemands dans l'enclave neutre de la Guinée espagnole. Le dernier poste allemand de Mora, où les hostilités avaient débuté dix-huit mois plus tôt, se rend en février 1916 [4].

La campagne du Cameroun diffère peu de celles ayant permis aux Britanniques et aux Français de soumettre les tribus guerrières lors des conquêtes précédentes. En revanche, celle qui s'ouvre en Afrique du Sud-Ouest allemande en septembre 1914 est d'une tout autre nature. Le « Sud-Ouest allemand », actuelle Namibie, est un immense territoire faisant six fois la taille de l'Angleterre, aride, stérile et peuplé à l'époque de seulement 80 000 Africains. Pour la plupart membres de la tribu Herero, (dont la rébellion a été écrasée sans pitié en 1904 par le gouverneur, père du futur Reichsmarschal Hermann Goering), ils sont maintenus sous étroite surveillance par les 3 000 hommes de la garnison et les 7 000 colons allemands. Le gouvernement allemand a espéré, comme dans ses autres possessions africaines, éviter un conflit au « Sud-Ouest ». Il fait confiance à un vague engagement mutuel entre puissances coloniales, datant d'avant-guerre, pour le maintien de la neutralité en Afrique. Mais les Britanniques sont déterminés à agir. En dépit du retrait de leur garnison voisine d'Afrique du Sud au début de la guerre, les laissant dépendants de sa *Force de défense*, dont leurs anciens adversaires de la guerre des Boers de 1892-1902 forment une large proportion, ils s'engagent rapidement par voies maritime et terrestre dans une expédition contre la colonie allemande. Quelque 60 000 hommes en font partie. Certaines, comme celles de la Force permanente d'Afrique du Sud, sont des troupes régulières parfaitement loyales envers la Grande-Bretagne, d'où sont originaires beaucoup de ses membres. En revanche, la Force citoyenne est divisée : certaines de ses unités, comme la *Durban Light Infantry*, l'*Imperial Light Horse*, sont composées d'Anglais sud-africains loyaux à la Couronne, comme les contingents de Rhodésiens blancs (parmi lesquels le futur général de l'armée de l'air « Bomber » Harris) qui arrivent d'Afrique de l'Est. La situation est plus délicate avec les autres. Ancien chef boer passé au service de la Grande-Bretagne, le général Louis Botha a pris son parti pour n'en plus changer. Il est personnellement lié à Jan Smuts, l'un des plus brillants généraux boers devenu Premier ministre de l'Union. En revanche, Christiaan de

Wet, héros boer, et Christiaan Beyers, qui occupe le poste de commandant de la Force de défense, se lancent dans une rébellion active. C'est également le cas du général Jan Kemp et du colonel Soloman Maritz, le premier démissionnant, le second refusant d'obéir aux ordres. Ainsi, la Grande-Bretagne se retrouve engagée dans une campagne coloniale contre les Allemands mais aussi contre une rébellion des Boers [5].

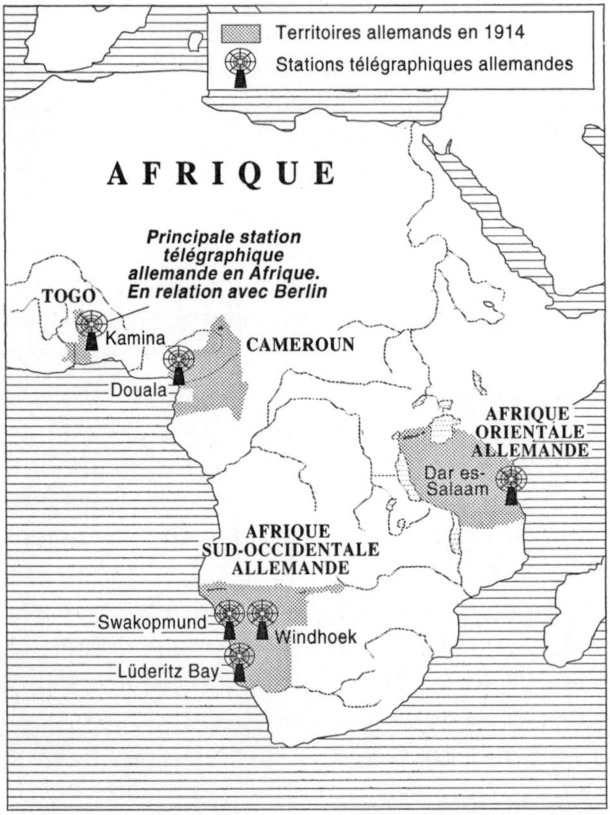

Territoires allemands en Afrique

Fort heureusement pour les Britanniques, cette rébellion ne s'étend pas. Environ 11 000 Afrikaners s'y joignent, mais face à trente mille loyalistes, boers et britanniques, ils sont contraints de se rendre ou, pour une minorité d'entre eux, à fuir en territoire allemand en janvier 1915. C'est à cette date que la guerre contre les Allemands débute vraiment. L'armée est formée de quatre colonnes, pour l'essentiel à cheval, beaucoup de soldats étant des « burghers » boers dont certains ont combattu les Britanniques à Majuba en 1881. Elles convergent vers les foyers de résistance allemands à partir de la côte, depuis le fleuve Orange et depuis Bechuanaland, l'immense protectorat (actuel Botswana) situé au nord de l'Union sud-africaine. L'objectif est Windhoek, la capitale coloniale allemande, sur laquelle les Allemands se replient en bon ordre. La résistance continuera après sa chute le 12 mai 1915. Les Allemands se trouvent alors dans une situation désespérée. Plus que largement surpassés en effectifs, et forcés de mener leur campagne dans une des régions les plus désolées du monde, sans aucun espoir de ravitaillement venant de l'extérieur, ils finissent par se rendre sans condition le 9 juillet 1915. Les officiers allemands sont autorisés à garder leurs épées, les colons allemands réservistes à rentrer dans leurs fermes avec leurs armes et des munitions pour protéger leurs familles et leurs possessions [6]. Windhoek reste aujourd'hui encore la seule ville distinctement allemande de l'hémisphère Sud.

En 1916, le dernier foyer de résistance allemand aux empires coloniaux français et britannique est « l'Est allemand », l'actuelle Tanzanie. La guerre au sein de cette immense colonie, qui fait presque la taille de la France, a commencé le 8 août avec le bombardement du croiseur britannique *Astrae* du port de Dar es-Salaam. Les hostilités cessent très vite. Lorsqu'elles reprennent, elles se poursuivent au-delà de l'armistice européen en novembre 1918, en raison de l'extraordinaire ténacité et de l'art du commandement du colonel Paul von Lettow-Vorbeck, à la tête de la *Schutztruppe* de la colonie. Agé de quarante-quatre ans en 1914, Lettow-Vorbeck est un meneur de campagnes impériales chevronné. Il a déjà servi dans le contingent allemand ayant écrasé la révolte des Boxers en Chine et dans le Sud-Ouest allemand. Son affectation en Afrique orientale allemande est une nomination à la hauteur de son prestige : la baronne Karen Blixen, auteur de *Out of Africa*, et qui revint sur le même bateau que lui, se souvient qu'aucun autre Allemand ne lui a donné « une impression aussi forte de ce qu'était l'Allemagne impériale et de ce qu'elle représentait [7] ». Cette colonie est en effet le joyau des possessions d'outre-mer du IIe Reich. Le Togo est négligeable, le Cameroun un pays fiévreux et dépeuplé, le « Sud-Ouest » un désert magnifique mais vide. L'Afrique orientale allemande, bordée par l'Ouganda et le Kenya britanniques au nord, par le Congo belge et la Rhodésie à l'ouest, le Nyassaland britannique et le Mozambique portugais au sud, s'étend de part et d'autre de la région des Grands Lacs, l'endroit du continent le plus romantique et dont le potentiel productif est le plus grand. Ses frontières touchent ou sont formées par les lacs Victoria, Tanganyika et Nyassa, et le Kilimandjaro se dresse sur son territoire.

Au début du conflit en Europe, l'accord d'avant-guerre entre les puissances tenant l'Afrique noire à l'écart des hostilités semble prévaloir. Schnee, le gouverneur allemand, interdit toute opération offensive. Son homologue britannique au Kenya déclare que sa colonie n'a aucun « intérêt dans la présente guerre ». Par ailleurs, aucun des deux gouverneurs ne dispose de forces avec lesquelles combattre. Mais ils omettent de prendre en considération l'agressivité de leurs subordonnés. Lettow-Vorbeck ne tient aucun compte de Schnee et commence à rassembler ses forces, même si elles sont peu nombreuses : environ 2 500 Askaris et 200 officiers blancs. Dans le même temps, Nairobi, la capitale du Kenya, se remplit de jeunes colons et de chasseurs blancs à l'esprit belliqueux, tous porteurs d'armes et exigeant un uniforme et une mission. Comme les jeunes confédérés en avril 1861, ils forment leurs propres unités militaires aux noms étranges, comme le *Bowker's Horse* ou la *Legion of Frontiersmen*, et partent combattre Lettow-Vorbeck. En septembre, et en dépit des gouverneurs, la guerre est en marche.

Les gouvernements des métropoles souhaitent également la guerre. Un croiseur allemand, le *Königsberg*, opérait déjà au large de l'Afrique orientale avant le début du conflit. Il ouvre les hostilités en coulant un navire de guerre britannique, le *HMS Pegasus*. Bien que modeste, sa perte conduit l'amiral commandant la base sud-africaine à concentrer toutes ses forces, composées de trois croiseurs, contre le *Königsberg*. Celui-ci se retrouve vite poussé dans les profondeurs marécageuses du Rufiji, où son capitaine va brillamment parvenir à échapper à ses poursuivants durant 255 jours. Le croiseur finit par être coulé, mais uniquement après l'envoi par le ministère de la Marine britannique de deux navires pouvant manœuvrer en eaux peu profondes, le *Seven* et le *Mersey*, pour l'acculer dans son repaire. Et même réduit à l'état d'épave, il continuera à contribuer à la campagne. Une bonne partie de son équipage passe à terre pour servir auprès des Askaris de Lettow-Vorbeck, et certains de ses canons sont démontés pour être utilisés comme artillerie de campagne.

L'agressivité de Lettow-Vorbeck conduit la Grande-Bretagne à préparer une expédition militaire de grande envergure contre lui. Non seulement le colonel allemand fait des incursions en Ouganda et au Kenya, où il hisse le drapeau allemand en territoire britannique au pied du Kilimandjaro, mais encore il mène à l'intérieur des terres des opérations navales sur les Grands Lacs. Des canonnières préfabriquées finissent par être envoyées de Grande-Bretagne afin de reprendre le contrôle de ces eaux. Cependant, le renfort le plus conséquent vient de deux brigades anglo-indiennes débarquant des Indes. Les régiments indiens sont de second ordre, mais les réguliers britanniques auraient dû pouvoir compenser cette faiblesse. Il n'en est rien : le premier débarquement de l'expédition à Tanga le 2 novembre 1914 se solde par une humiliation. Les Indiens s'enfuient, les Britanniques se perdent. Bien qu'en infériorité numérique, se battant à un contre huit, les Allemands repoussent sans mal leurs adversaires vers les plages, où ils rembarquent le 5 novembre, laissant derrière eux seize mitrailleuses, des milliers de fusils et 600 000 cartouches.

Ces prises de guerre vont aider von Lettow à soutenir sa campagne pendant toute l'année 1915, période creuse au cours de laquelle les Britanniques lèvent et instruisent leurs troupes. De meilleures unités britanniques arrivent. Lettow remporte une modeste victoire à Jassin. A cette occasion, le coût en vies humaines ainsi qu'en munitions (ses Askaris ont tiré plus de 200 000 cartouches) lui apprennent que « nous devions économiser nos forces si nous voulions tenir dans une guerre longue... La nécessité de me restreindre à la guérilla était bien évidemment impérative. » Par la suite, telle sera sa stratégie [8]. En mars 1916, Jan Smuts arrive d'Afrique du Sud, apportant les troupes de la Force de défense libérées par la conquête du Sud-Ouest allemand. Il s'attelle à la préparation d'une offensive partant du Kenya, du Nyassaland, du Congo belge et du Mozambique portugais pour écraser la petite armée de Lettow. Mais celui-ci n'a aucune intention de les laisser faire : résistant aux Britanniques avec férocité, il tend de terribles embuscades à mesure que les Britanniques convergent vers lui. Avant qu'ils ne puissent réunir des effectifs plus importants, Lettow s'échappe, détruisant dans sa fuite tout ce qui pourrait servir à ses adversaires. Comme ses soldats peuvent vivre des ressources naturelles et se réapprovisionner en munitions par des saisies de matériel ennemi, sa capacité de poursuivre la lutte dans les immenses espaces de la brousse africaine est presque sans limites, comme il va le montrer tout au long des années 1916, 1917 et 1918.

LA GUERRE DES CROISEURS

Avant que Lettow ne se lance dans son extraordinaire aventure dans l'immensité des terres africaines, alors même qu'il mène toujours ses premiers engagements sur les frontières, une autre campagne, plus brève mais plus spectaculaire, est montée dans les profondeurs des océans Atlantique et Pacifique par les escadres d'outre-mer de la Marine impériale allemande. La flotte principale de l'Allemagne, construite pour l'hégémonie maritime de la Grande-Bretagne, est délibérément concentrée dans les ports allemands de la mer du Nord. C'est de là qu'elle peut faire peser sur la *Royal Navy* la menace d'une échappée en haute mer et le danger d'une rencontre surprise dans laquelle les effectifs supérieurs de la Grande-Bretagne courent le risque de se laisser dépasser par les caprices météorologiques ou le jeu du hasard. Néanmoins, l'Allemagne maintient aussi des forces plus modestes dans le Pacifique, à Tsing-tao et dans les îles. En août, les croiseurs *Scharnhorst* et *Gneisenau* sont aux Caroline, l'*Emden* est à Tsing-tao, le *Dresden* et le *Karlsruhe* aux Caraïbes, le *Leipzig* au large de la côte Pacifique du Mexique et le *Nürnberg* en route pour soutenir ce dernier. Le *Königsberg*, dont il a déjà été fait mention, est en mission solitaire au large de l'Afrique orientale. Bien que peu nombreux, ces huit navires représentent une menace de taille pour les navires alliés, en particulier pour les convois devant débarquer les troupes australiennes et néo-zélandaises en Europe. De construction récente, rapides, bien équipés en armes, ils sont commandés par des officiers compétents, comme l'amiral Maximilian von Spee qui mène l'escadre du *Scharnhorst* et du *Gneisenau*. Par ailleurs, les Britanniques ne disposent dans leur flotte que de navires soit trop vieux, dits « cuirassés » mais trop lents pour rattraper leurs équivalents allemands et trop mal armés pour les inquiéter, soit de croiseurs légers pouvant rivaliser de vitesse mais n'ayant pas la puissance de feu pour engager le combat avec les navires allemands. L'écart technologique est censé être compensé par les nouveaux croiseurs de bataille, les dreadnoughts rapides et légèrement armés. Mais leur coût de construction élevé n'a pas permis de les produire en nombre, tout en engouffrant les fonds qui auraient pu servir à moderniser la flotte de croiseurs conventionnels. Cette conséquence imprévue va causer, dans les premiers mois de la guerre, de nombreuses pertes en vies humaines et en navires à la *Royal Navy*, et gravement écorner son prestige.

En outre, un plan concerté manque à la *Royal Navy* pour faire face à l'agressivité des croiseurs allemands. Elle croit pouvoir se dispenser d'élaborer un plan de ravitaillement pour les poursuites engagées sur des distances océaniques en raison du vaste réseau de stations de charbonnage dont elle dispose. En revanche, les Allemands ont de nombreux charbonniers, et les navires qu'ils capturent sont de providentielles sources de charbon, de nourriture et d'eau. Des cargos arrivent également des eaux allemandes pour approvisionner ces *corsaires*, et pour agir indépendamment comme croiseurs marchands armés. S'il existe une faille dans le dispositif allemand, elle réside dans le fait que ces rencontres doivent être organisées par télégraphe, à l'aide d'un code que les Britanniques ne tardent pas à déchiffrer.

Deux des corsaires sont bien vite mis hors service. Le *Königsberg*, le moins manœuvrable, est perdu depuis qu'il a été acculé dans le delta du Rufiji. Sous le commandement de l'énergique capitaine Karl von Müller, l'*Emden* cause beaucoup de dégâts dans les océans Pacifique et Indien, bien qu'il fasse parfois l'objet de poursuites non seulement de la part des Britanniques, mais également des Français, des Russes et des Japonais. Il est finalement intercepté et coulé le 9 novembre 1914 par le croiseur australien *Sydney* à l'île de la Direction, dans l'archipel des Keeling, non sans avoir réussi à envoyer un message depuis la station télégraphique, juste avant la destruction du transmetteur par son équipage. Le *Sydney* a été détaché de l'un des gros convois sous escorte transportant des troupes australiennes en Méditerranée. Mais le remarquable périple de l'*Emden* n'a pas pris fin pour autant. Le commandant du détachement débarqué sur l'île de la Direction échappe aux Australiens, s'empare d'une goélette, navigue jusqu'aux Indes néerlandaises, parvient à embarquer à bord d'un paquebot allemand pour le Yémen, repousse des attaques de Bédouins, atteint la voie ferroviaire de Hejaz construite pour transporter les pèlerins à La Mecque et arrive finalement à Constantinople en juin 1915. il y est fêté, comme cela peut se comprendre, en véritable héros [9].

Le *Karlsruhe* est mystérieusement détruit par une explosion interne au large de la Barbade le 4 novembre, après avoir coulé seize navires marchands. Le *Leipzig* et le *Dresden*, qui ont diverses expériences à leur actif, ont rendez-vous avec l'amiral von Spee dans les eaux sud-américaines en octobre. Le *Nürnberg* l'a rejoint un peu plus tôt. Ces cinq navires forment alors la plus grande menace pesant sur le contrôle qu'exercent les Alliés sur les mers en dehors de la mer du Nord. Spee exploite cet avantage. Néanmoins, il n'a pas la possibilité d'opérer dans le Pacifique nord en raison de la menace que fait peser l'importante flotte japonaise. Celle-ci croise au large et s'est montrée particulièrement agressive dans les premiers mois de la guerre, s'emparant de nombreuses îles sous possession allemande qu'elle utilisera avec profit de 1941 à 1944. Spee attaque les possessions françaises à Tahiti et aux îles Marquises, mais une résistance farouche lui est opposée. Il doit aussi faire face à la difficulté du ravitaillement en charbon. Optant pour une audacieuse permutation stratégique, il décide de quitter le Pacifique pour l'Atlantique sud, envoyant au *Dresden,* au *Leipzig* et à ses charbonniers le message de le retrouver près de l'île de Pâques, l'endroit habité le plus reculé du monde [10].

L'interception de ses messages insuffisamment codés alerte Christopher Cradock, l'amiral britannique commandant la station d'Amérique du Sud, sur les intentions de Spee. Passant par le détroit de Magellan, Cradock porte son escadre dans les eaux chiliennes. Le croiseur léger *Glasgow* constitue son avant-garde. Cradock suit avec les croiseurs *Monmouth*, *Good Hope* et le cuirassé *Canopus*, si vieux (il date de 1896) et si lent qu'on le laisse escorter les charbonniers accompagnant la flotte. Le *Monmouth* et le *Good Hope* sont à peine moins vieux, guère plus rapides et faiblement armés. Ils naviguent pour rejoindre le *Glasgow* mouillant dans le petit port chilien de Coronel. L'interception de renseignements donne alors l'avantage à Spee. Apprenant que le *Glasgow* est à Coronel, il se poste en attente des vieux croiseurs devant le port. Lorsqu'ils apparaissent, le 1er novembre au soir, Spee reste hors de portée jusqu'à la nuit et n'ouvre le feu qu'au crépuscule. Le *Monmouth* et le *Good Hope* sont vite envoyés par le fond, ne laissant aucun survivant parmi les 1 600 hommes d'équipage se trouvant à bord. Le *Glasgow* s'échappe pour prévenir le *Canopus* et lui éviter d'un sort identique.

Coronel est la première défaite britannique sur mer depuis cent ans. L'émotion causée est énorme, dépassant de loin celle qui avait suivi les pertes du *Hogue*, du *Cressy* et de l'*Aboukir*, trois autres vieux croiseurs coulés par le sous-marin U-9 au large de la Hollande le 27 septembre. L'amiral sir John Fisher, nommé premier lord de l'Amirauté le 31 octobre, met immédiatement en place un redéploiement des forces navales visant à intercepter Spee quelle que soit la direction qu'il prendra. Les stations du Cap, d'Amérique du Sud et d'Afrique de l'Ouest sont renforcées, tandis que la marine japonaise repositionne elle aussi ses unités, menaçant par là même la marge de manœuvre de Spee dans les océans Indien, Atlantique et Pacifique [11]. Plus dangereux pour Spee, Fisher décide de détacher deux de ses précieux cuirassés, l'*Invincible* et l'*Inflexible*, de la Grande Flotte et de les envoyer dans l'Atlantique sud. Spee aurait très bien pu en fait rester libre de croiser pendant longtemps, naviguant dans les vastes étendues des océans du Sud et se ravitaillant en capturant des cargaisons ou dans des ports neutres reculés. Mais il a décidé d'agir de manière agressive et d'attaquer les îles Malouines britanniques dans l'Atlantique sud. Ayant quitté le Pacifique après Coronel, il arrive au large de Port Stanley le 8 décembre. Pour le malheur des Allemands, l'amiral sir Doveton Sturdee, commandant l'escadre de cuirassés, a aussi décidé de faire escale à Port Stanley et se ravitaille en charbon lorsqu'ils apparaissent. Se mettant en route en toute hâte, Sturdee quitte le port et accélère pour aborder les cinq navires allemands. Aucun de ces derniers ne fait le poids, les cuirassés étant à la fois plus rapides que le *Scharnhorst* et le *Gneisenau*, leurs meilleurs navires, et bien plus lourdement armés. Avec beaucoup de bravoure, Spee leur fait faire demi-tour pour couvrir les autres mais est écrasé par les salves d'obus de 300 mm à des portées contre lesquelles ses canons de 200 mm ne peuvent rivaliser. Deux de ses croiseurs légers sont aussi mis hors d'usage par ceux de Sturdee. Seul le *Dresden* parvient à s'échapper. Il va rôder pendant trois mois dans les anses sub-arctiques autour du cap Horn avant d'être repéré par une escadre britannique comportant le seul navire ayant échappé au désastre de Coronel, le *HMS Glasgow*. Le navire allemand est contraint de fuir à nouveau le 14 mars 1915.

La victoire des Malouines met fin aux activités de haute mer de la marine allemande. Quelques navires marchands armés vont bien par la suite parvenir à quitter la mer du Nord et à faire des incursions dans les couloirs de navigation, mais les unités régulières de la marine ne se risqueront plus dans de telles aventures. En effet, après les Malouines, les océans sont sous contrôle allié. Le seul combat naval qui persiste, en attendant un affrontement des principales flottes en mer du Nord, a lieu sur des eaux intérieures, en mer Noire, dans la Baltique et l'Adriatique. La Méditerranée est entièrement contrôlée par les marines française et britannique, appuyées par les Italiens après l'entrée en guerre de leur pays. Cette hégémonie ne sera remise en cause que par l'apparition des *U-Boote* allemands en 1915. Dans l'Adriatique, dont l'accès est bloqué dans sa partie basse par une barrière de mines italienne ancrée au niveau du détroit d'Otrante, l'Autriche mène une guerre de représailles contre l'Italie. Son seul intérêt stratégique est d'empêcher les Alliés d'avoir un accès maritime aux Balkans plus direct que ce que leur offre la côte méditerranéenne. Une guerre identique est menée en mer Baltique entre les forces légères allemandes et la flotte russe. Beaucoup de mines y sont posées, dissuadant les Russes de risquer leurs Dreadnought trop loin des ports finlandais. Des bombardements côtiers et quelques opérations sous-marines britanniques audacieuses ont également lieu. Le magnifique *Rurik*, bâtiment russe de construction britannique récente (1906) et modèle des croiseurs que la Grande-Bretagne aurait dû construire pour elle-même, est utilisé fréquemment et avec efficacité avant d'être gravement endommagé par une mine en novembre 1916 [12]. D'un point de vue naval, la guerre dans la Baltique est plus instructive par ce qui ne s'y est pas passé. Capable dans des proportions égales de mauvaises comme de bonnes initiatives, Fisher a demandé dès 1908 une présence navale de grande envergure dans la Baltique. En 1914, il parvient à convaincre Churchill : comme lui, l'ambitieux projet stratégique l'intéresse plus que les moyens de le réaliser. Pour en faire la tentative, Fisher réussit même à obtenir des fonds pour faire construire trois énormes cuirassés adaptés aux eaux peu profondes de la Baltique. Heureusement, le bon sens l'emporte, et les navires construits, qui peuvent distancer des destroyers à pleine vitesse, ne connaîtront pas la destruction à laquelle ils étaient destinés dans ces eaux étroites. Ils serviront après la guerre comme porte-avions [13].

En mer Noire, la Russie maintient la deuxième de ses trois flottes *, et elle y règne sans partage. Après leur entrée en guerre en novembre 1914, les Turcs n'ont pas de navires en nombre suffisant, ni assez puissants, pour rivaliser avec les Russes. De manière sporadique (et inefficace), ces derniers minent les eaux turques, attaquent les ports et les navires. De telles opérations restent périphériques. La Turquie ne dépend pas de la mer pour soutenir son effort de guerre, pas plus que la Russie ne peut établir sa puissance militaire au moyen de sa flotte : le projet de faire débarquer le 5e corps du Caucase près de Constantinople en 1916 est abandonné devant les difficultés insurmontables que pose une telle opération [14].

Et pourtant, la marine turque, bien que de manière indirecte, se révélera l'un des instruments les plus significatifs de l'élargissement de la crise mondiale. Sous le contrôle des « Jeunes Turcs » nationalistes depuis 1908, le gouvernement ottoman se consacre depuis son arrivée au pouvoir à moderniser les institutions de l'empire. Il s'agit là d'une entreprise récurrente. Des tentatives de modernisation dans les premières années du XIXe siècle s'étaient soldées par le meurtre du sultan. En 1826, une nouvelle tentative, en apparence réussie, avait été mise en échec par le profond conservatisme des courtisans et des dirigeants religieux. Tous les Européens qui traitent avec les Turcs (et les Allemands, dont Moltke l'Ancien, sont parmi les plus nombreux) marquent leur déception et leur mépris face à l'indolence manifestement incurable des Turcs. Les Allemands s'obstinent néanmoins et finissent par aboutir. Les Jeunes Turcs, dont un bon nombre sont des musulmans des Balkans, semblent différents de leurs prédécesseurs et accueillent les conseillers militaires et les investissements commerciaux allemands. Le système

* La troisième se trouve dans le Pacifique. Elle joue un rôle mineur dans la conquête des possessions allemandes et dans la destruction de ses croiseurs d'attaque.

ferroviaire bénéficie de l'argent allemand, l'armée ottomane est rééquipée avec des fusils Mauser et des canons Krupp. C'est cependant en direction de la Grande-Bretagne que les Jeunes Turcs regardent, comme toutes les puissances émergeantes de l'époque, pour ce qui est de l'armement naval. En 1914, ils s'apprêtent à se faire livrer par les chantiers britanniques deux magnifiques dreadnoughts, le *Reshadieh* et le *Sultan Osman*, ce dernier étant le navire le plus puissamment armé au monde, avec quatorze canons de 300 mm. Mais au déclenchement de la guerre avec l'Allemagne, la Grande-Bretagne les rachète tous les deux de manière péremptoire. Deux jours plus tôt, le 2 août, la Turquie a conclu une alliance avec l'Allemagne contre la Russie, sa voisine et sa plus vieille ennemie, protectrice de ses ex-sujets des peuples balkaniques et conquérante de vastes étendues de l'ancien territoire ottoman [15]. L'Allemagne envoie sur-le-champ son escadre méditerranéenne (composée du cuirassé *Goeben* et du croiseur léger *Breslau*) vers les eaux turques, malgré les efforts mal concertés des Britanniques pour les en empêcher. En arrivant à Constantinople, ces bâtiments hissent le drapeau turc et sont rebaptisés *Sultan Selim* et *Midillu* : Souchon, le commandant de l'escadre, devient amiral turc. Aux protestations britanniques, il est répondu que les navires ont été « achetés » en remplacement des deux dreadnoughts saisis par les Britanniques et qui, sous le nom de *Erin* et d'*Agincourt*, font désormais partie de la Grande Flotte.

Au cours des trois mois suivants, le *Goeben* et le *Breslau* restent ancrés au large de Constantinople. Les conditions pour l'entrée en guerre de la Turquie sont néanmoins déjà en place, le traité signé l'obligeant à porter assistance à l'Allemagne dans le cas où celle-ci aurait à soutenir l'Autriche-Hongrie contre la Russie, ces circonstances diplomatiques prévalant déjà au moment de la signature. Pendant ce temps, Enver Pacha, chef des Jeunes Turcs et ministre de la Guerre, termine ses préparatifs militaires. Liman von Sanders, son conseiller militaire allemand, espère qu'il va ouvrir les hostilités par une expédition dans les grandes plaines de l'Ukraine russe. Au lieu de cela, Enver préfère lancer son attaque dans les montagnes sauvages du Caucase où le terrain et la loyauté musulmane de la population jouera, croit-il, en faveur de la Turquie. Mais pour marquer solennellement l'entrée en guerre, il envoie Souchon, le *Goeben*, le *Breslau* et quelques-uns des navires de guerre turcs livrer combat à la flotte russe, « où qu'elle se trouve [16] ». Faisant une interprétation large de ses ordres, Souchon divise ses forces et, le 29 octobre, attaque les ports russes d'Odessa, de Sébastopol, de Novorossisk et de Feodosia. Trois jours plus tard, la Russie déclare la guerre à la Turquie et, au 5 novembre, la Turquie est également en guerre avec la France et la Grande-Bretagne.

LA GUERRE AU SUD ET À L'EST

L'entrée en guerre de la Turquie ne fait pas qu'ajouter un autre membre à la Triple Alliance ou un autre ennemi à ceux que combattent déjà les Alliés. Elle ouvre un nouveau théâtre d'opérations où plusieurs facteurs religieux, insurrectionnels et militaires se côtoient. La Turquie est le siège du califat musulman et, en qualité de successeur de Mahomet, le sultan Mehmed V déclare la « guerre sainte » le 11 novembre et appelle tous les musulmans des territoires britanniques, français et russes à prendre les armes. Cet appel ne rencontre presque aucun écho. Les Britanniques craignent que les soldats musulmans de l'armée des Indes ne s'y rallient. C'est le cas d'un petit nombre d'entre eux, surtout des Pathans de la frontière du Nord-Ouest, naturellement rebelles et qui « se mettront probablement à tirer sur les troupes britanniques au bout d'un an ou deux ans, à toucher leur pension avant de retourner chez eux dans leurs tribus... [Ils] ne doivent allégeance à aucun homme, vivant dans un paradis anarchique où seule règne la loi de la gâchette et de la vendetta [17] ». Les soldats du 15e lanciers qui se mutinent à Bassora en février 1915 sont pathans, de même que les cipayes du 130e baluchis qui se sont mutinés à Rangoon en janvier. Ces deux épisodes s'expliquent par le refus de servir en dehors du territoire indien, fait courant dans l'armée des Indes. La mutinerie du 5e d'infanterie légère à Singapour le 15 février 1915 est plus sérieuse, car les cipayes n'y sont pas des Pathans mais des musulmans du Pendjab qui forment la colonne vertébrale de l'armée des Indes. Ils ne se contentent pas de désobéir aux ordres mais massacrent trente-deux Européens et délivrent quelques Allemands internés qu'ils saluent comme des frères de combat dans la guerre sainte [18]. La plupart des Allemands, plus loyaux à leur couleur de peau qu'à leur nation, refusent la libération, et la mutinerie est rapidement écrasée. La moitié loyaliste du régiment est néanmoins jugée trop peu fiable pour être engagée sur un théâtre de guerre important et est envoyée se battre dans la campagne du Cameroun [19]. A quatre autres reprises, les Britanniques préfèrent ne pas risquer d'utiliser des bataillons majoritairement musulmans contre les Turcs. Cependant, c'est sans objection que la plupart des musulmans se battent contre les soldats du sultan calife. De même, les nombreux régiments musulmans de l'armée française combattent les Allemands sans se soucier le moins du monde de l'appel au *Jihad* de ce même sultan.

La guerre sainte de Mehmed V est donc un échec. En revanche, l'engagement de son empire est un événement stratégique de la plus grande importance, car son étendue géographique est telle que son territoire touche celui de ses ennemis en de nombreux endroits, garantissant dans chaque cas l'ouverture de nouveaux fronts. Dans le golfe Persique, ce n'est pas le cas, mais l'effet est identique, la Grande-Bretagne considérant le Golfe et son littoral comme un lac britannique. Les cheikhs « de la Trêve » de la côte arabe sont tenus par le traité de 1853 de faire part de leurs litiges au gouvernement indien dont le pouvoir de maintenir la paix et de punir toute violation des clauses a été établi par ce même traité. Les officiers politiques du vice-roi agissent comme résidents, en fait comme surveillants, dans les cours des cheikhs et, du côté perse, comme consuls possédant de larges pouvoirs exécutifs. Depuis 1907, la Perse est divisée en plusieurs sphères d'influence : au nord, les Russes, au sud-ouest, les Britanniques, arrangement contre lequel le trop faible gouvernement perse n'a aucun moyen de résister [20]. La découverte du pétrole a renforcé d'autant l'intérêt des Britanniques pour le Golfe. La raffinerie de la Compagnie pétrolière anglo-perse sur l'île d'Abadan, située à l'extrémité du Golfe, est dès 1914 un avant-poste impérial, même si elle n'en a pas le nom. Principal fournisseur de fuel pour la toute dernière génération de dreadnoughts à mazout (classe *Royal Sovereign* et *Queen*

Elizabeth), la compagnie est considérée comme un atout stratégique vital, et la Grande-Bretagne a acheté une participation majoritaire de ses parts, à l'initiative de Winston Churchill, en 1913 [21].

Dès août 1914, le penchant sans ambiguïté de la Turquie pour l'Allemagne décide la Grande-Bretagne à consolider sa position à l'extrémité du Golfe, territoire turc, par une occupation militaire. Les troupes destinées à accomplir cette opération sont les troupes indiennes et, en septembre, une partie de la 6e division des Indes est conduite par bateau à Bahreïn, le plus grand émirat du Golfe à l'époque. A la déclaration de guerre de la Turquie, le gouvernement britannique profite de l'occasion pour reconnaître la souveraineté séparée du Koweït, tandis que le convoi transportant la division en route vers l'embouchure du Chatt el-Arab, où confluent le Tigre et l'Euphrate en Mésopotamie turque, bombarde le port turc et fait débarquer ses troupes le 7 novembre. Le corps expéditionnaire se met alors en marche vers l'intérieur des terres. Le 9 décembre, il occupe Bassora, chef-lieu de la Mésopotamie du Sud, et avance vers Qurna, où les deux fleuves se rejoignent. Il marque ensuite une pause, pendant que l'on décide de son utilisation future. Cette décision va se révéler l'une des plus mauvaises de la guerre.

Pendant ce temps, les Turcs prennent l'initiative à un autre endroit de leur immense empire. L'Egypte en fait toujours légalement partie, mais depuis 1882 elle se trouve sous l'administration d'un « agent » britannique possédant le pouvoir d'un gouverneur. Les hauts fonctionnaires des impôts sont britanniques, de même que les officiers supérieurs de la police et de l'armée. Kitchener, le ministre de la Guerre britannique, s'est d'ailleurs d'abord fait connaître comme sirdar de l'armée égyptienne. L'un des avantages, au demeurant peu nombreux, de l'appel de Mehmed V à la guerre sainte a été de pousser le vice-roi d'Egypte, le khédive, à réaffirmer sa loyauté [22]. Les Britanniques le démettent de ses fonctions sur-le-champ et installent un protectorat. Les classes supérieures égyptiennes n'approuvent pas cette décision, mais dans un pays où tout le pouvoir repose sur le nouveau protecteur et où l'essentiel de la vie commerciale est entre les mains des expatriés, britanniques mais aussi français, italiens et grecs, leurs objections n'ont aucun poids. Dans le même temps, l'Egypte voit débarquer différentes troupes : unités territoriales envoyées de Grande-Bretagne pour remplacer la garnison régulière britannique du canal de Suez, rappelée en France, Indiens, Australiens et Néo-Zélandais faisant étape vers l'Europe. En janvier 1915, elles atteignent le nombre de 70 000 hommes.

C'est ce moment que choisissent les Turcs, poussés par les Allemands, pour attaquer le canal de Suez que la Grande-Bretagne a illégalement fermé aux belligérants ennemis au déclenchement des hostilités. Cette décision était nécessaire : le canal constitue la ligne de liaison stratégique la plus importante de la zone de guerre des Alliés, par laquelle passent non seulement l'essentiel du ravitaillement, mais encore, à ce moment-là, les convois transportant les contingents « impériaux » d'Inde et d'Australasie vers l'Europe. En revanche, l'attaque des Turcs se révèle plus compliquée, car leurs voies d'approche vers le canal passent par les centaines de kilomètres arides du désert du Sinaï. De minutieuses préparations ont toutefois été faites. Des ponts flottants ont été préfabriqués en Allemagne puis sortis en fraude, *via* la Bulgarie pro-allemande, vers la Turquie, avant d'être expédiés en train en Palestine, *via* la Syrie. En novembre, la IVe armée turque est concentrée à Damas, sous le commandement du général Ahmed Cemal. Son chef d'état-major est un Allemand, le colonel Franz Kress von Kressenstein. Tous deux espèrent un soulèvement égyptien une fois l'attaque lancée. Poussant même leurs espoirs plus loin, ils espèrent « être rejoints par 70 000 nomades arabes [23] ». L'approche choisie est ingénieuse et consiste à passer directement à travers les sables plutôt que de longer le traditionnel itinéraire côtier. Cependant, même à une époque où la surveillance aérienne est balbutiante, une armée nombreuse ne peut espérer passer inaperçue sur un terrain totalement à découvert, de surcroît au cours d'une traversée de plusieurs jours. De fait, le 3 février, elle est repérée par un appareil français avant d'atteindre le canal, près d'Ismaïlia, au-dessus du grand lac Amer. Les Britanniques sont bien préparés, et même si les combats durent une semaine, seul un peloton turc parvient à mettre en place son pont flottant sur les eaux du canal. Cemal, frustré par la résistance britannique et par le manque de soutien des tribus arabes (Hussein, chérif de La Mecque est entré en rébellion), bat en retraite.

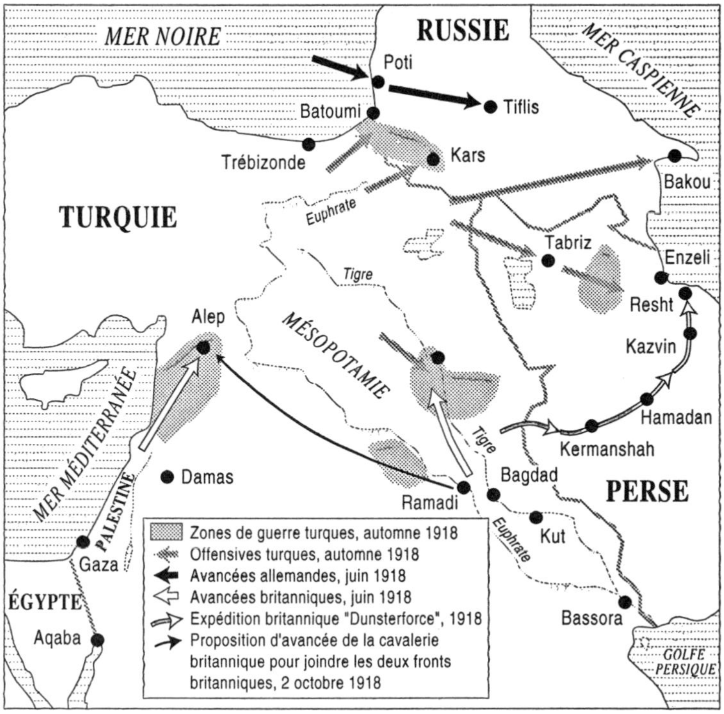

La guerre au Moyen-Orient

Le seul résultat de cette campagne est le maintien en Egypte d'une garnison britannique plus importante que nécessaire pour l'année 1915. Cependant, Kress reste en place et posera plus tard problème aux Britanniques. Les Arabes ont également des velléités d'activité. En Libye, arrachée par l'Italie à la Turquie en 1911, la secte fondamentaliste Sénoussi s'engage dans une guerre sainte locale, faite d'incursions contre la frontière égyptienne de l'Ouest, les occupants italiens, l'Afrique du Nord française et la province de Darfour au Soudan anglo-égyptien. Certaines tribus de guerriers touaregs les rejoignent. Le meneur sénoussi Sidi Ahmad établit une base sûre dans l'oasis de Siwa, ancien siège de l'oracle où Alexandre le Grand fit son pèlerinage en 331 avant J.-C. avant de se lancer à la conquête de l'Empire perse. Il semble que Sidi Ahmad soit motivé par l'espoir que ses démonstrations de loyauté au calife puissent lui assurer la garde de La Mecque à la place du rebelle Hussein. Au lieu de cela, son officier de liaison turc, Japher Pacha, après avoir été blessé et fait prisonnier par des troupes sud-africaines à Aqqaqia le

26 février 1916, rejoint les Alliés. Il deviendra plus tard commandant de l'armée du Nord de Hussein lors du succès de la révolte arabe contre la loi ottomane en 1916-1918.

Le troisième front ouvert par l'entrée en guerre de la Turquie, celui du Caucase, est de loin le plus important, aussi bien par l'ampleur des combats s'y déroulant que par les conséquences qu'il entraîne. L'avancée ottomane dans le Caucase alarme le haut commandement russe au point qu'il décide d'en appeler à la France et la Grande-Bretagne pour une opération de diversion. Ce sera la campagne de Gallipoli, l'une des batailles les plus terribles de la Grande Guerre.

Enver, à qui l'on doit la conception de la campagne du Caucase, a choisi ce théâtre d'opérations pour plusieurs raisons. Il est éloigné des principales zones de déploiement de l'armée russe en Pologne, donc difficile à renforcer et déjà dégarni de troupes parties combattre les Allemands et les Autrichiens. Il est aussi d'une grande importance affective pour les Turcs, car il constitue la terre d'origine de certains de leurs frères musulmans, dont beaucoup parlent des langues tribales de la même famille que la leur. Il est enfin, pense Enver, un centre de révolte potentiel contre la loi russe, imposée par une action militaire brutale dans la première moitié du XIXe siècle. Pour les Russes, les guerres dans le Caucase ont été une épopée romantique, célébrée dans les écrits de Pouchkine, de Lermontov et du jeune Tolstoï, dans lesquelles les héros de leur temps avaient livré des combats chevaleresques à de nobles chefs indigènes. Chamil, le plus célèbre d'entre eux, avait même gagné l'admiration de ses ennemis [24]. Pour les habitants des montagnes eux-mêmes, la conquête russe a constitué la plus amère des oppressions, marquée par les massacres et les déportations. « En 1864, calcule un contemporain, 450 000 montagnards furent forcés à se réimplanter... des tribus entières furent décimées et réinstallées pour assurer aux Russes le contrôle des zones, du littoral et des voies clés [25]. » Enver compte sur les souvenirs de ces atrocités pour amener les « Turcs d'Ailleurs », comme les nationalistes turcs aiment à appeler tous les musulmans résidant en territoire ayant été ottoman ou pouvant l'être, à prendre partie pour la Turquie. Ses plans voient de fait plus loin, envisageant une offensive sur deux fronts (l'avancée vers le canal de Suez en étant un, celle du Caucase créant le second) qui provoquerait un soulèvement en Egypte, en Libye et au Soudan, ainsi qu'en Perse, en Afghanistan et en Asie centrale.

Le grand projet d'Enver comporte cependant deux défauts importants. Le premier est que les peuples non turcs de l'Empire ottoman, qui forment la majorité des sujets du sultan, sont déjà agités par leur propre sentiment national, que ce soient les Arabes, dont le nombre dépasse celui des Turcs, ou d'importantes minorités comme les Kurdes musulmans [26]. Lors de ses préparatifs pour l'avancée vers le canal de Suez, Cemal Pacha a trouvé le temps de faire exécuter un certain nombre de nationalistes arabes syriens. Ils deviennent les premiers martyrs de la renaissance arabe, tandis que de nombreux Kurdes, opprimés depuis des années par l'autorité officielle ottomane, profitent de la guerre pour déserter avec leurs armes et passer du côté russe dès leur mobilisation [27]. Dans ces circonstances, « les Turcs d'Ailleurs », quels que soient leurs liens historiques avec le califat ottoman, ont peu de chance de répondre à son appel à la guerre sainte. Le deuxième défaut du plan d'Enver est encore plus grave, car il tient à la géographie et est donc impossible à contourner. « Le Caucase, écrit le général russe Veliaminov en 1825, peut être assimilé à une imposante forteresse, merveilleusement puissante de nature... Seul un homme irréfléchi songerait à escalader une telle place forte. »

Enver est plus qu'irréfléchi. Sa décision d'attaquer le Caucase au début de l'hiver, pendant lequel les températures descendent à moins 20 °C même dans les cols les moins élevés, et où la neige s'installe pour six mois, est téméraire. Il a certes des effectifs plus nombreux — environ 150 000 hommes dans la IIIe armée contre 100 000 Russes —, mais sa voie de ravitaillement est défectueuse puisque, au-delà de l'unique voie de chemin de fer, les troupes dépendent des routes qui sont trop peu nombreuses et trop envahies par les neiges pour supporter le poids de la circulation nécessaire. Son plan est d'amener les Russes à s'avancer puis de frapper derrière leurs positions pour les couper de leurs bases. La première étape du plan fonctionne, car les Russes lui font la faveur d'avancer au cours du mois de novembre jusqu'à la grande forteresse d'Erzurum et jusqu'au lac Van. Il s'agit du territoire sur lequel les ancêtres seldjoukides des Ottomans avaient remporté leur victoire de Manzikert contre les Byzantins en 1071, le « jour terrible » amenant leur déclin puis leur fin à

Constantinople en 1453. Les Turcs étaient alors des nomades sans attaches se déplaçant à cheval et n'étaient pas encombrés de lourds équipages. La IIIe armée ottomane traîne avec elle 271 pièces d'artillerie et avance péniblement. Les conditions climatiques ralentissent également leur progression et causent de lourdes pertes : une division est amputée de 4 000 de ses 8 000 hommes, victimes de gelures en seulement quatre jours d'avancée. Le 29 décembre 1914, le commandant russe, le général Michlaevski, contre-attaque à Sarikamish, près de Kars, sur la voie ferroviaire reliant le lac Van à Erzurum, et triomphe. La victoire est totale le 2 janvier, où l'ensemble du IXe corps turc se rend. A la mi-janvier, guère plus de 18 000 Turcs, sur les 95 000 ayant participé à la campagne, ont survécu. On suppose que 30 000 d'entre eux sont morts de froid, ce qui est tout à fait plausible pour une campagne menée en hiver à une altitude moyenne de 2 000 mètres. L'essentiel des honneurs de la victoire revient au chef d'état-major de Michlaevski, le général Nikolaï Ioudenitch, qui va par la suite assurer le commandement dans le Caucase avec beaucoup de succès jusqu'à ce que la Russie signe l'armistice. Cependant, la victoire va avoir de regrettables conséquences locales. Parmi les troupes utilisées par les Russes figure une division d'Arméniens chrétiens, dont bon nombre sont d'anciens sujets ottomans passés en Russie. Ils saisissent l'occasion offerte par la guerre et, se servant de la caution russe, commettent des massacres sur le territoire turc. Leur participation à la campagne et la proclamation en avril 1915 d'un gouvernement arménien provisoire par des nationalistes du territoire tenu par les Russes sont le prétexte de la campagne de génocide non déclarée du gouvernement ottoman contre leurs sujets arméniens : entre juin 1915 et la fin de 1917, 700 000 hommes, femmes et enfants, contraints de marcher vers le désert, meurent de faim et de soif.

Malgré son échec initial dans le Caucase, que le gouvernement ottoman prend bien soin de cacher à la population, l'influence de la Turquie sur la guerre se poursuit ailleurs. En dépit de son long déclin, qui débute avec le traité de Carlowitz en 1699 et se poursuit jusqu'à la fin de la Seconde Guerre balkanique en 1913, la Turquie reste dans les mémoires de ses voisins, en particulier européens, une présence militaire menaçante. Depuis six siècles et la première arrivée des Turcs ottomans sur le continent à Gallipoli en 1354, les Turcs mènent l'offensive contre l'Europe chrétienne et, dans les Balkans, sont depuis longtemps installés comme force d'occupation ou suzerains. La Grèce, premier pays chrétien d'Europe du Sud à obtenir l'indépendance totale du sultan, n'y est parvenue qu'en 1832. La Serbie, la Bulgarie, la Roumanie et l'Albanie n'ont acquis leur liberté que bien plus tard, et la présence de minorités musulmanes à leurs frontières ou à l'intérieur de leurs territoires leur rappelle constamment l'ancienne suzeraineté ottomane. Les Italiens gardent également fortement à l'esprit les souvenirs du pouvoir ottoman. Venise a mené des siècles de guerre contre la Turquie, et la perte des îles vénitiennes en mer Egée a presque autant d'impact affectif que la perte plus récente des ports de l'Adriatique face à l'Autriche. Aussi faible qu'elle soit devenue, la Turquie reste la seule grande puissance à l'est de la Méditerranée. Sa renaissance sous les Jeunes Turcs a réveillé de vieilles peurs en Europe du Sud, qui n'ont pas été calmées par sa défaite au cours des guerres balkaniques. Son entrée en guerre auprès de l'Allemagne et de l'Autriche n'a fait que les renforcer.

La réputation du guerrier turc ne s'est jamais démentie. Il a peut-être cessé d'être un nomade à dos de poney, il est peut-être devenu fermier, mais la robustesse du paysan anatolien, indifférent au froid, à la chaleur, aux privations et apparemment aussi au danger, est connue de tous ses voisins. Sous les Jeunes Turcs, les forces ottomanes ont fait l'objet d'un programme de modernisation promettant de faire un meilleur usage de ses qualités de soldat. Organisées en quatre armées, basées à Istanbul, Bagdad, Damas et Erzingan, elles peuvent aligner trente-six divisions. L'artillerie est l'arme la plus faible, comparativement à leurs équivalentes européennes, avec seulement de 24 à 36 canons par division, mais le matériel est moderne, et il existe 64 compagnies de mitrailleuses [28]. Malgré les efforts de la mission militaire allemande, menée par le général Liman von Sanders, le ravitaillement et l'administration de l'armée restent lents. Cependant, la partie turque, sinon la partie arabe, de l'armée compense ces défauts par sa capacité à se suffire de peu et à marcher de longues distances sans se plaindre. L'art de la guerre des Ottomans a par ailleurs toujours été traditionnellement fondé sur le retranchement. Derrière des terrassements, comme à Plevna en 1877, le soldat turc se bat avec endurance et ténacité.

Néanmoins, la décision de la Turquie d'attaquer la Russie dans le Caucase, sa tentative contre l'Egypte et son besoin de trouver des forces à opposer à l'expédition britannique sur le Tigre et l'Euphrate semblent créer un vide dans l'Est méditerranéen. Il pourrait être exploité par ceux ayant des vues sur son territoire, comme la Grèce, tentée sous la férule de son meneur nationaliste Venizélos de rejoindre les Alliés. Elle y renonce devant sa faiblesse militaire et sa frontière commune avec la Bulgarie pro-allemande. Les ambitions territoriales italiennes regardent en priorité du côté de l'Autriche, où elle n'a pu « racheter » les parties du Tyrol et de la Slovénie de langue italienne perdues lors de la dernière guerre austro-italienne en 1866. Mais les Italiens ont également des vues sur les îles turques du Dodécanèse (qu'ils occupent depuis 1912) et sur une partie de la Syrie. Diplomatiquement, l'Italie fait toujours partie de la Triple Alliance de 1906 la liant à l'Allemagne et à l'Autriche, mais elle s'est dégagée de ses clauses en août par une interprétation serrée de ses termes reconnaissant qu'elle n'est pas assez puissante pour combattre la France sur terre ou la France et la Grande-Bretagne sur mer. Bien que récemment modernisée, la marine italienne est dépassée en nombre de canons [29]. En outre, si l'Autriche ne se montre pas désireuse de céder quelque territoire que ce soit pour s'attacher l'alliance de l'Italie, les Russes n'ont pas hésité à lui promettre des territoires autrichiens si elle rejoignait les Alliés. Leur détermination à modifier les frontières en cas de victoire alliée fait naître l'espoir que les autres Alliés pourraient agir de même. En mars, l'ambassadeur italien à Londres entame des négociations avec sir Edward Grey, ministre britannique des Affaires étrangères, sur les dividendes pour l'Italie d'une entrée en guerre aux côtés des Alliés. Les discussions se poursuivent en avril [30]. L'Allemagne est lourdement engagée en France et en Russie, l'Autriche plongée dans les affres d'une crise militaire, et la Turquie très impliquée aux frontières asiatiques de son empire : le changement d'alliance semble donc non seulement sans risque mais potentiellement très profitable.

La Grande-Bretagne est par ailleurs déjà en train d'entreprendre des opérations en Méditerranée orientale, donnant ainsi à l'Italie l'assurance qu'elle ne sera pas seule à se battre sur ce théâtre d'opérations. L'appel à la rescousse de la Russie contre la

Turquie, après l'attaque dans le Caucase, a fait son effet. Le 16 février, une partie de la flotte méditerranéenne britannique est entrée dans l'embouchure des Dardanelles, voie d'accès entre la Méditerranée et la mer Noire, et a bombardé les forts turcs. Les Italiens avaient fait de même pendant leur guerre contre la Turquie en 1911-1912 et avaient envoyé des forces légères jusqu'aux Détroits avant de devoir faire demi-tour. Le but de l'Italie était alors de provoquer une pression russe sur la Turquie en perturbant la vie économique des provinces russes de la mer Noire, dépendantes des Dardanelles pour avoir accès à la Méditerranée et à l'Atlantique. Le but de la Grande-Bretagne en 1915 est bien plus large : ouvrir une voie de ravitaillement vers la Russie à travers les Dardanelles et, ce faisant, « éjecter la Turquie de la guerre » en bombardant Istanbul. Mais un effet indirect de l'action navale britannique contre la Turquie européenne est aussi de renforcer la résolution italienne qui promet de soutenir la résistance ininterrompue de la Serbie contre l'Autriche. Cela permettrait de diminuer la capacité de cette dernière à déployer des troupes à la frontière austro-italienne, ainsi que de tenir la Bulgarie éloignée des hostilités. Il serait enfin possible de convoyer des armes et de ravitailler la Russie en quantité suffisamment grande pour armer ses millions de soldats et faire basculer l'avantage sur le front de l'Est.

L'avidité territoriale et les calculs stratégiques de l'Italie l'incitent à entrer en guerre au cours des mois de mars et d'avril. L'ambassadeur allemand, le prince Bernhard Bülow, fait tout pour enrayer cette décision, offrant même à l'Italie la part de territoire autrichien que Vienne lui a refusée. La majorité des Italiens, qu'ils soient simples citoyens ou parlementaires, n'éprouvent aucun enthousiasme pour cette dangereuse aventure. L'initiative vient de Salandra, Premier ministre, de Sonnino, ministre des Affaires étrangères, du roi Victor-Emmanuel III et de quelques révolutionnaires politiques et culturels, parmi lesquels Mussolini, alors socialiste, le poète D'Annunzio et l'artiste Marinetti, fondateur du futurisme [31]. Ce dernier voit dans la guerre un moyen de faire entrer une Italie archaïque dans le présent et de la moderniser, au besoin contre son gré. Les derniers stades des préparatifs de guerre sont menés dans une quasi-conspiration entre Salandra, Sonnino et le roi. Le 26 avril, le traité de Londres est signé en secret avec la

Grande-Bretagne, la France et la Russie. L'Italie s'engage à entrer en guerre dans le mois. En retour, elle recevra la plupart du territoire autrichien qu'elle revendique, ainsi que les îles du Dodécanèse en Méditerranée orientale. Le 23 mai, elle déclare la guerre à l'Autriche, mais pas encore à l'Allemagne.

Dès le début, les choses se passent mal, comme toute appréciation réaliste de l'état de l'armée italienne et de la nature du terrain sur lequel elle doit opérer l'aurait montré. L'ensemble de la frontière italienne avec l'Autriche longe les contreforts des plus hautes montagnes d'Europe, du Tyrol à l'ouest aux Alpes juliennes à l'est, formant un demi-cercle de rochers, souvent à pic, s'étendant sur 600 kilomètres et le long duquel l'ennemi tient les crêtes. A l'extrémité ouest, le Trentin où neuf routes conduisent aux montagnes à travers des cols. A l'extrémité est, où l'Isonzo coupe ce rideau, existe une voie permettant l'avancée. Mais le Trentin constitue une poche détachée du territoire autrichien, et par conséquent un objectif dénué d'intérêt. Au-delà de la vallée de l'Isonzo, le sol s'élève pour former deux plateaux désolés, le Bainsizza et le Carso, « énormes forteresses naturelles dominant de 650 mètres, voire plus, les plaines environnantes ». Le premier est accidenté par une succession d'arêtes escarpées, le second a été décrit comme « une énorme étendue déserte de rochers aiguisés comme des couteaux [32] ».

Le terrain mettrait à l'épreuve l'habileté des meilleures troupes de montagne. L'Italie possède de tels soldats, recrutés dans ses propres districts alpins, mais ils sont peu nombreux et ne forment que deux brigades équipées de leur propre artillerie de montagne [33]. La majorité de l'armée est issue des villes et des fermes, un quart du Sud et de la Sicile. Les gens du Sud sont citoyens italiens depuis moins de cinquante ans. Ils ont une réputation militaire médiocre et regardent davantage du côté de l'Amérique que vers le nord, froid et lointain, qui ne constitue pas pour eux une terre d'immigration. Dans son ensemble, l'armée est sous-entraînée, ne disposant d'aucune zone de manœuvres équivalente à celles de la France ou de l'Allemagne. Il lui manque une artillerie moderne, et elle ne dispose que de 120 canons lourds. De manière générale, l'Italie n'a pas compensé ses pertes en équipements en tous genres subies lors de la guerre turque en Libye en 1911-1912. Bien qu'elle puisse aligner 25 divisions d'infanterie dès la mobilisation, elle restera le plus faible des principaux belligérants pendant toute la durée de la guerre.

Sa principale force est son corps d'officiers, hérité du royaume de Savoie, dont l'armée a été l'instrument de l'unification du pays en 1870. Patriotiques, professionnels et bien éduqués *, les officiers du Nord sont compétents et ont mission d'instruire les autres. Le chef d'état-major, Luigi Cadorna, est impitoyable en matière de discipline. Il ne se contente pas de se reposer sur les droits constitutionnels lui conférant une autorité suprême sur l'armée (indépendante du roi et du Premier ministre) une fois la guerre commencée : il exerce cette autorité avec une brutalité inconnue chez n'importe quel autre général de la Première Guerre mondiale. Au cours de celle-ci, il limoge 217 généraux et, durant la crise de 1917, il ordonne sans sourciller l'exécution sommaire d'officiers dont les unités ont battu en retraite [34]. A défaut de simples qualités de chef, ce style de commandement produit son effet sur l'armée italienne, du moins lors des premiers combats. Les troupes repartent à l'attaque, même sans espoir. De lourdes pertes sont acceptées avec une abnégation aussi remarquable que celle des Britanniques sur la Somme ou des Français à Verdun. Il est vrai que, étant donné le caractère exceptionnellement impénétrable du front sur lequel opère l'armée italienne, il est possible de penser que cette démonstration d'abnégation dès la première heure est sans égale. Le prix en sera payé plus tard, avec l'effondrement moral consécutif à la défaite de Caporetto en octobre 1917.

Le plan de Cadorna pour l'ouverture de la guerre promet une percée rapide devant éviter les pertes. Choisissant l'Isonzo comme front d'attaque, il prévoit, une fois la barrière montagneuse franchie, une avancée le long de la Drave et de la Save, menant à Klagenfurt et Agram (Zagreb). A partir des ces positions, il entend déboucher au cœur de l'Empire autrichien. Ses espoirs sont semblables à ceux des Russes qui, plus tôt, en 1915, ont cru que, une fois la ligne de crête des Carpates prise, ils pourraient descendre victorieusement dans la plaine hongroise et s'emparer de Budapest. Ceux de Cadorna sont encore plus irréalistes. Les terres situées au-delà de l'Isonzo ne forment pas

* L'armée du roi de Savoie est la seule d'Europe où les Juifs peuvent s'engager librement et atteindre des grades élevés.

une plaine à proprement parler, et les Alpes juliennes constituent un obstacle bien plus important que les Carpates. Lorsque, le 23 juin 1915, l'armée italienne se lance dans ce qui va être la première bataille de l'Isonzo (d'une série de douze, ce que fort heureusement ses participants ignorent), son avant-garde ne parvient qu'à établir le contact avec la ligne de front ennemie. Celle-ci n'est constituée que d'une seule tranchée, tenue par peu d'hommes. Menant déjà une guerre sur deux fronts, en Pologne et en Serbie, l'armée autrichienne tenait la frontière italienne avant le déclenchement des hostilités avec des bataillons de milice locale. En février, certains d'entre eux ont été organisés en deux divisions. Début mai, une troisième division est détachée de Serbie et, plus tard dans le mois, trois autres arrivent de Pologne [35]. Au 23 mai, jour de l'entrée en guerre de l'Italie, le général Boroevic, commandant autrichien du secteur de l'Isonzo, a rassemblé à grand-peine un total de sept divisions pour former la Ve armée. Mais leurs effectifs sont maigres. Si la précaution n'avait pas été prise de faire sauter des abris dans la roche du Carso et du Bainsizza, et si les Italiens avaient été à même de déployer plus de 212 canons, les espoirs de percée de Cadorna auraient pu se concrétiser. Mais il se trouve que les fantassins italiens, avançant avec une grande bravoure mais peu de sens tactique, sont arrêtés dans le no man's land. Près de 2 000 d'entre eux sont tués et 12 000 blessés. La très forte proportion de blessés va devenir un phénomène récurrent de la campagne, la roche fendue par les explosions d'obus se transformant en projectiles provoquant de fréquentes blessures, en particulier à la tête et aux yeux.

En 1915, trois autres batailles de l'Isonzo vont avoir lieu, en juillet, octobre et novembre. Toutes vont causer des pertes et des blessures chaque fois plus nombreuses : respectivement 6 287, 10 733 et 7 498 morts, pour un gain de terrain quasiment nul. Les Autrichiens souffrent également beaucoup, l'artillerie ayant le même effet sur les défenseurs dans leurs tranchées taillées dans la pierre que sur les attaquants. A la fin de la quatrième bataille, ils comptent 120 000 hommes tués, blessés ou disparus [36]. Cependant, ils ont tenu leurs positions et commencent à recevoir des renforts pour épauler les garnisons de tranchées mises à rude épreuve au cours des premiers mois de combat dont elles ont supporté seules le poids. A la fin de l'année 1915, le front de l'Isonzo est stabilisé et ne comporte plus de risque majeur pour les dispositions stratégiques des Puissances centrales.

En réalité, la décision d'entrer en guerre de l'Italie tombe à un mauvais moment. Si elle avait été prise plus tôt, lors des batailles désespérées autour de Lemberg, qui ont tant éprouvé les Autrichiens, ou plus tard, lorsque l'armée britannique aura déployé toute sa puissance et les Russes accompli leur rétablissement militaire, une initiative italienne aurait pu provoquer une réelle crise au sein des états-majors allemand et autrichien. Mais dans la situation actuelle, la première bataille de l'Isonzo est en fait précédée de très peu par une véritable victoire germano-autrichienne, la percée de Gorlice-Tarnow. Celle-ci dévaste les positions russes sur le front de l'Est, sauve l'armée autrichienne d'un effondrement imminent et donne à l'Allemagne le temps suffisant pour se rétablir dans sa guerre à deux fronts et de préparer l'offensive de 1916 contre la France à Verdun.

Gorlice-Tarnow va devenir un second Limanowa-Lapanow, la bataille qui a sauvé l'Autriche-Hongrie du désastre en décembre 1914. Mais elle est d'une plus grande envergure et a des conséquences plus considérables. Comme Limanowa, Gorlice est lancée sur un front étroit, dans l'espace séparant la Vistule des Carpates. Contrairement à Limanowa, elle sera une victoire davantage allemande qu'autrichienne car, en dépit des effectifs importants que Conrad von Hötzendorf fournit à l'effort commun, l'efficacité et le commandement sont allemands. Le plan est pourtant de conception autrichienne. Bien que disposant d'effectifs plus nombreux, Conrad a conscience que l'armée russe connaît de sérieuses difficultés matérielles. Entre juin et avril, à l'exception du petit groupe se trouvant dans le Caucase, ses divisions sur le front de l'Est ne reçoivent de leurs usines que deux millions d'obus, à une époque où les bombardements préliminaires de plusieurs centaines de milliers d'obus sont devenus la norme. Bien pis, la production des arsenaux russes est insuffisante pour fournir aux soldats l'outil de guerre le plus élémentaire, à savoir une arme personnelle [37]. Environ 200 000 fusils sont nécessaires chaque mois pour équiper les nouvelles recrues, et seulement 50 000 sont produits. Les histoires de fantassins russes attendant sans arme d'hériter du fusil d'un camarade tué ou blessé ne sont pas des légendes mais la stricte vérité [38]. Le manque d'obus est, dit-on, un fait commun dans toutes les armées en 1914-1915. Toutes ont fait des estimations trop justes et ont sous-évalué notamment les dépenses d'obus lors d'un combat intensif, en dépit des preuves apportées par la guerre russo-japonaise. Les dépenses quotidiennes y excédaient largement la production industrielle, de sorte qu'elle atteignait parfois un taux de retard par rapport à l'utilisation de un pour dix, voire plus. En avril 1915, par exemple, l'artillerie de campagne du BEF reçoit dix obus de 18 mm par canon et par jour, alors que c'est le nombre d'obus facilement tirés en une minute de bombardement [39]. La Grande-Bretagne parvient à augmenter sa production de munitions d'artillerie de campagne, passant de 3 000 obus par mois au déclenchement de la guerre à 225 000 en avril 1915 [40]. Elle acquiert d'autres stocks en passant commande aux Etats-Unis, mais doit toujours ajuster la demande à l'offre en limitant la consommation à un nombre déterminé d'obus par jour. Les Français et les Allemands doivent faire de même, bien que la mobilisation industrielle augmente considérablement la production en 1915. L'année suivante, la Russie va également s'assurer des stocks acceptables, si ce n'est amplement suffisants, d'obus, dont l'essentiel sera de fabrication britannique ou américaine. Cependant, en 1915, les carences russes sont sérieuses, tant au niveau quantitatif qu'au niveau de la distribution. Pour l'offensive de Gorlice-Tarnow, les Allemands réunissent une réserve d'un million d'obus : cette quantité n'est disponible pour les Russes que dans quelques secteurs fortifiés, comme à Novogeorgievsk et Kovno, où les obus sont stockés par les commandants de forteresse dans des quantités non divulguées à l'état-major général [41].

La concentration secrète d'hommes, d'obus et de canons dans le secteur de Gorlice-Tarnow courant avril 1915 prédispose donc à une victoire. Le front est court : seulement cinquante kilomètres. Du côté russe, il est défendu par les quatorze divisions d'infanterie et cinq de cavalerie de la 3ᵉ armée du général Radko-Dmitriev. Face au secteur d'assaut, entre Gorlice et Tarnow, le front n'est tenu que par deux divisions, les 9ᵉ et 31ᵉ. Contre elles, les Allemands ont positionné certaines de leurs meilleures troupes, dont les 1ʳᵉ et 2ᵉ divisions de la Garde et les 19ᵉ et 20ᵉ divisions de Hanovre. Sur l'ensemble du front d'attaque, les Allemands et les Autrichiens ont une supériorité d'infanterie de trois contre deux, et plus importante encore en nombre de canons : leur force totale d'artillerie est de 2 228 canons, lourds et légers. Les retranchements russes sont grossiers, et le no man's land les séparant de ceux de leurs ennemis est vaste, permettant aux Allemands et aux Autrichiens de pousser leurs avant-postes vers l'avant et de creuser sans être repérés de nouvelles positions, proches des barbelés russes, dans les jours précédant l'attaque.

Le plan de l'offensive a été conçu par Falkenhayn. L'exécution en est confiée à Mackensen, grand vainqueur des batailles de Prusse orientale en 1914. Ludendorff et Hindenburg auraient préféré ne pas percer au centre mais lancer un double enveloppement des Russes à partir des fronts de la Baltique et des Carpates. Comme Schlieffen, ils désapprouvent les « victoires ordinaires » qui ne mènent qu'au retrait russe vers des lignes se trouvant plus à l'est et sont d'avis de couper l'ennemi des grandes étendues de son empire par une manœuvre d'encerclement. Mais bien qu'exerçant le commandement à l'est, ils dépendent de Falkenhayn. Celui-ci craint que leurs plans d'encerclement nécessitent des retraits de troupes du front de l'Ouest dans des proportions qui y affaibliraient dangereusement les lignes allemandes. Il rejette donc leur proposition. En outre, le plan de Ludendorff et de Hindenburg fait participer dans une large mesure les troupes autrichiennes. Selon l'opinion de Falkenhayn, le déclin croissant de la qualité de l'armée des Habsbourg rend cette offensive inenvisageable [42].

Les directives de Mackensen mettent l'accent sur une percée suffisamment rapide et profonde pour empêcher les Russes de faire venir des troupes en renfort. « L'attaque de la XIe armée, si sa mission doit être remplie, doit être vite poussée vers l'avant... seule la rapidité permettra d'éviter le danger d'une résistance renouvelée de l'ennemi sur ses positions arrières... Deux méthodes sont essentielles : une pénétration profonde de l'infanterie et une exploitation rapide de l'artillerie [43]. » Ces ordres constituent un avant-goût de la tactique qui sera employée avec autant de réussite contre les Britanniques et les Français en 1918. Les Allemands sont encore insuffisamment habiles pour les faire fonctionner contre les fronts de tranchées densément défendus de l'Ouest. Mais contre les Russes en Pologne, où les barrières de barbelés sont minces, les zones de tranchées peu profondes et où l'artillerie de soutien manque d'obus, cette tactique va se révéler décisive. Le bombardement préliminaire commence le 1er mai au soir et dévaste la ligne de front russe. Le lendemain matin, l'infanterie allemande déferle vers l'avant et rencontre peu de résistance. Bientôt, des vagues entières de fantassins russes refluent vers l'arrière, laissant derrière eux armes et équipements, abandonnant non seulement la première ligne de tranchées mais également la deuxième et la troisième. Le 4 mai, la XIe armée a atteint la rase campagne et continue de presser vers l'avant, tandis que 140 000 prisonniers russes marchent en longues colonnes à l'arrière. Si la pénétration s'étend, elle s'approfondit aussi. Au 13 mai, le front germano-autrichien a atteint les environs de Przemysl au sud et Lodz au centre de la Pologne. Le 4 août, les Allemands pénètrent dans Varsovie, et entre le 17 août et le 4 septembre, les quatre forteresses historiques de la frontière russe, Kovno, Novogeorgievsk, Brest-Litovsk et Grodno sont conquises. Le nombre de prisonniers russes est désormais de 325 000. Les Russes ont également perdu 3 000 canons.

L'ampleur de la victoire austro-allemande a encouragé Ludendorff courant juin à insister auprès de Falkenhayn et du Kaiser pour obtenir un réexamen favorable de son plan d'encerclement. Lors d'une réunion présidée par le Kaiser à Pless le 3 juin, à laquelle assistent Falkenhayn, Mackensen et Conrad, il réclame des renforts lui permettant de monter un large mouvement de balayage de la côte Baltique vers le sud, coupant les armées russes dans leur retraite vers l'est et mettant ainsi, affirme-t-il, fin à la guerre sur le front de l'Est. Plus que jamais préoccupé de la sécurité du front de l'Ouest, Falkenhayn s'y oppose et exige un retrait net vers la France des divisions stationnées en Pologne. Conrad, outré par l'entrée en guerre de l'Italie, veut envoyer des troupes sur le front de l'Isonzo. Mackensen veut persister dans son offensive manifestement couronnée de succès au centre. Grâce au soutien de Falkenhayn, ce dernier obtient gain de cause [44]. Cependant, comme l'avancée continue, Ludendorff revient sur le sujet. Rencontrant à nouveau le Kaiser et Falkenhayn à Posen le 30 juin, il esquisse un plan encore plus ambitieux. Celui-ci amènerait par l'embouchure du Niémen les armées allemandes sur la mer Baltique jusqu'aux marais du Pripet, au centre du front de l'Est, dans une manœuvre visant à couper les Russes du cœur de leur pays et à les forcer à la capitulation. Une fois encore, il essuie un refus et, bien qu'il soit autorisé à organiser une offensive dans le secteur de la Baltique, celle-ci devra prendre une forme frontale et sera un effort subsidiaire de la poussée vers l'est que poursuit Mackensen.

Même si Ludendorff est mis hors de lui par ce qu'il voit comme un refus timide du haut commandement d'adopter la solution lui semblant la seule décisive, Falkenhayn sait mieux lire la situation stratégique que lui. Les Russes ont été gravement touchés à Gorlice-Tarnow et ont cédé plus de terrain qu'ils ne l'auraient imaginé. Mais, à la fin du mois de juillet, l'état de leur armée et leur manque d'armes et de munitions ne leur laissait pas d'autre choix que de battre en retraite. Les Allemands ont l'impression de lutter sur un front qui n'est plus défendu. La retraite des Russes est pourtant délibérée : ils raccourcissent leur front en se retirant du grand saillant du centre de la Pologne, et par là même les lignes de liaison des Allemands se rallongent à mesure qu'ils suivent péniblement, à travers un pays manquant de chemins de fer et de routes praticables en toute saison. Les lourds véhicules des colonnes de ravitaillement allemandes sont endommagés par la surface défoncée des chemins de ferme polonais. Les unités n'avancent qu'en réquisitionnant des charrettes brinquebalantes, les *panje* de la population locale.

> Tous les jours, les Russes se retiraient d'à peu près cinq kilomètres, construisaient une nouvelle ligne et attendaient que les Allemands les rejoignent... A la longue, les Allemands atteignirent la forêt... et les grands marais du Pripet. Les lignes de chemin de fer s'arrêtaient sur la Vistule [en arrière des Allemands]. Même les chemins de fer de campagne n'allaient que jusqu'[à la rivière] Narew, et les ravitaillements devaient ensuite être traînés sur les soixante ou quatre-vingts kilomètres restants [45].

En abandonnant le saillant polonais en septembre, les Russes ont raccourci leur front presque de moitié, de 1 600 à 950 kilomètres, ce qui représente une diminution entraînant une très grande économie de forces, libérant des réserves à opposer à l'avancée allemande au centre et le long de la côte Baltique. Cela permettra également en septembre de contre-attaquer à Lutsk, dans le Sud, contre les Autrichiens. Au cours de ce même mois, Ludendorff obtiendra un dernier succès personnel en prenant Vilnius en Lituanie. Mais cela lui aura coûté cher. A l'arrivée à l'automne de la *raspoutitsa*, où le sol se recouvre d'eau suite aux pluies saisonnières, l'avancée s'arrête sur une ligne courant presque perpendiculairement du nord au sud du golfe de Riga, sur la Baltique, à Czernowitz dans les Carpates. La majeure partie de la Pologne russe a été conquise, mais le territoire de la Russie historique reste inviolé, et l'essentiel de l'armée du tsar intacte. Celle-ci a subi de graves pertes, près d'un million de morts, blessés ou disparus, tandis que 750 000 soldats ont été faits prisonniers par l'ennemi. Elle n'a pas su défendre les forteresses de Novogeorgievsk à l'ouest de Varsovie à la fin du mois d'août, où des quantités énormes d'équipements sont passées aux mains de l'ennemi. Elle a également perdu les forteresses d'Ivangorod sur la Vistule, de Brest-Litovsk sur le Bug et de Grodno et de Kovno sur le Niémen. Toutes constituaient des lignes de défense fluviales, formant les lignes de résistance traditionnelles d'une plaine polonaise par ailleurs uniforme. Les généraux ont été limogés par dizaines, certains emprisonnés pour manquement au devoir face à l'ennemi [46]. Le 1er septembre, Nicolas II franchit un pas décisif et prend lui-même le commandement suprême exécutif avec Alexeïev comme chef d'état-major, le grand-duc Nicolas étant transféré dans le Caucase. Toutes les conséquences de l'avancée allemande et de la retraite de son armée le désavantagent ou menacent de le faire dans un proche avenir. Cependant, l'armée russe reste invaincue. La production d'obus est augmentée, atteignant 220 000 unités par mois en septembre, et ses réserves de soldats se mesurent en dizaines de millions. Quatre millions d'hommes seront appelés en 1916-1917, s'ajoutant aux onze millions déjà mobilisés, morts, blessés ou capturés. Mais la véritable réserve, si l'on estime 10 pour cent de la population apte au service, avoisine les dix-huit millions [47]. La Russie va pouvoir poursuivre le combat.

Elle a juste besoin de respirer, le temps que son armée se réorganise et se rééquipe. L'intervention italienne n'a pu attirer en nombre suffisant les troupes autrichiennes de Galicie et des Carpates et, bien que la qualité de l'armée autrichienne décline au fil des mois, l'assistance des Allemands lui permet de se maintenir sur le front de l'Est. La Serbie, dont la résistance imprévue en 1914 a perturbé la mobilisation autrichienne, ne peut plus apporter sa contribution. Les plans français et britanniques concernant une grande offensive sur le front de l'Ouest ne pourront être réalisés avant 1916. Tout au long des épreuves de l'année 1915, les espoirs russes d'un renversement stratégique, qui empêcherait la Turquie de lancer de nouvelles offensives et peut-être même la neutraliserait définitivement, ont donc mis en marche la campagne lointaine des Dardanelles. En avril, la Grande-Bretagne et la France ont en effet déclenché une opération navale visant à percer jusqu'à Istanbul et à s'emparer du passage direct vers la mer Noire et les ports du sud de la Russie.

GALLIPOLI

Les Dardanelles séparent l'Europe de l'Asie. C'est un passage de cinquante kilomètres de long, ne dépassant pas un kilomètre et demi de large en son point le plus étroit. Il mène de la Méditerranée à la mer intérieure de Marmara. Sur sa côte nord-est, Istanbul (ou Constantinople, ancienne capitale de Byzance, et en 1915 celle de l'Empire ottoman) garde l'entrée du Bosphore, passage encore plus étroit que les Dardanelles et donnant sur la mer Noire. Formant la rive européenne des Dardanelles, la mer de Marmara et le Bosphore sont en 1915 une bande étroite de territoire turc. A partir du rivage asiatique, l'Empire ottoman s'étend vers le nord, l'est et le sud en direction du Caucase, du golfe Persique et de la mer Rouge. La localisation stratégique du détroit des Dardanelles y a attiré les armées et les marines des dizaines de fois au cours de l'Histoire. A Andrinople, dans l'arrière-pays, au moins quinze batailles ont eu lieu. Lors de la première, en l'an 378, l'empereur Valens fut tué par les Goths, désastre qui causa la chute de l'Empire romain en Occident. Lors de la plus récente, en 1913, les Turcs ont repoussé une tentative bulgare pour prendre Istanbul.

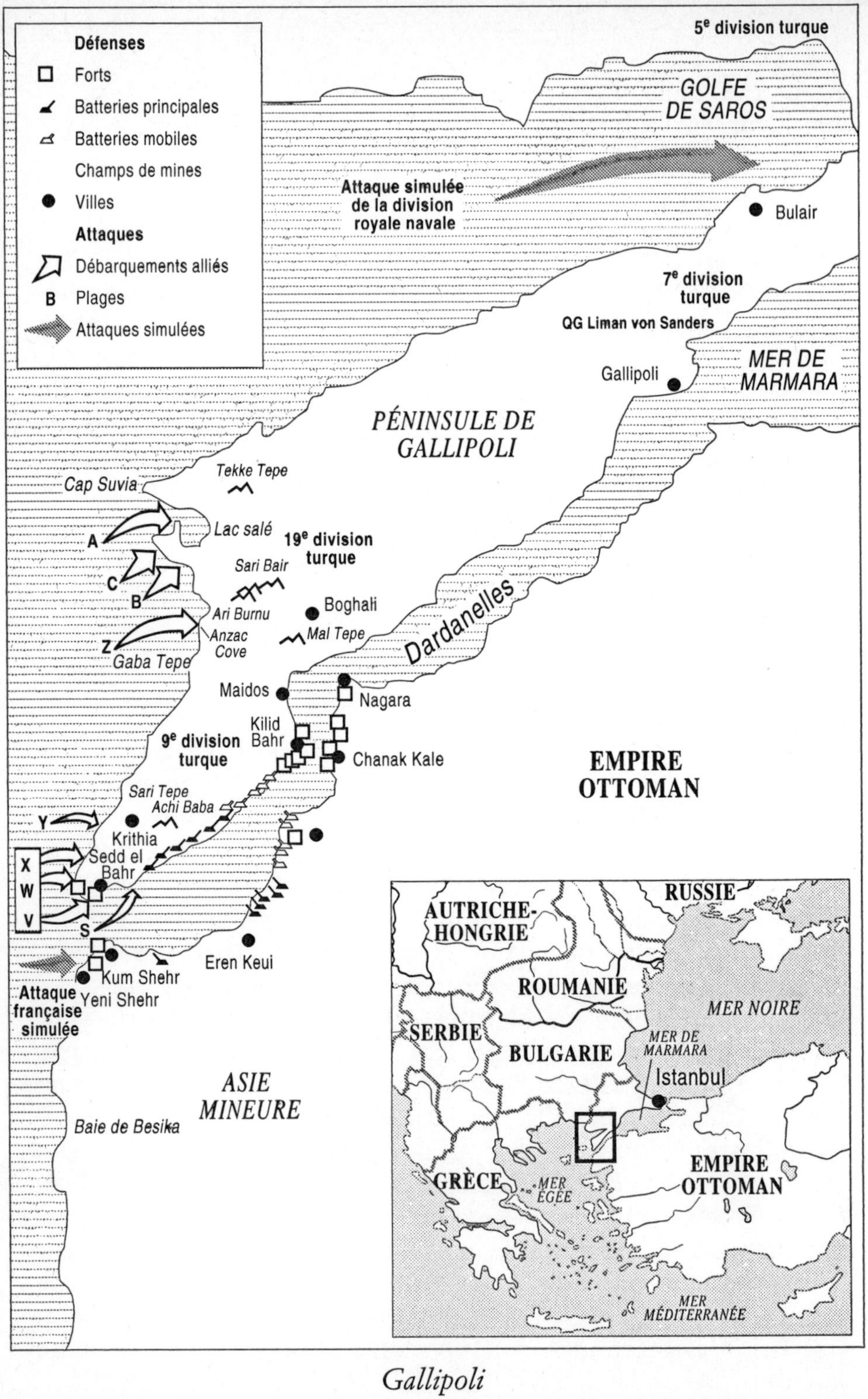
Défenses
Forts
Batteries principales
Batteries mobiles
Champs de mines
Villes
Attaques
Débarquements alliés
B Plages
Attaques simulées
5e division turque
GOLFE DE SAROS
Attaque simulée de la division royale navale
Bulair
7e division turque
QG Liman von Sanders
MER DE MARMARA
Gallipoli
PÉNINSULE DE GALLIPOLI
Tekke Tepe
Cap Suvia
Lac salé
19e division turque
Sari Bair
A
C
B
Boghali
Ari Burnu
Anzac Cove
Z
Mal Tepe
Gaba Tepe
Dardanelles
Maidos
Nagara
Kilid Bahr
9e division turque
Chanak Kale
EMPIRE OTTOMAN
Sari Tepe
Achi Baba
Y
Krithia
Sedd el Bahr
X
W
V
S
Eren Keui
Kum Shehr
Yeni Shehr
Attaque française simulée
ASIE MINEURE
Baie de Besika
RUSSIE
AUTRICHE-HONGRIE
ROUMANIE
MER NOIRE
SERBIE
BULGARIE
MER DE MARMARA
Istanbul
GRÈCE
MER ÉGÉE
EMPIRE OTTOMAN
MER MÉDITERRANÉE

Gallipoli

Les tsars ont depuis longtemps l'ambition de parachever des siècles de contre-offensives face aux Ottomans par la prise de Constantinople, arrachant ainsi le siège de la Chrétienté orthodoxe à l'Islam et s'assurant un accès méridional permanent vers les eaux plus chaudes de la Méditerranée. Cette ambition figure en tête de la liste des objectifs de guerre actuels des Russes. Les Français sont peu enclins, et les Britanniques encore moins, à consentir à une si spectaculaire extension de la puissance russe en Europe du Sud. Cependant, dans la crise de 1914-1915, ils sont prêts à y envisager l'ouverture d'un nouveau front comme moyen de soulager leur allié et de briser l'impasse sur le front de l'Ouest. Une attaque sur les Dardanelles, par voie maritime et terrestre, voire les deux, apparaît comme une initiative prometteuse, et au cours du printemps 1915, elle gagne en soutien.

La première proposition est française. En novembre 1914, Aristide Briand, ministre de la Justice, émet l'idée d'envoyer une expédition franco-anglaise de quatre cent mille hommes vers le port grec de Salonique, dans le but de soutenir la Serbie. Mais le but est également de persuader la Roumanie et la Bulgarie, ennemies séculaires des Turcs, de rejoindre les Alliés et d'attaquer l'Autriche-Hongrie dans les Balkans. Joffre, dont les pouvoirs constitutionnels de commandant en chef sont souverains, refuse de concéder la moindre diminution de ses effectifs sur le front de l'Ouest. Cependant, Franchet d'Esperey, un de ses subalternes, prend la liberté de faire cette proposition au président Poincaré. Avec Briand et Viviani, Premier ministre, il le soumet à nouveau à Joffre au cours d'une réunion tenue à l'Elysée le 7 janvier 1915 [48].

Joffre y reste résolument opposé. Mais l'idée attire l'attention en Grande-Bretagne. Le 2 janvier, le commandant en chef russe, le grand-duc Nicolas, a demandé son aide à Londres pour parer à l'attaque turque dans le Caucase : il souhaite qu'une attaque de diversion soit lancée par ses alliés. Son télégramme fait l'objet de discussions entre le premier lord de l'Amirauté, Winston Churchill, et Kitchener, ministre de la Guerre. Plus tard ce jour-là, Kitchener écrit à Churchill : « Nous n'avons aucune troupe à faire débarquer où que ce soit... Le seul endroit où une opération pourrait avoir de l'effet serait les Dardanelles [49]. » Kitchener touche une corde sensible. Le 3 novembre, en réponse à la déclaration de guerre de la Turquie, Churchill avait de sa propre initiative envoyé la flotte britannique présente en mer Egée bombarder les forts de l'embouchure des Dardanelles. Un dépôt avait explosé, endommageant la plupart des canons lourds [50]. Même si les navires s'étaient ensuite retirés sans chercher à pénétrer plus loin, ce succès a fait naître chez Churchill l'idée que la puissance navale peut être utilisée dans les Dardanelles avec des effets plus stratégiques que tactiques.

Il émet sa suggestion le 2 novembre 1914 lors de la première réunion du nouveau Conseil de guerre, sous-comité militaire du Cabinet britannique, et, bien qu'elle soit rejetée, elle reste dans les mémoires. La consolidation de la ligne de tranchée en France et en Belgique, la disparition des « flancs » autour desquels les résultats décisifs sont traditionnellement obtenus, ont fini par persuader Lloyd George, ministre des Finances, et sir Maurice Hankey, secrétaire général du Comité de défense impériale et dans les faits deuxième personnage du gouvernement britannique, que c'est au-delà du front de l'Ouest que ces « flancs » seront trouvés. Ils ont le soutien de Kitchener, aussi pessimiste qu'eux à l'idée ayant la préférence de Joffre et de French de poursuivre les attaques frontales en France. L'intérêt de l'amiral Fischer, premier lord de l'Amirauté, finit par être excité : le 3 janvier, il incite à une attaque à la fois terrestre et navale contre la Turquie, en précisant qu'elle doit être immédiate et que seuls des cuirassés anciens seront utilisés.

Le plan de Fischer aurait pu aboutir si le Conseil de guerre avait agi immédiatement, comme il le demandait, les Turcs ne fortifiant qu'avec lenteur les défenses des Dardanelles. Mais il n'en fait rien, se mettant au lieu de cela à étudier d'autres stratégies. Pendant ce temps, Churchill agit de son côté. Ayant reçu l'accord de Fischer pour consulter l'amiral Carden, commandant la flotte britannique de Méditerranée, sur les aspects pratiques, il parvient à se faire confirmer, que s'il est impossible de « prendre les Dardanelles d'assaut… il est possible de s'en emparer par des opérations d'envergure dotées d'un grand nombre de navires [51] ». C'est l'encouragement dont Churchill a besoin. Stratège romantique, s'enthousiasmant pour les aventures militaires, comme il l'avait déjà fait en créant la Division navale engagée dans l'opération d'Anvers, il se met à organiser la flotte de vieux cuirassés que Fischer est prêt à fournir et à l'envoyer dans les Dardanelles pour bombarder ses fortifications.

Fischer accepte le coup de force de Churchill avec « une responsabilité peu enthousiaste » et comme « expérimentation ». Si aventure il doit y avoir, son cœur penche pour une expédition en mer Baltique, mais sa raison lui dit que toute l'attention doit rester sur une confrontation en mer du Nord [52]. Il a cependant laissé à Churchill la marge de manœuvre nécessaire pour poursuivre son projet des Dardanelles. Non seulement une flotte de vieux cuirassés français et britanniques va être rassemblée, mais le tout nouveau prototype de super-dreadnought, le *Queen Elizabeth*, sera détaché de la flotte méditerranéenne afin d'utiliser ses canons de 380 mm contre les fortifications des Dardanelles. En outre, une base sur l'île grecque de Lemnos doit être apprêtée pour une force de débarquement, au cas où l'on déciderait d'engager des troupes à terre. Kitchener libère la 29e division, composée de soldats réguliers de la garnison impériale d'outre-mer. Churchill dispose de la Division navale royale et du corps expéditionnaire australien et néo-zélandais, l'ANZAC *, en attente en Egypte de poursuivre sa route vers la France.

Le fait d'engager ou non ces troupes dépend du succès du bombardement naval. Les navires britanniques devraient prendre le dessus car les défenses turques sont très anciennes. Celles du cap Helles, sur la pointe européenne, à Kum Kale sur la rive asiatique qui lui fait face, et à Gallipoli, qui garde les Détroits, datent du Moyen Age et parfois même d'avant. Des batteries d'obusiers mobiles s'y trouvent, et les Turcs ont également posé des champs de mines dans le détroit des Dardanelles lui-même. Mais l'Amirauté estime qu'une avancée des cuirassés, remontant le chenal derrière des dragueurs de mines dégageant la voie, viendra à bout des canons turcs. Le détroit sera ouvert et conduira vers la mer de Marmara et Istanbul.

L'opération navale débute le 19 février, avec des effets politiques et militaires retentissants : la Grèce offre des troupes pour se joindre à la campagne, les Bulgares rompent leurs négociations avec l'Allemagne, les Russes indiquent leur intention d'attaquer Istanbul à partir du Bosphore, les Italiens, qui ne sont pas encore en guerre, semblent tout à coup pressés de rejoindre les Alliés. Tous ceux qui pensaient qu'une initiative contre la

* Australian and New-Zealand Army Corps.

Turquie ferait pencher la situation en Europe du Sud en faveur des Alliés semblent donc avoir eu raison. En pratique, le bombardement cause peu de dégâts, et les débarquements de *Royal Marines* fin février, bien que rencontrant peu de résistance de la part des Turcs, sont tout aussi inefficaces. Le 25 février, l'amiral Carden reprend le bombardement mais ne dépasse pas l'embouchure des Dardanelles. Le 4 mars, lorsqu'un détachement attaquant le vieux fort à Kum Kale subit de lourdes pertes, il apparaît évident que l'optimisme des débuts était prématuré. La garnison turque est plus déterminée que prévu, ses canons sont soit trop bien protégés soit trop mobiles pour être facilement mis hors d'état, et les champs de mines trop denses pour être dragués par une flotte de chalutiers réunis en hâte et opérant à l'aveuglette. « Forcer les Détroits » demandera la progression minutieusement coordonnée de tous les navires disponibles, les chalutiers avançant sous la protection des canons des cuirassés qui feront cesser les tirs venant des côtes.

L'assaut principal débute le 18 mars. Seize navires de guerre, douze britanniques, quatre français, pour la plupart antérieurs aux dreadnoughts, mais incluant le cuirassé l'*Inflexible* et l'irremplaçable super-dreadnought *Queen Elizabeth*, sont disposés en trois lignes côte à côte. Ils sont précédés d'une flottille de dragueurs de mines et accompagnés de croiseurs et de destroyers. Une telle armada n'avait jamais été vue dans la longue histoire navale des Dardanelles. Au début, celle-ci semble progresser de manière irrésistible. Entre 11 h 30 et 14 heures, elle avance de près d'un kilomètre et demi, venant à bout de toutes les batteries fixes ou mobiles. « A 14 heures, la situation était devenue très critique, rapporte l'état-major général turc. Toutes les lignes téléphoniques avaient été coupées... certains des canons mis hors d'état, d'autres enterrés... En conséquence de quoi le tir défensif s'était considérablement amoindri [53]. » Puis, soudain, à 14 heures, l'équilibre de la bataille s'inverse. Le vieux cuirassé français *Bouvet*, reculant pour laisser passer les dragueurs de mines, est subitement victime d'une explosion et sombre corps et biens. Pour l'amiral de Robeck, qui commande la flotte, une torpille lancée depuis la côte semble en être la cause, ce qui l'inquiète fortement [54]. Plus tard, on apprendra que, dans la nuit du 7 mars, une rangée de mines avait été installée parallèlement à la côte par un petit vapeur turc et n'avait pas été détectée. Dans la confusion qui suit, les dragueurs de mines, dont les équipages sont civils, font machine arrière à travers la flotte, et, dans la manœuvre, le vieux cuirassé *Irrésistible* est endommagé. Un autre vieux cuirassé, l'*Océan*, doit faire face à une explosion interne, et peu après, le *Suffren*, navire français, est sévèrement endommagé par un obus plongeant. Comme le *Gaulois* et l'*Inflexible*, le cuirassé moderne a été endommagé plus tôt. Robeck se retrouve à présent avec un tiers de sa flotte hors de combat. A la fin de la journée, l'*Océan* et l'*Irrésistible* ont, comme le *Bouvet*, sombré corps et biens. L'*Inflexible*, le *Suffren* et le *Gaulois* sont hors d'état, et l'*Albion*, l'*Agamemnon*, le *Lord Nelson* et le *Charlemagne* ont été endommagés. Robeck profite de l'obscurité pour retirer sa flotte. Les dix lignes de mines installées en travers des Détroits (373 mines au total) ne seront pas draguées, et la plupart des batteries de la côte, bien qu'ayant tiré tous leurs obus lourds, conservent leurs canons [55].

Le 22 mars, lorsque le vice-amiral de Robeck rencontre à bord du *Queen Elizabeth* le général Ian Hamilton, commandant de la force militaire en attente, pour savoir s'il faut reprendre l'avancée navale dans les Détroits, ils en arrivent très vite à la même conclusion : elle est impossible sans le débarquement et l'assistance de puissants détachements terrestres. La combinaison des mines et du feu intense venant de la côte est meurtrière. Si les canons turcs les plus imposants, et de ce fait en position fixe, peuvent servir de cibles, leurs batteries mobiles peuvent bouger, dès qu'elles ont été identifiées, vers de nouvelles positions. De là, elles peuvent reprendre les tirs contre les fragiles dragueurs de mines, empêchant l'élimination des barrages de mines installés entre les rives européenne et asiatique, et par conséquent la progression des navires de guerre. La seule solution au problème consiste donc à débarquer des troupes capables de détruire les batteries mobiles de manière à ce que les dragueurs de mines puissent poursuivre le déminage et que les navires de guerre puissent les suivre dans les passages dégagés.

Les téméraires, dont fait partie le contre-amiral Roger Keyes, commandant les dragueurs de mines, veulent continuer à avancer sans se soucier des pertes. Keyes pense que les Turcs sont démoralisés et qu'ils n'ont plus de munitions. Les officiers plus prudents pensent que prendre davantage de risques entraînerait des pertes supplémentaires. Les renseignements qui parviendront plus tard révéleront que cela ne fait effectivement aucun doute, et la prudence obtient gain de cause. A la fin du mois de mars, la décision de procéder à des débarquements a été prise par de Robeck et Hamilton, indépendamment du Cabinet. La seule question restant en suspens concerne le lieu du débarquement et le nombre d'hommes devant l'effectuer. A l'évidence, des incursions de *Royal Marines* ne suffiront pas. Le service de renseignements du Corps expéditionnaire méditerranéen, comme est appelé désormais le détachement de Hamilton, estime que les Turcs ont 170 000 hommes à leur disposition. Chiffre exagéré : Liman von Sanders, leur commandant allemand, a six faibles divisions et 84 000 hommes pour tenir 250 kilomètres de littoral. Mais le Corps expéditionnaire méditerranéen ne compte que cinq divisions alliées : la 29e, la *Royal Naval*, les 1res divisions australienne et néo-zélandaise, ainsi que le Corps expéditionnaire d'Orient des Français. Toutes auraient été nécessaires pour établir des têtes de pont, quand bien même les Turcs auraient été plus faibles qu'ils ne le sont vraiment. En pratique, la décision d'utiliser les cinq divisions est prise dès le début. A partir d'une base établie à la hâte dans la baie de Mudros, sur l'île grecque voisine de Lemnos, elles embarqueront dès que possible puis seront débarquées sur le rivage. Dans le mois séparant la défaite navale du 22 mars et le jour J du 25 avril, les Alliés se montrent très réactifs. Mudros est recouverte d'entrepôts, une flotte de transport est rassemblée, et quelques bateaux et navires de débarquement improvisés réunis pour transporter les troupes vers les plages.

Mais rien n'est autant improvisé que le plan lui-même. En l'absence de renseignements clairs sur les positions turques, il n'a pu être fondé que sur des suppositions concernant les points de débarquement, dont l'Amirauté peine à estimer lesquels sont les plus dangereux et lesquels sont les plus utiles. La côte asiatique se prêterait bien à un débarquement car le rivage y est à niveau (la plaine ventée de Troie menant vers l'intérieur des terres), mais Kitchener l'a interdite à Hamilton, pour l'excellente raison qu'une force aussi modeste que la sienne pourrait facilement être avalée par l'immensité de l'arrière-pays turc. Le diktat de Kitchener établit que la péninsule européenne, connue sous le nom de Gallipoli d'après le nom de la minuscule ville située près des Détroits, est l'endroit devant être choisi. Mais sa topographie présente des difficultés. L'étranglement étroit situé au niveau de Bulair, à soixante kilomètres de la pointe du cap Helles, présente des plages sans relief sur le côté méditerranéen et l'opportunité de couper toutes les forces turques un peu plus bas. Celles-ci ont cependant recouvert les plages de Bulair de barbelés paraissant infranchissables. Le reste de la péninsule donnant sur la mer est, dans son immense majorité, constitué de falaises abruptes plongeant dans l'eau. A un seul endroit se trouve une plage praticable sur laquelle l'ANZAC est chargée de débarquer. Les seules autres possibilités sont au cap Helles lui-même, où une succession de plages plutôt étroites mènent, par des rampes raisonnablement praticables, au sommet du promontoire. Le cap Helles pouvant être couvert par le feu de la flotte se tenant proche du littoral, il est choisi comme objectif de la 29e division. La *Royal Naval Division* ne débarquera pas tout de suite, mais mènera une opération à Bulair afin d'attirer les renforts turcs loin du cap Helles. Les Français doivent remplir une mission identique sur la rive asiatique à Kum Kale, non loin de Troie, avant de débarquer plus tard aux côtés de la 29e division. Cinq plages à Helles sont choisies, appelées Y, X, W, V et S, Y se trouvant à cinq kilomètres de la pointe méditerranéenne, S à l'intérieur des Dardanelles, et X, W et V sous le cap lui-même.

Avec le recul, il est évident que le plan de Hamilton ne pouvait pas fonctionner, ni aucun autre d'ailleurs, étant donné ses faibles effectifs. Même en saisissant la pointe de la péninsule, en deçà des champs de mines, les troupes demeuraient sous le feu de l'artillerie turque. Un débarquement du côté asiatique se serait révélé tout aussi inefficace et très exposé. Un débarquement, même réussi, dans la baie de Sulva, en dessous de Bulair, non seulement aurait laissé les forces turques intactes entre cet endroit et Helles, mais leur aurait aussi laissé la possibilité d'être facilement ravitaillées et renforcées par les Détroits. Le seul projet qui aurait à coup sûr réussi aurait demandé le déploiement d'une force suffisamment importante pour débarquer simultanément à Bulair, Helles et sur le rivage asiatique. Une telle force n'était pas disponible et n'aurait pas pu être rassemblée assez vite pour secourir rapidement les Russes. Un engagement important de troupes n'est de toute façon pas dans l'esprit de l'opération. Celle-ci vise à atteindre de larges résultats sans disperser les force engagées sur le front de l'Ouest. Le seul espoir de réussite de Hamilton dans cette mission de diversion réside donc essentiellement dans une éventuelle difficulté des Turcs à endiguer le débarquement. L'effet de surprise ne saurait en aucun cas agir. L'offensive navale les a alertés sur l'intérêt des Alliés pour Gallipoli, et ils ont utilisé le mois ayant suivi le retrait de la flotte alliée à creuser des tranchées au-dessus de toutes les plages menacées. Seule une incapacité turque à contre-attaquer rapidement permettrait aux Alliés de s'assurer des têtes de pont assez profondes permettant de menacer la péninsule de Gallipoli.

Les soldats de la 29e division et ceux de l'ANZAC, aussi dissemblables soient-ils, espèrent réussir. Les premiers sont des réguliers de l'armée d'avant-guerre, des *tommies* brûlés par le soleil comme Kipling en avait connu, mobilisés dans les garnisons d'outre-mer pour servir en France mais finalement débarqués en Egypte au cas où des troupes seraient nécessaires à Gallipoli. L'ANZAC, en transit en Egypte dans son voyage vers l'Europe, est constituée de soldats citoyens, produits du système de milice le plus vaste du monde, qui instruit tous les hommes dès leur plus jeune âge jusqu'au service militaire avant d'enrôler ceux reconnus aptes dans leurs régiments locaux. Une telle obligation militaire, également connue en Australie, est prise très au sérieux par la petite communauté coloniale de Nouvelle-Zélande, stratégiquement l'endroit colonisé le moins vulnérable sur terre. « Etre Néo-Zélandais en 1914, c'était apprendre ceci : " L'Empire compte sur vous pour être prêt en cas de besoin, à penser, travailler et supporter toutes les difficultés pour lui [56]. " » D'un point de vue plus pratique, lorsque l'appel retentit, « les classes universitaires se vidèrent... les installations sportives furent abandonnées. Rester derrière était impensable. Si votre ami partait, alors d'une façon ou d'une autre, vous aussi vous deviez y aller [57]. » Sur une population masculine d'un demi-million, la Nouvelle-Zélande peut mobiliser 50 000 soldats formés âgés de moins de vingt-cinq ans. Le nombre d'hommes fournis par l'Australie est proportionnel. Les Australiens sont davantage citadins que les Néo-Zélandais, mais l'indépendance de ces derniers, leur facile maniement du fusil et de la pelle leur ont octroyé la réputation de meilleurs soldats du monde au début du XXe siècle. L'impétuosité et l'individualisme des Australiens, associés à un

Joseph Joffre.
© AKG Paris

Philippe Pétain.
© AKG Paris

Ferdinand Foch.
© Sélection Images

Alexei Brusilov.
© RHPL

Douglas Haig.
© Harlingue-Viollet

John J. Pershing.
© Roger-Viollet

Helmuth von Moltke.
© Roger-Viollet

Paul von Hindenburg.
© RHPL

Conrad von Hötzendorf.
© RHPL

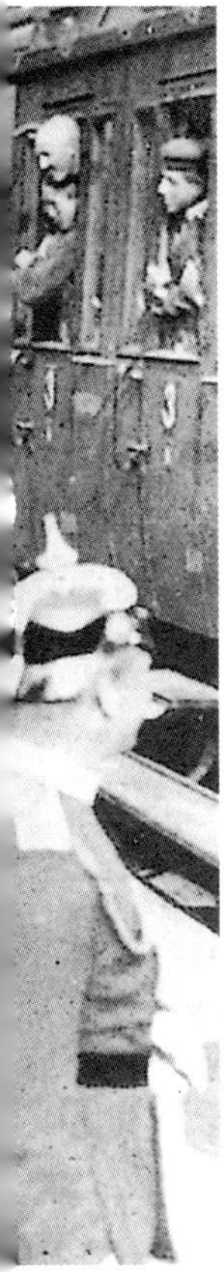

Le bataillon de gardes Pioneer quitte Berlin, août 1914. © ETA

L'adieu des femmes aux mobilisés en 1914.
© Bridgeman-Giraudon – Archives Larousse

Un réserviste russe fait ses adieux. © Novosti Press Agency, London

L'avance allemande
en Belgique en 1914.
© Tallandier

Convoi russe
sur la route de Przemsyl,
septembre 1914. © ETA

Soldats allemands armés d'un lance-flammes, utilisé à partir de 1914 contre les abris et les positions de mitrailleuses. © AKG Paris

Ci-contre, en haut:
Des soldats de réserve français dorment dans une tranchée de la forêt de Bourrus, 15 juin 1916.
© AKG Paris

Ci-contre, en bas:
Une tranchée de grenadiers britanniques dans la Somme, 1916. © ETA

Soldats australiens sur un pont flottant, forêt de Chateau, Ypres, 29 octobre 1917. © ETA

Blessé dans un boyau de tranchée, 1917. © Tallandier

Officiers serbes traversant le pont de Sizir en Albanie, octobre 1915. © RHPL

Soldat allemand. © *L'Illustration*

Soldat français de 1918 avec,
à gauche, un fusil allemand Mauser,
une prise de guerre. © Collection Viollet

Troupes transportées en taxis sur le front de la bataille de la Marne, septembre 1914. © ND-Viollet

Le canon de 75 mm français. © RHPL

Artilleurs autrichiens servants un obusier de 70 mm M8. © TRH

Section de mitrailleurs alpins autrichiens en Italie, 1917. © TRH

Front ouest : un char britannique passe au-dessus d'une tranchée. © AKG Paris

Escadrille équipée de SE 5a, l'avion de chasse
britannique de la fin de la bataille de l'air. © TRH

Le S.M.S. *Seeadler* quitte Dar es-Salam pou l'Allemagne en 1914 ;
au premier plan, la fanfare des *Schutztruppen*. © AKG London

Des ANZAC (Australian-New Zeland Army Corps)
blessés et la relève attendant de monter au front,
une scène habituelle de Gallipoli. © TRH

Arrivée des troupes américaines à la caserne de
Reuilly, Paris, le 3 juillet 1917. © Tallandier

La flotte britannique avant
la bataille du Jutland qui l'opposa,
du 31 mai au 1er juin 1916, à
la flotte de haute mer allemande.
© AKG Paris

Le navire de commerce américain
Covington coulé par une torpille
de U-86 devant Brest,
le 2 juillet 1918. © TRH

Un soldat français accueilli dans l'ancienne zone occupée par les Allemands depuis 1914. © RHPL

Un régiment de Hesse traversant le Rhin à Coblence en novembre 1918, arborant les couleurs du grand-duc et non celles de l'Empire. © RHPL

Enterrement des soldats britanniques tombés à la bataille d'Arras, cimetière du moulin, Monchy-le-Preux, avril 1917. © TRH

Cimetière national et ossuaire de Douaumont, à Verdun, vers 1920. © AKG Paris

intense esprit de camaraderie, crée des unités d'une extraordinaire puissance offensive, comme les Allemands s'en rendront compte plus tard et comme les Turcs vont bientôt le découvrir.

Le 25 avril avant l'aube, deux cents navires marchands de toutes sortes, des vapeurs aux cargos, soutenus par l'essentiel de la flotte mise en déroute dans les Détroits le 18 mars, font route vers le cap Helles et « *ANZAC Cove* » (l'anse des ANZAC), comme va bientôt être appelé le lieu de débarquement des Australiens et des Néo-Zélandais. Le *Queen Elizabeth* est vaisseau amiral et abrite les quartiers généraux, même si ses canons de 380 mm vont venir se joindre au bombardement préliminaire des cuirassés plus anciens. Ces navires transportent également des troupes : à partir de ces bâtiments, ainsi que d'autres, des détachements vont gagner les plages dans des « remorques », lignes de bateaux à rames tirés en colonnes par des chaloupes à vapeur et commandées par de jeunes officiers. Parmi ces derniers, deux sont élèves officiers de l'Ecole navale royale depuis l'âge de treize ans. Alors que l'on se rapproche de la côte, les remorques sont laissées derrière et les bateaux menés à la rame vers le rivage. Seul un navire de débarquement a été prévu, le charbonnier *River Clyde*, qui doit débarquer sur la Plage V, le long de la vieille forteresse byzantine de Sedd el-Bahr. Des ouvertures ont été pratiquées à son avant-proue par lesquelles les fusiliers des *Royal Munster* et du *Hampshire Regiment* descendront par des passerelles de débarquement sur des chalands, placés entre le navire et rivage. De là, ils arriveront sur les plages, couverts par le feu de mitrailleuses positionnées derrière des sacs de sable sur le gaillard d'avant.

Le bombardement débute vers 5 heures, à la pointe du jour. Bientôt, toutes les remorques s'approchent du rivage. Nul ne sait ce qui les y attend. Le service de renseignements de la Force expéditionnaire méditerranéenne non seulement ignore l'état des forces adverses et leurs positions, mais encore ne dispose d'aucune carte de la zone d'assaut. Les Alliés s'imaginent ainsi que le terrain situé derrière le cap Helles, en fait entaillé par de nombreuses ravines, forme « une pente... uniforme et non accidentée [58] ». Celui se trouvant derrière *ANZAC Cove* est, on le sait, dominé par des sommets, mais le lieu de débarquement choisi est au sud : des routes ouvrent vers une crête centrale où les Alliés ont l'intention d'établir des postes d'observation afin de diriger le tir d'artillerie naval sur les batteries turques placées à hauteur des Détroits.

Est-ce seulement possible ? En l'occurrence, et pour des raisons jamais éclaircies de manière satisfaisante (peut-être une erreur humaine, peut-être un changement de plan de dernière minute mal transmis), les quarante-huit remorques de l'ANZAC touchent terre un kilomètre et demi au nord de la plage initialement prévue. Des pentes à pic débouchent sur une succession de crêtes, s'élevant en trois paliers mal ordonnés au-dessus de la crique. Au nord et au sud, de hauts plateaux descendent vers la mer, de sorte que la crique prend la forme d'un minuscule amphithéâtre dominé sur trois côtés par des hauteurs. A moins que les Australiens et les Néo-Zélandais n'atteignent les crêtes avant l'ennemi, ce dernier dominera toutes leurs positions, y compris la plage, avec des effets désastreux sur les opérations à suivre.

Les soldats de l'ANZAC savent à quel point il est important pour eux de gagner ces hauteurs au plus vite et, après un débarquement rencontrant peu de résistance, ils commencent à grimper à pied les récifs se dressant devant eux aussi vite qu'ils le peuvent. Mais la raison pour laquelle leur débarquement n'a reçu que peu d'opposition ne tarde pas à apparaître : les Turcs sont peu nombreux parce qu'ils n'ont pas cru à l'éventualité d'un débarquement à un endroit aussi inhospitalier, et les troupes débarquées découvrent vite que le terrain est aussi hostile que n'importe quel adversaire. Une crête succède à une autre encore plus élevée, les ravines sont fermées par des impasses, et le chemin vers le point le plus élevé est perdu plusieurs fois tant il est difficile de trouver un itinéraire. L'expédition se disloque dans les broussailles épaisses et les ravins escarpés, séparant les groupes les uns des autres et empêchant une progression coordonnée vers les sommets. Si quelques-uns des douze mille hommes débarqués avaient pu atteindre la crête de Sari Bair, à quatre kilomètres au nord d'*ANZAC Cove*, ils auraient pu dominer les Détroits, et un début de victoire était à portée de main[59]. Mais en début d'après-midi, ils n'ont progressé que de trois kilomètres, et, à cet endroit escarpé, ils commencent à subir la contre-attaque des défenseurs turcs. Les soldats de l'ANZAC sont perdus et personne n'est en mesure de les mener au sommet des crêtes. A mesure que le chaud après-midi laisse place à un crachin gris, ils commencent à vivre un véritable martyre.

A quinze kilomètres au sud, au cap Helles, le jour a aussi commencé par les craquements d'un imposant tir d'artillerie navale, sous le couvert duquel les quatre-vingt-seize bateaux des remorques et le *River Clyde*, saturé de troupes, s'approchent du rivage. Sur les flancs, aux plages Y et X en Méditerranée et à la plage S à l'intérieur des Dardanelles, les attaquants rencontrent peu ou pas de résistance et s'établissent bientôt à terre. En face, à Kum Kale sur la rive asiatique, les Français débarquent eux aussi sans opposition et, après quelques contretemps, prennent possession du vieux fort byzantin, du village situé sous ses murs et du cimetière construit dans ses faubourgs. A cet endroit, les Turcs sont mal organisés et mal commandés. Aux plages Y, X et S de la péninsule, ce que vivent les Britanniques est identique : l'ennemi est soit absent soit sonné par les obus de 380 mm explosant autour de ses positions. Les troupes débarquées lézardent au soleil, boivent du thé, montent les provisions depuis le rivage et se baladent dans la riante campagne, comme si la guerre était à dix mille lieux de là. En revanche, aux plages W et V, un peu plus au sud sur la côte, les *Lancashire Fusiliers* et les soldats des régiments de *Dublin*, *Munster* et du *Hampshire* se battent et meurent par centaines. Les deux plages sont séparées par le promontoire du cap Helles. A l'ouest, sur la plage W, qui gardera pour toujours le nom de *Lancashire Landing* (le Débarquement du Lancashire), les *Lancashire Fusiliers* sont frappés par un déluge de feu à cent mètres du rivage. La plupart des bateaux atteignent malgré tout la plage, mais pour se retrouver face à des barbelés tendus au bord de l'eau derrière lesquels des Turcs retranchés tirent sur tous ceux qui viennent de la mer. Le commandant Shaw, des *Lancashire Fusiliers*, se souvient que « la mer derrière était complètement rouge, et on entendait les râles à travers le bruit des tirs. Quelques-uns tiraient. Je leur fis signe d'avancer... Je me rendis alors compte qu'ils avaient tous été touchés. »

Au milieu de ces épouvantables scènes, quelques *Lancashire Fusiliers* parviennent à se glisser derrière les barbelés ou trouvent un moyen de les contourner. Ils se réorganisent et avancent. Sur les 950 hommes débarqués, plus de 500 ont été tués ou blessés, mais les survivants se dirigent maintenant vers l'intérieur des terres, repoussant les Turcs. Le soir, ils se sont assuré une tête de pont. De l'autre côté du promontoire, sur la plage V, la situation est encore plus dramatique. Les *Dublin Fusiliers* débarquant des remorques ne rencontrent aucune opposition, mais au moment où leurs embarcations touchent terre, une grêle de balles s'abat sur eux. Tandis que le *River Clyde* s'échoue et que les *Hampshire* et les *Munster Fusiliers* cherchent à sortir du navire et gagnent les passerelles de débarquement devant les mener vers la rive, quatre mitrailleuses turques ouvrent le feu. Elles ont déjà balayé les premières remorques. Les colonnes se tenant sur les passerelles, massées comme du bétail destiné à l'abattoir, tombent en cascade dans la mer et se noient sur-le-champ ou après s'être débattu dans les hauts-fonds. Certains parviennent pourtant à survivre, à trouver refuge sur le rivage, à rassembler leurs forces et à chasser les Turcs de leurs tranchées.

A *Lancashire Landing* et sur la plage V, de nombreuses *Victoria Cross* (la plus haute décoration britannique pour acte de bravoure) sont décernées ce matin-là : six pour des *Lancashire Fusiliers*, deux pour des marins qui s'escriment à piloter les embarcations faisant le lien entre le *River Clyde* et le rivage. Mais de nombreux autres actes non répertoriés de bravoure sont accomplis, dont certains semblent inconcevables à notre époque. Lorsque le soir tombe au-dessus des plages couvertes de cadavres et des rives toujours rouges de sang, *Lancashire Landing* et la plage X ont été regroupés, et V, Y et S sont acquises. On dénombre 2 000 victimes à *ANZAC Cove*, au moins 2 000 au cap Helles, sur un total de 30 000 hommes débarqués. Leur nombre augmente d'heure en heure, à mesure que les Turcs se rassemblent pour contre-attaquer. La question reste de savoir si les têtes de pont, gagnées au prix de tant de pertes, pourront être tenues le lendemain.

Ce qui devrait alerter les commandants britanniques (Hamilton, du Corps expéditionnaire méditerranéen, le MEF *, Hunter-Weston de la 29e division, Birdwood de l'ANZAC), est que les pertes infligées à leurs soldats, pourtant courageux et déterminés, sont dues à un ennemi dont les effectifs sont très réduits. L'estimation faite par le MEF des effectifs turcs chargés de défendre les Dardanelles était pourtant exagérée. Les hommes

* Mediterranean Expeditionary Force.

déployés par Liman von Sanders sur la péninsule de Gallipoli ne sont qu'une fraction de ses forces, le reste étant distribué entre Bulair et Kum Kale, entre l'Europe et l'Asie. La zone attaquée n'est tenue que par une seule division, la 9e, dont les compagnies d'infanterie tiennent le long de la côte, d'*ANZAC Cove* au cap Helles et même au-delà. Par endroits, il n'y a qu'un peloton de cinquante hommes, à d'autres, encore moins, voire pas de troupes du tout : il n'y a aucun soldat turc sur la plage Y, il y en a douze sur la plage X, un seul peloton sur la plage S. Même à *ANZAC Cove* il n'y a qu'une compagnie de 200 hommes, tandis que les plages V et W ne sont défendues que par un seul peloton [60]. Le massacre des *Lancashire Fusiliers*, des *Dublin* et *Munster Regiment* ainsi que des soldats du *Hampshire* a été perpétré par moins de cent hommes prêts à tout, des survivants du bombardement naval, qui tuent pour ne pas être tués.

Néanmoins, certains se sont enfuis. Les Turcs de Kum Kale se rendent aux Français par centaines avant de se retirer le 26 avril. Ils seraient peut-être plus nombreux sur la péninsule à s'enfuir si des réserves n'étaient pas proches et sous le commandement d'un officier d'une compétence et d'une détermination remarquables : Mustafa Kemal. Faisant partie des tout premiers Jeunes Turcs, sa carrière n'a cependant pas suivi celles des dirigeants. En avril 1915, il n'est, à trente-quatre ans, que commandant divisionnaire. Cependant, le sort veut que sa 19e division se trouve à l'endroit critique à un moment qui l'est tout autant. Massée sur la péninsule située en face des Détroits, elle n'est qu'à six kilomètres d'*ANZAC Cove*, et, bien que devant franchir un plateau pour l'atteindre, elle peut au prix d'une marche forcée intervenir contre les débarquements en cours. Réagissant immédiatement au bruit du bombardement naval, Kemal lance ses troupes, se plaçant lui-même à leur tête. Lorsqu'elles atteignent la crête de Sari Bair, terrain dominant qui est l'objectif de l'ANZAC, « la scène qui se présenta à nos yeux était des plus intéressantes. C'était, à mon sens, le moment décisif de [la campagne]. » Ce qu'il voit, ce sont des navires de guerre près du rivage et, au premier plan, un détachement de Turcs de la 9e division accourant vers lui. Ils lui font savoir qu'ils n'ont plus de munitions. Kemal leur ordonne de se coucher à terre et de fixer leurs baïonnettes. « Dans le même temps, j'envoyai mon officier de service... vers l'arrière pour faire venir au pas de course les hommes du [57e régiment] qui avançaient [derrière moi]... Quand les hommes fixèrent leurs baïonnettes et se couchèrent, l'ennemi se coucha aussi... Il était environ 10 heures quand le 57e régiment commença à attaquer. »

Les Australiens ont repéré Kemal sur la crête et lui tirent dessus, sans le moindre effet. Leur incapacité à l'atteindre et à progresser vers le sommet au cours de ces minutes est peut-être bel et bien « le moment décisif de la campagne » : une fois ses troupes en main, Kemal entame une série de contre-attaques sur la tête de pont australienne. Les combats durent jusqu'à la tombée de la nuit. Plusieurs hauteurs enlevées plus tôt dans la journée sont perdues, et les positions tenues par l'ANZAC sont à peine plus nombreuses que celles des Turcs. L'ennemi a très largement vue sur elles, et y déverse un feu nourri. Un flot continu de blessés est renvoyé vers la plage étroite. Seuls ou transportés par d'autres, ils croisent des renforts à peine plus importants montant en ligne pour les remplacer. Cette scène de relève sera répétée chaque jour au cours de la campagne, et l'image de ces coteaux à pic restera le souvenir le plus durable dans la mémoire des soldats australiens et néo-zélandais.

Le 4 mai, les belligérants d'*ANZAC Cove* sont épuisés. Les Turcs ont perdu 14 000 hommes, les Alliés près de 10 000. Après une dernière attaque le même jour, Kemal estime l'ennemi trop tenace pour être rejeté à la mer et ordonne à ses hommes de s'enterrer. Une fois achevée, la ligne de tranchées constitue une zone de mille mètres de profondeur et d'un périmètre de quatre kilomètres ; elle est inclinée vers le haut selon un angle de 45 °, et sa surface n'est pas tout à fait perpendiculaire. La scène fait penser à l'officier responsable du déchiffrage des codes au sein de l'ANZAC « aux cavernes d'une tribu de grands et bons sauvages qui vivent sur les pentes abruptes de falaises escarpées et recouvertes de broussailles ».

Les jours suivants au cap Helles, le débarquement est également le théâtre de combats sauvages, tandis que la 29e division et les Français, qui se sont retirés de Kum Kale, font tout pour établir le contact entre les têtes de pont et progresser vers l'intérieur des terres. Le 26 avril, le château et le village de Sedd el-Bahr sont pris. L'après-midi suivant, l'avancée est générale : épuisés, les Turcs se sont localement retirés. L'objectif devient alors le village de Krithia, situé à six kilomètres dans les terres.

Le 28 avril, l'assaut est donné, inaugurant ainsi la première bataille de Krithia. Il est suivi d'un second assaut le 6 mai. Aucun ne parvient jusqu'au village, malgré l'arrivée d'Egypte d'une brigade indienne et de certains éléments de la *Royal Naval Division*. Au 8 mai, les Britanniques sont bloqués tout près de Krithia, sur une ligne partant de la Plage Y et atteignant le nord de la Plage S, à cinq kilomètres du cap Helles.

Ils y demeurèrent le temps d'un été caniculaire, d'un automne clément et d'un hiver glacial précoce. Le Conseil de guerre, en dépit de l'opposition manifestée par les Français et rencontrée dans ses propres rangs, envoie davantage de troupes en Egypte et vers la base de Lemnos : une première division pour commencer, puis trois divisions territoriales supplémentaires, suivies de trois divisions Kitchener. Sans enthousiasme, les Français renforcent également leur corps expéditionnaire. En août, la 2e division australienne et la 2e division montée sont envoyées à Lemnos. Pour briser l'inertie de la situation, le général sir Ian Hamilton décide de lancer un nouvel assaut amphibie au nord d'*ANZAC Cove*, à la baie de Suvla. Celui-ci a lieu le 7 août, et une tête de pont est rapidement établie. Commandant désormais l'ensemble des troupes turques du secteur Nord, Mustafa Kemal fait dépêcher des renforts vers les hauteurs avec la même détermination à contenir les Alliés sur la rive que celle montrée trois mois plus tôt à *ANZAC Cove*. Le 9 août, son action est couronnée de succès : aucune autre force débarquée par les Britanniques ne parvient à gagner du terrain. La 29e division, mise à rude épreuve, est transportée par mer depuis Helles. Assaillants et défenseurs s'enterrent, et la baie de Suvla vient constituer la troisième enclave alliée sur la péninsule de Gallipoli. Les Turcs disposent à présent de quatorze divisions, tout comme les Alliés qui, à l'évidence et en dépit des moyens mis en œuvre, n'obtiennent pas beaucoup de résultats. Des appels à l'évacuation ont déjà été lancés au sein du Comité des Dardanelles du Conseil de guerre. En novembre, ils se font très pressants. Effectuant une reconnaissance à titre personnel, Kitchener se laisse persuader par le général sir Charles Monro, le successeur de Hamilton discrédité par ses échecs : une évacuation est inévitable, et une tempête soudaine, noyant les soldats dans leurs tranchées et ravageant presque toutes les installations des plages, met un terme aux discussions. Entre le 28 décembre et le 8 janvier 1916, la garnison commence à se désengager, peu perturbée par des Turcs n'ayant pas su détecter les signes d'une évacuation complète. Au 9 janvier, *ANZAC Cove*, Suvla et le cap Helles sont abandonnés. La grande aventure est terminée.

Les Turcs, qui ne se sont préoccupés ni d'enterrer ni de dénombrer leurs morts, ont probablement perdu environ 300 000 hommes, tués, blessés ou disparus [61]. Les pertes alliées s'élèvent à 265 000. La 29e division a perdu deux fois son effectif, tandis que les Néo-Zélandais, dont 8 566 ont servi sur la péninsule, enregistrent 14 720 victimes, chiffre comprenant les blessés étant remontés en ligne deux ou trois fois [62]. Mais de tous les contingents ayant combattu à Gallipoli, ce sont les Australiens qui ont été le plus marqués : le souvenir de ces combats est encore très présent de nos jours. Citoyens d'un pays tout récemment fédéré (en 1915), ils sont partis comme soldats représentant six Etats différents. Ils sont revenus, comme il est souvent dit, membres d'une seule et même nation. Le supplice de l'ANZAC est commémoré dès l'année suivante. Aujourd'hui, la cérémonie matinale du 25 avril est devenue un événement sacré, observé par tous les Australiens quel que soit leur âge, et *ANZAC Cove* est devenu un lieu de pèlerinage. La péninsule de Gallipoli, dont les Turcs ont fait un parc national et où un monument érigé par Mustafa Kemal, président de la Turquie post-impériale, rappelle magnanimement les souffrances des deux côtés, a été rendue à la nature et demeure un endroit reculé et magnifique sur le rivage méditerranéen. A l'exception des Australiens, peu de Britanniques font le voyage, mais ceux qui l'entreprennent et parviennent à trouver les minuscules mais terribles lieux de bataille de l'ANZAC à *Lone Pine, Russell's Top* et *Steel's Post*, ne manquent jamais d'être émus par la présence de jeunes Australiens, hommes et femmes, qui ont fait le périple à travers toute l'Europe pour voir où leurs grands-pères ou arrière-grands-pères se sont battus et, souvent, sont morts. Les deux tiers des Australiens ayant servi pendant la Grande Guerre sont tombés dans les trois kilomètres carrés situés au-dessus d'*ANZAC Cove*. Leurs petits-enfants et arrière-petits-enfants emportent souvent dans leur pèlerinage à Gallipoli les médailles gagnées ici par leurs parents, comme pour raviver sur ce sol sacré ces symboles de l'esprit de l'ANZAC, représentant celui de la nation elle-même.

Rien à Gallipoli ne peut manquer de toucher les descendants des soldats de toutes les nations s'y étant battus. Le village de Kum Kale, sous les murs de la forteresse médiévale, a disparu, mais l'énorme cimetière recouvert de pierres tombales musulmanes est toujours là pour marquer la limite ultime de l'avancée française du 25 avril. Le cimetière militaire au-dessus de la Plage W est rempli des morts de *Lancashire Landing*, tandis que, à Sedd el-Bahr, les fusiliers de Dublin et de Munster reposent dans des tombes situées quelques mètres au-dessus du rivage, où ils donnèrent leurs vies pour un Etat contre lequel beaucoup de leurs compatriotes, à Pâques 1916, vont se rebeller. Mais peut-être que le plus poignant des monuments commémoratifs de Gallipoli reste la colonne en marbre blanc élevée sur le promontoire du cap Helles que l'on peut apercevoir au-delà de la mer depuis les remparts de Troie, certains matins d'avril. Troie et Gallipoli constituent deux épopées distinctes mais liées, comme l'ont remarqué et noté tant d'officiers volontaires du MEF, qu'une éducation classique prédisposait à cette comparaison. On compte parmi eux Patrick Shaw-Stewart, Arthur Asquith, le fils du Premier ministre, et le poète Rupert Brooke, mort d'un empoisonnement du sang avant le débarquement. Il est difficile de savoir laquelle des deux épopées Homère aurait trouvé la plus héroïque.

LA SERBIE ET SALONIQUE

D'un point de vue militaire, la campagne de Gallipoli est un échec, même si elle aura finalement permis d'éloigner quatorze des trente-six divisions *Nizam* (de première ligne) de la Turquie des points de déploiement potentiels sur les fronts de Mésopotamie, d'Egypte et du Caucase. L'itinéraire de ravitaillement à travers la mer Noire à destination des ports russes du Sud n'a pu être établi. L'échec concerne également l'objectif second, à savoir le soulagement de la Serbie. La survie de ce pays assiégé a été prolongée par l'ouverture de la campagne de Gallipoli et par l'entrée en guerre de l'Italie, elle-même hâtée par les débarquements dans les Dardanelles. Mais à mesure que la perspective d'une victoire à Gallipoli s'éloigne, s'éloignent également les espoirs attachés aux répercussions qui en étaient attendues : encourager la Grèce à rejoindre les Alliés et dissuader la Bulgarie de rejoindre les Puissances centrales. L'endiguement par les Turcs du débarquement de la baie de Suvla en août fait de manière décisive basculer les opinions jusqu'alors neutres de ces Etats. La Bulgarie penche logiquement du côté de l'Allemagne, car le territoire macédonien qu'elle a perdu, après une possession des plus brèves, à la fin de la Seconde Guerre balkanique en 1913, est revenu à la Grèce et à la Serbie. Respectivement plaideurs et protecteurs de l'une et de l'autre, les Alliés ne pousseront pas, les Bulgares le savent, à une telle rétrocession. En revanche, les Allemands sont en mesure de le faire. De plus, l'ampleur de leur victoire à Gorlice-Tarnow en mai a fortement impressionné les Bulgares. Un mois plus tard, ils entrent en négociation [63]. Les Alliés oublient soudain leur engagement envers la Serbie et, le 3 août, offrent finalement à la Bulgarie la portion de Macédoine qu'elle désire. Mais l'offre arrive trop tard. La double impasse sur les fronts de l'Italie et de Gallipoli convainc le roi et les dirigeants politiques bulgares que leur intérêt se trouve dans une alliance avec les Puissances centrales plutôt qu'avec la Grande-Bretagne, la France et la Russie, et ce en dépit de l'appui traditionnel de la Russie envers la Bulgarie. Le 6 septembre 1915, quatre traités sont ainsi signés. Les termes comportent des subventions et le transfert futur du territoire aux dépens des Serbes. Sur un plan plus critique et plus immédiat, la Bulgarie s'engage à entrer en guerre contre la Serbie dans les trente jours. Le but de la campagne, de concert avec l'Allemagne et l'Autriche, est de « battre de façon décisive l'armée serbe et d'ouvrir les liaisons avec Istanbul *via* Belgrade [capitale de la Serbie] et Sofia [capitale de la Bulgarie] ». Il est immédiatement communiqué par Falkenhayn à Mackensen, le grand vainqueur de Gorlice-Tarnow, lequel commence à rassembler une armée. La Serbie ordonne la mobilisation générale le 22 septembre. On tente vainement d'attirer la Roumanie dans la guerre mais, contrairement à la Bulgarie, sa sympathie va aux Alliés. Pendant ce temps, le colonel Hentsch, dont le rapport sur le champ de bataille de la Marne a entraîné le retranchement du front occidental un an plus tôt, entreprend un examen du théâtre serbe comme préliminaire à l'élaboration de plans d'invasion

Depuis l'échec de la deuxième offensive autrichienne en décembre 1914, l'armée serbe est restée déployée sur les frontières nord et est. Le plan de Mackensen est d'étendre le front d'attaque loin au sud, où la Bulgarie peut forcer les Serbes à fragmenter leurs effectifs pour défendre la Macédoine. La Serbie ne dispose que de onze divisions, particulièrement faibles en artillerie. Face à elles, les Bulgares peuvent déployer six divisions, les Autrichiens sept, et les Allemands dix, soit vingt-trois au total. Toutes les formations allemandes, à l'exception d'une seule, émanent de l'armée d'active. Elles appartiennent à la XIe armée ayant lancé la percée de Gorlice-Tarnow. Sous le commandement de von Gallwitz, initiateur de l'opération de Namur, elle va effectuer un mouvement en train vers le Danube [64].

Le rapport de forces est très défavorable aux Serbes, même s'ils vont se battre sur un terrain difficile les avantageant, dans leur propre pays, et derrière de larges fleuves sans ponts sur les frontières (la Save et le Danube, ce dernier large d'un kilomètre et demi). Le *voïvode* Putnik dispose de 200 000 hommes de qualité variable. De son côté, Mackensen peut en aligner 330 000, ainsi que 1 200 canons face aux 300 des Serbes. Le seul espoir de la Serbie serait d'attirer les Alliés dans les Balkans, *via* le port grec de Salonique. Ce projet s'est imposé aux Français dès novembre 1914 et a en réalité servi de base aux discussions interalliées ayant débouché sur la décision de débarquer à Gallipoli [65]. Dans l'espoir qu'une intervention leur permette maintenant de défaire les Bulgares au sud avant que les Allemands et les Autrichiens ne développent leur attaque au nord, les Serbes en appellent aux Alliés pour qu'ils reconsidèrent une nouvelle fois cette initiative. Espérant toujours appâter la Bulgarie pour qu'elle n'entre pas en guerre, les Britanniques refusent, pressant la Serbie de lui céder le territoire macédonien qu'elle convoite. Mais ce prix est trop lourd à payer, même si la détermination serbe peut mener à un véritable désastre militaire. C'est alors qu'une incitation à adopter le projet de Salonique arrive d'une direction inattendue. Le jour où la Bulgarie mobilise, le Premier ministre grec, Elefthérios Venizélos, fait savoir aux gouvernements britannique et français que, s'ils font venir 150 000 hommes à Salonique, il sera en mesure de faire entrer son pays dans la guerre à leur côté, en accord avec les termes d'un traité existant entre la Serbie et la Grèce.

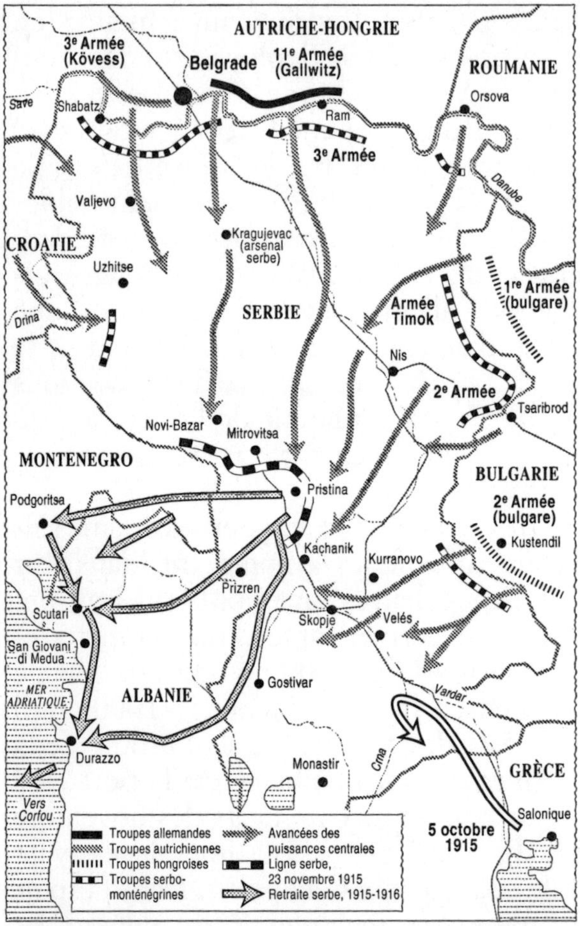

La campagne de Serbie
1915

Venizélos, « le lion de Crète », a obtenu de la Turquie l'indépendance de son île en 1905 ; il serait un homme de poids dans n'importe quel pays et conduit de manière absolue la politique du petit royaume grec. Défenseur typique de la « Grande Idée » — prônant la réunion nationale des communautés de langue grecque de la mer Egée et de son arrière-pays aux dépens de la Turquie —, il croit tout autant à la nécessité du soutien des Alliés pour la réaliser qu'à la possibilité de leur victoire finale. En conséquence, il considère qu'une aide à la Serbie serait à la fois réaliste et essentielle. Convaincus par Venizélos, la Grande-Bretagne et la France acceptent d'envoyer sur-le-champ des troupes à Salonique. Dans un premier temps, il ne s'agit que d'une force symbolique, mais plus tard, 150 000 hommes seront débarqués : selon l'interprétation que fait le Premier ministre du traité serbo-grec, ce renfort justifierait le fait que la Grèce sorte de sa neutralité. Cependant, il a surestimé la force de sa position dans son pays. Le roi Constantin est non seulement le beau-frère du Kaiser, mais considère par ailleurs que les intérêts de son royaume seront mieux servis s'il reste neutre. Le 5 octobre 1915, il renvoie Venizélos. Ce dernier reviendra sur la scène politique en octobre 1916, formera un gouvernement à Salonique dont la Grande-Bretagne reconnaîtra la légitimité, et, après l'abdication de Constantin en juin 1917, il retrouvera son poste et le soutien de son peuple. Mais à l'automne 1915, rien de tout cela n'est concevable. En attendant, les Alliés prennent les devants. Pays neutre dépourvu de moyens de résistance, la Grèce est dans l'obligation d'accepter l'arrivée d'un corps expéditionnaire franco-britannique * constitué en partie par les troupes retirées de Gallipoli, ainsi que la transformation de Salonique en vaste base alliée. En octobre, l'envoi d'une avant-garde alliée en Macédoine serbe est effectif.

L'arrivée de cette dernière se produit trop tard pour porter assistance aux Serbes. Le 5 octobre, les Allemands et les Autrichiens commencent un bombardement à travers la Save et le Danube, suivi de l'établissement de ponts au-dessus de l'une et des eutre deux jours plus tard. Le mauvais temps et les tirs serbes détruisent quelques-uns de ces ouvrages, mais la IIIe armée autrichienne et la XIe armée allemande parviennent cependant à établir des têtes de pont. Le 9 octobre, elles entrent dans Belgrade. Après avoir solidement pris pied en territoire ennemi, le plan de Mackensen consiste à envelopper les Serbes en les poussant vers le sud et le centre de leur pays. Comme convenu un mois plus tôt, les Bulgares traversent la frontière depuis l'est le 11 octobre, et envoient simultanément des troupes au sud pour faire face aux Britanniques et aux Français en Macédoine. Les Allemands et les Autrichiens continuent de presser les forces serbes à partir du nord. Parfaitement logique en théorie, ce plan ne tient pas suffisamment compte du terrain, de l'hiver balkanique tout proche et de la capacité avérée des Serbes à endurer les épreuves. Les habitants du centre des Balkans, région la moins développée d'Europe en 1915, sont habitués aux privations saisonnières et à évoluer dans un environnement sans routes et aux températures extrêmes. Aux privations enseignées par les rudesses du climat, au long passé

* Un corps expéditionnaire russe sera également envoyé en Grèce par la suite.

d'insoumission face aux Turcs, s'ajoutent comme particularité des Serbes une féroce solidarité tribale et le mépris du danger. Les Allemands et les Autrichiens, cherchant par tous les moyens à exploiter leur succès après la chute de Belgrade, ne parviennent à les acculer à aucun obstacle. A trois reprises ils semblent pourtant y parvenir, notamment au Kosovo, champ de bataille où les Turcs ont mis fin à l'indépendance serbe en 1389. Bien que gênés par les dizaines de milliers de réfugiés et le cortège d'une artillerie purement symbolique qu'ils persistent à vouloir traîner derrière eux, les Serbes se retirent en bon ordre et s'échappent en direction de la principauté proserbe du Monténégro, de l'Albanie et de la mer. Le vieux roi Pierre marche au milieu des colonnes s'échinant à gagner la côte. Le voïvode Putnik, affaibli, est transporté par ses soldats dévoués dans une chaise à porteurs fermée le long des pistes recouvertes de neige et dans les cols de montagne. Seule une armée de vrais montagnards pourrait survivre au passage vers le Monténégro. Nombreux sont ceux qui n'y parviennent pas : succombant à la maladie, la faim ou le froid, ils tombent sur les bas-côtés après être sortis des rangs. Néanmoins, sur 200 000 hommes, pas moins de 140 000 survivent et franchissent début décembre la frontière avec l'Albanie, indépendante depuis 1913 et toujours neutre, pour descendre vers les températures plus clémentes des ports albanais de l'Adriatique. De là, par bateaux, dont la plupart sont italiens, les survivants, ainsi que des milliers de prisonniers autrichiens forcés de les accompagner dans leur retraite, sont transférés à Corfou. Dans leur sillage, la IIIe armée autrichienne prend possession du Monténégro, tandis que les Bulgares, que ni l'Allemagne ni l'Autriche ne souhaitent voir s'établir sur l'Adriatique, reviennent de la frontière pour se joindre à la contre-offensive devant rejeter l'invasion alliée en Macédoine.

D'autres troupes bulgares ont déjà émoussé l'effort français et britannique pour soulager la pression sur les Serbes en Macédoine. Au 12 décembre, les deux divisions alliées (la 156e française et la 10e britannique, toutes deux transférées de Gallipoli) ayant franchi la frontière serbe en octobre battent en retraite en territoire grec. Estimant à juste titre que le projet de Salonique n'a plus d'objectif utile, le gouvernement britannique presse maintenant les Français d'accepter un retrait de toutes les troupes alliées. Les Français, en proie à une crise politique intérieure, hésitent. Remplaçant Viviani au poste de Premier ministre en octobre, Briand est partisan d'une action sur Salonique depuis le début et fait du soutien au projet un test de loyauté à son égard et à celui du gouvernement. En outre, il est encouragé au Parlement par les radicaux socialistes qui ne cachent pas leur attachement à Sarrail, commandant l'armée de Salonique. Un retrait laisserait le général français sans commandement et avec peu de chances d'en retrouver un autre car Joffre le craint et le déteste. Briand fait donc valoir ses anciens arguments en faveur de l'expédition : elle permettrait de maintenir la Grèce et la Roumanie dans la neutralité et constituerait une menace pour le flanc autrichien dans les Balkans, susceptible de s'élargir si les circonstances futures le permettaient. A cela, il ajoute que l'armée serbe n'a pas été détruite et peut, une fois réorganisée, être utilisée (comme elle va l'être) sur le front des Balkans. Pour convaincre Joffre, il le nomme généralissime des armées françaises, et non plus seulement de celles combattant en France. Quant aux radicaux, il leur fait remarquer que Joffre doit désormais soutenir Sarrail car sa promotion fait maintenant de son rival son subalterne. Entre les 1er et 6 décembre, à Calais, aux GQG de Chantilly et à Londres, les dirigeants politiques et militaires britanniques et français prennent des décisions en faveur, puis contre le maintien d'une force à Salonique. Les Britanniques manquent de l'emporter. Au final, cependant, ils se laissent persuader, par crainte de faire tomber le gouvernement Briand et par la demande appuyée des Russes pour le maintien d'une pression occidentale sur le théâtre d'opérations de l'Est. Les troupes britanniques resteront à Salonique [66].

Cette issue apparaît curieuse, aussi bien politiquement que stratégiquement. Les Britanniques et les Français, dont les efforts dans la lutte pour l'émancipation des Grecs de la tutelle turque en 1832, et qui depuis ont pris fait et cause pour la Grèce indépendante dans toutes les crises internationales, se comportent maintenant comme si sa souveraineté passait entièrement après leurs intérêts propres. Ils ont déjà réquisitionné l'île grecque de Lemnos, la plus grande au nord de la mer Egée, comme base de départ pour la campagne des Dardanelles. Leur débarquement à Salonique, deuxième ville du royaume, s'est fait sans concertation avec le gouvernement grec. Une fois prise la décision de demeurer en Grèce, les Alliés transforment

Salonique en enclave militaire extraterritoriale. Le roi Constantin proteste faiblement : « Je n'accepterai pas d'être traité comme un chef autochtone. » Mais les Alliés n'en tiennent pas compte [67]. L'armée grecque maintient une présence symbolique dans le périmètre du village. A l'intérieur, sur une étendue de trois cents kilomètres carrés, les Français disposent de trois divisions et les Britanniques de deux. Les deux puissances rassemblent ici un énorme stock de réserves et de matériel de guerre. Stratégiquement, leur présence n'exerce aucune pression sur les Bulgares ou les Allemands, qui maintiennent une force peu importante à la frontière. Elle n'occasionne aucun transfert de troupes ennemies du front de l'Ouest, n'apporte aucune aide aux Russes et ne représente aucune menace pour les Turcs. Ce qui n'empêche pas les troupes de Salonique de souffrir : la malaria, endémique au nord de la Grèce, fait dix fois plus de victimes que l'ennemi, et tant que les Alliés restent dans la zone infectée, il n'existe guère de moyen d'échapper aux moustiques. Des journalistes allemands ont dédaigneusement décrit Salonique en 1915 comme « le plus grand camp d'internement du monde ». C'est en fait bien pis que cela. A mesure que les effectifs augmentent, et que la malaria se déchaîne, Salonique devient un énorme hôpital militaire où les victimes de la maladie atteignent ou dépassent, par le biais des remplacements, parfois 10 pour cent des effectifs de certaines unités [68].

L'année 1915 s'achève donc sur une note peu concluante. Sur les théâtres de guerre externes, les Alliés ont dominé, les colonies de l'Allemagne ont été occupées, ses forces coloniales largement dominées et ses croiseurs détruits. Son alliée turque a remporté une brillante victoire, aussi locale soit-elle, à Gallipoli, mais n'a pas réussi à faire de l'Egypte britannique ou du Caucase russe des fronts de diversion, et est elle-même menacée par une pénétration britannique de ses possessions arabes en Mésopotamie. En Europe du Sud, la Serbie a été écrasée et la Bulgarie attirée dans l'alliance centrale, mais la Grèce s'est vu transformer en base avancée franco-britannique. Quant à l'Italie, elle s'est laissé persuader d'ouvrir un front contre l'Autriche au nord de l'Adriatique. Sur les deux grands fronts, à l'ouest et à l'est, la balance de la réussite semble pencher du côté des Puissances centrales. En France, les Allemands ont repoussé toutes les tentatives des Français et des Britanniques pour briser la ligne de tranchées et ont fait subir de lourdes pertes à leurs ennemis. Sur le front de l'Est, ils ont remporté une victoire spectaculaire à Gorlice-Tarnow et repoussé les armées du tsar vers les frontières de l'ancienne Russie, et même au-delà en certains endroits. La Pologne et le littoral de la Baltique sont en leur possession, et le danger d'une invasion russe de l'Autriche-Hongrie à travers les crêtes des Carpates a pu être évité, apparemment de manière définitive. En revanche, la puissance de combat de l'armée russe n'a pas été détruite, l'armée française a conservé un état d'esprit agressif et l'armée britannique, d'un corps expéditionnaire d'importance marginale, se transforme peu à peu en machine de guerre continentale. La réussite de l'Allemagne au cours des dix-sept mois de combat écoulés depuis le début de la guerre a été de survivre à l'échec de son plan de victoire rapide sur deux fronts, de venir à la rescousse de son faible allié autrichien et de lui éviter l'effondrement dont le menace le prolongement des hostilités. Elle a par ailleurs su se faire des alliés supplémentaires dans les Balkans et au Proche-Orient ainsi que créer une position stratégique centrale, riche en ressources industrielles et en matières premières, s'étendant de l'Aisne à l'ouest à la Drina, au Pripet et au Dniestr à l'est. En revanche, elle n'a pas réussi à battre ses ennemis principaux sur terre ferme, ni à détruire la capacité des armées franco-britanniques et russes à poursuivre l'offensive. Enfin, l'Allemagne n'est pas parvenue à trouver le moyen de briser le blocus qui l'empêche d'accéder à la mer du Nord. Toutes les puissances s'accordent à dire que l'année 1916 qui arrive va être le théâtre d'une crise sur la terre ferme, à l'est comme à l'ouest, mais également sur mer. Une année de grandes batailles entre les armées et entre les flottes se prépare.

8

L'ANNÉE DES BATAILLES

LA GUERRE SUR MER

Si la guerre qui éclate en 1914 est un conflit auquel les armées européennes sont mal préparées, il n'en va pas de même pour leurs grandes flottes. Comme les toutes premières batailles le montrent, les armées sont techniquement équipées pour résoudre certains problèmes aisément identifiables. Elles savent notamment comment venir à bout des défenses des forteresses modernes, comment déplacer de nombreux effectifs de leurs bases de départ vers les frontières, et comment dresser des murs de feu à grands renforts de fusils et d'artillerie de campagne, murs impénétrables lorsque les masses d'hommes entrent en contact. Mais elles ne sont pas équipées pour faire face à des problèmes à la fois plus difficiles à identifier et plus difficiles à résoudre : comment protéger les soldats de la puissance de feu, ou assurer leur protection tandis qu'ils se déplacent sur le champ de bataille ? Et même, comment les faire se déplacer à partir des points de débarquement si ce n'est à pied ? Comment transmettre rapidement et sans équivoque les messages entre quartiers généraux et unités, entre les unités, entre l'infanterie et l'artillerie, entre le sol et les avions dont les armées se sont, presque par hasard, récemment équipées ?

Les carences des généraux de 1914 remontent pour une large part à la période d'avant-guerre. Ils ont su adapter la technologie à leur disposition aux besoins du moment, notamment en ce qui concerne le réseau ferroviaire européen, largement étendu.

En revanche, ils n'ont pas su percevoir l'importance ou le potentiel de nouvelles technologies, dont le moteur à explosion ou le télégraphe sans fil (comme on appelait alors la radio) vont se révéler les plus importantes. En fait, ils n'ont pas su identifier les problèmes que de tels outils permettaient de résoudre. Cette accusation ne peut être portée contre les amiraux. Prévoyants, ils ont deviné l'importance des technologies en voie de développement et susceptibles de les aider, avant de les appliquer avec un esprit d'à-propos. Les amiraux ont traditionnellement une réputation de vieux loups de mer ne voyant pas plus loin que le bout de leur bastingage et ne sachant pas évoluer. Ceux du XIXe siècle passent souvent pour s'être opposés au passage de la voile à la vapeur avec autant de véhémence que les généraux à l'abandon d'uniformes aux couleurs trop vives. Rien n'est plus faux. Dès qu'ils furent convaincus que la marine à voile avait fait son temps, les amiraux de la *Royal Navy* firent preuve d'une absence totale de nostalgie pour les charmes de la voile. Dès la fin de la guerre de Crimée, qui voit des canonnières à vapeur ravager des bâtiments en bois, la marine à voile est abandonnée. Le *Warrior*, premier cuirassé à vapeur de la *Royal Navy* datant de 1861, n'est pas un navire expérimental mais un bâtiment révolutionnaire, sautant d'un seul bond plusieurs étapes intermédiaires de la construction navale [1]. En le voyant ancré dans le port de Portsmouth parmi les vieilles embarcations, Palmerston le décrit, comme « un serpent parmi les lapins », et ceux qui succèdent aux amiraux l'ayant mis en service vont construire d'autres *serpents* dès qu'ils jugeront que les vieux navires seront devenus des *lapins*. La construction navale évolue avec une rapidité époustouflante entre 1860 et 1914 : les canons, jusqu'alors disposés sur les flancs, le sont désormais dans l'axe, puis en tourelles ; la disposition des protections d'ensemble cède le pas à une disposition en « citadelles » puis en « pont blindé ». La qualité du blindage passe du fer forgé au métal renforcé, puis au composite ; le moteur à piston devient moteur à turbine, le charbon est remplacé par le mazout.

Les changements se font de plus en plus rapides à mesure que les amiraux appréhendent la portée des nouvelles technologies issues de l'industrie civile. Ils en prennent la pleine mesure au cours des affrontements ayant lieu en dehors des eaux européennes, comme lors de la guerre américano-espagnole de 1898 ou la guerre russo-japonaise de 1904. En 1896, la *Royal Navy*, toujours première marine du monde, lance des cuirassés de 13 000 tonnes, équipés de canons de 300 mm et pouvant atteindre la vitesse de 18 nœuds grâce à des chaudières fonctionnant au charbon. En 1913, ses cuirassés les plus modernes, du type *Queen Elizabeth*, déplacent 26 000 tonnes, mettent en batterie des canons de 350 mm et atteignent des vitesses de 25 nœuds grâce à des moteurs à turbines fonctionnant au mazout [2]. L'étape clé et intermédiaire entre ces deux modèles est le *Dreadnought* de 1906, qui a donné son nom à tous les types suivants de « All-Big-Guns-Ships » (navires à gros calibres) : ils ont abandonné les armes secondaires de petit calibre du passé et concentrent leur blindage autour de leur armement principal, des magasins et des moteurs à turbine. Imaginé par l'amiral sir John Fisher, le *Dreadnought* est aussi révolutionnaire que le *Warrior* en son temps, et la décision de le construire tout aussi courageuse car, à l'instar du *Warrior*, il rend obsolètes tous les cuirassés de l'époque, y compris ceux de la *Royal Navy* elle-même. Seule une nation aussi riche, aussi fiscalement efficace et aussi attachée au maintien de sa prédominance maritime que la Grande-Bretagne pouvait prendre un tel risque, et seule une marine aussi prête à s'adapter technologiquement que la *Royal Navy* pouvait en voir la nécessité. Toutefois, l'inspiration n'est pas seulement britannique. Les architectes de la marine italienne, toujours à la pointe de l'innovation, avaient prévu la conception du navire à gros calibre, mais n'avaient pas eu le courage de mettre eux-mêmes cette conception en pratique. L'apparition du *Dreadnought*, ainsi que de navires semblables puis améliorés rapidement après son lancement, oblige toutes les flottes importantes, les marines française, italienne, autrichienne, russe, américaine, japonaise et allemande, à suivre le mouvement. Entre 1906 et 1914, les dreadnoughts se construisent en nombre croissant dans les chantiers navals du monde entier afin d'équiper les principales nations, mais également beaucoup d'autres n'ayant jusqu'alors pas aspiré au rang de puissance maritime. La Turquie passe commande de dreadnoughts en Grande-Bretagne, et une course navale s'engage en Amérique du Sud entre l'Argentine, le Brésil et le Chili qui, manquant des ressources pour construire eux-mêmes de grands navires, distribuent leurs commandes entre les chantiers navals américains et britanniques. Le dreadnought devient dans ces années-là un symbole du statut international d'un Etat, qu'il serve ou non des visées nationales.

La compétition féroce à laquelle se livrent les chantiers navals britanniques et américains s'inscrit dans une économie de marché. Vendus dès que possible à l'étranger, ces modèles sont de très haute qualité et suivent les innovations les plus récentes. Les navires construits en Grande-Bretagne pour les marines étrangères en 1914, l'*Amiral Latorre* pour le Chili, le *Reshedieh* pour la Turquie, le *Rio de Janeiro* pour le Brésil, sont du type le plus moderne. L'Amirauté britannique n'hésite pas à les racheter en août 1914, et tous trois, sous les noms de *Canada*, d'*Erin* et d'*Agincourt*, rejoignent immédiatement la Grande Flotte. Equipé de douze canons de 375 mm, l'*Agincourt* est le navire le plus lourdement armé de toutes les marines européennes. Mais les dreadnoughts allemands sont mieux protégés que leurs équivalents britanniques : leur blindage est plus épais et leur division interne en compartiments étanches, limitant le danger d'inondation, plus élaborée. Cependant, ils alignent des canons de moindre calibre. Les derniers modèles en date de dreadnoughts des Américains, l'*Oklahoma* et le *Nevada*, parviennent à un remarquable compromis entre vitesse, puissance de feu et blindage, tandis que les deux navires britanniques de classe *Queen Elizabeth* (trois autres sont en construction) représentent clairement la toute dernière génération de cuirassés encore plus rapides, encore mieux armés et blindés.

Des différences mineures dans les modèles de dreadnoughts vont se révéler significatives au cours des batailles, de façon parfois saisissante, étant entendu qu'une fissure dans la cuirasse peut se révéler fatale. La guerre navale moderne est sans pitié. Les navires en acier, contrairement aux structures en bois, ne peuvent pas être réparés durant le combat (exceptés pour les dommages légers), tandis que les énormes cargaisons d'explosifs qu'ils transportent dans leurs magasins les menacent de désintégration s'ils sont touchés en profondeur. Ce qui est frappant dans ce type de navires est à la fois leur ressemblance les uns avec les autres, mais également leur modernité. Les amiraux apportent leur soutien aux architectes navals en dotant leurs navires de l'équipement le plus récent, du matériel de réglage de tir (pour lequel l'industrie optique allemande donne un avantage certain à la Flotte de haute mer), aux instruments de télémétrie permettant de déterminer l'angle et l'élévation pour le pointage des pièces [3]. Ainsi, si les armées de 1914 ne sont pas organisées efficacement pour remporter des victoires, les flottes de dreadnoughts le sont de manière optimale par rapport à ce que permet la technologie disponible.

S'il existe une insuffisance technique majeure dans l'équipement des flottes, elle se situe dans leurs systèmes de transmissions [4]. Les marines ont adopté avec enthousiasme la nouvelle science de la radio sans fil dont l'arrivée a grandement amélioré leur possibilité de communiquer, aussi bien stratégiquement que tactiquement. Elle permet de modifier la disposition des flottes à longue distance et, grâce à la radiogoniométrie, de repérer avec un très haut niveau de précision la position de navires ennemis brisant le silence radio. La technologie radio révolutionne également le domaine de la reconnaissance et du repérage effectués par les petits vaisseaux de guerre accompagnant les flottes de cuirassés. Avant l'avènement du sans-fil, les transmissions entre éclaireurs et entre éclaireurs et flotte étaient limitées par la hauteur des mâts perceptibles à l'horizon et par les conditions de visibilité dans le rayon ainsi déterminé, soit en pratique trente kilomètres dans le meilleur des cas. Après son arrivée, les éclaireurs peuvent garder le contact sur des centaines voire des milliers de kilomètres, et les vaisseaux amiraux communiquer directement et instantanément avec la plus modeste des embarcations de reconnaissance. C'est le croiseur léger *Glasgow*, seul survivant du désastre de Coronel, qui sauva de la destruction le *Canopus*, arrivé plus tard que les autres, et ce sont ses transmissions sans fil qui permirent la poursuite transéquatoriale devant s'achever par la défaite de l'escadre de Spee aux Malouines.

Cependant, la télégraphie navale sans fil comporte en 1914 un défaut critique. Elle ne permet pas encore la transmission de signaux vocaux : seuls ceux émis en morse peuvent l'être. En conséquence, il existe « un délai comprenant le temps d'écrire [le message], de le transmettre au poste radio, de le transcrire en morse, de l'envoyer, de le décoder à bord du navire récepteur, de le réécrire et de le faire transmettre au pont », délai estimé par l'amiral Jellicoe, commandant de la Grande Flotte, à « dix à quinze minutes [5] ». Ce délai en « temps réel » est sans importance lorsque les signaux stratégiques sont transmis et reçus. Il est en revanche crucial en pleine action, où des flottes en rangs serrés doivent manœuvrer en même temps au commandement de l'amiral. Le sans-fil est ainsi jugé inefficace comme moyen de transmission tactique et celle-ci continue donc à s'effectuer, comme du temps de Nelson, en hissant le drapeau. Un amiral désirant diriger sa ligne de bataille vers l'ennemi ou l'en éloigner donne l'instruction au lieutenant chargé de la signalisation par drapeau de hisser celui-ci en conséquence, et les timoniers de tous les navires subalternes, censés l'identifier à l'œil nu ou au télescope, l'annoncent à leur capitaine. La procédure nécessite d'abord de hisser le drapeau, manœuvre qui peut être répétée par un navire « relais » placé plus près de l'avant ou de l'arrière de la ligne, puis d'afficher un drapeau « de mise à exécution » qui donne l'ordre de la manœuvre définie par le drapeau hissé lorsque celui-ci est abaissé. Le système avait remarquablement fonctionné à Trafalgar où la vitesse de l'approche britannique vers la ligne franco-espagnole était de cinq nœuds et la distance entre le premier et le dernier navire d'une formation était au plus de trois kilomètres. Les flottes de dreadnoughts manœuvrant à vingt nœuds en formation de dix kilomètres de long ne sont contrôlées par drapeaux hissés qu'avec grandes difficultés, les timoniers ayant du mal à identifier les minuscules morceaux de tissu de couleur, masqués par la fumée des cheminées et des canons, à des distances pouvant atteindre mille mètres, voire davantage.

Avec le recul, il apparaît que la procédure de la télégraphie sans fil pouvait être simplifiée en se passant de l'encodage et en plaçant un récepteur sur le pont, utilisable dans des circonstances tactiques où les dangers liés à l'interception, qui peuvent survenir « en temps réel », auraient été minimisés. Cela ne fut pas fait, peut-être parce que, par une sorte de nostalgie typique des armées en 1914, la « culture » du sémaphore avait emprise sur les flottes. Cet attachement était commun à toutes les marines. Malheureusement pour la *Royal Navy*, la Flotte de haute mer avait largement surmonté la difficulté du signalement en simplifiant son système de manœuvre : elle pouvait désormais accomplir d'amples changements de direction et d'alignement avec moins de drapeaux à hisser que dans le système utilisé par la marine britannique. Cela devait se révéler un avantage considérable au cours de la bataille du Jutland.

Hormis cela, dans des circonstances techniques aussi remarquables par leur modernité que par leur ressemblance, seul un défaut est notable, lequel touche les marines britannique et allemande. Aucune des deux ne possède de moyens de reconnaissance appropriés. Les flottes déployaient traditionnellement en avant de ce que l'on appelle les unités principales (composées des navires de bataille et de la flottille de leurs navires de soutien) un écran de navires intermédiaires suffisamment rapides pour trouver l'ennemi et assez puissants pour se retirer avant de subir des dommages irréparables. Dans les décennies précédant la Première Guerre mondiale, ceux-ci avaient acquis le nom de « croiseurs ». L'amiral Fisher, à l'origine du concept du dreadnought, a pensé que la fonction de croiseur serait à l'avenir mieux servie par des vaisseaux aussi grands et aussi bien armés que les cuirassés, mais plus rapides, cette vitesse supérieure pouvant être atteinte en se passant d'une grande partie du blindage des cuirassés. En 1916, la Grande Flotte comporte neuf de ces « croiseurs cuirassés », et la Flotte de haute mer (l'Allemagne ayant suivi l'initiative britannique) cinq. Aucune ne possède de croiseurs traditionnels, et ceux déjà en service sont anciens, lents et faiblement armés et blindés. Cela n'aurait pas d'importance si les amiraux réduisaient leur emploi à un rôle approprié de reconnaissance et dissuadaient les commandants des escadres de cuirassés d'exposer leurs navires à des dommages qu'ils n'ont pas la capacité de supporter. Malheureusement pour les deux flottes, l'idée s'est répandue que les croiseurs cuirassés, en surcroît de leur fonction d'éclaireurs, devraient engager des actions contre les cuirassés ennemis lorsqu'ils en rencontreraient. Pour cela, ils utiliseraient leur principal armement pour les « neutraliser », pendant que leurs propres cuirassés d'accompagnement s'approcheraient ; leur vitesse supérieure leur permettrait d'échapper à tout dommage dans l'intervalle. « La vitesse protège », affirmait Fisher. Ses croiseurs cuirassés sont en effet plus rapides que n'importe quel cuirassé navigant à cette époque, la différence atteignant pas moins de dix nœuds (le croiseur cuirassé britannique *Queen Mary* fait 33 nœuds, le cuirassé allemand *Kaiser* 23,6 nœuds). Mais comme les batailles vont le démontrer, la vitesse ne protège pas contre les canons navals modernes tirant des obus de 300 mm, voire plus lourds encore, à des portées pouvant atteindre 16 000 mètres. Cette illusion a conduit les marines à dépenser des crédits qui auraient pu permettre l'achat de dizaines de croiseurs plus petits mais efficaces, en lieu et place d'une poignée de croiseurs cuirassés n'accomplissant pas mieux leur tâche et parfaitement incapables de rivaliser avec les cuirassés, même dans les batailles d'approche. En 1916, la *Royal Navy* s'engage dans la bataille du Jutland avec une poignée de croiseurs traditionnels dont aucun n'est en mesure d'accomplir sa tâche, des nuées de croiseurs légers bien trop faibles pour inquiéter des navires ennemis bien plus lourds, et une avant-garde de croiseurs cuirassés amenée à subir des pertes terribles et inutiles avant même le moment critique.

La bataille navale du Jutland a lieu le 31 mai 1916 et au cours de la nuit suivante. Deux engagements ont déjà eu lieu auparavant, près de Heligoland et du *Dogger Bank* en août 1914 et janvier 1915, mais ni l'un ni l'autre n'a engagé les principales flottes l'une contre l'autre. La bataille de la baie de Heligoland, à l'entrée des bases navales allemandes en mer du Nord, est due à la détermination des commandants des destroyers et des sous-marins de Harwich, le port britannique le plus proche des bases allemandes. Elle a permis d'intercepter les patrouilles côtières ennemies et de les endommager. Tyrwhitt, à la tête de ce que l'on va appeler la force de Harwich, et Keyes, commandant la 8e flottille sous-marine, sont des officiers agressifs dont la soif d'action leur attire le soutien de Churchill, premier lord de l'Amirauté, qui leur promet l'intervention de trois des croiseurs de bataille de l'amiral Beatty, si une opportunité de succès venait à s'offrir. Le 28 août, au cours d'une rencontre de jour confuse où la brume recouvre la baie de Heligoland, les Britanniques ne parviennent à couler, dans un premier temps, qu'un seul destroyer. Mais lorsque les renforts allemands apparaissent, les croiseurs de bataille de Beatty s'avancent et coulent trois croiseurs ennemis avant de se retirer prudemment [6].

Cette petite victoire met beaucoup de baume au cœur des Britanniques mais, si elle pousse les Allemands à renforcer les défenses de la baie de Heligoland avec des champs de mines et des patrouilles permanentes de vaisseaux lourds et légers et des sous-marins, elle ne les décourage pas de poursuivre leurs actions. Dans un effort pour faire subir aux Britanniques le même traitement que ceux-ci leur ont infligé, ils envoient des navires rapides bombarder le port de Yarmouth en mer du

Nord le 3 novembre. Le 16 décembre, Scarborough, Whitby et Hartlepool subissent le même sort, cette seconde sortie s'effectuant avec la plupart des dreadnoughts de la Flotte de haute mer. La Grande Flotte envoie une escadre d'interception, mais une erreur de renseignements rend le contact impossible : en infériorité numérique, cette erreur la sauve. Lors de la seconde des toutes premières rencontres navales de la guerre, au *Dogger Bank*, les renseignements ont mieux servi la *Royal Navy*. Ses services d'interception et de décryptage, ce dernier ayant ses bureaux dans l'ancien bâtiment de l'Amirauté (au numéro 40 ou 40 OB), sont bien supérieurs à ceux des Allemands, et leurs agents ont bénéficié au début de la guerre de trois coups de chance extraordinaires. En août, le croiseur léger allemand *Magdeburg* s'échoue dans les eaux russes, et ses manuels de signalisation, comportant les codes en vigueur, sont récupérés et envoyés en Angleterre. En octobre, le code des navires marchands, saisi sur un paquebot allemand retenu en Australie, parvient à son tour à Londres. Plus tard au cours du même mois, un autre manuel, utilisé par les amiraux allemands en mer et jeté par-dessus bord par l'officier principal d'un groupe de destroyers allemands récemment coulés au cours d'un accrochage au large des côtes néerlandaises, est récupéré par hasard dans les filets d'un bateau de pêche britannique et remis à l'Amirauté [7]. Ces trois documents ouvrent les secrets de presque tous les signalements navals allemands aux officiers du 40 OB, leur permettant de lire les transmissions ennemies parfois en « temps réel », c'est-à-dire, aussi rapidement que leurs véritables destinataires. Comme par anticipation de l'histoire du décryptage de la Seconde Guerre mondiale, l'état-major naval allemand se rend très vite compte que les mouvements de ses navires sont connus de l'ennemi. Cependant, il attribue cette fuite non pas à un problème de sécurisation des signaux mais à l'espionnage. Les soupçons se fixent sur les bateaux de pêche hollandais qui ratissent les eaux peu profondes du *Dogger Bank*, au centre de la mer du Nord : les Allemands estiment que les équipages sont britanniques, qu'ils battent de faux pavillons et qu'ils télégraphient leurs observations à l'Amirauté.

Croyant pouvoir faire tourner de tels rapports à leur avantage tout en se vengeant de la défaite de Heligoland, l'état-major naval allemand décide d'envoyer les croiseurs de bataille de la

Flotte de haute mer au *Dogger Bank* et de tendre un piège à la Grande Flotte. Le 23 janvier, les premier et deuxième groupes d'éclaireurs font une sortie, mais rencontrent une forte opposition à l'approche du *Dogger Bank* le lendemain matin à l'aube. L'escadre de croiseurs cuirassés de Beatty, alertée par le 40 OB, est en position, et, lorsque les formations allemandes, plus faibles et moins nombreuses, font leur apparition, elles sont prises sous des bordées d'obus perforants. Le semi-croiseur de bataille *Blücher* est submergé et chavire, le *Seydlitz* manque d'être victime d'une implosion interne qui n'est évitée qu'en noyant les magasins. Les deux groupes d'éclaireurs font demi-tour et en réchappent de justesse. Un examen des dommages subis par le *Seydlitz*, effectué après son difficile retour à la base, révèle que d'importantes quantités d'explosifs destinés à l'armement principal ont été sorties de leurs caissons pare-étincelles et entreposées sous la tourelle. Les dommages causés à celle-ci ont mis le feu aux poudres qui y étaient stockées, et les flammes, en descendant à l'intérieur de la tourelle, ont touché les gargousses non protégées qui se trouvaient en dessous, provoquant un incendie près du magasin. Mise en garde à temps des dangers de ces mauvaises habitudes, la marine allemande institue des procédures plus strictes concernant le maniement de ses poudres. La flotte de croiseurs de bataille de Beatty, comme on la nomme immédiatement après le *Dogger Bank*, continuera de stocker de grandes quantités de poudres non protégées entre le magasin et la tourelle, avec des résultats qui vont s'avérer désastreux lors de la bataille du Jutland [8].

Entre janvier 1915 et l'été 1916, la Flotte de haute mer ne s'éloigne pratiquement plus de ses bases et met à profit ce temps pour affiner sa stratégie. Les opérations sous-marines peuvent être rentables, de même que le mouillage de mines par des *U-Boote* ou des navires de surface. Le naufrage du *HMS Audacious*, un dreadnought flambant neuf, dû à une mine posée par un croiseur en octobre 1914, a fait bien plus de mal à l'amirauté britannique que le torpillage en septembre au large de la Hollande dans les « Broad Fourteens » des vieux croiseurs *Aboukir*, *Hogue* et *Cressy* par le U-9. Mais une guerre sous-marine qui suivrait les règles établies pour les raids contre des navires de commerce, stipulant que l'attaquant doit prévenir un navire marchand avant de le couler et laisser le temps à l'équipage et aux passagers de s'enfuir, ne perturberait pas vraiment les échanges commerciaux, tout en exposant les sous-marins à des représailles rapides. D'un autre côté, une guerre sous-marine « à outrance », où les *U-Boote* torpilleraient sans refaire surface, pourrait facilement mener à des incidents diplomatiques, au cas où des bâtiments neutres mal identifiés seraient coulés, ou au désastre pur et simple, comme en mai 1915 lorsque l'U-20 coule le *Lusitania.* La perte de l'énorme paquebot britannique, ainsi que la mort des 1 201 passagers, dont 128 Américains, manque de pousser les Etats-Unis à rompre leurs relations avec l'Allemagne. Des négociations aplanissent les répercussions de cet acte condamnable, et l'état-major naval allemand impose alors de strictes limites aux opérations de ses sous-marins. La flotte marchande britannique continue à perdre entre cinquante et cent navires par mois en raison d'attaques sous-marines au cours de l'année 1915, mais parvient néanmoins à approvisionner la métropole [9]. Dans le même temps, la Grande Flotte et ses escadres, ainsi que ses flottilles subalternes de croiseurs, de destroyers et de sous-marins, maintiennent un blocus contre l'Allemagne, empêchant celle-ci de commercer avec le monde au-delà de l'Europe. Par la suprématie navale britannique, française et italienne en Méditerranée, ce blocus est étendu à l'Autriche et la Turquie. La « position centrale » de la Triplice, que les théoriciens militaires ont décrétée d'une grande force stratégique, se retrouve réduite à une infirmité, peut-être même à une faiblesse handicapante, par les conséquences de ce même blocus. Au cours de l'année 1915, les marins allemands cherchent par tous les moyens à en limiter les effets.

Ils en sont pourtant responsables, aidés et soutenus en cela par des chefs politiques et dynastiques en l'occurrence bien peu avisés. La géographie des contrées germanophones, quelle que soit leur répartition en Etats, prive les Allemands de toute prétention maritime. La géographie de l'Empire allemand de 1914 réduit son accès aux hautes mers au court littoral de la mer du Nord allant du Danemark à la Hollande. De là, le chemin vers l'océan le plus proche, l'océan Atlantique, passe par des eaux faciles à contrôler pour un ennemi. A l'ouest, la Manche, qui ne fait que trente-cinq kilomètres de large aux détroits, est depuis longtemps menacée de fermeture par la *Royal Navy.* Mais depuis quelques années, cette menace d'un minage en interdisant l'accès (même si les Britanniques ne minent pas densément les détroits de la Manche avant 1916) promet de rendre impossible toute sortie vers l'ouest. Au nord, depuis les estuaires de l'Ems, de la Jade, du Weser et de l'Elbe, la Flotte de haute mer dispose d'un accès libre à la mer du Nord à partir de ports dont la protection contre le blocus britannique, même serré, se révèle aisé. Mais une fois en mer, elle doit parcourir près de mille kilomètres en mer du Nord entre la Grande-Bretagne et la Norvège avant d'arriver à l'Océan, et ce uniquement en passant entre les îles Féroé, l'Islande et le Groenland, passage dont la surveillance peut être assurée par de simples croiseurs légers. En outre, l'éventualité de voir la Flotte de haute mer quitter la mer du Nord sans être repérée ou assaillie diminue à chaque kilomètre parcouru. Au début du siècle, la *Royal Navy* a en effet prévu, une fois la mobilisation décrétée, le transfert de ses principales unités des ports anglais vers les ports écossais, à Rosyth près d'Edimbourg et *Scapa Flow* dans les îles Orcades. Ses unités légères de croiseurs, destroyers et sous-marins doivent maintenir un blocus intermédiaire au large de la baie de Heligoland leur permettant de lancer rapidement l'alerte en cas de sortie allemande. Dans une telle éventualité, la Grande Flotte se hâterait en direction du sud, rendant très probable une action navale d'envergure avant même que l'ennemi ait pu atteindre les eaux océaniques. L'amiral Fisher dresse un tableau triomphal de la difficile situation de l'Allemagne au roi George V par ce résumé de l'aspect critique de la géographie maritime : « Avec la grande rade de *Scapa Flow* au nord et l'étroitesse de la Manche au sud, il ne fait aucun doute, monsieur, que nous sommes le peuple élu de Dieu [10]. »

Les Allemands ne se sont jamais aveuglés sur la faiblesse géographique de leur position ni sur les ressources des Britanniques. Ils n'ont cessé de caresser l'idée d'une extension de leurs accès à la mer du Nord, au besoin en demandant, voire en exigeant de leurs voisins hollandais, danois et norvégiens qu'ils leurs cèdent des bases. Et même après le début de la guerre, ils continuent à étudier des moyens d'y parvenir. Au cours de l'année 1915, le commandant Wolfgang Wegoner rédige une série d'études prônant l'occupation du Danemark, l'établissement d'un protectorat sur la Norvège et, plus tard, l'acquisition de ports en France et au Portugal [11]. La conscience de la valeur des sous-marins, comme transporteurs de mines ou de torpilles, se développe après le déclenchement des hostilités grâce aux succès des *U-Boote* contre les cuirassés et les navires marchands. Mais dans l'ensemble, bien qu'ayant très tôt évalué la nature de la flotte qu'elle devrait faire construire pour répondre aux exigences de la guerre navale, l'Amirauté allemande s'en tient à une politique stratégique depuis longtemps établie. Celle-ci est simple : l'Allemagne, dans les limites budgétaires imposées par l'entretien d'une armée pléthorique, ne peut construire autant de grosses unités de guerre que la Grande-Bretagne. Elle doit par conséquent se contenter de représenter un « risque » pour la *Royal Navy*. Ce risque consisterait pour la marine britannique à voir s'éroder son hégémonie par des actions allemandes de faible envergure, ainsi que par des minages et l'utilisation de sous-marins. Après maints débats sur la stratégie du « risque », le Kaiser fait parvenir une ultime directive de guerre à la marine allemande le 3 décembre 1912. Celle-ci stipule que sa « principale tâche de guerre » serait « d'endommager les forces du blocus ennemi autant qu'il est possible de le faire par des attaques nombreuses et répétées de jour comme de nuit et, *dans des circonstances favorables*, de livrer bataille avec toutes les forces disponibles [12] ».

Les opérations navales allemandes dans les eaux territoriales au cours des années 1914 et 1915 ont été fidèles à la directive de 1912 et ont atteint quelques-uns de ses objectifs. Heligoland et le *Dogger Bank* sont des défaites, mais ont bel et bien endommagé les forces du blocus, puisque le *Tiger* et le *Lion* ont été touchés, le *Lion* de façon suffisamment sérieuse pour devoir être remorqué vers un port. L'*Audacious* a été coulé grâce à une seule mine. Le potentiel de l'*U-Boot* dans la guerre navale a été démontré par le naufrage du pré-dreadnought *Formidable* dans la Manche le 1er janvier 1915, provoqué par l'U-24. Début 1915, sir John Jellicoe, commandant la Grande Flotte, craint que les succès du *Kleinkrieg* (petite guerre) allemande, combinés à la nécessité d'envoyer des unités de la Grande Flotte vers des théâtres d'opérations secondaires, n'entament sa supériorité. En novembre, le taux de dreadnoughts britanniques par rapport aux navires allemands est tombé à 17 contre 15 (après avoir été de 20 contre 13 en août), et celui des croiseurs cuirassés à 5 contre 4 [13]. En outre, l'Allemagne continue à lancer de grosses unités de guerre, et bien que la Grande-Bretagne fasse de même, une partie de sa production doit être affectée à d'autres théâtres d'opérations, comme en Méditerranée, ce dont l'Allemagne est dispensée.

Au printemps 1916, la balance penche de nouveau du côté de la Grande-Bretagne. La situation dans les eaux lointaines, grâce à la destruction des croiseurs d'incursion allemands, la fin de la campagne de Gallipoli et l'arrivée de la flotte italienne aux côtés de la flotte franco-britannique en Méditerranée, ne puise plus dans les forces du pays. De nouveaux types de dreadnoughts sont entrés en service, en particulier le rapide *Queen Elizabeth*, et même si l'Allemagne a également étoffé sa Flotte de haute mer, la Grande Flotte a retrouvé une supériorité très nette. En avril 1916, elle comprend 31 dreadnoughts et 5 croiseurs cuirassés. La supériorité britannique en croiseurs et destroyers légers est également importante (113 contre 72). Enfin, alors que la carence de la Grande Flotte en croiseurs lourds efficaces persiste, elle n'est en aucun cas gênée par les pré-dreadnoughts que les Allemands, à défaut de navires plus importants, continuent d'aligner dans leur effectif d'unités lourdes [14].

Ainsi, la stratégie allemande du « risque » se révèle justement bien trop risquée pour être mise en œuvre. La prudence conseille la passivité et un retour à la politique de « flotte de présence » où une marine justifie son existence en se contentant de forcer un adversaire à surveiller ses ports. Mais la fierté navale de l'Allemagne lui interdit une telle inactivité. En Allemagne, la marine n'est pas comme en Grande-Bretagne la force la plus ancienne. Elle est au contraire la plus récente, et nombre de ses officiers ont le sentiment qu'elle doit se battre coûte que coûte si elle veut garder l'estime du peuple allemand, surtout au moment où l'armée allemande verse son sang pour la nation. Reinhart Scheer, amiral nouveau venu et passablement agressif, a pris le commandement de la Flotte de haute mer en janvier 1916. Une note remise par un de ses capitaines, Adolf von Trotha, représente bien l'attitude de l'école offensive à laquelle ils appartiennent tous deux. On ne saurait avoir, écrit-il, « aucune confiance dans une flotte qui traverse la guerre sans dommages... Nous nous battons actuellement pour notre survie... Dans ce combat à la vie à la mort, je ne comprends pas que quiconque songe à laisser rouiller dans son étui une arme pouvant être utilisée contre l'ennemi [15]. »

Scheer ne tarde pas à réduire la politique consistant à envoyer la flotte en mer à la simple recherche d'un affrontement. Il effectue deux sorties en février et en mars 1916, quatre en avril et en mai : dans celle d'avril, il parvient à atteindre la côte est de l'Angleterre et, à l'image des incursions de 1914, à bombarder Lowestoft. Cette démonstration, programmée pour coïncider avec le soulèvement de Pâques des nationalistes irlandais, dont l'Allemagne a connaissance, déstabilise quelque peu les Britanniques mais souligne une fois encore que les opérations de la Flotte de haute mer doivent être limitées à des actions vives et rapides contre des cibles suffisamment proches de ses bases pour pouvoir battre en retraite avant que les lourdes unités de la *Royal Navy* puissent se mettre en route vers le sud et intervenir. D'autant plus que la Grande Flotte de *Scapa Flow* a verrouillé la sortie de la mer du Nord. Même la flotte de croiseurs de bataille, maintenant basée à Rosyth, un des ports d'Edimbourg, est ancrée trop au nord pour intercepter les raids allemands, à moins d'être avertie très longtemps à l'avance.

A la fin du mois de mai, elle reçoit, ainsi que les escadres de cuirassés de Jellicoe, un avertissement de ce genre. Scheer prépare une autre sortie depuis un moment, d'une envergure suffisante pour surprendre les croiseurs de bataille de Beatty s'ils s'aventurent assez vers le sud. Mais il ne prévoit pas de rencontre avec les dreadnoughts britanniques. Cependant, le décryptage de ses signaux par le Bureau 40 prévient Jellicoe de ses mouvements, de sorte que, au moment où Scheer dégage la baie de Heligoland, non seulement les croiseurs cuirassés de Beatty sont en mer et font route vers le sud depuis Rosyth, mais ils sont imités par les cuirassés de *Scapa Flow*. Au matin du 31 mai, plus de 250 navires de guerre britanniques et allemands convergent vers un rendez-vous, non prévu par les seconds, au large de la côte danoise du Jutland. Parmi la masse de croiseurs légers, de destroyers et de sous-marins qui forment l'essentiel des forces des deux armadas, la présence des navires les plus lourds promet de faire la différence. Du côté britannique, ceux-ci comptent 28 dreadnoughts et 5 croiseurs de bataille ; côté allemand, 16 dreadnoughts et 5 croiseurs de bataille. La manière dont Jellicoe a organisé sa flotte rattache ses 4 cuirassés les plus récents, de même classe que le rapide *Queen Elizabeth*, aux 6 croiseurs de bataille de la flotte de croiseurs de Beatty. Déployés devant les dreadnoughts de la Grande Flotte comme avant-garde, ils ont ordre de provoquer les Allemands. La flotte de Scheer, avançant à 80 kilomètres derrière le premier groupe d'éclaireurs de 5 croiseurs de bataille, comprend 6 pré-dreadnoughts de type *Deutschland* dont la présence semble s'expliquer par des raisons plus sentimentales que militaires [16]. Leur faible vitesse (cinq nœuds de moins que les cuirassés de type *Kaiser*) représente un handicap dans un affrontement jouant sur la rapidité du maniement de la portée à laquelle l'armement principal doit agir.

La décision de Scheer d'envoyer l'ensemble de la Flotte de Haute Mer en mer du Nord, ce qui n'a jamais été tenté auparavant, repose sur la présupposition que les Britanniques n'ont pas eu vent de ses mouvements. Le décodage réussi par le Bureau 40 de ses signaux établit donc la base d'une grande victoire, les navires de Beatty et de Jellicoe avançant vers une rencontre susceptible d'avoir lieu trop loin des ports allemands pour permettre à Scheer de s'enfuir sans dommages. Ce dernier court le danger d'être écrasé ou coupé de sa ligne de retraite par une force supérieure. Mais l'avantage initial de Jellicoe est très tôt compromis par une erreur de procédure de l'Amirauté à Londres. Ne faisant pas confiance à la capacité du Bureau 40 d'émettre des jugements opérationnels, l'officier d'état-major responsable pose une question à mots couverts et conclut de la réponse que les cuirassés de Scheer sont toujours au port. Il transmet cette fausse information à Jellicoe qui, en conséquence, et pour économiser le carburant, réduit sa vitesse tout en permettant à Beatty et aux croiseurs de bataille de pousser de l'avant. Le Bureau 40 avait fourni à l'état-major naval une information correcte : le signal d'appel de Scheer pouvait toujours être localisé dans son port d'attache. Mais comme la question n'a pas été posée, les officiers des renseignements n'ont pas précisé qu'en prenant la mer il a abandonné son signal d'appel portuaire pour en adopter un autre. Ainsi, au stade critique des préliminaires de ce qui va devenir la plus grande bataille navale de la guerre, Jellicoe prend tout son temps pour aller à la rencontre de l'ennemi, tandis que sa flotte de reconnaissance de croiseurs de bataille se hâte vers un engagement précoce, et potentiellement désastreux, avec une force supérieure.

Le Jutland, comme les Britanniques vont appeler la bataille à suivre (les Allemands l'appellent eux, de manière litigieuse, « la victoire du Skagerrak »), promet d'être l'engagement naval le plus conséquent non seulement de la guerre mais également de toute l'histoire navale. La mer n'a jusqu'alors jamais connu une telle concentration de navires aussi grands, aussi rapides et aussi lourdement armés. Quittant la baie de Heligoland le 31 mai au matin, la Flotte de haute mer est constituée de 16 dreadnoughts, 6 pré-dreadnoughts, 5 croiseurs de bataille, 11 croiseurs légers et 61 destroyers. La Grande Flotte et la flotte de croiseurs de bataille, parties de *Scapa Flow* et Rosyth la veille au soir, comprennent 28 dreadnoughts, 9 croiseurs de bataille, 8 croiseurs blindés, 26 croiseurs légers, 78 destroyers, un porte-hydravions et un dragueur de mines [17]. Espérant tomber sur quelques cibles faciles, les deux camps déploient également des sous-marins. Si Scheer envoie son escadre au Jutland, c'est aussi parce qu'il espère attirer la flotte britannique vers ses sous-marins. Aucune occasion de torpillage ne se présente, et les avions et dirigeables accompagnant les deux flottes n'ont pas davantage l'occasion de jouer le moindre rôle [18]. En conséquence de quoi, la bataille du Jutland constitue le plus important et le dernier des affrontements de surface entre les principales marines de l'histoire navale. Le spectacle qu'elles offrent ne quittera jamais les mémoires de ceux qui y prirent part : longues files de navires sombres filant sur les eaux grises de la mer du Nord, dont s'échappent des volutes de fumée noire, le sillage d'un croiseur ou d'une flottille de destroyers qui se pressent au combat apportant çà et là quelques touches de blanc. Il y a tant de navires que les formations les plus distantes sont à peine visibles à l'horizon, et disparaissent même du champ de vision au gré des bourrasques, des nuages, et de la pluie.

Le Jutland est la bataille navale sur laquelle on a le plus écrit et celle qui fait l'objet du plus grand nombre de débats entre les spécialistes. Chaque segment, presque chaque minute de l'engagement entre les deux flottes ont été décrits et analysés par les historiens, officiels ou non, sans que deux parviennent à s'accorder sur ce qui s'est vraiment passé ou même s'il s'agit d'une victoire britannique ou allemande. Qu'il s'agisse d'une victoire

Le Jutland et la guerre en mer du Nord

britannique ne fait aujourd'hui aucun doute. Qu'il s'agisse d'une victoire en rien décisive ne fait non plus aucun doute. C'est l'écart entre les espoirs de victoire des Britanniques et ce qui fut réellement accompli qui a entraîné la dissection de la bataille et la controverse qui persiste encore aujourd'hui. La *Royal Navy*, invaincue dans les grandes batailles navales depuis Trafalgar, fait route vers le Jutland avec la ferme conviction qu'une rencontre entre les deux flottes conduira à un nouveau Trafalgar. L'indécision de l'événement n'a depuis cessé de hanter son esprit.

Pourtant, la bataille du Jutland n'est dans ses grandes lignes guère compliquée. Elle se découpe en cinq phases. Dans la première, la flotte de croiseurs de bataille de Beatty « file vers le sud » et rencontre l'escadre plus modeste des croiseurs de bataille allemands. Puis elle « remonte au nord » après être tombée sur les dreadnoughts allemands et avoir fait demi-tour pour attirer ceux-ci vers la Grande Flotte de Jellicoe. Viennent ensuite deux rencontres entre dreadnoughts, rompues par le « retrait » allemand lorsque la puissance de feu britannique fait la différence. Enfin, après que les dreadnoughts allemands eurent cherché à échapper à la destruction, un combat de nuit a lieu dans lequel les forces légères des deux camps cherchent à infliger des dommages graves par des attaques à la torpille [19].

Au cours de la première phase, la flotte de Beatty traverse la ligne de sous-marins de Scheer sans subir de pertes et se retrouve, sans avoir été repérée, à quatre-vingts kilomètres de son équivalent ennemi, le premier groupe d'éclaireurs de Hipper. Le hasard les dirige alors l'un vers l'autre : cherchant à inspecter un navire marchand neutre qui navigue entre elles, les escadres légères se retrouvent face à face et provoquent le contact des deux groupes de croiseurs de bataille. Les tirs commencent et, en raison d'une mauvaise correction britannique, les Allemands s'imposent. Leurs bordées atteignent des navires trop légèrement blindés et dont les équipages manipulent les poudres avec imprudence. L'*Indefatigable* puis le *Queen Mary* sont touchés, ce qui déclenche des incendies dans les chambres de maniement des poudres où se trouvent de trop nombreuses charges de poudres instables prêtes à monter dans les tourelles. Tous deux explosent et coulent. La supériorité numérique de Beatty est soudain réduite de sept à cinq.

L'apparition de ses cuirassés de soutien rapides rétablit l'équilibre, mais ils découvrent, ainsi que les croiseurs de bataille toujours opérationnels de la flotte de croiseurs de bataille, qu'ils ont rencontré le corps principal des dreadnoughts allemands. Se retournant vers la Grande Flotte de Jellicoe, ils commencent à « remonter au nord ». Ce faisant, les canons de 375 mm des cuirassés rapides infligent de graves avaries aux poursuivants allemands : le malheureux *Seydlitz*, si sévèrement endommagé au *Dogger Bank*, est à nouveau touché, de sorte que le dispositif de bataille de Scheer est en pleine déroute lorsque ses dreadnoughts tombent par mégarde sous le feu de Jellicoe, peu après 18 heures. Ils vont alors accomplir un acte de destruction supplémentaire en provoquant l'explosion de l'*Invincible*, dans des circonstances analogues à celles du naufrage de l'*Indefatigable* et du *Queen Mary*. Mais la puissance de feu des Britanniques se montre telle que Scheer s'empresse de rompre le combat. Il profite de l'obscurité de ce soir brumeux en mer du Nord pour disparaître.

Cet engagement déjà peu satisfaisant en soi pourrait prendre fin de cette manière peu concluante. Mais Scheer décide de faire demi-tour, peut-être pour porter secours au croiseur léger *Wiesbaden* resté en arrière ; peut-être également parce qu'il juge possible de passer derrière la flotte de Jellicoe qui continue à faire route vers la baie de Heligoland, alors que lui-même tente une échappée à travers le Skagerrak en direction de la mer Baltique. Mais Jellicoe, une fois encore, réduit sa vitesse : les dreadnoughts allemands faisant route vers le nord-est rencontrent alors les Britanniques. Se dirigeant vers le sud-est, ceux-ci s'apprêtent à passer derrière les Allemands afin de leur couper toute retraite. En outre, au moment de l'affrontement, les Britanniques sont déployés en ligne de front, les Allemands en ligne de file, dans une position relative qu'on appelle « barrer le T à l'ennemi * », et qui en l'espèce favorise grandement les Britanniques. Ces derniers peuvent pointer davantage de canons que la flotte allemande dont les bâtiments naviguent les uns derrière les autres, représentant de ce fait une cible plus facile. Dix minutes de canonnade, au cours desquelles les Allemands sont

* Les Britanniques formant la barre supérieure du « T » et les Allemands, sa barre verticale (*NdT*).

touchés vingt-sept fois par des obus de gros calibre, et les Britanniques seulement deux fois, persuadent Scheer de faire à nouveau demi-tour vers le sombre horizon de l'est, laissant ses croiseurs de bataille et ses navires plus légers couvrir sa retraite dans une « chevauchée fantastique ». La menace de leurs torpilles pousse Jellicoe à faire également demi-tour, ce qui lui sera invariablement reproché par la suite. Sa manœuvre permet à Scheer et à ses dreadnoughts de prendre quinze kilomètres d'avance sur leurs poursuivants. De nombreux navires allemands restent en arrière-garde pour couvrir leur fuite. Parmi eux, des pré-dreadnoughts assez vulnérables qui, lors d'une suite d'action au crépuscule et dans la nuit, subissent des pertes. Les croiseurs et les destroyers britanniques restés au contact sont également touchés. Lorsque, au matin du 1er juin, Scheer rejoint son port d'attache, il a perdu un croiseur de bataille, un pré-dreadnought, 4 croiseurs légers et 5 destroyers. Bien que conservant le contrôle de la mer du Nord, Jellicoe déplore la perte de 3 croiseurs de bataille, 4 croiseurs blindés et 8 destroyers. 6 094 marins britanniques ont péri, contre 2 551 Allemands.

Cette disparité dans les pertes permet au Kaiser de revendiquer la victoire. Scheer, ses marins et ses navires se sont en effet bien comportés, tandis que la bataille a révélé de sérieux défauts dans la conception des navires britanniques et dans leur emploi tactique, en particulier dans la communication entre navires et entre escadres : Beatty n'a pas envoyé de renseignements rapides et opportuns après la première rencontre, et la canonnade n'a pas été dirigée de manière efficace dans les engagements des dreadnoughts [20]. Mais le Jutland n'est pas une victoire allemande. Même si la Flotte de haute mer a perdu moins de navires que la Grande Flotte, ceux ayant survécu ont subi davantage de dommages, si bien qu'après la bataille sa force relative en grandes unités tombe de 16 contre 28 à 10 contre 24. Dans de telles circonstances, elle ne pourra prendre le risque de rivaliser avec la Grande Flotte pendant plusieurs mois et n'osera plus s'aventurer trop loin des côtes [21]. Contrairement à ce que l'on croit généralement, le Jutland ne constitue pourtant pas la dernière sortie de la flotte allemande, ni sa dernière action. Il y aura encore une rencontre entre dreadnoughts allemands et croiseurs de bataille britanniques près de Heligoland le 17 novembre 1917, et la Flotte de haute mer parviendra à atteindre le sud de la Norvège le 24 avril 1918. Elle a néanmoins accepté le verdict du Jutland, résumé de façon concise par un journaliste allemand comme un assaut contre le geôlier, suivi d'un retour à la geôle [22]. L'inactivité et le mécontentement vont finir par provoquer de sérieux désordres parmi les équipages des navires de surface de Scheer. Eclatant en août 1917, ils culmineront lors d'une mutinerie générale au cours du mois de novembre 1918. Après le 1er juin 1916, la tentative allemande d'emporter la décision sur mer ne se fera plus qu'au moyen de sous-marins.

DES OFFENSIVES SUR TROIS FRONTS

Au début de l'été 1916, l'Allemagne ne voit pas encore l'intérêt d'inverser la politique de restriction des opérations sous-marines qu'elle a adoptée pour des raisons diplomatiques l'année précédente, pas plus que les Alliés ne pressentent le danger mortel qu'une telle inversion représenterait. Leurs pensées sont concentrées sur les grandes offensives qu'ils prévoient de mener conjointement à l'ouest et à l'est. Ces offensives, pensent-ils, vont leur apporter, après dix-huit mois d'impasse en France et en Belgique, un an de défaites en Pologne et six mois de frustrations en Italie, des victoires décisives. Le 6 décembre 1915, des représentants des puissances alliées se rencontrent aux quartiers généraux français de Chantilly pour en fixer les plans. Joffre préside, mais n'a que le pouvoir d'encourager une coordination des actions, pas celui d'imposer une stratégie unique. Ce en quoi il réussit. Il est décidé sans objection que les fronts mineurs de Salonique, d'Egypte et de Mésopotamie ne seront pas renforcés, même si les événements vont sensiblement et rapidement s'y détériorer. En revanche, sur les fronts principaux, les Russes, les Italiens, les Britanniques et les Français s'entendent pour mener des offensives impliquant toutes les forces dont chaque armée dispose et destinées à empêcher les Puissances centrales de transférer des réserves d'un théâtre d'opérations à un autre.

Les forces alliées ont considérablement augmenté depuis le début de la guerre de tranchées. Nation la plus modeste d'un point de vue industriel et démographique, l'Italie a réussi au début de l'année 1916 à porter son nombre de bataillons d'infanterie de 560 à 693 et celui de ses pièces d'artillerie de 1 788 à 2 068. Dans la zone des combats, l'armée a gagné en force depuis 1915, passant d'un million d'hommes à un million et demi [23]. En dépit des terribles pertes de 1914-1915 et du départ en captivité de nombreux soldats après Gorlice-Tarnow, la Russie est parvenue à compléter ses effectifs avec de nouveaux conscrits, de sorte que, au printemps 1916, elle comptera deux millions d'hommes dans son armée de campagne. En outre, grâce à une impressionnante expansion de l'industrie russe, la plupart seront correctement équipés. La production de l'équipement est multipliée par quatre entre la dernière année de paix et 1916, la production chimique, essentielle pour la fabrication des matières explosives contenues dans les obus, par deux. Ce qui se traduit par une progression de 2 000 pour cent dans la production d'obus, de 1 000 pour cent dans celle de l'artillerie et de 1 100 pour cent dans celle des fusils. La production d'obus d'artillerie de campagne est passée de 358 000 par mois en janvier 1915 à 1 512 000 en novembre. Les armées russes vont à l'avenir attaquer avec 1 000 obus par pièce, stock équivalent à ceux des armées allemande et française à la même époque, tandis que leurs formations sont en train d'acquérir de grandes quantités de camions, de téléphones et d'avions (pas moins de 222 par mois), matériels essentiels pour les armées modernes [24].

En France également l'industrie s'est mise sur le pied de guerre. Cela est dû en partie à la mobilisation des femmes pour le travail en usine : le nombre d'employées dans les industries métallurgiques passe de 17 731 en 1914 à 104 641 en juillet 1916, et la production d'obus atteint les 100 000 unités par jour à l'automne 1915. Entre août et décembre de la même année, la production de canons de campagne passe de 300 à 600 pièces, tandis que la production quotidienne de fusils ce mois-là totalise 1 500 pièces. La production d'explosifs a été multipliée par six depuis le début de la guerre [25]. Il n'y a pas eu de progression comparable de la force de combat. Du fait d'une base démographique nationale modeste par rapport à celle de l'Allemagne et de la forte proportion d'hommes conscrits et gardés en réserve en temps de paix (représentant plus de 80 pour cent de ceux en âge d'être mobilisés), la France n'a pas la capacité d'augmenter les effectifs de son armée comme l'Allemagne ou la Russie. Dans ces deux pays, la conscription d'avant-guerre représentait moins de la moitié des tranches d'âge concernées. Par une réorganisation habile et un redéploiement des soldats vers le front à partir d'emplois à l'arrière, vingt-cinq nouvelles divisions d'infanterie sont néanmoins formées entre février 1915 et le printemps 1916. L'armée française de 1916 est plus importante que celle de 1914 avec 25 pour cent d'effectifs supplémentaires [26].

Le principal apport à la force de combat des Alliés reste cependant britannique. Le 7 août 1914, à sa nomination au poste de secrétaire d'Etat à la Guerre, lord Kitchener a lancé un appel pour que 100 000 hommes s'engagent pour trois ans ou pour toute la durée d'une guerre qu'il prévoit longue. D'autres appels pour des « centaines de milliers » ont suivi, recevant une réponse massivement enthousiaste, en grande partie parce que promesse est faite que « ceux qui s'engagent ensemble serviront ensemble ». Des hommes venant des mêmes petites communes, des mêmes ateliers ou ayant le même métier se présentent en groupes dans les bureaux de recrutement, prêtent serment puis partent en formation et finalement en service actif dans les mêmes unités [27]. Beaucoup se surnomment eux-mêmes les bataillons de « Chums » ou de « Pals » (« les potes »), dont le groupe le plus important est celui de Liverpool, constitué de quatre bataillons en grande partie levés parmi les marins et les courtiers de la ville. Des localités plus petites fournissent un bataillon, comme ceux d'Accrington, de Grimsby ou de Oldham. D'autres se forment par corps de métier, comme le bataillon des tramways de Glasgow, ou par nationalité. Newcastle-on-Tyne, ville industrielle anglaise, fournit quatre bataillons d'Ecossais et quatre d'Irlandais. Les « premiers 100 000 » comprenaient beaucoup de chômeurs d'avant-guerre. Les 100 000 suivants (au total il y en aura cinq vagues) seront formés par d'authentiques volontaires : au mois de janvier 1915, 10 000 ingénieurs qualifiés instruisent plus de 100 000 hommes venant des mines et autant des métiers de la construction. A partir de ces ressources humaines, Kitchener peut finalement former six « nouvelles armées » ou « armées K », chacune forte de cinq divisions, venant rejoindre les onze divisions régulières et les vingt-huit divisions d'infanterie du Corps territorial volontaire, servant à temps partiel dans l'armée. Au printemps de

1916, la Grande-Bretagne dispose de soixante-dix divisions, soit une multiplication par dix depuis le temps de paix, parmi lesquelles vingt-quatre divisions de la nouvelle armée présentes ou en partance pour le front de l'Ouest [28].

C'est cette énorme augmentation de la puissance de frappe des Franco-Britanniques en France et en Belgique qui permet aux Français et aux Britanniques de promettre à leurs alliés à Chantilly la poursuite de leurs efforts offensifs en 1916. Le 29 décembre, celle-ci prendra, selon l'accord conclu entre Joffre et le général sir Douglas Haig, nouveau commandant du BEF, la forme d'une offensive alliée au centre du front de l'Ouest. Dans un premier temps, Joffre prône une série d'assauts préliminaires, dans la continuité de sa politique d'usure. Craignant un gaspillage des forces par de telles opérations, Haig fait la contre-proposition d'une attaque des Britanniques dans les Flandres, imitée par une offensive française un peu plus au sud, comme la tentative en avait été déjà faite en 1915. Un compromis est trouvé, par lequel Joffre décide d'une poussée le long de la Somme vers laquelle les Britanniques doivent étendre leur ligne. Puisque le mouvement permettra aux unités françaises au nord de la Somme de rejoindre la principale concentration des armées de Joffre au sud, les deux armées partageront alors une frontière bien définie qui, selon le général français, devra être l'axe de leur grande offensive prévue pour l'année à venir. Doutant de la logique militaire d'une opération semblant au mieux ne pouvoir qu'entamer l'énorme saillant laissé par l'avance des Allemands sur Paris en 1914, Haig ne cache pas son hésitation. Toutefois, dans l'intérêt de ménager l'alliance franco-britannique, il finit par accepter.

Les plans mis au point sans tenir compte des intentions ennemies ont généralement toutes les chances d'échouer. C'est ce qui va se passer en 1916. Tandis que Joffre et Haig prennent leurs dispositions pour la bataille de la Somme, que les Italiens s'apprêtent à persévérer dans leur lutte pour les hauteurs dominant l'Isonzo et que les Russes envisagent de répliquer à la perte de la Pologne, Conrad von Hötzendorf établit les bases « d'une expédition punitive » autrichienne contre les Italiens depuis le Trentin. De son côté, Falkenhayn, ayant conclu à tort que les Russes étaient défaits après la série de victoires allemandes, de Tannenberg à Gorlice-Tarnow, met également au point une vaste expédition punitive contre les Français à Verdun.

Le général allemand trace les grands traits de son raisonnement dans une lettre écrite au Kaiser le jour de Noël 1915. L'objectif de l'Allemagne, insiste-t-il, doit être de décourager la Grande-Bretagne sur laquelle repose la puissance industrielle et maritime de l'Alliance. Il préconise par conséquent la reprise de la guerre sous-marine à outrance. Dans le même temps (il pressent peut-être, et à juste titre, que son appel à une offensive sous-marine sera refusé), les partenaires continentaux de la Grande-Bretagne doivent être anéantis. L'Italie est jugée trop faible pour mériter un effort majeur. En revanche, la Russie retient des troupes allemandes qui pourraient être plus utiles ailleurs. Il estime que « même si nous ne pouvons peut-être pas espérer une révolution grandiose, nous sommes en droit de croire que les troubles internes de la Russie vont l'obliger à abandonner à relativement court terme. On peut donc admettre qu'elle ne rétablira pas sa réputation militaire dans l'intervalle. » Mais ce qui rend difficile la défaite d'une Russie même affaiblie est le manque d'objectif stratégique : prendre Saint-Pétersbourg n'aurait que des résultats symboliques, avancer sur Moscou mènerait aux grands espaces vides du cœur du pays, tandis que l'Ukraine, bien que représentant une prise de grande valeur, n'est accessible qu'en passant par la Roumanie, dont il serait mal venu pour l'Allemagne de violer la neutralité. Considérant un engagement sur les fronts d'Egypte, de Mésopotamie ou de Salonique sans intérêt, et estimant la portion britannique du front de l'Ouest trop solide pour être attaquée, il en arrive à la conclusion que la nécessité d'attaquer quelque part (parce que « l'Allemagne et ses alliés ne peuvent tenir bon indéfiniment ») désigne la France comme objectif. « La pression exercée sur la France, écrit-il, atteint la dernière limite, même si elle est sans aucun doute supportée avec la plus remarquable des dévotions. Si nous parvenons à ouvrir les yeux à son peuple sur le fait que, dans le domaine militaire, tout espoir est désormais vain, cette limite sera atteinte, et le meilleur atout de l'Angleterre lui sera enlevé des mains. » Il en conclut que la solution réside en une offensive limitée sur un point névralgique qui « obligerait les Français à engager tous les hommes à leur disposition. S'ils le font, les forces françaises seront saignées à blanc [29]. »

Falkenhayn a déjà ce « point névralgique » en tête : il s'agit de la forteresse de Verdun située dans un méandre de la Meuse et isolée pendant les opérations de 1914. Exposée à l'attaque sur trois côtés, mal équipée en liaisons vers la zone arrière française mais située à seulement vingt kilomètres d'une puissante position allemande. Il s'assure rapidement l'accord du Kaiser sur ce que l'on va appeler l'opération *Gericht* (Jugement). Tandis que Conrad von Hötzendorf affirme sa dissidence en continuant à préparer sa propre offensive contre l'Italie, Falkenhayn commence à rassembler les divisions qui vont pousser « la remarquable dévotion » des Français jusqu'à ses ultimes limites.

Offensive à Verdun

A l'époque romaine, Verdun était déjà une forteresse, et ses défenses ont été modernisées à de nombreuses reprises. Au XVIIe siècle, Vauban s'y est employé, et, en 1885, Napoléon III a dupliqué sa ceinture de fortins par une autre, à huit kilomètres du centre de la petite ville. Les nouveaux forts ont par la suite été renforcés par du béton et du blindage. Cependant, après la chute de Liège et de Namur devant l'artillerie lourde allemande en août 1914, les Français ont cessé de croire aux fortifications, et les canons de la forteresse de Verdun ont été démontés pour être utilisés en campagne. En 1914, les combats s'étaient déroulés dans ses environs, et sa valeur stratégique a par la suite été oubliée. Verdun est devenu un « secteur calme », et sa garnison a été réduite jusqu'à ne plus consister, en février 1916, qu'en trois divisions du 30e corps, la 72e, division de réserve locale, la 51e, également division de réserve de Lille, et la 14e, division régulière de Besançon. La 37e division, venant d'Algérie, est tenue en réserve. Parmi les unités formant la garnison, les plus notables sont les 56e et 59e bataillons de chasseurs à pied : en 1914, ils ont délogé les Allemands du bois des Caures, au nord de Verdun, et y sont restés depuis. Ils sont sous le commandement du lieutenant-colonel Emile Driant, député local, soldat insubordonné et auteur de nombreux livres à sensation sur la guerre future, dont le plus connu, *La Guerre de Demain*, primé par l'Académie française, prédisait une grande victoire de la France sur l'Allemagne. Au bois des Caures, Driant commande le secteur principal des défenses de Verdun, sur la rive est de la Meuse [30].

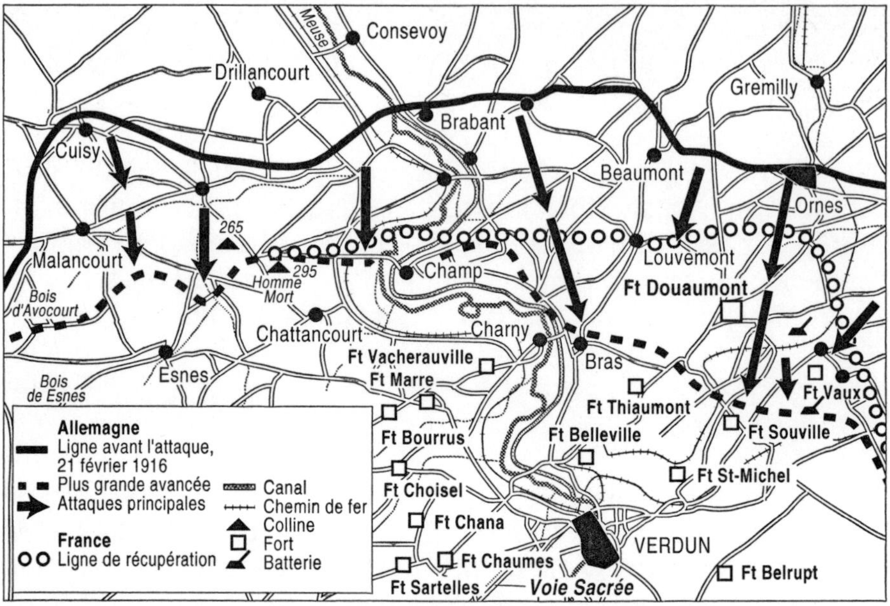

La bataille de Verdun

Batterie

Face à ses positions et à celles avoisinantes, Falkenhayn a réuni, au cours des mois de janvier et février 1916, en renforcement de sa V^e^ armée, celle du Kronprinz allemand, dix divisions, dont six régulières, soutenues par une énorme concentration d'artillerie. Parmi les 542 canons lourds figurent 13 des obusiers de 420 mm et 17 de ceux de 305 mm ayant dévasté les forts belges dix-huit mois plus tôt. Pour les alimenter, ainsi que l'artillerie de campagne, deux millions et demi d'obus ont été rassemblés. Les Allemands vont attaquer les défenses françaises sur un front de 12 kilomètres, à raison de deux divisions et 300 canons tous les 3 kilomètres. Les défenses devront être submergées par un tir de préparation, de sorte « que toute ligne doit être bombardée, toute possibilité de ravitaillement attaquée, l'ennemi ne doit se sentir en sécurité nulle part ». Le plan de Falkenhayn est d'une brutale simplicité. Les Français, poussés à combattre dans un recoin crucial mais étroitement réduit du front occidental, seront obligés d'acheminer des renforts pour mener une bataille d'usure dont les circonstances matérielles sont à ce point à l'avantage des Allemands qu'une défaite semble inévitable : si les Français abandonnent le combat, ils perdront Verdun, s'ils persistent, ils perdront leur armée.

Le début de l'opération *Jugement* est prévu pour le 10 février. Le mauvais temps la retarde jour après jour, période pendant laquelle des renseignements de plus en plus nombreux sur l'imminence d'une attaque allemande permettent aux défenseurs de se préparer. Mais, en l'absence de renforts conséquents en canons et en hommes, une résistance efficace ne peut être garantie. Le 19 février, les pluies cessent. Le lendemain, un chaud soleil assèche le sol, et au matin du 21, le bombardement commence. Il fait rage toute la matinée et se poursuit dans l'après-midi. Au bois des Caures, rectangle de cinq cents mètres sur mille, on estime que 80 000 obus tombent avant l'apparition de l'infanterie allemande. Seule la préparation minutieuse de sa position par Driant permet à certains de ses hommes de rester en vie pour combattre [31].

Si les Allemands attaquaient en force, ils balaieraient les positions françaises dévastées sur le front de treize kilomètres. Mais ils n'en font rien. La philosophie de l'opération est que l'artillerie doit détruire les défenses françaises, qui seront ensuite occupées par l'infanterie. Driant et la moitié de ses soldats survivent jusqu'au lendemain où des vagues plus importantes de fantassins allemands apparaissent pour les écraser. Des attaques équivalentes ont lieu de chaque côté du bois des Caures. Les lignes de tranchées extérieures des Français sont en train de s'écrouler, et les défenseurs commencent à se retirer, submergés par la puissance de feu. Un grand nombre battent en retraite vers les vieux forts de Vaux et de Douaumont. Le 23 février, un lieutenant survivant de la 72e division transmet le message suivant à ses supérieurs : « L'officier commandant et tous les commandants de compagnie ont été tués. Mon bataillon a été réduit à environ 180 hommes [sur 600]. Je n'ai ni munitions ni nourriture. Que dois-je faire [32] ? » Il n'y a pas grand-chose à faire en l'absence de renforts. Le 24 février, l'ensemble de la zone de tranchées extérieure est occupé, de nombreux défenseurs, terrifiés, abandonnent leurs positions et s'enfuient vers l'arrière. Seuls les forts de Vaux et de Douaumont demeurent des points de résistance sur les pentes avancées des hauteurs dominant la Meuse. S'ils sont pris, ils permettront aux observateurs de l'artillerie allemande de diriger leur feu sur Verdun même et sur les ponts traversant la Meuse qui alimentent la résistance. Le 25 février, Douaumont tombe, pris par un seul sergent allemand du 24e régiment de Brandebourg. Projeté dans les douves du fort par une explosion dont il a réchappé de justesse, il décide d'en explorer l'intérieur et découvre qu'il n'est occupé que par une poignée de troupes françaises. Bluffant, il les oblige à se rendre. La nouvelle de la capture du fort répand la panique parmi les troupes à Verdun, mais aussi parmi les premiers renforts à arriver pour consolider le front. Des dépôts de nourriture sont pillés lorsque se met à courir le bruit que les ponts de la Meuse ont été préparés à la destruction et que la retraite est imminente. Verdun semble sur le point de tomber.

Si la ville était réellement tombée, les résultats auraient pu être bénéfiques pour les Français, car il s'agit bel et bien d'un piège mortel. Repliés sur le terrain accidenté et boisé situé en arrière de Verdun, ils auraient pu établir une ligne de défense avec un coût en vies humaines bien moindre que celui qu'ils vont payer dans la ville et ses alentours au cours des mois suivants. Mais au matin du 25 février, l'adjoint de Joffre, Castelnau, qui a commandé la 2e armée sur la Marne, arrive à Verdun, évalue la situation, et décide que les positions avancées doivent être tenues. Général combatif, romantique, catholique dévot et membre d'une vieille famille de militaires, Castelnau considère Verdun comme un test de la capacité de son pays à soutenir la défense du territoire national et à maintenir l'espoir d'une victoire finale. La décision qu'il prend ce jour-là est celle que Falkenhayn espérait sûrement, et le soldat désigné pour la mettre en application, Philippe Pétain, l'adversaire que Falkenhayn choisirait lui-même. Pétain n'est pas homme à abandonner. Taciturne et sans charisme, le fait qu'il n'adhère pas à la doctrine de l'offensive lui a barré la route de la promotion avant guerre. Cependant, au déclenchement des hostilités, son refus de se décourager devant les pertes lui vaut un avancement rapide : de colonel du 33e régiment, dans lequel Charles de Gaulle sert comme officier, il devient dès 1916 commandant de la 2e armée. A son arrivée à Verdun, il téléphone au commandant du 20e corps, fraîchement arrivé en renfort, pour lui dire : « Je prends le commandement. Faites-le savoir à vos troupes. Tenez bon. »

Pétain identifie immédiatement deux éléments essentiels pour la défense de Verdun : la coordination de l'artillerie, dont il prend personnellement la direction, et l'ouverture d'une ligne de ravitaillement. Désormais, c'est sur les Allemands que se déverse un déluge constant d'obus, alors qu'ils s'accrochent à la ligne de front ou s'avancent vers la bataille par les vallées étroites de la Meuse. Derrière la ville, la seule route menant à Bar-le-Duc, distante de quatre-vingts kilomètres, est destinée à servir exclusivement de route de ravitaillement aux camions. 3 500 sont rassemblés pour apporter les 2 000 tonnes de munitions dont la garnison a besoin chaque jour, les troupes ayant ordre d'emprunter les champs longeant la route. Lorsqu'un camion tombe en panne, il est poussé sur le bas-côté pour ne pas interrompre le flot d'une circulation se poursuivant de jour comme de nuit. Une division entière de territoriaux est employée à l'entretien des routes, et l'on traverse la France de long en large pour rassembler des véhicules. Au final, 12 000 camions emprunteront ce que l'on appellera la Voie sacrée.

Une bataille sacrée, voilà ce que Falkenhayn a voulu pour la France. Il n'a pas tenu compte de la ferveur montrée par les Français. Déjà le 27 février, les Allemands n'enregistrent plus « aucun succès nulle part [33] ». Le 20e corps, dit le corps « de fer », est entré en ligne, et ses soldats se sacrifient dans un effort désespéré de défendre chaque centimètre de terrain encore tenu. Ce jour-là, parmi les blessés (et capturés) du 20e corps, figure Charles de Gaulle. Les Allemands cherchent à venir à bout de la résistance de l'infanterie française en poussant leur artillerie encore plus près du front, à travers un terrain bouleversé exigeant un nombre de plus en plus grand de chevaux pour déplacer chaque canon. Les attelages en payent le prix : le chiffre de 7 000 chevaux tués en un seul jour est avancé. Et pourtant, en dépit du poids croissant des bombardements, la ligne française ne rompt pas. Le 27 février, les Allemands ont progressé de six kilomètres et ont autant de distance à parcourir pour atteindre la ville. Mais leur effort offensif ne parvient plus à faire reculer les Français.

Le dernier jour de février, Falkenhayn et le Kronprinz s'entretiennent et se mettent d'accord sur une nouvelle stratégie. Puisque l'attaque sur le front étroit sur la rive est de la Meuse n'a pas abouti, l'offensive doit être élargie à la rive ouest où, derrière les hauteurs du Mort-Homme et de la cote 304, les Français ont positionné leur artillerie. Elle n'a de cesse de pilonner l'infanterie allemande cherchant désespérément à atteindre les positions dominant la ville elle-même. Le terrain de la rive ouest, ouvert et onduleux, est différent de celui de la rive est, accidenté et boisé. Il avait été conseillé à Falkenhayn de l'inclure dans son premier plan d'assaut, pour la bonne raison qu'il était facile d'y progresser. Ce qui est le cas le premier jour de l'assaut, le 6 mars, où la 67e division française est submergée. Mais les Allemands subissent une rapide contre-attaque, le terrain est repris et, une fois encore, la ligne de front ne cède pas. Des efforts simultanés sur la rive est, en direction du fort de Vaux, voisin de celui de Douaumont, sont tout aussi vains. Les ruines du village de Vaux changent de mains treize fois au cours du mois de mars, mais le fort lui-même demeure désespérément hors de portée des Allemands. Ses occupants le défendent d'ailleurs avec acharnement. Les Français comme les Allemands sont en train d'apprendre que les leçons de Liège et de Namur ne sont pas aussi définitives qu'elles semblaient l'être. Même anciennes, des fortifications peuvent résister à un bombardement d'artillerie intense et prolongé, de même que des soldats déterminés peuvent tenir leur tranchée sous une pluie d'obus en attendant l'assaut d'une infanterie à découvert. C'est l'inexpérience des Belges qui les avait amenés à se rendre, et les Allemands s'en souviendront par la suite, montrant beaucoup d'opiniâtreté dans la défense de toutes les positions qu'ils occuperont. En 1916, les Français ont découvert que les bombardements font plus de peur que de mal. Armés de courage, ils en attendent la fin avant de pouvoir répliquer par un feu meurtrier aux attaques d'infanterie qui les suivent.

Début avril, la certitude de Falkenhayn de pouvoir remporter une victoire d'usure sans exposer sa propre armée à des pertes comparables s'étiole. L'attaque initiale sur le front étroit à l'est de la Meuse a été arrêtée à la ligne extérieure de fortification. La deuxième offensive sur la rive ouest a échoué sous un feu venant des hauteurs du Mort-Homme et de la cote 304. La stratégie d'offensive limitée est alors abandonnée : l'attaque sur toute l'étendue du front, qui fait maintenant près de trente kilomètres de large, va prévaloir. L'opération débute le 9 avril et dure quatre jours, jusqu'à ce que l'arrivée de pluies diluviennes bloque toute activité pour le reste du mois. Le premier jour, les Allemands atteignent ce qu'ils croient être la crête du Mort-Homme, mais se rendent compte que le véritable sommet se trouve hors de leur portée. La lutte pour le mont se transforme alors en combat d'artillerie. Un officier du 146e régiment français, Augustin Cochin, reste du 9 au 14 avril dans les tranchées du Mort-Homme sans voir le moindre Allemand, « les deux derniers jours plongé dans une boue glaciale, sous un terrible bombardement, sans aucun autre abri que l'étroitesse de la tranchée... Les Boches n'attaquaient pas, naturellement, cela aurait été vraiment stupide... résultat : j'étais arrivé avec 175 hommes, je suis reparti avec 34, dont quelques-uns à moitié fous... ne répondaient plus quand je leur parlais [34]. »

En mai, alors que le climat se fait plus clément, c'est le Mort-Homme qui absorbe tous les efforts des Allemands. Le 8 mai, les Français perdent la crête elle-même, mais conservent les côtes avoisinantes que les Allemands rognent petit à petit au cours du mois. La ligne finale de résistance, délimitée par Pétain à sa prise de commandement, est percée à mesure que se poursuit l'avancée, mais la progression des troupes de Falkenhayn est trop lente pour menacer Verdun. Leurs pertes dépassent maintenant les cent mille hommes, tués ou blessés, et, bien que les Français aient souffert tout autant, la plupart des pertes allemandes ont été subies au sein des mêmes unités. Alors que les Français font tourner leurs divisions à Verdun, les Allemands gardent les leurs en ligne, des renforts comblant les pertes. Fin avril, quarante-deux divisions françaises sont déjà passées par le secteur de Verdun, pour seulement trente divisions allemandes, et cet écart va se maintenir [35]. La 5e division allemande, qui a attaqué le premier jour, reste en ligne jusqu'à la fin de février, revient entre le 8 et le 15 mars, puis entre le 22 avril et la fin du mois de mai. La 25e division est engagée pour sa part entre le 27 février et le 16 mars, du 10 au 25 avril, puis à nouveau jusqu'au 19 mai. Entre mars et mai, les pertes subies par ses régiments d'infanterie se montent à 8 549, soit plus de 100 pour cent de leurs effectifs.

Cette forte proportion de pertes des deux côtés est le fruit de la politique française consistant à mener une « défense active », contre-attaquant dès que possible. L'exemple parfait se produit à Douaumont où un acte de négligence fait exploser un dépôt de munitions allemand à l'intérieur du fort pris le 8 mai. L'énorme explosion persuade les Français de tenter de reprendre le fort le 22 mai, et les détachements d'attaque parviennent à prendre d'assaut l'extérieur du fort et à l'escalader avant d'être repoussés le lendemain. Cependant, l'initiative est plutôt du côté des Allemands qui continuent à attaquer partout où ils le peuvent. Début juin, ils rassemblent des forces pour un effort se voulant décisif. Celles-ci sont constituées des divisions du Ier corps bavarois, du Xe de réserve et du XVe corps, attaquant côte à côte sur un front de cinq kilomètres. Il y a un homme par mètre de front et le soutien de 600 canons. L'objectif est le fort de Vaux. Entre le 1er et le 7 juin, les Allemands l'encerclent, coupant ainsi la garnison de tout contact avec la zone arrière, avant de la réduire section par section. Le major Raynal, commandant de la garnison, est contraint à la reddition par manque d'eau. Les assaillants lui rendent les hommages de guerre, et le Kronprinz, à qui Raynal est présenté, lui offre une épée pour remplacer celle qu'il a dû laisser dans la bataille [36].

Le commandement direct du secteur de Verdun est maintenant passé des mains de Pétain, dont l'indifférence pour les pertes gêne jusqu'à Joffre, à celles de Nivelle, expert d'artillerie, homme aux manières aisées et persuasives. Grâce à sa maîtrise parfaite de l'anglais et à ses manières engageantes avec les politiciens, il a rapidement fait son chemin depuis le début de la guerre. Optimisant l'efficacité des canons français, qui commencent à dominer ceux de l'ennemi, Nivelle finit par faire pencher l'avantage du côté des Français. Mais, dans le même temps, les Allemands maintiennent l'offensive, prenant des poches de terrain sur la rive est de la Meuse et poussant de l'avant vers les forts français restants de Souville et de Tavannes. De Souville, « ça descendait jusqu'à Verdun, située à moins de quatre kilomètres de là... et une fois le fort tombé entre les mains de l'ennemi, ce ne serait plus qu'une question de temps avant que la ville ne subisse le même sort [37] ». La pression allemande se poursuit sans relâche après la chute de Vaux jusqu'au 22 juin, où un nouvel assaut est précédé par un bombardement de gaz dit « croix verte » (un nouveau mélange chloré) sur les lignes d'artillerie françaises comptant 600 des 1 800 canons français à Verdun. Privée temporairement de protection d'artillerie, la défense française faillit devant une attaque de l'*Alpenkorps*, division de montagne d'élite de la garde bavaroise et de l'infanterie légère allemande. Parmi les officiers de l'infanterie légère se trouve le lieutenant Paulus, futur commandant de la VIe armée qui capitulera à Stalingrad [38]. Un soldat de l'*Alpenkorps* rapporte que, au cours de l'avancée victorieuse suivant le bombardement, il aperçoit les toits de Verdun depuis les hauteurs de Souville, mais il se trompe probablement. Dans l'après-midi, l'avancée allemande s'épuise sur le terrain accidenté autour du fort et, dans la chaleur estivale, la soif saisit les soldats dans les positions acquises. L'eau ne peut être acheminée depuis l'arrière et, comme la nuit tombe, l'*Alpenkorps* cesse son avancée.

Ce jour-là, le 23 juin, marque le point culminant de l'offensive sur Verdun. Environ vingt millions d'obus ont été tirés dans la zone de bataille depuis le 21 février, la physionomie du paysage a été changée pour toujours : les forêts ont été réduites à l'état d'allumettes, les villages ont disparu, la surface du sol est tellement grêlée par les explosions que les trous d'obus se chevauchent à l'infini. Mais le pire reste la destruction de la vie humaine. A la fin du mois de juin, plus de 200 000 hommes ont été tués et blessés de part et d'autre. Les pertes ont surtout touché les Français, puisqu'ils ont débuté la guerre avec trois fois moins d'hommes que les Allemands, mais pour les deux armées, Verdun est devenu un lieu de terreur et d'anéantissement ne pouvant aboutir à la victoire. Les Allemands fournissent un ultime effort le 11 juillet. Ils atteignent Souville, mais sont repoussés. Après cela, ils cessent leur tentative de « saigner à blanc » l'armée française à Verdun et reviennent à la défensive. Pendant un certain temps, le secteur redevient calme. Mais en octobre les Français tentent de récupérer le terrain perdu. Le 24, Douaumont est arraché aux Allemands ; le 15 décembre, une offensive de plus grande envergure reprend la plupart du terrain perdu sur la rive est depuis le début de la bataille. Mais une tout autre bataille, faisant rage depuis le 1er juillet, a déplacé le centre de gravité du front occidental de Verdun vers la Somme.

L'offensive de la Somme

Verdun a été voulue par Falkenhayn comme une opération visant à « saigner à blanc » l'armée française et à faire sauter « son meilleur atout » des mains de la Grande-Bretagne. Fin juin, alors que la bataille doit encore durer six mois, aucun de ces deux objectifs n'a été atteint. Par cet échec, Falkenhayn s'est discrédité. Doté d'une personnalité dominatrice, intellectuellement brillant, franc et sûr de lui jusqu'à l'arrogance, compétent comme officier d'état-major et comme ministre de la Guerre, il souffre cependant du désavantage d'être associé, dans l'esprit de la plupart des gens, à la défaite davantage qu'à la victoire [39]. La responsabilité de l'échec du plan Schlieffen (bien que cet échec soit intrinsèquement lié aux défauts du plan) et du retranchement du front de l'Ouest sont plutôt à mettre au compte de Moltke, mais restent néanmoins de fait associés à sa personne pour lui avoir succédé. Les victoires sur le front de l'Est, Tannenberg, et même Gorlice-Tarnow, passent pour être des succès de Hindenburg et de son *alter ego*, Ludendorff. En outre, la collaboration de Falkenhayn avec Conrad von Hötzendorf, chef d'état-major autrichien, lui laisse sur les bras la responsabilité partagée de la piètre prestation de l'armée austro-hongroise contre les Serbes et les Russes. Même l'entrée en guerre de l'Italie lui est reprochée, en raison des motivations anti-autrichiennes qui l'ont déclenchée. La seule initiative lui revenant sans le moindre doute, et que l'on pourrait mettre à son crédit s'il s'agissait d'un succès, est Verdun. Mais au milieu de l'été, cette bataille est manifestement un échec terrible. Même avant l'ouverture du grand bombardement devant inaugurer l'offensive franco-britannique sur la Somme, l'emprise de Falkenhayn sur le haut commandement faiblit, son étoile commence à pâlir. En août, elle brille au-dessus de Hindenburg, le titan de l'Est, qui devient son successeur.

La Somme est l'entreprise d'un autre général en pleine ascension, Douglas Haig. John French, « le petit maréchal » ayant conduit le BEF en France, est épuisé par l'usure de sa chère armée de réguliers, ses vieux protégés des jours glorieux de la guerre des Boers, les jeunes soldats pleins d'allant de la cavalerie dans laquelle il a grandi, les subalternes empressés de Sandhurst, les générations de commandants et de colonels capables et

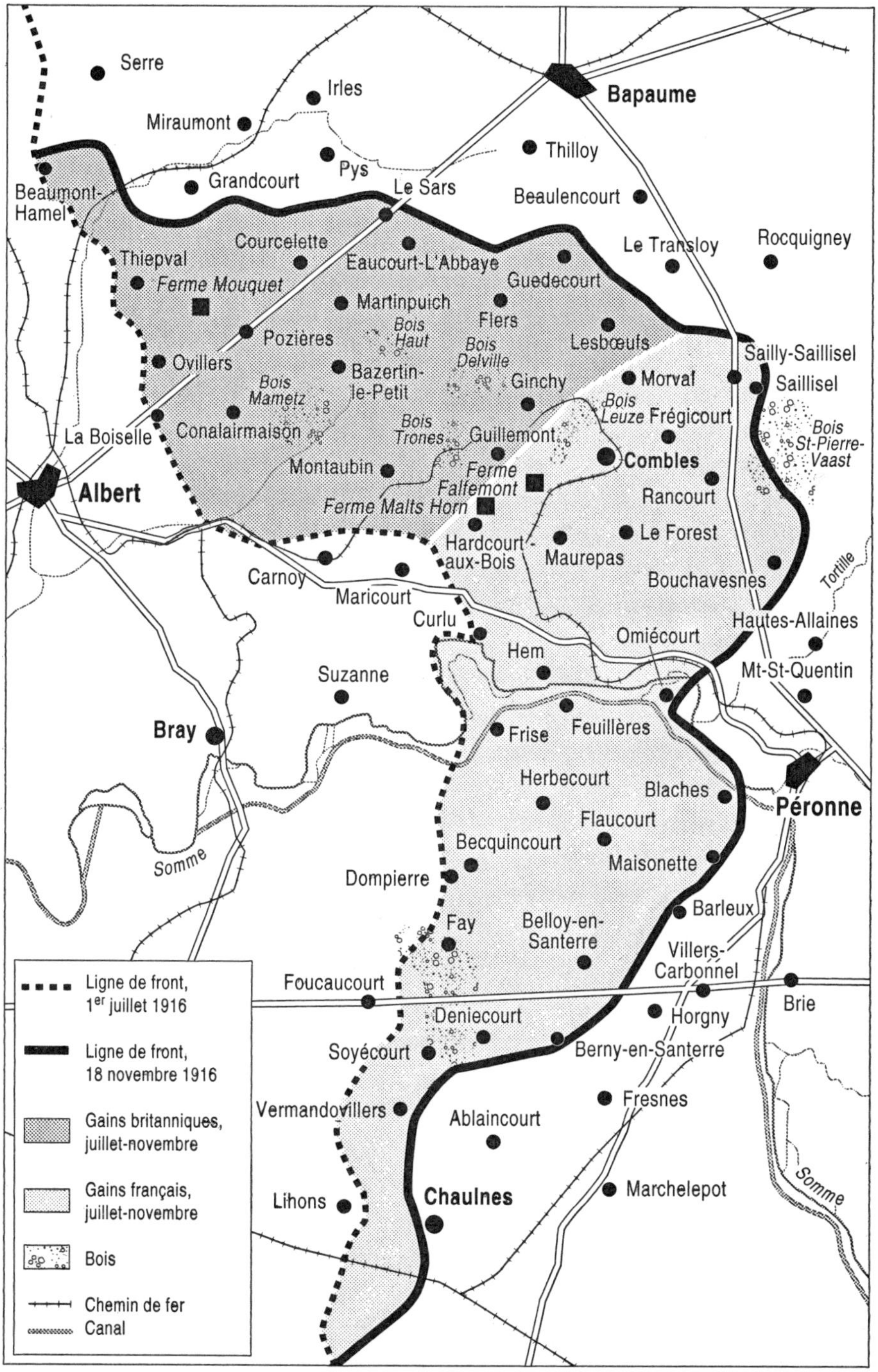

La bataille de la Somme

loyaux qui ont été ses compagnons dans le veld et sur les terrains de chasse [40]. La mort de tant d'entre eux * le touche beaucoup, et sa douleur est d'autant plus grande qu'il a le besoin apparemment compulsif de rendre visite aux hôpitaux militaires et de parler aux blessés. « C'est horriblement triste et pathétique de voir à quel point ces petits gars sont de bonne composition, gais et patients... Je déteste tant tout cela ! C'est d'une telle tristesse et tellement décourageant [41]. » French n'est pas fait pour la guerre moderne ou pour la politique d'un conflit national. Il n'arrive pas à compatir avec les soldats citoyens arrivant par centaines de milliers comme il le fait instinctivement avec les hommes, de plus en plus rares, s'étant engagés pour sept ans, pratique féodale qu'il a connue en tant que jeune officier. Il n'arrive guère plus à jouer le jeu dont sont adeptes ses homologues et ses jeunes subalternes du ministère de la Guerre. Commandant la 1re armée du BEF, Douglas Haig est tortueux dans ses rapports avec les grands, et en particulier avec la Cour. Il a épousé dans la précipitation une dame d'honneur de la famille royale après de très brèves présentations, et a accepté une invitation à correspondre en privé avec le roi George V peu après que le front de l'Ouest fut tombé dans l'impasse. D'autres personnalités dans l'armée partagent en 1915 la certitude que French a prouvé son incompétence et ne peut être maintenu au poste de commandant suprême. Ils font connaître leur point de vue au Gouvernement. Mais c'est Douglas Haig qui brandit le poignard. Au cours d'une visite du roi en France fin octobre, il lui dit directement que French est « une source de grande faiblesse pour l'armée, et [que] plus personne n'a confiance en lui ». Tout cela est juste, mais il serait mieux venu de la part de Haig de ne pas ajouter qu'il est lui-même prêt à faire son devoir, à quelque titre que ce soit. « Quelque titre que ce soit » signifie clairement comme successeur de French, ce qu'il devient le 16 décembre 1915, après quelques discussions complémentaires entre le roi, le Premier ministre et Kitchener, toujours ministre de la Guerre bien que commençant lui aussi à être menacé sur son perchoir [42].

Douglas Haig, que ses contemporains avaient déjà du mal à

* Dès novembre 1914, on comptait 90 000 victimes parmi les sept divisions d'infanterie d'origine, soit largement plus de 100 pour cent de la force mobilisée.

cerner, est aujourd'hui devenu une véritable énigme. Les grands généraux de la Première Guerre mondiale, c'est-à-dire ceux qui ne se sont pas montrés incompétents ou ayant peu à peu sombré dans le pessimisme, sont des hommes endurcis et en quelque sorte tenus de le rester à mesure que s'accumule sur leurs bureaux l'état grandissant des pertes. Cependant, certains parviennent à allier cette fermeté d'esprit avec quelques caractéristiques humaines frappantes : Joffre est imperturbable, Hindenburg grave, Foch ardent, Kemal sûr de lui. Haig, dont le comportement public ou les journaux personnels ne dénotent aucun souci pour la souffrance humaine, ne compense la distance de son attitude par rien de comparable aux autres. Il semble se mouvoir dans les horreurs de la Première Guerre mondiale comme guidé par une voix intérieure, parlant de buts plus élevés et de destinée personnelle. Cela, nous le savons maintenant, n'est pas qu'une apparence. Haig est un adepte aussi bien des pratiques spirituelles que de la religion fondamentaliste [43]. Jeune officier, il avait commencé à assister à des séances au cours desquelles un médium le mettait en contact avec Napoléon. Devenu commandant en chef, il tombe sous la coupe d'un aumônier presbytérien dont les sermons le confortent dans sa certitude d'être en relation directe avec Dieu et d'avoir un rôle majeur à jouer sur le plan divin pour le monde. Cette simple religion qui est la sienne est, il en est convaincu, partagée par ses soldats : ceux-ci reçoivent ainsi l'inspiration pour supporter les dangers et les souffrances qui sont leur lot au cours de cette guerre [44].

Malgré son étrangeté, Haig est un soldat efficace, supérieur à French dans tous les domaines de la pratique militaire moderne, et c'est dans ses préparatifs pour la Somme qu'il montre le mieux ses aptitudes. Cet immense champ de bataille désert n'a fait l'objet d'aucune lutte depuis les premières semaines de la guerre. Du côté ennemi, les Allemands ont profité de la paix dans laquelle ils ont été laissés depuis 1914 pour établir la position la plus solide du front de l'Ouest. Le sol calcaire, dur et sec, a pu être facilement dynamité, et des tranchées-abris ont été construites à un mètre sous terre, imperméables au feu d'artillerie, équipées pour soutenir un siège et reliées à l'arrière par des câbles de téléphone souterrains et de profondes tranchées de communication. En surface, les fantassins allemands ont établi un réseau de postes de mitrailleuses couvrant tous les angles d'approche et en mesure de balayer des pentes dépourvues d'arbres. Au-devant de leur tranchées, des barrières de barbelés ont été dressées. Le temps ne leur a pas fait défaut : sur la demi-douzaine de divisions formant la garnison du secteur de la Somme, la 52e est sur place depuis avril 1915, la 12e depuis octobre et les 26e et 28e divisions de réserve depuis septembre 1914. Elles ont simplement assuré leur sécurité [45].

De l'autre côté du no man's land, peu de terrassements ont été faits depuis 1914. Occupant le secteur jusqu'à l'extension de la ligne britannique vers le sud en août 1915, les Français le considèrent comme un « front calme », défendu par l'artillerie et une modeste infanterie. Les Britanniques ont un dispositif plus étoffé, mais l'infrastructure pour une grande offensive n'est toujours pas en place lorsque Haig prend son commandement. Sous sa direction, la zone arrière de la Somme, de la petite ville commerciale d'Albert à Amiens, chef-lieu du département à quarante kilomètres à l'ouest, est transformée en un énorme camp militaire, parcouru de nouvelles routes menant au front et recouvert de dépôts d'obus, de positions d'artillerie et de camps pour les troupes devant lancer l'attaque. En tant que technicien militaire, Haig ne peut être pris en défaut. Ses talents de tacticien restent maintenant à prouver.

L'armée qui se rassemble sur la Somme ne doute ni de ses chefs ni d'elle-même. Elle est constituée de vingt divisions, dont la plupart sont regroupées sous le commandement du général sir Henry Rawlinson au sein de la nouvelle 4e armée. La majorité des divisions est constituée de nouvelles venues dans la guerre. Une poignée de formations régulières, les 4e, 7e et 8e divisions, ainsi que la 29e, figurent également sur l'ordre de bataille. Elles ont toutes grandement évolué depuis leurs déboires au sein du BEF d'origine et à Gallipoli. Quatre sont des divisions territoriales, les 46e, 56e, 48e et 49e, présentes en France depuis le printemps de 1915. Le reste est constitué de formations « Kitchener » de citoyens volontaires, dont bon nombre sont organisées autour de bataillons de « Pals » ou de « Chums ». La Somme va être leur première bataille. Dix de ces divisions K sont présentes dans ce secteur, dont la plus ancienne, la 9e Scottish, est arrivée en France en mai 1915, alors que la 34e n'est là que depuis janvier 1916 [46]. La formation la plus inhabituelle est peut-être la 36e division de l'Ulster, émanant de l'*Ulster Volunteer Force*, organisation de Protestants irlandais violemment opposés à l'indépendance irlandaise. Au déclenchement des hostilités, ils se sont engagés comme un seul homme. Ils ne diffèrent de leurs autres camarades des formations Kitchener que par leur expérience d'avant-guerre des manœuvres militaires. Mais ils n'en savent pas plus que les autres sur la réalité de la guerre. Leurs bataillons d'infanterie manquent totalement d'expérience. Plus grave, leurs batteries d'artillerie de soutien peinent à délivrer un feu précis et à changer rapidement de cible, deux points sur lesquels repose la réussite de l'offensive.

Le plan de Douglas Haig pour la bataille de la Somme est simple, proche dans ses grandes lignes de celui conçu par Falkenhayn pour Verdun, à cette différence près qu'il espère briser la ligne ennemie plutôt que de forcer les Allemands à engager une guerre d'attrition. Un énorme bombardement, dix-neuf divisions britanniques et, au sud de la Somme, trois divisions françaises (les seules qu'on ait pu trouver alors que la bataille de Verdun fait rage), doivent s'élancer dans le no man's land. Les Allemands ayant survécu au bombardement étant, du moins on l'espère, trop choqués pour réagir, les Franco-Britanniques devront franchir les barbelés détruits, entrer dans les tranchées, en prendre possession et poursuivre en rase campagne vers l'arrière des lignes ennemies. Haig et la plupart de ses subalternes sont tellement convaincus de l'effet écrasant que va produire l'artillerie qu'il a été décidé que les fantassins inexpérimentés n'utiliseront pas le procédé testé et éprouvé du « tirer et progresser », où certains soldats se mettent à terre pour couvrir par leurs tirs l'avancée des autres : ils devront progresser debout et alignés. Lors de la bataille de Loos, la préoccupation de l'état-major général avait été de « garder le contrôle des troupes », ce qui avait eu pour conséquence de maintenir les réserves trop loin derrière les lignes. Une fois le retard comblé, on avait dû les employer en masses confuses [47]. La crainte avant le déclenchement de l'offensive est de voir les troupes s'abriter et ne pas reprendre l'avancée une fois jetées à terre. L'instruction tactique pour la bataille, « entraîner les divisions pour une action offensive » (SS 109), et celle de la 4e armée qui lui est associée (« les notes tactiques ») prônent toutes deux une avancée par vagues ou lignes de troupes successives et un mouvement continu vers l'avant de tous les soldats. « Les troupes d'assaut doivent pousser vers l'avant à un rythme soutenu en lignes successives, chaque ligne apportant un nouvel élan à la ligne précédente [48]. »

Haig, commandant en chef, et Rawlinson, commandant les troupes d'attaque, bien qu'en accord sur la tactique à suivre, ne le sont pas sur les objectifs de l'offensive. Haig espère une percée pouvant atteindre Bapaume, la petite ville commerciale située tout au bout des plateaux de la Somme, à onze kilomètres de la ligne de départ. Rawlinson prévoit un résultat plus limité qui consiste à « mordre » dans le système de tranchées allemand, puis de ne plus lâcher prise afin de reprendre à l'ennemi le maximum de territoire possible. Les événements vont prouver que c'est Rawlinson qui montre le plus de réalisme. Mais les deux généraux en sont dénués tous deux dans ce qu'ils attendent des résultats préliminaires. Près de trois millions d'obus ont été dépêchés vers l'avant pour la préparation d'artillerie. Ils doivent alimenter 1 000 canons de campagne, 180 canons lourds et 245 obusiers lourds. La densité obtenue est la suivante : un canon de campagne tous les vingt mètres de front et un canon ou obusier lourd tous les cinquante mètres [49]. Le plan d'artillerie prévoit que les canons de campagne se concentrent, avant la bataille, sur la destruction des barbelés ennemis protégeant ses tranchées. Dans le même temps, les canons lourds réduiront l'artillerie allemande par un feu de « contre-batterie » avant de détruire ses tranchées et ses points d'appui. Au moment de l'assaut, tandis que l'infanterie britannique quittera ses tranchées pour avancer à travers le no man's land, l'artillerie de campagne établira un « feu roulant » en avant de la vague de tête. Le but est d'empêcher les défenseurs allemands de se tenir sur les parapets, de sorte qu'en théorie les tranchées allemandes devraient être vides à l'arrivée des Britanniques.

Presque rien de ce que Haig et Rawlinson attendent de l'énorme concentration d'artillerie ne va se produire. D'une part, la position allemande est bien plus solide que les renseignements britanniques ne l'ont estimé. Les tranchées-abris, profondes d'un mètre, dans lesquelles s'abritent les troupes de première ligne sont quasiment imperméables à tous les obus que les Britanniques peuvent tirer et restent intactes jusqu'aux derniers jours précédant l'attaque. Une incursion de tranchée lancée dans la nuit du 26 au 27 juin révèle, par exemple, que les « tranchées-abris sont toujours en bon état. Les [Allemands] semblent rester en permanence dans ces tranchées-abris et sont complètement protégés [50]. » Et cela se révélera être le cas au jour J. Plus inquiétante encore est l'incapacité à détruire les barbelés. Plus tard dans la guerre, un détonateur hypersensible sera utilisé, faisant exploser un obus au moindre contact, ne serait-ce qu'avec une simple rangée de fil barbelé. Mais en 1916, la charge n'explose qu'en touchant le sol, et les bombardements visant les barbelés ne font donc que les emmêler, créant une barrière encore plus dense que celle établie à l'origine par l'ennemi. Le général commandant le 8e corps britannique, Hunter-Weston, vétéran de la campagne de Gallipoli, devrait savoir à quel point le barbelé est résistant. Cependant, il rapporte avant le 1er juillet que les barbelés ennemis sur son front sont détruits et que « les troupes peuvent avancer » même si un de ses jeunes officiers « les voit toujours solidement en place [51] ». Des barbelés intacts devant des tranchées défendues étant synonyme de mort assurée pour l'infanterie les prenant d'assaut, cette manifeste erreur d'appréciation de l'état-major allait se révéler, au sens propre, fatale.

Enfin, la confiance placée dans l'artillerie pour délivrer un feu roulant se révèle exagérée. Le déplacement d'un barrage d'artillerie tombant en avant de l'infanterie qui progresse (dans l'idéal à cinquante mètres devant voire moins) est une technique nouvelle exigeant des compétences très pointues de la part des artilleurs. Sans liaisons entre bataillons d'infanterie et batteries d'artillerie (et il ne peut y en avoir sans radio utilisable à l'échelon tactique, laquelle n'a pas encore fait son apparition), l'artillerie doit tirer selon des plans préétablis, calculés en fonction de la vitesse supposée de l'infanterie, soit environ cinquante mètres par minute. Les canons doivent alors établir un barrage sur une ligne de tranchée identifiée, puis « décoller » vers la suivante au moment où l'infanterie est supposée être arrivée à la première. Dans la pratique (et parce que l'artillerie craint de tuer sa propre infanterie), l'intervalle entre les différents « décollages » est trop long en distance, et trop court en temps : les vagues d'assaut vont trop souvent voir le barrage s'éloigner devant elles, au-delà de tranchées toujours fermement tenues par l'ennemi, sans aucun moyen de le faire revenir. Le correctif, adopté par quelques corps, consistant à faire revenir le barrage en arrière puis de le renvoyer vers l'avant, ne fonctionnera pas non plus, son retour provoquant la terreur de l'infanterie. Ces « tirs fratricides » la poussent généralement à s'abriter, lui faisant perdre toute protection quand le barrage cesse. Des précautions prises par l'artillerie, la pire est de lever le barrage d'artillerie trop tôt, laissant l'infanterie dans le no man's land et du mauvais côté des barbelés souvent intacts. Un ancien de Gallipoli, commandant une batterie lourde dans le 2e corps de Hunter-Weston « su[t] que l'attaque... dans son secteur était vouée à l'échec quand le [commandant de corps] donna l'ordre à l'artillerie lourde de décoller des tranchées de ligne de front ennemies dix minutes avant l'heure, et à l'artillerie de campagne, deux minutes avant l'heure H [52] ». Il n'y a pas que dans son secteur que le barrage allait être déclenché trop tôt. Presque partout sur le front de la 4e armée le 1er juillet, le feu d'artillerie se déplace prématurément, et l'infanterie va avancer vers des barbelés partiellement détruits voire intacts, avant d'investir des tranchées remplies d'Allemands particulièrement tenaces.

Des livres entiers, dont beaucoup sont assez récents, ont été consacrés à ce que l'infanterie aurait alors dû faire. Une nouvelle génération de jeunes historiens militaires s'est mise à étudier les batailles du BEF avec une passion plus compréhensible chez des vétérans de la guerre des tranchées que chez des universitaires ne les ayant pas connues. Un des thèmes récurrents consiste à dire que, aussi épouvantables qu'aient pu être les expériences des premières offensives, leurs enseignement permirent aux survivants et à leurs successeurs de remporter les victoires de 1918. Cet argument est à rapprocher de celui qui voudrait faire de Dunkerque une précieuse répétition du Débarquement. D'un point de vue plus technique, les nouveaux historiens du front de l'Ouest posent de nouvelles questions : quels étaient les rapports entre fusiliers, mitrailleurs et grenadiers ? Aurait-on pu exploiter ces armes avec de meilleurs résultats ? Quelle était la formation d'infanterie idéale, la colonne, la ligne ou le groupe d'infiltration [53] ? Pour l'auteur, ces questions ne valent pas l'énergie que l'on y consacre. La réalité de la guerre des tranchées de 1914-1918 est beaucoup plus simple : l'amoncellement d'un grand nombre de soldats seulement protégés par leurs uniformes de toile, quel que soit leur entraînement ou leur équipement, pour attaquer de grandes masses d'autres soldats, protégés par des terrassements et des barbelés et pourvus d'armes à tir rapide, ne pouvait que se solder par de très lourdes pertes pour les assaillants. C'est ce qui se produisit, malgré les changements tactiques et les améliorations de l'équipement (et il y en a eu beaucoup) entre le début de la guerre sur l'Aisne en 1914 et sa fin sur la Sambre et la Meuse en 1918. L'effet de l'artillerie est venu ajouter au massacre, de même que les baïonnettes et les grenades lorsque le combat se déroulait au corps à corps dans le labyrinthe des tranchées. L'évidence brute reste toutefois que les conditions de guerre entre 1914 et 1918 prédisposaient au massacre et que seule une technologie entièrement différente, technologie disponible seulement une génération plus tard, aurait pu éviter une telle issue.

Le premier jour de la bataille de la Somme, le 1er juillet 1916, fera l'horrible démonstration de cette réalité. Elle reste tangible aujourd'hui pour quiconque retourne au cœur du champ de bataille, à Thiepval, près du monument aux morts de la 36e division de l'Ulster, et regarde vers le nord et vers le sud le long de l'ancienne ligne de front. La vue en direction du nord est particulièrement poignante. Sur toute sa longueur, à intervalles de quelques centaines de mètres, s'étend une ligne de magnifiques cimetières paysagers de la Commission des sépultures de guerre du Commonwealth. A l'approche de la date anniversaire de la bataille, ils se couvrent de roses et de glycine, et la pierre blanche des tombes brille sous le soleil. Sur la partie la plus éloignée, la crête proche de Beaumont-Hamel, se trouve le cimetière des réguliers de la 4e division, et dans la vallée de l'Ancre, petit affluent de la Somme, celui de la 32e division. Quelques-uns, comme celui de la division de l'Ulster, se dressent un peu en avant des autres et marquent le point culminant de l'offensive britannique. La majorité longe la ligne de front ou se trouve dans le no man's land devant les barbelés allemands. Les soldats morts ici ont plus tard été enterrés à l'endroit où ils sont tombés. Ces cimetières dessinent une carte de la bataille. Cette carte raconte une histoire simple et terrible. Les hommes de la 4e armée, composée en majorité de citoyens volontaires partant au feu pour la première fois, sont sortis de leurs tranchées à l'heure H, se sont élancés en formations compactes, ont presque partout été arrêtés par des barbelés intacts et se sont fait tuer.

Cinq divisions sur les dix-sept à avoir attaqué sont entrées dans les positions allemandes. L'infanterie des autres divisions a été stoppée dans le no man's land.

Les descriptions de l'heure H le 1er juillet sont légion, faisant état de longues lignes de jeunes gens, croulant sous les trente kilos d'équipement jugés nécessaires pour soutenir une longue lutte à l'intérieur des tranchées allemandes, cheminant presque épaule contre épaule ; de leur entrain et de leur foi dans la victoire, des nombreuses démonstrations de bravoure, à l'image de ces bataillons dont les premières vagues tapent dans un ballon de football. Il est presque toujours fait mention du soleil éclatant, perçant la fine brume matinale, de l'illusion d'un champ de bataille vide, débarrassé de ses adversaires par les effets du bombardement et l'explosion de vingt et une mines creusées avec difficulté sous les lignes allemandes, alors que l'attaque était lancée. Les descriptions de ce qui s'est produit après l'heure H abondent également : la découverte de barbelés intacts, l'apparition des Allemands s'amassant sur le parapet au moment où le feu roulant britannique le dépasse, les tirs rageurs des défenseurs contre les rangs alliés, ouvrant de larges brèches au sein des vagues d'assaut, le massacre dans les barbelés, l'avance enrayée, arrêtée et finalement littéralement stoppée par la mort.

Les Allemands, qui se battent avec acharnement, se sont entraînés à remonter leurs mitrailleuses du fond de leur profondes tranchées-abris des centaines de fois. F. L. Cassel, survivant allemand, se souvient du « cri de la sentinelle, “ Ils arrivent ”... Le casque, la ceinture et le fusil et on monte les escaliers... dans la tranchée, un corps décapité. La sentinelle avait perdu la vie, touché par un dernier obus... et ils arrivent, les jaune kaki, ils sont à même pas vingt mètres de notre tranchée... ils avancent lentement avec leur équipement complet... le feu de mitrailleuse fait des trous dans leurs rangs [54]. » Les mitrailleuses parviennent même par endroits à atteindre la ligne de front britannique et à toucher des troupes n'ayant pas encore atteint le no man's land. Un sergent du 3e *Tyneside Irish* se souvient avoir vu « loin sur [sa] gauche et sur [sa] droite, de longues lignes d'hommes. Puis j'entendis le “ tac-tac-tac ” des mitrailleuses au loin. Le temps que je fasse dix autres mètres, il semblait ne plus y avoir que quelques hommes autour de moi. Le temps que j'en fasse vingt, j'avais l'impression d'être tout seul. Puis je fus moi-même touché [55]. » La brigade des *Tyneside Irish*, forte de quatre bataillons, soit près de trois mille hommes, ne parvient même pas à sortir de ses lignes et accuse des pertes effroyables. Un de ses bataillons a 500 hommes tués ou blessés, un autre 600. En termes offensifs, l'attaque n'a servi à rien : la plupart des morts ont été tués sur un terrain que les Britanniques tenaient avant même le début de l'avancée.

Ces pertes effrayantes sont le résultat du premier jour de la bataille de la Somme le long de l'ensemble du front d'attaque. Dans les jours suivants, lorsque les 200 bataillons britanniques ayant attaqué commencent leur sinistre comptabilité, ils réalisent que sur les 100 000 hommes entrés dans le no man's land, 20 000 n'en sont pas revenus. 40 000 autres, qui en ont été ramenés, sont blessés. En un mot, un cinquième de la force d'attaque a perdu la vie, et certains bataillons, comme le 1er du *Newfoundland*, ont cessé d'exister. L'amplitude de la catastrophe, qui constitue la perte la plus terrible de toute l'histoire militaire britannique, met du temps à être acceptée. Le lendemain, lors d'une réunion avec Rawlinson et son état-major aux quartiers généraux de la 4e armée, Douglas Haig ne mesure pas encore clairement l'envergure des pertes et discute avec le plus grand sérieux de la poursuite de l'offensive, comme si cela était envisageable dans les vingt-quatre ou les quarante-huit heures. Il croit que l'ennemi « a sans le moindre doute été fortement secoué et n'a plus que quelques réserves à sa disposition [56] ». En réalité, les Allemands ont acheminé plusieurs divisions dans la journée, tandis que les pertes subies par les troupes de première ligne (au total environ six mille hommes) ne représentent qu'un dixième de celles des Britanniques. Par exemple, le 180e régiment allemand n'a perdu que 180 hommes sur 3 000 le 1er juillet. La 4e division britannique, qui l'a attaqué, en a perdu 5 121 sur 12 000. Si les Allemands ont été secoués, c'est par « le spectacle hallucinant d'un courage, d'une vaillance et d'une détermination à toute épreuve et jamais vus », mais également par l'écœurement que leur inspire le massacre qu'ils sont obligés de perpétrer. En de nombreux endroits, lorsqu'ils se rendent compte que leurs vies ne sont plus menacées, ils cessent de tirer, permettant aux Britanniques les moins touchés de rejoindre leurs propres lignes. Pour les blessés plus gravement atteints, il n'y a pas de secours immédiat possible. Certains ne sont récupérés que le

4 juillet, d'autres jamais. Un jeune officier britannique, Gerald Brenan, traversant un terrain qui sera conquis au cours de la quatrième semaine de juillet, trouve les corps de soldats blessés le premier jour de l'offensive : ils « ont rampé jusqu'à des trous d'obus, se sont enveloppés dans leurs capotes, ont sorti leurs bibles et sont morts ainsi ». Ils font partie des milliers de soldats qui moururent ce jour-là ou au cours des suivants, qui tombèrent trop loin pour être secourus par les brancardiers ou qui s'égarèrent dans le chaos du no man's land. Même parmi ceux qui sont récupérés, beaucoup meurent en attente de soins devant des hôpitaux de campagne submergés.

S'il existe une exception aux égarements désastreux du 1er juillet, elle provient du haut commandement allemand qui, au contraire de ses troupes de première ligne, a très vite pris la mesure de l'attaque britannique, en particulier parce que, dans un secteur, à cheval sur la Somme elle-même, du terrain a été perdu. A l'opposé de Haig ou Rawlinson, Falkenhayn réagit de manière énergique à cette perte, démettant de ses fonctions le chef d'état-major de la IIe armée. Il le remplace par son propre responsable des opérations, le colonel von Lossberg, principal architecte des méthodes défensives allemandes sur le front de l'Ouest [57]. Celui-ci n'accepte le poste qu'à la condition que les attaques à Verdun soient abandonnées sur-le-champ. Falkenhayn ne respectera pas sa promesse, et l'offensive se poursuivra jusqu'à son limogeage à la fin du mois d'août. L'arrivée de Lossberg est néanmoins significative car la réorganisation du front de la Somme qu'il opère consolide les acquis du premier jour, fruits de l'excès d'optimisme des Britanniques et de l'excellente préparation des Allemands. Cet acharnement défensif, qui ne faiblira jamais, permettra en retour aux Britanniques d'acquérir l'expérience et le réalisme dont ils manquaient. L'intervention de Lossberg conduit les défenseurs à abandonner la pratique de la défense en ligne et à établir une « défense en profondeur », basée non sur les tranchées mais sur les cratères d'obus que l'artillerie britannique produit à profusion. La zone avant sera tenue par peu d'hommes, pour minimiser les pertes, mais le terrain perdu sera rapidement repris au moyen de contre-attaques lancées par des forces de réserve, intervenant de l'arrière [58].

Ce revirement tactique des Allemands annihile tous les efforts de Haig pour exploiter un succès tel que celui obtenu le 1er juillet. Il faut attendre le 14, dans le secteur chevauchant la Somme, où les Français plus expérimentés ont soutenu les Britanniques et ont progressé assez nettement à l'intérieur des positions allemandes, pour que du terrain soit gagné. La réticence de Haig à lancer des attaques de nuit cède devant les objections de ses subalternes : au cours d'une opération menée entre chien et loup, quatre divisions britanniques s'avancent pour prendre la crête de Bazentin, le bois de Mametz et Contalmaison. Sur la carte, l'avancée semble impressionnante. Sur le terrain, où le visiteur couvre la distance en quelques minutes de voiture, elle l'est un peu moins, même si l'atmosphère de menace de ces vallées encaissées est oppressante. Une partie de la cavalerie du Corps expéditionnaire (avec laquelle Haig estime pouvoir emporter la décision) intervient dans la journée. Mais, après des accrochages non loin du bois du Haut, l'un des points du champ de bataille de la Somme les plus élevés, elle doit se retirer. Des troupes impériales, les 1re et 2e divisions australiennes, présentes à Gallipoli, ainsi que la Brigade sud-africaine, reprennent l'avancée au cours de la seconde quinzaine du mois, prenant Pozières et le bois de Delville. En dépit de ces succès, aucune opportunité d'intervention pour la cavalerie ne se représentera. À l'image de Verdun, la Somme s'enlise dans une guerre d'usure. De nouvelles divisions s'y succèdent avec monotonie (quarante-deux chez les Allemands en juillet et août), menant des luttes sanglantes pour de minuscules parcelles de terrain à Guillemont, Ginchy, Morval, Flers ou Martinpuich. Au 31 juillet, les Allemands ont perdu sur la Somme 160 000 hommes, les Britanniques et les Français plus de 200 000. Et pourtant, la ligne de front n'a bougé que de cinq kilomètres depuis le 1er juillet. Au nord de l'Ancre et le long de la moitié du front d'origine, elle est pratiquement restée à l'identique.

L'offensive sur la Somme aurait pu être condamnée à l'enlisement puis à la paralysie si n'était pas apparue à la mi-septembre une nouvelle arme : le char d'assaut. Dès décembre 1914, le visionnaire Ernest Swinton, jeune officier du génie s'étant rendu compte que seul un moyen révolutionnaire pouvait briser l'impasse représentée par les barbelés et les tranchées sur le front de l'Ouest, avait suggéré de construire un véhicule tout-terrain à l'épreuve des balles et pouvant déplacer la puissance de feu au point d'assaut. L'idée n'était pas vraiment nouvelle. Elle apparaît déjà dans la nouvelle de H. G. Wells *The Land Ironclads*, écrite en 1903, ainsi que sous une forme imprécise chez Léonard de Vinci. La technologie n'était guère plus révolutionnaire : un véhicule tout-terrain, utilisant une « roue à pieds », avait été construit en 1899, et en 1905 des véhicules à chenilles sont déjà utilisés dans l'agriculture [59]. La guerre réunit la vision de Swinton et cette technologie. C'est avec l'aide de ses collaborateurs, Albert Stern et Murray Sueter, et soutenu par l'enthousiasme de Winston Churchill, dont les voitures blindées de la *Royal Naval Division* s'étaient illustrées en Belgique en 1914, que va naître le prototype du char, appelé « Little Willie », en décembre 1915. En janvier 1916, « Mother » sort de l'usine, modèle plus grand et équipé de canons. En septembre, quarante-neuf « Tanks * » Mark I, comme ils ont été nommés pour induire les Allemands en erreur, débarquent en France pour entrer dans la bataille [60].

Ils sont affectés à la branche lourde du corps des mitrailleuses, formation levée pour la guerre et réunissant les mitrailleuses de calibre intermédiaire du BEF. A la suite des batailles d'usure du mois d'août, un nouvel effort est prévu pour percer le front sur la Somme. Les tanks, dont certains sont équipés de mitrailleuses et d'autres de canons de six pouces, sont affectés à la 4e armée et à l'armée de réserve (la future 5e armée). Ils ont pour mission de mener un assaut le long de la ligne de l'ancienne voie romaine allant d'Albert à Bapaume et entre les villages de Flers et de Courcelette. L'apparition des chars terrifie les fantassins allemands défendant le secteur. Les monstres blindés mènent l'infanterie britannique vers l'avant sur 3 000 mètres avant d'être stoppés par des pannes mécaniques et les nombreux fossés d'un terrain bouleversé. Quelques-uns, pris sous le feu de l'artillerie, sont mis hors d'état. L'événement apporte l'une des victoires locales les plus aisées et les plus spectaculaires de la guerre sur le front de l'Ouest. Mais le succès est de courte durée car la plupart des trente-six tanks ayant traversé la ligne de départ sont mis hors de combat. Bien que l'infanterie s'accroche pour conserver le terrain gagné par les chars, l'obstination des

* Réservoir en anglais.

Allemands à positionner des hommes dans les cratères d'obus et les lignes de réserve empêche l'exploitation de ce succès et rétablit une situation d'impasse.

Octobre et novembre n'apportent aucun changement. Les Britanniques comme les Français lancent des attaques répétées, à Thiepval, Transloy et dans la vallée détrempée de l'Ancre, en dépit d'un climat de plus en plus humide transformant la surface calcaire du champ de bataille de la Somme en vase gluante. Au 19 novembre, date à laquelle il est officiellement mis fin à l'offensive alliée, la pénétration la plus profonde, située aux Bœufs, ne se trouve qu'à onze kilomètres des positions quittées le 1er juillet. Les Allemands ont peut-être perdu plus de 600 000 hommes, tués et blessés, pour conserver leurs positions sur la Somme. Les Alliés en ont perdu plus de 600 000, le bilan faisant état de 194 451 Français et de 419 654 Britanniques. L'holocauste de la Somme rejoint celui de Verdun pour les Français. Pour les Britanniques il est et demeure le plus grand désastre militaire du XXe siècle, et même le plus grand désastre de toute leur histoire militaire. Une nation qui entre en guerre doit s'attendre à des morts parmi les jeunes gens qu'elle y envoie, et une volonté de sacrifice avant et pendant la bataille de la Somme en explique, du moins en partie, son horreur. Mais l'existence de cet élan généreux n'est qu'une piètre consolation. Les régiments de « Pals » et de « Chums » ayant connu leur première expérience de guerre sur la Somme ont été appelés « l'armée des innocents ». Leur empressement à donner leurs vies dans des circonstances inimaginables au moment où ils s'engagèrent leur confère de plein droit ce titre. Quel que soit le mal que les volontaires de Kitchener aient voulu aux Allemands, c'est le mal dont eux-mêmes ont souffert qui reste dans les mémoires britanniques, dans la mémoire collective, mais également dans celles des familles de ceux qui ne sont pas revenus. Il n'y a rien de plus poignant pour un Britannique que de visiter la bande de cimetières qui marque la ligne de front du 1er juillet 1916 et de trouver, sur les plaques qui se succèdent, une couronne récente, le visage d'un Pal ou d'un Chum dépassant d'un col en serge kaki et dont le regard fixe nous toise sur une vieille photographie, un coquelicot épinglé et l'inscription « pour un père, un grand-père et un arrière-grand-père ». La Somme marque la fin d'une époque à jamais disparue, celle de l'optimisme vivifiant de la société britannique [61].

La guerre sur les autres fronts et l'offensive Broussilov

Pendant que les grands drames de Verdun et de la Somme se jouent en France, la guerre sur les fronts extérieurs prend des visages très variés. En Afrique orientale allemande, où Jan Smuts, le brillant adversaire des Britanniques au cours de la guerre des Boers, a pris le commandement en 1915, quatre colonnes se mettent en route en 1916 : deux colonnes britanniques en provenance du Kenya et du Nyassaland, une portugaise venant du Mozambique, et une belge venant du Congo. Effectuant une avancée concentrique vers l'armée de Lettow-Vorbeck, elles comptent l'encercler et clore la campagne. Les Alliés disposent de quarante mille hommes, Lettow de seize mille. En dispersant ses forces, ce dernier n'a aucune difficulté à échapper à Smuts et à battre en retraite vers le sud, depuis le Kilimandjaro et en direction de Tanga et de Dar es-Salaam. Restant parallèle à la côte, il se retire lentement à travers le pays, ne se bat que lorsqu'il y est contraint, et se dégage toujours avant d'être battu. En détruisant derrière lui des ponts et des voies de chemin de fer, il évite l'encerclement et garde ses forces intactes. Ses askaris africains résistent à presque toutes les maladies parasitaires, ce qui n'est pas le cas des troupes alliées comportant un grand nombre d'Européens et d'Indiens. Leur nombre important de malades — trente et un hommes hors d'état sans avoir combattu pour un réellement blessé — est la véritable raison de leur incapacité à écraser Lettow. A la fin de 1916, sa petite armée a toujours le même potentiel qu'au déclenchement de la guerre [62].

Les Turcs, que les Alliés ont au début tant sous-estimés, exploitent le succès obtenu à Gallipoli. Leurs efforts pour reprendre l'offensive contre le canal de Suez, au cours d'une campagne limitée ayant amené les forces britanniques jusqu'à la frontière palestinienne du Sinaï, ont été repoussés. Leur armée du Caucase a subi de nouvelles défaites devant les Russes : ces derniers ont poussé du lac Van jusqu'à Trébizonde sur la mer Noire dès le mois d'août. Malgré ces revers, ils infligent en Mésopotamie une défaite parfaitement humiliante à la force anglo-indienne ayant débarqué à l'embouchure du Chatt el-Arab en 1914. Au cours de l'année 1915, le Corps expéditionnaire D, comme on l'appelle, remonte le Tigre vers Bagdad, une partie avançant par les terres, une autre par voie d'eau, jusqu'à ce qu'en novembre 1915 son avant-garde arrive à Ctésiphon. Cette position paraît prometteuse, car située au cœur de l'Empire ottoman à un moment où les réserves turques les plus proches, selon les services de renseignements britanniques, se trouvent à 600 kilomètres de là, dans le Caucase, ou à 500 kilomètres, à Alep en Syrie. Or, contre toute attente, les Turcs parviennent à rassembler suffisamment de renforts pour faire descendre le Tigre à des troupes et affronter le Corps expéditionnaire. Sans attendre d'être attaqué, son commandant, le général de division Townsend, s'estimant trop loin de ses bases, décide de se retirer jusqu'à Kut al-Amara, à 150 kilomètres en aval. Il se retranche dans un méandre du Tigre en attendant du soutien et afin de permettre à ses soldats de se reposer du périple qu'il vient de leur infliger.

Townsend a de quoi tenir deux mois et a déjà conduit des opérations défensives : en 1896, il avait défendu avec succès le petit fort de Chitral sur la frontière du Nord-Ouest lors d'un siège célébré dans tout l'empire [63]. Mais les Turcs, maîtres dans l'art de la guerre de tranchées, se montrent des adversaires bien plus dangereux que les guerriers du Chitral. Après avoir encerclé le camp de Townsend de terrassements, ils repoussent aussi bien les attaques de la garnison que celles de la force de secours qui, de janvier a mars, tente à quatre reprises de traverser leurs lignes. Chaque effort se solde par un échec, et le dernier, connu sous le nom de bataille de la Redoute de Dujaila, laisse 1 000 morts sur le terrain. La tentative de percée la plus réussie échoue à moins de 11 kilomètres du QG de Townsend. Mais immédiatement après son échec, les inondations annuelles, nourries par la fonte des neiges des monts Zagros, font déborder les fleuves et recouvrent d'eau la plaine mésopotamienne. Kut est complètement coupée de l'aide extérieure et se rend le 29 avril. Townsend et 10 000 survivants du Corps expéditionnaire partent en captivité : 4 000 n'en reviendront pas. Kut ne sera reprise qu'à la fin de l'année, après le rassemblement de près de 200 000 Britanniques et Indiens. 10 000 Turcs et une poignée d'Allemands sont finalement soumis. Comme à Salonique, où les Alliés poursuivent tout au long de l'année 1916 une campagne vaine contre des forces très inférieures, la Mésopotamie commence à engloutir nombre de ressources au lieu de représenter une menace pour l'ennemi.

Sur le front italien, même si les défenseurs sont également en large infériorité numérique par rapport aux attaquants, la disparité n'est pas aussi grande. Les effectifs de l'armée italienne augmentent, et ils vont même au final être multipliés par deux, passant de 36 divisions en temps de paix à 65. Au cours de l'année 1916, les Italiens vont attirer 35 des 65 divisions autrichiennes mobilisées vers leurs montagnes. Il en résulte un affaiblissement de la capacité offensive des Autrichiens qui, ne pouvant plus assumer un effort de guerre conséquent sur le front de l'Est, vont grandement faciliter l'offensive victorieuse des Russes cette année-là. Mais en dépit de leur infériorité numérique, les Autrichiens contrecarrent les tentatives incessantes de l'Italie de percer à travers l'Isonzo vers le cœur de leur territoire en lançant leur propre contre-offensive en direction de la riche région industrielle et agricole des plaines du Pô. Conrad, chef de l'état-major austro-hongrois, fait preuve d'une réelle animosité à l'encontre de l'ancienne partenaire de l'Autriche au sein de la Triple Alliance. Il se brouille avec Falkenhayn qui considère la détermination de son homologue à vouloir punir l'Italie comme un handicap dans la poursuite du succès conjoint contre les armées du tsar, pourtant brillamment inauguré à Gorlice-Tarnow. Le 15 mai 1916, presque à la date anniversaire de cette victoire, Conrad lance sa propre « expédition punitive » (*Strafexpedition*) depuis la chaîne de montagnes du Trentin au nord, entre le lac Garda, station alpine, et les sources de la Brenta, qui alimente les lagunes de Venise. Le bombardement préliminaire, opposant 2 000 canons autrichiens à 850 italiens, est énorme, mais les défenseurs sont au courant des préparatifs autrichiens et se battent avec une abnégation héroïque pour contenir l'ennemi. La Brigade romaine est presque anéantie en défendant Piazza. Les Autrichiens n'avancent nulle part de plus de quinze kilomètres, et, bien que leurs pertes soient moindres que celles des Italiens (80 000 contre 147 000), l'expédition punitive ne menace pas de rompre le front, pas plus qu'elle ne détourne Cadorna, le commandant en chef italien, de la poursuite de son effort sans relâche sur l'Isonzo. La sixième bataille débute en août et assure la ville frontière de Gorizia, les septième, huitième et neuvième batailles suivent en septembre, octobre et novembre. La tête de pont de Gorizia est élargie, et une seconde est établie sur le plateau escarpé de Carso. L'infanterie italienne, malgré de lourdes pertes et l'échec de ses efforts offensifs, semble toujours prête à repartir à l'attaque, même sous la direction impitoyable de Cadorna.

Le résultat des opérations en Italie pendant l'année 1916 est positif : en détournant les divisions autrichiennes des positions russes, il permet aux armées du tsar d'organiser une contre-offensive réussie contre un ennemi désormais affaibli. Les Russes sont tenus de mener une telle offensive par l'accord de Chantilly de décembre 1915, et les renseignements sur l'expédition punitive de Conrad ont poussé Cadorna à demander expressément qu'elle soit montée en urgence. Ses résultats dépassent toutes les promesses et les attentes, surtout celles de la *Stavka*, dont les plans pour 1916 prévoyaient une reprise de l'offensive contre les Allemands au nord, plutôt que contre les Autrichiens au sud. Au nord, les positions avancées allemandes menacent la capitale Petrograd et placent sous tutelle ennemie les ressources des Etats baltes. Ludendorff y a mis en place une économie d'occupation prospère. Anticipant sur ce que Hitler tentera de faire avec moins d'imagination après 1941, il a divisé la région en six zones administratives, placées sous l'autorité d'un gouverneur militaire allemand, et a instauré une exploitation systématique des ressources agricoles et industrielles pour l'effort de guerre allemand. Les plans de Ludendorff dépassent le simple cadre économique : « J'ai décidé de reprendre dans le territoire occupé ce travail de civilisation auquel la main-d'œuvre allemande s'est attelée sur ces terres pendant des siècles. La population, constituée d'un ramassis de races, n'a jamais produit de culture qui lui soit propre et, laissée à elle-même, succomberait à la domination polonaise. » Ludendorff présage la transformation de la Pologne en un « Etat plus ou moins indépendant sous souveraineté allemande ». Au printemps 1916, il prévoit d'installer dans la majeure partie des Etats baltes des colons allemands qui s'approprieront les terres des habitants expropriés. Ceux-ci n'incluent pas les Juifs qui, souvent germanophones, sont considérés comme des instruments utiles de la politique d'occupation [64].

Le plan de Ludendorff pour germaniser les possessions du tsar en Pologne et dans les régions baltes est une des raisons qui poussent la *Stavka* à choisir comme principale stratégie pour 1916 la reprise de l'offensive au nord. Elle répond également à la demande française de soulager la pression sur Verdun. Le 18 mars, elle débute par une attaque de chaque côté du lac Naroch et visant Vilnius, chef-lieu de la Pologne orientale. Grâce à la mobilisation industrielle de la Russie et à l'appel de nouvelles classes de conscrits, les armées russes disposent désormais d'effectifs plus nombreux que leurs adversaires : 300 000 contre 180 000 au nord et 700 000 contre 360 000 au centre. Il n'y a que sur le front du Sud, commandé par Broussilov, que les armées font jeu égal avec environ un demi-million d'hommes de part et d'autre. Pour la première fois au nord, les Russes ont une large supériorité en canons et en obus, avec 5 000 pièces et 1 000 obus pour chacun d'entre eux, ce qui est beaucoup plus important que ce qu'avaient rassemblé les Allemands pour la percée de Gorlice-Tarnow [65].

Cependant, sans que l'on sache vraiment comment, cet avantage ne permet pas de faire la différence. Les préparatifs d'artillerie ne sont pas coordonnés avec l'assaut de l'infanterie de la 2e armée qui, attaquant sur un front très étroit, est prise sous son propre feu. Dans le saillant qu'elle a conquis, elle se retrouve coincée sous un bombardement de canons allemands provenant de trois fronts. Les trois quarts de l'infanterie, soit 15 000 hommes, sont mis hors de combat dans les huit premières heures de l'offensive. Pourtant, 350 000 hommes sont théoriquement disponibles pour celle-ci. Encore aurait-il fallu qu'elle soit lancée sur un front plus large. Les renforts ne font qu'augmenter le nombre de victimes sans permettre le gain de la moindre parcelle de terrain supplémentaire. Le 31 mars, lorsque l'offensive prend fin, les pertes russes se chiffrent à 100 000 hommes, dont 12 000 sont morts en raison des terribles conditions climatiques de la fin de l'hiver. En avril, une contre-attaque des Allemands (qui ont perdu pour leur part 20 000 hommes) permet de reprendre tout le terrain que les Russes avaient gagné [66].

Les perspectives de l'offensive générale prévue en juin se présentent donc sous un mauvais jour puisque la *Stavka* souhaite à nouveau attaquer au nord, au-dessus des marais du Pripet qui divisent le front en deux. Mais Evert, le commandant du groupe d'armées ayant échoué au lac Naroch, ne désire pas repartir à l'attaque. Alexeïev, chef d'état-major, insiste néanmoins et s'assure de la coopération réticente de celui-ci ainsi que de Kouropatkine, le commandant de l'autre groupe d'armées du secteur Nord. Un compromis est trouvé sur la base d'un accord prévoyant de nombreux renforts en hommes et en matériel. A la surprise de ceux assistant à la conférence du 14 avril, le nouveau commandant du front du Sud, Alexeï Broussilov, qui a succédé à Ivanov en mars, n'a pour sa part aucune réticence. Il croit la victoire possible, au moyen d'une solide préparation d'artillerie, sur des Autrichiens sensiblement affaiblis, et, comme il ne demande aucun renfort, la permission d'engager le combat lui est donnée. Il a prouvé ses compétences à des niveaux de commandement inférieurs et a également étudié les problèmes soulevés par les attaques de positions retranchées, couvertes par l'artillerie et dotées de réserves prêtes à effectuer une percée. La solution, a-t-il conclu, consiste à attaquer sur un front large, privant ainsi l'ennemi de la possibilité de rassembler des réserves à un point critique, de protéger l'infanterie d'assaut dans de profondes tranchées-abris dont elle jaillira le moment venu, et de rapprocher autant que possible ces lignes des lignes autrichiennes. En creusant des sapes vers l'avant, elles pourront s'approcher jusqu'à soixante-dix mètres des tranchées ennemies. Ces mesures constituent des améliorations considérables. Par le passé, les Russes ont souvent délimité un no man's land d'un kilomètre de large, voire davantage, condamnant ainsi l'infanterie à de lourdes pertes au cours de l'assaut, faisant elles-mêmes suite à des pertes tout aussi importantes subies dans des tranchées mal protégées lors du bombardement ennemi précédant l'attaque.

Les préparatifs de Broussilov fonctionnent admirablement. Bien que sa supériorité numérique sur les Autrichiens sur les trente kilomètres de front choisi ne soit que de 50 000 hommes et de 300 canons, l'ennemi se laisse surprendre par l'attaque du 4 juin. L'armée russe écrase la IVe armée autrichienne, continue sa poussée, capture le centre de communications de Lutsk, et fait une progression de soixante kilomètres par rapport à sa ligne de départ. De très nombreux soldats sont faits prisonniers, les

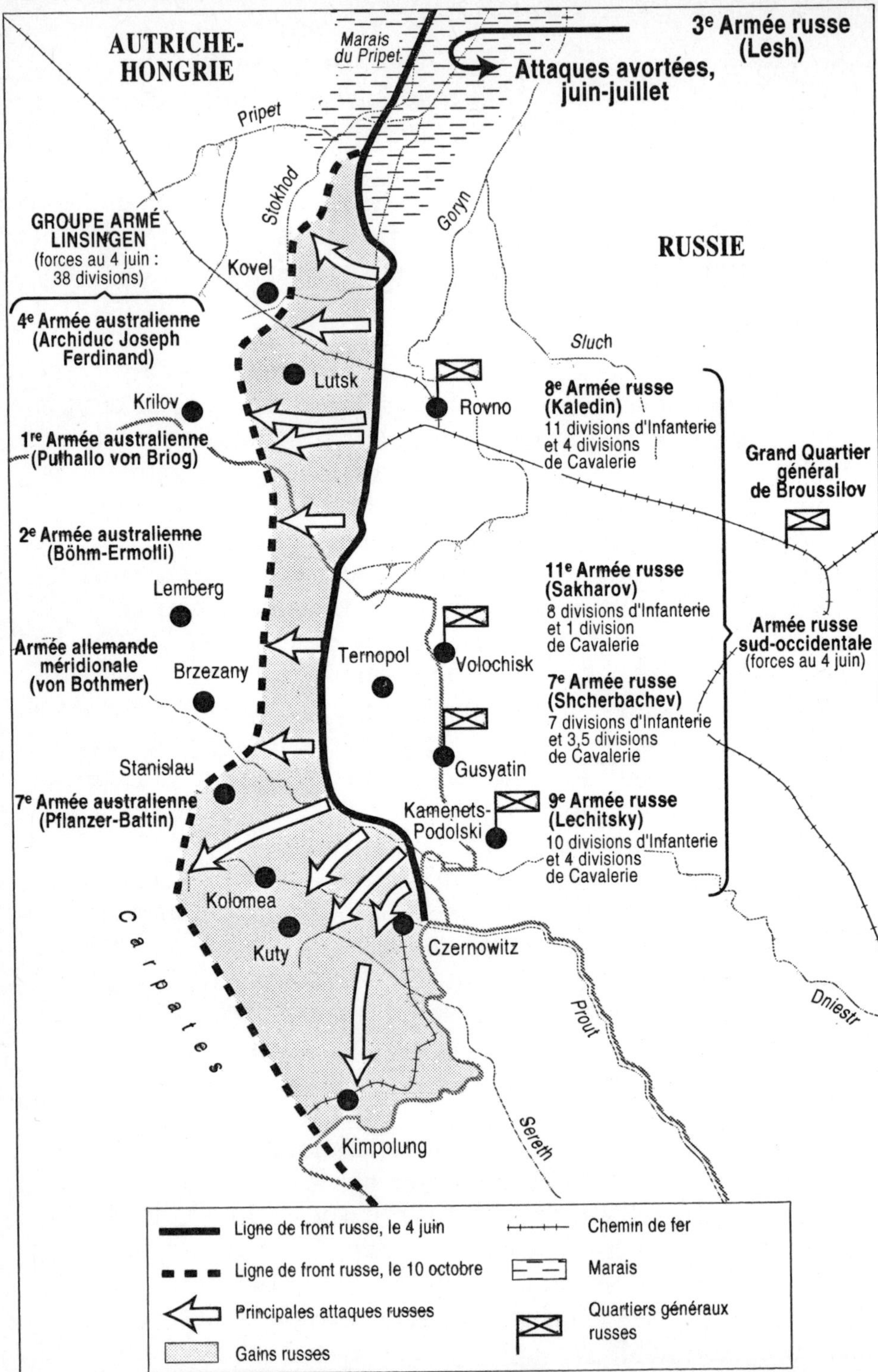

L'offensive de Broussilov

Autrichiens hébétés se rendant à quiconque veut bien les faire prisonniers. Les armées voisines de la 8e avancent également. Cependant, la plus grande réussite est accomplie dans le Sud, entre le Dniestr et les Carpates, où la VIIe armée autrichienne est coupée en deux : perdant 100 000 hommes, dont la plupart sont faits prisonniers, elle opère à la mi-juin une retraite totale.

Début juillet, les armées russes au nord des marais du Pripet passent elles aussi à l'offensive, profitant du succès de Broussilov et de la confusion régnant au sein du haut commandement austro-allemand. Celui-ci ne sait pas où déployer ses modestes réserves et choisit d'attaquer vers Baronovitchi, ville ayant abrité les quartiers généraux russes. L'offensive d'Evert, à laquelle s'opposent des troupes allemandes, est bientôt arrêtée. Mais le groupe d'armées de Broussilov continue d'exploiter son succès sur les Autrichiens au cours des mois de juillet et août. Début septembre, il a capturé 400 000 soldats autrichiens et mis hors de combat 600 000 hommes. Les forces allemandes s'opposant à l'avancée russe ont perdu 350 000 hommes et une portion de territoire russe de cent kilomètres de profondeur. Si Broussilov avait eu les moyens de donner suite à sa victoire et de faire venir rapidement des réserves et des ravitaillements, il aurait pu récupérer davantage du terrain perdu au cours de la grande retraite de 1915 ; peut-être même aurait-il pu atteindre à nouveau Lemberg et Przemysl. Mais il ne dispose pas de tels moyens. Le système ferroviaire, qui favorise les Autrichiens et non les Russes, ne peut procurer les ressources nécessaires à la bataille. Quant aux routes, en admettant que Broussilov dispose de transports motorisés adéquats, elles ne sont pas adaptées à une circulation dense. Cependant, à l'échelle de la Première Guerre mondiale, son offensive est la plus grande victoire obtenue, quel que soit le front, depuis le début de la guerre de tranchées [67].

Même si elle a coûté un million de victimes, la victoire russe scelle le sort de Falkenhayn, dont la position en tant que chef d'état-major s'est affaiblie à mesure que s'enlisait la bataille de Verdun. Son renvoi et son remplacement par Hindenburg est minimisé par sa nomination à la tête des armées devant lancer la nouvelle campagne de Roumanie. Ce pays, autant courtisé par les Alliés que par les Puissances centrales, a jusqu'alors prudemment évité de choisir son camp. Sa voisine bulgare s'est rangée du côté de l'Allemagne et de l'Autriche en octobre 1915, mais la Roumanie, qui a acquis des territoires aux dépens de la Bulgarie à la fin de la Seconde Guerre des Balkans en 1913, continue de garder ses distances. Son principal intérêt national serait l'annexion de la Transylvanie, où trois millions de personnes d'origine roumaine vivent sous domination austro-hongroise. Alors que l'avancée de Broussilov vers l'ouest se poursuit, renforçant la présence militaire de la Russie sur sa frontière avec la Roumanie et augurant non seulement du soutien russe mais également de l'effondrement autrichien, l'indécision du gouvernement roumain faiblit. En cas de victoire, les Alliés proposent depuis longtemps à la Roumanie une extension territoriale aux dépens de l'Autriche-Hongrie. Alléchés, les Roumains décident imprudemment de franchir le pas. Le 17 août, une convention est signée par laquelle la France et la Russie s'engagent à donner à la Roumanie, une fois la paix conclue, la Transylvanie, la Bucovine, la partie sud de la Galicie, ainsi que le Banat, au sud-ouest de la Hongrie. Par des clauses tenues secrètes, les deux grandes puissances se sont cependant accordées pour ne pas honorer la convention une fois le moment venu. Mais le fait que les Roumains ignorent tout de ces clauses n'excuse en rien leur signature. Le bon sens devrait leur faire comprendre que leur position stratégique, entre une Bulgarie hostile au sud et une Autriche-Hongrie qui l'est tout autant à l'ouest et au nord, est trop défavorable pour être contrebalancée par le soutien de l'armée russe, laquelle n'a par ailleurs que tardivement repris l'offensive. La réussite de Broussilov a néanmoins persuadé les Roumains d'entrer en guerre, mais son succès n'est pas suffisant pour garantir la sécurité de leurs flancs contre une intervention allemande ou un repositionnement des divisions autrichiennes. Et contre une attaque bulgare, les Russes ne seront d'aucun secours.

Les Roumains déclarent pourtant la guerre à la Triplice le 27 août. Ils sont apparemment très confiants dans les capacités de leurs vingt-trois divisions issues en grande partie de la paysannerie. Croyant que l'offensive russe au nord des marais du Pripet, en direction de Kovel, empêchera le transfert de réserves allemandes vers la Hongrie, l'état-major roumain estime en outre que l'offensive incessante de Broussilov fixera les Autrichiens. Ils ne semblent pas tenir compte de l'éventualité d'une intervention des Bulgares, ni même, comme cela va être le cas, des Turcs. Enfin, ils surestiment leur potentiel militaire. Pauvrement équipée, l'armée roumaine tient sa réputation des succès obtenus au cours de la Seconde Guerre balkanique à un moment où la Bulgarie était également assaillie par les Serbes, les Grecs et les Turcs. Alexeïev, le commandant en chef russe, dans un rare éclair de réalisme, comprend qu'il ne faut tenir aucun compte de la valeur militaire des Roumains, pensant avec raison qu'ils vont puiser au sein des réserves russes au lieu de s'y ajouter. En conséquence, il ne fait pas grand-chose pour les aider. Les Français et les Britanniques installés à Salonique n'en font pas davantage, alors que leur promesse de monter une attaque de diversion a compté pour beaucoup dans la décision de la Roumanie d'entrer en guerre. En l'occurrence, ils sont même pris de vitesse par les Bulgares. Alertés des préparatifs alliés et avec l'assistance des divisions allemandes et turques, ceux-ci prennent les Alliés par surprise le 17 août. L'armée serbe, réfugiée à Florina, est écrasée tandis que les Bulgares parviennent à retarder la principale offensive franco-britannique jusqu'à la mi-septembre.

Dans ces difficiles circonstances, la Roumanie lance malgré tout une offensive. Contre toute attente, elle n'est pas dirigée contre la Bulgarie, ce qui lui aurait pourtant permis de bénéficier du soutien des Alliés tout en étant elle-même secourable en cas de difficulté. C'est au contraire en Hongrie, à travers les cols des Alpes transylvaniennes, que les troupes roumaines attaquent. Le châtiment ne se fait pas attendre. Les Autrichiens organisent très vite une défense locale avec leur Ire armée, placée sous le commandement du général Arz von Straussenberg. De leur côté, les Allemands alignent des troupes, dont certaines sont bulgares, pour mettre sur pied deux armées : la IXe, dirigée par Falkenhayn, ancien chef d'état-major, et la XIe, que va mener au feu Mackensen, général chevronné et habitué aux combats sur le front de l'Est. Elles se positionnent en Transylvanie et en Bulgarie. Alors que les Roumains, après avoir occupé l'est de la Transylvanie, ne poursuivent pas leur offensive, leurs adversaires se préparent et frappent. Le 2 septembre, les Bulgares envahissent la Dobroudja, province roumaine située au sud du delta du Danube. Le 25 septembre, avec l'aide des troupes de montagne de l'*Alpenkorps*, au sein desquelles sert le jeune Rommel, Falkenhayn commence à repousser les Roumains à travers les cols de Transylvanie en direction de la plaine centrale et de la capitale. Bucarest tombe le 5 décembre. Dans le même temps, l'armée de Mackensen a traversé le Danube et s'est également approchée de Bucarest. Assaillis sur trois fronts par quatre ennemis, les Turcs ayant envoyé par mer leurs 15e et 25e divisions vers la Dobroudja, les Roumains sont contraints à un repli total vers l'est et la lointaine province de Moldavie, entre le Siret et la frontière russe. Alors que l'hiver touche à sa fin, ils se retranchent avec le soutien des 4e et 6e armées russes, et attendent des conditions climatiques plus clémentes.

Leur décision d'entrer en guerre a été un désastre. Ils ont perdu 310 000 hommes, dont près de la moitié comme prisonniers, et la quasi-totalité de leur pays est occupé. Leur principal atout matériel, les gisements de pétrole de Ploiesti, seules sources significatives de pétrole en Europe à l'époque, a été complètement saboté par les Britanniques avant d'être abandonné à l'ennemi. La décision des Alliés d'entraîner la Roumanie dans la guerre a également été mauvaise. Le concours d'Etats n'ayant de puissances que le nom (le Portugal, qui entre dans le conflit en mars 1916, la Roumanie et même l'Italie) n'augmente pas la force des Alliés mais, au contraire, la disperse. Une fois les inévitables revers subis, l'envoi de renforts pour secourir ces Etats privent les Alliés de précieuses ressources. Comme le prévoyait Alexeïev, la défaite des Roumains exige non seulement l'engagement des armées russes afin de leur éviter un effondrement total, mais fait de plus tomber aux mains des Allemands un million de tonnes de blé, ressources qui « rendaient possible la... poursuite de la guerre jusqu'en 1918 [68] ». Le ralliement de la Grèce à la Triple Entente, permis par un coup d'Etat organisé par Venizélos mais fomenté par les Alliés en juin 1917, n'apporte pas plus d'avantages à ces derniers. Au contraire, l'installation à Athènes d'un gouvernement violemment nationaliste et antiturc déclenche une mobilisation pour la cause de la « Grande Idée ». Cette volonté de renaissance de l'Empire grec à l'est compliquera l'effort allié d'après-guerre visant à rétablir la paix en Europe.

9

LA RUPTURE DES ARMÉES

Le visage de la guerre au début de 1917 n'a pas beaucoup évolué par rapport à celui qu'il offrait au monde au début de 1915, quand l'apparition des tranchées avait divisé l'Europe en deux camps armés. A l'est, cette ligne a bougé de 450 kilomètres, et son épaule sud repose à présent sur la mer Noire et non plus sur les Carpates. En revanche, elle touche toujours la Baltique à son extrémité nord. Un nouveau front retranché est apparu sur la frontière italo-autrichienne, ainsi que sur celle séparant la Grèce de la Bulgarie, tandis qu'à Gallipoli et à Kut les tranchées sont apparues puis ont disparu. Dans le Caucase, un front parsemé d'avant-postes et de points d'appui s'étend à cheval entre la mer Noire et le nord de la Perse. Dans le Sinaï, un no man's land sépare les défenseurs britanniques du canal de Suez de la garnison turque de Palestine. Tout cela change peu par rapport à 1915. En France, aucun changement n'est intervenu. Les endroits où les armées se sont battues en 1914, à savoir l'Yser, les bas plateaux flamands, la crête de Vimy, les hauteurs calcaires de la Somme, l'Aisne et le Chemin des Dames, la Meuse à Verdun, les forêts de l'Argonne, les montagnes d'Alsace, demeurent les points d'ancrage de la ligne de tranchées. Considérablement renforcées par les travaux de terrassement et l'installation de barbelés, elles ne s'étendent cependant que sur une zone très limitée. Une grande partie de ces travaux a été mûrement réfléchie, en particulier du côté des Allemands où les défenseurs ont cherché à consolider leurs positions contre les assauts ennemis : en 1917, ce sont souvent trois lignes de tranchées, renforcées par des blockhaus en béton, qui matérialisent la ligne de front. Mais la plupart de ces aménagements se sont également faits dans la hâte et l'improvisation afin d'incorporer dans un système préexistant des parties de tranchées arrachées à l'ennemi.

Plus le système des tranchées se densifie et moins il devient probable que sa configuration puisse être modifiée, y compris par l'effort offensif le plus violent. Le principal effet de deux ans de bombardements et de combats à travers le no man's land est d'avoir créé une zone dévastée d'une longueur immense (plus de 600 kilomètres de la mer du Nord à la Suisse), mais de peu de profondeur : défoliation sur un kilomètre ou deux de part et d'autre du no man's land, destructions complètes des zones habitées sur un ou deux autres kilomètres, démolitions éparses au-delà. A Verdun, sur la Somme et dans le saillant d'Ypres, des villages entiers ont disparu, ne laissant que des traces de poussière, de briques ou des amas de pierres sur un sol retourné. Ypres et Albert, villes de moyenne importance, sont en ruine. Arras et Noyon ont subi de sérieux dommages, Reims de lourdes destructions, de même que les villages situés le long de la ligne de front. Au-delà de la portée maximale de l'artillerie lourde, soit généralement dix mille mètres, les villes et la campagne sont restées intactes.

Le passage de la normalité à ce lieu de mort est abrupte, d'autant plus que la prospérité de la « zone arrière » n'a pas été entamée. Les armées ont apporté de l'argent, et les boutiques, les cafés et les restaurants fleurissent, en tout cas du côté allié. Dans la zone d'occupation allemande, le gouvernement militaire a instauré un régime économique austère, faisant tourner les mines de charbon, les fabriques de tissu et les ferronneries à plein régime, réquisitionnant de la main-d'œuvre pour la culture et l'industrie, accaparant le produit de l'exploitation agricole pour l'exporter vers le Reich. Pour les femmes du Nord, sans nouvelles de leurs maris ou de leurs fils partis à la guerre du mauvais côté de la ligne, et livrées à elles-mêmes, la guerre réserve de dures années [1]. A seulement quelques kilomètres de là, dans la « zone des armées » française, une économie de guerre est en plein essor. En dehors du front lui-même, les routes accueillent une circulation dense, de longues files de transports à cheval ou à moteur vont et viennent. Dans les champs, labourés par les fermiers jusqu'aux points d'impact des obus, de nouveaux villages de tentes et de cabanes ont été édifiés pour abriter les millions d'hommes qui, presque au rythme des trois huit, montent et descendent des tranchées : quatre jours en ligne, quatre jours en soutien, quatre autres au repos. Pendant leur congé, de jeunes officiers, comme John Glubb, prennent parfois un cheval et partent « faire de petites promenades improvisées. Tout autour de ma tête, il y avait comme une tonnelle éclatante d'un vert émeraude clair. Par terre craquaient les faines, et le sol était partout jonché d'anémones et de primevères. M'étant arrêté, installé au calme sur mon cheval au cœur de la forêt, je n'entendais aucun bruit venant du monde extérieur, mis à part le tintement de mon mors et le murmure des arbres [2]. »

Si le front n'a pas changé, que ce soit dans sa configuration, ses pratiques ou l'étrange vie quotidienne qui s'y écoule sous une menace constante, la fin des deux premières années de guerre apporte de grands changements quant à sa perception et son devenir. L'année 1917 va débuter avec de nouveaux dirigeants à la tête des armées britannique, française et allemande. En Russie, bientôt secouée par la Révolution, le prestige, si ce n'est l'autorité, est passé des mains de la *Stavka* à celles du général Broussilov, seul chef militaire à connaître le succès. En Grande-Bretagne, le changement est dû à un accident. Le 5 juin 1916, Kitchener, ministre de la Guerre, est en route vers la Russie pour une visite officielle. Mais le croiseur *Hampshire* qui le transporte heurte une mine au nord de l'Ecosse et fait naufrage. Kitchener meurt noyé. Lloyd George lui succède. Devenu Premier ministre le 7 décembre, il cède sa place à lord Derby. En France, le long règne de Joffre se termine également en décembre. Il est remplacé par Nivelle, partisan de nouvelles tactiques et anglophone. Le titre de maréchal de France est remis au goût du jour afin d'éviter à Joffre l'humiliation d'un désaveu. Depuis août 1916, les armées allemandes sont sous le contrôle de Hindenburg et de Ludendorff, dont le partenariat a permis de grands succès sur le front de l'Est. Leur réputation n'a pas été entachée par l'offensive de Broussilov, et ils vont fournir au haut commandement (surtout Ludendorff, chef des opérations) une stratégie véritablement nouvelle : la rationalisation du front de l'Ouest. L'objectif est d'économiser les effectifs afin de les utiliser ailleurs, de mobiliser l'économie allemande pour une guerre totale et, par une stratégie politiquement dangereuse, de mener une guerre sous-marine à outrance, les Allemands cherchant à établir un blocus contre la Grande-Bretagne.

Mais ces changements dans la conduite du conflit vont-ils débloquer la situation ? La façon dont a été menée la Première Guerre mondiale est une des questions historiographiques les plus controversées. Les témoignages de guerre évoquent de bons et de mauvais généraux, et les historiens se font les critiques ou les défenseurs de tel ou tel personnage. En leur temps, presque tous les principaux chefs militaires étaient considérés comme de grands hommes, que ce soit l'imperturbable Joffre, le fougueux Foch, le titanesque Hindenburg ou l'olympien Haig. Dans l'entre-deux-guerres, leurs réputations s'écroulent, en grande partie à cause d'auteurs de romans et d'études, comme Sassoon, Remarque ou Barbusse. La description qu'ils font alors des réalités de « la guerre vue d'en bas » n'a cessé de ronger le statut de ceux qui l'avaient pensée et conduite d'en haut. Après la Seconde Guerre mondiale, leurs réputations continuent d'être malmenées. A cette époque, ce sont des historiens, populaires et universitaires, en particulier en Grande-Bretagne, qui décrivent les généraux britanniques comme des « ânes menant des lions », des cœurs de pierre ayant fait couler le sang de toute une génération dans les champs des Flandres, voire des malades mentaux [3]. Des ripostes ont eu lieu, en particulier pour sauver la réputation de Douglas Haig, devenu la tête de turc de dramaturges, de réalisateurs de films et de concepteurs de documentaires convaincus que la Première Guerre mondiale était le reflet de l'oppression exercée par la société de classes britannique. Ces réactions rencontreront peu d'écho [4]. A la fin du siècle, les généraux siégeant sur un piédestal à la fin de la Grande Guerre en sont redescendus, apparemment pour toujours.

Il est difficile aujourd'hui de ne pas être d'accord avec les accusations portées contre eux, qu'elles soient fondées sur de vraies ou de fausses informations. Ni leur apparence, ni leur attitude, ni leurs interventions orales ou leurs écrits ne parviennent aujourd'hui à nous les rendre sympathiques. Les expressions impassibles de leurs visages sur les photographies d'alors ne laissent pas entrevoir des consciences troublées par les massacres consécutifs aux combats dont ces hommes avaient la direction. Les conditions dans lesquelles ils avaient choisi de vivre nous les rendent encore plus lointains : châteaux retirés, entourages select, automobiles rutilantes, escortes de cavalerie, routine immuable de copieux dîners et de sommeil paisible. Le déjeuner de deux heures de Joffre, les dix heures par nuit de Hindenburg, la séance thérapeutique et néanmoins quotidienne d'équitation de Douglas Haig sur des routes sablées pour éviter à son cheval de glisser, le régime au champagne de la *Stavka* et ses fastes de cour semblent être — et sont effectivement — à des années-lumière des rations froides, des bottes trempées, des uniformes souillés, des tranchées inondées, des cantonnements en ruine et de l'invasion de poux constituant le monde dans lequel, du moins en hiver, vivaient leurs subalternes. Lloyd George, réputé radical et que l'on ne peut soupçonner de sympathie pour son propre haut commandement, semble faire la part des choses en écrivant que « l'empressement avec lequel la plupart des généraux haut placés (malgré d'honorables exceptions) évitent de se mettre personnellement en danger est une des nouveautés discutables de la guerre moderne [5] ».

Sur trois points la critique de Lloyd George, et par extension toutes celles faites à l'encontre des généraux, peut être tenue pour injuste. Tout d'abord, de nombreux généraux se sont personnellement exposés, ce que leur fonction ne rendait nullement nécessaire. Trente-quatre généraux britanniques furent tués par des tirs d'artillerie et vingt-deux par des tirs d'armes légères. Les chiffres équivalents pour la Seconde Guerre mondiale sont de vingt et un tués au combat [6]. Ensuite, bien que l'habitude d'installer les quartiers généraux loin derrière les lignes soit effectivement une nouveauté dans la conduite de la guerre *, elle est justifiée et même rendue nécessaire par l'élargissement et l'approfondissement considérables des fronts, l'action se déroulant bien au-delà du champ de vision de n'importe quel commandant. En réalité, plus un général se trouve proche de la bataille, moins sa place est propice à la collecte d'informations et, partant, au commandement. C'est seulement au point de jonction entre les lignes téléphoniques, nécessairement placé derrière le front, qu'il peut espérer recueillir des renseignements sur la situation et transmettre une réponse adaptée. Toutefois, et c'est là la troisième réserve que l'on peut avancer, le système de liai-

* A Waterloo, Wellington avait pour sa part passé la journée à parcourir le champ de bataille à la vue de l'ennemi, et plusieurs centaines de généraux furent tués au cours de la guerre de Sécession.

son ne permet ni la rapidité, ni, encore moins, l'instantanéité des communications lorsque le besoin s'en fait le plus sentir, à savoir dans le feu de l'action. La plus importante des nouveautés dans la pratique moderne de la guerre à notre époque est le développement de la surveillance, du ciblage et de l'intercommunication en « temps réel », c'est-à-dire à la vitesse à laquelle les événements se déroulent. Grâce au radar, à la télévision, à d'autres formes de détection et, surtout, à la radio, les commandants du grand conflit le plus récent du XXe siècle, la guerre du Golfe, sont restés en liaison instantanée avec le front, recevant et transmettant des informations, des instructions orales. Grâce à l'immédiateté des conversations téléphoniques, ils ont pu orchestrer le soutien de leurs troupes par des moyens aussi rapides et contre des cibles pouvant être visualisées en « réalité virtuelle ».

Aucun de ces moyens, pas même la radio, n'est à la disposition des chefs militaires de la Grande Guerre. Au lieu de cela, ils dépendent, une fois les lignes de tranchées creusées, d'un réseau fixe et rigide de câbles téléphoniques passant par toute la chaîne des quartiers généraux intermédiaires (bataillon, brigade, division, corps d'armée) avant de parvenir au haut commandement. Loin du front, les câbles peuvent rester en surface. Dans la zone où tombent les obus, ils doivent être enterrés. L'expérience prouve qu'à moins de deux mètres de profondeur les câbles sont détruits par les bombardements. On s'est donc efforcé de creuser le sol des tranchées pour les protéger convenablement. En 1916, l'armée britannique a développé un système élaboré d'arborescence à chaque niveau de commandement intermédiaire, de sorte que les quartiers généraux pouvaient communiquer dans trois directions, vers l'avant, vers l'arrière et latéralement, avec les quartiers généraux voisins, à partir du même échange [7].

Tout fonctionne à merveille, jusqu'à ce que le combat s'engage. A ce moment-là, le système se brise de façon quasi systématique, à l'endroit où on en a le plus besoin, à savoir le front. En phase de défense, sous le bombardement ennemi, les points de transmission sont détruits, et les observateurs avancés d'artillerie, personnages clés, se font tuer en essayant de les rétablir. En phase d'offensive, les troupes perdent automatiquement contact avec l'arrière dès lors qu'elles avancent et s'éloignent des réseaux de câbles. Si ces câbles téléphoniques sont restés intacts, ils cassent rapidement, et les solutions de rechange, signaux lumineux et pigeons voyageurs, sont peu fiables. Les témoignages sur leurs insuffisances sont nombreux. Par exemple, en position de défense sur la Somme en 1916, le colonel von Lossberg, tacticien de l'OHL, calcule qu'il faut en moyenne de huit à dix heures pour qu'un message des quartiers généraux divisionnaires parvienne au front, et autant pour qu'il fasse le chemin inverse [8]. En phase offensive, les liaisons peuvent tomber entièrement en panne, comme le révèlent les rapports à cinq niveaux de commandement (bataillon, brigade, division, armée et quartiers généraux) le premier jour de la bataille de la Somme, le 1er juillet 1916.

Les rapports du 11e bataillon de l'*East Lancashire*, unité véritablement au contact de l'ennemi, commencent ainsi : l'officier commandant écrit à 7 h 20 que « la première vague est dans le no man's land ». A 7 h 42, il « rapporte par estafette [à noter que ce n'est pas par téléphone] un mur de feu ». A 7 h 50 : « J'ai envoyé le lieutenant Macalpine établir des liaisons téléphoniques... [Il] est revenu en m'informant que toutes les communications étaient coupées... Elles ne furent pas rétablies de la journée. » A 8 h 22 : « Aucune nouvelle de mes vagues ». A 9 heures : « Aucun signe des 3e et 4e vagues. » A 10 h 01 : « Aucun rapport de mes vagues. » A 11 h 25 : « Pas de nouvelles de mes vagues. » A 11 h 50 : « Pas de rapport de mes vagues si ce n'est des déclarations faisant état de blessés. » A 15 h 10 : « [Unité voisine] en contact avec aucune de ses vagues. » A 15 h 50 : « Besoin de plus d'hommes en urgence. » A 21 h 20 : « Je n'ai pas de fusées de détresse... ni de fusées Verey [seul moyen de communication d'urgence avec l'artillerie de soutien]. » A 21 h 40 : l'officier de commandement lui-même est « touché par un obus ».

Au niveau de commandement supérieur, le brigadier de la 94e brigade regarde les bataillons avancer, mais perd ensuite leur trace : « Les câbles téléphoniques reliant son QG ont bien fonctionné, mais de son QG vers l'avant, ils étaient tous coupés, la ligne étant pourtant enterrée à deux mètres de profondeur. » Il rapporte que l'estafette d'un bataillon « fut ensevelie trois fois sur le chemin mais qu'elle parvint tout de même à livrer son message », un des rares probablement, si ce n'est le seul, que le brigadier recevra ce jour-là. Les quartiers généraux de la 31e division, à qui le brigadier fait son rapport, consignent qu'à

8 h 40 il « avait téléphoné pour dire que sa ligne traversait le front de tranchées allemand, mais qu'il était difficile de voir ce qui se passait. Il n'avait pas d'information confirmée. » A 18 heures, soit près de onze heures après le déclenchement de l'attaque, le commandant divisionnaire rapporte au niveau supérieur, le 8e corps : « Mon service des transmissions essaie d'établir les liaisons [avec les troupes] mais n'en reçoit aucun signe. » Néanmoins, au niveau situé au-dessus du 8e corps, c'est-à-dire aux quartiers généraux de la 4e armée, le chef d'état-major, confiant, rédige ce soir-là un ordre pour le lendemain, précédé de la déclaration suivante : « Une grande partie des réserves allemandes sont maintenant engagées et il est essentiel de maintenir la pression et d'user la défense. » A peu près au même moment, Douglas Haig note que le 8e corps « dit avoir bien commencé, mais au fur et à mesure de la journée, ses troupes ont été forcées de reculer... J'ai tendance à penser, sur la base de rapports supplémentaires, que seule une faible partie du 8e corps a quitté ses tranchées ! ! » Deux heures plus tard, le journal de marche de la 31e division consigne que le 11e régiment de l'*East Lancashire*, dont le commandant blessé avait vu « ses vagues » partir dans le no man's land et pénétrer les positions ennemies avant 8 heures du matin, ne dispose plus que de « trente hommes, tous grades confondus, pour tenir la ligne de front cette nuit ». Le bilan complet des victimes, établi plus tard, montrera que le 11e de l'*East Lancashire*, les « Pals » d'Accrington, ont eu 234 tués ce jour-là, dont 131 sans « sépulture connue », et 360 blessés. Seulement 135 survivants ont été dénombrés [9].

Il est aisé de s'offusquer de l'apparente cruauté de ce que consigne Haig dans son Journal, confortablement installé dans son château à Beaurepaire après une journée de routine passée à ses quartiers généraux de Montreuil, ou à se promener à l'arrière de son auto avec chauffeur. Pendant que vingt mille soldats perdent la vie, ou, blessés, attendent la mort dans des hôpitaux débordés ou la solitude d'un cratère d'obus sur le champ de bataille, leur commandant suprême travaille à son bureau, déjeune, rend visite à ses subalternes, dîne et se prépare à se coucher dans un lit confortable. Ce contraste peut être véritablement choquant, surtout si l'on songe que Wellington, après une journée à Waterloo où il avait encouru les mêmes dangers que ses hommes, rentra sur un cheval épuisé vers son cantonnement de fortune et y laissa son lit à un officier blessé.

Cependant les contrastes sont injustes. Wellington avait vu toutes les phases de la bataille de ses propres yeux et en avait précisément dirigé les étapes. Haig, lui, n'a assisté à rien. Il n'a rien fait, rien vu, rien entendu, si ce n'est le grondement distant des bombardements et du tir de barrage. Même un de ses commandants subalternes les plus modestes, le lieutenant-colonel Rickman, ne voit plus de ses Pals d'Accrington, une fois qu'ils se trouvent dans les tranchées allemandes, que « le reflet du soleil sur leurs triangles », les morceaux de métal fixés à leur paquetage comme signe de reconnaissance. Le rideau de fer de la guerre est descendu entre les commandants, quel que soit leur grade, et leurs hommes, les coupant les uns des autres comme s'ils se trouvaient sur des continents différents. Bien entendu, les états-majors peuvent, grâce au grand nombre de pièces stationnées derrière le front, combler le fossé qui les sépare de leurs hommes. Ce dont ils manquent, c'est un moyen permettant de diriger le feu de leur artillerie sur les positions ennemies aux prises avec leurs troupes. Dans les guerres plus anciennes, les artilleurs voyaient leurs cibles à l'œil nu. Plus tard, les observateurs de l'artillerie, équipés de la radio et se déplaçant avec l'infanterie, dirigeront le tir des canons de vive voix et en s'appuyant sur des cartes. Mais au cours de la Première Guerre mondiale, même si le front est minutieusement représenté sur les cartes, elles-mêmes remaniées presque quotidiennement, la radio qui aurait pu permettre de diriger ce feu en « temps réel », selon les besoins réels, n'existe pas. Une artillerie de tranchée est en cours de développement, mais il faut douze hommes pour en transporter les pièces. En outre, tandis que les avions de repérage peuvent corriger par radio les retombées des tirs de l'artillerie, ils ne peuvent communiquer avec l'infanterie qui seule peut indiquer où le feu se trouve vraiment nécessaire [10]. Comme le seul moyen de progresser rapidement à travers un système de tranchées, avant l'apparition du char d'assaut, consiste à coordonner précisément et sans relâche l'assaut d'infanterie et le feu de soutien, il n'est pas surprenant que la bataille de la Somme, comme les batailles qui l'ont précédée et la plupart de celles qui vont la suivre, ait été un échec.

La plupart des accusations portées contre les généraux de la

Grande Guerre (essentiellement l'incompétence et l'ignorance) peuvent donc sembler déplacées. Une fois écartés les éléments vraiment incompétents, incapables, physiquement ou émotionnellement inaptes, la plupart des généraux parviennent à comprendre la nature de la guerre et à appliquer des solutions aussi rationnelles que possible au regard des moyens à disposition. Privés de la possibilité de communiquer une fois l'action déclenchée, ils cherchent à surmonter les obstacles et les accidents se présentant inévitablement au cours de la bataille par une anticipation et des hypothèses de plus en plus pointues. Ils se mettent à dresser des plans où la manœuvre d'infanterie est prévue minute par minute, et presque mètre par mètre en ce qui concerne la concentration du feu d'artillerie. Bien entendu, ces tentatives se révèlent complètement vaines. Il n'existe rien dans la sphère humaine pouvant être entièrement maîtrisé, et encore moins un événement aussi impalpable et brutal qu'une bataille. Tant que les ressources nécessaires à la modification d'une bataille (véhicules blindés tout-terrain fiables, émetteurs-récepteurs portables) leur font défaut (et elles continueront cruellement à le faire le temps de se développer, ce qui prendra quelques années), les généraux sont entravés par une technologie ô combien apte à la destruction massive de la vie, mais tout à fait inapte à leur donner la flexibilité de contrôle qui pourrait maintenir ces massacres dans les limites du supportable.

Le moral des combattants

Cette destruction de la vie est-elle jamais supportable ? Au début de l'année 1917, cette question résonne dans tous les pays belligérants. Les combattants du front, sujets à la discipline, soudés par une camaraderie née de l'épreuve, ont leurs propres moyens de résister à cette guerre sans fin. En dépit du reste, ils sont payés, même si leur solde est dérisoire, et nourris, souvent amplement. Derrière les lignes, les horreurs de la guerre frappent les esprits et les sensibilités d'une façon différente, par la peur et les privations. Le soldat sait, au jour le jour, souvent à la minute près, s'il est en danger ou pas. Ceux qu'il laisse derrière, épouse et mère surtout, doivent de leur côté supporter la terrible angoisse de l'incertitude. Attendre un télégramme, ces télégrammes par lesquels les ministères de la Guerre annoncent aux familles la blessure ou la mort d'un des leurs au front, est devenu en 1917 un élément qui ne quitte jamais les consciences. Trop souvent, le télégramme est déjà arrivé. En effet, à la fin de 1914, 300 000 Français sont morts, 600 000 blessés, et ces chiffres augmentent sans cesse. A la fin de la guerre, 17 % des mobilisés auront trouvé la mort, dont près d'un quart de fantassins, majoritairement issus d'une population rurale accusant plus d'un tiers des pertes totales. En 1918, on comptera 630 000 veuves de guerre en France, dont la majorité dans la fleur de l'âge et sans espoir de se marier à nouveau [11].

Les pertes françaises les plus importantes ont été subies entre 1914 et 1916, années pendant lesquelles une nouveauté, les allocations militaires versées directement à la famille du soldat mort, apaise quelque peu les angoisses. Ces allocations sont décrites par un sondeur d'opinion officiel comme « la principale cause de paix intérieure et de la tranquillité publique [12] ». Les bons salaires versés dans les industries de guerre émergeantes aident également à calmer les ressentiments contre la guerre, de même que la satisfaction d'avoir à assumer la responsabilité de l'exploitation des terres pour des femmes soudainement devenues chefs de famille ou d'avoir à la reprendre pour des grands-pères dont les fils sont au front. La France est toujours un pays majoritairement rural en 1914. Ses communes s'adaptent à l'absence des jeunes gens, et les vivres ne manquent nulle part. Mais en 1917, l'accumulation des contraintes commence à devenir apparente à ceux dont le devoir est de veiller à l'harmonie publique, comme les maires, les préfets et les censeurs. Dans les villes, où beaucoup de travailleurs masculins sont exemptés ou ont été démobilisés pour travailler en usine, le moral est satisfaisant. Mais « le moral a sensiblement fléchi dans les campagnes, où l'on ne retrouve plus aujourd'hui l'attitude ferme et résolue du début [13] ». La perte d'une attitude ferme et résolue, à la remise de ce rapport en juin 1917, est déjà une réalité largement répandue au sein de l'armée française.

En Allemagne, la résolution de l'armée et du peuple reste forte. Même si plus d'un million de soldats ont été tués à la fin de l'année 1916 (241 000 en 1914, 434 000 en 1915, 340 000 en 1916), les différents succès ayant entraîné l'occupation de la Belgique, du nord de la France et de la Pologne russe, ainsi que la défaite de la Serbie et de la Roumanie, montrent que le sacrifice n'est pas vain. Mais le coût économique de cette guerre apparemment victorieuse devient difficile à supporter. Par exemple, la mortalité des femmes augmente de 11,5 % en 1916 et de 30,4 % en 1917, taux supérieurs à ceux d'avant-guerre. Cette augmentation est imputable à la maladie et à la malnutrition [14]. Alors que la France subvient à ses besoins et que la Grande-Bretagne maintient les importations de vivres au niveau de celles d'avant-guerre (au moins jusqu'à l'été 1917, quand la campagne des *U-Boote* commence à se faire cruellement sentir), l'Allemagne ainsi que l'Autriche font les frais des privations dues au blocus mis en place en 1916. Au cours de l'année 1917, la consommation de poisson et d'œufs est divisée par deux, de même que celle de sucre, tandis que les apports de pommes de terre, de beurre et de légumes baissent considérablement. L'hiver 1916-1917 devient « l'hiver du navet », racine insipide et peu nourrissante qui va remplacer ou accompagner la plupart des repas. Seuls les plus aisés peuvent s'offrir des produits de luxe, comme le café, devenu indispensable en Allemagne. Les produits de première nécessité, tels le savon et le charbon, sont strictement rationnés. « A la fin 1916, la vie... pour la plupart des citoyens... devint une époque de repas toujours frugaux, de maisons sous-chauffées, de vêtements difficiles à remplacer et de chaussures percées. On commençait et l'on terminait la journée avec des substituts pour presque tout [15]. » A Vienne, la plus grande ville de l'empire des Habsbourg, les privations sont encore plus sévères. Les salaires ont diminué de moitié en 1916 et seront à nouveau divisés par deux en 1917, année où les plus pauvres commencent à mourir de faim. 60 % des hommes en âge de gagner leur vie étant au front, les familles dépendent de pensions d'Etat qui ne remplacent en rien le salaire d'un père. A la fin de la guerre, elles permettront à peine d'acheter deux miches de pain par jour [16].

En novembre 1916, la mort de François-Joseph, empereur depuis 1848, affecte tous les sujets de l'Empire austro-hongrois. Même au sein des populations les moins fidèles à la double monarchie, comme les Tchèques et les Serbes, nombreux sont ceux qui lui vouaient une immense admiration. Pour les Croates, particulièrement *kaisertreu*, pour les Allemands, et pour les Hongrois dont il était le roi, François-Joseph représentait la stabilité dans un régime fragilisé. Sa mort provoque un relâchement des liens unissant encore les dix principaux groupes linguistiques d'Autriche-Hongrie (l'allemand, le magyar, le serbo-croate, le slovène, le tchèque, le slovaque, le polonais, le ruthène, l'italien et le roumain). Bien que Charles Ier, son successeur, apporte de la jeunesse au trône impérial, il ne peut, dans un contexte de guerre, établir une autorité personnelle suffisamment forte. En effet, à l'instar de son ministre des Affaires étrangères, le comte Czernin, Charles souhaite la paix : un de ses premiers actes en tant qu'empereur est d'annoncer qu'il fera tout pour y parvenir. En mars 1917, par l'entremise du prince Sixte de Bourbon, frère de son épouse, il entame des négociations avec le gouvernement français afin d'établir les conditions d'un accord. Son principal objectif reste cependant la préservation de son empire. Comme il entend céder une grande partie du territoire allemand tout en conservant la quasi-intégralité du territoire autrichien, son initiative échoue bien vite. « L'affaire Sixte » irrite grandement l'Allemagne et révèle aux Alliés l'usure de l'Autriche sans les inciter pour autant à modérer leurs efforts en vue de la victoire finale.

Les Autrichiens ont de surcroît déjà rejeté une tentative désintéressée de médiation du président américain Wilson le 18 décembre 1916, dans laquelle il demandait à chaque camp d'exposer les conditions nécessaires à sa sécurité future. L'Allemagne répond par anticipation, refusant de faire la moindre concession et soulignant sa certitude de victoire imminente. Le ton de la réponse tient beaucoup à la prise récente de Bucarest et à l'effondrement de l'armée roumaine. La réaction des Alliés est elle aussi sans concession mais plus précise. Ils exigent l'évacuation de la Belgique, de la Serbie et du Monténégro, des territoires occupés en France, en Russie et en Roumanie, l'indépendance des sujets italiens, roumains, tchèques, slovaques, et des autres sujets slaves des Empires autrichien et allemand, le démembrement des possessions ottomanes en Europe du Sud et la libération des autres sujets de la Turquie : c'est en somme un programme de démantèlement des trois empires constituant l'essentiel de la Triplice qui est proposé [17].

Seuls des Etats ayant conservé un haut degré d'unité politique peuvent réagir avec une telle confiance à un appel à cesser les hostilités au vingt-huitième mois d'une guerre aussi terrible. Une telle unité existe en France comme en Grande-Bretagne, malgré les changements radicaux intervenus au sein de leurs gouvernements respectifs. Au début du conflit, l'Assemblée nationale française avait proclamé l'*Union sacrée*, entendant ainsi placer l'intérêt de la nation au-dessus des querelles de partis. Malgré quelques changements ministériels, l'Union a été préservée au cours de la guerre. Le cabinet Viviani a démissionné en octobre 1915, mais le nouveau Premier ministre, Briand, qui détenait déjà un portefeuille dans le gouvernement sortant, maintient la coalition. Les partis du Parlement britannique se sont également coalisés en mai 1915, après les critiques adressées au cabinet libéral mettant en doute sa capacité d'assurer un apport convenable de munitions vers le front français. Asquith demeure Premier ministre et parvient à maintenir un semblant d'unité l'année suivante. Mais Lloyd George, ministre des Munitions, se montre toujours insatisfait, et ce à juste titre, de son manque de dynamisme dans la conduite des affaires. Au début de 1916, Asquith est écarté par une intrigue visant à reconsidérer la conduite de la guerre. Acceptant dans un premier temps sa propre exclusion d'un Comité de guerre doté de pouvoirs draconiens, il finit par refuser le nouvel arrangement et pousse Lloyd George à la démission. Dans la confusion qui s'ensuit, il propose la sienne, croyant à tort qu'elle sera rejetée par la majorité du Gouvernement. Mais, reconnaissant la supériorité de Lloyd George en période de crise, ses collègues, libéraux comme conservateurs, passent outre leur antipathie pour cet homme égocentrique et sournois. Tous acceptent de rester au service d'un nouveau gouvernement de coalition dirigé avec une autorité sans limites, celle du Comité de guerre. Le gouvernement de Lloyd George restera en place jusqu'à la fin de la guerre.

Si les remaniements ministériels n'ont que peu d'effet sur les coalitions, ils ne résolvent cependant pas la principale difficulté à laquelle les gouvernements Viviani et Asquith font face : leurs relations avec le haut commandement. En Allemagne, le haut commandement peut changer sur un simple mot de l'empereur qui, en tant que commandant suprême, dirige l'armée. Fin 1916, Il a déjà renvoyé Moltke et Falkenhayn. En Grande-Bretagne, un changement de commandement ne nécessite en théorie qu'une simple décision de l'autorité responsable, même si elle émane d'un gouvernement et non pas, comme en Allemagne, d'un monarque. Mais dans les faits, le souci de ne pas alarmer l'opinion rend ces changements difficiles, comme le montre le fait que sir John French soit resté en poste longtemps après que le cabinet l'eut estimé incompétent. En France, la situation est plus complexe. En tant que commandant en chef, Joffre exerce un pouvoir absolu dans la Zone des armées. Même les députés n'ont pas le droit d'y entrer sans sa permission. Par ailleurs, son autorité s'exerce non seulement sur les armées présentes en France, mais également sur celles des « théâtres d'opérations extérieurs ». En conséquence, les commandants français, britanniques et italiens jouissent d'une immunité de fait que ni les listes de victimes ni les échecs sur les champs de bataille ne peuvent ébranler.

En Grande-Bretagne, Douglas Haig conserve le haut commandement jusqu'à la fin de la guerre, bien que Lloyd George ait perdu confiance en lui, et ce dès la fin de 1917. En France, la confiance en Joffre s'effrite sensiblement, notamment depuis le début de la bataille de Verdun. Son élévation au titre parfaitement creux de maréchal de France en décembre 1916 masque sa disgrâce. Mais aucun réajustement satisfaisant des relations entre autorités politique et militaire n'est trouvé. Le général Lyautey, consul du Maroc nommé ministre de la Guerre après le départ de Joffre, reçoit des pouvoirs administratifs plus étendus mais sans pouvoir de commandement en France. On peine à remplacer Joffre. Les politiques finissent par s'accorder sur Nivelle. Homme intelligent et persuasif, il a renversé la situation à Verdun : sa reprise du fort de Douaumont après l'arrêt de l'offensive allemande a couronné de succès deux ans d'ascension rapide depuis le grade de colonel et fait de lui un successeur acceptable. Mais comme les événements vont bientôt le montrer, la confiance qu'il place dans ses propres capacités est exagérée, et celle que le Gouvernement lui accorde est déplacée. Avec le recul il est aisé de faire ce simple constat mais il était à l'époque très difficile d'envisager la faillibilité des gouvernements et des états-majors. Ce désir de changer le système et les hommes, que l'on retrouve au sein de toutes les nations, est tout à fait vain : dans le contexte de la Première Guerre mondiale le problème du commandement est insoluble. Les généraux sont comme des hommes sans yeux, sans oreilles et sans voix, dans l'incapacité d'observer les opérations qu'ils mettent en place, d'entendre les rapports de leurs développements ou de s'adresser de vive voix à leurs subordonnés une fois l'action engagée. La guerre est devenue plus grande que ceux qui la font.

En Allemagne, en Grande-Bretagne et même en France, si durement frappée par les pertes, la volonté du peuple demeure intacte. *Durchhalten*, « aller jusqu'au bout », devient le mot d'ordre pour les Allemands. Malgré les souffrances endurées, ils ne songent toujours pas à accepter une issue défavorable [18]. La foi en une victoire glorieuse a peut-être disparu, mais les concessions restent aussi impensables que la défaite. En Grande-Bretagne, dont les pertes ne deviennent massives qu'en 1916, la volonté d'aller jusqu'au bout reste encore plus forte. Cette même année a vu l'élan du volontariat s'essouffler après avoir gonflé les rangs de l'armée de plusieurs millions d'hommes. La loi sur la conscription a été votée et, pour la première fois dans l'histoire de la Grande-Bretagne, les civils sont obligés de rejoindre l'armée. Cependant, comme le montre avec une apparente précision le *Registre annuel*, « la perspective des... sacrifices... semble incapable d'opérer la moindre inflexion de la résolution nationale à mener la guerre vers une conclusion heureuse [19] ». Même en France, l'idée d'Union sacrée liant la classe politique comme les différentes classes de la population, perdure jusqu'à la fin de 1916 au motif que « la France avait été agressée et [qu'il] lui fallait donc se défendre [20] ». De façon totalement illogique, l'idée que la guerre va finir très vite demeure, par un effondrement des Allemands ou par une brillante victoire française. Cet espoir d'une victoire française ne va pas tarder à être brutalement brisé.

LES MUTINERIES FRANÇAISES

Une grande offensive a été prévue pour 1917 lors d'une rencontre interalliée à Chantilly, au quartier général français, en novembre 1916. Cette réunion succède à la conférence de Chantilly du mois de décembre précédent qui avait mené à la bataille de la Somme et à l'offensive Broussilov. Comme auparavant, les Italiens doivent reprendre leur offensive contre les

Autrichiens sur l'Isonzo, et les Russes promettent également une offensive pour le printemps. Ils restent imprécis quant aux détails de l'opération, tout en se montrant enthousiastes sur son potentiel. L'industrie russe est en effet désormais pleinement mobilisée pour la guerre et produit armes et munitions en grandes quantités [21]. L'effort le plus important doit pourtant être fourni par les Français et les Britanniques au centre du front de l'Ouest, sur le champ de bataille de la Somme. Une offensive suivra dans les Flandres, visant à « nettoyer » la côte belge et à neutraliser les *U-Boote* dont l'action se révèle de plus en plus efficace contre les navires alliés.

Deux événements surviennent alors qui contrecarrent ces plans. Le premier est le remplacement de Joffre par Nivelle, dont la philosophie opérationnelle refuse un plan prévoyant la reprise de la bataille de la Somme. La bataille de la Somme s'est enlisée et le paysage en porte les cicatrices : routes éventrées, longues bandes de terrain retourné, bois dévastés, vallées inondées, labyrinthes de tranchées, de tranchées-abris et de points d'appui abandonnés. La Somme n'offre pas le terrain propice à une percée décisive dont Nivelle croit avoir le secret. En 1917, l'artillerie est devenue d'une importance primordiale dans la guerre de tranchées. Officier d'artillerie, Nivelle s'est persuadé que la nouvelle doctrine d'emploi de cette arme va apporter la « *rupture* ». Sous son commandement, une masse énorme d'artillerie déversera sur les défenses allemandes, « dans toute la profondeur de la position ennemie », un feu détruisant les tranchées et paralysant les défenseurs, de sorte que les attaquants, couverts par un barrage continu et contournant les dernières poches de résistance, avanceront sans opposition dans la rase campagne et la zone arrière adverse [22]. Comme la Somme ne convient pas à une telle tactique, Nivelle suggère de revenir au terrain et au plan de 1915. Il va attaquer aux « épaules » du grand saillant allemand de part et d'autre de la Somme. Les Français lanceront une offensive dans le secteur sud de l'Aisne, vers le Chemin des Dames, tandis que les Britanniques, selon l'accord conclu entre les Alliés, se déploieront sur l'épaule nord du saillant, à Arras et contre la crête de Vimy.

Si Nivelle n'avait pas changé le plan pour 1917, une décision allemande aurait de toute façon empêché les Alliés de reprendre l'offensive près de la Somme. Le 15 mars, l'ennemi commence à se retirer de ses positions tout le long du front compris entre Arras et l'Aisne. Tel est le deuxième événement non prévu lors de la conférence de Chantilly de novembre 1916. Les plans de guerre coïncident rarement : alors que les Alliés se mettent d'accord pour reprendre l'offensive sur un terrain ayant déjà connu de nombreux combats, les Allemands entreprennent les préparatifs nécessaires à l'abandon total de ce secteur. En septembre 1916, des travaux ont débuté pour construire une « ultime » position derrière le champ de bataille de la Somme, visant à raccourcir la ligne de front et à économiser jusqu'à dix divisions qui pourront être utilisées ailleurs [23]. La nouvelle ligne, constituée d'ouvrages portant les noms des héros des légendes germaniques (Wotan, Siegfried, Hunding, Michel), et connue sous le nom générique de Ligne Hindenburg, est terminée en janvier. Le 18 mars, elle est entièrement occupée par les troupes allemandes. Une fois que les Français et les Britanniques se rendent compte que la campagne s'étendant devant eux est déserte, ils en tirent profit et traversent ce paysage dévasté. Au début du mois d'avril, ils creusent leurs propres tranchées face aux défenses les plus redoutables rencontrées depuis le début de la guerre.

Heureusement pour le plan de Nivelle, la Ligne Hindenburg s'arrête juste avant le Chemin des Dames, où il a l'intention de porter le coup décisif, et avant le secteur Arras-crête de Vimy, où les Britanniques et les Canadiens doivent attaquer un peu plus tôt. La Ligne Hindenburg coupe en deux parties égales la base du saillant. Malheureusement pour les Français, les défenses du Chemin des Dames, construites tout au long des trois années précédentes (puisque cette zone a été fortifiée pendant la retraite allemande de la Marne en septembre 1914), sont parmi les plus solides du front de l'Ouest. Depuis la ligne de crête, les Allemands ont une vue complète sur les arrières des Français. Les observateurs de l'artillerie allemande dominent les positions où l'infanterie française doit se rassembler pour l'assaut, ainsi que celles de son artillerie de soutien. En outre, une nouvelle doctrine de défense allemande, mise en place suite au succès de Nivelle à Verdun en décembre 1916, garantit que la ligne de front sera tenue par une force minimale, tout en tenant des divisions de contre-attaque, dites « *Eingreif* », ou d'intervention, hors de portée de l'artillerie ennemie. Ces troupes seront

« engagées » (autre sens de *eingreifen*) dès que les premières vagues de l'infanterie assaillante ne seront plus couvertes par leur artillerie [24]. Comme le plan de Nivelle prévoit qu'en quarante-huit heures d'une offensive « âpre » et « brutale » l'ensemble des positions allemandes sera submergé par trois incursions successives de 2 000 à 3 000 mètres de profondeur, une coopération étroite entre infanterie et artillerie est plus que nécessaire [25]. Cependant, ce plan ne prévoit aucune avance rapide de l'artillerie française qui, sur le terrain escarpé et accidenté du champ de bataille et dans les conditions qui risquent de prévaloir, n'est de toute façon pas réalisable.

Les 6e, 10e et 5e armées françaises forment le groupe des armées de réserve et comportent certaines des meilleures formations : les 1er et 20e corps et le 2e corps colonial. Tandis qu'elles attendent le jour de l'attaque, finalement fixé au 16 avril, le BEF se prépare pour sa propre offensive de soutien, dont le début est prévu pour la semaine précédente. Son principal objectif est la crête de Vimy, qui doit être attaquée par les Canadiens. Sa conquête permettrait de descendre vers la plaine de Douai et, de là, espère-t-on, vers les arrières non fortifiés des Allemands. Une poussée rapide de la cavalerie pourrait alors rejoindre les éléments de pointe de Nivelle, une fois qu'ils auront nettoyé les hauteurs de l'Aisne au Chemin des Dames, cent trente kilomètres au sud. De gigantesques quantités de pièces et de munitions (2 879 canons, soit un tous les neuf mètres de front, et 2 687 000 obus) ont été rassemblées pour un tir de préparation plus court mais deux fois plus puissant que celui livré sur la Somme au mois de juillet précédent. Quarante chars ont également été réunis, tandis que le 6e corps de la 3e armée, formation de pointe, est en mesure d'abriter son infanterie dans les grandes carrières souterraines d'Arras : grâce aux tunnels creusés par le génie, les troupes vont pouvoir progresser en sécurité. Des tunnels semblables ont été construits en face de la crête de Vimy pour l'infanterie du corps canadien, fort de quatre divisions. Il sera le premier contingent d'un dominion à lancer une attaque d'envergure sur le front de l'Ouest.

Le climat d'avril à Arras est épouvantable, la pluie succédant à la neige puis à la neige fondue avec des températures invariablement basses. L'humidité et les obus ont transformé la surface calcaire de la zone d'attaque en boue collante, montant partout jusqu'aux chevilles, parfois plus haut. Mais pour une fois, la longue période de préparatifs n'entraîne pas de féroces tirs de contre-batteries allemands. Le commandant de la VIe armée occupant le secteur Vimy-Arras s'appelle von Falkenhausen. Il maintient ses divisions de contre-attaque à vingt-cinq kilomètres en arrière du front, pensant apparemment que les sept qui sont en ligne (la 16e bavaroise, la 79e de réserve, la 1re bavaroise, la 14e bavaroise, les 11e, 17e et 18e de réserve) sont suffisamment solides pour résister à l'assaut [26]. Il se trompe. Allenby et Horne, commandant les 3e et 1re armées, ont dix-huit divisions d'attaque et une large supériorité en artillerie, alors que les commandants allemands locaux, sachant que Falkenhausen tient ses réserves stratégiques à distance, maintiennent eux aussi leurs réserves tactiques à l'arrière avec l'intention de ne les engager qu'en cas de rupture du front.

Ces dispositions vont se révéler calamiteuses pour les Allemands. Leur malheureuse infanterie est clouée dans ses profondes tranchées-abris par la violence du bombardement britannique qui a totalement dévasté leur réseau de barbelés. Bien que leurs sentinelles aient reconnu l'imminence de l'assaut deux heures avant qu'il ne commence, leurs lignes de téléphone ont été coupées, les rendant incapables de communiquer avec leur artillerie. Celle-ci est de toute façon également écrasée [27]. Lorsque les Britanniques et les Canadiens apparaissent, marchant résolument derrière leur barrage roulant, les défenseurs sont tués ou ensevelis. Les plus chanceux ont juste eu le temps de fuir vers l'arrière. Michael Volkheimer, du 3e régiment de réserve de Bavière, présent à l'extrémité sud de la crête de Vimy, voit les vagues ennemies atteindre les parapets de sa tranchée, et crie à un camarade : « Sors ! Les Anglais arrivent ! » Il court ensuite prévenir son commandant de régiment que, « sans de solides renforts apportés à notre côté, le régiment entier serait fait prisonnier... Comme de tels renforts n'étaient pas disponibles, la crête dans son ensemble... tomba entre les mains de l'ennemi et, de notre régiment [de 3 000 hommes] seuls 200 parvinrent à s'enfuir [28]. »

Le premier jour de la bataille d'Arras est un triomphe pour les Britanniques. En quelques heures, le front allemand est percé sur une profondeur allant de un à cinq kilomètres. Neuf mille prisonniers sont faits, les pertes subies sont minimes, et la voie vers la rase campagne de l'arrière paraît ouverte. Le succès des Canadiens est quant à lui sensationnel. En un seul coup, les pentes nues et accidentées de la crête de Vimy, où les Français ont essuyé des pertes par milliers en 1915, sont prises. Le sommet est gagné et la plaine de Douai, où stationne l'artillerie et les réserves allemandes, s'étend sous le regard des vainqueurs. « On pouvait voir les canonniers allemands récupérer leurs pièces, les atteler et reculer. Les caissons de transport et les défenseurs de la crête fuyaient pêle-mêle. Il semblait que rien ne pouvait arrêter notre percée, écrit un lieutenant canadien, rien mis à part le mauvais temps [29]. » En fait ce n'est pas le mauvais temps mais l'habituelle rigidité du plan qui enraye la percée. Une fois les objectifs atteints, une pause de deux heures empêche les troupes de pointe de poursuivre leur avance. Lorsqu'elles reprennent leur progression, le jour touche à sa fin et l'élan est coupé. Le 10 avril, les premières réserves allemandes font leur apparition pour combler la brèche, et lorsque le lendemain on tente de l'élargir par une attaque sur la droite à Bullecourt, une division australienne bute sur des barbelés intacts. Les quelques chars qui l'accompagnent ne peuvent en venir à bout. Une pause est alors décidée, pour permettre aux blessés d'être évacués et aux troupes de se reposer. Les pertes se montent alors à près de 20 000 hommes, soit un tiers de celles subies le premier jour de la bataille de la Somme, mais les divisions engagées sont épuisées. Quand la bataille reprend le 23 avril, les Allemands se sont réorganisés et renforcés : ils sont prêts à contre-attaquer sur tout le secteur. La bataille d'usure qui s'instaure va durer un mois et faire 130 000 victimes supplémentaires pour des gains de terrain dérisoires. Les Allemands souffrent tout autant, mais après l'humiliation de Vimy, ils reconstruisent rapidement des positions et se mettent à l'abri d'une autre défaite sur le front d'Arras.

Entre-temps, les Français se sont vu infliger une sévère défaite. Le revers des Allemands à Vimy s'explique par deux raisons : la première est qu'ils s'attendaient à un bombardement britannique plus long, et qu'ils ont donc engagé leurs divisions de contre-attaque trop tardivement. La seconde provient du nombre réduit de divisions dans le secteur de Vimy-Arras. Les Français en payent les conséquences au Chemin des Dames où quinze divisions allemandes de contre-attaque sont rassemblées derrière les vingt et une déjà en ligne. Si les Allemands se sont fait surprendre à Vimy-Arras, ce n'est pas le cas sur l'Aisne où les préparatifs d'une offensive d'envergure les ont alertés des intentions de Nivelle [30]. Le secret n'a pas vraiment été assuré : des documents ont été saisis et il y a eu des fuites derrière les lignes. De mère anglaise, Nivelle est parfaitement bilingue. Lors d'une visite à Londres en janvier 1917, il « expliqua ses méthodes de la manière la plus exquise à la table du dîner à des femmes enthousiastes et charmées qui s'empressèrent de raconter à leurs amis ce qu'elles avaient pu comprendre de la discussion [31] ».

D'une manière ou d'une autre, les Allemands connaissent son plan de « *rupture* ». Ils ont également mis en place leur propre plan, imaginé par le colonel von Lossberg, pour une « défense en profondeur ». La ligne de front n'est pratiquement gardée que par de faibles effectifs dont quelques observateurs, tandis que la « zone intermédiaire » la séparant de l'essentiel des troupes est tenue par des mitrailleuses éparpillées dans des points d'appui ou dans des cratères d'obus aménagés. Pour sa part, l'artillerie de soutien n'est pas déployée en ligne mais disséminée à l'arrière. Les réserves, déployées hors de portée de l'artillerie, à 10 000 ou 20 000 mètres du front, constituent la véritable force de défense. Ces dispositions sonnent le glas du plan de Nivelle qui envisage de faire traverser à l'infanterie française les premiers 3 000 mètres du front du Chemin des Dames, pente escarpée et boisée, parsemée de grottes naturelles, en trois heures. Les 3 000 mètres suivants, situées sur l'autre versant où ils disparaîtront de la vue de leur artillerie de soutien, devront être parcourus dans le même laps de temps. Les derniers 2 000 mètres seront traversés en deux heures. Hormis les difficultés susceptibles d'être rencontrées sur ces 8 000 mètres (résistance initiale de l'ennemi, barbelés, mitrailleuses sur le passage, contre-attaques locales), la faiblesse intrinsèque de ce plan est que cet énergique mouvement s'arrêtera à 2 000 mètres des véritables défenses allemandes. Ainsi, même si l'attaque française réussit, ce qui est en soi improbable, les attaquants seront immédiatement confrontés à des troupes fraîches auxquelles ils auront du mal à résister après s'être épuisés au cours d'une progression de huit kilomètres.

Pourtant, une partie de la confiance de Nivelle en son plan de « *rupture* » est passée à ses soldats. Le général E. L. Spears, officier de liaison britannique, décrit la scène à l'aube du 16 avril sur la ligne de départ. « Un frisson semblant mêler plaisir et excitation joyeuse parcourait les troupes. J'étais entouré de visages souriants d'hommes aux yeux brillants. En voyant mon uniforme, quelques soldats s'empressèrent de venir vers moi. " Les Allemands ne vont pas tenir ici... pas plus qu'ils n'ont tenu face à vous à Arras. Ils ont carrément fui là-bas, pas vrai ? " L'effet des voix pleines de gaieté était renforcé par les étincelles de lumière dansant sur des milliers de casques en métal bleu. » Tandis que l'heure approche, l'infanterie en attente se tait, pendant que l'artillerie, devant faire avancer par bonds énormes son barrage censé porter l'infanterie vers l'avant, entre en action. « Le départ sembla bon, poursuit Spears. Le barrage allemand donnait l'impression d'être faible et irrégulier. Des centaines de fusées jaunes s'élevèrent des lignes ennemies. Ils avaient vu les vagues d'assaut françaises et appelaient leurs canons à la rescousse... Presque aussitôt, du moins il le semblait, l'immense rassemblement de troupes commença à bouger. De longues et étroites colonnes s'amassaient vers l'Aisne. Soudain, des attelages de 75 apparurent de nulle part, chevaux galopant à perdre haleine, conducteurs comme lancés dans un sprint final. " Les Allemands fuient, les canons avancent ", jubilait l'infanterie. Puis il se mit à pleuvoir et il devint impossible de voir comment progressait l'avancée [32]. »

Les conditions climatiques, aussi mauvaises qu'au premier jour d'Arras, ne sont pas les seules à rendre impossible l'évaluation de cette progression. La ligne de bataille elle-même se désintègre au moment où la défense allemande réagit. Le rythme effréné de l'avancée n'est pas maintenu bien longtemps. Un ralentissement est perceptible, suivi d'un arrêt général des troupes de soutien ayant pressé sans relâche vers l'avant depuis l'heure H. Les mitrailleuses allemandes, disséminées dans les cratères d'obus, concentrées dans des points d'appui, ou apparaissant soudainement à l'entrée de profondes tranchées-abris ou de grottes, font un nombre effrayant de victimes parmi les troupes qui peinent maintenant dans l'ascension des pentes rocailleuses des collines [33].

L'allure trop rapide du barrage roulant, qui aurait dû protéger l'infanterie, laisse les fantassins loin derrière. « Partout la même histoire se répète. L'attaque gagne la plupart des points, puis ralentit, incapable de suivre le barrage qui, progressant au rythme de cent mètres toutes les trois minutes, est à de nombreuses reprises perdu de vue. Dès que l'infanterie et le barrage sont séparés, les mitrailleuses allemandes... ouvrent le feu, dans la plupart des cas aussi bien sur le front que sur les flancs, et parfois même de l'arrière... Sur les pentes abruptes de l'Aisne, les troupes, même sans rencontrer d'opposition, ne peuvent progresser que très lentement. Le terrain, retourné par les obus, n'est qu'une succession de trous glissants n'offrant presque aucune prise. Les hommes qui se hissent en s'accrochant aux souches des arbres sont gênés par des obstacles de barbelés de toute sorte. Pendant ce temps, les troupes de soutien s'entassent dans les tranchées d'assaut au rythme d'un nouveau bataillon tous les quarts d'heure. Comme les vagues de tête sont clouées, parfois à quelques centaines de mètres et rarement à plus de 700 à 1 000 mètres devant, cela provoque un engorgement... Si les canons allemands s'étaient montrés aussi actifs que leurs mitrailleuses, le massacre de la ligne de front aurait été répété sur les hommes impuissants entassés dans les tranchées et les chemins menant vers l'arrière [34]. »

Le massacre est déjà suffisamment complet. Mangin, rude soldat colonial, commande la 6e armée qui assaille l'extrémité gauche de la crête. En apprenant que ses troupes, qui comprennent ses coloniaux et les vétérans du 20e corps « de fer », sont bloquées, il estime que « là où les barbelés n'ont pas été découpés par l'artillerie, c'est à l'infanterie de le faire. Le terrain doit être conquis. » Cet ordre n'a aucun sens. Les chars pourraient venir à bout des barbelés, mais aucun des 128 petits biplaces Renault, premier modèle utilisé par les Français sur un champ de bataille, n'atteint la ligne de front allemande. Ils s'enlisent presque tous dans un sol retourné. Les fantassins seuls ne peuvent que faire de leur mieux pour avancer, tant qu'ils survivent. Le premier jour, leur progression n'est que de 600 mètres. Au troisième jour, la route du Chemin des Dames, qui traverse la crête, est atteinte. Au cinquième jour, alors que 130 000 victimes ont déjà été dénombrées, l'offensive est complètement abandonnée. Quelques gains compensent ce résultat catastrophique, dont 28 815 prisonniers, ainsi qu'une pénétration de sept kilomètres sur un front qui en fait vingt-cinq. Mais les profondes défenses allemandes demeurent intactes. Il n'y a eu aucune percée, aucune concrétisation de la promesse de « *rupture* » faite par Nivelle. Il est limogé le 29 avril et remplacé par Pétain. Les pertes françaises, elles, qui s'élèvent à 29 000 tués, ne peuvent être remplacées [35].

L'ardeur de l'armée française non plus, du moins pour un certain temps. Presque aussitôt après l'échec de l'offensive du 16 avril commencent ce que le corps des officiers va identifier comme étant des « actes d'indiscipline collective », ce que les historiens ont appelé les « mutineries de 1917 ». Ni l'une ni l'autre formule ne définit avec exactitude la nature de cette dislocation de l'armée française qui ressemble davantage à une grève militaire. Le terme « indiscipline » implique une défaillance de l'ordre, celui de « mutinerie » implique souvent des violences envers des supérieurs. Or l'ordre, au sens large du terme, demeure, et aucune violence n'est exercée de la part des « mutins » envers leurs officiers. Au contraire, un étrange respect mutuel caractérise les relations entre les simples soldats et les officiers tout au long des « mutineries », comme si les deux côtés se reconnaissaient comme victimes mutuelles d'une terrible épreuve qui n'est tout simplement plus supportable pour ceux qui sont en bas de l'échelle. Les conditions de vie des soldats sont pires que celles des officiers, leur nourriture est de moins bonne qualité, leurs permissions moins fréquentes. Mais ils savent que les officiers partagent leurs souffrances et qu'ils subissent plus de pertes. Même dans les unités où la confrontation est directe, comme au 74e régiment d'infanterie, les « mutins » ne veulent « aucun mal » à leurs officiers. Simplement, ils refusent de « retourner dans les tranchées [36] ». C'est là une démonstration extrême de dissidence. Les soldats « mutinés » (on en trouve dans cinquante-quatre divisions, soit près de la moitié de l'armée) expriment leur répugnance, si ce n'est leur refus de prendre part aux nouvelles attaques. Dans le même temps, ces hommes expriment leur volonté patriotique de tenir le front contre les attaques de l'ennemi. Ils ont aussi des demandes spécifiques : plus de permissions, une meilleure nourriture, un meilleur traitement des familles des soldats, la fin de « l'injustice » et de la « boucherie », la « paix » enfin. Ces exigences sont souvent liées à celles des grévistes civils, fort nombreux au printemps de 1917 : prix trop élevés, ressentiment face aux profiteurs de guerre et espoirs de paix de plus en plus éloignés [37]. Les protestataires civils n'exigent certainement pas la paix à tout prix, encore moins à celui d'une victoire allemande, mais ils se plaignent que « les gros s'enrichissent au détriment des petites bourses [38] ».

Le mécontentement civil nourrit le mécontentement militaire, de même que les inquiétudes des soldats pour leurs familles sont renforcées par celles de leurs femmes et de leurs parents pour des maris ou des fils partis au front. La crise française de 1917 est nationale. C'est la raison pour laquelle le Gouvernement et Pétain, nommé pour remplacer Nivelle, la prennent très au sérieux. Malgré son apparente rudesse, Pétain comprend ses compatriotes. Tandis que la crise s'intensifie *, il met en place une série de mesures visant à la contenir et à rétablir le moral de l'armée. Il promet des permissions plus longues et plus fréquentes. Il promet aussi, quoique de manière implicite, l'arrêt pour un temps des offensives, mais ne peut le dire explicitement : cela reviendrait à mettre la France en dehors de la guerre. Il insiste au contraire pour que les troupes soient mises au repos et réinstruites [39]. Comme cette période d'instruction obligera les troupes à quitter le front, il introduit également une nouvelle doctrine, proche de celle déjà en vigueur du côté allemand : la « défense en profondeur ». Les instructions qu'il promulgue le 4 juin stipulent que « la tendance à grouper l'infanterie sur les lignes de front, ce qui ne fait qu'augmenter les pertes », doit être bannie. Au lieu de cela, la première ligne ne doit être tenue que par une force suffisante pour tenir l'ennemi à distance et fournir des observations d'artillerie [40]. La majorité de l'infanterie doit rester en deuxième ligne, une réserve se tenant en troisième ligne pour lancer des contre-attaques. Ces instructions ont un but strictement défensif. Tandis que le front est réorganisé pour cette nouvelle tactique, les officiers de l'armée, avec l'accord de Pétain, tentent de regagner l'obéissance des hommes par le dialogue et l'encouragement. « Aucune mesure de rigueur ne doit être prise, écrit le commandant de l'infanterie de la 5e armée. Nous devons faire de notre mieux pour enrayer le mouvement par la persuasion, par le calme et par l'autorité des officiers connus des hommes, et en nous appuyant sur les bons éléments

* Cinq phases ont été identifiées, allant des mouvements épars en avril aux rassemblements du mois de mai, des affrontements de juin à l'apaisement progressif du mécontentement.

afin de faire revenir les grévistes à de meilleurs sentiments. » Le commandant divisionnaire partage son point de vue : « Nous ne pouvons songer à réduire le mouvement par la rigueur, qui produirait l'irréparable [41]. »

Cependant, le « mouvement » (indiscipline, grève ou mutinerie) n'est pas maîtrisé sans recours à la force. Le haut commandement et le Gouvernement, obsédés par l'idée d'une « subversion » de l'armée par des agitateurs pacifistes civils, engagent d'importants efforts pour identifier les meneurs, les faire comparaître devant des tribunaux et les punir. Ils sont 3 427 à être traduits ainsi en cour martiale, 554 soldats sont condamnés à mort et 49 exécutés [42]. Des centaines d'autres, qui voient leurs peines commuées, sont tout de même condamnés à la prison à vie. La particularité de la procédure est que les accusés ont été sélectionnés par leurs propres officiers, avec l'accord implicite des soldats du rang.

En apparence, l'ordre est rétabli dans l'armée française avec une relative rapidité. En août, Pétain a suffisamment confiance pour lancer une opération limitée à Verdun. Le front antérieur à l'attaque allemande de février 1916 est atteint et, en octobre, une autre opération sur l'Aisne fait reculer les Allemands derrière l'Ailette, premier objectif de l'offensive ratée de Nivelle. Mais, d'une manière générale, les objectifs de la mutinerie ont été atteints. L'armée française n'attaque nulle part sur le front de l'Ouest, dont elle détient les deux tiers, entre juin 1917 et juillet 1918, ne menant pas non plus de défense « active » dans son secteur. Les Allemands, qui n'ont bizarrement pas détecté la crise d'indiscipline vécue de l'autre côté du no man's land, apprécient la passivité de leur ennemi. La Russie, l'Italie et les Britanniques les occupent par ailleurs.

« Vivre et laisser vivre » n'est pas un principe nouveau, ni pour la Première Guerre mondiale ni pour une autre guerre. Il a prévalu en Crimée, dans les tranchées entre Petersburg et Richmond en 1864-1865, pendant la guerre des Boers, où le siège de Mafeking cessait le dimanche, et sur de larges portions du front de l'Est en 1915-1916. A moins d'être harcelés par leurs officiers, les soldats ont toujours été prêts à s'entendre pour demeurer passifs, bavarder et échanger des produits de première nécessité, voire même conclure des trêves locales. Une de ces trêves a ainsi eu lieu dans les Flandres entre Britanniques et Allemands à Noël 1914. Une deuxième plus modeste l'a suivie en 1915, et les Russes ont organisé des trêves de Pâques et de Noël jusqu'en 1916. D'une manière générale, les belligérants du front de l'Ouest, une fois convenablement retranchés, se satisfont de cette vie routinière dans des secteurs impropres à des offensives majeures comme la zone inondée des Flandres, la région minière belge, la forêt de l'Argonne ou les montagnes vosgiennes. En certains endroits, la proximité de l'ennemi est telle qu'il est impossible de faire autrement que « vivre et laisser vivre ». La légende décrit un secteur de « barbelés internationaux » défendant des tranchées si proches que chaque côté laisse l'autre réparer la barrière les séparant. Même là où le no man's land est large, les unités se faisant face peuvent s'entendre tacitement pour ne pas troubler une paix toute relative. Le haut commandement britannique désapprouve fortement le principe de « vivre et laisser vivre » et cherche par tous les moyens à maintenir les secteurs « en activité », avec des résultats tangibles [43]. Des ordres d'incursions dans les lignes adverses sont donnés, des unités de mortiers de tranchées sont envoyées vers des secteurs particuliers, des bombardements d'artillerie sont régulièrement préconisés. Les Allemands trouvent perturbant de servir face aux unités britanniques qui acceptent sans mot dire de perdre des dizaines d'hommes par mois. Les Français, au contraire, font moins de « coups de main » que les Britanniques, récompensant ceux ayant pris part aux « patrouilles » par des permissions quand les Britanniques considèrent ces incursions comme faisant partie du service. Ils préfèrent généralement ménager leurs unités en vue de véritables attaques. Après l'offensive de Nivelle, bien que les divisions touchées par l'indiscipline se donnent la peine d'organiser des incursions et de faire rapport de leurs actions à leurs quartiers généraux supérieurs, la majorité s'installe dans une position défensive [44]. Leurs efforts pour gagner cette guerre (306 000 morts en 1914, 334 000 en 1915, 217 000 en 1916, 121 000 en 1917, la plupart avant les mutineries, soit au total un million de morts sur une population masculine de vingt millions) ont eu raison de la volonté offensive des Français. Les poilus sont prêts à défendre leur patrie mais pas à attaquer. Cet état d'esprit va prévaloir pendant presque un an.

RÉVOLTE EN RUSSIE

En 1917, l'armée française n'est pas la seule à reculer face aux pertes dues à la guerre. L'armée russe, qui n'a ni la cohésion ni « le sens de la nation » des Français, laisse apparaître quelques failles avant même que le haut commandement ne commence à organiser les offensives de printemps que ses représentants ont promis à la conférence interalliée de Chantilly en décembre 1916 [45]. Ses doléances sont identiques à celles exprimées par l'armée française après l'offensive de Nivelle : mauvaise nourriture, permissions irrégulières, inquiétude sur les conditions de vie des familles, rancœur contre les profiteurs, les propriétaires et les « tire-au-flanc » qui échappent à la conscription et gagnent ainsi bien leur vie et, ce qui ne présage rien de bon, mise en doute de l'utilité des attaques [46]. La censure postale, qui a permis au gouvernement français de prendre la mesure du mécontentement dans les rangs de l'armée, perçoit à la fin de l'année 1916 les preuves de « l'accroissement d'un désir de paix, quel qu'en soit le prix [47] ». Heureusement pour le haut commandement russe, l'hiver 1916-1917 est exceptionnellement rude, empêchant toute offensive allemande d'envergure. Considérant le moral de l'armée du tsar, elle aurait pu avoir des résultats décisifs.

Les situations de la France et de la Russie ne sont pas vraiment comparables. Même aux pires moments de l'année 1917, au front comme à l'arrière, les institutions et l'économie françaises continuent à fonctionner. En Russie, l'économie s'effondre et menace la survie même de l'Etat. Pourtant, le problème économique n'est pas, comme en Allemagne ou en Autriche, dû au manque provoqué par le blocus ou une orientation des ressources vers la seule production de guerre. Il résulte au contraire d'une croissance incontrôlée. En Russie, la mobilisation industrielle, financée grâce à une énorme prolifération des billets et à l'abandon de l'indexation sur l'or, a créé une forte demande de main-d'œuvre. Elle n'a pu être satisfaite que par le retour du front d'ouvriers qualifiés (ce qui explique le mécontentement des soldats-paysans ne pouvant prétendre à un tel retour) et par la migration de paysans exemptés de la campagne vers les villes où les revenus en argent liquide sont bien plus élevés que ceux gagnés, souvent par le troc, dans les fermes. Ces paysans migrants trouvent également du travail dans les mines, où l'emploi double entre 1914 et 1917, dans les chemins de fer, dans les champs de pétrole, dans la construction et, surtout, dans les usines. Les usines d'Etat multiplient leur force de travail par presque trois au cours de la guerre [48].

Des salaires plus élevés et de l'argent en numéraire provoquent une inflation rapide, inévitable dans un pays sans trésorerie ni système bancaire élaboré, qui perturbe grandement la production agricole. Les grands propriétaires terriens cessent de cultiver des terres car ils n'ont pas les moyens de faire face à l'augmentation des salaires. Les paysans ne voulant pas ou ne pouvant pas payer cher les produits manufacturés se retirent du marché du blé et reviennent à une vie autarcique. Dans le même temps, les chemins de fer, bien qu'employant 1 200 000 hommes en 1917, contre 700 000 en 1914, livrent moins de produits dans les villes, en partie à cause des exigences de l'armée à leur égard, en partie parce que le flux de travailleurs non qualifiés conduit à une baisse des normes d'entretien [49]. Au début de 1917, à un moment où les températures exceptionnellement basses font augmenter la demande, les réserves de charbon et de vivres dans les villes sont presque épuisées. En mars, la capitale, Petrograd, n'a plus que quelques jours de réserves de blé dans ses dépôts.

C'est la pénurie de nourriture qui déclenche ce que l'on va nommer la révolution de Février (suivant l'ancien calendrier julien, la Russie a treize jours de retard sur le calendrier grégorien utilisé en Occident). La révolution de Février n'est politique ni dans ses origines ni dans ses aspirations. Cette simple protestation contre les privations matérielles devient une révolution lorsque la garnison de Petrograd, chargée de la répression de la manifestation, se joint aux manifestants et s'oppose à la gendarmerie et aux cosaques, organes traditionnellement utilisés pour les actions de police. La révolution déclenche une série de grèves, censées dans un premier temps commémorer le « Dimanche sanglant » du 9 janvier 1905, où les cosaques avaient écrasé la révolte. Mais elles s'étendent en février (mars) à des demandes répétées pour le « pain ». L'envergure des manifestations est accentuée par une remontée soudaine des températures qui fait sortir les mécontents sous le soleil hivernal, tout d'abord pour chercher de la nourriture, puis pour se joindre aux activistes dans les rues. Le 25 février, 20 000 ouvriers se pressent dans le centre de Petrograd, détruisent les boutiques et combattent une police trop peu nombreuse et démoralisée [50].

Le gouvernement du tsar est habitué à l'instabilité civile et a toujours jusqu'alors trouvé les moyens de la réprimer. En dernier recours, comme en 1905, il en appelle à l'armée pour tirer sur la foule. En février 1917, une ample force militaire est disponible : 180 000 soldats stationnent dans la capitale et 152 000 aux alentours. Ils appartiennent en outre aux régiments les plus fiables de Nicolas II, les Gardes (les Preobrajenski, Semenoski, Ismailovski, Pavlovski, quatorze régiments au total) qui sont au service de la dynastie depuis Pierre le Grand. Le régiment des Preobrajenski, qui portent une mitre dont les origines remontent aux guerres contre Charles XII de Suède * et dans lequel le tsarévitch est traditionnellement nommé jeune officier, est l'unité la plus attachée au régime. Le tsar choisit lui-même ses soldats à partir d'un contingent recruté annuellement, marquant de la lettre « P » l'uniforme de ceux qu'il choisit, et il compte sur eux pour le défendre jusqu'à la mort.

Mais, en 1917, l'infanterie des Gardes a été renouvelée plusieurs fois. Ceux qui sont en poste à Petrograd appartiennent aux bataillons de réserve et sont de nouvelles recrues ou d'anciens combattants blessés, « très récalcitrants à l'idée de reprendre du service [51] ». Leurs officiers sont pour la plupart des « jeunes cadets » fraîchement sortis de l'école militaire, alors que certains des soldats sont de jeunes citadins éduqués que l'on avait pris soin d'écarter en temps de paix [52]. L'un d'eux, Fedor Linde, couche sur papier sa réaction aux premières tentatives de répression des manifestations, près du palais de Tauride. « Je vis une jeune fille cherchant à échapper au cheval lancé au galop d'un officier cosaque. Elle n'allait pas assez vite. Un sévère coup à la tête la fit tomber sous les sabots du cheval. Elle cria. C'est son cri inhumain et perçant qui me mit hors de moi. [Je] criai, furieux : “ Monstres ! Monstres ! Vive la révolution. Aux armes ! Aux armes ! Ils tuent des innocents, nos frères, nos sœurs ! ” » Linde, sergent des Gardes finlandais, est cantonné dans les casernes des Preobrajenski qui, bien que ne le connais-

* Qui fut vaincu par les Russes à Poltava en 1709.

sant pas, suivent son appel, gagnent les rues et engagent le combat avec les gendarmes, les cosaques, les officiers, et toute troupe (comme les Ismailovski et les chasseurs de la Garde) demeurée loyale [53].

La principale vague de manifestations violentes a lieu le 27 février. Le lendemain, les grévistes et l'ensemble de la garnison de Petrograd ont pactisé : la révolution est bel et bien en route. Le tsar Nicolas, isolé aux quartiers généraux de Moguilev, ne s'en préoccupe pas. Il croit, comme Louis XVI en juillet 1789, que son trône n'est menacé que par une jacquerie. Il ne saisit pas que, à l'instar des *Gardes françaises* de Paris en 1789, l'armée de la capitale, principal soutien du pouvoir, se révolte contre son empire et que la classe politique suit le mouvement. Le Parlement russe, la Douma, discute de ses pouvoirs au palais de Tauride, pendant que les soviets, comités du peuple formés spontanément dans les usines et les ateliers comme dans les unités militaires, se réunissent parfois en sessions quasi permanentes, avalisent des résolutions et nomment des représentants pour superviser, ou même remplacer, le personnel de l'autorité établie. A Petrograd, le principal soviet a nommé un comité exécutif, l'Ispolkom, servant de représentation pour tous les partis politiques, mencheviques, bolcheviks marxistes et modérés. De son côté, la Douma a créé le 27 février un Comité provisoire qui préfigure la formation d'un nouveau gouvernement. Au front, les officiers de l'état-major général se rendent compte de la force irrésistible des événements. La proposition d'une expédition punitive sur Petrograd, sous le commandement du général Ivanov, est avancée. Le 1er mars, à Pskov, sur le chemin le menant à son palais de campagne de Tsarskoïe Selo, le tsar la rejette après s'être entretenu avec ses conseillers militaires. Il concède à la Douma la permission de former un cabinet. Enfin, l'après-midi du 2 mars, il accepte d'abdiquer. L'influence décisive s'exerçant sur lui au cours de ces deux jours émane de son chef d'état-major, Alexeïev. Le 1er mars, il lui a envoyé le câble suivant :

> Une révolution en Russie... signifiera une fin déshonorante de la guerre... L'armée est très intimement liée à la vie de l'arrière. On peut confidentiellement affirmer que des désordres à l'arrière entraîneront des résultats semblables dans les forces

> armées. Il est impossible de demander à l'armée de faire calmement la guerre pendant qu'une révolution est en cours à l'arrière. Les jeunes qui constituent actuellement l'armée et son état-major, dont une grande part sont des réservistes et des étudiants nommés officiers, ne laissent en aucune manière penser que l'armée ne va pas réagir aux événements qui secouent la Russie [54].

L'abdication du tsar laisse la Russie sans chef d'Etat. Son successeur désigné, le grand-duc Michel, décline l'offre, alors que la Douma refuse celle du tsarévitch. La révolution ne tarde pas non plus à laisser la Russie sans appareil gouvernemental, puisque, par un accord signé entre le cabinet de la Douma et l'Ispolkom du soviet de Petrograd le 3 mars, tous les gouverneurs de province, agents du pouvoir administratif, sont congédiés. La police et la gendarmerie, instruments de leur autorité, sont dissoutes. Seuls à rester en place en dehors de la capitale, les conseils de district, les *zemstva*, commissions de notables locaux, sont trop inexpérimentés et dépourvus de véritables moyens pour appliquer les ordres du gouvernement provisoire. Ceux-ci sont de toute façon soumis au veto de l'Ispolkom qui s'est arrogé la responsabilité des affaires militaires, diplomatiques et en grande partie économiques, ne laissant guère au Gouvernement que l'élaboration de lois garantissant les droits et les libertés de la population [55].

Les deux institutions s'entendent toutefois sur au moins un point : il faut poursuivre la guerre. Elles ont pour cela des motifs différents : le gouvernement provisoire est animé du souci de préserver la nation, l'Ispolkom — et le soviet qu'il représente — de celui de défendre la révolution. Alors qu'ils continuent de dénoncer la guerre comme « impérialiste » et « monstrueuse », les soviets craignent qu'une défaite face à l'Allemagne ne provoque une contre-révolution. Ainsi, leur « Appel aux peuples du monde » du 15 mars propose un ralliement international à la Russie dans une action pour la « paix », contre les classes dirigeantes. Mais dans le même temps, par l'intermédiaire du soviet des soldats, ils exercent une pression sur l'armée, pour poursuivre la lutte contre « les baïonnettes des conquérants » et « la puissance militaire étrangère [56] ».

Les soldats, avec une révolution populaire à défendre, redécouvrent un enthousiasme pour la guerre qu'ils semblaient avoir complètement perdu au cours de l'hiver 1916. « Dans les premières semaines de [la révolution de Février], les soldats massés à Petrograd refusent l'idée de pourparlers de paix, et défendent même qu'on en parle. » Les pétitions de soldats au gouvernement provisoire et au soviet de Petrograd indiquent qu'ils sont « susceptibles de considérer les adeptes d'une paix immédiate comme des partisans du Kaiser [57] ». Au sein de l'Ispolkom, les seuls partisans d'une paix immédiate sont les bolcheviks. Ils se gardent bien de l'exiger, et leurs meneurs (Trotski, Boukharine et Lénine) étant alors en exil, ils sont dans l'incapacité de l'obtenir.

Mais pour être renouvelé, l'effort de guerre a besoin de chefs charismatiques. Ni l'Ispolkom ni le premier gouvernement provisoire n'ont à leur tête de tels meneurs. Les membres de l'Ispolkom sont des intellectuels socialistes, le Premier ministre, le prince Lvov, un populiste bienveillant. Obsédés par des idées politiques abstraites, les socialistes n'entendent rien aux choses pratiques et ne désirent pas s'en occuper. Dans un élan aussi noble qu'irréaliste, Lvov croit en la capacité du « peuple » à décider de la direction de son propre avenir. Les bolcheviks ont des idées bien arrêtées mais sont mis hors course par le nouvel entrain guerrier du peuple. Dans ce contexte, il faut donc s'attendre à ce que le pouvoir passe aux mains d'un homme fort. Il apparaît en la personne d'Alexandre Kerenski, dont l'attrait pour le pouvoir le différencie des socialistes, mais dont les références socialistes irréprochables lui permettent de combiner son appartenance à l'Ispolkom et un poste ministériel, tout en étant solidement soutenu par les membres ordinaires du soviet. Nommé dans un premier temps ministre de la Justice, il devient Premier ministre en mai (avril selon le calendrier julien abandonné par le gouvernement provisoire) et lance une purge au sein d'un haut commandement jugé défaitiste. Broussilov, précédé par sa réputation, devient chef de l'état-major, tandis que les commissaires du peuple de Kerenski sont envoyés sur le front avec pour mission d'encourager l'esprit offensif des soldats.

Il semble que ceux de la garnison de Petrograd soient de farouches partisans de la poursuite de la guerre. Ils font signer des pétitions et manifestent (« La guerre pour la paix jusqu'à la victoire »), tout en sachant qu'ils ne risquent rien : le septième des huit points du tristement célèbre Ordre n°1 de l'Ispolkom, abolissant les fonctions de gouverneur et de police, stipule que

« les unités militaires qui ont participé à la révolution... ne seront pas envoyées au front ». Les troupes en lignes, bien qu'accueillant Kerenski comme une véritable idole pendant ses tournées d'inspection, montrent moins d'entrain pour ce qui a été appelé « l'offensive Kerenski » de juin 1917. Lancée pour défaire « la puissance militaire étrangère », elle soulève beaucoup d'enthousiasme à l'arrière. Le général Dragomirov, commandant de la 5e armée, fait état de signes inquiétants : « Loin du front, les régiments se déclarent prêts à se battre jusqu'à la victoire, mais ils rechignent ensuite à partir pour les tranchées [58]. » Le 18 juin, l'offensive Kerenski est néanmoins lancée, après une préparation d'artillerie de deux jours contre les Autrichiens. Elle est à nouveau dirigée contre Lemberg, pivot des combats de 1914-1915, et cible de l'offensive Broussilov lors de l'été précédent. Des offensives de moindre envergure sont lancées au centre et au nord. Pendant deux jours, l'attaque est un succès, et plusieurs kilomètres de terrain sont gagnés. Puis les unités de tête, considérant avoir accompli leur travail, refusent de continuer, tandis que celles qui les suivent refusent de les remplacer. Les désertions se font nombreuses, suivies d'actes plus terribles encore. Par milliers, les déserteurs pillent et violent à l'arrière. Lorsque les Allemands, qui en ont été prévenus, contre-attaquent avec des divisions arrivées de l'ouest, ils reprennent avec les Autrichiens tout le terrain perdu, repoussant même les Russes sur la ligne de la Zbrucz, à la frontière roumaine. Depuis l'enclave qui leur reste au nord du Danube, les Roumains ont tenté de se joindre à l'offensive de leurs alliés mais sont également défaits.

Pendant que les forces de la révolution se débandent au front, la révolution est elle-même attaquée à l'arrière. Les tombeurs de la monarchie ne sont pas, selon les termes politiques russes, des extrémistes. Cette appellation est réservée à la majorité (bolchevique) du Parti social démocrate dont les leaders, Lénine et Boukharine, sont en février en exil à l'étranger. Lénine est à Zurich, Boukharine et Trotski (ce dernier n'appartenant pas encore aux bolcheviks) sont à New York. Mais en avril ils sont tous revenus. Lénine a bénéficié des bons offices du gouvernement allemand. Sentant là l'opportunité de saper la volonté de la Russie, celui-ci s'est efforcé d'aider Lénine et son entourage à regagner la capitale au moyen d'un « train spécial » partant de Suisse et passant par la Suède. De Stockholm, le convoi poursuit vers Petrograd, où il est accueilli non seulement par les bolcheviks locaux mais également par les représentants de l'Ispolkom et du soviet de la ville. Dès son arrivée, Lénine présente son programme : pas de coopération avec le gouvernement provisoire, nationalisation des banques et des biens, y compris des terres, remplacement de l'armée par une milice du peuple, fin de la guerre, et « tout le pouvoir aux soviets », qu'il prévoit déjà de placer sous contrôle bolchevique [59].

Ces « Thèses d'avril » ne lui valent aucun soutien, pas même celui de ses partisans bolcheviques, à qui elles semblent prématurées. Ses premiers efforts pour les mettre en pratique renforcent leurs doutes. En juillet, certaines des unités les plus dissidentes de la garnison de Petrograd descendent dans les rues, avec le soutien des bolcheviks, pour protester contre un ordre de départ pour le front visant à leur faire quitter la capitale. Kerenski parvient cependant à rassembler suffisamment de troupes loyales pour réprimer leur rébellion. Les « événements de Juillet » effrayent Lénine, encore plus quand le soutien financier que les Allemands lui ont apporté est connu de tous. Cependant, le temps joue en sa faveur. S'il ne précipite pas « l'inévitable deuxième révolution » à laquelle il œuvre, il érode de manière grandissante la volonté des combattants du front. L'échec de l'offensive Kerenski a démoralisé jusqu'aux soldats les moins enclins à déserter. En août, ce découragement permet aux Allemands de lancer une offensive réussie sur le front du Nord qui aboutit à la prise de Riga, le plus grand port russe de la Baltique. D'un point de vue militaire, ce succès prouve aux Allemands l'efficacité d'une nouvelle tactique de percée, mise au point par l'expert d'artillerie Bruchmüller. Ils se mettent à la perfectionner en vue d'une utilisation sur le front de l'Ouest [60]. D'un point de vue politique, la réussite est encore plus éclatante : elle impose aux Russes une nouvelle intervention militaire qui, bien que visant à renforcer l'autorité du gouvernement provisoire, va entraîner sa chute.

Les « événements de Juillet » ont obligé Kerenski, seul véritable leader du Gouvernement, à remplacer Lvov comme Premier ministre, tout en maintenant les ministres de la Guerre et de la Marine. Il décide également de remplacer Broussilov, pourtant nommé par lui au poste de commandant en chef, par un défenseur affiché de l'effort de guerre anti-allemand, le général Lavr Kornilov. Ce dernier est un homme du peuple, fils d'un cosaque sibérien. Il s'imagine que ses soldats démoralisés le suivront aussi bien dans une campagne contre les bolcheviks défaitistes que contre les ennemis du pays. Le 25 août, il ordonne aux troupes loyales d'occuper Petrograd, de disperser le soviet et de désarmer les régiments si les bolcheviks cherchent à prendre le pouvoir, ce qui est leur intention. Même avant la chute de Riga, Kornilov a à plusieurs reprises exigé de Kerenski un programme de réformes comprenant la suppression des soviets de soldats et la dispersion des régiments politisés [61]. D'un point de vue militaire, son programme est parfaitement sensé. C'est le seul moyen de continuer la guerre et par là de sauver le Gouvernement qui, malgré le défaitisme ambiant, soutient l'effort de guerre. Mais d'un point de vue politique, le programme de Kornilov remet en cause l'autorité de Kerenski. Son application ne peut qu'entraîner l'opposition des forces avec lesquelles le gouvernement provisoire cohabite tant bien que mal : les soviets, la garnison de Petrograd et les bolcheviks. A mesure que la popularité de Kornilov grandit parmi les modérés, l'autorité de Kerenski vacille, et la confrontation devient inévitable. Kerenski ne peut s'unir à Kornilov car il doute, à juste titre, de la capacité du général à soumettre les extrémistes. Il ne peut davantage se retourner vers ces derniers, car cela reviendrait à placer le gouvernement provisoire sous leur autorité. Les plus extrémistes d'entre eux, les bolcheviks, pourraient alors en prendre le contrôle. Kerenski doit donc temporiser. Si Kornilov réussit, le gouvernement provisoire survivra. S'il échoue, Kerenski pourra reprendre la lutte politique à Petrograd en espérant monter les factions les unes contre les autres. En l'occurrence, Kornilov, manipulé par d'autres, est compromis dans une tentative ratée de coup d'Etat auquel ses soldats refusent de prendre part. Il est alors démis de ses fonctions.

Sa chute met fin à la mascarade d'une Russie encore impliquée dans la guerre. Le gouvernement provisoire perd le peu d'autorité qui lui restait, le renvoi de Kornilov par Kerenski faisant perdre à ce dernier le soutien dont il bénéficiait encore parmi les modérés et les officiers supérieurs. Cette décision ne lui gagne même pas la sympathie des forces de gauche. Les bolcheviks sont à présent déterminés à provoquer la « deuxième révolution », et Lénine, désormais leader incontesté de son parti, ne cherche qu'un prétexte. Ce sont les Allemands qui vont le lui fournir. Au cours du mois de septembre, dynamisés par la prise de Riga, ils s'emparent de positions au nord de la Baltique depuis lesquelles ils menacent directement Petrograd. Le gouvernement provisoire réagit en proposant de transférer la capitale à Moscou [62]. Les bolcheviks présentent cette proposition comme une mesure réactionnaire visant à livrer le siège du pouvoir populaire au Kaiser. La création d'un comité de défense ayant autorité pour défendre Petrograd par tous les moyens s'attache un large soutien. Comme ils disposent de leur propre milice, les Gardes rouges, et sont en mesure de moduler les sentiments de la garnison de Petrograd à leur avantage, il ne reste en fait qu'à choisir la date du coup d'Etat. Le 24 octobre, conscient de ce qui se prépare, Kerenski prend de timides mesures pour défendre les bureaux du Gouvernement. Ses ordres, inefficacement appliqués par des officiers qui ne lui font plus confiance, poussent Lénine à franchir le pas. Dans la nuit du 24 au 25 octobre, les Gardes rouges s'emparent des lieux clés de Petrograd (les postes, les centres téléphoniques, les gares, les ponts et les banques), si bien que, le lendemain matin, les bolcheviks contrôlent de la ville. Le gouvernement provisoire émet une faible résistance, bien vite écrasée. Le 26 octobre, Lénine annonce la formation d'un nouveau gouvernement, le Conseil des commissaires du peuple, dont les premières actions sont de proclamer la « collectivisation » des terres et de réclamer la paix, et propose un armistice de trois mois.

Cet armistice place la Russie en dehors de la Première Guerre mondiale. L'armée se disloque, les soldats quittent le front pour revenir vers leurs terres qu'ils craignent de voir confisquées. Tout d'abord inquiets d'avoir affaire à des révolutionnaires appelant les travailleurs du monde entier à se soulever contre les classes dirigeantes pour mettre fin à la guerre, les Allemands et les Autrichiens tardent à réagir au décret de paix de Lénine du 26 octobre. Quand les bolcheviks, surpris de constater que leur appel à la Révolution mondiale ne rencontre aucun écho, réclament à nouveau la paix le 15 novembre, les Allemands réagissent. Le 3 décembre, les délégations allemande, autrichienne, turque et bulgare rencontrent les représentants du soviet à Brest-Litovsk, forteresse polonaise perdue par les Russes en 1915. Les discussions, fréquemment ajournées, durent jusqu'en 1918. L'armistice de trois mois, tacitement accepté par les Allemands, arrive bientôt à son terme, mais les bolcheviks, sans atout en main, refusent les conditions d'un ennemi exigeant de la Russie la perte de la Pologne ainsi que d'autres territoires plus à l'est. Lénine fait traîner les négociations, en partie parce qu'il craint que, une fois la paix signée, l'Allemagne et ses ennemis ne s'unissent contre le gouvernement du soviet pour écraser la révolution qu'ils craignent de voir se répandre en Europe occidentale[63]. Les Allemands finissent par perdre patience, annoncent qu'ils vont mettre fin à l'armistice si leurs conditions ne sont pas acceptées et menacent même de reprendre leur progression. Le 17 février, la menace prend effet. En l'espace d'une semaine, ils avancent de 250 kilomètres, ne rencontrent aucune résistance, et semblent en mesure d'aller plus loin. Pris de panique, le gouvernement du soviet ordonne à sa délégation de Brest-Litovsk d'accepter les exigences de l'Allemagne. Le traité qui en résulte cède à l'ennemi une zone de 750 000 kilomètres carrés, soit trois fois la taille de l'Allemagne, où se trouvent un quart de la population et des ressources industrielles russes, et un tiers de ses terres agricoles.

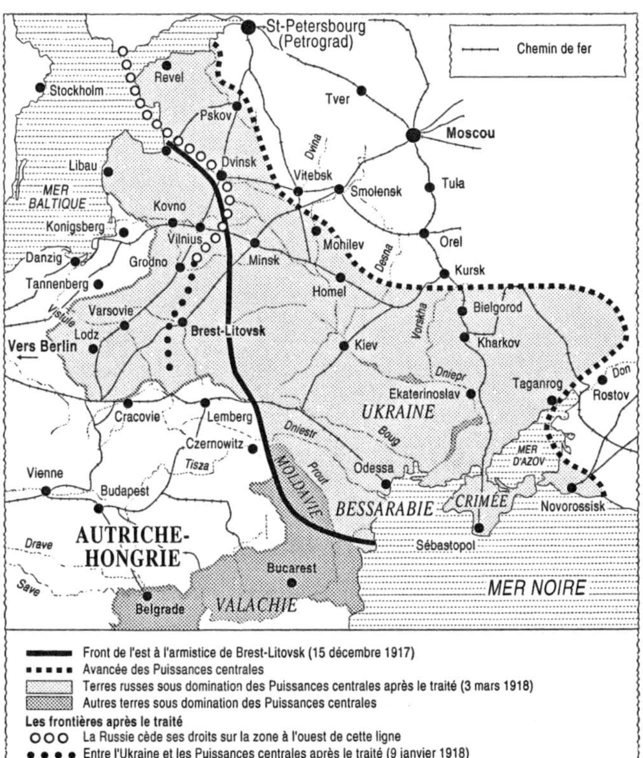

Le front Est 1917-1918

L'Allemagne a déjà transféré ses meilleures unités de l'Est vers le front de l'Ouest. Elle entend préparer des offensives devant lui faire gagner la guerre contre les Français et les Britanniques, et ne laisse que des formations secondaires occuper et exploiter son nouvel empire en Ukraine. L'armée russe a disparu, ses soldats ayant, selon la phrase célèbre de Lénine, « voté pour la paix avec leurs pieds ». Des centaines de milliers d'entre eux ont cessé de faire la guerre bien avant la révolution d'Octobre et sont partis en captivité chez l'ennemi. « En 1915, pendant le retrait de Galicie, environ un million de soldats russes furent faits prisonniers, dont les trois quarts volontairement [64] ». A la fin de 1917, près de quatre millions de Russes sont aux mains des Allemands ou des Autrichiens, de sorte que le nombre de prisonniers russes finit par dépasser celui des pertes subies à raison de trois prisonniers pour un soldat blessé ou un tué. L'estimation la plus récente des morts de guerre russes est de 1,3 million, soit à peu près autant que les Français, dont les pertes en prisonniers sont négligeables [65]. Le soldat-paysan russe ne connaît pas le sentiment qui unit les soldats allemands, français et britanniques à leurs camarades, à leur unité et à la cause nationale. Il « trouve la psychologie des soldats professionnels impénétrable, [considérant son] nouveau devoir comme temporaire et sans intérêt [66] ». La défaite entraîne bien vite la démoralisation, si bien que même les soldats décorés pour bravoure n'éprouvent aucune honte à se rendre à un ennemi qui promet nourriture et abri. Il faut saluer les ennemis de la Russie pendant la Première Guerre mondiale pour avoir pris grand soin de leurs prisonniers, chose qu'ils ne feront pas pendant la Seconde, où des cinq millions de soldats soviétiques capturés sur le champ de bataille trois millions mourront de faim, de maladie et de mauvais traitements. La captivité lui semblant être assez agréable, l'armée russe a commencé à se désintégrer avant même l'effondrement de l'arrière. Une fois que les bolcheviks entament des procédures de paix, la dislocation est irréversible.

Au printemps 1918, une fois les Allemands en Ukraine, le gouvernement révolutionnaire se rend compte qu'il ne dispose pas de forces suffisantes pour défendre le pouvoir qu'il a saisi et dont il n'a plus que le nom. La seule unité disciplinée à sa disposition est un groupe de volontaires lettons, plus dévoués à la cause de l'indépendance nationale de la Lettonie qu'à l'idéologie bolchevique. La masse paysanne est repartie dans les campagnes, ne laissant sous l'uniforme qu'un ramassis de déracinés, sans foi ni loi ou orphelins, prêts à suivre n'importe quel chef du moment qu'il leur fournit nourriture et boisson forte. Certains sont d'ex-officiers tsaristes qui lèvent des « Armées blanches » contre les bolcheviks, d'autres sont des commissaires du peuple désireux de créer une Armée rouge. Dans un cas comme dans l'autre, ils manquent désespérément d'hommes, d'armes et d'argent. La guerre civile russe va bientôt commencer.

LA DÉBÂCLE SUR LE FRONT ITALIEN

L'Italie voit également son armée s'effondrer en 1917. Contrairement aux effondrements des Français et des Russes, respectivement dus à l'échec d'une offensive et à une révolution, l'effondrement italien est provoqué par une grande défaite. Caporetto, petite ville frontalière sur l'Isonzo, est, en octobre 1917, le théâtre d'une importante percée austro-allemande. Les Italiens doivent abandonner les positions qu'ils ont eu tant de mal à conquérir au cours des trente mois précédents, et les débris de leur armée refluent vers la plaine du Pô. Le désastre de Caporetto fait perdre sa réputation à l'armée italienne, réputation qu'elle ne rétablira pas pendant la Seconde Guerre mondiale. Les railleries faciles et nombreuses sur les qualités militaires des Italiens n'ont pas cessé depuis, ce qui est injuste. Les Italiens des Cités-Etats de la Renaissance furent de remarquables soldats. Les galères et les forteresses vénitiennes défièrent les Turcs ottomans pendant trois cents ans. Le royaume de Savoie s'est vaillamment battu pour l'indépendance nationale et l'unification contre les Habsbourg. Il a combattu d'égal à égal aux côtés des Français et des Britanniques en Crimée. Ce n'est qu'après l'unification que les ennuis militaires de l'Italie commencent. Sur la solide base de l'armée de Savoie, recrutée parmi les montagnards des Alpes italiennes, les paysans et citadins industrieux des plaines du Nord, se sont greffés les restes des armées du Sud, armées d'opérette sans aucun attachement à leurs souverains ni sens du devoir militaire. « Habillez-les de rouge, de bleu ou de vert », a un jour observé l'indolent roi « Bomba » de Naples à ses conseillers militaires au cours d'un débat sur les nouveaux uniformes, « ils fuiront de la même manière ». Bomba est un réaliste. Il sait que, dans un Etat où les propriétaires terriens, traditionnels pourvoyeurs d'officiers, ne se préoccupent que d'exploiter au maximum les paysans pauvres ou sans terres, il ne peut y avoir aucun sens du sacrifice.

Les professionnels de l'armée de Savoie, passés maîtres dans l'art de l'artillerie et des fortifications (arts littéralement inventés par les Italiens de la Renaissance), font de leur mieux pour amalgamer ces anciens et ces nouveaux éléments en une armée nationale. Ils le font avec beaucoup d'intelligence. L'un des traits distinctifs du corps des officiers de l'armée de Savoie est qu'il est le seul en Europe à offrir aux Juifs de véritables opportunités de carrière. La différence de qualité entre les recrues du Nord et celles du Sud entrave largement leurs efforts. On se demande aujourd'hui si les soldats du Sud furent vraiment plus mauvais que ceux du Nord[67]. Certaines unités du Sud se sont à l'évidence remarquablement battues. Il n'en reste pas moins indiscutable que, si les recrues mieux éduquées et plus qualifiées des

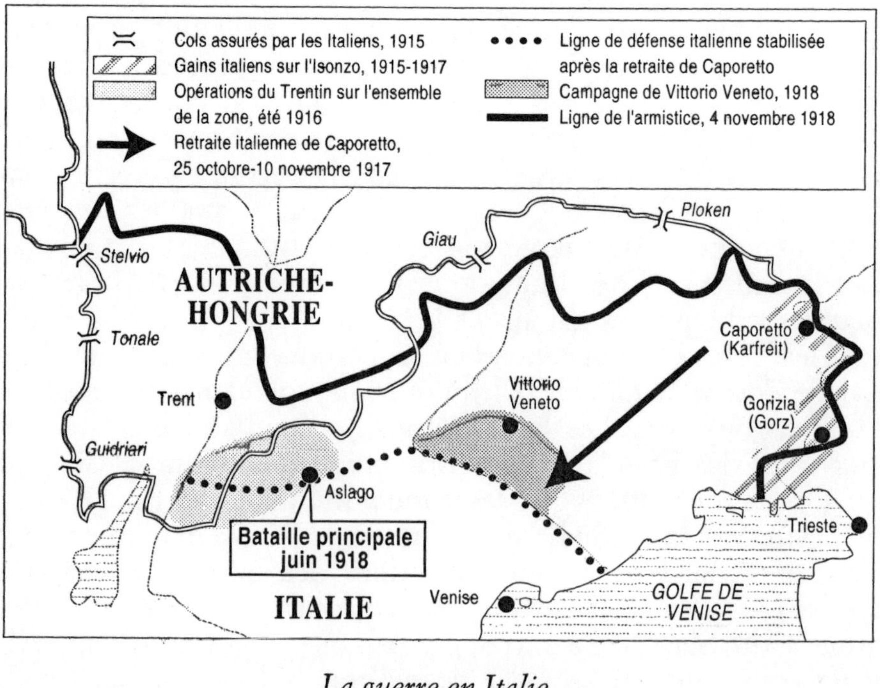

La guerre en Italie

villes industrielles du Nord entrent dans l'artillerie ou le génie, l'infanterie est essentiellement constituée de paysans venant du Sud. « La partition Nord-Sud du royaume est donc perpétuée en temps de guerre », les paysans pauvres du Sud payant une large part du coût humain d'une guerre décidée par la dynastie du Nord, et menée de manière impitoyable par des généraux, eux aussi originaires du Nord du royaume [68].

Dans ce contexte, il est tout à l'honneur de l'armée italienne d'avoir persévéré au cours de onze assauts coûteux et infructueux sur sa frontière escarpée avec l'Autriche. La fréquence des offensives, tous les trois mois entre mai 1915 et août 1917, est plus élevée que celle exigée des armées françaises et britanniques sur le front de l'Ouest. Les conditions en sont également plus épuisantes. Sur un terrain rocailleux, les tirs d'artillerie causent 70 % de victimes de plus par obus tiré que sur le sol meuble de la France ou de la Belgique [69]. La discipline italienne est également plus dure. Peut-être que, comme le croit le commandant en chef italien, le général Luigi Cadorna, la faiblesse sociale de son armée requiert que les manquements au devoir soient punis avec une sévérité qui n'a pas cours dans l'armée allemande ou au sein du BEF : l'armée italienne pratique des exécutions sommaires et des décimations [70]. Les Britanniques ou les Allemands n'auraient certainement pas toléré de telles « mesures de coercition », et l'on peut saluer le fantassin italien, mis à rude épreuve, de les avoir subies sans broncher [71].

Toutes les armées se trouvent, à un moment ou un autre, au bord de l'implosion. Cela peut survenir lorsque les combattants calculent, avec plus ou moins d'exactitude, que le risque de mourir semble dépasser sa probabilité statistique. Cette ligne fut franchie par les Français au début de 1917, lorsque le nombre de morts égala celui de l'infanterie des divisions en ligne : les morts français, dépassant le million, étaient plus nombreux que les effectifs de leurs 135 divisions. Un survivant peut donc évaluer que la chance, le facteur « stochastique », a tourné en sa défaveur et que, comme le disent les *tommies*, « son numéro a été tiré ». A l'automne 1917, l'armée italienne compte soixante-cinq divisions d'infanterie, soit environ 600 000 fantassins. La plupart des 571 000 morts italiens de la guerre sont déjà tombés, et le sentiment que « les numéros ont été tirés » est un sentiment probablement collectif. « Inexplicablement, le moral demeure excellent à la veille de la onzième bataille de l'Isonzo, menée sur le plateau de Bainsizza du 19 août au 12 septembre. La raison en est plutôt alarmante : tout le monde espère qu'elle sera décisive [72]. » Mais son issue est plus que décourageante : « L'armée perd 100 000 hommes et les gains laissent la ligne de front italienne plus vulnérable qu'avant. Cinquante et une divisions... ont été jetées dans cette bataille massive, mais dès la deuxième semaine de septembre, la fin de la guerre paraît plus éloignée que jamais. »

Pas pour les Autrichiens. Au printemps 1915, les succès russes en Galicie entraînant la chute de Przemysl et de Lemberg avaient obligé les Autrichiens à faire appel aux Allemands. La onzième offensive italienne sur l'Isonzo les oblige à faire de même. Le 25 août, l'empereur Charles écrit en ces termes au Kaiser : « Les enseignements de cette onzième bataille me conduisent à penser que nous aurons du mal à en supporter une douzième. Mes généraux et mes braves soldats pensent que cette éventualité ne peut être contrecarrée que par une offensive, mais les troupes nous font cruellement défaut. » Ce qu'il demande aux Allemands, c'est de remplacer les Autrichiens sur le front de l'Est, pour pouvoir transférer les divisions ainsi libérées sur l'Isonzo. Mais il finit par se persuader que des renforts allemands seront plus efficaces contre les Italiens. Ludendorff partage ce point de vue et, après avoir envisagé puis abandonné l'idée d'une offensive de diversion depuis le Tyrol, il est décidé d'envoyer sept divisions allemandes. Associées à six divisions autrichiennes, elles vont former la nouvelle XIVe armée qui va contre-attaquer sur l'Isonzo. Les divisions allemandes ont été spécialement sélectionnées. Elles comprennent la 117e, qui a accumulé une longue expérience du combat dans les Carpates, la 200e et ses troupes à ski, ainsi que l'illustre *Alpenkorps*, division de montagne bavaroise au sein de laquelle sert le jeune Erwin Rommel qui commande une compagnie du bataillon du Wurtemberg [73].

Au total, la force austro-allemande assemblée pour la « douzième bataille » compte trente-cinq divisions contre trente-quatre italiennes, et 2 430 canons contre 2 485. Ces forces sont, croit-on, tout à fait insuffisantes pour monter une offensive et, *a fortiori*, pour parvenir à percer. A force d'attaquer, Cadorna a fini par oublier que l'ennemi pourrait réagir, et par là même, lui offre des possibilités de succès. En capturant la majeure partie de la vallée de l'Isonzo, particulièrement encaissée, il a sans le vouloir tendu un piège sur ses arrières. En ne poussant pas assez au-delà du fleuve, il a laissé deux têtes de pont aux mains de l'ennemi. Situées au nord et au sud, elles peuvent servir de points de départ pour un enveloppement complet de la 2e armée italienne.

Tel est d'ailleurs le plan austro-allemand. Cadorna a beaucoup fait pour en faciliter la réalisation. Sa ligne de front est occupée par une forte densité de troupes, là où elles ont le plus de chance d'être isolées, et ses réserves sont trop éloignées pour rejoindre rapidement le front en cas de crise [74]. Les lignes intermédiaires sont quasiment vides. Malgré les signes avant-coureurs d'une contre-offensive, ces dispositions demeurent inchangées. Cadorna ne sait pas précisément où celle-ci va se produire, et ses officiers d'état-major, craignant son tempérament orageux, n'osent lui conseiller de prendre des mesures plus prudentes sur ce secteur vulnérable. Le seul subalterne à manifester son opposition à Cadorna, qui insiste pour que les gains obtenus lors de la onzième offensive soient tenus coûte que coûte, est le général Capello, commandant un corps de la 2e armée, qui désire reprendre l'offensive.

Mais il est objectivement impossible de repartir à l'attaque. L'ennemi s'est considérablement renforcé. Plusieurs nuits de suite, profitant de l'obscurité, les divisions austro-allemandes se rassemblent dans les profondes vallées en deçà de l'Isonzo, échappant à la détection des patrouilles aériennes italiennes. Elles atteignent leurs positions de départ au soir du 23 octobre [75]. Le lendemain matin, le bombardement débute de bonne heure, par des tirs d'obus à gaz contre les positions d'artillerie italiennes * suivis d'un bombardement classique. A 7 heures, les tranchées italiennes sont dévastées, et l'assaut peut commencer.

La 22e division autrichienne, slovène, et la 8e division « Edelweiss », largement composée des éléments d'élite des *Kaiserjäger* du Tyrol, sont à la pointe de l'attaque. Attaquant en aval depuis Flitsch, ils suivent la vallée de l'Isonzo vers Caporetto (Karfreit pour les Autrichiens) à la rencontre de

---

* Hugh Dalton, futur ministre des Finances britannique, alors jeune officier d'artillerie dont la batterie a été prêtée au front italien, rapportera que les masques à gaz italiens sont inefficaces.

l'autre division de pointe, l'*Alpenkorps*, qui remonte depuis Tolmino (Tolmein). A l'avant-garde de l'*Alpenkorps* marche le *Leibregiment* bavarois (les Gardes du corps) soutenu par le bataillon de montagne du Wurtemberg où Erwin Rommel sert comme commandant de compagnie. Cantonné dans un rôle de soutien, Rommel ronge autant son frein en tant que lieutenant qu'il le rongera en tant que commandant de division blindée en 1940. Il ne tarde pas à se retrouver séparé du *Leibregiment* et à la pointe de l'attaque. L'ennemi est peu présent et sa résistance est faible. « Il fallait maintenant que je décide ou bien de contourner les positions ennemies ou de percer en direction du pic de Hevnik [hauteur clé des arrières italiennes]. J'optai pour la seconde option. Une fois en possession du pic, les forces italiennes furent éliminées. Plus nous pénétrions dans les positions ennemies, moins les garnisons s'attendaient à notre arrivée, et plus la lutte était facile. Je ne me souciais pas du contact à droite et à gauche[76]. » Rommel adopte ici la tactique d'infiltration, manœuvre d'infanterie qu'il répétera pendant la Seconde Guerre mondiale avec ses chars et qui, en perçant des couloirs étroits et profonds dans les lignes ennemies, annihile aussi bien leurs moyens matériels que leur volonté de résistance par un choc tant psychologique que physique.

Ce que Rommel accomplit sur son secteur très étroit mais critique est reproduit ailleurs. Les Allemands et les Autrichiens, en pénétrant dans le défilé escarpé de la vallée de l'Isonzo, en contournant les points d'appui italiens et en visant les hauteurs, ouvrent une brèche de vingt-cinq kilomètres de large dans le front italien, laissant derrière eux quatre divisions italiennes isolées et encerclées. En outre, à mesure que la XIVe armée austro-allemande avance en profondeur, la menace pesant sur les flancs de la majeure partie des troupes italiennes au nord et au sud se précise, mettant l'ensemble du front de l'Est de Cadorna à la merci d'un effondrement sur ses arrières. L'inquiétude du haut commandement est renforcée par la panique au sein des unités. La rumeur d'une percée ennemie mine la volonté de résistance des soldats, comme ce sera le cas vingt-trois ans plus tard lorsque, derrière la Meuse, les chars de Rommel bousculeront sans aucune difficulté une armée française démoralisée. Le lieutenant Rommel multiplie les prisonniers : quelques dizaines au début, puis des centaines et enfin tout un régiment, fort de quinze cents hommes qui, après avoir hésité à se rendre à un seul officier agitant un mouchoir blanc pour montrer ce qu'il veut (Rommel, toujours prêt à se singulariser, s'est avancé seul), jettent soudain leurs armes et se précipitent pour le hisser sur leurs épaules en criant « *Evviva Germania* [77] ».

La capitulation de ce régiment, le 1er de la brigade de Salerne, survient au troisième jour de la bataille de Caporetto. L'ensemble du front italien de l'Isonzo s'est alors effondré, l'armée n'obéit plus aux ordres, des centaines de milliers de soldats descendent des montagnes vers les plaines. Pis : « Les réserves remontant pour combattre étaient accueillies aux cris de " briseurs de grève ". Les troupes [autrichiennes] croisaient des unités italiennes intactes partant en captivité et qui criaient " *Evviva la Austria* " [78]. » Le 26 octobre, comme dans un cauchemar, Cadorna réalise qu'une retraite générale vers le Tagliamento, l'autre grand fleuve à l'ouest de l'Isonzo, est inévitable. L'ennemi avance avec détermination, ne lui permettant pas de s'y arrêter. Bien que les Italiens fassent sauter les ponts derrière eux, leurs poursuivants traversent le fleuve. Le 3 novembre, les Austro-Allemands ont repoussé les troupes italiennes vers la Piave, obstacle majeur ne pouvant être franchi que par une attaque soigneusement préparée. Mais les vainqueurs, trop éloignés de leurs lignes d'approvisionnement, n'en ont pas les moyens. Cependant, leur percée est extraordinaire. En onze jours, ils ont avancé de 130 kilomètres et sont maintenant suffisamment près de Venise pour frapper la ville ; ils ont obligé les Italiens à retraiter sur toute la longueur de leur frontière entre le Tyrol et la mer ; enfin, ils ont fait 275 000 prisonniers. Les pertes italiennes pour la bataille sont au total relativement faibles, au regard des statistiques de la Première Guerre mondiale, puisqu'elles ne s'élèvent qu'à 10 000 morts.

Cadorna fait tout ce qu'il peut pour augmenter ce chiffre, notamment en instituant l'exécution sommaire des traînards, épisode décrit de façon mémorable dans *L'Adieu aux Armes* d'Ernest Hemingway, alors ambulancier volontaire aux côtés des Italiens. Même s'il n'a pas assisté à ces scènes, la véracité de son récit ne peut être remise en cause et reste une des meilleures évocations littéraires de ce qu'est un désastre militaire. La cruauté punitive de Cadorna ne parvient pas à enrayer la débâcle, pas plus qu'elle ne sauve sa tête. Il n'a jamais fait confiance à ses compatriotes. En retour, ces derniers ne l'ont jamais l'aimé ni respecté, si ce n'est par la peur. Lorsque, juste après Caporetto, il tente d'attribuer l'effondrement de l'armée au défaitisme de l'arrière (il y a eu une vague de grèves en août et des effusions sporadiques d'enthousiasme pour « Lénine » et « la révolution »), il perd le soutien du Gouvernement. Le 3 novembre, faisant écho à des sentiments exprimés en France après l'offensive du Chemin des Dames, il décrit la retraite de Caporetto comme « une sorte de grève militaire ». Cinq jours plus tard, il est limogé et remplacé par le général Armando Diaz qui, à l'image de Pétain après l'échec de Nivelle, va offrir au simple soldat un régime de permissions plus souple et des avantages pour l'encourager à poursuivre le combat [79].

De fait, l'armée italienne, comme l'armée française, ne lancera pas d'offensive avant l'année suivante. Elle sera alors épaulée par un contingent étranger, en grande partie britannique, beaucoup plus puissant qu'aucun de ceux dont la France disposera en 1918. Caporetto, l'une des rares victoires indiscutables de la Première Guerre mondiale, est un triomphe pour les Allemands, une reconnaissance des qualités militaires de leurs alliés autrichiens pourtant chancelants, et une défaite notoire pour les Alliés à la fin d'une année qui les a vus subir de nombreux revers. Si elle a un effet positif, c'est bien celui de forcer la Grande-Bretagne et la France à reconnaître que leur conduite approximative de la guerre, par des liaisons informelles et des conférences tenues à intervalles irréguliers, ne peut perdurer s'ils veulent gagner la guerre. Le 5 novembre, une réunion interalliée est prévue dans la ville italienne de Rapallo, au cours de laquelle il est décidé d'établir un Conseil de guerre suprême permanent, ayant la responsabilité de coordonner la stratégie des Alliés. Il siégera à Versailles sous l'égide des Premiers ministres britannique, français et italien, et du président des Etats-Unis.

L'AMÉRIQUE, LES SOUS-MARINS ET PASSCHENDAELE

Le président Woodrow Wilson a déclaré que l'Amérique était « trop fière pour combattre », sentiment reflétant sa propre répugnance pour la guerre. Intellectuel généreux et idéaliste, il s'est forgé la certitude que de simples négociations entre les nations dans une diplomatie ouverte est le moyen qui permet d'éviter les conflits. Au cours de l'année 1916, par l'intermédiaire de son émissaire le colonel Edward House, il a tenté d'amener les belligérants à négocier selon des termes qu'il juge équitables pour tous. Le refus qu'il essuie le démoralise. Wilson n'en est pas moins parfaitement conscient que l'emploi de la force dans les affaires internationales peut être une solution, et il est prêt à y avoir recours si nécessaire. En 1915, il a mis fin à la campagne allemande de guerre sous-marine « à outrance » en menaçant d'user de la puissance navale américaine pour préserver la liberté des mers. Le colonel House a été autorisé à promettre aux seuls Alliés une intervention militaire américaine dans le cas où ils accepteraient ses conditions pour ouvrir une conférence de paix. Mais au printemps 1917, il n'a toujours aucune intention de faire entrer son pays dans la guerre, pas plus que ses compatriotes ne font preuve d'enthousiasme à cette idée. Parmi la grande proportion de descendants allemands se trouvent des activistes qui, au travers des liens germano-américains, font d'ailleurs campagne contre cette éventualité.

Deux événements viennent modifier la position américaine. Le premier est une démarche maladroite des Allemands auprès du Mexique, lui proposant une alliance qui serait récompensée par le retour du Texas, de l'Arizona et du Nouveau-Mexique, si l'Amérique entrait en guerre contre l'Allemagne. Ce « télégramme de Zimmermann » est transmis au gouvernement américain par les services de renseignements navals britanniques (bien que le Département d'Etat américain l'ait intercepté indépendamment). Quand il est rendu public, le 1er mars 1917, il provoque un scandale. Le second événement est la décision de l'Allemagne de reprendre sa campagne de guerre sous-marine à outrance, consistant à couler des navires marchands sans préavis en eaux internationales [80]. Depuis août 1916, ce retour à la politique de 1915 fait l'objet de débats en Allemagne. Tous sont conscients de la violation des lois maritimes qu'elle représente et de ses possibles répercussions. Le code en vigueur exige de ceux qui attaquent les navires de commerce, depuis des navires de surface ou des sous-marins, de les arrêter, de laisser leurs équipages les évacuer, de leur fournir de la nourriture et de l'eau, et de veiller à ce qu'ils atteignent les terres les plus proches avant de détruire le navire. La politique allemande de guerre à outrance autorise les sous-marins allemands à faire usage de leurs canons ou de leurs torpilles sans sommation. Le chantre de cette politique est l'amiral Henning von Höltendorff, chef de l'état-major naval. Son argument est que seule une guerre totale contre les navires marchands britanniques peut permettre de gagner la guerre avant que le blocus et l'usure des troupes n'épuisent l'Allemagne. Par des calculs statistiques, il démontre que, si 600 000 tonneaux alliés (en majorité britannique) sont envoyés par le fond chaque mois, la Grande-Bretagne sera au bord de la famine au bout de cinq mois, et la France comme l'Italie seront privées des ravitaillements en charbon nécessaires à la bonne marche de leurs économies. Un argument similaire sera utilisé par la marine allemande au cours de la Seconde Guerre mondiale où, dès le début du conflit, elle instituera une politique de guerre sous-marine à outrance. Au printemps 1917, la marine allemande dispose d'une centaine de sous-marins pour des opérations en mer du Nord, dans l'Atlantique, la Baltique et la Méditerranée. Elle reçoit alors l'ordre de commencer à attaquer les vingt millions de tonnes de fret britannique * dont le pays dépend pour sa survie [81].

Bien que le chancelier Bethmann-Hollweg s'oppose à leur avis, Hindenburg et Ludendorff réagissent avec enthousiasme au mémorandum du 22 décembre 1916 de Höltendorff, pressant pour un retour à la guerre sous-marine à outrance. Le 9 janvier 1917, lors d'une conférence impériale, il est décidé de courir le risque : « La peur d'une rupture (avec les Etats-Unis) affirme Höltendorff, ne doit pas nous empêcher d'utiliser cette arme prometteuse [82]. » La campagne, dans les mers entourant les îles britanniques, sur la côte ouest de la France et en Méditerranée, débute le 1er février. Aux Etats-Unis, les conséquences politiques sont immédiates et la sévérité de la réaction américaine dépasse largement les prévisions de l'Allemagne. Le 26 février, le jour même où deux Américaines meurent noyées dans le torpillage du paquebot *Laconia* par un sous-marin allemand, le président Wilson demande au Congrès la permission d'armer les navires marchands américains. Le 15 mars, les sous-

* Sur un total mondial de trente millions.

marins de Höltendorff attaquent directement des navires marchands américains et en coulent trois. Wilson, à contrecœur, comprend qu'il ne peut ignorer cette atteinte à la souveraineté américaine. Le 2 avril, en préambule à une session extraordinaire du Congrès, il passe en revue le développement de la campagne sous-marine allemande, la déclare « guerre contre toutes les nations », et demande au Congrès « d'accepter le statut de belligérant qui vient ainsi de lui être imposé ». Quatre jours plus tard, le Congrès décide de déclarer officiellement la guerre à l'Allemagne. Des déclarations contre l'Autriche-Hongrie, la Turquie et la Bulgarie suivent, une loi de conscription militaire sélective est votée le 18 mai 1917. Les forces armées des Etats-Unis commencent immédiatement à se préparer pour débarquer en Europe.

La mobilisation de la marine américaine, deuxième flotte au monde après celle de la Grande-Bretagne, fait basculer l'équilibre des forces navales dans l'Atlantique et la mer du Nord du côté des Alliés. Après décembre 1917, où cinq dreadnoughts américains rejoignent la Grande Flotte, la Flotte de haute mer, surclassée en nombre par trente-cinq bâtiments contre quinze, ne peut plus espérer s'imposer [83]. L'armée américaine, quant à elle, ne compte en avril 1917 que 108 000 hommes, inaptes à partir en campagne. Le placement sous l'autorité fédérale d'une Garde nationale constituée de 130 000 soldats à temps partiel n'ajoute pas grand-chose à son efficacité. Les meilleures unités américaines appartiennent aux corps des *marines*, qui ne compte que 15 000 hommes. Il est néanmoins décidé de former un corps expéditionnaire, constitué d'une division d'infanterie et de deux brigades de *marines*, et de l'envoyer immédiatement en France. Pendant ce temps, on lèvera par conscription un contingent d'un million de recrues. Un autre million doit suivre rapidement. Et Wilson espère que deux millions de soldats seront en France en 1918.

Pour les Allemands, le spectre de la mobilisation de millions d'Américains rend plus urgente encore l'utilisation des *U-boote* pour affamer leurs adversaires européens. Les premiers mois de cette guerre sous-marine laissent penser qu'elle peut réussir. Au cours de l'année 1915, les *U-Boote* ont coulé 227 navires britanniques (855 721 tonneaux), dont la majorité lors de la première campagne de guerre à outrance. Pendant la première moitié de 1916, ils coulent 610 000 tonneaux tous pavillons confondus. Mais lorsque l'Amirauté revient à un respect plus strict de la législation maritime en mai 1916, les torpillages baissent alors très nettement. Au printemps 1917, un programme de construction accélérée ayant porté le nombre de *U-Boote* à 148, les torpillages augmentent proportionnellement pour atteindre 195 navires coulés (328 391 tonneaux) [84]. Quand en février les torpillages à outrance reprennent, les pertes augmentent mois après mois pour atteindre des niveaux terrifiants : 520 412 tonneaux en février, 564 497 en mars et 860 334 en avril. L'objectif de Höltendorff de 600 000 tonneaux coulés par mois, nécessaire pour remporter la guerre, est dépassé, menaçant de provoquer une défaite alliée.

L'Amirauté ne voit aucun moyen d'éviter le désastre. Armer les navires marchands ne sert à rien lorsque les sous-marins lancent leurs torpilles immergés. Le minage de l'embouchure des bases de *U-Boote* ne donne aucun résultat ; les mines britanniques sont peu fiables, et les bases trop nombreuses et d'accès trop difficile pour être neutralisées. Chasser un *U-Boote* revient à chercher une aiguille dans une botte de foin, même sur les itinéraires de navigation. Le piège que constituent les célèbres navires « Q », maquillés en petits navires marchands mais en fait lourdement armés, donne quelques succès occasionnels, jusqu'à ce que les capitaines allemands les identifient. Faire passer les navires par d'autres zones que celles reconnues comme dangereuses ne réduit les pertes que peu de temps, car les *U-Boote* se déplacent. Pendant ce temps, l'hémorragie continue sans pouvoir apparemment être arrêtée. Les pertes des sous-marins sont négligeables : dix entre octobre et décembre 1916, seulement neuf de février à avril 1917, dont deux coulés par des mines allemandes. La seule arme efficace des Alliés, la grenade sous-marine, ne sert qu'une fois un *U-Boot* localisé. Quant à l'hydrophone, seul moyen de détection, il ne marche qu'à une distance de quelques centaines de mètres.

Il n'existe qu'une solution disponible, le convoi, mais l'Amirauté y est réticente. Faire naviguer les navires en groupes, même sous escorte, ne semble offrir qu'un plus grand nombre de cibles. Comme l'écrit la Division des opérations de l'Amirauté en janvier 1917, « il est évident que plus le nombre de navires formant le convoi sera élevé, plus un sous-marin aura de chance de réussir son attaque ». Le document conclut que naviguer « indépendamment » est ce qu'il y a de plus sûr [85]. L'analyse est en fait erronée. Dans les espaces maritimes, un groupe de navires attire à peine plus l'attention qu'un navire seul, et, s'il n'est pas détecté par un *U-Boot*, tous ses navires échappent au danger. En revanche, des navires isolés se succédant offrent davantage de chance aux sous-marins de les repérer et donc de les couler. L'Amirauté est également induite en erreur par un autre calcul erroné. En essayant d'estimer le nombre de navires nécessaires à l'escorte des convois, elle s'aperçoit qu'elle n'a pas assez de navires de guerre pour protéger les 2 500 navires qui débarquent chaque semaine leur cargaison en Grande-Bretagne. Ce n'est qu'après une analyse plus poussée, effectuée par le nouveau ministre de la Navigation, Norman Leslie, et par un jeune officier de marine, le commandant R.G.A. Henderson, qu'une solution apparaît. Le nombre hebdomadaire de navires marchands nécessaires à l'effort de guerre n'est que de 120 à 140, et la *Royal Navy* dispose d'un nombre suffisant de navires pour les escorter [86].

Le 27 avril, les amiraux se convainquent de la nécessité d'adopter les convois, et apparemment pas sous l'impulsion de Lloyd George, comme il est souvent dit. Le 28 avril, le premier convoi est lancé et atteint la Grande-Bretagne sans dommage le 10 mai. A partir de ce moment-là, le convoyage est progressivement introduit pour tous les voyages océaniques. Les pertes commencent à baisser. Cependant, elles se maintiennent en août à 511 730 tonneaux et se montent à 399 110 en décembre. Ce n'est qu'au deuxième trimestre de l'année 1918 qu'elles passent sous la barre des 300 000 tonneaux par mois. Mais près de quatre millions des trente millions de tonneaux circulant dans le monde ont été coulés en un peu plus d'un an. C'est à la méthode du convoi que les Alliés doivent d'avoir stoppé l'hémorragie, même si, à l'image de la seconde guerre sous-marine de 1939-1943, elle ne permet pas de neutraliser définitivement les *U-Boote*. D'importantes mesures complémentaires doivent ainsi être mises en place : minage systématique (70 000 mines sont posées entre l'Ecosse et la Norvège), affectation d'un grand nombre d'avions et de dirigeables à des patrouilles anti-sous-marines au-dessus des chenaux (685 avions et 103 dirigeables) et multiplication des escortes (195 en avril 1918) [87].

Un effet indirect important du convoyage est d'obliger les *U-Boote* à opérer à proximité du rivage pour traquer les petits vaisseaux sans escorte. Les patrouilles aériennes, les hydrophones et les grenades sous-marines sont alors plus à même de les détecter, et les barrières de mines d'être efficaces. Des 178 *U-Boote* perdus au cours de la guerre sur 390 construits, 41 furent victimes de mines et seulement 30 de grenades sous-marines. Les attaques directes sur les bases sous-marines, comme lors du fameux raid sur Zeebrugge le 23 avril 1918, n'arrêtent en aucun cas les opérations. Cependant, aussi incertaine et hésitante que soit la chasse aux sous-marins, l'objectif fixé par Höltendorff pour gagner la guerre n'est jamais atteint. Si les Britanniques ne remportent pas vraiment cette guerre sous-marine, les Allemands parviennent à la perdre.

La guerre sous-marine à outrance va néanmoins avoir pour effet de pousser la Grande-Bretagne à entreprendre la tristement célèbre troisième bataille d'Ypres ou de Passchendaele, du nom du village détruit au cours de l'offensive et qui devint son ultime objectif. Lors de la première bataille d'Ypres en octobre-novembre 1914, l'ancien BEF avait réussi à combler la brèche ouverte entre l'armée française et la côte flamande, scellant ainsi le front de l'Ouest. Lors de la deuxième bataille, en avril 1915, les Britanniques avaient subi la première attaque chimique de la guerre du front de l'Ouest. Malgré quelques pertes de terrain devant Ypres, la ligne avait été tenue. En 1917, la situation militaire dans le secteur de l'armée britannique est bien différente. Malgré leurs succès contre les Français et les Roumains et l'affaiblissement progressif de l'armée russe, les Allemands ne sont plus en position, comme ils l'ont été l'année de Verdun, d'entreprendre des opérations offensives d'envergure. Leurs armées sont trop dispersées, et Hindenburg comme Ludendorff attendent un renversement stratégique de l'équilibre, apporté par une victoire sous-marine ou par un effondrement définitif de la Russie, avant de concentrer leurs forces pour un nouvel effort qu'ils espèrent décisif. Entre-temps, les Britanniques, à qui incombe la lourde charge de poursuivre la guerre à l'ouest après l'échec de Nivelle, font le point sur leur position.

Douglas Haig, héros de la première bataille, défenseur d'Ypres dans la deuxième, prépare depuis longtemps des plans visant à faire du saillant d'Ypres le point de départ d'une contre-offensive qui briserait le front allemand. Une attaque amphibie simultanée sécuriserait la côte, privant les Allemands de leurs bases navales de Blankenberghe et d'Ostende, et porterait, espère-t-il, un coup fatal aux *U-Boote*. Haig a déjà proposé son plan le 7 janvier 1916, peu de temps après avoir succédé à French à la tête du BEF. Il l'affine afin qu'il soit examiné à la conférence interalliée de Chantilly en novembre, mais le projet de Nivelle pour une percée au Chemin des Dames lui est préféré. Après l'échec désastreux de celui-ci, le plan de Haig devient incontournable. Une conférence franco-britannique tenue à Paris les 4 et 5 mai permet d'en débattre. Pétain, successeur de Nivelle, assure Haig du soutien des Français qui pourraient mener jusqu'à quatre offensives pour l'appuyer. Mais en juin, la France ne peut plus cacher à son alliée britannique qu'elle n'a pas les moyens de monter ces offensives. Le 7, Haig rencontre Pétain à Cassel, près d'Ypres, et s'entend dire que « deux divisions françaises ont refusé de relever deux divisions en première ligne ». Leur nombre réel est de cinquante, et l'assurance donnée par Pétain que, si « la situation dans l'armée française a été un temps sérieuse, elle est à présent plus satisfaisante » est parfaitement factice [88]. En visite à Paris, Lloyd George a deviné la vérité et met Pétain au défi de nier que, « pour une raison ou pour une autre, il ne pourra pas se battre [89] ». Ce dernier sourit et garde le silence. Toujours en juin, les mutineries françaises ne pouvant plus être dissimulées, les Britanniques comprennent qu'ils vont devoir se battre seuls. Reste maintenant à leur trouver une raison pour le faire.

Haig est persuadé de pouvoir remporter une victoire, ce qui constitue la meilleure des raisons d'engager une bataille. Les événements locaux, au sud du saillant d'Ypres, apportent de l'eau à son moulin. Le 7 juin, jour où Pétain lui laisse pour la première fois entendre que l'armée française est en difficulté, la 2e armée de Plumer a monté un assaut bien préparé sur la crête de Messines et y a remporté un succès total. Messines prolonge la ligne des monts de Flandres à l'est d'Ypres, tenus par les Allemands depuis la première bataille d'Ypres d'octobre 1914, vers le sud en direction de la vallée de la Lys qui sépare les plaines de Belgique et de France. Les pentes y sont si douces que, pour un simple observateur, aucun terrain dominant ne s'offre à la vue. Mais en y regardant de plus près, on s'aperçoit que les positions occupées par les Allemands dominent celles des Britanniques jusqu'aux seules véritables éminences des Flandres, le mont Kemmel et le mont des Cats, et interdisent aux Britanniques l'observation des arrières allemands entre Ypres et Lille. C'est pourquoi le haut commandement britannique rêve depuis longtemps de s'emparer de la crête de Messines et que, au cours de l'année 1917, les tunneliers ont creusé dix-neuf galeries de mines, remplies de 500 000 kilos d'explosifs. Peu avant l'aube du 7 juin 1917, les mines explosent : le bruit assourdissant est entendu jusqu'en Angleterre ; neuf divisions, dont la 3e division australienne, la division néo-zélandaise et des divisions présentes depuis la première offensive de la Somme (la 16e Irish et la 36e de l'Ulster), partent à l'assaut. Près de trois semaines de bombardement, au cours desquelles trois millions et demi d'obus ont été tirés, ont précédé l'attaque. Lorsque les vagues d'assaut parviennent à la crête de Messines, définitivement dévastée, les rares survivants parmi les défenseurs sont incapables d'offrir la moindre résistance. Les assaillants prennent possession des tranchées allemandes encore utilisables, avec des pertes négligeables. En un seul coup, les Britanniques ont chassé l'ennemi de l'aile gauche du saillant d'Ypres. Le projet de Haig de pousser au centre, et de là d'avancer vers la côte flamande, est ainsi grandement renforcé.

L'obstacle à une deuxième offensive majeure sur le front de l'Ouest, faisant suite à la Somme l'année précédente, reste l'hésitation du Premier ministre. David Lloyd George est accablé par l'augmentation des pertes britanniques qui se montent déjà à un quart de million d'hommes, et par les piètres succès militaires obtenus au prix de ce sacrifice. Il cherche d'autres alternatives, en Italie contre les Autrichiens et même au Moyen-Orient contre les Turcs, politique connue sous le nom de « renversement des piliers » sur lesquels s'appuie la puissance militaire de l'Allemagne. Aucune de ces politiques n'aboutit, et l'insistance de Haig à lancer une grande offensive dans les Flandres se fait plus pressante. Les espoirs de Haig ne sont pas partagés par le principal conseiller militaire de Lloyd George, le général sir William Robertson, ancien soldat de cavalerie dont l'intelligence innée et la force de caractère lui ont valu d'atteindre les sommets de l'armée britannique. Mais malgré ses doutes, il préfère la détermination de Haig aux atermoiements politiques du

Premier ministre. Lorsqu'il lui est demandé de trancher, il se range du côté de Haig.

En juin, Lloyd George forme un nouveau comité restreint au sein du Cabinet, qui succède au Comité des Dardanelles et au Conseil de guerre, pour superviser les opérations militaires. Ce Comité en charge de la politique de guerre, dont font partie les lords Curzon et Milner ainsi que le Sud-Africain Jan Smuts, se réunit pour la première fois le 11 juin. Mais ses sessions les plus importantes se tiennent entre le 19 et le 21, lorsque Haig présente les grandes lignes de son plan et lui demande son aval. Lloyd George l'interroge et le critique sans relâche. Il exprime des doutes fondés sur la certitude affichée par Haig de l'importance de l'offensive Kerenski, s'interroge sur la possibilité de saisir des bases sous-marines, et demande comment l'offensive peut réussir avec une supériorité limitée dans le meilleur des cas à l'infanterie et une simple égalité en artillerie. Haig ne se laisse pas démonter tout au long des deux jours de débats. Malgré les craintes de Lloyd George concernant des pertes qu'il pressent importantes, craintes auxquelles s'ajoutent des difficultés pour renflouer les effectifs des unités, Haig insiste sur le fait qu'il est « nécessaire pour nous de continuer à attaquer l'ennemi... et qu'il est persuadé de pouvoir atteindre le premier objectif », c'est-à-dire les crêtes surplombant Ypres [90].

Ce qui oppose véritablement les deux hommes, c'est que Haig veut se battre, Lloyd George non. Le Premier ministre trouve de bonnes raisons de refuser une nouvelle bataille : elle engendrerait de nombreuses pertes pour peu de gains territoriaux, ne permettrait pas de gagner la guerre (même si Haig parle parfois de « très bons résultats cette année »), et pas plus les Français que les Russes ne le soutiendront. Il suggère d'attendre les Américains et, dans l'intervalle, considère que la meilleure stratégie consiste à lancer une série d'attaques limitées (« la tactique de Pétain ») et pas une nouvelle bataille de la Somme. Par ailleurs, Lloyd George aggrave son cas en dépêchant de l'aide en Italie, dans le but de faire céder l'Autriche. Mais sa principale défaillance, inattendue chez un homme qui domine si facilement son parti et ses collègues parlementaires, réside dans son manque de volonté de réduire Haig et son loyal partisan, Robertson, au silence. Il se sent incapable, en tant que Premier ministre, « d'imposer [son] point de vue en matière de stratégie à [ses] conseillers militaires », et est donc obligé d'accepter le leur [91].

Les conséquences vont en être lourdes. La « Position des Flandres », comme l'appellent les Allemands, est l'une des plus solides du front de l'Ouest, aussi bien géographiquement que militairement. Depuis les petites éminences de Passchendaele, Broodseinde et Gheluvelt, la ligne de front ennemie domine une plaine sans relief où trois ans de bombardement incessant ont fait disparaître toute trace de végétation. Le système de drainage des champs, élaboré depuis des siècles, a également été détruit. Aussi, à la moindre pluie, et elles sont fréquentes dans ces régions côtières, la surface du champ de bataille est rapidement noyée et redevient un marécage. Au bourbier et à l'absence de possibilité de retranchement, les Allemands ont ajouté des difficultés supplémentaires : approfondissement de leur système de tranchées et du réseau de barbelés, constructions de blockhaus et de bunkers en béton, souvent érigés à l'intérieur de constructions en ruine abritant les équipes de terrassiers et camouflant l'ouvrage fini [92]. La Position des Flandres compte à présent neuf niveaux de profondeur : sur le front, une ligne de postes d'écoutes, située dans des cratères d'obus, couvre trois rangées de parapets ou de tranchées qui abritent les bataillons de première ligne. Ensuite vient une zone de bataille où des nids de mitrailleuses sont soutenus par une ligne de casemates. Enfin, dans la zone de bataille arrière, les unités de contre-attaque de la division s'abritent dans des bunkers en béton disséminés entre les positions des batteries de l'artillerie de soutien [93]. Le système de défense des Allemands joue autant en leur faveur que le terrain lui-même. Au quatrième été de la guerre, l'armée allemande s'est rendu compte que la défense d'une position nécessite deux formations séparées et a réorganisé ses divisions en conséquence. La garnison de tranchées, dont on espère qu'elle pourra supporter l'assaut initial, a été réduite aux compagnies et bataillons de la division en ligne. Derrière, dans la zone de bataille succédant à cette première position, sont disposées les divisions de contre-attaque dont la mission est d'avancer une fois l'assaut ennemi arrêté par les défenses fixes et les ripostes locales des troupes avancées [94].

En juillet 1917, les défenseurs de la Position des Flandres se répartissent en dix divisions, incluant des formations aussi solides et bien entraînées que la 3e division de la Garde ou la 111e, comprenant le 73e fusiliers de Hanovre dans lequel sert Ernst Jünger. Sur la principale ligne de défense, cible de l'attaque de la 5e armée britannique, 1 556 canons de campagne et canons lourds sont déployés sur onze kilomètres de front. Les Britanniques ont concentré 2 299 canons, un tous les cinq mètres, soit dix fois plus que sur la Somme quatorze mois plus tôt. Commandée par Hubert Gough, officier de cavalerie impétueux, la 5e armée déploie également plus d'une division par kilomètre. Parmi elles, la division de la Garde, la 15e Scottish et la division des Highlands sont disposées épaule contre épaule entre Pilckem, où la Garde britannique fait face à la Garde allemande, et les restes du bois du Sanctuaire, un peu au sud d'Ypres. Il avait abrité le premier BEF en 1914.

La 5e armée s'est vu allouer 180 avions sur le total de 508 présents dans la zone de bataille. Leur rôle est d'obtenir la supériorité aérienne au-dessus du front sur une profondeur de huit kilomètres, à l'endroit où la ligne de ballons d'observation allemands débute [95]. Dans de bonnes conditions, la visibilité depuis le panier d'un ballon captif peut atteindre quatre-vingt-dix kilomètres. Cela permet ainsi à l'observateur de corriger, par téléphone relié à la longe, le tir d'artillerie avec précision et rapidité. Les progrès du sans-fil permettent aussi à des biplaces d'observation de régler les tirs d'artillerie, même si cela se révèle laborieux, les émetteurs-récepteurs n'existant pas encore. La guerre aérienne qui, en 1918, va opérer un spectaculaire bond en avant dans le domaine des attaques au sol et des bombardements stratégiques à longue distance, reste au cours de l'année 1917 majoritairement cantonnée à l'observation des tirs d'artillerie, à la destruction de ballons captifs et au duel aérien visant à gagner ou reprendre la supériorité aérienne.

Les forces aériennes françaises, bien que partie intégrante de l'armée, ne sont pas affectées par les troubles qui paralysent les unités terrestres en 1917. Elles interceptent avec efficacité les raids aériens allemands au-dessus de l'Aisne, en avril et en mai, et soutiennent de manière importante le *Royal Flying Corps* au cours de la troisième bataille d'Ypres. Ses meilleurs appareils, les Spad 12 et 13, sont supérieurs à la plupart de ceux pilotés par les Allemands au début de l'année. Un certain nombre d'as apparaissent, les plus célèbres étant Georges Guynemer et René

Fonck, dont les aptitudes au combat aérien sont redoutables. Lorsque Guynemer disparaît le 11 septembre, lors de cette troisième bataille d'Ypres, l'Assemblée nationale fait graver le nom de ce titulaire de cinquante-trois victoires aériennes au Panthéon [96]. Cette année-là voit également l'apparition des plus célèbres as allemands, dont Werner Voss (48 victoires) et le légendaire « Baron rouge », Manfred von Richthofen (80 victoires). Leurs exploits sont dus à la fois à leurs qualités de pilotes et à leur tempérament pugnace, mais aussi à la mise en service de nouveaux types d'appareils, en particulier le très maniable triplan Fokker qui se montre plus incisif dans le combat aérien que ses équivalents britanniques et français. Au cours de la Première Guerre mondiale, la technologie aéronautique permet une alternance rapide de la supériorité entre les deux camps. Les délais de développement des avions, qui se mesurent maintenant en dizaines d'années, ne sont à l'époque que de quelques mois, parfois quelques semaines. Un moteur un peu plus performant (quand la puissance plafonne à 200-300 chevaux au mieux) ou une amélioration mineure apportée à la carlingue peut donner un avantage décisif. En 1917, Le *Royal Flying Corps* reçoit trois avions rapidement développés et de technologie avancée, les monoplaces Sopwith Camel et S.E.5 et le biplace Bristol Fighter. Performants, ils vont permettre à des pilotes souvent sans expérience de tenir tête aux pilotes allemands chevronnés [97]. Le RFC commence aussi à avoir ses propres as, les plus célèbres étant Edward Mannock, James McCudden et Albert Ball. McCudden, ancien fantassin, et Mannock, socialiste convaincu, sont des techniciens pleins de sang-froid, ayant l'instinct de la chasse aérienne, et dont la manière de piloter diffère totalement de celle des pilotes d'écoles, personnifiés par Albert Ball [98]. Mais, quels que soient leurs styles ou leurs nations d'origine, tous ceux qui survivent au stress répété et incessant du combat aérien finissent par en porter les caractéristiques physionomiques : « les mains squelettiques, le nez effilé, les pommettes nettement dessinées, les dents découvertes par un rictus, et le regard fixe et précis d'hommes dans un état de peur contrôlée [99] ».

Cependant, l'issue de la troisième bataille d'Ypres se décidera sur terre et non dans les airs. Comme à Verdun et sur la Somme, les questions clés sont les mêmes : le poids de la préparation d'artillerie peut-il écraser les défenses ennemies assez rapidement et complètement pour permettre aux attaquants de s'emparer de positions dont ils ne seront pas délogés par une contre-attaque ? Il n'y aura pas de tentative de percée immédiate, comme l'avait désiré Nivelle sur l'Aisne. Les premiers objectifs ont été fixés à six mille mètres de la ligne de départ britannique, permettant le soutien des canons de campagne. Une fois ces objectifs atteints, l'artillerie devra avancer, et le processus sera renouvelé jusqu'à ce que, par grignotages successifs, les défenses allemandes soient rongées, les réserves ennemies détruites, et une voie ouverte vers la zone arrière non défendue. La position clé à prendre dès la première étape est le « plateau de Gheluvelt », situé au sud-est d'Ypres et distant de trois kilomètres de la ligne de front britannique. Le point de vue qu'il offre sur les plaines environnantes donnerait un sérieux avantage pour observer les activités de l'ennemi.

Le bombardement, qui a commencé quinze jours plus tôt et consommé plus de quatre millions d'obus (un million pour la bataille de la Somme), atteint son point culminant peu avant 4 heures du matin, le 31 juillet. A 3 h 50, les troupes d'assaut des 2e et 5e armées, soutenues par une partie de la 1re armée française sur la gauche, s'élancent, accompagnées par 136 chars. Bien que le terrain soit retourné et grêlé par des années de bombardement, la surface est asséchée, et seuls deux chars s'enlisent (de nombreux autres abandonneront plus tard). L'infanterie réalise une belle avancée. Sur la gauche, vers le sommet de la crête de Pilckem, les progrès sont rapides, mais ils le sont moins vers Gheluvelt. En outre, à la fin de la matinée, l'habituelle panne de liaison entre l'infanterie et les canons s'est produite : partout les câbles sont rompus, des nuages bas empêchent l'observation aérienne, « quelques pigeons parviennent à bon port, mais les seules nouvelles de l'assaut arrivent par estafettes, qui mettent parfois des heures à revenir, quand elles y parviennent [100] ». A 2 heures de l'après-midi, la contre-attaque allemande est lancée. Un bombardement intense frappe les soldats des 18e et 19e corps progressant vers Gheluvelt, mettant en fuite les troupes les plus avancées. A la pluie d'obus allemands s'ajoute une averse torrentielle qui ne tarde pas à transformer le champ de bataille accidenté en épais bourbier. La pluie va persister pendant les trois jours suivants, tandis que l'infanterie britannique renouvelle ses assauts et que son artillerie avance vers de nouvelles positions pour la soutenir. Le 4 août, un commandant de batterie britannique, le futur lord Belhaven, parle d'une « [boue] simplement horrible, pire je crois qu'en hiver. Le terrain est retourné sur trois mètres de profondeur et a la consistance du porridge... le centre des cratères d'obus est si mou qu'on peut s'y enfoncer au risque de disparaître... des centaines de morts allemands doivent être enterrés là, et à présent leurs propres obus retournent la terre et les font revenir à la surface [101] ».

La pluie et l'absence de progression poussent sir Douglas Haig à suspendre l'offensive le 4 août, jusqu'à ce que la position soit consolidée. Il insiste néanmoins auprès du Cabinet de guerre à Londres sur le fait que l'attaque a été « pleinement satisfaisante et les pertes légères ». En comparaison avec la Somme, où 20 000 hommes étaient morts le premier jour, les pertes semblent en effet supportables : entre le 31 juillet et le 3 août, la 5e armée compte 7 800 morts et disparus, la 2e largement plus de 1 000. Blessés inclus, le total des victimes, auxquelles s'ajoutent celles de la 1re armée française, se chiffre à environ 35 000. Les Allemands ont souffert dans les mêmes proportions [102]. Mais ils gardent la mainmise sur ce secteur vital et n'ont engagé aucune de leurs divisions de contre-attaque. Au soir du 31 juillet, le Kronprinz Rupprecht inscrit dans son Journal qu'il est « très satisfait des résultats ».

Cependant, la bataille ne fait que commencer. Rupprecht ignore la détermination de Haig à continuer, quels que soient les pertes et l'état détrempé du terrain. Le 16 août, ce dernier engage la 5e armée dans une attaque contre Langemarck, où le BEF avait rencontré les divisions de volontaires allemands en octobre 1914. Elle gagne 500 mètres. Les Canadiens lancent une offensive de diversion dans le bassin houiller de Lens, ignoble conglomérat de villages détruits et de terrils, où ils ont souffert si inutilement aux côtés des Anglais au cours de l'hiver et du printemps 1915. Haig poursuit également une série d'assauts infructueux sur le plateau de Gheluvelt, d'où les Allemands dominent pourtant toutes les actions sur les plaines. La progression est insignifiante et beaucoup de vies sont perdues.

Le 24 août, après l'échec de la troisième attaque sur Gheluvelt, Haig décide de transférer la responsabilité de l'effort principal à Ypres, de la 5e armée de Gough à la 2e de Plumer. Général plutôt jeune selon les standards gérontocratiques de la guerre, Gough s'est fait remarquer par Haig car il vient lui aussi de la cavalerie, et il est connu pour sa vivacité et son impatience face à l'obstacle. Mais ses troupes ont déjà de bonnes raisons de ne pas partager l'enthousiasme de Haig pour les qualités de leur général. Quant à Plumer, il est non seulement plus âgé que Gough mais paraît plus âgé qu'il ne l'est. Il entoure ses subordonnés d'une affection toute paternelle. Commandant le secteur d'Ypres depuis deux ans, il en connaît tous les endroits dangereux et s'est fait aimer de ses soldats, autant qu'un général de la Première Guerre mondiale peut l'être, par son souci de leur bien-être. Il estime qu'une pause est nécessaire pour permettre une préparation minutieuse de la prochaine phase : elle doit prendre la forme d'une succession d'incursions encore moins profondes que les précédentes.

Avant cette pause, une dernière action est prévue le 27 août, visant à capturer deux bois disparus depuis longtemps, le *Glencorse Wood* et l'*Inverness Copse*, situés au nord des restes du village de Gheluvelt, et qui n'ont plus de bois que le nom. L'histoire officielle admet que le terrain est « rendu tellement glissant par la pluie et si accidenté par les cratères d'obus remplis d'eau que l'allure est lente et que le barrage roulant n'offre rapidement plus de protection » à des soldats qu'on a fait marcher toute la nuit et attendre dix heures avant que la bataille ne commence. Lorsque celle-ci débute enfin, peu avant 14 heures, la progression est vite enrayée par un terrain infranchissable et un feu allemand très dense. L'officier Edwin Vaughan, du 1er/8e *Warwickshire Regiment*, décrit l'effort de son unité pour passer :

> Nous montâmes la route d'un pas chancelant, alors que des obus éclataient autour de nous. Un homme s'arrêta net devant moi et, exaspéré, je le maudis et lui donnai un coup de genou. Très gentiment il me dit : « Je suis aveugle, monsieur », et se retourna pour me montrer ses yeux et son nez, arrachés par un éclat d'obus. « Oh, mon Dieu, désolé, fiston, dis-je. Continue sur la partie qui ne glisse pas », et je le laissai repartir en chancelant dans ses ténèbres... un char s'était lentement embourbé derrière Springfield et ouvrit le feu. Un instant plus tard, je regardai et rien n'en restait qu'un amoncellement de ferraille broyée. Il avait été touché par un gros obus. Il faisait maintenant presque nuit et

> l'ennemi ne tirait pas. Traversant péniblement la dernière étendue de boue, je vis des grenades éclater autour du bunker, et un détachement de Britanniques s'engouffra par l'autre côté. Alors que nous approchions tous, la garnison boche sortit en courant les mains en l'air... nous laissâmes les 16 prisonniers repartir vers nos lignes, mais ils n'avaient pas fait cent mètres qu'une mitrailleuse allemande les faucha.

A l'intérieur du bunker, Vaughan trouve un officier allemand blessé. Un détachement de brancardiers apparaît avec un officier britannique, blessé lui aussi, « qui me salua gaiement. “ Où êtes-vous touché ? ” demandai-je. “ Au dos près de la colonne. Est-ce que vous pourriez enlever mon masque à gaz coincé sous moi ? ” Je coupai les lanières du sac et le retirai. Puis il demanda une cigarette. Dunham en sortit une et la lui mit entre les lèvres. Je craquai une allumette et la tendis, mais la cigarette était tombée sur sa poitrine et il était mort ». Dehors, il rencontre un détachement d'Allemands souhaitant se rendre.

> Les prisonniers m'entourèrent, trempés et meurtris, me racontant leur calvaire. « *Nichts essen, nichts trinken* », toujours des obus, des obus, des obus... je ne pouvais me permettre d'envoyer un homme les accompagner vers l'arrière, je les mis donc dans un cratère d'obus avec mes hommes qui furent aux petits soins pour eux, partageant leurs modestes rations avec eux.
>
> Depuis d'autres trous d'obus, dans l'obscurité, de tous les côtés venaient des grognements et des plaintes d'hommes blessés, des gémissements faibles, longs et sanglotants de mourants, et des cris déchirants. Nous réalisâmes avec horreur que des dizaines d'hommes sérieusement blessés avaient rampé jusqu'aux cratères d'obus pour s'abriter, et que l'eau montant à présent autour d'eux et incapables de se mouvoir, ils étaient en train de se noyer lentement. Des visions horribles me vinrent en entendant ces cris, [d'hommes] mutilés qui s'étaient glissés jusque-là en espérant que leurs camarades allaient les trouver, et qui mouraient à présent dans des conditions atroces, au milieu des morts dans un noir d'encre. Et nous ne pouvions rien faire pour les aider. Dunham pleurait doucement à mes côtés, et tous les hommes étaient bouleversés par ces cris pitoyables.

L'expérience vécue par le lieutenant Vaughan ce 27 août touche à sa fin. Peu avant minuit, son unité est relevée et il ramène les survivants vers les lignes qu'ils ont quittées deux jours plus tôt.

> Les cris des blessés avaient maintenant beaucoup diminué, et tandis que, chancelants, nous descendions la route, nous comprîmes pourquoi : l'eau, en effet, montait jusqu'au bord des cratères… J'eus du mal à reconnaître [le bunker du quartier général], car il avait été touché par une pluie d'obus, et son entrée n'était qu'un monceau de corps. [Des soldats] s'y étaient réfugiés en masse et s'étaient fait balayer par des shrapnels. Je dus les escalader pour entrer dans le QG, et une main surgit au passage et s'agrippa à mon équipement. Horrifié, je remontai un homme vivant du tas de cadavres.

Le lendemain matin, lorsqu'il se réveille pour prendre part à un rassemblement,

> [mes] pires craintes étaient réalisées. Près des fourneaux se tenaient quatre petits groupes d'hommes trempés et mal rasés dont les intendants militaires adjoints recueillaient les informations concernant tout camarade qu'ils auraient vu tué ou blessé. La liste était terrible… sur notre joyeux petit groupe de 90 hommes, il n'en restait que 15 [103].

L'expérience de Vaughan est représentative de la troisième bataille d'Ypres. Malgré des pertes moins lourdes que celles subies sur la Somme sur une période comparable, soit 18 000 tués et disparus (les noyés dans les cratères d'obus comptant pour une large part), et 50 000 blessés depuis le 31 juillet, la lutte prend des allures invariablement sinistres : exposition constante à la vue de l'ennemi dans un paysage où rien ne subsiste de la végétation ou des habitations, détrempé par la pluie et, sur de larges portions, envahi par les eaux. Dès qu'un assaut débute il est invariablement stoppé par un feu précis et dense. Les échecs succèdent aux échecs, et des objectifs pourtant proches en distance finissent par paraître inaccessibles. Le 4 septembre, Haig est convoqué à Londres pour justifier sa poursuite de l'offensive, même sous la forme limitée prudemment proposée par Plumer. Lloyd George passe en revue l'état actuel du conflit. Il en conclut que, la Russie ayant signé un armistice et la France peinant à trouver un second souffle, la plus élémentaire sagesse stratégique commande de préserver les ressources britanniques jusqu'à l'arrivée des Américains l'année suivante. Soutenu par Robertson, Haig affirme au contraire que la faiblesse de leurs alliés justifie la poursuite de la troisième bataille d'Ypres. Son argument est discutable car la pression allemande s'est relâchée : Ludendorff est en train de retirer des divisions du front de l'Ouest pour les envoyer au secours des Autrichiens. Mais comme les arguments de Lloyd George sont encore plus mauvais, que ce soit la possibilité d'une victoire décisive contre les Turcs ou sur le front italien, Haig obtient gain de cause. Henry Wilson, chef-adjoint de l'état-major général, est remplacé. Partisan fanatique d'une rupture sur le front de l'Ouest, il commente, non sans cynisme, dans son Journal que le plan de Lloyd George consiste à donner assez de corde à Haig pour se pendre. L'affirmation que le Premier ministre veut se débarrasser de son principal subordonné militaire, mais n'ose pas le faire avant qu'il ne se soit compromis par un échec flagrant, est probablement exacte [104]. D'un autre côté, Haig n'a pas de successeur indiqué. Même si sa stratégie est mauvaise et ses effets nocifs sur une armée qui ne cesse de souffrir, le statu quo demeure par défaut d'un homme providentiel ou d'un plan meilleur.

La méthode de Plumer du « pas à pas », dont la pause du début du mois de septembre constitue les prémices, est conçue en trois étapes. Dans chacune d'elles, un long bombardement doit précéder une courte avancée de quinze cents mètres, lancée à raison de dix fantassins par mètre de front. Après trois semaines de bombardement, les 1re et 2e divisions australiennes, accompagnées des 23e et 41e divisions britanniques, attaquent la route de Menin à l'est d'Ypres. Le feu roulant qui les accompagne frappe sur une profondeur de mille mètres et, sous ce déluge de feu, les Allemands reculent. Les mêmes résultats sont obtenus lors de la bataille du bois du Polygone, le 26 septembre, et de celle de Broodseinde, le 4 octobre. La tactique de Plumer, « Mordre et tenir », a réussi. Le plateau de Gheluvelt est enfin pris, et la zone située immédiatement devant Ypres placée hors de portée des Allemands. Les troupes continuent cependant à sortir de la ville en ruine par son extrémité ouest avant de rejoindre le champ de bataille, comme ils le font depuis que le Saillant s'est resserré autour d'elle en 1915. La question est maintenant de savoir si la prochaine série d'attaques « à la Plumer » se justifie. Les trois premières, en particulier celle de Broodseinde, ont durement frappé l'ennemi. Le 4 octobre, l'artillerie avait surpris les divisions allemandes de contre-attaque. Massées en avant, elle avaient subi de lourdes pertes, surtout la 4e division de la Garde [105]. En conséquence, les Allemands décident une fois encore d'améliorer leur tactique pour mieux tenir le front. Avant Broodseinde, ils massaient leurs divisions de contre-attaque dans la zone de bataille afin de prendre à la gorge l'infanterie britannique dès qu'elle émergerait de son barrage de protection. Comme le seul résultat a été de les exposer inutilement au torrent d'obus déversé par l'artillerie britannique, Ludendorff opère un changement : le front doit être dégarni à nouveau et les divisions de contre-attaque tenues plus loin en arrière. Elles ne devront pas bouger de leurs positions, à moins qu'une riposte délibérée, soutenue par un bombardement lourd et un tir de barrage conséquent, puisse être organisée [106].

Au fond, les tactiques allemande et britannique pour la conduite des opérations sur la surface anéantie et à moitié noyée du champ de bataille d'Ypres en sont maintenant arrivées, comme si les deux camps s'étaient consultés, à se ressembler parfaitement. Les attaquants doivent écraser les défenseurs au moyen d'un bombardement d'une densité proprement monstrueuse et occuper l'étroite ceinture de terrain sur lequel il est tombé. Les défenseurs doivent alors répéter le processus dans la direction opposée, espérant ainsi regagner le terrain perdu. Si l'objectif consiste à obtenir une victoire décisive, l'exercice se révèle alors complètement futile, et Haig aurait dû, au regard des preuves que les événements lui apportent presque quotidiennement, refuser de suivre l'ennemi dans cette escalade.

Même les plus enthousiastes des historiens de la Grande Guerre, toujours prompts à souligner l'amélioration significative et méconnue d'un détonateur d'obus de l'artillerie de campagne ou de la portée d'un mortier de tranchée, reconnaissent que Haig aurait dû s'arrêter après Broodseinde [107]. Mais il s'obstine. Avant Broodseinde, il dit à ses commandants d'armée : « L'ennemi vacille et... un coup décisif pourrait mener à des résultats décisifs [108]. » Immédiatement après, à un moment où Lloyd George essaie discrètement de limiter le nombre de renforts envoyés en France pour compenser les pertes subies à

Ypres, il écrit à Robertson, chef de l'état-major impérial : « Les armées britanniques peuvent être préparées à mener seules un grand effort offensif, et [il n'est donc pas] nécessaire de discuter du fait que tout doit être entrepris... pour que cet effort soit aussi puissant que possible [109]. »

La bataille pour Ypres, dite bataille de Passchendaele, du nom du village dont il ne reste qu'un tas de briques mais qui constitue l'objectif final, continue donc, mais les troupes britanniques n'en constituent plus le fer de lance. Certaines des meilleures divisions du BEF, la Garde, la 8e (une des vieilles divisions régulières), la 15e Scottish, la 16e Irish, la 38e Welsh, la 56e London, ont été épuisées par les combats d'août et du début du mois de septembre. Les seules divisions d'assaut fiables dont Haig dispose sont les corps d'armée de l'ANZAC et du Canada qui n'ont pas pris part à la bataille en cours, pas plus qu'elles n'ont participé à l'offensive de la Somme l'année précédente. Lors de ce qui est appelé la première bataille de Passchendaele, la division néo-zélandaise et la 3e division australienne tentent, le 12 octobre, d'atteindre les restes du village au point le plus élevé. Situé à l'est d'Ypres et s'élevant à 50 mètres au-dessus du niveau de la mer, il se trouve sur la deuxième Position des Flandres : ce réseau de tranchées et de bunkers constitue le dernier obstacle entre le BEF et la zone arrière de l'ennemi. « Nous avons pratiquement traversé les défenses ennemies, déclare Haig à un rassemblement de correspondants de guerre le 9 octobre, l'ennemi n'a plus que de la chair et du sang à nous opposer. » Dans le cas présent, cette chair et ce sang se révèlent suffisants. Pris de front et de flanc sous des tirs de mitrailleuses, l'ANZAC finit par battre en retraite vers ses positions de départ alors qu'une pluie diluvienne continue de tomber. Le terrain est si détrempé que les obus de son artillerie de soutien s'enfoncent dans la boue sans exploser. Les Néo-Zélandais perdent à eux seuls près de 3 000 hommes en tentant de traverser des barbelés intacts.

Après avoir envoyé le 2e corps de l'ANZAC à un sacrifice inutile, Haig se tourne maintenant du côté des Canadiens. Le général sir Arthur Currie, qui commande le corps canadien, connaît le saillant d'Ypres depuis 1915. Il ne veut plus y perdre un seul de ses soldats, et son esprit d'instituteur méticuleux prévoit que l'assaut voulu par Haig va lui coûter

« 16 000 hommes ». Bien qu'il puisse faire appel à son propre gouvernement, et qu'il soit en mesure de refuser l'ordre de Haig, il finit par s'y plier, non sans avoir protesté. La pluie tombe presque continuellement depuis le début de l'hiver, et le seul axe de progression vers le sommet de la crête se trouve le long de deux chaussées bordées de marécages et de ruisseaux [110]. Le 26 octobre, premier jour de la deuxième bataille de Passchendaele, les Canadiens capturent la première Position des Flandres et, au prix de pertes énormes, avancent d'environ 500 mètres. Défendant le secteur, la 11e division bavaroise subit également beaucoup de pertes et est relevée. Le 30 octobre, la bataille reprend. Un peu de terrain est encore conquis, et trois soldats des 3e et 4e divisions canadiennes sont décorés de la *Victoria Cross*. Le 6 novembre, les 1re et 2e divisions canadiennes prennent la relève sur le front d'attaque et s'emparent de ce qui reste du village de Passchendaele. Un ultime assaut est lancé le 10 novembre une fois la ligne consolidée. La deuxième bataille de Passchendaele a fait dans les rangs des quatre divisions du corps canadien 15 634 tués et blessés, soit presque exactement le chiffre prédit par Currie en octobre [111].

La décision ayant conduit à la bataille de Passchendaele défie toute explication. Elle aurait certes pu soulager la pression sur les Français, juste après les mutineries, mais il n'existe aucune preuve que Hindenburg et Ludendorff en aient eu suffisamment connaissance pour envisager d'en tirer profit. Ils ont eux-mêmes assez de difficultés à soutenir leurs alliés autrichiens et à calmer le chaos du front russe pour organiser un nouveau Verdun. En outre, à l'automne 1917, l'action apaisante de Pétain commence à produire son effet sur l'armée française, permettant d'envisager une attaque près du Chemin des Dames le 23 octobre. Elle aboutit à la reprise de onze kilomètres de front, sur une profondeur de cinq, en quatre jours, résultat équivalent à celui obtenu à Ypres, après 99 jours d'efforts et de souffrances. Edmonds, historien britannique, justifie l'entêtement de Haig à poursuivre la bataille de Passchendaele au motif qu'elle attire 88 divisions allemandes vers cette partie du front, alors que « la force alliée totale engagée n'est que de 6 divisions françaises et 43 divisions britanniques et [originaires] des dominions (Australie, Nouvelle-Zélande et Canada) [112] ». Le contexte remet son jugement en perspective : 88 divisions ne représentent qu'un tiers de l'armée allemande, alors que les 43 mentionnées représentent plus de la moitié du BEF. Mais ce qui est incontestable, c'est que près de 70 000 de ses soldats sont morts sur le terrain boueux du champ de bataille d'Ypres et que plus de 170 000 y ont été blessés. Les Allemands ont peut-être davantage souffert (les querelles statistiques n'ont aucun intérêt), mais les Britanniques ont saigné leurs effectifs alors que Hindenburg et Ludendorff disposent d'une autre armée en Russie avec laquelle ils peuvent poursuivre la guerre à l'ouest. La Grande-Bretagne n'a pas de semblables ressources. Comme la France, bien qu'elle ait adopté la conscription plus tard et pour des motifs différents, elle a enrôlé tous les hommes disponibles dans les fermes et les usines à la fin de l'année 1917. Par ailleurs, elle a commencé à engager des recrues, dont les Armées K, aux temps glorieux du volontariat en 1914-1915, n'auraient d'emblée jamais voulu : les hommes aux torses creux, aux épaules voûtées, des rachitiques, des myopes, ainsi que ceux ayant dépassé l'âge d'être enrôlés sous les drapeaux. Ils sont la preuve du besoin désespéré de la Grande-Bretagne de trouver des soldats et du gaspillage en hommes devant lequel Haig ne recule pas. Sur la Somme, il avait envoyé la fleur de la jeunesse britannique à la mort ou à la mutilation. A Passchendaele, il a précipité les survivants dans l'abîme du désespoir.

LA BATAILLE DE CAMBRAI

Il reste un moyen d'offensive contre les Allemands dont la boue des Flandres n'a pas dévoilé le potentiel : les chars. La réserve principale du Tank Corps (corps des chars), ayant augmenté au cours de l'année 1917, demeure donc intacte. Son commandant, le général de brigade H. Elles, a cherché une occasion de l'utiliser de façon profitable au cours de l'été. Il a provoqué chez le général sir Julian Byng, commandant de la 3e armée, l'idée d'une attaque surprise de chars sur son front, un terrain sec et calcaire sur lequel les engins ne s'embourberont pas. Un des officiers d'artillerie du général Byng, le général de brigade H.H. Tudor de la 9e Scottish, a entre-temps mis au point son propre plan pour soutenir les chars : au moyen d'un bombardement surprise, il entend dissimuler à l'ennemi l'attaque des chars, le privant d'une réaction appropriée. Byng accepte les plans de Elles et de Tudor en août, et les quartiers généraux de Haig donnent un accord de principe le 13 août. Au début du mois de novembre, la bataille de Passchendaele n'aboutissant pas, Haig se montre très désireux d'un succès de compensation, quel qu'il soit. Le 10 novembre, sur l'insistance de Byng, il donne son aval au plan Elles-Tudor.

L'offensive doit être lancée le plus tôt possible sur Cambrai avec plus de 300 chars. Ceux-ci seront suivis par huit divisions d'infanterie et soutenus par un millier de canons. L'élaboration du plan d'artillerie est cruciale pour obtenir une victoire. Le bombardement d'artillerie et le barrage roulant ne commencent conventionnellement qu'après les tirs de préparation, c'est-à-dire une fois qu'a pu être établi un réglage satisfaisant par l'observation des résultats des tirs. Ce processus long alerte toujours l'ennemi sur la suite des événements et lui permet d'appeler des réserves en renfort vers la zone menacée. Tudor a mis au point une méthode de préparation des canons calculant, grâce à un procédé électrique, la déviation de chacun d'eux par rapport à une norme. En transférant mathématiquement les déviations sur la grille détaillée d'une carte, le commandant d'artillerie peut savoir avec exactitude que ses batteries vont toucher les cibles visées sans avoir recours aux tirs de préparation qui ont toujours alerté l'ennemi sur l'intention des assaillants [113].

Réunis sur un front de 10 000 mètres, les chars doivent avancer en formation dense, l'infanterie suivant derrière afin de capturer les prisonniers et les canons, et occuper le terrain conquis. La pénétration des positions ennemies sera assurée par les chars qui ouvriront des passages en écrasant les barbelés (sur la Ligne Hindenburg à Cambrai, ceux-ci font plusieurs mètres de profondeur). Pour franchir les tranchées, ils feront tomber à l'intérieur des fascines, amas de broussailles, qui serviront de ponts. Trois lignes allemandes se succèdent sur presque 7 kilomètres de profondeur. Il est prévu de toutes les percer en un seul coup dès le premier jour. Comme le front de Cambrai est depuis longtemps un secteur calme, sa garnison n'est formée que de deux divisions, la 20e de la *Landwehr* et la 54e division de réserve, soutenues par seulement 150 canons [114]. La 20e de la *Landwehr* est classée « quatrième catégorie » par les services de renseignements alliés. Malheureusement, la 54e de réserve, meilleure formation, est commandée par le général von Walter, artilleur ayant mesuré, fait rare chez les soldats allemands, le danger que représentent les chars. Il a entraîné ses canonniers à s'attaquer à ces cibles mouvantes à partir de positions protégées.

Le vif intérêt de Walter pour les opérations blindées (à une époque où l'armée allemande ne dispose pas de chars) va être d'une grande influence sur l'issue de la bataille, de même que l'incapacité du général G.M. Harper, commandant la 51e *Highland Division* — formation d'infanterie située au centre du front d'attaque —, à saisir le potentiel de tels engins. Brave mais académique, Harper dénigre les chars mais aime ses soldats des Highlands. Il est convaincu que les chars vont attirer le feu d'artillerie allemand sur ses hommes. En conséquence, il leur ordonne de rester à 150-200 mètres en arrière au lieu de suivre les chars de près [116]. L'écart qui en résulte va condamner l'attaque britannique au moment critique de la bataille.

Tout commence pourtant bien. Les malheureux soldats allemands formant la garnison du secteur de Cambrai ne sont pas du tout préparés au déluge de feu qui s'abat sur eux à 6 h 20 du matin le 20 novembre. Leur surprise est identique à l'apparition des 324 chars qui avancent suivis de l'infanterie. En quatre heures, les attaquants progressent en plusieurs endroits sur une profondeur de six kilomètres, presque sans pertes : dans la 20e *Light Division*, la 2e *Durham Light Infantry* compte quatre tués, la 14e *Durham Light Infantry* seulement sept blessés [117].

La différence se joue au centre. A cet endroit, la 51e *Highland Division*, suivant précautionneusement les chars à plusieurs centaines de mètres de distance, se trouve face à la 54e division de réserve allemande. Entraînés par le général von Walter, ses canonniers engagent les chars britanniques dès leur apparition près du village de Flesquières. Dépourvus du soutien de l'infanterie, ils sont détruits un par un [117]. Bientôt, onze chars sont hors de combat, dont cinq détruits par un seul sergent allemand, Kurt Kruger, tué par un Highlander lorsque l'infanterie de la 51e division rejoint enfin les chars. Mais il est trop tard. La division ne peut atteindre son objectif du jour. Alors qu'à gauche et à droite du champ de bataille de Cambrai toute la position allemande a été enlevée, au centre subsiste une saillie vers les lignes britanniques, empêchant le général Byng d'obtenir la percée qu'aurait dû lui apporter le plan révolutionnaire de Elles et Tudor.

En Angleterre, les cloches sonnent la victoire. C'est la première fois qu'elles résonnent depuis le début de la guerre. Mais cette célébration est prématurée. Le 20 novembre, bien qu'ayant pu traverser au crépuscule le champ de bataille dans le sillage des chars, la cavalerie de Byng se trouve bloquée par des barbelés intacts et fait demi-tour. Son infanterie parvient à avancer le lendemain et les jours suivants. Mais le 30 novembre, l'armée allemande fait une fois encore la preuve de sa formidable capacité à lancer des contre-attaques. Pendant les dix jours qui ont suivi le lancement de l'attaque, vingt divisions ont été rassemblées par le commandant du secteur, le Kronprinz Rupprecht. Au cours d'une attaque matinale, elles reprennent non seulement la majeure partie du terrain perdu face aux chars le 20 novembre, mais également une autre portion du front que les Britanniques tenaient jusque-là. Alors qu'elle aurait dû créer une enclave profonde à l'intérieur des lignes allemandes, la bataille de Cambrai prend fin de façon ambiguë le long de la « ligne d'appui Drocourt-Quéant », double saillant sinueux et résultat d'un simple échange de positions entre Britanniques et Allemands. A la fin de l'année 1917, c'est là un symbole représentatif de l'équilibre instable du front de l'Ouest.

10

L'AMÉRIQUE ET L'APOCALYPSE

« Ils ne viendront même pas », affirme l'amiral Capelle, secrétaire d'Etat à la Marine, au Comité budgétaire du Parlement allemand le 31 janvier 1917. « Ils ne viendront même pas parce que nos sous-marins vont les couler. L'Amérique ne signifie donc rien d'un point de vue militaire, rien du tout, rien de rien [1]. » Au début de l'année 1917, quatre mois avant l'entrée en guerre des Etats-Unis aux côtés des Alliés, son armée (contrairement à sa marine, nombreuse et moderne) est en effet insignifiante. Par sa taille, 107 641 hommes, elle n'occupe que le dix-septième rang mondial [2]. Elle n'a eu aucune expérience d'opérations de grande envergure depuis l'armistice d'Appomattox cinquante et un ans plus tôt, et ne possède pas d'équipement moderne plus lourd que des mitrailleuses. Sa force de réserve, la Garde nationale, bien que plus nombreuse avec 132 000 hommes, est une milice fonctionnant à temps partiel avec le concours de chacun des quarante-huit Etats. Mal entraînée, même dans les Etats les plus riches, elle est par ailleurs sujette à la plus inconsistante des supervisions fédérales. La seule force américaine conséquente, le *United States Marine Corps* (USMC), fort de 15 500 hommes, est disséminé dans les possessions américaines d'outre-mer et dans certaines zones d'intervention, dont plusieurs républiques d'Amérique centrale que les Etats-Unis surveillent depuis la guerre hispano-américaine de 1898.

En juin 1917, le commandant du Corps expéditionnaire américain, le général John J. Pershing, est arrivé en France. Le 4 juillet, jour de la fête nationale américaine, des éléments de sa 1re division défilent dans Paris. Au cours des mois qui vont suivre, de nouvelles unités d'une armée continuent d'arriver, le corps expéditionnaire final prévu devant se monter à quatre-vingts divisions, soit environ trois millions d'hommes puisque la taille de ces divisions est double de celle des européennes. En mars 1918, 318 000 hommes ont débarqué en France et constituent l'avant-garde des 1 300 000 hommes devant être déployés d'ici le mois d'août. Ils ont tous traversé l'océan sans encombre, en dépit des actions de l'ennemi [3].

Il est rare que, lors d'une grande guerre, les chances d'un camp ou de l'autre basculent par l'apport soudain d'un renfort important. Celles des adversaires de Napoléon ont ainsi basculé en 1813, lorsque l'échec de sa campagne sur Moscou jeta l'armée russe du côté de la Grande-Bretagne et de l'Autriche. Celles des Etats-Unis contre la Confédération ont basculé lorsque l'adoption de la conscription a fait entrer en jeu des millions de nordistes contre les centaines de milliers de sudistes. Celles d'une Grande-Bretagne isolée et d'une Union soviétique qui n'a pratiquement jamais connu la défaite vont basculer en 1941, lorsque la déclaration de guerre irréfléchie de Hitler à l'Amérique mobilisera la première puissance mondiale contre l'Allemagne nazie et le Japon impérial. En 1918, la décision du président Wilson de déclarer la guerre aux Puissances centrales apporte un renfort de ce type aux Alliés. L'imprudent « ils ne viendront même pas » de Capelle est en l'espace de six mois contredit par le théâtral « La Fayette, nous voilà ! » des Américains.

Les Etats-Unis ne voulaient pas entrer en guerre. Le président Woodrow Wilson a même déclaré l'Amérique « trop fière pour combattre ». Or elle a supporté toute une succession d'affronts diplomatiques, du torpillage du *Lusitania* et de ses passagers américains à la tentative allemande de déclencher une guerre de diversion au Mexique. Elle n'a répondu à aucune de ces provocations par des moyens matériels. Mais une fois engagée dans les hostilités, l'extraordinaire capacité industrielle et d'organisation humaine de l'Amérique canalise les énergies de la nation. La conscription est votée et sa supervision assurée par des comités civils locaux d'inscription. Plus de 24 millions d'hommes sont enrôlés en 1917-1918, et ceux jugés les plus aptes (les jeunes célibataires sans personne à charge) forment un premier contingent de 2 810 000 recrues. Ajoutés à ceux déjà engagés dans l'armée de métier, la Garde nationale et les marines, ils permettront à l'armée des Etats-Unis d'atteindre presque quatre millions de soldats à la fin de la guerre.

De nombreux Américains se battent déjà. Certains, à titre individuel, ont rejoint les armées britannique ou canadienne. D'autres se sont engagés dans la Légion étrangère française. Un bon nombre de pilotes américains servent déjà dans l'aviation française, où ils forment l'Escadrille La Fayette, une des principales unités de combat aérien sur le front de l'Ouest. Ses vétérans vont apporter une expérience inestimable au corps d'aviation du Corps expéditionnaire américain une fois celui-ci en Europe. Bien qu'obligés d'adopter un matériel étranger *, les pilotes américains ne tardent pas à se bâtir une réputation par leurs aptitudes et leur allant. Eddie Rickenbacker, le plus grand as américain, est un véritable héros tant en France que dans son propre pays.

L'inconnue de la mobilisation américaine concerne la réponse de la population noire à l'appel sous les drapeaux. W. E. B. DuBois, un des principaux défenseurs de l'Amérique noire au début du XXe siècle, affirme : « Si c'est notre patrie, alors c'est notre guerre. » L'Amérique blanche, en particulier les institutions militaires, continue à penser que les Noirs manquent d'esprit guerrier et ne peuvent convenir qu'à des unités de main-d'œuvre ou de logistique. L'Amérique oublie que les « soldats buffalo », c'est-à-dire les quatre régiments réguliers d'infanterie et de cavalerie noirs, se sont toujours bien comportés dans les guerres contre les Indiens et se sont battus avec ténacité pendant la guerre de Sécession. Une division noire, la 92e, est levée avec réticence. Elle compte quelques officiers noirs, dont aucun n'a de grade supérieur à celui de capitaine. Les combats ne tournent pas à son avantage. Son échec est attribué par l'ensemble de l'armée à une incapacité raciale : « Pauvres Noirs, ils sont irrémédiablement inférieurs », écrit le commandant du corps dans lequel sert la 92e division. Aucun officier de métier américain ne semble remarquer la confiance qu'accordent les Français aux contingents noirs des tirailleurs sénégalais. Ils font pourtant

* L'effort industriel américain ne peut équiper en chars, en artillerie ou en avions le Corps expéditionnaire qui dépend, pour se les procurer, en grande partie des Français : 3 100 canons de campagne, 1 200 obusiers et 4 800 avions leur sont ainsi fournis.

preuve, dans la seconde moitié de l'année 1917, d'une volonté de se battre que leurs compatriotes blancs ont du moins temporairement perdue. On peut pardonner aux officiers américains de l'AEF * dénigrant les Noirs de n'avoir pas su anticiper le remarquable comportement des troupes de combat noires dans les futures guerres américaines du XXe siècle. Le médiocre bilan de ces troupes sur le front de l'Ouest en 1918 n'est cependant que la preuve que le prévisible se réalise toujours : comme l'on n'attendait rien d'eux, ils ne firent pas grand-chose.

Le simple soldat des armées alliées, français ou britannique, n'est pas touché par cette question raciale qui restera propre aux Américains. Pour les armées soumises à rude épreuve, qui ont attaqué et défendu sans relâche entre 1914 et 1917, l'apparition des « *sammies* », comme on appelle les conscrits américains de la dernière année de la guerre, est accueillie avec un regain d'espoir. Ils jouissent partout d'une immense popularité. Les Américains sont gais, enjoués, enthousiastes, dédaigneux des difficultés. « On va vite régler ça », est une phrase souvent entendue dans la bouche des *sammies*. Les militaires de carrière français et britanniques, inquiets du manque d'aptitudes de l'AEF en matière de technique militaire, en particulier pour ce qui concerne l'artillerie et la coordination interarmes, propagent l'idée que les Américains ne seront bons que pour combler les pertes ou comme unités de soutien. Pershing s'y oppose, affirmant qu'une armée américaine unie, sous commandement américain, est la seule force qui puisse être à la hauteur de l'engagement de son pays. Cette question de principe à laquelle il tient va être justifiée par la contribution de l'AEF à la victoire.

L'arrivée de La Fayette au secours des colons en 1781 pendant la guerre d'indépendance américaine avait confronté ses ennemis britanniques à un bouleversement des forces auquel ils ne purent faire face. L'arrivée des Américains ne crée pas un tel déséquilibre en 1917. En effet, à la fin de l'année, la situation est tout autre : après avoir été tiraillés tout au long des années 1915 et 1916 par le besoin de soutenir leurs alliés autrichiens, par les pertes subies à Verdun et sur la Somme, et par le rétablissement inattendu des Russes en 1916, les Allemands ont également franchi un cap. L'effondrement politique de la Russie a libéré du

---

* American Expeditionary Force (Corps expéditionnaire américain).

front de l'Est cinquante divisions d'infanterie pouvant être employées à l'ouest pour tenter une offensive finale et gagner la guerre. Ces divisions ne sont pas les premières venues. La paix signée avec la Russie permet au haut commandement allemand de ne laisser à l'est que les forces nécessaires au maintien de l'ordre et à l'exploitation des ressources dans la zone d'occupation. Il s'agit pour la plupart d'unités de la *Landwehr* et de squelettiques formations de cavalerie. Les troupes de choc qui avaient scellé le sort de l'armée de Kerenski, à savoir la Garde, les divisions de réserve de la Garde, les divisions prussiennes et d'Allemagne du Nord de l'armée régulière, ont été retirées du front de l'Est pendant l'hiver et transportées en train vers l'ouest. Avec d'autres divisions déjà présentes sur ce front, elles constituent une masse d'attaque de soixante divisions [4].

Le haut commandement allemand, qui depuis si longtemps est obligé de s'en tenir à une stratégie défensive à l'ouest, a beaucoup réfléchi au perfectionnement des méthodes offensives [5]. Mais les Allemands manquent cruellement de chars d'assaut. Un prototype peu performant est en développement, et les engins britanniques capturés en 1917 sont rapidement remis en service, mais aucune concentration de chars telle qu'en possèdent déjà les Britanniques et les Français n'est possible. Pour cette raison, et pour compenser la faiblesse technique de leurs engins, Hindenburg et Ludendorff comptent sur l'amélioration de la tactique de l'artillerie et de l'infanterie, telle qu'elle a été pratiquée dans les derniers temps de la campagne de Russie. L'infanterie a été rééquipée avec un grand nombre de mitrailleuses allégées (les 08/15), équivalents grossiers des mitrailleuses légères françaises et britanniques Chauchat et Lewis. Elle a été entraînée à « infiltrer » les positions ennemies en contournant les centres de résistance au lieu de s'arrêter pour les combattre. Cette tactique est une anticipation du *Blitzkrieg* que l'armée allemande va utiliser avec tant de réussite au cours d'opérations motorisées dans une guerre à venir. En outre, chaque division d'attaque a reçu l'ordre de former des bataillons « d'assaut », formés de fantassins légèrement équipés. Leur mission consiste à pratiquer, à la grenade et à la carabine, des entailles profondes mais étroites dans la première ligne ennemie, la fragmentant en sections isolées que les vagues d'infanterie qui suivent plus lentement achèveront de réduire.

Le plan d'attaque allemand insiste sur la vitesse d'exécution. L'année précédente, au Chemin des Dames, Nivelle avait espéré triompher des Allemands en quelques heures, avec les résultats que l'on connaît. Il manquait de troupes entraînées à ce type de mission et d'artillerie pour que son espoir se réalise. Ludendorff, quant à lui, dispose désormais des troupes et des canons nécessaires ainsi que d'un plan raisonnable. L'ennemi doit être attaqué sur un front large (quatre-vingts kilomètres) et en profondeur, la profondeur d'attaque étant atteinte par la concentration d'une puissance d'artillerie frappant le plus violemment possible à courte, moyenne et longue portée dans un déluge de feu bref mais dévastateur. L'opération doit durer cinq heures. La force de bombardement de Ludendorff se monte à 6 473 canons de campagne, moyens et lourds, et à 3 532 mortiers de calibres variés pour lesquels plus d'un million d'obus ont été rassemblés [6]. Tous les canons, dont beaucoup proviennent de l'est, ont effectué des tirs d'essai à l'arrière, ce qui permet de connaître assez précisément les écarts de pointage de chaque pièce par rapport à la norme théorique. Ces données, combinées à des données météorologiques détaillées sur la pression barométrique, la vitesse et la direction du vent, permettront, autant que faire se peut, de toucher toutes les cibles désignées, qu'il s'agisse de tranchées ou de positions de batteries d'artillerie. Les obus explosifs alterneront avec des projectiles chimiques contenant du phosgène lacrymogène ou asphyxiant, dans une combinaison calculée pour rendre inefficace la protection des masques à gaz ennemis. Le gaz lacrymogène a pour but de faire retirer leurs masques aux troupes alliées cherchant un peu d'air frais, permettant ainsi au phosgène de les neutraliser.

Une combinaison de toutes ces méthodes a été tentée lors de la dernière offensive contre les Russes à Riga, en septembre 1917. L'artillerie allemande avait tiré sans préparation préalable sur les positions russes et créé les conditions d'une percée [7]. Bruchmüller, le spécialiste de l'artillerie de Ludendorff, lui avait alors prouvé à sa grande satisfaction que les tirs de canons ayant été testés au préalable derrière le front, et n'ayant donc pas à trahir leurs positions, pouvaient créer les circonstances d'une percée victorieuse de l'infanterie [8].

C'est en pensant à cette expérience que Hindenburg en est arrivé à décider, le 11 novembre 1917 à Mons, de lancer à l'ouest une offensive pouvant mettre fin à la guerre l'année suivante [9]. On place en elle de grands espoirs, comme le montre Ludendorff en exprimant le sentiment du haut commandement dans une lettre à Hindenburg le 7 janvier 1918 : « La nouvelle offensive proposée devrait... mener au succès décisif que nous espérons... Nous serons [alors] dans la position d'imposer aux puissances occidentales les conditions de paix garantissant la sécurité de nos frontières, nos intérêts économiques et notre position internationale après la guerre [10]. » La victoire finale sera peut-être synonyme d'acquis à l'ouest, notamment par la mainmise sur l'industrie belge et l'incorporation des bassins houillers et sidérurgiques français de Longwy-Briey dans la zone industrielle plus vaste de la Ruhr allemande [11]. La région de langue flamande située en Belgique, traditionnellement hostile à la Wallonie francophone, n'est pas insensible aux charmes allemands. En février 1917, un Conseil des Flandres a été organisé à Bruxelles sous le patronage du gouvernement militaire allemand. Dans les mois suivants, il a négocié son autonomie sous tutelle allemande. Mais les espoirs des Flamands n'ont rien à voir avec ce que les Allemands sont prêts à concéder. Ils souhaitent la démocratie et une véritable indépendance, alors que l'Allemagne exige la subordination. Cette politique agressive envers la Belgique échoue donc en 1918 face au libéralisme forcené d'un peuple dont les sentiments pangermaniques ne vont pas jusqu'à l'abandon de ses droits nationaux [12].

LA GUERRE À L'EST CONTINUE

Si l'Allemagne est militairement préoccupée par la préparation de l'offensive prévue à l'ouest, ses préoccupations politiques se concentrent à l'est, où le sentiment national est moins fort et les entités indépendantes plus faibles. L'Allemagne calcule avec raison que ses chances d'imposer des relations de subordination aux peuples qui viennent tout juste d'échapper à la domination du vieil Empire russe est dans l'ensemble bien plus prometteuse. Les pays baltes (Lituanie, Lettonie et Estonie) ont conservé au cours des siècles une certaine proximité avec les pays germanophones. L'essentiel des propriétaires terriens est d'origine allemande. Bien qu'ayant joui d'un certain degré d'autonomie au sein de l'Empire tsariste, la Finlande est soucieuse d'accéder à une indépendance totale et est prête à accepter l'aide de l'Allemagne pour y parvenir. Dans un premier temps, la politique de Lénine consiste à autoriser les peuples non russes de l'empire à s'en séparer s'ils le désirent, tout en encourageant la gauche locale, avec le soutien des soldats russes présents, à organiser des révolutions prosoviétiques. Dans les pays baltes, déjà sous occupation allemande après les victoires de 1916-1917, la révolution est vite écrasée, et des régimes proallemands semi-indépendants sont mis en place, même si la Lituanie tente sans succès d'obtenir une souveraineté totale [13]. En Finlande, où le pouvoir parlementaire, institution émanant de l'ancienne Constitution tsariste, est plutôt équitablement réparti entre la droite et la gauche, la question des relations que la nation doit établir avec l'Allemagne déclenche une guerre civile. La droite a été proallemande pendant toute la durée du conflit, et une unité de volontaires entièrement finlandaise, le 27ᵉ bataillon de *Jäger*, se bat aux côtés de l'armée allemande sur le front balte depuis 1916. L'empressement de la droite à former une alliance avec l'Allemagne après la déclaration d'indépendance de décembre 1917 pousse la gauche à former sa propre milice de travailleurs. En janvier 1918, des combats éclatent : la gauche s'empare de la capitale Helsinki, et la droite se retire dans les provinces du Nord. Les Allemands envoient des armes, 70 000 fusils, 150 mitrailleuses et douze canons de campagne, tous de fabrication russe. Egalement d'origine russe, Gustav Mannerheim mène les forces de la droite. Noble balte, cet ex-officier tsariste est doté de capacités personnelles et militaires hors du commun.

Mannerheim a été officier dans les Chevaliers-Gardes, le plus prestigieux des régiments de cavalerie du tsar, et a servi sous Broussilov dans l'escadron de cavalerie modèle. Sa carrière témoigne de ses remarquables qualités. La guerre lui a donné le commandement du 6ᵉ corps de cavalerie, qu'il parvient à maintenir intact alors que le reste de l'armée impériale se désintègre suite à l'échec de l'offensive Kerenski [14]. Après la révolution d'Octobre, il décide toutefois de mettre sa loyauté au service de son pays natal. Partant pour la Finlande, il s'assure le poste de commandant en chef de l'armée antibolchevique. Sous la pression allemande, les bolcheviks de Petrograd ont reconnu l'indépendance de la Finlande le 31 décembre 1918. Mais quatre jours plus tard, Staline persuade le soviet de Petrograd de modifier les termes selon lesquels l'indépendance a été accordée et offre aux socialistes finlandais l'aide de la Russie pour établir un « pouvoir socialiste ». Ils disposent pour cela de quelques unités russes qui n'ont pas encore été rapatriées et des Gardes rouges finlandais. Tandis que Mannerheim consolide sa position dans la région occidentale d'Ostrobothnia, la gauche prend possession des villes industrielles.

Au cours des mois de janvier et février 1918, les deux camps se préparent à l'offensive. Les Rouges disposent d'environ 90 000 hommes, Mannerheim de 40 000 seulement [15]. Mais ses troupes sont sous le commandement d'officiers de carrière renforcés par des cadres du 27e *Jäger*. De leur côté, les forces rouges manquent de dirigeants entraînés. Dans le même temps, l'Allemagne se prépare à porter secours aux Finlandais en envoyant une force expéditionnaire expérimentée, constituée pour une large part de la division balte du général von der Goltz. Lénine craint de plus en plus de lancer la moindre action pouvant entraîner une intervention allemande proche de Petrograd, le centre de la révolution. Les troupes dont il dispose dans la ville suffisent à peine à protéger le commandement bolchevique de ses ennemis. Elles seraient bien incapables de repousser un corps expéditionnaire étranger organisé. Après la signature du traité de Brest-Litovsk, qui met officiellement fin à la guerre entre la Russie et l'Allemagne, le soviet commence en fait à retirer les troupes qu'il a laissées en Finlande, tout en continuant à soutenir et à ravitailler subrepticement les forces rouges locales.

Mannerheim saisit l'occasion pour prendre les devants. Svinhufvud, le leader des nationalistes finlandais, est trop proallemand à son goût et prêt à accepter le plan germanique prévoyant de faire de son pays un satellite politique et économique de l'Empire allemand. Il ne va pourtant pas tarder à proclamer qu'il ne veut pas d'une Finlande qui ne serait qu'une « partie d'un autre empire mais... une grande Finlande indépendante et libre [16] ». Au début du mois de mars, l'offensive bolchevique dans la zone contrôlée par Mannerheim s'essouffle, laissant à ce dernier l'initiative d'attaquer. Bien que contrôlant la capitale, son adversaire est menacé par une autre force nationaliste sur ses arrières. Elle opère depuis l'isthme de Carélie, entre la Baltique et le lac Ladoga, zone à travers laquelle les lignes de communication des Rouges rejoignent Petrograd. Le plan de Mannerheim est d'organiser une attaque concentrique qui coupera ces lignes de communication et écrasera les Rouges par deux attaques convergentes.

Avant qu'il ne puisse mettre pleinement son plan à exécution, la division balte de von der Goltz, restée bloquée par les glaces sur la côte sud de la Baltique, fait son apparition au port de Hangö, ancienne base avancée de la marine tsariste. Elle marche sur Helsinki où elle entre le 13 avril. Mais le 6 avril, Mannerheim a pris Tampere, principal bastion des Rouges au sud du pays, victoire lui permettant de transférer des forces vers le sud-est en direction de la Carélie. A son approche, les forces rouges restantes battent rapidement en retraite et traversent la frontière de la Russie. Le 2 mai, toute résistance aux armées de Mannerheim a cessé. La Finlande est libérée, aussi bien d'un impérialisme étranger que de l'idéologie étrangère qui lui avait succédé. Mais elle n'est pas encore indépendante. Les Allemands lui font payer au prix fort leur soutien et leur intervention. Le traité signé entre les deux pays le 2 mars donne à l'Allemagne des droits de libre-échange avec la Finlande sans réciprocité. Par ailleurs, elle lui interdit de contracter la moindre alliance avec un pays étranger sans son accord [17]. Le gouvernement Svinhufrud accepte ce statut de client diplomatique et économique, ainsi qu'un prince allemand comme régent du grand-duché restauré : l'essentiel est de s'assurer la protection des Allemands contre la menace d'une nouvelle révolution sociale ou d'une agression russe [18]. Mannerheim n'est pas aussi conciliant. Son nationalisme fervent et la fierté qu'il tire de la victoire de son armée renforcent sa résolution à ne se soumettre à aucune autorité étrangère. Il est en outre persuadé que l'Allemagne ne peut pas gagner la guerre, ce qui le pousse à rejeter toute politique liant la Finlande aux intérêts stratégiques de celle-ci. Le 30 mai, il quitte son poste et se retire en Suède. Il en reviendra à la fin de la guerre pour négocier avec les vainqueurs une solution honorable pour son pays.

Bien que compromise par son alliance avec l'Allemagne, la Finlande s'est sortie rapidement, et comparativement sans trop de dommages, du chaos de l'effondrement russe. Le nombre total de ses victimes s'élève à 30 000, et, bien qu'il s'agisse là d'un chiffre important pour une population de trois millions d'habitants, il va bientôt paraître bien insignifiant à côté du terrible bilan de la guerre civile qui commence à s'étendre en Russie [19]. Cette guerre va durer jusqu'en 1921 et causer, directement ou indirectement, la mort d'au moins sept millions de personnes (si ce n'est dix), soit cinq fois plus qu'entre 1914 et 1917 [20].

Il n'y aurait pas eu de guerre civile en Russie si les bolcheviks n'avaient pas gâché les avantages obtenus au cours des premiers mois de la Révolution. Ces avantages ont été perdus par une mauvaise gestion diplomatique et une confiance parfaitement déraisonnable placée dans la capacité de l'élan révolutionnaire à saper par le bas les Etats « capitalistes ». Entre novembre 1917 et mars 1918, les bolcheviks ont remporté une grande victoire dans la plupart des soixante-quinze provinces et régions nouvellement créées sur la dépouille de l'ancien Empire tsariste. Au cours de ce que l'on a appelé la guerre « des chemins de fer » (*eshelonaia*), des bandes de révolutionnaires armés se sont déployées depuis Petrograd en utilisant le système ferroviaire de l'empire pour entrer en contact avec les 900 soviets qui ont remplacé les organes administratifs officiels des villes et des villages russes. Ils ont ainsi pu écraser la résistance des groupes opposés à la révolution d'Octobre. Pendant cet épisode révolutionnaire bref mais brillant, les chemins de fer russes servent Lénine de même que les chemins de fer allemands avaient servi Moltke en 1914. La force décisive a été apportée aux points essentiels juste à temps, et une succession de succès locaux cruciaux a été accomplie qui, au final, assure le triomphe des révolutionnaires.

Mais par la suite, alors que la Russie était entre leurs mains, les bolcheviks se sont mis à tergiverser avec les Allemands sur les termes de l'accord de paix qui aurait dû confirmer leur victoire. Brest-Litovsk est une paix rude. Elle oblige les bolcheviks à accepter que la Pologne russe et la majeure partie des pays baltes cessent de faire partie de la Russie, que les troupes russes soient retirées de Finlande et de Transcaucasie, et que la paix soit faite avec les nationalistes d'Ukraine qui ont par ailleurs déclaré leur indépendance [21]. Comme la Pologne et les pays baltes ont déjà été perdus par la Russie, que la Finlande s'apprête à tomber aux mains des nationalistes de Mannerheim, et que le pouvoir bolchevique en Ukraine et en Transcaucasie est fragile et par endroits inexistant, la rudesse des termes de Brest-Litovsk tient davantage au principe du traité qu'à sa réalité. Les bolcheviks auraient très bien pu signer sans porter atteinte à leur situation objective, en se convainquant que les régions perdues pourraient être réintégrées lorsque la situation de l'Allemagne serait moins favorable et la leur meilleure. Cependant, ils sont persuadés que la menace de révolution mondiale, dont ils ont fait une réalité dans leur propre pays, pèse sur toutes les puissances « impérialistes », et que, en poussant l'Allemagne au pire, les travailleurs allemands se soulèveront contre leurs dirigeants par solidarité pour la cause bolchevique.

Leurs illusions sont nourries par une vague de grèves qui éclatent en Allemagne le 28 janvier 1918. Impliquant un million d'ouvriers, ses meneurs appellent à « la paix sans annexions », politique de base des bolcheviks, et dans certaines villes mettent en place des conseils de travailleurs [22]. Ces grèves sont rapidement écrasées. En outre, comme lors des grèves similaires survenues en France en 1917, l'élan ne vient pas d'un enthousiasme révolutionnaire mais d'un ras-le-bol de la guerre et de ses épreuves psychologiques et matérielles. Leur effet sur la direction bolchevique est toutefois calamiteux. Avec son réalisme habituel, Lénine recommande la prudence, argumentant qu'il faut profiter du temps offert par l'acceptation des conditions allemandes pour renforcer l'emprise de la révolution à l'intérieur du pays comme à l'étranger. Mais Trotski, commissaire aux Affaires étrangères, succombe à un empressement idéologique et romantique, en s'attachant les voix de la majorité du Comité central bolchevique. Pour pousser les Allemands au pire, ce qui ferait s'abattre la colère de la révolution mondiale sur la tête des impérialistes en Allemagne puis dans tous les pays capitalistes, il ne peut y avoir « ni paix ni guerre [23] ». La Russie ne signera pas ; elle ne se battra pas non plus. En accord avec cette décision, véritable renoncement au pouvoir dans l'attente d'un engloutissement des ennemis de la révolution, la démobilisation totale de l'armée russe est annoncée le 29 janvier [24]. A Brest-Litovsk, Trotski continue à batailler avec les Allemands pendant encore dix jours. Le 9 février, ils concluent une paix séparée avec l'Ukraine et lancent simultanément un ultimatum aux bolcheviks, exigeant qu'ils signent le traité pour le lendemain ou qu'ils acceptent la fin de l'armistice du mois de décembre précédent et l'occupation par l'armée allemande, accompagnée de contingents autrichiens et turcs, des territoires dont l'accord de Brest-Litovsk a prévu la cession.

Au cours des onze jours suivants, les Allemands s'avancent vers ce que l'ultimatum appelle « la ligne désignée[25] ». L'opération *Faustschlag* (« Coup de poing ») submerge les forces bolcheviques en Biélorussie, dans l'ouest de l'Ukraine, en Crimée, dans le bassin industriel de Donetsk et, enfin, le 8 mai, sur le Don. En moins de deux mois, 335 000 kilomètres carrés de territoire, contenant les meilleures terres agricoles de la Russie, nombre de ses matières premières et l'essentiel de son industrie, ont été pris par l'ennemi. « C'est la guerre la plus comique que j'aie jamais vue », écrit le général Max Hoffmann, ancien chef d'état-major de Hindenburg à Tannenberg. « On met une poignée de fantassins, quelques mitrailleuses et un canon dans un train qui file vers la gare suivante. Ils la prennent, font prisonniers les bolcheviks, récupèrent quelques troupes supplémentaires et ainsi de suite. La façon de faire a au moins le charme de la nouveauté. » Il s'agit de la nouveauté de la victoire éclair, rêvée par Schlieffen, et qu'aucune armée allemande n'a réussi à accomplir depuis le début de la guerre.

Les victoires éclairs réservent souvent aux vainqueurs, l'expérience nous le montre, de fâcheuses conséquences. L'opération Coup de poing ne déroge pas à cette règle, mais, venant s'ajouter aux nombreuses injustices découlant de la révolution russe, ce ne sont pas les Allemands mais les bolcheviks qui en pâtissent. Les conséquences de leur défaite sont triples. Tout d'abord, un certain nombre de minorités présentes en Russie rejettent l'autorité de Petrograd et établissent leurs propres gouvernements. Ensuite, l'incapacité des bolcheviks à résister à la progression allemande, suivie de leur accord précipité à signer une paix dictée, conforte les Alliés, jusqu'alors hésitants, dans leur résolution d'établir une présence militaire sur le sol russe afin de soumettre les forces d'occupation allemandes à une menace militaire permanente. Enfin, l'effondrement de la force armée bolchevique, tel qu'il se produit, procure aux opposants à la révolution l'occasion de déclencher une contre-révolution qui dégénère rapidement en guerre civile.

Les Finlandais ont été les premiers à frapper pour obtenir

leur indépendance. Les Roumains des provinces de Bessarabie et de Moldavie les suivent. S'appuyant sur les restes de l'armée roumaine toute proche, ils proclament la république du Peuple moldave en janvier 1918, rattachée à la Roumanie proprement dite en avril. Malgré la présence d'une minorité russe non négligeable, elle restera roumaine jusqu'en 1940. En Transcaucasie, qui n'est tombée sous l'autorité du tsar qu'au cours du XIXe siècle, les Russes forment un ensemble moins nombreux et plutôt citadin. Ils sont employés des chemins de fer, des services gouvernementaux ou bien encore soldats [26]. Les nationalités dominantes, Géorgiens et Arméniens chrétiens, ainsi que les Azéris musulmans et de langue turque, reçoivent des bolcheviks de Petrograd le droit d'établir leur autonomie selon leurs convenances en novembre 1917. En avril 1918, ils proclament une République démocratique fédérative [27].

La fédération ne dure qu'un mois, mise à mal par les antécédents historiques entre les trois ethnies. En revanche, l'indépendance de l'Arménie et de l'Azerbaïdjan va durer jusqu'en 1920. Les bolcheviks décideront alors de revenir sur leurs concessions en matière de libertés politiques. La Géorgie en fera également les frais l'année suivante. Dans l'intervalle, les trois Etats indépendants auront été attirés dans la phase culminante de la Grande Guerre par l'intervention, directe ou indirecte, des principaux combattants.

Les régions transcaucasiennes et, plus au sud-est, transcaspiennes, auraient pu rester des zones neutres si elles ne contenaient pas l'une comme l'autre des ressources de grande valeur stratégique (le pétrole du Caucase, raffiné au port de Bakou sur la mer Caspienne, et la culture du coton du Turkestan en zone transcaspienne), et si elles n'étaient pas desservies par des lignes ferroviaires permettant leur extraction. Selon les termes du traité de Brest-Litovsk, la Russie bolchevique est obligée de fournir une part de leur production à l'Allemagne. Les bolcheviks aimeraient évidemment pouvoir en conserver pour leur propre usage. Les Turcs ambitionnent pour leur part d'incorporer les Transcaspiens de langue turque à l'Empire ottoman. Au printemps 1918, les forces allemandes présentes à l'est de l'Ukraine et dans le bassin de Donetsk après l'opération Coup de poing progressent vers l'est en direction de Bakou. Les Turcs font de même à travers leur frontière caucasienne. Dans le même temps, depuis leur base impériale en Inde et la sphère d'influence établie en Perse du Sud par l'accord de 1907 avec la Russie, les Britanniques lancent leurs propres troupes vers cette région [28].

Dans les premiers temps de la Grande Guerre, les forces indo-britanniques ont renforcé leur présence dans la région en créant ce que l'on appelle le Cordon de la Perse orientale, dont le but est d'empêcher les agents allemands, autrichiens et turcs de provoquer des troubles sur la frontière nord-ouest de l'Empire indien. La 28ᵉ division de cavalerie indienne a été transférée pour service de longue durée sur le Cordon de la Perse orientale [29], tandis qu'une force locale, les *South Persian Rifles*, a été levée pour patrouiller sur la frontière commune du Baloutchistan indien et de l'Empire perse [30]. A la nouvelle de l'avancée germano-turque en direction des régions transcaucasiennes et transcaspiennes au printemps 1918, la présence britannique a été renforcée. Une colonne de véhicules blindés britanniques, sous la conduite du général Dunsterville (dite « Dunsterforce »), est partie en janvier de Mésopotamie vers la mer Caspienne, avec Bakou pour objectif. Elle est suivie en juin de troupes indiennes commandées par le général Malleson. Elles traversent la frontière du Nord-Ouest pour établir une base dans la ville perse de Meshed, au sud de la mer Caspienne, et ainsi empêcher une pénétration allemande ou turque en Asie centrale.

Ces forces sont dérisoires pour une zone aussi étendue. Cependant, le « Grand Jeu » engagé entre les Britanniques et les Russes pour asseoir leur influence en Asie centrale depuis le début du XIXᵉ siècle n'a jamais impliqué plus d'une poignée d'hommes de chaque côté. Avec l'incorporation dans les années 1880 des khanats et des émirats d'Asie centrale à l'Empire russe, les occasions pour la Grande-Bretagne de pratiquer une politique tribale ont été réduites. Elles sont tout à fait anéanties, comme celles de la Russie, par la convention anglo-russe de 1907 qui « définit leurs intérêts respectifs en ce qui concerne l'Afghanistan, la Perse et le Tibet [31] ». La révolution ravive le Grand Jeu tout en en multipliant le nombre de joueurs : aux chefs des tribus locales qui, encouragés par Lénine (qui le regrettera), se déclarent autonomes et organisent un Directoire caspien central s'ajoutent les 35 000 prisonniers de guerre allemands et austro-hongrois dont chacun espère s'attirer les faveurs ; les bolcheviks, quant à eux, sont installés en Astrakhan, à la tête de la mer Caspienne, et à Tachkent, sur la Voie ferrée d'Asie centrale ; les armées allemande et turque qui, depuis leurs positions respectives en Ukraine orientale et dans le Caucase, lancent des soldats et des missions diplomatiques en direction de Bakou et au-delà ; enfin, il y a les Britanniques. Dunsterville, ancien camarade de classe de Rudyard Kipling et héros de *Stalky et Cie*, est animé du souci d'empêcher les Allemands et les Turcs de s'emparer du pétrole de Bakou. Il veut en outre aider Malleson à empêcher la Turquie d'intégrer à son empire les peuples de langue turque d'Asie centrale, ainsi que d'utiliser la Voie ferrée d'Asie centrale. Enfin, il entend la dissuader de provoquer des troubles en Afghanistan sur la frontière du nord-ouest de l'Inde.

Le drame de la Grande Guerre en Asie centrale, aussi passionnant qu'ait pu en être le potentiel, finit par se dégonfler. Dunsterville est chassé de Bakou en septembre par une poussée turque qui se conclut par le massacre des Arméniens par leurs ennemis azéris. La pénétration de Malleson en Asie centrale est rapidement stoppée, mais pas avant que le meurtre, perpétré par des supplétifs turcs, de vingt-six commissaires du peuple bolcheviques enlevés à Bakou n'ait fourni au gouvernement soviétique le prétexte permettant de faire passer les Britanniques pour des « impérialistes » aux yeux des Asiatiques jusqu'à la fin de l'URSS [32]. Ni les interventions allemandes, ni les interventions turques dans la région de la mer Caspienne ne vont perdurer. Celles de l'Allemagne vont prendre fin avec sa défaite sur le front occidental, celles de la Turquie avec l'effondrement de son empire après l'armistice du 31 octobre 1918.

Au final, la victoire en Asie centrale revient aux bolcheviks, même s'ils reprendront régulièrement les armes contre les peuples du Caucase jusqu'en 1921, et que la lutte contre les insurgés turcs « Basmachi * » en Asie centrale va durer encore des années [33]. L'épisode d'Asie centrale a toutefois son importance, car les tentatives britanniques s'inscrivent dans un plan plus vaste d'ingérence étrangère dans les affaires russes qui, en plus d'empoisonner les relations entre l'Ouest et le gouvernement soviétique pendant les dizaines d'années qui vont suivre,

* Parmi lesquels le Jeune Turc Enver Pasha fait une brève mais tragique apparition, semant la discorde après la défaite ottomane.

jette un éclairage sur la diplomatie des derniers mois de la Grande Guerre.

Les Alliés occidentaux (Français, Britanniques mais également Américains et Japonais) envoient des troupes en Russie au cours de l'année 1918. Cependant, malgré la version élaborée ensuite par les historiens soviétiques, aucune ne le fait au départ dans le but de renverser la révolution d'Octobre. Les premières troupes à débarquer, un groupe de 170 marins britanniques, arrivent dans la partie septentrionale de Mourmansk le 4 mars 1918, soit un jour après que les bolcheviks eurent enfin signé le traité de Brest-Litovsk. Ils sont encouragés par Trotski qui, deux jours auparavant, a télégraphié au soviet de Mourmansk des instructions pour qu'il accepte « toute aide quelle qu'elle soit » de la part des Alliés [34]. Trotski et les Britanniques ont en effet un intérêt commun. Mourmansk s'est développé entre 1914 et 1917 en devenant le port par lequel les ravitaillements britanniques pour l'armée russe ont été débarqués. La ville ne compte plus les armes et les munitions. Suite à la victoire des Finlandais sur les bolcheviks lors de leur guerre civile, Trotski tout comme la Grande-Bretagne ont des raisons de craindre que les Finlandais et leurs alliés allemands ne cherchent à s'emparer de tout ce matériel. Les Finlandais blancs ont également des ambitions territoriales dans la région, ou du moins des tentations. C'est l'opposition de Mannerheim à cette initiative flagrante et mal venue contre les Alliés qui, entre autres raisons, lui font renoncer au commandement et se retirer en Suède. L'inquiétude de Trotski est que les Finlandais, une fois réarmés, pourraient marcher avec l'aide des Allemands sur Petrograd. Pour leur part, les Britanniques craignent que les Allemands ne transforment Mourmansk en base navale, située au nord de leurs barrages de mines, d'où leurs *U-Boote* pourraient parcourir l'Atlantique Nord [35].

Trotski souhaite également s'emparer de la réserve d'armes britanniques pour son Armée rouge. Suite à la dissolution précipitée de l'ancienne armée russe le 29 janvier 1918, elle a été officiellement créée par décret instituant un haut commandement de l'Armée rouge le 3 février. Un décret sur la conscription ne tardera pas à suivre [36]. La fonction de l'Armée rouge est de défendre la révolution contre ses véritables ennemis, que Trotski identifie, dans un discours au Comité central en avril 1918, non pas comme « nos ennemis de classe *de l'intérieur du pays*, qui sont pitoyables » mais comme « les ennemis tout-puissants *de l'extérieur*, qui se servent d'une énorme machine centralisée pour se livrer à des exterminations et des meurtres de masse [37] ». Par ennemis « extérieurs », il entend les Allemands, les Autrichiens et les Turcs qui sont non seulement établis sur le sol russe, mais encore étendent leur zone de contrôle sur les régions les plus riches en cultures et en ressources de l'Ukraine, à Donetsk et dans le Caucase. Ainsi, toujours en avril 1918, malgré la signature du traité de Brest-Litovsk ayant établi une paix théorique entre les bolcheviks et les ennemis de la Russie, malgré l'hostilité idéologique des bolcheviks pour le système capitaliste représenté par la Grande-Bretagne, la France et les Etats-Unis, ils partagent toujours avec ces nations occidentales un objectif commun : la défaite des Puissances centrales.

La poursuite de cet objectif commun a été mise à mal en novembre 1917, lorsque les bolcheviks ont proclamé un armistice et fait appel aux Alliés pour mettre en place des négociations de paix avec les Allemands, les Autrichiens et les Turcs [38]. Elle a ensuite été sérieusement menacée en décembre, lorsque la France et la Grande-Bretagne ont été encouragées, par l'apparition d'une résistance antibolchevique, à envoyer des représentants chez les contre-révolutionnaires dans l'espoir qu'ils maintiennent l'effort de guerre russe auquel Lénine et Trotski semblaient prêts à mettre fin [39]. Elle est ranimée en janvier, à tel point qu'en février les bolcheviks utilisent l'offre d'assistance des Alliés comme instrument pour obtenir de meilleures conditions auprès des Allemands à Brest-Litovsk. Mais après l'imposition du traité et sa ratification, que Lénine a difficilement obtenue du 4e Congrès du Soviet le 15 mars, elle semble vouée à disparaître [40]. Toutefois, du fait de la brutalité de la politique d'occupation allemande en Ukraine et au-delà, la poursuite d'un objectif commun aurait pu survivre si des événements fortuits et imprévus n'étaient survenus pour semer irrémédiablement la discorde entre les bolcheviks et l'Occident.

A l'été 1918, les Alliés s'empêtrent inextricablement avec les contre-révolutionnaires russes alors que telle n'était pas leur l'intention. Aussi calamiteuse qu'ait pu être la révolution d'Octobre pour leur cause, et malgré la répugnance du programme bolchevique à l'égard de leurs gouvernements, lucidité et réalisme les empêchent de commettre l'irrémédiable contre un régime contrôlant la capitale russe et maintenant, même sous une forme particulière, son système administratif. Les ennemis des bolcheviks, bien que patriotes, antiallemands et respectueux de l'ordre traditionnel, sont désorganisés, désunis et dispersés, loin du cœur de la Russie. Le groupement le plus important, appelé l'Armée volontaire, est né après la fuite en novembre 1917 de deux des principaux généraux du tsar, Alexeïev, son chef d'état-major, et Kornilov, qui a mené la tentative d'août visant à restaurer son autorité. S'échappant de leur prison mal gardée de Bykhov, près des anciens quartiers généraux de Moguilev, ils se sont dirigés vers la région lointaine du Don, en Russie du Sud [41]. Le Don a été choisi car il est la principale région d'origine des cosaques dont l'attachement farouche à la personne du tsar en fait les confédérés les plus qualifiés pour mener une contre-révolution. Mais ni les cosaques du Don, ni ceux de la steppe plus lointaine du Kouban ne sont suffisamment nombreux et organisés : ils ne sauraient constituer une véritable menace pour le pouvoir soviétique, comme ne tardent pas à s'en rendre compte les dirigeants de l'Armée volontaire : la résistance des cosaques du Don s'écroule en février 1918, sous le poids d'une contre-attaque soviétique. Lorsque Kornilov bat en retraite à travers les steppes vers le Kouban, le désastre ne tarde pas. Tué par un obus, il est remplacé par l'énergique Denikine. Mais le nouveau chef ne parvient pas à trouver une base de repli sûre pour ses troupes [42]. Fortes de seulement quatre mille hommes, elles semblent vouées en avril à la désintégration, tant en raison de la pression bolchevique que de l'impitoyable étendue géographique de la Russie.

Ce qui change tout pour l'ensemble des protagonistes (bolcheviks, contre-révolutionnaires et alliés occidentaux) de la guerre civile russe, c'est l'émergence d'une force que personne n'avait prise en compte : les prisonniers de guerre tchèques et slovaques. Libérés par l'armistice de novembre de leur captivité en Ukraine, ils commencent à sortir de Russie en avril pour rejoindre les armées alliées sur le front de l'Ouest. En 1918, l'Ukraine ne compte plus les prisonniers de guerre allemands aussi bien qu'austro-hongrois. Cependant, alors que les Allemands attendent d'être libérés par leur armée, les deux plus gros contingents austro-hongrois, les Polonais et les Tchèques, sont déterminés à ne pas être rapatriés. Ils espèrent qu'en changeant de camp ils pourront accélérer l'émancipation de leurs patries de la tutelle impériale. Les Polonais commettent l'erreur de s'engager auprès des séparatistes ukrainiens et sont écrasés en février par les Allemands lorsque la *Rada*, le comité nationaliste ukrainien, signe sa propre paix à Brest-Litovsk. Plus prévoyants, les Tchèques n'accordent pas leur confiance à la *Rada*. Ils cherchent par tous les moyens à quitter la Russie et à gagner la France *via* le Transsibérien. Assurés de l'accord des bolcheviks en mars, ils sont en chemin dès le mois de mai [43]. Leur voyage ne rencontre la faveur ni des Britanniques, qui espéraient que les Tchèques partiraient vers le nord pour aider à la défense de Mourmansk, ni des Français, qui veulent que les Tchèques restent en Ukraine pour combattre les Allemands. En contact direct avec les chefs de leur gouvernement provisoire basés à l'étranger, Masaryk et Beneš, les Tchèques demeurent inflexibles. Leur objectif est le terminus du Transsibérien à Vladivostok, d'où ils espèrent prendre le bateau pour la France. Ils sont résolus à ce que rien ni personne n'entrave leur passage.

Celui-ci est toutefois interrompu le 14 mai 1918 lorsque, à Tcheliabinsk, en Sibérie occidentale, une altercation éclate entre les Tchèques en route vers l'est et des prisonniers hongrois ramenés vers l'ouest d'une part et l'armée des Habsbourg d'autre part [44]. Deux aspirations différentes sont mises en présence : celle des Tchèques pour une Tchécoslovaquie indépendante, celle des Hongrois pour maintenir leur statut privilégié dans le système austro-hongrois. Un Tchèque est blessé, son agresseur hongrois lynché, et, lorsque les bolcheviks interviennent pour rétablir l'ordre, les Tchèques prennent les armes pour les contenir et affirmer leur droit d'utiliser le Transsibérien pour leur usage exclusif. Ils sont quarante mille, échelonnés en unités organisées sur toute la longueur d'une ligne située entre la Volga et Vladivostok. Se doutant avec raison que les bolcheviks veulent les désarmer et dissoudre leur organisation, ils prennent des dispositions, sous l'influence de Rudolph Gajda, officier férocement antibolchevique, pour empêcher quiconque d'autre d'utiliser la ligne [45]. La perte du Transsibérien est un coup dur sérieux pour les bolcheviks, car ils ont pris le pouvoir et l'ont gardé en s'appuyant précisément sur les chemins de fer. Mais le pire est à venir. A l'origine neutres, les Tchèques entament maintenant une série d'opérations locales en direction de l'est le long de la voie ferrée. Cela a pour effet indirect de renverser le pouvoir soviétique en Sibérie. « Au milieu de l'été 1918, les bolcheviks avaient perdu aussi bien la Sibérie que l'Oural [zone la plus vaste de Russie] [46]. »

Pendant ce temps, les Alliés occidentaux, impliqués dans le transfert du corps tchèque vers le front de l'Ouest, les encouragent et leur font parvenir de l'argent et des armes. Un enthousiasme soudain les incite à ne quitter la Russie qu'après avoir assené un coup fatal aux bolcheviks. Dans le même temps, revigorés par ces succès, les contre-révolutionnaires reprennent le combat avec une confiance retrouvée. Leurs forces se répartissent entre celles de l'amiral Kolchak, chef suprême autoproclamé opérant en Sibérie, les porte-étendard de la révolte en Russie du Sud, l'Armée volontaire de Denikine, et les cosaques du Don et du Kouban. L'apparente communauté d'intérêt entre les Tchèques et les opposants au bolchevisme confère aux seconds les qualités requises pour également bénéficier du soutien des Alliés. Au départ, les Occidentaux n'avaient pourtant pas l'intention, pour des raisons évidentes, de devenir ennemis des bolcheviks, s'appuyant sur leur authentique hostilité envers les Allemands, les Autrichiens et les Turcs, tous avides de dépecer le territoire historique de la Russie. Mais, à la fin de l'été 1918, les Alliés sont en guerre avec le gouvernement bolchevique et soutiennent la contre-révolution dans le Sud et en Sibérie. Bien plus, ils ont envoyé leurs propres troupes, britanniques au nord de la Russie, françaises en Ukraine, japonaises et américaines sur la côte Pacifique.

Une guerre entièrement annexe à la Grande Guerre s'ensuit. En Russie du Nord, une force alliée composée de troupes françaises, américaines et britanniques, placée sous le commandement du général britannique Ironside *, fait cause commune avec les Révolutionnaires sociaux, antibolcheviques locaux, et trace un périmètre défensif à trois cents kilomètres au sud de la mer Blanche. A Tulgas, sur la Dvina, elle tient tout l'hiver 1918-

* Doté d'une stature imposante, Ironside est le futur chef de l'état-major impérial, modèle supposé du personnage de Richard Hannay, héros d'aventure très populaires de John Buchan.

1919, alors que les bolcheviks lèvent des forces contre elle [47]. Dans le même temps, Ironside recrute des troupes russes. Dirigée par des officiers britanniques, la Légion slavo-britannique reçoit des renforts italiens et l'aide d'un contingent finlandais. La principale motivation de ce dernier est l'annexion de territoires russes. Après avoir été dissuadé de nourrir de telles intentions, il coopère avec les forces d'intervention britanniques en mer Baltique. Celles-ci comprennent des missions militaires auprès des milices germano-baltes en Lettonie et en Estonie (les hommes à l'âme la plus militaire qu'il ait jamais commandés, dira d'eux le futur maréchal Alexander) et des armées des Etats émergeants de Lituanie, de Lettonie et d'Estonie. La force navale balte du vice-amiral sir Walter Cowan fait également partie de ce détachement [48]. Au cours de l'été 1919, les torpilleurs de Cowan vont couler deux cuirassés russes dans le port de Cronstadt, les deux plus grosses unités de ce qui reste de la marine russe [49]. Dans l'intervalle, en décembre 1918, les Français ont débarqué des troupes dans les ports de la mer Noire d'Odessa et de Sébastopol. Comprenant des contingents grecs et polonais, ces unités tentent de lever des légions locales de Russes sous commandement français. Elles établissent également des relations houleuses avec les Forces blanches et mènent une lutte sans succès contre les Rouges [50]. Des troupes japonaises et américaines débarquent à Vladivostok en août 1918 afin de consolider une tête de pont devant servir à l'évacuation du corps tchèque. Un commandant suprême français, Janin, arrive ensuite pour superviser les opérations, tandis que les Britanniques débarquent de grandes quantités de stocks militaires pour ravitailler l'armée antibolchevique de l'amiral Kolchal. Les Japonais avancent vers le lac Baïkal, les Américains, eux, ne bougent pas. Les deux contingents finissent par quitter le sol russe, tandis que les Tchèques qu'ils devaient secourir parviennent enfin à sortir de Russie en septembre 1920 [51]. L'intervention alliée à l'extrême est du pays ne débouche sur rien d'autre que la confirmation aux yeux des Soviétiques que la politique occidentale est fondamentalement antibolchevique.

Elle est en réalité tout le contraire. Le 22 juillet 1918, le Premier ministre britannique, David Lloyd George, déclare au Cabinet de guerre que « “ le type de gouvernement mis en place par les Russes ne regarde pas la Grande-Bretagne : république,

Etat bolchevik ou monarchie ". Tout indique que le président Wilson partageait cet avis [52]. » C'est un avis que les Français partagent également, du moins pendant un temps. Jusqu'au mois d'avril, le parti dominant au sein de l'état-major français refuse d'aider les antibolcheviques, les « groupes patriotiques comme on les appelle ». L'argument est qu'ils favorisent les forces d'occupation allemandes pour des raisons de lutte des classes, alors que les bolcheviks, qui ont été « trompés par les Puissances centrales et [sont maintenant] peut-être conscients des erreurs passées », promettent au moins de poursuivre le combat [53]. La France va plus tard rejeter cette position et devenir la plus antibolchevique de toutes les puissances alliées. Mais au printemps 1918, elle partage les espoirs britanniques et américains d'utiliser les bolcheviks pour reconstituer un front de l'Est permettant de soulager la pression sur celui de l'Ouest où la menace d'une défaite se précise. Espérant que les Tchèques vont reprendre l'offensive à l'est, et se laissant progressivement entraîner dans une complicité avec les Blancs, la position des Occidentaux achève de convaincre Lénine et Staline que les Alliés sont violemment hostiles à la révolution, et ce depuis le début. En vérité, les Alliés, prêts à tout pour détourner l'effort allemand du front de l'Ouest, ne deviennent antibolcheviques qu'au milieu de l'été 1918. Ils le deviennent uniquement parce que tous les signes indiquent, avec raison, que les bolcheviks se sont éloignés de leur politique antiallemande initiale pour assurer leur survie.

Jusqu'à la moitié de l'été, les Allemands se demandent eux aussi quel camp sert le mieux leurs intérêts. L'armée craint une propagation rouge au pays et sur le front et veut que les bolcheviks soient « liquidés [54] ». En revanche, le ministère des Affaires étrangères, bien que partageant le désir de l'armée de maintenir la Russie dans un état de faiblesse relative et à terme de la démanteler, rappelle que ce sont les bolcheviks qui ont signé le traité de Brest-Litovsk : les « groupes patriotiques » le rejetant, il est donc dans l'intérêt de l'Allemagne de soutenir les premiers aux dépens des seconds. Le 28 juin, le Kaiser, à qui il est demandé de trancher entre politique pro- et antibolcheviques, donne son aval à une recommandation du ministère des Affaires étrangères allemand : le gouvernement bolchevique reçoit l'assurance que ni les forces allemandes dans les Etats baltes, ni leurs alliés finlandais n'agiront contre Petrograd, qu'ils sont pourtant en mesure d'investir sans peine. Cette assurance permet à Lénine et à Trotski de transférer leur seule véritable formation militaire, les chasseurs lettons, vers l'Oural, le long du parcours du Transsibérien. Depuis cet endroit, et plus précisément à Kazan, ils attaquent à la fin du mois de juillet la Légion tchèque et débloquent la voie ferrée. Repoussant les Tchèques en direction de Vladivostok, ils peuvent ravitailler l'Armée rouge. Celle-ci combat les Armées blanches de Kolchak et de Denikine dans le sud de la Russie et en Sibérie [55]. La contre-offensive va déboucher sur la victoire des bolcheviks dans la guerre civile, victoire obtenue par la décision ferme des Allemands de laisser vivre le bolchevisme, et ce en dépit de l'engagement des Alliés.

LA CRISE DE LA GUERRE À L'OUEST

Pendant que des armées s'affrontent un peu partout dans les vastes espaces de l'Est, les garnisons du front de l'Ouest, moins étendu, s'apprêtent à mener un combat décisif. L'effondrement des armées du tsar a recréé la situation stratégique pour laquelle Schlieffen avait prévu son plan, à savoir que l'intermède durant lequel la Russie ne représente pas une menace laisse l'Allemagne libre d'apporter la supériorité numérique contre les Franco-Britanniques. Cette supériorité est maintenant considérable. Après avoir laissé quarante divisions d'infanterie et de cavalerie de second ordre à l'Est pour occuper les gigantesques territoires concédés par les bolcheviks à Brest-Litovsk, Ludendorff peut déployer 192 divisions à l'ouest, contre les 178 divisions alliées [56]. Ces divisions comprennent la majeure partie des unités d'élite de l'armée allemande : la Garde, les *Jäger*, les Prussiens, les Souabes et les meilleurs des Bavarois. Le XIVe corps, par exemple, est constitué de la 4e division de la Garde, de la 25e division, composée de régiments issus des Etats princiers, de la 1re division prussienne et de la 228e division de réserve, formée de régiments du Brandebourg et du cœur de la Prusse [57]. En cette quatrième année de guerre, les vétérans de 1914 sont rares.

Certains régiments d'infanterie ont subi plus de 100 pour cent de pertes, ce qui représente l'ensemble des officiers et sous-officiers partis en guerre en 1914. Ces formations conservent néanmoins leur esprit de corps, renforcé par la longue série de victoires remportées à l'est. Il n'y a qu'à l'ouest que les armées allemandes n'ont pas soumis l'ennemi. Au printemps 1918, les soldats du Kaiser ont reçu la promesse que les prochaines offensives vont remédier à cela.

Mais l'infanterie allemande devrait se douter que quatre années de guerre l'ont presque amenée au point de rupture. La Grande-Bretagne et la France ne sont pas mieux loties : toutes deux ont réduit leurs divisions d'infanterie de douze à neuf bataillons l'année précédente et n'ont plus de ressources humaines pour combler les pertes. Mais elles ont des stocks de matériel supérieurs : 4 500 avions contre 3 670 allemands, 18 500 canons contre 14 000, 800 chars contre 10. Surtout, elles peuvent compter sur des millions d'Américains. L'Allemagne en revanche a enrôlé tous ses hommes : fantassins inexpérimentés comme soldats ayant dépassé l'âge de mobilisation et qui ne sont pas employés à des postes civils essentiels. En janvier 1918, elle ne peut que regarder du côté de sa classe de conscrits de 1900, et ces jeunes ne seront aptes au service qu'à l'automne. Un double impératif s'impose donc à Hindenburg, Ludendorff et leurs soldats en mars 1918 : gagner la guerre avant que le Nouveau Monde n'apparaisse pour rétablir l'équilibre sur le Vieux Continent, et avant que la main-d'œuvre allemande ne soit épuisée.

Le choix du front de l'attaque finale est limité, comme il l'a toujours été pour les deux camps, puisque le théâtre des opérations à l'ouest est retranché depuis la fin de la guerre de mouvement en 1914. Les Français ont tenté une percée en Artois et en Champagne par deux fois en 1915, puis à nouveau en Champagne deux ans plus tard. Les Britanniques ont fait une tentative sur la Somme en 1916 et dans les Flandres en 1917. Les Allemands ont également lancé une offensive d'envergure, en 1916, mais seulement à Verdun et avec des objectifs limités. Pour eux, le temps des objectifs limités est révolu. Ils doivent maintenant détruire une armée, celle des Français ou celle des Britanniques, s'ils veulent l'emporter. Et le choix du front, limité, les ramène à Verdun ou face aux Britanniques. Les options ont été étudiées lors de la fatidique conférence de Mons du 11 novembre 1917. Le colonel von der Schulenberg, chef d'état-major du groupe d'armées du Kronprinz, y a prôné la reprise de l'offensive sur son front (qui inclut Verdun), argumentant qu'une défaite des armées britanniques, même sévère, n'empêchera pas la Grande-Bretagne de poursuivre la guerre. En revanche, si la France est brisée, et le front de Verdun est le meilleur endroit pour réussir une telle entreprise, la situation à l'ouest serait tout autre. Le lieutenant-colonel Wetzell, chef de la section des opérations de l'état-major, va dans le même sens et renforce l'analyse de Schulenberg : Verdun, dit-il, doit être l'endroit choisi, car une victoire y ébranlerait le moral français en profondeur. Il enlèverait à la France toute chance de monter une offensive avec l'aide américaine, et exposerait les Britanniques à une attaque ultérieure des Allemands.

Mais Ludendorff ne veut pas en entendre parler. Après avoir écouté ses subalternes, il annonce que les forces encore disponibles ne permettront de lancer qu'une offensive, celle-ci reposant sur trois conditions : l'Allemagne doit frapper aussi tôt que possible, « avant que l'Amérique ne puisse faire entrer des forces puissantes en jeu », ce qui veut dire fin février ou au début du mois de mars. Le but est de « battre les Britanniques ». Il passe en revue les secteurs du front sur lesquels cette offensive pourrait être lancée et, laissant de côté les Flandres, il annonce qu'une attaque « près de Saint-Quentin paraît prometteuse [58] ». Il s'agit du secteur où le grand retrait stratégique vers la Ligne Hindenburg nouvellement établie avait été entrepris au printemps précédent. Devant s'étend désormais ce que les Britanniques appellent le « vieux champ de bataille de la Somme » de 1916, parsemé de cratères d'obus et de tranchées abandonnées. En attaquant à cet endroit, suggère Ludendorff, les divisions d'assaut, dans une opération portant le nom de code « Michael », peuvent percer la ligne de la Somme vers la mer et « envelopper » le front britannique. Les choses en restent là. D'autres conférences auront lieu, et de nombreuses spéculations sur des alternatives seront avancées, dont une attaque dans les Flandres, connue sous le nom de code « George », une autre à Arras, nom de code « Mars », et une troisième plus près de Paris, nom de code « Archange ». Mais le 21 janvier 1918, après un ultime passage en revue des armées, Ludendorff donne des ordres définitifs pour l'opération « Michael ». Le Kaiser en est informé le jour même. Des instructions préliminaires sont envoyées les 24 janvier et 8 février. Le 10 mars, le plan détaillé est promulgué et paraphé par Hindenburg : « L'opération Michael aura lieu le 21 mars. Percée des premières positions ennemies à 9 h 40 du matin. »

De nombreuses instructions tactiques accompagnent la directive stratégique. Un officier bavarois, le capitaine Hermann Geyer, a codifié en janvier 1918 la réflexion de l'armée sur le nouveau concept « d'infiltration » (même si l'armée allemande n'utilise pas ce mot), ainsi que les difficultés évidentes, dans son manuel *L'Attaque dans la guerre de position*. L'opération « Michael » en découle directement. L'accent y est mis sur une avancée rapide sans souci d'assurer la sécurité des flancs [59]. « La percée tactique n'est pas un objectif en soi. Son but est de donner l'occasion de mettre en application la plus puissante forme d'attaque, l'enveloppement... L'infanterie qui regarde à droite et à gauche s'arrête bientôt... C'est au plus rapide, non au plus lent, de donner le rythme... L'infanterie doit être mise en garde contre une dépendance trop grande envers le feu roulant [60]. » Les troupes d'assaut spécialisées des vagues de tête doivent avant tout « pousser » vers l'avant. Ludendorff résume l'objectif de « Michael » par un désaveu du concept faisant prévaloir un but stratégique fixe : « Nous allons pratiquer une percée en force... Pour le reste, nous verrons. C'est comme cela que nous avons procédé en Russie [61]. »

Il y a suffisamment de divisions d'attaque à avoir servi en Russie pour apporter en France un peu de cette confiance gagnée lors des victoires obtenues sur les armées du tsar, de Kerenski et de Lénine. Mais les Britanniques ne sont pas les Russes. Mieux équipés, mieux entraînés et jusqu'alors invaincus sur le front de l'Ouest, il y a peu de chances qu'ils s'effondrent à cause d'une percée pratiquée dans leurs lignes. Ludendorff a néanmoins fait, sans s'en douter, le meilleur choix en sélectionnant la Somme comme principale zone d'attaque. La 5e armée, numériquement presque la plus faible des quatre armées de Haig, y tient le front. Elle a lourdement souffert lors de la bataille de Passchendaele et ne s'en est pas encore tout à fait remise. Par ailleurs, elle est commandée par le général Hubert

Gough, lequel n'a pas la réputation d'être minutieux, alors que le secteur qu'il occupe est la zone britannique la plus difficile à défendre.

Issu de la cavalerie et favori de Douglas Haig, également cavalier, Gough a joué un des rôles principaux dans l'offensive de Passchendaele, et son armée a essuyé une part importante des pertes. Ses subordonnés pensent que par son incapacité à coordonner le soutien d'artillerie avec les assauts d'infanterie, à définir des objectifs accessibles, à faire cesser les opérations qui étaient d'évidents échecs et à atteindre les standards d'efficacité administrative du commandant de la 2e armée voisine, celle de Plumer, il est le responsable du coût humain de cette bataille. Au cours de l'hiver 1917, Lloyd George a essayé de faire évincer Gough, mais la protection de Haig l'a épargné. Il doit maintenant faire face à deux problèmes pour lesquels il n'a manifestement ni les compétences ni la carrure.

Aucun de ces problèmes n'est de son fait. Le premier provient d'une réorganisation majeure de l'armée. Au début de l'année 1918, les Britanniques, acceptant une nécessité reconnue par les Allemands en 1915 et par les Français en 1917, commencent à réduire l'effectif réglementaire de leurs divisions de douze à neuf bataillons. Ce changement correspond à la tendance générale de l'augmentation des effectifs de l'artillerie par rapport à l'infanterie, conséquence de l'effet de l'artillerie sur le cours de la guerre où les hommes ont été relégués au second plan par les canons. Mais la raison principale en est beaucoup plus simple : le manque de soldats. Le Cabinet de guerre a calculé que le BEF aurait besoin de 615 000 hommes en 1918 rien que pour compenser ses pertes, mais que, malgré la conscription, seuls 100 000 hommes sont disponibles[62]. La solution adoptée, s'ajoutant à celle consistant à transformer en unités d'infanterie des unités de cavalerie, est de disperser 145 bataillons et de les utiliser en renforts des autres. Ainsi, près d'un quart des bataillons doivent quitter les divisions dans lesquelles ils servent depuis des années et s'intégrer auprès d'officiers qu'ils ne connaissent pas, se retrouvant en soutien de batteries d'artillerie, de compagnies du génie ou de bataillons voisins. Il est particulièrement dommageable qu'une forte proportion de ces bataillons dispersés et déplacés appartienne à la 5e armée de Gough : étant la plus récente de toutes, elle contient un grand nombre d'unités nouvelles, celles sur lesquelles tombe précisément l'ordre de changer de division. Bien que la réorganisation commence en janvier, elle n'est achevée qu'en mars, et les défaillances administratives de Gough laissent encore un important travail d'intégration à effectuer.

Il a également dû déployer son armée sur un champ de bataille difficile et mal connu pour partie. Pour aider les Français, après la dislocation de tant de leurs formations en 1917, Haig a accepté de prendre en charge une part de leur front, précisément sur le secteur choisi par Ludendorff pour sa grande offensive de printemps. Gough doit par conséquent étendre son aile droite de l'autre côté de la Somme, dans un système de tranchées français connu pour être mal entretenu, tout en essayant de renforcer les défenses improvisées creusées par les Britanniques devant le vieux champ de bataille de la Somme après le retrait stratégique des Allemands sur la Ligne Hindenburg l'année précédente. La tâche est énorme. Non seulement les tranchées situées derrière la ligne de front sont grossières, mais on manque de troupes pour les améliorer. La guerre en France est, tout autant qu'une guerre de bombardement, une guerre de terrassiers. Tandis que les bataillons de ses divisions affaiblies peinent à compléter leurs effectifs, la main-d'œuvre manque également pour améliorer les positions de l'infanterie. En février, la 5e armée ne dispose que de 18 000 hommes pour ces travaux. En piochant de manière indistincte au sein des autres unités et en recrutant des travailleurs chinois et italiens, le total est porté début mars à 40 000. Mais la majorité des terrassiers sont employés à réparer les routes [63]. Seul un cinquième de la main-d'œuvre disponible construit des défenses. Si la première des trois lignes de la 5e armée, la ligne avancée, est terminée, et la principale, sur la zone de bataille, bien pourvue en points d'appui et en positions d'artillerie, la troisième ou « Ligne brune », vers laquelle les défenseurs doivent se retirer en tout dernier recours, n'est « qu'esquissée ». Ce qui signifie que sa surface n'a été creusée que sur trente centimètres de profondeur, qu'il n'y a que d'occasionnelles ceintures de barbelés et que les positions de mitrailleuses sont indiquées par des panneaux [64].

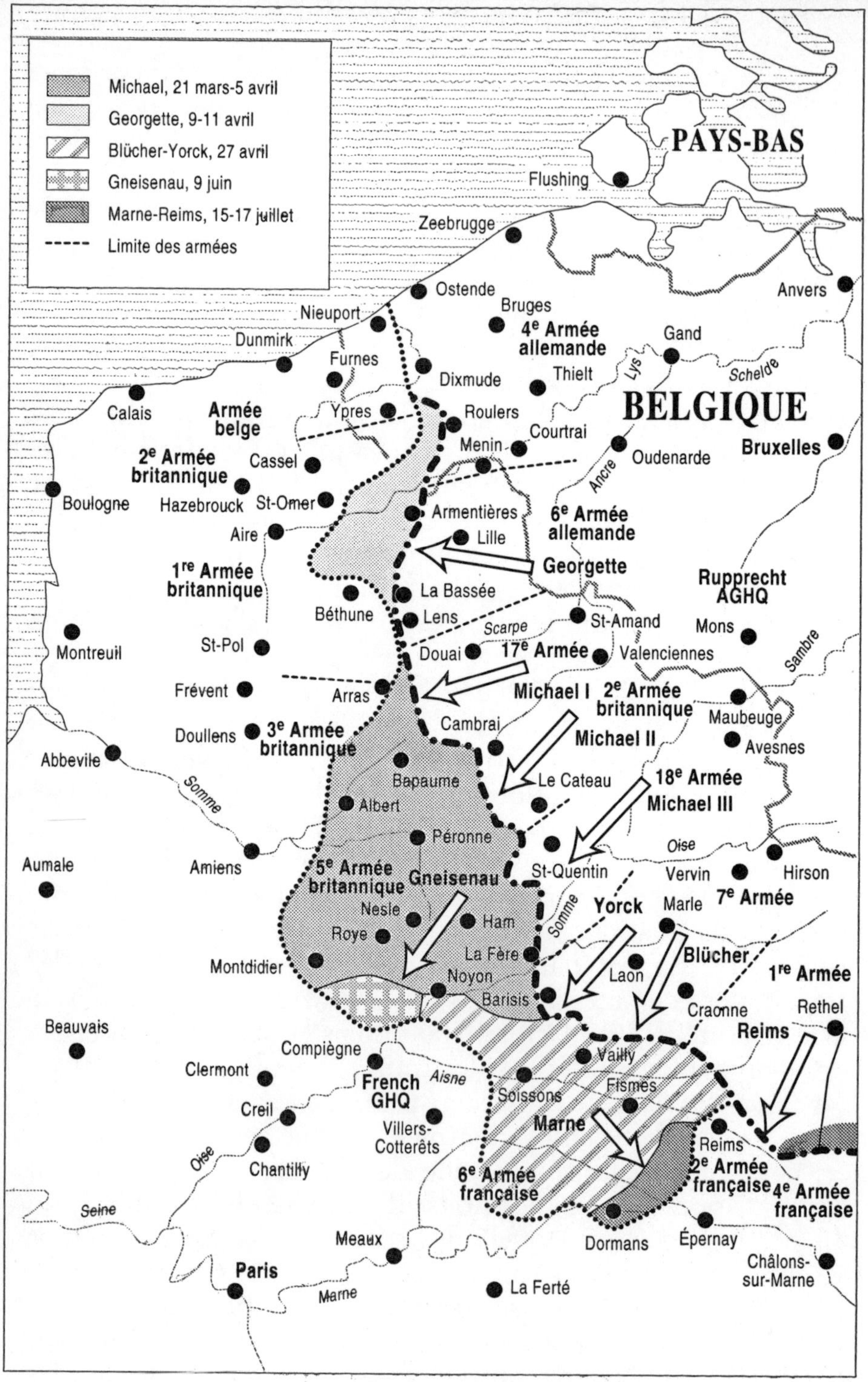

Les offensives allemandes, 1918

C'est contre ces défenses grossières que la tempête éclate au matin du 21 mars. Une masse compacte de soixante-seize divisions allemandes de bonne qualité fondent sur vingt-huit divisions britanniques, de qualité inégale. Ce matin-là, les Allemands s'avancent derrière un feu roulant d'artillerie sur un front de quatre-vingts kilomètres dans un léger brouillard épaissi par l'usage de gaz, chlore et phosgène et de lacrymogènes. Les deux premiers gaz sont mortels, et le lacrymogène est un irritant conçu pour que les fantassins britanniques enlèvent leurs masques respiratoires. « On ne pouvait voir au-delà de quelques mètres car le brouillard était maintenant épais, et la cascade d'obus sifflants, d'explosions et d'éclairs vifs éclatant partout devait donc être supportée, écrit le soldat A. H. Flindt, du *Royal Army Medical Corps*, en attendant qu'il cesse. Mais ce ne fut pas le cas [65]. » Le barrage, mêlé à du gaz moutarde provocant des brûlures, dure cinq heures, de 4 h 40 à 9 h 40 du matin, heure à laquelle, comme l'établissait l'ordre d'opération de Hindenburg du 10 mars, les troupes d'assaut allemandes sortent de leurs tranchées, passent par les trous pratiqués dans leurs propres barbelés, traversent le no man's land et commencent à pénétrer les positions des défenseurs.

« L'artillerie remit tout le monde à égalité », écrit le soldat T. Jacobs, du 1er *West Yorkshire Regiment*, un des bataillons réguliers présents en France depuis 1914. « Personne ne pouvait supporter plus de trois heures de bombardements soutenus avant de commencer à avoir envie de dormir et à s'engourdir. Au bout de trois heures, on est sonné et on se fait gentiment cueillir quand l'ennemi arrive. C'est un peu comme être sous anesthésie, on ne peut pas trop résister... Sur les autres fronts sur lesquels j'avais été, on avait tellement résisté que, dès que Fritz ouvrait le feu, notre artillerie ouvrait le feu également et le calmait, mais cette fois-ci, il n'y eut pas de réponse. Ils faisaient ce qu'ils voulaient [66]. »

Les défenseurs britanniques survivent au bombardement allemand en nombre suffisant pour offrir ici et là une résistance à l'offensive allemande. Tirant largement à l'aveugle selon la méthode « Pulkowski », qui dépend de l'observation météorologique, les canonniers allemands ont raté ou dépassé des cibles clés. Alors qu'ils surgissent du no man's land, les canons et les nids de mitrailleuses britanniques s'animent et les garnisons de tranchées se mettent en place sur les parapets. « Je pris ma position, d'où je pouvais voir très facilement les Allemands, écrit le soldat J. Jolly, du 9e *Norfolks*, un bataillon de Kitchener, qui franchissaient un talus en grand nombre à environ 200 ou 300 mètres. Ils avaient déjà pris notre ligne de front [dans le secteur de la 6e division]. Nous ouvrîmes le feu, et là, il apparut qu'ils étaient des centaines à arriver de derrière ce talus, mais même en restant allongés ils se seraient tous fait tuer. Leur attaque fut facilement arrêtée [67]. » Quelque part au nord de la position du 9e *Norfolks*, un sous-officier allemand rapporte

> [Nous avançâmes] un peu plus loin, ne rencontrant qu'une faible résistance, puis le brouillard se leva et on nous tira dessus depuis un nid de mitrailleuses. Plusieurs balles traversèrent ma veste, mais je ne fus pas touché. Nous nous mîmes tous à l'abri... Un peloton d'une autre compagnie me rejoignit, et à nous tous, nous tuâmes les six ou sept hommes (tous sans exception) du nid de mitrailleuses. Je perdis cinq ou six hommes... Je regardai à droite et vis des prisonniers britanniques qui repartaient... à peu près 120, une compagnie peut-être. Ils cavalaient vers l'arrière, courbés pour ne pas être touchés. Je pense que la position anglaise était couverte par le nid que nous venions d'éliminer, et ce plus grand nombre d'ennemis avait décidé qu'il valait mieux pour eux se rendre [68].

Les mitrailleurs britanniques d'un autre poste ont plus de chance : « Je croyais qu'on les avait arrêtés, se souvient le soldat J. Parkinson, quand je sentis un choc dans mon dos. Je me retournai et un officier allemand se tenait derrière moi avec un revolver. " Allez, Tommy. C'est bon. " Je me retournai alors et dis " Merci beaucoup, monsieur. " Je sais ce que j'aurais fait si j'avais été sous le feu d'un mitrailleur et que j'avais eu un revolver dans la main : je lui aurais réglé son compte. Il devait être un vrai gentleman. Il était dix heures vingt. Je le sais à la minute près parce que j'ai regardé ma montre [69]. »

A cette heure-là, soit une heure seulement après que l'infanterie allemande eut quitté ses tranchées, presque toutes les positions de la ligne avancée de la 5e armée, large de dix-neuf kilomètres, ont été submergées. Il n'y a que derrière l'obstacle de la ville en ruine de Saint-Quentin qu'une partie de la ligne tient toujours. Elle ne va pas tarder à tomber tandis que les Allemands pressent sur la zone de bataille principale ou Ligne rouge. Beaucoup plus importante en effectifs, la Ligne rouge, attaquée vers midi, et même plus tôt à certains endroits, oppose une résistance plus forte. Bien qu'elle ait été atteinte par le tir de préparation avant d'essuyer le feu roulant, l'intensité du barrage allemand diminue naturellement à mesure que l'infanterie s'en approche. L'artillerie britannique, qui refuse résolument d'abandonner la moindre position de canon alors qu'elle est débordée à gauche et à droite, contribue à enrayer l'avancée de l'ennemi. Un caporal allemand rapporte une de ces rencontres :

> Soudain, nous nous fîmes tirer dessus par une batterie avec des shrapnels à courte portée et dûmes nous jeter à terre. Serrés les uns contre les autres, nous trouvâmes refuge derrière un talus de voie ferrée... nous avions avancé de sept ou huit kilomètres en ligne droite et nous nous trouvions maintenant face à une batterie de moyen calibre, sous un feu direct. Les détonations des canons et les explosions des obus étaient simultanées. Dans ces conditions, s'engager dans une attaque de front ne rimait à rien... Aussi soudainement que cela avait commencé, tout s'arrêta. Nous pouvions à nouveau respirer. Nous nous levâmes et pûmes avancer vers la batterie abandonnée. Les canons étaient encore chauds. Nous vîmes certains des canonniers s'enfuir [70].

L'essentiel de la Ligne rouge est perdu par les Britanniques au cours de l'après-midi, soit parce que la garnison a fui, soit parce qu'elle a été balayée par la puissance de l'attaque. La perte de terrain la plus grave a lieu au sud de Saint-Quentin, au point de jonction avec la 6e armée française, déployée au confluent de l'Oise et de l'Aisne. A mesure que les divisions britanniques situées au sud de l'armée de Gough, à savoir la 36e (Ulster), la 14e, la 18e et la 58e, cèdent du terrain, les Français sont obligés de se retirer également, ouvrant une dangereuse brèche vers Paris. Dans le secteur nord de la 5e armée, où le saillant de Flesquières laissé par la bataille de Cambrai au mois de novembre précédent entame la ligne ennemie, les Allemands réussissent une manœuvre d'enveloppement mettant en péril la sécurité de la 3e armée et menaçant même les positions britanniques dans les Flandres. Le but de l'opération « Michael » étant « d'envelopper » le BZF contre le rivage de la Manche, elle est à présent en passe de réussir. En fait, l'attaque allemande des deux côtés de Flesquières vise à briser le saillant plutôt qu'à l'encercler, augmentant ainsi le nombre de prisonniers et ouvrant une brèche au point critique de jonction entre les 5ᵉ et 3ᵉ armées. Une fois créée, elle permettrait une forte poussée vers le nord-est.

Tandis que la nuit tombe en ce 21 mars, le BEF a subi sa première véritable défaite depuis le début de la guerre de tranchées, trois ans et demi plus tôt. Sur un front de vingt-huit kilomètres, l'ensemble de la position avancée a été perdue, sauf en deux endroits tenus héroïquement par la *South African Brigade* et une brigade formée de trois bataillons du *Leicestershire Regiment*. L'essentiel de la position principale a également été enfoncé. Les canons perdus sont légion, des unités entières se sont rendues ou se sont enfuies vers l'arrière. De lourdes pertes ont été subies par ceux qui sont restés se battre. Au total, plus de 7 000 fantassins britanniques ont été tués, et 21 000 soldats ont été faits prisonniers. Les événements de ce jour sont tout le contraire de ceux advenus le 1ᵉʳ juillet 1916, où 20 000 Britanniques avaient été tués, mais presque aucun n'avait été fait prisonnier. Le haut commandement et la presse avaient crié victoire.

Le premier jour de l'opération « Michael » est sans l'ombre d'un doute une victoire allemande, bien que le nombre total de morts allemands, plus de 10 000, dépasse celui des Britanniques, et que le nombre de blessés soit dans une large mesure plus important (presque 29 000 chez les Allemands contre 10 000 chez les Britanniques). Même si certains bataillons britanniques se sont battus avec abnégation (le 7ᵉ *Sherwood Foresters* par exemple, qui perd 171 hommes, dont son commandant), ils sont des exceptions. La perte de dix lieutenants-colonels d'infanterie atteste de cette impitoyable lutte menée par certaines unités. Mais elle montre également que la mauvaise organisation est telle que les officiers ont dû se placer en première ligne, et, en montrant l'exemple à leurs soldats, le payer de leurs vies. Des unités bien préparées ne perdent pas leurs officiers supérieurs dans de telles proportions (même dans le cas d'une offensive ennemie particulièrement dévastatrice), à moins d'une rupture du moral ou d'une défaillance de l'échelon supérieur. Le 21 mars, ces deux conditions sont réunies au sein de la 5ᵉ armée.

De nombreuses unités, épuisées par les batailles d'usure de 1917, ne sont pas en état de défendre un front insuffisamment fortifié, tandis que les quartiers généraux de la 5e armée n'ont pas de plan disponible pour faire face à un effondrement. « Je dois avouer, écrit après coup un fantassin expérimenté, que la percée allemande du 21 mars 1918 n'aurait jamais dû se produire. Il n'y avait aucune cohérence dans le commandement, aucune détermination, aucune volonté de se battre et aucune unité dans les compagnies ou les bataillons. » Il reste certainement à savoir si l'effondrement, car il s'agit bien de cela, est du même ordre psychologique que celui de l'armée française au printemps 1917, celui de l'armée russe après l'offensive Kerenski et celui de l'armée italienne à Caporetto. Les quatre armées, si l'on compte l'armée britannique, ont alors subi des pertes supérieures à 100 pour cent de leurs effectifs d'origine, et ont peut-être tout simplement franchi le seuil de ce qui est humainement supportable.

S'il existe une différence, elle réside dans l'étendue du traumatisme psychologique et dans son endiguement. L'armée française a montré des signes de rupture dans plus de la moitié de ses formations de combat et mis un an à y remédier. L'armée italienne, même si ce sont surtout les divisions opérant sur le front de l'Isonzo qui ont cédé, a souffert d'une crise générale dont elle ne s'est jamais vraiment relevée, nécessitant le renfort d'un grand nombre de troupes britanniques et françaises. Après l'épreuve de plusieurs défaites successives, de deux révolutions et de la désintégration du système étatique, l'armée russe s'est complètement écroulée et a fini par disparaître. La crise de la 5e armée britannique est d'un ordre différent et moindre. Sa défaite est une défaite davantage morale que matérielle, et à cet égard peut être assimilée au désastre de Caporetto. Cependant, elle n'affecte pas les trois autres armées britanniques. Elle est en effet circonscrite à la seule 5e armée qui, une semaine seulement après le début de l'offensive allemande, commence à se remettre et repart au combat. Elle a perdu beaucoup de terrain et reçu de sérieux renforts des troupes britanniques, mais également des troupes françaises et américaines. Toutefois, à aucun moment, elle n'a jamais cessé de fonctionner en tant qu'armée, tandis qu'un bon nombre de ses unités ont conservé leur volonté de résister, de tenir le terrain et même de contre-attaquer.

Les journées les plus éprouvantes de l'offensive allemande pour les Britanniques, et pour les Alliés en général, sont les troisième, quatrième et cinquième jours, c'est-à-dire les 24, 25 et 26 mars, au cours desquels le danger d'une séparation des armées britanniques et françaises se précise. A cette menace s'ajoute celle d'un déplacement progressif de l'ensemble de la ligne britannique vers le nord-est, en direction des ports de la Manche, et qui préfigure précisément « l'enveloppement » prévu par Ludendorff pour l'opération « Michael ». Le spectre d'une rupture du front gagne le haut commandement français, comme cela avait été le cas pendant la campagne de la Marne. Mais alors qu'en 1914 Joffre avait usé de toutes les mesures à sa disposition pour garder le contact avec les Britanniques, Pétain, qui commande des armées françaises du Nord, se laisse gagner par la peur. A 11 heures du matin le 24 mars, il rend visite à Haig à ses quartiers généraux pour l'avertir qu'il s'attend à être lui-même attaqué au nord de Verdun, qu'il ne peut plus fournir de renforts et que son souci principal est désormais la défense de Paris. Lorsque Haig lui demande s'il comprend et accepte que l'issue probable de son refus d'envoyer d'avantage d'aide sera une séparation de leurs deux armées, Pétain se contente de hocher la tête [71]. Haig se rend immédiatement compte qu'il doit faire face à une crise interalliée. Mais, alors que dans des circonstances similaires, en 1914, c'est le ministère de la Guerre britannique qui avait dû prendre des mesures pour remettre en selle sir John French, c'est maintenant Haig qui téléphone au ministère de la Guerre pour qu'il l'aide à raisonner Pétain. Deux jours plus tard, à Doullens près d'Amiens, directement sur l'axe d'avancée allemand, une conférence franco-britannique improvisée est convoquée. Elle est présidée par Poincaré, le président français. Clemenceau, Premier ministre, lord Milner, ministre de la Guerre britannique, Pétain, Haig ainsi que Foch, chef de l'état-major français, y assistent.

La réunion débute mal. Haig résume les déboires de la 5e armée, explique qu'il a maintenant placé les positions qu'elle tenait au sud de la Somme sous le contrôle de Pétain, mais exprime son incapacité à faire davantage dans ce secteur. Pétain proteste, affirmant que la 5e armée est « en rupture » et compare sans tact les troupes de Gough aux troupes italiennes de Caporetto. Une altercation avec Henry Wilson, chef de l'état-major impérial, s'ensuit. Pétain objecte qu'il a envoyé toute l'aide possible et que le but est désormais de défendre Amiens. Les troupes allemandes les plus avancées sont à trente kilomètres de la ville. Lorsque ce fait est mentionné, Foch, plus virulent que jamais, éclate : « Nous devons nous battre devant Amiens, nous devons nous battre là où nous nous trouvons maintenant... nous ne devons maintenant plus reculer d'un pouce. » Son intervention sauve la situation. De rapides conciliabules ont lieu, à la suite desquels il est soudainement accepté que Haig soit placé sous le commandement de Foch qui sera « chargé... de la coordination de l'action des armées britanniques et françaises [72] ». La formule satisfait tout le monde, même Haig qui avait résisté à toute atteinte à son indépendance depuis sa nomination à la tête du BEF en décembre 1915. Le 3 avril, l'autorité de Foch sera étendue à « la direction des opérations stratégiques », ce qui fait de lui dans les faits le général en chef des Alliés.

Sa nomination arrive juste à temps. Au 5 avril, les Allemands ont avancé de trente kilomètres sur un front de quatre-vingts et ne se trouvent plus qu'à sept kilomètres d'Amiens. La ville n'est défendue que par un écran d'unités de fortune, comprenant des troupes du génie et du train, dont certaines sont américaines, qui combattent comme fantassins. La nomination d'un seul et unique commandant ayant autorité absolue pour attribuer des réserves, aussi bien françaises que britanniques, en tout point du front le nécessitant, est essentiel dans une crise de ce type. Toutefois, les Allemands traversent eux aussi une crise à ce stade de leur offensive. Non seulement le rythme de leur avancée s'est ralenti, mais l'avancée elle-même a pris une mauvaise direction.

Personne, pourtant, ne ressent de crise. Le Kaiser est si satisfait des résultats obtenus qu'il a accordé le 23 mars aux écoliers allemands un « jour de la victoire » férié. Il a également décoré Hindenburg de la grand-croix de la Croix de fer, reçue pour la dernière fois par Blücher après la défaite de Napoléon en 1815. Mais la carte montre les prémices d'une crise qui enfle de jour en jour. Le plus grand succès ayant été obtenu à l'extrême droite de la ligne britannique, là où elle rejoint la ligne française au sud de la Somme, c'est dans ce secteur que le haut commandement allemand décide de produire l'effort décisif, avec les IIe et XVIIIe armées. Leur objectif est de séparer les armées françaises et britanniques. Pendant que la XVIIe armée suivra derrière et sur les flancs des deux armées de tête, la VIe armée préparera pour sa part une avancée vers le nord-ouest en direction de la mer [73]. L'ordre trahit l'abandon de la stratégie de l'offensive unique pour l'adoption d'une avancée en trois parties dont aucune ne sera assez puissante pour réussir une percée. Comme en 1914 pendant l'avancée sur Paris, l'armée allemande réagit en fonction des événements, suivant la ligne de moindre résistance, au lieu de s'en tenir à son plan et de déterminer l'issue.

La géographie militaire commence également à jouer contre les Allemands. Plus ils approchent d'Amiens, plus les obstacles de l'ancien champ de bataille de la Somme, véritable chaos de tranchées abandonnées, de routes éventrées et de champs de cratères d'obus laissés par le mouvement du front un an plus tôt les retardent. Cette bataille n'a peut-être pas fait gagner la guerre aux Britanniques en 1916, mais la zone d'obstacles qu'elle a laissée contribue à ce qu'en 1918 ils ne la perdent pas. En outre, les zones arrière britanniques multiplient les tentations pour les Allemands que des années de blocus ont conduits à considérer les produits de première nécessité comme des articles rares et chers. Souvent, ils s'arrêtent, pillent et se rassasient. Le colonel Albrecht von Thaer se souvient que « des divisions entières s'empiffraient de nourriture et se gavaient d'alcool », oubliant de mener « l'attaque vitale vers l'avant [74] ».

La désolation et la tentation de piller sont des ennemis aussi dangereux pour les Allemands que la résistance de l'ennemi à proprement parler. Le 4 avril, les Britanniques ajoutent à leurs difficultés en lançant une contre-attaque devant Amiens. Montée par le corps australien, elle oblige le lendemain le haut commandement allemand à reconnaître que l'opération « Michael » s'est épuisée. « L'OHL dut prendre la décision extrêmement difficile d'abandonner définitivement l'attaque sur Amiens... Nous ne pouvions venir à bout de la résistance de l'ennemi. » Les Allemands estiment leurs pertes à un quart de million d'hommes, tués et blessés, soit un chiffre égal à celui des Britanniques et des Français cumulés. Mais l'effet sur les divisions rassemblées pour « gagner la guerre » va bien au-delà de ces calculs. « Plus de quatre-vingt-dix divisions allemandes... étaient épuisées et démoralisées... Beaucoup ne comptaient plus que 2 000 hommes [75]. » Alors que les pertes alliées touchent des hommes de toutes les armes, de l'infanterie de combat aux troupes de liaisons, les pertes allemandes concernent essentiellement une élite irremplaçable. Par ailleurs, la cause de l'échec est, selon le major Wilhelm von Leeb qui commandera un des groupes d'armées de Hitler pendant la Seconde Guerre mondiale, que « l'OHL a changé de direction. Il a pris des décisions en fonction de l'importance des gains de territoire, plutôt que de buts opérationnels. »

Les jeunes officiers d'état-major de Ludendorff, dont Leeb fait partie de même que Thaer, lui reprochent, comme la camaraderie du grand état-major général le leur permet, la mauvaise gestion de « Michael ». « Qu'est-ce que vous avez à croasser ?, riposte-t-il. Qu'est-ce que vous voulez de moi ? Est-ce que je dois maintenant conclure la paix à n'importe quel prix [76] ? » Cette éventualité se rapproche pourtant, mais, tandis que « Michael » tire à sa fin, Ludendorff, refusant d'admettre le revers, met aussitôt en route le plan de rechange, l'opération « George », contre les Britanniques dans les Flandres. L'objectif est la côte de la Manche derrière Ypres, plus facile à atteindre que celui de l'opération « Michael », car la mer n'est qu'à neuf kilomètres au-delà des lignes allemandes. Mais le front devant Ypres, que le BEF consolide depuis octobre 1914, est plus retranché que n'importe quel autre secteur du front de l'Ouest, et les Britanniques connaissent tous les coins et recoins du réseau de tranchées.

Le 9 avril, le brouillard vient une fois encore au secours des Allemands. En masquant leurs mouvements préliminaires. Ils jouissent par ailleurs d'une supériorité en artillerie lourde, les batteries de Bruchmüller ayant été transportées vers le nord depuis la Somme pour le barrage préparatoire. La violence du bombardement donne un avantage initial aux Allemands. Il effraie suffisamment Haig pour que, le 11 avril, celui-ci fasse parvenir un message aux 2e et 1re armées, qui va devenir célèbre sous l'appellation d'« Ordre du dos au mur » : « Sans que nous soyons le dos au mur, dit-il, et croyant à la justice de notre cause, chacun d'entre nous doit poursuivre le combat jusqu'au bout... Chaque position doit être tenue jusqu'au dernier homme. Il ne doit y avoir aucun recul. » Il y en a pourtant, en partie parce que Foch, qui contrôle maintenant pleinement la répartition des réserves alliées, adopte le point de vue dur mais correct que les

Britanniques peuvent survivre sans l'aide des Français et doivent poursuivre la bataille avec leurs propres réserves. La vaillante petite armée belge reprend une partie de la ligne britannique, le *Royal Flying Corps* opère énergiquement en soutien étroit, malgré un temps peu propice au vol, et les canonniers britanniques trouvent une multitude de cibles dans les rangs d'une infanterie allemande lançant ses attaques comme en 1914. Le 24 avril, au sud d'Ypres, les Allemands parviennent à monter l'une de leurs rares attaques blindées de la guerre. Elle est cependant vite enrayée par l'apparition de chars britanniques, supérieurs aussi bien quantitativement que qualitativement. Le 25 avril, les troupes allemandes parviennent à reprendre une des éminences des Flandres, le mont Kemmel, et, le 29 avril, c'est le mont Scherpenberg qui tombe entre leurs mains. Ce sera là la limite de leur avance. Le jour même, Ludendorff reconnaît, comme sur la Somme le mois précédent, qu'il a joué sa dernière carte et qu'il doit s'arrêter. L'histoire officielle allemande retient que « l'attaque n'avait pas pénétré jusqu'aux hauteurs décisives de Cassel et du mont des Cats, dont la possession aurait obligé [les Britanniques] à évacuer le saillant d'Ypres et la position de l'Yser. Plus aucun mouvement stratégique n'était possible, et les ports de la Manche n'avaient pas été atteints. La deuxième grande offensive n'apporta pas la décision espérée [77] ».

L'événement le plus marquant de la deuxième offensive allemande a été la mort en service le 21 avril du Baron rouge, Manfred von Richthofen, chef de l'aviation et, avec quatre-vingts victoires en combats aériens, as le plus titré de toutes les forces aériennes de la guerre. Cependant, les opérations aériennes jouent un rôle marginal sur l'issue de la guerre, même en 1918 où l'investissement dans les forces aériennes commence à figurer de façon significative dans la répartition des ressources militaires nationales. La véritable signification humaine des « batailles du Kaiser » est donc bien mieux représentée par le bilan tiré des rapports médicaux de l'armée allemande en avril. Ceux-ci établissent qu'entre le 21 mars et le 10 avril les trois principales armées d'assaut « ont perdu un cinquième de leur force d'origine, soit 303 450 hommes ». Le pire reste toutefois à venir. Il est estimé que l'offensive d'avril contre les Britanniques dans les Flandres a coûté au final 120 000 hommes sur les 800 000 que comptaient les IVe et VIe armées. Un rapport de la

VIe armée avertit à la mi-avril que « les troupes n'attaqueront pas, malgré les ordres. L'offensive s'est arrêtée [78] ».

Frustré au nord, Ludendorff décide maintenant de réorienter son effort contre les Français. Depuis la pointe du saillant créé par la grande avancée de mars, il a le choix entre pousser vers le nord-ouest, comme le prévoit son plan d'origine, soit vers le sud-ouest. La logique militaire penche pour la première option qui menace la zone arrière des Britanniques et les ports de la Manche. Mais c'est la seconde que favorise la physionomie du terrain qui offre un axe de progression le long de la vallée de l'Oise vers Paris, distante de seulement cent kilomètres. Entre la capitale française et les armées allemandes se dresse la crête du Chemin des Dames sur laquelle l'offensive de Nivelle s'est brisée au mois d'avril précédent. Mais Nivelle avait attaqué avec des méthodes dépassées, les vagues d'infanterie suivant le bombardement initial. Ludendorff fait confiance à sa nouvelle tactique pour venir à bout des défenses françaises. Il espère par ailleurs qu'un succès permettra de renouveler l'offensive au nord. Cela ne sera possible que s'il parvient à attirer suffisamment de réserves ennemies devant Paris, désormais menacé directement par le déploiement d'un canon à longue portée, connu par les Alliés sous le nom de « grosse Bertha », et capable de bombarder la ville avec des effets psychologiques et matériels considérables, depuis une position située à cent vingt kilomètres de là.

Pour cette troisième offensive, la plus grande concentration d'artillerie jamais rassemblée est réalisée, comportant 6 000 canons et deux millions d'obus [79]. Tous sont tirés en un peu plus de quatre heures au matin du 27 mai. Seize divisions alliées subissent ce déluge de feu. Trois d'entre elles sont britanniques. Epuisées par les batailles de mars et d'avril, elles ont été ramenées vers le Chemin des Dames pour y être mises au repos. Immédiatement après la fin du bombardement, quinze divisions de la VIe armée allemande, suivies de vingt-cinq autres, traversent une succession de cours d'eau pour atteindre le sommet de la crête, l'envelopper et poursuivre l'avance sur l'autre versant vers la plaine en contrebas. Le plan exige qu'ils s'arrêtent lorsque la rase campagne sera atteinte, afin de renouveler dans le même temps l'attaque au nord. Mais l'opportunité créée est trop tentante pour y résister. Ludendorff décide de tirer profit des gains des deux premiers jours et, durant les cinq jours suivants, presse ses divisions vers l'avant jusqu'à Soissons et Château-Thierry. Ses avant-postes se retrouvent alors à seulement cent vingt kilomètres de la capitale française. Les Alliés engagent leurs réserves aussi lentement que possible, cherchant à ne pas donner aux Allemands la satisfaction d'une bataille d'usure comme à Verdun. Cependant, ils sont tout de même dans l'obligation d'engager trois divisions le 28 mai, cinq le 29, huit le 30, cinq le 1er juin et deux autres le 3. Parmi elles, les 3e et 2e divisions américaines, cette dernière comptant une brigade de marines, corps d'élite de l'armée des *sammies*. Le 4 juin et les jours suivants, les marines confirment au bois de Belleau leur réputation de ténacité en empêchant avec détermination les Allemands d'accéder à la route menant à Reims. La chute de la ville ferait plus que doubler leur capacité à alimenter l'offensive par la prise d'importants nœuds ferroviaires. Au début de la bataille dans le secteur, des troupes françaises se retirant à travers ses positions suggèrent à un officier des marines de se retirer lui aussi avec ses hommes. « Se retirer ?, répond le capitaine Lloyd Williams, usant d'une formule qui va entrer dans la légende du corps, ben m... ! on vient à peine d'arriver [80]. »

La contre-attaque des marines au bois de Belleau n'est toutefois qu'une contribution à une réponse plus générale des troupes françaises, britanniques et américaines à la menace pesant sur Paris. Sans que les Alliés le sachent, les Allemands ont déjà décidé de faire cesser la troisième offensive le 3 juin. La résistance grandissante qui leur est opposée les en a convaincus, de même que le décalage entre les troupes de tête et les colonnes de ravitaillement qui traînent loin derrière l'infanterie et leur artillerie de soutien. Ils ont également perdu une autre centaine de milliers d'hommes, voire plus, et alors que les pertes françaises, britanniques et américaines sont équivalentes, les Alliés gardent la possibilité de combler leurs pertes. Après une année d'inactivité, les Français peuvent s'appuyer sur une nouvelle classe de conscrits, et, alors que les effectifs de l'infanterie britannique, usés par d'incessants combats, sont en forte chute (passant de 754 000 hommes en juillet 1917 à 543 000 en juin 1918), les Américains débarquent maintenant 250 000 hommes par mois en France et ont vingt-cinq divisions organisées dans la zone de bataille ou derrière celle-ci [81]. Cinquante-cinq autres sont en train d'êtres constituées aux Etats-Unis.

Le 9 juin, Ludendorff renouvelle l'offensive en attaquant sur le Matz, affluent de l'Oise. Son objectif est d'attirer les réserves françaises vers le sud, mais également d'élargir le saillant devenu proéminent vers l'ouest entre Paris et la plaine des Flandres. Il n'a toujours pas décidé s'il allait porter ses forces contre l'extrémité supérieure, et frapper contre l'arrière des Britanniques, ce qui est son intention de départ, ou contre l'extrémité inférieure et tenter d'atteindre la capitale. L'attaque sur le Matz, en soi limitée, est rapidement brisée le 14 juin lorsque les Français, assistés des Américains, contre-attaquent victorieusement. L'incapacité des Allemands à soutenir la pression est en outre accentuée par la première épidémie de ce que l'on appelle la « grippe espagnole ». En réalité, l'épidémie est mondiale et vient d'Afrique du Sud. A l'automne, elle aura des effets dévastateurs en Europe ; pour le seul mois de juin, elle terrasse près d'un demi-million de soldats allemands dont la résistance, entamée par les carences alimentaires, est bien moindre que celle des troupes alliées mieux nourries.

Alors que ses effectifs diminuent de façon dramatique, Ludendorff doit maintenant faire un choix critique entre ce qui est important mais difficile à réaliser (l'attaque contre les Britanniques dans les Flandres) et ce qui est plus facile mais opérationnellement secondaire (une campagne vers Paris). Il met près d'un mois à se décider, au cours duquel les dirigeants allemands se réunissent à Spa pour examiner la carte de la guerre et les objectifs de leur pays. En Allemagne, les manques de toutes sortes sont à présent extrêmes, mais il est néanmoins envisagé de mettre en place une « économie de guerre totale ». Malgré la situation presque désespérée sur le front, le Kaiser, le Gouvernement et le haut commandement s'accordent le 3 juillet sur les buts de guerre à l'ouest : pour parfaire l'acquisition des territoires à l'est, l'annexion du Luxembourg et des bassins houillers et sidérurgiques de Lorraine constituent les exigences nécessaires et minimales pour conclure la guerre. Le 13 juillet, afin d'exprimer sa confiance dans les menées stratégiques de l'état-major, le Reichstag vote pour la douzième fois de nouveaux crédits de guerre [82]. Le ministre des Affaires étrangères, ayant averti que la guerre ne pouvait maintenant plus se terminer « par une décision militaire seule », est contraint à quitter son poste le 8 juillet [83].

Ludendorff cherche en effet toujours une décision militaire. Le 15 juillet, il engage toutes les forces allemandes restantes, soit cinquante-deux divisions, dans une attaque contre les Français : la tentation de Paris s'est montrée la plus forte. L'offensive commence une très nette progression. Cependant, les Français ont été prévenus par leur service de renseignements. Dès le 18 juillet, ils lancent une contre-attaque depuis Villers-Cotterêts, menée avec dix-huit divisions par le fougueux Mangin. Le même jour, Ludendorff se rend à Mons pour discuter d'un transfert de troupes vers les Flandres en vue de son offensive sans cesse repoussée contre les Britanniques. L'attaque française l'oblige à revenir en hâte, mais il ne peut pas faire grand-chose pour endiguer le déluge. Les Français alignent dans leur ordre de bataille cinq des énormes divisions américaines, fortes de 28 000 hommes chacune. Ces troupes fraîches se battent avec une indifférence face aux pertes rarement rencontrée sur le front de l'Ouest depuis le début de la guerre. Dans la nuit du 18 au 19 juillet, les avant-gardes allemandes, qui ont traversé la Marne trois jours plus tôt, se replient derrière le fleuve. La retraite se poursuit les jours suivants. La cinquième offensive allemande, et la bataille appelée par les Français la « seconde bataille de la Marne », est terminée. Elle ne saurait reprendre, pas plus que l'offensive des Flandres contre les Britanniques ne peut être entreprise. Ne serait-ce pour que compenser les pertes subies, le haut commandement allemand estime avoir besoin de 200 000 hommes chaque mois. Or, même en mobilisant la prochaine classe d'âge de dix-huit ans, seules 300 000 recrues seront disponibles. Les hôpitaux semblent être la dernière source possible. Ils laissent revenir dans les rangs de l'armée 70 000 convalescents chaque mois, des hommes de santé fragile et que le manque de volonté de se battre rendent peu fiables. En six mois, la force de l'armée est tombée de 5,1 millions à 4,2 millions d'hommes et, même après l'examen méticuleux de chaque unité de l'arrière, sa puissance de combat ne peut être augmentée. En effet, le nombre de divisions est en diminution, à mesure que les plus faibles sont dissoutes pour renforcer les plus puissantes [84].

Le mécontentement de l'armée envers ses dirigeants commence à se faire entendre. Même si Hindenburg reste une figure de proue au-dessus de tout reproche, le manque de créativité et la stratégie répétitive d'attaques frontales de Ludendorff finissent par attirer les critiques au sein même de l'état-major. Lossberg, le grand expert tactique, réagit à l'échec de la seconde bataille de la Marne en affirmant que l'armée devrait se retirer derrière la Ligne Siegfried de 1917. Le 20 juillet, le major Niemann fait circuler un document demandant que des négociations avec les Alliés soient immédiatement entreprises. Ludendorff offre théâtralement sa démission, mais se reprend en voyant que les Alliés n'exploitent pas leur succès sur la Marne. Il n'y a rien, dit-il, qui justifie les exigences de retrait de Lossberg, ni de signe indiquant que les Alliés soient en mesure de briser le front allemand [85].

Si les conditions matérielles étaient celles de n'importe quelle guerre précédente, l'analyse de Ludendorff pourrait se révéler exacte, mais ce n'est pas le cas. Une armée allemande incapable de compenser ses pertes doit maintenant faire face à un nouvel ennemi, l'armée américaine, forte de quatre millions d'hommes, en service ou à l'instruction. Fait plus pertinent encore, ses vieux ennemis, les Français et les Britanniques, disposent d'une nouvelle arme, les chars, leur permettant de modifier les termes de l'engagement. L'incapacité des Allemands à atteindre le niveau des Alliés en matière de développement de l'arme blindée doit être considérée comme l'une des pires erreurs qu'ils aient commises au cours de la guerre. Leur propre programme, entrepris trop tardivement et avec trop peu d'imagination, a abouti à la création d'une monstruosité, le A7V. L'équipage de douze hommes se répartit entre mécaniciens s'occupant du moteur, fantassins activant les mitrailleuses et artilleurs tirant au canon lourd. En outre, les retards industriels limitent la production à quelques dizaines d'unités, de sorte que la force blindée allemande est surtout constituée de 170 chars pris aux Français et aux Britanniques [86]. Ceux-ci disposent en août 1918 de plusieurs centaines d'unités, la flotte française comprenant un modèle Schneider-Creusot de 13 tonnes équipé d'un canon de 75. Pour leur part, les Britanniques possèdent 500 engins Mark IV moyens et Mark V, capables de se déplacer à 7 km/h sur terrain plat et de déclencher un feu intense de canon et de mitrailleuse.

Au cours du mois de juillet, la certitude de Ludendorff qu'il a toujours le choix entre frapper les Britanniques ou les Français est une erreur allant bien au-delà de ses prévisions les plus pessimistes. Tandis que son infanterie, éreintée par les combats, et son artillerie hippomobile progressent difficilement sur le champ de bataille laminé de la Marne, Foch et Haig concentrent une énorme force blindée de 530 chars britanniques et 70 chars français devant Amiens. Ils ont l'intention de réinvestir le vieux champ de bataille de la Somme en traversant les défenses improvisées construites par les Allemands après leur avancée du mois de mars. La percée une fois accomplie, les Alliés entendent pénétrer profondément dans la zone arrière des positions allemandes. Le coup est porté le 8 août, les Corps expéditionnaires canadien et australien assurant le soutien d'infanterie pour l'assaut blindé. Haig compte maintenant de plus en plus sur ces deux formations issues des dominions (qui ont échappé à la boucherie de 1916) pour servir de fer de lance à ses opérations. En quatre jours, l'essentiel de l'ancien champ de bataille de la Somme est repris. A la fin du mois d'août, les Alliés ont progressé jusqu'aux fortifications avancées de la Ligne Hindenburg, d'où ils avaient été repoussés par l'offensive allemande de mars. Une partie de leur progression a été facilitée par des retraits allemands délibérés, l'ennemi manquant de force et de confiance pour offrir une défense ferme en dehors des positions solides et bien préparées de 1917. Le 6 septembre, Lossberg fait savoir à Ludendorff que la seule solution pour sauver la situation est un repli de près de soixante-dix kilomètres vers une ligne établie sur la Meuse. Mais son conseil est rejeté. Pendant le reste du mois de septembre, les Allemands consolident leur position sur et au-devant de la Ligne Hindenburg.

Dans le même temps, l'armée américaine s'est consolidée et prend une part croissante dans les opérations. Le 30 août, malgré sa détermination à concentrer l'armée américaine en une seule entité ayant le potentiel nécessaire pour remporter la guerre, et en dépit du prêt difficilement consenti de quelques unités aux Franco-Britanniques, le général John Pershing parvient à concrétiser son but en créant la 1re armée américaine. Celle-ci est immédiatement déployée au sud de Verdun, face au saillant de Saint-Mihiel, aux mains des Allemands depuis 1914. Le 12 septembre, il lance la première offensive entièrement américaine de la guerre. Les Allemands s'apprêtaient à abandonner le saillant, en conformité avec les directives ordonnant de se retirer sur la Ligne Hindenburg. Ils sont néanmoins surpris et subissent une sévère défaite. En un seul jour de combat, les 1er et 4e corps d'armée américains, attaquant derrière un barrage de 2 900 canons, délogent les Allemands de leurs positions, capturent 466 canons et font 13 251 prisonniers. Tout en rendant hommage au « superbe moral » des Américains, les Français attribuent avec mauvaise grâce leur succès au fait qu'ils aient surpris les Allemands en pleine retraite. Il est vrai que de nombreux Allemands étaient disposés à se rendre, mais l'armée de Pershing a malgré tout remporté une incontestable victoire [87].

Contrairement aux Français, Ludendorff rend hommage aux Américains. Il explique le malaise grandissant de son armée et le sentiment de « défaite imminente » qui l'afflige par le « simple nombre d'Américains qui arrivent chaque jour sur le front ». En effet, il importe peu de savoir si les *sammies* se battent bien ou pas. Bien que les officiers britanniques et français les considèrent avec raison comme étant des soldats plus enthousiastes qu'efficaces, ce qui compte est l'effet que leur arrivée produit sur l'ennemi. Cet effet est profondément déprimant. Après quatre ans d'une guerre au cours de laquelle ils ont détruit l'armée du tsar, battu à plates coutures les Italiens et les Roumains, démoralisé les Français et pour le moins empêché les Britanniques de remporter une victoire décisive, ils doivent maintenant faire face à une armée dont les soldats jaillissent en nombre incalculable. Les espoirs de victoire passés étaient fondés sur des rapports de force équitables et quantifiables. L'intervention de l'armée américaine fausse la donne. Les ultimes ressources de l'Allemagne sont insuffisantes pour contrer les millions d'hommes que l'Amérique peut envoyer en Europe, et le sentiment d'inutilité de la poursuite de l'effort dissuade le soldat allemand ordinaire d'accomplir son devoir.

C'est dans cet état d'esprit que, au cours du mois de septembre, les armées allemandes se replient vers leur ultime ligne de résistance, la Ligne Hindenburg. Elle suit grossièrement le tracé du front établi par les combats de 1914, front puissamment renforcé les années suivantes et en particulier dans le secteur central, fortifié après le retrait vers la Somme au printemps 1917. Le 26 septembre, en réponse à l'appel galvanisant de Foch de se porter « tous à la bataille », les armées britanniques, françaises, belges et américaines passent à l'attaque avec 123 divisions et 57 divisions de réserve, contre 197 divisions allemandes. Mais sur ce nombre, seules 51 sont classées par les services de renseignements alliés comme entièrement aptes au combat.

Ludendorff a appelé le 8 août, jour où l'armada blindée des Britanniques et des Français a percé le front à Amiens, le « jour noir de l'armée allemande ». Le sien arrivera le 28 septembre. Derrière son impassibilité et son imposant physique, Ludendorff est un homme aux émotions fluctuantes. « Vous connaissez mal Ludendorff », avait affirmé plus tôt au cours de la guerre Bethmann-Hollweg au chef du cabinet naval du Kaiser. Selon le chancelier allemand, il n'est « formidable qu'en cas de succès. Si les choses vont mal, il perd son sang-froid [88] ». Le jugement est en partie injuste. Ludendorff n'a pas perdu son sang-froid au cours des heures critiques d'août 1914, ce qui a eu des effets décisifs. Mais il le perd totalement à présent, laissant libre cours à une rage paranoïaque « contre le Kaiser, le Reichstag, la marine et le front allemand [89] ». Son état-major ferme la porte de son bureau pour ne plus entendre ses rodomontades jusqu'à ce que l'épuisement lui fasse progressivement retrouver la maîtrise de lui-même. A 6 heures, il réapparaît pour descendre d'un étage et entrer dans le bureau de Hindenburg. Il annonce alors au vieux maréchal qu'il n'y a plus d'autre choix que de demander l'armistice. La position à l'ouest est intenable, l'armée ne veut plus se battre, les civils ont perdu la foi et les politiciens veulent la paix. Hindenburg prend en silence sa main droite dans les siennes et ils se séparent « comme des hommes qui ont enterré leurs espoirs les plus chers [90] ».

Les conséquences en Allemagne ne tardent pas à suivre. Le 29 septembre, jour où la Bulgarie entame des négociations avec les Français et les Britanniques pour signer un armistice sur le front de Salonique, le haut commandement reçoit le Kaiser, le chancelier, von Hertling et le ministre des Affaires étrangères, von Hintze, à ses quartiers généraux de Spa pour les informer qu'il faut maintenant que l'Allemagne élabore ses propres termes. Le 8 janvier 1918, le président Wilson a présenté au Congrès quatorze points sur lesquels il semble possible d'établir une paix honorable pour tous les combattants et de garantir l'harmonie future du monde. C'est sur la base de ces quatorze points que les dirigeants allemands décident maintenant de s'adresser aux

Alliés. Hintze propose que, si les négociations parviennent à une conclusion positive, chose peu probable au regard de l'agitation régnant entre les partis politiques allemands, la dictature ou la démocratie soit instaurée. La conférence décide que seule une démocratisation peut convaincre les Alliés d'accorder les conditions que les dirigeants allemands espèrent toujours obtenir (dont le maintien dans le Reich d'une partie de l'Alsace-Lorraine et de la Pologne allemande). La démission du chancelier Hertling est alors acceptée. Pour le remplacer, le Kaiser nomme le 3 octobre le prince Max de Bade, personnage modéré déjà connu pour prôner une paix négociée, grande figure de la Croix-Rouge allemande et adversaire de Ludendorff. Son premier souci est de s'assurer par écrit de Hindenburg qu'il « n'y a plus aucune chance de dicter la paix à l'ennemi [91] ». Il fait là preuve de prudence, car début octobre, Ludendorff commence à se ressaisir. Par ailleurs, il use de persuasion pour convaincre un large éventail de partis de rejoindre son gouvernement, parmi lesquels les socialistes de la majorité. Mais pendant qu'il s'assure de doter le Reichstag de pouvoirs que la monarchie ne lui a jamais accordés, dont ceux de nommer le ministre de la Guerre et de décider de la guerre et de la paix, Ludendorff commence à évoquer la possibilité de rejeter les conditions du président Wilson. Elles sont reformulées le 16 octobre, dans des termes qui semblent exiger l'abolition de la monarchie, comme un de ces « pouvoirs arbitraires » menaçant « la paix du monde » et dont le président américain s'est déclaré l'implacable ennemi.

Après son bref effondrement moral à la fin du mois de septembre, où les troupes revenant des tranchées ont taxé celles qui les relevaient de « briseurs de grève », l'armée a retrouvé son mordant et retarde l'avancée des Alliés vers la frontière allemande. Dans les Flandres, où les cours d'eau abondent, les Français sont retardés, à la grande irritation de Foch, pour un moment. C'est dans ces circonstances que Ludendorff adresse une proclamation à l'armée le 24 octobre. Défiant l'autorité du chancelier et rejetant les propositions de paix de Wilson, il s'oppose à « l'exigence d'une capitulation inconditionnelle, et donc inacceptable pour nous soldats. Elle prouve que le désir qu'a l'ennemi de nous détruire, qui a déclenché la guerre en 1914, est toujours là aussi vivace. [Il] ne peut donc s'agir pour nous soldats que d'un encouragement à continuer à résister de toute notre force [92]. »

Un officier de l'état-major parvient à intercepter la proclamation avant qu'elle ne soit rendue publique. Mais une copie parvient par erreur aux quartiers généraux de l'Est, l'*OberOst*, où le préposé aux télégrammes, un socialiste indépendant, la fait parvenir au parti à Berlin. A midi, elle est publiée, semant l'émoi au Reichstag. Le prince Max de Bade, rendu fou furieux par cette insubordination *, met le Kaiser devant le choix maintenant inévitable de choisir entre Ludendorff et lui-même. Lorsque le 25 octobre Ludendorff arrive à Berlin avec Hindenburg (tous deux ont quitté leurs quartiers généraux, contrairement aux ordres spécifiques du chancelier), il lui est demandé de se présenter au Schloss Bellevue, où le Kaiser réside. Le lendemain, Ludendorff est contraint à la démission. Elle est acceptée brièvement et sans remerciements. Celle de Hindenburg, également proposée, est refusée. Au moment où les deux soldats quittent le palais, Ludendorff refuse d'entrer dans la voiture de Hindenburg et rentre seul à l'hôtel où sa femme séjourne. Il s'affale dans une chaise, reste là assis un long moment en silence, puis se relève et présage que « d'ici quinze jours, nous n'aurons plus ni Empire ni empereur, vous verrez [93] ».

LA CHUTE DES EMPIRES

La prévision de Ludendorff est exacte au jour près. Toutefois, lorsque Guillaume II abdique le 9 novembre, les deux autres empires, ottoman et austro-hongrois, ont déjà sollicité la paix. L'imminence de l'effondrement turc est visible depuis longtemps. Après les victoires de Gallipoli et de Kut, l'armée turque n'a cessé de décliner. L'interminable campagne du Caucase contre les Russes a sapé sa puissance, tandis qu'une inefficacité administrative chronique l'a privée d'une bonne gestion de ses effectifs. Bien que le nombre de divisions ait doublé au cours de la guerre, passant de trente-six à soixante-dix, pas plus de qua-

* Sur laquelle, comme à son habitude, Ludendorff a tenté de revenir par la suite.

rante divisions n'ont existé simultanément. En 1918, toutes sont au bord de la rupture, certaines à peine aussi fortes qu'une brigade britannique. Par ailleurs, la loyauté des divisions arabes est mise en doute depuis que le chérif de La Mecque, Hussein, a hissé le drapeau de la révolte en 1916. Son armée arabe, opérant contre les flancs des Turcs en Arabie et en Palestine sous la conduite d'un l'officier de liaison devenu célèbre depuis, le colonel T. E. Lawrence, détourne des forces considérables des principaux fronts. Mais la difficulté majeure provient de la résistance que lui opposent une armée principalement indienne en Mésopotamie et, en Palestine, une armée britannique basée en Egypte et au sein de laquelle figurent un nombre sans cesse croissant de cavaliers australiens et néo-zélandais.

Centre administratif turc, la Mésopotamie a été conquise par les Britanniques en 1917. Fin 1918, ils ont avancé jusqu'au centre pétrolier de Mossoul. Cependant, leur principal effort contre les Turcs a lieu en Palestine, où ils établissent une tête de pont à Gaza en 1917. Plusieurs tentatives pour briser la ligne turque de Gaza débouchent sur une évacuation de la position et la chute de Jérusalem le 9 décembre. Au cours de l'année 1918, le commandant britannique Allenby réorganise ses forces au nord de la Palestine où, en septembre, elles s'opposent aux troupes turques à Megiddo, site de la première bataille connue de l'Histoire. La percée d'Allenby, du 19 au 21 septembre, provoque l'effondrement de la résistance turque. Le 30 octobre, cinq jours après la démission de Ludendorff, le gouvernement turc signe un armistice à Mudros, sur l'île de Lemnos en mer Egée, d'où l'expédition de Gallipoli avait été montée quarante-deux mois plus tôt.

La chute prévisible de l'Autriche survient sur le sol italien. Après le triomphe de Caporetto, qui a repoussé les Italiens vers les plaines du Pô et menaça même Venise, l'effort des Autrichiens s'est essoufflé. Les Italiens se sont réorganisés et, débarrassés de l'impitoyable dictature de Cadorna, retrouvent un esprit résolument offensif. Toutefois, la véritable défense de leur pays est passée aux mains des Britanniques et des Français. Après le désastre de Caporetto, ils ont transféré des contingents assez importants vers le front italien et parviennent à y maintenir une force substantielle, malgré les retraits nécessités par la crise sur le front de l'Ouest tout au long de l'année 1918. Le 24 juin, les Autrichiens, avec le renfort d'effectifs disponibles après l'effondrement de la Russie, tentent une double offensive depuis les montagnes du Nord et sur la Piave, ligne d'arrêt de la retraite italienne de Caporetto. Les deux attaques sont rapidement stoppées, celle sur la Piave par une inondation hors de saison qui balaye les ponts flottants des Autrichiens. L'excuse des événements climatiques est inacceptable pour le haut commandement autrichien. Conrad von Hötzendorf est démis de ses fonctions, et le jeune empereur, Charles Ier, commence à chercher les moyens de préserver son empire par un biais plutôt politique que militaire. Le 16 octobre, deux semaines après avoir déjà fait connaître au président Wilson sa volonté d'entamer un processus de paix, il fait paraître un manifeste pour les peuples composant l'empire et qui, dans les faits, transforme l'Etat en une fédération de nationalités.

Mais le manifeste arrive trop tard. Le 6 octobre, ses sujets serbes, croates et slovènes ont déjà formé un gouvernement provisoire, dit « des Slaves du Sud » ou de « Yougoslavie ». Le lendemain, les Polonais de l'empire s'unissent à leurs frères anciennement sous domination allemande ou russe pour proclamer une Pologne libre et indépendante. Le 28 octobre, une République tchécoslovaque est proclamée à Prague, tandis que le 30, les sujets allemands de l'empereur Charles, qui constituent l'assise même de son autorité, proclament lors d'une assemblée constituante leur liberté de déterminer la politique étrangère d'un nouvel Etat germano-autrichien. La Hongrie, royaume constitutionnellement indépendant, se déclare libre de toute attache avec l'empire le 1er novembre. Les autres nationalités, les Ruthènes et les Roumains, procèdent à leurs propres arrangements. La résistance des forces de l'ordre a déjà commencé à fléchir et, dans certains cas, ses représentants ont jeté leurs armes pour rentrer chez eux, au sein de ces nouveaux Etats nés de la dissolution de l'empire [94]. C'est dans ces circonstances que Diaz, le commandant italien, lance le 24 octobre une offensive connue sous l'appellation de « bataille de Vittorio Veneto ». Fortement soutenus par les Britanniques et les Français, les Italiens parviennent à retraverser la Piave, lançant une attaque qui va culminer une semaine plus tard sur le territoire autrichien. Les Autrichiens entament non sans difficulté des négociations d'armistice le 1er novembre et instituent un cessez-le-feu le 3. Il n'est reconnu par les Italiens que le lendemain. Dans l'intervalle, trois cent mille prisonniers autrichiens sont tombés entre leurs mains [95].

Ainsi, au début du mois de novembre, l'Empire allemand est le dernier combattant des Puissances centrales. Sous la pression des Français, des Britanniques, des Américains et des Belges, l'armée allemande recule en bon ordre vers la Belgique et sa frontière. De rudes combats ont lieu sur les rivières et les canaux ; le nombre de victimes augmente (parmi les toutes dernières victimes figure le poète britannique Wilfried Owen, tué au passage de la Sambre le 4 novembre), et la guerre semble menacer de se prolonger. Cependant, derrière les lignes, en Allemagne, la résistance est en train de flancher. Le 30 octobre, les équipages de la Flotte de haute mer, ayant reçu l'ordre de sortir en mer une dernière fois pour sauver l'honneur, se mutinent et refusent d'appareiller. Les efforts pour réprimer l'indiscipline poussent les mutins à s'introduire dans les arsenaux, à prendre les armes et à défiler dans les rues [96]. Le 3 novembre, jour où l'Autriche accepte l'armistice, le port de Kiel est aux mains de mutins appelant à la révolution. Le lendemain, l'amiral commandant du port, le prince Henri de Prusse, frère du Kaiser, doit fuir la ville en cachette.

Le Kaiser a pour sa part déjà quitté Berlin. Le 29 octobre, il a rejoint les quartiers généraux de Spa en Belgique, pour être plus proche de l'armée, sur la loyauté de laquelle il croit toujours pouvoir compter, mais également pour échapper à la pression croissante le poussant à abdiquer. Ce départ est une décision salutaire, car au début de la deuxième semaine de novembre, le pouvoir change de mains dans la capitale, passant de manière définitive de la vieille machine impériale aux forces révolutionnaires. Les dernières actions du prince Max en tant que chancelier consistent à s'assurer la nomination d'un général modéré, Wilhelm Groener, comme successeur de Ludendorff et à insister pour que la délégation réunie afin de négocier l'armistice avec l'ennemi compte des représentants civils aussi bien que militaires. Ainsi, il insiste pour que la conclusion de l'armistice soit un acte autant militaire que politique, un acte auquel les soldats ne pourront pas se soustraire en le contestant sur le plan politique. C'est là sa dernière contribution à l'avenir de l'Allemagne : le 9 novembre, Berlin est en plein émoi ; les politiciens modérés sont menacés par une foule descendue dans les rues et menée par les bolcheviks allemands Karl Liebknecht et Rosa Luxemburg. Le prince Max de Bade cède alors son poste de chancelier au socialiste Friedrich Ebert [97].

Ce même jour à Spa, le Kaiser doit lui-même renoncer au pouvoir. Aussi peu réaliste qu'à l'ordinaire, il a passé dix jours au quartier général à s'imaginer qu'il pourrait retourner l'armée contre le peuple, ne se rendant pas compte que ses soldats n'aspirent plus qu'à voir la guerre se finir. Même à Spa, ils font cause commune avec les révolutionnaires. Ebert, leader des socialistes majoritaires, est un antirévolutionnaire, un patriote et même un monarchiste. Mais à la date du 7 novembre, il sait que, à moins d'accepter les exigences de la révolution, et donc l'abdication, son parti sera irrémédiablement discrédité. Ce soir-là, il prévient le prince Max de Bade : « Le Kaiser doit abdiquer, sinon nous aurons la révolution. » En contact téléphonique avec Spa, le prince Max de Bade répète ces mots au Kaiser et ajoute, comme pour amortir le coup : « Votre abdication est devenue nécessaire pour sauver l'Allemagne de la guerre civile [98]. » Le Kaiser refuse d'écouter, menace une nouvelle fois d'utiliser l'armée contre la nation, et finit par rejeter toute idée de démission du prince Max de Bade de son poste, démarche que le chancelier lui-même sait désormais inévitable. « Vous avez lancé l'offre d'armistice, vous devrez également en accepter les conditions », dit Guillaume II avant de raccrocher.

La délégation d'armistice allemande a déjà traversé les lignes ennemies pour rencontrer les représentants français à Rethondes, en forêt de Compiègne près de Paris. Cependant, tant que les questions de l'abdication et de la chancellerie ne sont pas réglées, les délégués ne peuvent rien faire. Les termes de l'armistice leur ont été présentés par Foch et ils sont pour le moins difficiles à entendre : évacuation de tous les territoires occupés, dont l'Alsace-Lorraine, allemande depuis 1871 ; démilitarisation de la rive gauche du Rhin et des trois têtes de pont sur la rive droite, à Mayence, Coblence et Cologne ; abandon d'une énorme quantité d'équipements militaires et remise entre les mains des Alliés de tous les sous-marins et unités de la Flotte de haute mer ; reniement des traités de Brest-Litovsk et de Bucarest, selon lesquels l'Allemagne a pris possession des territoires conquis à l'est ; paiement pour réparations des dommages de guerre ; l'énoncé se termine sur un point critique : l'acceptation du maintien du blocus de l'Allemagne par les Alliés [99]. Pour finir, l'Allemagne devra accepter des termes de paix encore plus durs que ceux de l'armistice qui lui seront imposés à la conférence de Versailles.

Pendant qu'à Rethondes les délégués ignorent qui va les autoriser à apposer leur signature sur le document d'armistice, deux séries distinctes d'événements se déroulent à Berlin et à Spa. Le 9 novembre à Berlin, le prince Max de Bade cède la chancellerie à Friedrich Ebert. Les rues sont remplies d'une foule révolutionnaire, parmi laquelle figurent des soldats en uniforme. Karl Liebknecht et Rosa Luxemburg, ennemis politiques des socialistes majoritaires, proclament déjà une « République socialiste libre », entendant par là un Etat bolchevique. La dernière entrevue entre le prince Max de Bade et Ebert est brève : « Herr Ebert, annonce le beau-frère du Kaiser, je remets l'Empire allemand à vos bons soins. » Le nouveau chancelier réplique simplement : « J'ai perdu deux fils pour cet empire [100]. » De nombreux parents allemands se seraient reconnus dans cette réponse.

Le 9 novembre à Spa, l'empereur rencontre les dirigeants de son armée, institution par laquelle la dynastie des Hohenzollern est arrivée au pouvoir, et vers laquelle elle s'est toujours tournée pour maintenir sa dignité et son autorité. Quelles que soient les trahisons des politiciens de Berlin, quels que soient les défis à l'ordre qui troublent les rues, Guillaume II croit toujours que ses soldats resteront fidèles à leur serment d'obéissance militaire et il s'obstine. L'empereur croit pouvoir opposer l'armée au peuple et préserver la maison royale en dressant les Allemands les uns contre les autres [101]. Ses généraux savent qu'il n'en est rien. Hindenburg, titan impassible, l'écoute jusqu'au bout sans rien dire. Groener, pâle remplaçant de Ludendorff, trouve la force de parler. D'après ce qu'il a entendu dire par cinquante commandants de régiments, les soldats ne veulent plus maintenant « qu'une seule chose : un armistice le plus tôt possible ». Pour la Maison des Hohenzollern, le prix à payer est l'abdication du Kaiser. Celui-ci l'écoute avec incrédulité. « Qu'en est-il, demande-t-il, du *Fahnenheide*, du serment aux couleurs régimentaires qui engage tout soldat allemand à mourir plutôt qu'à désobéir ? » Groener lui apprend alors l'indicible : « Aujourd'hui, le *Fahnenheide* n'est plus qu'un mot [102]. »

La chute de la Maison des Hohenzollern est rapide. Repoussant l'idée de chercher la mort dans les tranchées, incompatible avec sa position de chef de l'Eglise luthérienne allemande, Guillaume II part en train pour la Hollande le 10 novembre. A son arrivée au château de Doorn, où il va passer de longues années en exil *, il demande « une tasse de bon thé anglais ». Le 28 novembre, il signe l'acte d'abdication. Comme ses six fils ont chacun juré de ne pas lui succéder, la dynastie Hohenzollern met fin au lien qui l'unissait jusqu'alors avec le pouvoir d'Etat allemand et avec la couronne de Prusse.

Dans les faits, l'Allemagne est devenue une république. Le nouveau régime est proclamé le 9 novembre. Cependant, elle n'aura pas de président, en la personne de Friedrich Ebert, avant février 1919. Cette république apparaît sans substance, car dépourvue de forces armées pour la défendre contre ses ennemis, et l'entité politique qu'elle entend incarner manque cruellement de bases constitutionnelles. Le dernier acte discipliné de l'ancienne armée impériale est de retraverser en sens inverses les frontières communes avec la France et la Belgique. Une fois revenue sur son territoire, elle se démobilise. Les soldats quittent leurs uniformes et leurs armes pour rentrer chez eux. Des hommes armés subsistent néanmoins au sein de la jeune République. Une nouvelle géographie politique de l'Europe centrale et de l'Est s'est dessinée, et, dans les nouvelles républiques de Pologne, de Finlande, d'Estonie, de Lettonie et de Lituanie, dans le royaume de Hongrie, en Autriche allemande, des corps de soldats, fidèles à des orthodoxies anciennes et nouvelles, ou bien à des idéologies révolutionnaires, apparaissent en nombre. Les doctrines nationalistes vont prévaloir dans une Yougoslavie pluriethnique, en Tchécoslovaquie et en Pologne, même si cette toute nouvelle République va devoir se battre pour ses frontières contre des irréguliers allemands à l'ouest et contre les bolcheviks à l'est. En Finlande, dans les Etats baltes, en Hongrie et en Allemagne même, des hommes armés menacent la révolution rouge. Celle-ci est réprimée à l'est au prix de dissensions civiles. En Allemagne, elle menace pour un temps de l'emporter, car le régime républicain n'a dans un premier temps pas de forces

* Assez longtemps pour que Hitler fasse placer une garde d'honneur à ses portes pendant l'occupation des Pays-Bas.

armées à lui opposer. Des ruines de l'ancienne armée impériale, un nombre suffisant d'unités parvient néanmoins à être rassemblées. Levés parmi des hommes n'ayant d'autres qualifications que celles de servir dans l'armée (ils portent des noms tels que la division *Garde-Kavallerie-Schützen*, le *Landesjägerkorps*, le *Freikorps Hülsen*), ces corps francs finissent par écraser les révolutionnaires au cours de batailles de rues à Berlin, Gotha, Halle, Dresde, Munich et dans de nombreuses autres villes. Le bolchevisme allemand est réprimé avec force, et le nouveau gouvernement républicain contracte une dette éternelle envers les généraux de cette armée improvisée. Ses régiments vont former le noyau de « l'armée de cent mille hommes », unique concession militaire faite à l'Allemagne par les Alliés lors de la conférence de Versailles en 1919 [103].

Tandis que l'avenir politique de l'Allemagne se décide par la guerre civile régnant dans la capitale et les provinces, les armées alliées s'avancent pour prendre possession de la Rhénanie de l'Ouest ainsi que des trois têtes de pont traversant le fleuve, à Mayence, Coblence et Cologne, cédées selon les termes de l'armistice. Les soldats des armées d'occupation, à l'exception des Français, fraternisent rapidement avec la population. L'hostilité ne tarde pas à laisser place aux amitiés, d'autant plus facilement que les rations de l'armée sont distribuées pour pallier le dur régime de guerre qu'impose le maintien du blocus de l'Allemagne par les Alliés. Bien plus que la menace d'une invasion d'envergure, c'est la faim qui va finalement conduire la République allemande à signer le traité de paix le 23 juin 1919. Deux jours auparavant, la Flotte de haute mer, rassemblée dans la rade britannique de Scapa Flow, a été sabordée par ses équipages, ultime protestation de soldats ulcérés de la sévérité des termes de l'armistice.

Cruelle ironie que ce choix des officiers allemands d'offrir une sépulture maritime aux magnifiques cuirassés du Kaiser dans un port britannique. Si Guillaume II ne s'était pas engagé dans une tentative inutile pour faire jeu égal avec la marine britannique, l'hostilité entre les deux pays qui allait conduire à la guerre aurait pu être évitée, de même que, probablement, le climat obsessionnel de soupçon et d'insécurité qui donna naissance à la Première Guerre mondiale. Seule une percée du barrage britannique lui ouvrant l'étendue des océans aurait permis à la marine de guerre allemande d'accéder au statut de puissance navale. Mais le cimetière anonyme de ses escadres, dispersé dans les îles les plus reculées de Grande-Bretagne, reste un monument élevé à la plus inutile des vanités militaires.

Il n'est qu'un des nombreux cimetières qui constituent le principal héritage de la Grande Guerre. L'étude de ses batailles fournit la littérature la plus aride qui se puisse trouver en matière d'histoire militaire. Aucun clairon joyeux ne sonne à la mémoire des millions d'hommes qui ont marché d'un pas morne à la mort sur les plaines sans relief de Picardie et de Pologne. Aucune ode n'est chantée à la gloire des dirigeants qui les ont menés à cette boucherie. L'héritage politique de la guerre est effroyable : une Europe qui ne peut plus prétendre être le centre du monde, d'anciens royaumes chrétiens transformés par la défaite en tyrannies laïques, bolchevique ou nazie, la différence entre leurs idéologies s'effaçant dans la cruauté qu'elles exercèrent envers leurs populations. Tout ce que ce siècle, inauguré par la Première Guerre mondiale, a connu de pire, comme les famines organisées à l'encontre des « ennemis du peuple », l'extermination raciale, la persécution des intellectuels et la haine idéologique de la culture, le massacre de minorités ethniques, le mépris des petits Etats souverains, la destruction de parlements et le règne de commissaires du peuple, de gauleiters et de chefs de guerre sur des millions de personnes privées de parole, tout cela provient du chaos engendré par la Grande Guerre. A la fin du siècle, il ne reste heureusement que peu de vestiges de ces drames. L'Europe est à nouveau telle qu'elle était en 1900, prospère, pacifique ; elle est une puissance bien établie dans le monde.

Mais les cimetières demeurent. Pour beaucoup, il a été impossible d'offrir un lieu de repos éternel. Leurs corps ont été déchiquetés par les obus et leurs fragments dispersés au point de ne pouvoir être identifiables. De nombreux autres ont été perdus au cours des combats, disparus, enterrés dans des cratères d'obus éboulés ou des tranchées effondrées, leurs corps en décomposition se mêlant au sol bouleversé de la bataille. Rares sont les soldats russes ou turcs décemment enterrés, et de nombreux soldats allemands et autrichiens tués sur les champs de bataille fluctuants du front de l'Est sont simplement retournés à la terre. Sur ceux plus stables de l'Ouest, les combattants ont fait un effort plus important pour respecter les convenances mortuaires. Des cimetières militaires furent créés dès le début du conflit. Des officiers tenaient les registres des tombes et allouaient un espace lorsqu'ils en avaient le temps, tandis que l'aumônier et les camarades du défunt lui rendaient les derniers hommages. Malgré cela, à la fin de la guerre, les restes de près de la moitié des tués au combat demeurèrent à jamais perdus. Sur le million de morts de l'Empire britannique, pour la plupart tués en France et en Belgique, 500 000 hommes ne furent jamais retrouvés ou, quand ils le furent, ne purent jamais être identifiés [104]. Une proportion identique des 1 700 000 Français morts à la guerre a également disparu. La France a enterré ou réenterré ses morts de diverses manières, parfois dans des tombes individuelles, parfois dans des ossuaires monumentaux comme à Douaumont. Les Allemands, combattant en terre étrangère, ont été dans l'obligation de construire des cimetières compacts et discrets. Ils creusèrent souvent de ce fait d'énormes fosses communes. Au centre du cimetière de Vladslo en Belgique, où gisent les corps de la plupart des volontaires morts en 1914 lors du *Kindermord bei Ypern*, se trouve une dalle recouvrant les restes de plus de 20 000 soldats [105].

Les Britanniques ont choisi une manière totalement différente et plus conventionnelle d'honorer ceux tombés au champ d'honneur. Ils ont donné à chaque corps une tombe séparée, mentionnant le nom, l'âge, le grade, le régiment, la date et le lieu du décès. Lorsque l'identification n'a pas été possible, les plaques ont reçu l'inscription de Rudyard Kipling, qui fut lui-même un père portant le deuil : « Soldat de la Grande Guerre connu de Dieu seul ». Leurs noms furent inscrits sur des monuments imposants, dont le plus grand, situé à Thiepval, porte les noms des 70 000 disparus de la bataille de la Somme. Il fut également décidé que les cimetières, petits et grands, devaient tous être clos et aménagés dans la plus pure tradition des jardins anglais, avec du gazon ras entre des pierres tombales ornées de roses et de plantes herbacées. A l'exception des plus petits, ils possèdent en leur centre une croix du sacrifice. Dans les plus grands, un autel symbolique, la Pierre du Souvenir, fut édifié et porte l'inscription suivante, également de Kipling : « Leur nom vit pour toujours et à jamais ». Plus de six cents cimetières furent finalement construits et laissés aux soins de la

Commission impériale des sépultures de guerre. Régis par une loi du gouvernement français, qui donna officiellement à ces terrains le nom de *Sépultures perpétuelles*, la Commission recruta plus de mille jardiniers pour les entretenir. Tous ces cimetières ont survécu et sont toujours entretenus avec révérence par les jardiniers de la Commission. Ils sont très visités par les Britanniques, par les arrière-petits-enfants de ceux qui y reposent (comme l'attestent de poignantes cartes du souvenir), comme par les curieux de diverses nationalités. Aucun ne manque d'être ému par leur extraordinaire beauté. Quatre-vingts ans d'entretien ont permis d'obtenir le résultat souhaité qui était de créer « l'apparence de petits parcs ou jardins », alors que le temps qui passe leur confère une maturité sans âge. Au printemps, lorsque les fleurs s'épanouissent, les cimetières sont des lieux de renouveau et même d'espoir ; à l'automne, lorsque les feuilles tombent, le recueillement et le souvenir l'emportent.

Le chapelet de cimetières britanniques qui se déroule de la mer du Nord vers la Somme et au-delà reste un monument abstrait à la mémoire de ceux dont la disparition sur les champs de bataille de la Grande Guerre n'est pas commémorée. Leur nombre est énorme. Au million de morts de l'empire britannique et aux 1 700 000 morts français viennent s'ajouter 1 500 000 soldats de l'Empire des Habsbourg, deux millions d'Allemands, 460 000 Italiens, 1 700 000 Russes et plusieurs centaines de milliers de Turcs [106]. En proportion des effectifs mobilisés, le bilan peut paraître acceptable. Il représente pour l'Allemagne environ 3,5 pour cent. Mais ce chiffre comprenant les sujets les plus jeunes et des plus aptes, il dépasse de loin ce qui est émotionnellement tolérable. Entre 1914 et 1918, la mortalité masculine est multipliée de sept à huit fois en Grande-Bretagne et de dix fois en France, où 17 pour cent de ceux qui ont servi sous l'uniforme ont trouvé la mort. Les proportions sont identiques en Allemagne. « Entre 1870 et 1899, environ 16 millions de garçons sont nés. Tous ou presque ont servi dans l'armée et près de 13 pour cent furent tués [107]. » Comme en France et en Grande-Bretagne lorsqu'ils sont calculés pour les contingents les plus immédiatement aptes au service en raison de leur âge, les chiffres montrent des pertes encore plus lourdes. « Les groupes d'âge des années 1892 à 1895, soit des hommes entre 19 et

22 ans au déclenchement de la guerre, ont été réduits de 35 à 37 pour cent [108]. »

Un homme sur trois. Il n'y a rien d'étonnant à ce que le monde de l'après-guerre ait parlé de « génération perdue », que les parents aient été unis par le chagrin et que les survivants aient continué à vivre avec le sentiment d'en avoir inexplicablement réchappé. Ils furent souvent envahis par la culpabilité, parfois par la rage ou le désir de vengeance. De telles pensées n'habitaient pas les esprits des anciens combattants britanniques et français qui espéraient seulement que les horreurs des tranchées ne seraient pas répétées de leur vivant ou de celui de leurs enfants. Mais elles couvaient dans les esprits de nombreux Allemands, et tout particulièrement dans celui du « combattant du front » Adolf Hitler qui, en septembre 1922 à Munich, proclama son désir de vengeance qui déboucherait moins de vingt ans plus tard sur la Seconde Guerre mondiale.

La Seconde Guerre mondiale n'est que la suite de la Première. On ne peut l'expliquer si l'on ne tient pas compte des rancœurs et des instabilités générées par le précédent conflit. Malgré son impressionnante réussite économique et le prestige mondial de ses intellectuels, l'Allemagne de Guillaume II bouillonnait de mécontentement, particulièrement en raison de la disparité existant entre sa puissance industrielle et militaire et son statut politique. Alors que la Grande-Bretagne et la France étaient pleinement et incontestablement des empires, l'Allemagne n'en avait que le nom. Néanmoins, ses insatisfactions d'avant-guerre paraissent bien peu de chose au regard de celles nées après le traité de Versailles. Contrainte de rendre les conquêtes de 1870-1871 en Alsace et en Lorraine, de céder à une Pologne indépendante les zones historiques de la colonisation allemande en Silésie et en Prusse occidentale, humiliée par un désarmement l'obligeant à réduire son armée à une dérisoire force de gendarmerie, à dissoudre entièrement sa flotte de bataille, à abolir ses forces aériennes, tout en restant l'objet d'un chantage quant au maintien du blocus afin qu'elle signe un traité de paix humiliant, l'Allemagne républicaine en vint à nourrir des mécontentements beaucoup plus dangereux que ceux qui avaient altéré ses relations internationales avant 1914. La générosité du gouvernement démocrate libéral de Weimar n'aida en rien à les atténuer. Sa modération politique et diplomatique, sa mauvaise gestion économique qui ruinait la classe moyenne allemande et sa soumission à la politique de réparations des Français et des Britanniques comprimèrent la fierté nationale. Elles finirent par nourrir des forces extrémistes dont les principes étaient opposés aux siens. Tout au long des années 1920, la démocratie libérale allemande flotta sur une agitation de courants contraires, marxiste et national-socialiste, qui achevèrent de la submerger.

La libération des peuples de l'est de l'Europe du joug des dynasties germanophones, Hohenzollern et Habsbourg, ne consolida en rien les Etats qu'ils se donnèrent. Aucun d'entre eux (Pologne, Tchécoslovaquie, royaume des Serbes, Croates et Slovènes ou, comme on l'appellera à partir de 1929, la Yougoslavie) ne parvint à l'indépendance avec une homogénéité suffisante pour stabiliser leur existence politique. L'indépendance de la Pologne fut compromise dès le départ par ses efforts pour établir une frontière orientale à l'extrême limite de ce qui était historiquement acceptable. Dans la guerre contre la Russie soviétique qui s'ensuivit, ses armées échappèrent de très peu à la défaite. Leur succès final, autant inattendu qu'apparent, allait accabler le nouvel Etat du poids d'une multitude de minorités, largement ukrainiennes, qui réduisirent la proportion polonaise de la population à 60 pour cent. En outre, l'annexion à l'ouest d'un sol historiquement allemand et l'enveloppement de la Prusse orientale, berceau de la caste militaire allemande, allaient donner à Hitler en 1939 un prétexte pour rééditer l'agression de 1914. Une autre minorité allemande, située dans les Sudètes, priva de même le nouvel Etat tchécoslovaque d'un nécessaire équilibre ethnique, ce qui, en 1938, eut les conséquences fatales que l'on connaît. La disparité qui régnait en Yougoslavie aurait pu être atténuée avec un peu de bonne volonté. Mais la détermination des Serbes, chrétiens orthodoxes, à asseoir leur hégémonie, essentiellement aux dépens des Croates catholiques, mina très tôt sa cohérence. Les inimitiés nourries en son sein allaient l'empêcher de résister aux attaques italiennes et allemandes de 1941.

Les vaincus que furent la Hongrie et la Bulgarie n'eurent pas à subir ces problèmes du fait de leurs pertes de territoire. Celles de la Hongrie étaient cependant si vastes qu'elle entra dans la période d'après-guerre avec de profonds griefs à l'encontre des pays voisins en ayant profité. Principale bénéficiaire, la Roumanie, trop généreusement dédommagée pour sa désastreuse intervention militaire aux côtés des Alliés en 1916, hérita d'une source permanente de discorde avec la Hongrie (mais aussi potentiellement avec l'Union soviétique) en abritant des minorités qui totalisaient plus du quart de sa population.

La Grèce gagna également un surcroît de population, mais au prix d'une campagne impériale désastreuse contre des Turcs jugés un peu trop rapidement moribonds. Persuadée que le moment de la « Grande Idée » était enfin arrivé, la Grèce envahit l'Asie Mineure en juin 1919. Une rapide progression porta ses troupes aux portes d'Ankara, capitale de la future République turque. Kemal, le vainqueur de Gallipoli, parvient cependant à lancer une contre-attaque qui, en septembre 1922, écrase une armée grecque dispersée. Au traité de Lausanne qui mit fin à la guerre en 1923, la Grèce vaincue et la Turquie victorieuse acceptèrent d'échanger leurs minorités respectives. Ce processus mit fin à la présence des Grecs dans les villes côtières de l'est de l'Egée où ils vivaient depuis l'époque d'Homère. Plus d'un million de réfugiés arrivèrent en Grèce continentale qui ne comptait que quatre millions d'habitants. Ayant depuis longtemps oublié la culture grecque, beaucoup étaient de langue turque. La pauvreté dans laquelle ils se retrouvèrent et les mécontentements qu'ils générèrent allaient alimenter une haine de classe qui dégénéra en guerre civile entre 1944 et 1947.

Le problème balkanique qui avait engendré la guerre généra de nouveaux problèmes après sa conclusion. Ils se poursuivirent jusqu'à ce qu'éclate la Seconde Guerre mondiale et persistent encore aujourd'hui. Si l'un des représentants de l'impérialisme austro-hongrois se réincarnait de nos jours, il ne verrait pas de grands changements. En Europe de l'Est, même si cela résulte essentiellement de la réorganisation territoriale et ethnique voulue par Staline après les victoires de l'Armée rouge en 1945, beaucoup de choses ont changé. Les empires ont fini par disparaître, la Russie soviétique parachevant ce chapitre de l'histoire européenne. La question des minorités a presque disparu, particulièrement en Pologne et dans ce que sont maintenant la République tchèque et la Slovaquie. Mais de nombreuses minorités demeurent, surtout dans les pays où Staline n'a pas sévi : en

Roumanie, en Hongrie et en ex-Yougoslavie. Des puissances étrangères exigent aujourd'hui des Serbes le droit de punir leurs criminels politiques, comme les Habsbourg l'avaient exigé des mêmes Serbes en 1914. Des troupes étrangères opèrent dans les vallées de la Save et de la Drina, comme en 1915. Tout cela est bien mystérieux.

Au final, la Première Guerre mondiale elle-même est un mystère. Ses origines sont mystérieuses et son déroulement l'est tout autant. Pourquoi un continent prospère, au faîte de sa puissance matérielle et parvenu à des sommets intellectuels et culturels, a-t-il choisi de remettre tous ces acquis et tout ce qu'il offrait au monde au hasard d'un conflit si meurtrier ? Pourquoi, alors que quelques mois à peine après son déclenchement la guerre était dans l'impasse la plus totale, les combattants décidèrent-ils de poursuivre la lutte, de se lancer dans une guerre totale et finalement d'engager l'ensemble de leurs classes d'âge les plus dynamiques dans un massacre sans objet vital ? Peut-être était-ce une question de principe. Mais le principe de l'inviolabilité d'un traité international, qui fit entrer la Grande-Bretagne dans la guerre, ne méritait pas le prix qui fut finalement payé pour son respect. La défense du territoire national était également un enjeu, et c'est au nom de ce principe que la France s'est battue. La défense des principes de sécurité mutuelle, base des déclarations de l'Allemagne et de la Russie, fut poursuivie jusqu'à un point où l'effondrement des Etats fit perdre à cette sécurité toute signification. L'ancestrale quête de l'intérêt national, motivation de l'Autriche, fut vidée de son sens par l'effondrement de l'empire des Habsbourg.

Bien évidemment, les conséquences de telles décisions ne peuvent être connues à l'avance. En revanche, l'expérience des premiers combattants de 1914-1918 aurait pu modeler l'avenir. Le mystère règne également sur cette question. Comment des millions d'anonymes, privés des conditions et des honneurs qui rendaient traditionnellement la vie des hommes en armes tolérable, se sont-ils résolus à poursuivre la lutte et à croire en son aboutissement ? La question demeure sans réponse. Mais le fait qu'ils s'y résolurent demeure une des rares certitudes de la Grande Guerre. La camaraderie née dans les complexes de tranchées du front de l'Ouest et de l'Est lia de parfaits étrangers dans une étroite fraternité et éleva les amitiés régimentaires classiques au rang de liens du sang. Des hommes que les tranchées rendirent intimes firent preuve d'une abnégation et d'une confiance réciproque bien plus fortes que toutes les amitiés nouées pendant la paix. Tel est le plus grand des mystères de la Première Guerre mondiale. Si nous pouvions en comprendre les solidarités autant que les haines, nous serions alors plus près de comprendre le mystère de la vie humaine.

NOTES

CHAPITRE 1 (PP. 11-35)

1. A. Bullock, *Hitler*, Londres, 1952, p. 79.
2. M. Gilbert, *The Holocaust*, Londres, 1987, p. 17.
3. Visites personnelles.
4. J. Winter, *Sites of Memory, Sites of Mourning*, Cambridge, 1995, pp. 92-93.
5. G. Ward et E. Gibson, *Courage Remembered*, Londres, 1989, pp. 89-90.
6. R. Wahlen, *Bitter Wounds*, sur les victimes allemandes de la Grande Guerre, Ithaca, 1984, p. 33.
7. V. Ackermann, « La vision allemande du Soldat inconnu », dans J.-J. Becker et coll., *Guerres et Cultures, 1914-1918*, Paris, 1994, pp. 390-391.
8. F. Thébaud, « La guerre et le deuil chez les femmes françaises », dans Becker, *Guerres*, pp. 114-115.
9. Wahlen, p. 41.
10. B. Jelavich, *History of the Balkans*, 2, Cambridge, 1985, p. 121.
11. M. Brook dans R. Evans et H. P. von Strandmann, *The Coming of the First World War*, Oxford, 1988, p. 169.
12. K. Baedeker, *Austria*, Leipzig, 1900, p. 432-434.
13. G. Best, *Humanity in Warfare*, Londres, 1980, p. 140.
14. Voir M. Howard, « Men against Fire », dans P. Paret, *Makers of Modern Strategy*, Princeton, 1986, pp. 510-526.
15. Voir cartes des districts allemands, français et russes, *Times History of the War*, I, Londres, 1914.
16. J. Lucas, *Fighting Troops of the Austro-Hungarian Empire*, New York, 1987, p. 84.
17. A. Gordon, *The Rules of the Game*, Londres, 1996, pp. 354-355.

CHAPITRE 2 (PP. 37-66)

1. J. Keegan, *L'Art du commandement*, Paris, Perrin, 1991.
2. Voir surtout G. Parker, dans W. Murray, M. Knox et A. Bernstein, *The Making of Strategy*, Cambridge, 1994, chap. 5.
3. P. Contamine, *La Guerre au Moyen Age*, Paris, Presses universitaires de France, « Nouvelle Clio », 1980.
4. J. Thompson, *The Lifeblood of War*, Londres, 1991, chap. 2.
5. M. Howard, *The Franco-Prussian War*, Londres, 1981, pp. 26-27.
6. J. Hittle, *The Military Staff*, Harrisburg, 1961, chap. 2.
7. C. Hibbert, *The Destruction of Lord Raglan*, Londres, 1984, pp. 15-16.
8. D. Porch, *The March to the Marne*, Cambridge, 1981, p. 331.
9. H. Nicolson, *The Evolution of Diplomatic Method*, Londres, 1954, p. 75.

10. S. Kern, *The Culture of Time and Space*, Cambridge (Massachusetts) 1983, pp. 270-273.
11. B. Sullivan, « The Strategy of the Decisive Weight : Italy, 1882-1922 », dans Murray, Knox e. Bernstein, p. 332.
12. N. Stone, « Moltke and Conrad », dans P. Kennedy, *The War Plans of the Great Powers*, Londres, 1979, p. 234.
13. J. McDermot, « The Revolution in British Military Thinking from the Boer War to the Moroccan Crisis », dans Kennedy, p. 105.
14. L. Turner, « The Significance of the Schlieffen Plan », dans Kennedy, p. 200.
15. A. J. P. Taylor, *The Struggle for Mastery in Europe*, Oxford, 1954, p. 317.
16. G. Ritter, *The Schlieffen Plan*, Londres, 1958, p. 71.
17. Ritter, pp. 22-25, 27-48, cartes 1, 2, 3, 6.
18. G. Craig, *The Politics of the Prussian Army*, Princeton, 1955, pp. 278-279.
19. H. Herwig, « Strategic Uncertainties of a nation state : Prussia-Germany, 1871-1918 », dans Murray, Knox et Bernstein, p. 259.
20. Herwig, dans Murray, Knox et Bernstein, p. 260.
21. Ritter, p. 173.
22. Ritter, p. 180.
23. Ritter, p. 139.
24. Ritter, p. 141.
25. Ritter, p. 142.
26. Ritter, p. 174.
27. Ritter, p. 144.
28. Ritter, p. 145.
29. Ritter, p. 143.
30. J. Edmonds, *Military Operations, France and Belgium, 1914*, I, Londres, 1928, Appendice 3 .
31. Edmonds, 1914, I, croquis 5.
32. Ritter, pp. 141, 178.
33. A. Bucholz, *Moltke, Schlieffen and Prussian War Planning*, New York, 1991, p. 267.
34. A. Gat, *The development of Military Thought*, 2, Oxford, 1992, pp. 153-157.
35. Etat-major de l'armée, *Les Armées françaises dans la Grande Guerre*, Paris, 1922, *I*, ., annexes, p. 21.
36. S. Williamson, « Joffre Reshapes French Strategy », dans Kennedy, p. 145.
37. Gat, p. 155.
38. Williamson dans Kennedy, p. 147.
39. Williamson dans Kennedy, p. 147.
40. Williamson dans Kennedy, p. 135.
41. L. Sayder, *The Ideology of the Offensive*, Ithaca, 1984, p. 182.
42. B. Menning, *Bayonets Before Bullets : The Russian Imperial Army, 1861-1914*, Bloomington, 1992, p. 245.
43. Menning, pp. 247-248.
44. Cité de N. Stone, dans Kennedy, p. 224.
45. Stone dans Kennedy, p. 228.
46. Stone dans Kennedy, p. 223.
47. G. Tunstall, *Planning for War Against Russia and Serbia : Austro-Hungarian and German Military Strategies, 1871-1914*, New York, 1993, p. 138.
48. D. Herrmann, *The Arming of Europe and the Making of the First World War*, Princeton, 1996, p. 156.
49. J. Gooch, « Italy During the First World War » dans A. Millett et W. Murray, *Military Effectiveness*, I, Boston, 1988, p. 294.
50. Herrmann, p. 176.
51. Bucholz, p. 309.
52. Bucholz, p. 285.

CHAPITRE 3 (PP. 67-93)

1. C. Macartney, *The Habsburg Empire 1790-1918*, Londres, 1968, p. 806.
2. V. Dedijer, *The Road to Sarajevo*, New York, 1996, pp. 374-375.
3. Macartney, p. 806.
4. B. Jelavich, *History of the Balkans*, II, Cambridge, 1983, pp. 111-112.

5. Macartney, p. 807.
6. W. Jannon, *The Lions of July*, Novato, 1995, pp. 18-19.
7. Jannon, p. 31.
8. *The Annual Register*, 1914, Londres, 1915, p. 312.
9. B. Tuchman, *August 1914*, Londres, 1962, p. 115.
10. L. Albertini, *The Origins of the War of 1914*, II, Londres, 1953, p. 456.
11. G. Tunstall, *Planning for War Against Russia and Serbia : Austro-Hungarian and German Military Strategies, 1871-1914*, New York, 1993, p. 83.
12. Tunstall, p. 122.
13. Albertini, II, p. 308.
14. Turner, dans Kennedy, pp. 263-264.
15. Turner, dans Kennedy, p. 264.
16. Albertini, II, p. 538.
17. Turner, dans Kennedy, p. 264.
18. Turner, dans Kennedy, p. 265.
19. J. Edmonds, *A Short History of World War One*, Oxford, 1951, pp. 130-133.
20. Albertini, II, p. 491.
21. Albertini, II, p. 555.
22. Albertini, II, p. 557.
23. Jannon, p. 220.
24. Albertini, II, p. 674.
25. Jannon, p. 239.
26. Albertini, II, p. 572.
27. Albertini, III, p. 31.
28. Albertini, III, p. 40.
29. Albertini, III, pp. 73-74.
30. Albertini, III, pp. 69-70.
31. Albertini, III, p. 183.

CHAPITRE 4 (PP. 95-173)

1. M. Paléologue, *An Ambassador's Memoirs*, I, Londres, 1923, p. 52.
2. Bullock, *Hitler*, p. 45.
3. L. Moyer, *Victory Must Be Ours*, Londres, 1995, pp. 72-73.
4. A. Grasser, *Vingt Jours de guerre aux temps héroïques*, Paris, 1918, pp. 35-36.
5. R. Cobb, « France and the Coming of War », dans Evans et Strandmann, p. 133.
6. F. Nagel, *Fritz*, Huntington, 1981, pp. 15-19.
7. Bucholz, p. 163.
8. Bucholz, p. 278.
9. Cobb dans Evans et Strandmann, p. 136.
10. P. Vansittart, *Voices from the Great War*, Londres, 1981, p. 25.
11. L. Macdonald, 1914 : *The Days of Hope*, 1987, p. 54.
12. Macdonald, p. 55.
13. E. Spears, *Liaison 1914*, Londres, 1968, p. 14.
14. *Je serai soldat*, Paris, 1900.
15. W. Bloem, *The Advance from Mons*, Londres, 1930, p. 56.
16. E. Rommel, *Infantry Attacks*, Londres, 1990, p. 11.
17. P. Haythornthwaite, *The World War One Sourcebook*, Londres, 1996, pp. 100-101.
18. B. Tuchman, *August 1914*, Londres, 1962, pp. 166-167.
19. R. Keyes, *Outrageous Fortune*, Londres, 1984, p. 7.
20. S. Williamson, « Joffre Reshapes French Strategy, 1911-1913 » dans P. Kennedy, *The War Plans of the Great War, 1880-1914*, Londres, 1979, p. 137.
21. Williamson dans Kennedy, pp. 143-144.
22. Albertini, III, p. 462.
23. Albertini, III, p. 469.
24. Tuchman, p. 105.
25. M. Howard et coll., *The Laws of War*, New Haven, 1994, p. 10.
26. H. Gibson, *A Journal from our Legation in Belgium*, New York, 1917, p. 91.
27. Haythornthwaite, p. 150.

28. Cité de Tuchman, p. 173.
29. Intelligence Staff, American Expeditionary Force, *Histories of Two Hundred and Fifty-One German Division Which Participated in the War, 1914-1918*, Washington, 1920, p. 23.
30. M. Derez, « The Flames of Louvain » dans H. Cecil et P. Liddle, *Facing Armaggedon*, Londres, 1996, pp. 619-620.
31. M. Eksteins, *Le Sacre du printemps*, Paris, Plon, 1991, p. 93.
32. Derez dans Cecil et Liddle, p. 622.
33. Derez dans Cecil et Liddle, p. 622.
34. *251 Divisions*, pp. 280-290.
35. S. Tyng, *The Campaign of the Marne*, Oxford, 1935, p. 53.
36. Cité de Tuchman, p. 173.
37. Tyng, p. 54.
38. D. Goodspeed, *Ludendorff*, Londres, 1966, p. 45.
39. C. Duffy, dans *Purnell's History of the First World War*, I, Londres, 1970, p. 137.
40. Cité de Duffy, *Purnell's*, p. 138.
41. Duffy, *Purnell's*, p. 138.
42. Goodspeed, p. 47.
43. C. Duffy, *Frederick the Great*, Londres, 1985, p. 154.
44. Etat-major de l'armée, *Les Armées françaises dans la Grande Guerre*, Paris, 1922-1939, I, I, annexes, 8.
45. D. Johnson, *Battlefields of the World War*, New York, 1921, pp. 425-429.
46. D. Porch, *The March to the Marne*, Cambridge, 1981, p. 178.
47. *Les Armées*, 10, II, *passim*.
48. Porch, *March*, p. 177.
49. *Les Armées*, I, I, pp. 156-157.
50. Tyng, pp. 68-69.
51. Tyng, pp. 72-73.
52. Tyng, p. 79.
53. *Les Armées*, I, i, p. 357.
54. Reichsarchiv, *Der Weltkrieg*, Berlin, 1925-1939, I, p. 310.
55. *Weltkrieg*, I, pp. 303-304.
56. *Weltkrieg*, I, p. 314.
57. Tyng, p. 86.
58. *Les Armées*, I, I, p. 425.
59. Tyng, p. 101.
60. Tyng, pp. 102-103.
61. Voir A. Horne, *To Lose a Battle*, Londres, 1969, p. 57.
62. Tyng, p. 108.
63. H. Contamine, *La Revanche, 1871-1914*, Paris, 1957, p. 261.
64. Tyng, p. 117.
65. Edmonds, *Military Operations, France and Belgium 1914*, I, Londres, 1928, pp. 65-66.
66. J. Terraine, *Mons*, Londres, 1960, p. 90.
67. R. Kipling, « On Greenhow Hill » dans *Life's Handicap*, Londres, 1987, pp. 79-96.
68. Bloem, p. 56.
69. Bloem, p. 80.
70. Bloem, p. 58.
71. *Weltkrieg*, I, p. 500.
72. Tyng, p. 117.
73. Spears, *Liaison*, p. 192.
74. Cité de Spears, *Liaison*, pp. 526-527.
75. Bloem, p. 110.
76. Edmands, 1914, I, p. 163.
77. Tyng, pp. 144-145.
78. Edmands, 1914, I, p. 163.
79. Spears, *Liaison*, pp. 228-232.
80. Tyng, p. 156.
81. Ritter, p. 141.
82. D. Showalter, *Tannenberg*, Hamden, 1991, pp. 294-295.
83. Tyng, p. 172.
84. Général von Kuhl, *Der Marnefeldzug*, Berlin, 1921, p. 121.

85. R. Van Emden, *Tickled to Death to Go*, Stapelhurst, 1996, pp. 59-60.
86. Van Emden, pp. 60-61.
87. Tuchman, p. 375.
88. Tyng, p. 172.
89. Contamine, *Revanche*, p. 261.
90. *Les Armées*, 10, II, pp. 608 sq.
91. Tuchman, pp. 339-343.
92. Edmonds, *1914*, I, pp. 473-477.
93. Spears, *Liaison*, pp. 366-367.
94. *Weltkrieg*, II, p. 279.
95. Ritter, p. 189 ; Bucholz, p. 210.
96. Cité de Tyng, pp. 381-383.
97. Tyng, p. 219.
98. Tyng, p. 239.
99. R. Holmes, *The Little Field Marshal*, Londres, 1981, p. 230.
100. Holmes, p. 229.
101. Spears, *Liaison*, p. 415.
102. Tyng, p. 241.
103. Edmonds, *1914*, I, p. 272.
104. G. Aston, *Foch*, Londres, 1929, p. 122.
105. W. Müller, *Die Sendung vom Oberstleutnant Hentsch*, Berlin, 1922, p. 13.
106. Müller, p. 14.
107. Müller, p. 19.
108. Müller, p. 22.
109. Müller, p. 21.
110. Tyng, p. 327.
111. Porch, *March*, p. 202.
112. Herrmann, p. 90.
113. Terraine, *Mons*, p. 217.
114. Johnson, pp. 292-293.
115. Edmonds, *1914*, I, p. 326.
116. Edmonds, *1914*, I, p. 378.
117. Cité de D. Mason, *Purnell's*, I, p. 296.
118. Duffy, *Purnell's*, I, pp. 377-378.
119. Edmonds, *1914*, I, p. 404.
120. Duffy, *Purnell's*, I, pp. 380-381.
121. Duffy, *Purnell's*, I, p. 380.
122. Edmonds, *1914*, I, p. 380.
123. L. Sellers, *The Hood Battalion*, Londres, 1995, pp. 24-25.
124. C. Cruttwell, *A History of the Great War*, Oxford, 1936, p. 100.
125. S. Menezes, *Fidelity and Honour*, New Delhi, 1993, p. 247.
126. Edmonds, *1914*, II, p. 268.
127. M. Geyer, *Deutsche Rüstungspolitik*, Francfort-sur-le-Main, 1984, pp. 83 sq.
128. T. Nevin, *Ernst Jünger and Germany*, Londres, 1997, p. 43.
129. Bullock, p. 48.
130. Edmonds, *1914*, II, p. 124.
131. Edmonds, *1914*, II, p. 259.
132. Reichsarchiv, *Ypern*, Oldenburg, 1922, p. 133.
133. Plusieurs visites personnelles.
134. Nevin, p. 44.
135. Macdonald, p. 418.
136. *Ypern*, p. 204.
137. *Ypern*, p. 206.
138. Edmonds, *1914*, II, p. 324.
139. *Ypern*, p. 206.
140. J. Edmonds, *A Short History of World War I*, Londres, 1951, p. 75 ; G. Pedroncini, *Histoire militaire de la France*, III, Paris, 1991, p. 289 ; R. Wall et J. Winter *The Upheaval of War*, Londres, 1988, pp. 16-18.
141. Wall et Winter, p. 27.
142. Wall et Winter, p. 25.

143. Edmonds, *1914*, II, p. 223.
144. P. Mason, *A Matter of Honour*, Londres, 1974, p. 417.
145. Edmonds, *1914*, p. 406.

CHAPITRE 5 (PP. 175-217)

1. Les *Dépêches* de Wellington, 30 juin 1800.
2. Voir Tunstall, chap. 4 ; Bucholz, pp. 167, 176.
3. Edmonds, *Short History*, carte 2.
4. N. Stone, *The Eastern Front 1914-1917*, Londres, 1975, p. 48.
5. Showalter, p. 536.
6. Stone, p. 49.
7. Stone, p. 44.
8. D. Jones, « Imperial Russia's Forces at War » dans A. Millett et W. Murray, *Military Effectiveness*, I, Boston, 1988, p. 275.
9. V. Buldakov et coll., « A Nation at War : the Russian Experience », dans Cecil et Liddle, p. 542.
10. Menning, p. 228.
11. Jones dans Millet et Murray, p. 273.
12. Stone, p. 55.
13. Stone, p. 58-59.
14. Stone, p. 59.
15. Showalter, p. 147.
16. Jones dans Millet et Murray, p. 261 ; Showalter, p. 170.
17. Showalter, p. 153.
18. R. Asprey, *The German High Command at War*, Londres, 1991, p. 63.
19. Stone, p. 62.
20. Showalter, p. 170.
21. Showalter, p. 230.
22. Showalter, p. 289.
23. Showalter, p. 324.
24. Visite personnelle.
25. Asprey, p. 80.
26. Tunstall, p. 95-96.
27. J. Clinton Adams, *Flight in the Winter*, Princeton, 1942, p. 13-14.
28. Adams, p. 19.
29. Adams, p. 27.
30. G. Wawro, « Morale in the Austro-Hungarian Army », dans Cecil et Liddle, p. 400.
31. Lucas, *passim*.
32. Menning, p. 230.
33. E. Glaise-Horstenau, *Österreich-Hungarns letzter Krieg* 1914-1918, Vienne, 1930, I, p. 74.
34. Relation de l'état-major russe, *La Grande Guerre*, Paris, 1926, (tr. E. Chapouilly), p. 139.
35. *Letzter Krieg*, I, Annexe 10.
36. *Letzter Krieg*, I, p. 71-73.
37. Stone, p. 88.
38. Stone, p. 88.
39. M. von Piettrich, 1914, Vienne, 1934, p. 208.
40. *Relation de l'état-major russe* (cité comme *Relation*), p. 249.
41. Stone, p. 90.
42. G. Rothenburg, *The Army of Franz Joseph*, West Lafayette, 1976, p. 176.
43. *Letzter Krieg*, I, p. 74.
44. Stone, p. 90.
45. Buldakov dans Cecil et Liddle, p. 540.
46. H. Dollinger, *Der Erste Weltkrieg*, Munich, 1924, pp. 98-99.
47. Menning, pp. 228, 260.
48. Rothenburg, p. 143.
49. M. Howard, « Men Against Fire », dans Paret, p. 519.
50. Menning, pp. 264-265.
51. Menning, p. 250.

52. Goodspeed, p. 99-102.
53. *Relation*, 290.
54. *Letzter Krieg*, I, Annexe 15.
55. *Relation*, 436.
56. *Relation*, 446-447.
57. *Relation*, 462.
58. *Relation*, 463.
59. Stone, 104.
60. Stone, 107.
61. Visite personnelle, 1989.
62. *Letzter Krieg*, I, 595-598.
63. Jones dans Millet et Murray, pp. 278-279.
64. *Letzter Krieg*, I, Annexe 1.
65. Rothenburg, p. 84.
66. *Letzter Krieg* I, pp. 141-142.
67. Stone, p. 114.
68. Rothenburg, p. 185.
69. *Illustrated London News*, 21 avril 1915.
70. *251 Divisions*, p. 541, sq.
71. Stone, p. 118.
72. Stone, p. 117.
73. S. Schama, *Landscape and Memory*, New York, 1996, pp. 65-66.
74. *Letzter Krieg*, II, pp. 270-271.

CHAPITRE 6 (PP. 219-253)

1. Stone, p. 135.
2. C. Duffy, *The Fortress in the Age of Vauban*, Londres, 1985, p. 42.
3. J. Keegan, *Anatomie de la bataille*, Robert Laffont, Paris, 1993, p. 188.
4. E. Solano, *Field Entrenchments*, Londres, 1915, p. 209.
5. J. Dunn, *The War the Infantry Knew*, Londres, 1987, p. 77.
6. Dunn, pp. 97-98.
7. Dunn, pp. 111-112.
8. Keegan, *Purnell's,* II, Londres 1970, p. 579.
9. G. C. Wynne, *If Germany Attacks*, Londres 1940, p. 15.
10. Wynne, p. 17.
11. Keegan, *Purnell's*, II, p. 584.
12. C. Messenger, *Trench Fighting*, Londres, 1972, p. 37.
13. Johnson, p. 470.
14. Keegan, *Purnell's*, II, pp. 576-587.
15. Keegan, *Purnell's*, II, p. 583.
16. Bucholz, pp. 285-286.
17. Asprey, pp. 151-155.
18. Holmes, pp. 151-155.
19. Edmonds, 1915, I, p. 15.
20. Edmonds, 1915, I, pp. 59-65.
21. Edmonds, 1915, I, pp 68-69.
22. Edmonds, 1915, I, p. 74.
23. Wynne, p. 29.
24. Wynne, p. 28.
25. Wynne, pp. 30-31.
26. Wynne, p. 40.
27. D. Omissi, *The Sepoy and the Raj*, Londres, 1994, pp. 117-118.
28. I. Hogg, Purnell's, II, pp. 609-611.
29. W. Aggett, *The Bloody Eleventh*, III, Londres, 1995, p. 121.
30. Edmonds, 1915, I, p. 289.
31. A. Bristow, *A Serious Disappointment*, 1995, p. 163.
32. Wynne, p. 63.
33. Wynne, p. 64.

34. F. Forstner, *Das Reserve Infanterie Regiment 15*, Berlin, 1929, pp. 226-232.
35. E. Spiers, « The Scottish Soldier at War », dans Cecil et Liddle, p. 326.
36. Edmonds, 1915, I, p. 143.

CHAPITRE 7 (PP. 255-317)

1. G. Craig, *Germany 1866-1945*, Oxford, 1981, p. 119.
2. T. Wise, *Purnell's*, I, pp. 321-329.
3. L. Gann et P. Duignan, *The Rulers of German Africa*, Londres, 1977, p. 217.
4. B. Farwell, *The Great War in Africa*, Londres, 1987, p. 71.
5. B. Farwell, pp. 81-84.
6. B. Farwell, p. 102.
7. Gann etDuignan, p. 105.
8. Farwell, p. 204.
9. P. Halpern, *A Naval History of World War I*, Annapolis, 1994, p. 76.
10. Halpern, p. 91.
11. Halpern, pp 94-95.
12. J. Moore (ed.), *Jane's Fighting Ships of World War I*, Londres, 1990, p. 237.
13. R. Hough, *The Great War at Sea*, Londres, 1983, pp. 147-148.
14. Halpern, p. 230.
15. Jelavich, 2, p. 127.
16. Halpern, p. 63.
17. P. Mason, *A Matter of Honour*, Londres, 1974, p. 425.
18. Omissi, p. 148.
19. Menezes, p. 278.
20. *Imperial Gazeteer of India*, IV, Oxford, 1907, pp. 109-111.
21. M. Gilbert, *Winston Churchill*, II, Londres, 1967, p. 611.
22. A. Palmer, *The Decline and Fall of the Ottoman Empire*, Londres, 1992, p. 226.
23. Palmer, *Decline*, p. 230.
24. M. Broxup (ed.), *The North Caucasus Barrier*, Londres, 1992, pp. 45 sq.
25. B. Menning, « The Army and Frontier in Russia », dans *Transformations in Rusian Soviet Military History*, Colorado Spring, 1986, p. 34.
26. K. Ahmed, *Kurdistan in the First World War*, Londres, 1994, pp. 88-89.
27. Ahmed, p. 91.
28. D. Muhlis, *Ottoman Military Organisation*, Istanbul, 1986, pp. 11-15.
29. Halpern, p. 29.
30. Taylor, Struggle, p. 532.
31. J. Whittam, *The Politics of the Italian Army*, Londres, 1977, pp. 186-189.
32. J. Edmonds, *Military Operations, Italy*, Londres, 1949, pp. 11-12.
33. Ministerio della Guerra, *L'Escercito Italiano nella Grande Guerra*, I, Rome, 1927, pp. 168-170.
34. Whittam, p. 194.
35. Edmonds, *Italy*, p. 12.
36. Edmonds, *Italy*, pp. 13-14.
37. Stone, p. 145.
38. Stone, p. 317, n. 5.
39. Edmonds, *France and Belgium, 1915*, I, p. 56.
40. S. Bidwell et D. Graham, *Fire-Power*, Londres, 1982, p. 96.
41. Stone, p. 145.
42. Asprey, pp. 184-185.
43. D. Von Kalm, *Gorlice*, Berlin, 1930, p. 33.
44. Goodspeed, pp. 132-133.
45. Stone, p. 188.
46. Stone, p. 187.
47. Jones, dans Millet et Murray, pp. 278-279.
48. G. Cassar, *The French and the Dardanelles*, Londres, 1971, pp. 35-40.
49. First Report of the Dardanelles Committee, p. 15.
50. R. Rhodes James, *Gallipoli*, Londres, 1965, p. 13.
51. R. Rhodes James, p. 28.

52. R. Rhodes James, p. 38.
53. R. Rhodes James, p. 53.
54. Cassar, p. 114.
55. R. Rhodes James, p. 64.
56. C. Pugsley, *Gallipoli, The New Zealand Story*, Londres, 1984, p. 30.
57. C. Aspinall-Oglander, *Gallipoli*, 2, Londres, 1929, p. 114.
58. C. Aspinall-Oglander, *Gallipoli*, 2, Londres, 1929, p. 114.
59. A. Livesey, *An Atlas of World War I*, Londres, 1994, p. 61.
60. Aspinall-Oglander, Sketch 5A.
61. R. Rhodes James, p. 61.
62. Pugsley, p. 360.
63. Adams, pp. 42-44.
64. Adams, pp. 45-46.
65. Cassar, p. 35.
66. Cassar, pp. 226-235.
67. A. Palmer, *The Gardeners of Salonika*, Londres, 1965, p. 55.
68. Palmer, *Gardeners*, p. 62.

CHAPITRE 8 (PP. 319-380)

1. M. Lewis, *The Navy of Britain*, Londres, 1948, pp. 112-139.
2. J. Moore (ed.), *Jane's Fighting Ships of World War I*, Londres, 1990, pp. 35-49.
3. A. Marder, *From the Dreadnought to Scapa Flow*, II, Oxford, 1965, pp. 238-239.
4. Gordon, 355.
5. Gordon, 355 et n. 69, p. 664.
6. H. Halpern, *A Naval History of World War I*, Annapolis, 1994, pp. 30-32.
7. Halpern, pp. 36-37.
8. J. Campbell, *Jutland*, Londres, 1986, pp. 373-374.
9. Halpern, p. 299.
10. Gordon, p. 21.
11. Halpern, pp. 289-290.
12. P. Kennedy, « The Development of the German Naval Operations Plans against England, 1896-1914 », dans Kennedy, p. 171.
13. Halpern, p. 38.
14. Marder, II, p. 437.
15. Halpern, p. 288.
16. Halpern, p. 315.
17. Halpern, p. 316.
18. Marder, II, 445.
19. J. Keegan, *Battle at Sea*, Londres, 1993.
20. Marder, III, pp. 175-176.
21. Halpern, p. 327.
22. Halpern, pp. 419-420.
23. G. Rochet et G. Massobrio, *Breve Storia dell'Esercito Italiano*, 1861-1943, Turin, 1978, pp. 184-185.
24. Stone, pp. 209-1.
25. J.-J. Becker, *Les Français dans la Grande Guerre*, Paris, 1980.
26. *Les Armées*, X, I, *passim*.
27. C. Hughes, « The New Armies », dans I. Beckett et K. Simpson, *A Nation in Arms*, Londres, 1990, p. 105.
28. Becket et Simpson, appendice I, pp. 235-236.
29. Asprey, pp. 218-219.
30. I. Clarke, *Rumours of War*, Oxford, 1996, pp. 117-118.
31. A. Horne, *The Price of Victory*, Londres, 1993, p. 43.
32. Horne, *Price*, p.97.
33. Horne, *Price*, p. 149.
34. Horne, *Price*, p. 168-169.
35. Cruttwell, p. 249.
36. Horne, *Price*, pp. 252-266.

37. Horne, *Price*, p. 284.
38. *251 Divisions*, pp. 8-11.
39. Asprey, pp. 111-112.
40. Holmes, p. 256.
41. Holmes, p. 314.
42. Holmes, p. 308.
43. G. De Groot, *Douglas Haig*, Londres, 1988, pp. 117-118.
44. De Groot, p. 44.
45. *251 Division, passim.*
46. Beckett et Simpson, pp. 235-236.
47. P. Griffith, *Battle Tactics of the Western Front*, Londres, 1994, p. 56.
48. T. Travers, *The Killing Ground*, Londres, 1987, p. 144.
49. M. Farndale, *A History of the Royal Artillery : The Western Front, 1914-1918*, Londres, 1986, p. 144.
50. Travers, p. 140.
51. Travers, p. 140.
52. Travers, p. 139.
53. Voir, par exemple, les références bibliographiques à Travers, P. Griffith, et G. Sheffield dans Cecil et Liddle, pp. 143 sq.
54. M. Browne, *The Imperial War Museum Book of the Somme*, Londres, 1996, p. 67.
55. Keegan, *Anatomie de la bataille.*
56. Fourth Army Records, Public Record Office, WO158/233-6, 2 juillet.
57. Wynne, p. 118.
58. Wynne, p. 120.
59. Clarke, p. 93.
60. K. Macksey et J. Batchelor, *Tank*, Londres, 1971, pp. 14-25.
61. Visite Personnelle, 1996 ; *The Daily Telegraph*, 29-6-1996.
62. Farwell, p. 293.
63. Voir G. Robertson, *Chitral, The Story of a Minor Siege*, Londres, 1897.
64. Asprey, pp. 207-208.
65. Stone, pp. 229-230.
66. Stone, p. 231.
67. Asprey, p. 67.
68. Stone, p. 68.

CHAPITRE 9 (PP. 381-453)

1. R. Cobb, *French and Germans, Germans and French*, Oxford, 1983, pp. 2-35.
2. J. Glubb, *Into Battle*, Londres, 1978, p. 153.
3. Voir, passim, A. Clark, *The Donkeys*, Londres, 1961 ; L. Wolff, *In Flanders Fields*, Londres, 1958 ; N. Dixon, *On the Psychology of Military Incompetence*, Londres, 1976.
4. J. Terrain, *Haig, The Educated Soldier*, Londres 1963.
5. Cité par F. Davies et G. Maddocks, *Bloody Red Tabs*, Londres, 1995, p. 26.
6. Davies et Maddocks, p. 23.
7. P. Griffith, *Battle Tactics of the Western Front*, Londres, 1994, p. 171.
8. Wynne, p. 125.
9. Public Record Office, WO95/2366, 95/820, 153, 167/256/11.
10. S. Bidwell et T. Graham, *Fire-Power*, Londres, 1982, pp. 141-143.
11. Thébaud dans J.-J. Becker, *Guerres et Cultures*, p. 113.
12. J.-J. Becker, *Les Français dans la Grande Guerre*, Robert Laffont, 1980.
13. Becker, *Les Français*, p. 227.
14. R. Wall et J. Winter, *The Upheaval of War*, Cambridge, 1998, p. 30.
15. L. Moyer, *Victory Must Be Ours*, Londres, 1995, p. 164.
16. Wall et Winter, p. 17.
17. Cruttwell, pp. 363-364.
18. Moyer, pp. 165-171.
19. T. Wilson, *The Myriad Faces of War*, Londres, 1986, p. 407.
20. Becker, *Les Français*, p. 324.
21. Stone, p. 282.

22. E. Spears, *Prelude to Victory,* Londres, 1939, p. 42.
23. Wynne, p. 134.
24. Wynne, pp. 166-167.
25. Spears, *Prelude*, pp. 40-41.
26. Wynne, p. 180.
27. Wynne, p. 174.
28. A. McKee, *Vimy Ridge*, Londres, 1966, p. 102.
29. McKee, p. 116.
30. Spears, *Prelude*, p. 331.
31. Spears, *Prelude*, p. 41.
32. Spears, *Prelude*, pp. 489-490.
33. Spears, *Prelude*, p. 492.
34. Spears, *Prelude*, p. 493.
35. Spears, *Prelude*, p. 509.
36. L. Smith, *Between Mutiny and Obedience : The Case of the French Fifth Infantry Division during World War I*, Princeton, 1994, p. 185.
37. Becker, *Les Français,* p. 217-222.
38. Becker, *Les Français*, p. 219.
39. G. Pedroncini, *Les Mutineries de 1917*, Paris, 1967, chap. 4.
40. Smith, pp. 218-219.
41. Smith, p. 197.
42. Smith, p. 206-207.
43. T. Ashworth, *Trench Warfare 1914-1918 : The Live and Let live System*, Londres, 1980, pp. 15-16.
44. Smith, pp. 225-226.
45. Stone, p. 282.
46. Becker, *Les Français*, pp. 220-221.
47. A. Wildman, *The End of the Russian Imperial Army,* New York, 1980, p. 109.
48. Stone, pp. 284-285.
49. Stone, pp. 299-300.
50. O. Figes, *A People's Tragedy*, Londres, 1996, p. 378.
51. Wildman, p. 128.
52. Wildman, p. 149.
53. Cité dans Figes, p. 315.
54. R. Pipes, *The Russian Revolution*, Londres, 1990, p. 258.
55. Pipes, pp. 321-322.
56. Pipes, p. 329.
57. Pipes, p. 328.
58. Wildman, p. 335.
59. Pipes, p. 393.
60. Wynn, p. 294.
61. Figes, p. 445.
62. Pipes, p. 477.
63. Pipes, p. 583.
64. Buldakov, dans Cecil et Liddle, p. 542.
65. Pipes, pp. 418-419.
66. Buldakov, dans Cecil et Liddle, p. 542.
67. J. Gooch, « Italy During the First World War », dans Millet et Williamson, p. 181.
68. Whittam, p. 197.
69. J. Gooch, « Morale and Discipline in the Italian Army 1915-1918 », dans Cecil et Liddle, p. 437.
70. Gooch, dans Cecil et Liddle, p. 440.
71. J. Keegan, « An Army Downs Tools » (critique de L. Smith, *Between Mutiny and Obedience*), *The Times Literary Supplement*, 13 mai 1994, pp. 3-4.
72. Rochet et Massobio, p. 185.
73. C. Falls, *Caporetto*, Londres, 1966, p. 26.
74. Falls, pp. 36-37.
75. Falls, p. 40.
76. Rommel, p. 177.
77. Rommel, p. 221.

78. Falls, p. 49.
79. Gooch, dans Cecil et Liddle, p. 442.
80. J. Pratt, *A History of United States Foreign Policy*, New York, 1959, pp. 477-482.
81. Halpern, pp. 337.
82. Asprey, p. 293.
83. Halpern, p. 404.
84. Halpern, p. 84.
85. J. Terraine, *Business in Great Waters*, Londres, 1989, pp. 52-53.
86. Terraine, *Great Waters*, p. 54.
87. Terraine, *Great Waters*, p. 148.
88. R. Blake, *The Private Papers of Douglas Haig*, Londres, 1952, p. 326.
89. Woolf, p. 77.
90. J. Terraine, *The Road to Passchendaele*, Londres, 1977, p. 156.
91. Terraine, *Passchendaele*, p. 166.
92. P. Oldham, *Pillboxes on the Western Front*, Londres, 1995, chap. 6.
93. Wynne, pp. 288-289.
94. Wynne, p. 295-296.
95. J. Edmonds, *Military Operations, France and Belgium, 1917*, II, Londres, 1948, p. 134.
96. J. Morrow, *The Great War in The Air*, Londres, 1993, p. 202.
97. Morrow, pp. 186-187.
98. N. Steel et P. Hart, *Tumult in The Clouds*, Londres, 1997, pp. 25, 214.
99. A. Kernan, *Crossing the Line*, New York, 1994, p. 108.
100. Farndale, p. 203.
101. Farndale, p. 204.
102. Edmonds, *1917*, II, p. 148.
103. E. Vaughan, *Some Desperate Glory*, Londres, 1981, pp. 219-232.
104. Woolf, pp. 165-167.
105. Wynne, pp. 307-308.
106. Wynne, pp. 303-310.
107. P. Grifith, *The British Army's Art of Attack 1916-18*, Londres, 1994, p. 89.
108. De Groot, p. 341.
109. De Groot, p. 343.
110. D. Morton, *A Military History of Canada*, Toronto, 1992, p. 149.
111. D. Morton, *When Your Number's Up*, Londres, 1993, p. 171.
112. Edmonds, *Short History*, p. 252.
113. Farndale, pp. 216-217.
114. *251 Divisions*, p. 224.
115. Travers, p. 22.
116. Farndale, p. 23.
117. Farndale, p. 224.

CHAPITRE 10 (PP. 455-519)

1. M. Kitchen, *The Silent Dictatorship*, Londres, 1996, p. 123.
2. M. E. S. Harries, *The Last Days of Innocence*, Londres, 1997, p. 89.
3. Harries, p. 324.
4. *251 Divisions*, p. 97.
5. M. Middlebrook, *The Kaiser's Battle*, Londres, 1978, pp. 380-384.
6. Middlebrook, *Kaiser*, p. 52.
7. Middlebrook, p. 53.
8. C. Falls, *The Great War*, Londres, 1959, p. 285.
9. F. Fischer, *Germany's Aim in the First World War*, New York, 1967, p. 609.
10. Fischer, p. 610.
11. Kitchen, p. 248.
12. Fischer, p. 450.
13. Fischer, 460-469.
14. R. Luckett, *The White Generals*, New York, 1917, pp. 126-130.
15. Luckett, p. 142.
16. G. Mannerheim, *Memoirs*, New York, 1953, p. 176.

17. Kitchen, p. 220.
18. Fischer, p. 515.
19. E. Mawdsley, *The Russian Civil War*, New York, 1989, p. 27.
20. Mawdsley, p. 286-287.
21. Pipes, *Revolution*, p. 581.
22. Pipes, *Revolution*, p. 581.
23. Pipes, *Revolution*, p. 584.
24. Mawdsley, p. 34.
25. Pipes, *Revolutions*.
26. Mawdsley, p. 26.
27. Mawdsley, pp. 225-229.
28. C. Ellis, *The British Intervention in Trancaspia, 1918-1919*, Londres, 1963, p. 12.
29. G. Uloth, *Riding to War*, à compte d'auteur, 1993, pp. 8-9.
30. G. Bayliss, *Operations in Persia, 1914-19*, Londres, 1987, pp. 210-211.
31. Ellis, p. 12.
32. Ellis, pp. 57-65.
33. Ellis, p. 12.
34. Luckett, p. 196.
35. Luckett, p. 197.
36. Pipes, *Revolution*, p. 610.
37. Mawdsley, p. 59.
38. J. Bradley, *Allied Intervention in Russia*, Londres, 1968, p. 2.
39. Bradley, pp. 11-14.
40. Bradley, p. 181.
41. Mawdsley, p. 20.
42. Mawdsley, p. 21.
43. Bradley, p. 18.
44. Luckett, p. 163.
45. Bradley, pp. 94-95.
46. Mawdsley, p. 97.
47. Luckett, pp. 198-208.
48. N. Nicolson, *Alex*, Londres, 1963, pp. 57-66.
49. G. Bennet, *Cowan's War*, Londres, 1964, p. 157.
50. P. Kencz, *Civil War in South Russia*, New York, 1977, pp. 182-191.
51. Bradley, pp. 106-131.
52. Pipes, *Revolution*, p. 635.
53. M. Carley, *Revolution and Intervention*, New York 1983, p. 38.
54. Pipes, *Revolution*, p. 657.
55. Pipes, *Revolution*, p. 634.
56. H. Herwig, *The First World War*, New York 1887, pp. 400-401.
57. Middlebrook, *Kaiser*, p. 382.
58. J. Edmonds, *Military Operations, France and Belgium, 1918*, I, Londres, 1935, p. 139.
59. Herwig, pp. 399-400.
60. Edmonds, 1918, I, p. 156.
61. Herwig, p. 302.
62. Edmonds, *1918*, I, p. 51.
63. Edmonds, *1918*, I, p. 99.
64. Edmonds, *1918*, I, p. 123.
65. Middlebrook, *Kaiser*, p. 152.
66. Middlebrook, *Kaiser*, p. 162.
67. Middlebrook, *Kaiser*, p. 189.
68. Middlebrook, *Kaiser*, p. 191-192.
69. Middlebrook, *Kaiser*, p. 192.
70. Middlebrook, *Kaiser*, p. 192.
71. Edmonds, *Short History*, p. 286.
72. Edmonds, *Short History*, p. 542.
73. Herwig, pp. 406-407.
74. Herwig, p. 410.
75. Herwig, p. 408.
76. Herwig, p. 409.

77. Edmonds, *Short History*, p. 305.
78. Herwig, p. 404.
79. Herwig. p. 415.
80. Harries, p. 251.
81. Edmonds, *Short History*, p. 323.
82. Fischer, p. 622.
83. Herwig, p. 416.
84. Herwig, p. 421-422.
85. Kitchen, pp. 247-249.
86. Herwig, p. 416.
87. Harries, p. 345.
88. Goodspeed, p. 208.
89. Goodspeed, p. 211.
90. Goodspeed, p. 211.
91. R. Watt, *The King Depart*, Londres, 1968, p. 149.
92. Goodspeed, p. 215.
93. Goodspeed, p. 216-217.
94. Macartney, pp. 829-833.
95. Macartney, p. 833.
96. Watt, pp. 164-165.
97. Watt, p. 195.
98. Watt, p. 187.
99. Cruttwell, pp. 595-596.
100. Watt, p. 199.
101. F. Carsten, *The Reichswehr and Politics*, 1918-1933, Oxford, 1966, p. 8.
102. Watt, p. 191.
103. N. Jones, *Hitler's Herlads*, Londres, 1987, Appendice 4.
104. Ward et Gibson, p. 281.
105. Winter, *Sites of Memory*, p. 108.
106. Herwig, p. 439 ; Whalen, p. 40.
107. J. Winter, *Upheaval*, pp. 16-27.
108. Whalen, p. 41.

BIBLIOGRAPHIE

HISTOIRES OFFICIELLES

Ni la Russie ni la Turquie n'ont publié d'histoires officielles, les structures étatiques de ces deux empires ayant été dévastées par la guerre et la guerre civile consécutive. Il n'y a pas non plus d'histoire narrative officielle américaine, même si le gouvernement des Etats-Unis a fourni un nombre conséquent de volumes sur des aspects spécifiques de la guerre. Les histoires officielles les plus importantes sont britannique, française, allemande, autrichienne et australienne. L'histoire française, bien que détaillée, est très aride. Le volume le plus utile de la série des *Armées françaises dans la Grande Guerre* est le dixième, divisé en deux parties, qui contient l'ordre de bataille et rapporte les mouvements et les changements de commandement des divisions et des formations supérieures. L'histoire officielle autrichienne comprend également des ordres de bataille de valeur, et sa narration est plus vivante. Les seize volumes de l'histoire officielle allemande des opérations terrestres sont écrits dans un style d'état-major détaché mais constituent un compte rendu indispensable des activités de l'armée allemande. Une série de récits de bataille informelle allant de pair (cf. Reichsarchiv, *Ypern, Gorlice*) est également utile. Les séries officielles britanniques comprennent des récits d'opérations de l'armée sur tous les théâtres d'opérations, une histoire de la force navale et une de l'aviation, quelques volumes techniques (médecine, transports) et un rapport annexe et extrêmement détaillé d'ordre de bataille, absolument nécessaire à la compréhension de la participation de la Grande-Bretagne à la guerre. L'historien officiel australien C. W. E. Bean a recueilli les souvenirs personnels de nombreux participants. Sa série de volumes a, en conséquence, une dimension humaine inégalée par aucune autre histoire officielle. Il anticipe dans sa façon de travailler celle adoptée avec succès dans les magnifiques récits officiels américains de la Seconde Guerre mondiale. Les titres de ces histoires officielles sont les suivants :

J. Edmonds, *Military Operations, France and Belgium, 1914-1918*, Londres 1925-1948, et des volumes allant de pair sur les opérations en Italie, en Macédoine, en Egypte et en Palestine, dans les Dardanelles, en Perse et en Afrique de l'Est et de l'Ouest par d'autres auteurs. L'histoire navale, *Naval Operations*, Londres, 1920-1931, a été écrite par J. Corbett et H. Newbolt. Les volumes sur l'aviation sont l'œuvre de W. Raleigh et H. Jones, *The War in the Air*, Oxford, 1922-1937.
Etat-major de l'armée, *Les Armées françaises dans la Grande Guerre*, Paris, 1922-1939.
Reichsarchiv, *Der Weltkrieg*, Berlin, 1925-1939.
Bundesministerium für Landesverteidigung, *Österreich-Ungarns Letzter Krieg, 1914-1918*, Vienne, 1930-1938.
C. W. E. Bean, *Australia in the War of 1914-1918*, Sydney, 1921-1943.

HISTOIRES GÉNÉRALES

Il existe peu d'histoires générales de la guerre qui soient satisfaisantes, peut-être en raison des rancœurs et des malheurs engendrés. Les perdants ont préféré oublier, tandis que parmi les vainqueurs il y avait peu d'enthousiasme à se souvenir des événements qui avaient tant fait souffrir leurs populations. Les Britanniques, qui ont proportionnellement moins souffert que les soldats des autres grandes puissances combattantes, ont produit certains des récits généraux les plus réussis. On signalera en particulier :

J. Edmonds, *A Short History of World War I*, Oxford, 1951, étude brève mais complète des opérations.
C. Falls, *The First Word War*, Londres, 1960, incisif et compact.
M. Ferro, *La Grande Guerre, 1914-1918*, Paris, 1969, première histoire générale possédant une dimension philosophique et culturelle.
A. J. P. Taylor, *The First World War : An Illustrated History*, Londres, 1963, typiquement succint.
H. Herwig, *The First World War : Germany and Austria 1914-1918*, Londres 1997, est plus large que son titre ne le laisse supposer et passe en revue toute la connaissance moderne sur la question.
L'*Oxford History* du professeur Hew Strachan (deux volumes), va

sûrement supplanter *A History of the Great War*, de C. M. R. F. Cruttwell, Oxford, 1934, daté mais magnifiquement écrit.

Les origines

La transition péremptoire d'une paix apparemment profonde à une guerre générale très violente en l'espace de quelques semaines au milieu de l'été 1914 continue de défier les tentatives d'explication. Les historiens, après avoir cessé de tenter d'attribuer la responsabilité de la guerre, ont d'abord essayé d'en examiner les causes, qui se révélèrent presque aussi litigieuses, puis d'en analyser les circonstances.

Le soubassement de toute discussion reste *The Origins of the War of 1914*, de L. Albertini (trois volumes), Oxford, 1952-1957, qui fournit une chronologie détaillée de la crise et tire des extraits des documents les plus importants. Une analyse plus récente et soigneusement équilibrée du contexte est *1914 : The Unspoken Assumptions* de J. Joll, Londres, 1984. Les travaux suivants sur le déroulement de la crise dans chacun des principaux Etats belligérants sont aussi essentiels : I. Geiss, *Juli 1914*, Munich, 1965 ; J. Gooch, *Army, State and Society in Italy, 1870-1915*, New York, 1989 ; J. Keiger, *France and the Origins of the First World War*, New York 1983 ; S. Williamson, *Austria-Hungary and the Origins of the First World War*, New York, 1991 ; et Z. Steiner, *Britain and the Origins of the First World War*, New York, 1977, qui s'attache surtout à la diplomatie britannique officielle. F. Fischer, dans *Griff nach der Weltmacht*, Düsseldorf, 1961, et *Krieg der Illusionen*, Düsseldorf, 1969, ravive la question controversée de la culpabilité de l'Allemagne. Ces deux textes, bien qu'ayant produit un choc en Allemagne au moment de leur publication, restent essentiels.

Deux ouvrages sur l'Europe d'avant-guerre sont vitaux : *Rites of Spring* de M. Ekstein, Boston, 1989 et *The Generation of 1914* de R. Wohl, Cambridge, Mass., 1979.

Les plans de guerre

Dans *The Schlieffen Plan*, New York, 1959, G. Ritter dissèque les textes du chef de l'état-major allemand qui a lancé son armée dans une désastreuse campagne l'année suivant sa mort. Il s'agit peut-être du seul livre majeur jamais publié sur la Première Guerre mondiale. On trouve des commentaires de qualité dans *Planning for a War Against Russia and Serbia* de B. Tunstall, New York, 1993, *Moltke, Schlieffen and Prussian War Planning* de A. Bucholz, New York, 1991, *The Arming of Europe and the Making of the First World War* de

D. Hermann, Princeton, 1996 et les essais de P. Kennedy dans *The War Plans of the Great Powers*, Londres, 1979.

La conduite de la guerre

La stratégie, à distinguer de la planification, a généré peu d'études. En revanche, les différentes tactiques utilisées ont toujours stimulé la recherche, peut-être parce qu'une solution tactique réussie a été perçue comme la principale nécessité stratégique, en particulier sur le front de l'Ouest. Au cours des années récentes, une nouvelle génération de chercheurs britanniques, australiens et canadiens ont repris cette analyse. Trois écrivains essentiels se distinguent :

T. Travers, *The Killing Ground*, Londres, 1987, et *How the War Was Won*, Londres, 1992, P. Griffith, *Battle Tactics of the Western Front*, Londres, 1992 et *Forward into Battle*, Ramsbury, 1990 et H. Herwig, *The First World War : Germany and Austria-Hungary 1914-1918*, Londres, 1997. Aucun ne parvient au tranchant de l'ex-historien officiel britannique, G. C. Wynne qui, dans *If Germany Attacks*, Londres, 1940, fournit une analyse des adaptations britanniques et françaises de leurs méthodes d'offensive contre les positions retranchées et de la réponse allemande qui n'a jamais été égalée. Un aperçu de la nature de la guerre de tranchées dans les secteurs « inactifs » est donné par T. Ashworth dans *Trench Warfare : The Live and Let Live System*, Londres, 1980. Trois livres importants sur la conduite de la guerre, éclairant grandement sa stratégie, sont : *The German High Command at War* de R. Asprey, New York, 1991, *The Silent Dictatorship : The Politics of the German High Command under Hindenburg and Ludendorff* de M. Kitchen, Londres, 1976 et *The Swordbearers* de C. Barnett, Londres, 1963.

Les forces armées

La littérature est très riche en ce qui concerne les forces armées de la Première Guerre mondiale, en particulier sur l'armée britannique. Parmi les meilleures études on trouve : *Kitchener's Army* de P. Simkins, Manchester, 1986, travail d'érudit sur l'armée de volontaires la plus importante de la guerre, *A Nation in Arms* de I. Beckett et K. Simpson, Manchester, 1985. Les bons livres sur l'armée française comprennent *The March of the Marne* de D. Porch, Cambridge, 1981, *Between Mutiny and Obedience* de L. Smith, Princeton, 1994 et *The French Theory of the Nation in Arms* de R. Challener, New York, 1955 ; *Peasants into Frenchmen* de E. Weber, Londres, 1977 a des passages qui éclairent bien l'acceptation de la conscription par la France rurale d'avant-guerre. *Les Mutineries de 1917* de G. Pedroncini, Paris,

1967, fait toujours autorité. *Bayonets Before Bullets : The Imperial Russian Army, 1861-1914* de B. Menning, Blommington, 1994, est extraordinaire et complété par *The End of the Russian Imperial Army* de A. Wildman, Princeton, 1980. *The Army of Franz Josef* de G. Rothenburg, West Lafayette, 1976, est le meilleur ouvrage en anglais sur les Austro-Hongrois, mais *Fighting Troops of the Austro-Hungarian Army* de J. Lucas, Speldhurst, 1987 est truffé de détails utiles. Il n'existe toujours pas de bon livre en anglais sur l'armée allemande. *Military's Effectiveness* de A. Millett et W. Williamson, I, Boston, 1988, comporte d'excellents chapitres sur les armées nationales. *Army, State and Society in Italy, 1870-1915* de J. Gooch, New York, 1989, est excellent, et *The Sepoy and the Raj* de D. Omissi, Londres, 1994, sur l'armée indienne, est remarquable. Rien de complet n'a encore été écrit en anglais sur l'armée ottomane de 1914-1918.

Il existe plusieurs excellentes études de la marine allemande, dont *Yesterday's Deterrent* de J. Steinberg, Londres, 1965, et *Luxury Fleet*, Londres, 1980, et *The German Naval Officer Corps* de H. Herwig, Oxford, 1973. Sur la Royal Navy, *From the Dreadnought to Scapa Flow* de A. Marder, 5 vol., Londres, 1961-1970, reste l'ouvrage de référence. *Austro-Hungarian Naval Policy 1904-1914* de M. Vego, Londres, 1996, est intéressant concernant les préliminaires de la guerre navale austro-italienne dans l'Adriatique.

Les écrits techniques sur l'aviation sont considérables mais il y a peu d'ouvrages de valeur sur les forces aériennes. Une étude intéressante est *The First of the Few : Fighter Pilots of the First World War* de D. Winter, Londres, 1982.

Les batailles et les campagnes

Un récit précoce et largement tombé dans l'oubli reste inestimable sur le sujet : *The Campaign of the Marne* de S. Tyng, Oxford, 1935. Le meilleur ouvrage sur la bataille qui lui est contemporaine à l'est est *Tannenberg* de D. Showalter, Hamden, 1991. *The Eastern Front 1914-1917* de N. Stone, New York, 1975, est indispensable. Parmi les importants écrits sur les batailles du front de l'Ouest citons : de E. Spears, *Liaison 1914 : A Narrative of the Great Retreat*, et *Prelude to Victory*, Londres, 1939, sur l'offensive de Nivelle ; *The First Day on the Somme*, Londres, 1971, et *The Kaiser's Battle*, Londres, 1978 sur l'ouverture des offensives allemandes de 1918 de M. Middlebrook ; *The Price of Victory* de A. Horne, Londres, 1962, récit classique de Verdun ; *Vimy Ridge* de A. McKee, Londres, 1962 ; et *In Flandres Fields*, de L. Wolff, Londres, 1958, récit exalté de la bataille de

Passchendaele. *Caporetto* de C. Falls, Londres, 1966 et *The Gardeners of Salonika* de A. Palmer, Londres, 1965, sont les meilleures études sur les fronts italiens et macédoniens en anglais. La campagne de Gallipoli a inspiré de nombreux ouvrages, souvent de très bonne qualité. De bons livres généraux à signaler : *Gallipoli* de R. Rhodes James, Londres, 1965, *The French and the Dardanelles* de G. Cassar, Londres, 1971, et *Gallipoli* de A. Moorehead, Londres, 1956, daté mais digne d'être lu. Des livres utiles sur les théâtres de guerre extérieurs sont *Armaggedon 1918* de C. Falls, Londres, 1964 (Palestine), *The Neglacted War : Mesopotamia 1914-1918* de A. Barker, Londres, 1967, et *The Great War in Africa* de B. Farwell, Londres, 1987. Un abrégé, *History of the First World War*, Londres, 1969-1971, sorti par Purnell en plusieurs parties et publié par B. Pitt et P. Young, formant huit volumes, comprend des comptes rendus de tous les épisodes de la guerre, dont certains de spécialistes en vue. Il est une source de valeur, en particulier en ce qui concerne les campagnes les moins connues (comme Tsing Tao, le Caucase). *The Transcaspian Episode* de C. Ellis, Londres, 1963, est une excellente monographie de l'intervention britannique au sud de la Russie en 1918. L'intervention alliée en Russie et les aspects militaires de la Révolution russe et de la guerre civile sont couverts dans *Brest-Litovsk : The Forgotten Peace* de J. Wheeler-Bennett, Londres, 1966, *The Russian Civil War* de E. Mawdsley, New York, 1989, *The White Generals* de R. Luckett, New York, 1971, *Allied Intervention in Russia* de J. Bradley, Londres, 1968, *Civil War in South Russia* de P. Kencz, New York, 1977 et *Revolution and Intervention* de M. Carley, New York, 1983.

Des aspects particuliers de la guerre navale sont bien décrits dans : *The King's Ships Were at Sea : The War in the North Sea, August 1914-February 1915* de J. Goldrick, Annapolis, 1984 ; *The Naval War in the Mediterranean, 1914-1918* de P. Halpern, Londres, 1987, *Coronel and the Falklands* de G. Bennet, New York, 1962 et *Cowan's War : The Story of British Naval Operations in the Baltic, 1918-1920*, Londres, 1964, et *Business in Great Waters* de J. Terraine, Londres, 1989, meilleur récit général sur la campagne des *U-Boote*. Parmi le nombre considérable de livres sur le Jutland, retenons : *Jutland : An Analysis of the Fighting* de N. Campbell, Londres, 1986 et *The Rules of the Game*, Londres, 1996.

Politique et économie

Parmi les livres d'universitaires sur la politique et l'économie de la guerre, il faut retenir : *Germany and the Approach of War in 1914* de V. Berghahn, New York, 1973, *Arms, Industry and Labour in*

Germany, 1914-1918 de G. Feldman, Princeton, 1966, *British Strategy and War Aims* de D. French, Londres, 1986, *Hungary in the First World War* de J. Galantai, Budapest, 1989, *Deutsche Rüstungspolitik* de M. Geyer, Francfort-sur-le-Main, 1984, *British Strategy and Politics 1914-1918* de P. Guinn, Oxford, 1965 et *The Break-Up of the Habsburg Empire* de Z. Zeman, Londres, 1961.

Culture et société

Les universitaires français ont récemment contribué de manière remarquable à l'histoire sociale et culturelle de la guerre. Parmi eux, J.-J. Becker et S. Audouin-Rouzeau, *Les Sociétés européennes et la guerre de 1914-1918*, Paris, 1990, J.-J. Becker et coll., *Guerres et Cultures 1914-1918*, Paris, 1994, J.-J. Becker, *La France en guerre 1914-1918*, Paris, 1988 et J.-J. Becker, *Les Français dans la Grande Guerre*, Paris, 1980. Le collaborateur anglais de Becker, J. Winter, a publié avec W. Wall, *The Upheaval of War : Family, Work and Welfare in Europe, 1914-1918*, Cambridge, 1988. Son *Sites of Memory, Sites of Mourning : The Great War in European Cultural History*, Cambridge, 1995, est un essai très émouvant sur les efforts produits par les communautés de soldats et de civils pour supporter, rationaliser et commémorer les peines causées par la guerre. Ouvrage plus littéraire, et aujourd'hui l'un des livres les plus connus de tous ceux écrits sur la Grande Guerre, *The Great War and Modern Memory* de Paul Fussell, Oxford, 1975, étudie la littérature anglaise, en particulier les romans et mémoires. Un équivalent français, plus ancien mais toujours valable, est *Témoins* de J. Norton Cru, nouvelle édition, Presses universitaires de Nancy, 1993. Deux livres importants sur l'expérience allemande sont *Victory Must Be Ours* de L. Moyer, Londres, 1995, et *Bitter Wounds : German Victims of the Great War* de R. Whalen, Ithaca, 1984. Dans *The Myriad Faces of War*, Cambridge, 1986, Trevor Wilson a construit un portrait à multiples facettes de l'expérience de guerre britannique. Une perspective américaine intéressante est fournie par E. Leed dans *No Man's Land : Combat and Identity in World War I*, Cambridge, 1979.

Biographies

Les chefs militaires de la Première Guerre mondiale ont trouvé peu d'admirateurs rétrospectifs, ce qui semble de plus en plus injuste. Ils étaient des hommes devant faire face à un problème quasi insurmontable (comment briser un front solidement fortifié avec des moyens faibles et pour le moins inadaptés), et aucun ne fut plus mauvais général qu'un autre. Un portrait collectif intéressant est présenté par

Correlli Barnett dans *The Swordbearers*, Londres, 1963 ; ses sujets sont Moltke le Jeune, l'amiral sir John Jellicoe, commandant de la Grande Flotte, Pétain et Ludendorff. La biographie bienveillante de Foch écrite par Basil Liddell Hart, *Foch : Man of Orleans*, 1931, résiste aux outrages du temps. De même que *Life of Hindenburg : The Wooden Titan* de J. Wheeler-Bennett, Londres, 1936. L'ouvrage de D. Goodspeed (Londres, 1966) sur Ludendorff est excellent. Douglas Haig demeure une énigme, un technicien militaire efficace manquant de sensibilité humaine. John Terraine fournit une défense partisane de ce qu'il a réalisé dans *Haig : the Educated Soldier*, Londres, 1963 ; une biographie plus sceptique mettant l'accent sur l'aspect moins rationnel de son personnage est écrite par G. de Groot dans *Douglas Haig*, Londres, 1988 ; à noter également, *Haig's Command* de J. Winter, Londres, 1991. *The Private Papers of Douglas Haig*, publié par R. Blake, 1952, est indispensable. De même que Philip Magnus sur *Kitchener*, New York, 1959. D. Smythe dans *Pershing*, Bloomington, 1986, fournit la meilleure biographie du général des armées américaines). R. Holmes a écrit une excellente biographie de sir John French dans *The Little Field Marshal*, Londres, 1981. De bonnes biographies d'amiraux britanniques sont fournies par R. Mackay dans *Fisher of Kilverstone*, Oxford, 1973, A. Temple Patterson dans *Jellicoe*, Londres, 1969, et S. Roskill dans *Earl Beatty*, Londres, 1980.

INDEX DES NOMS DE PERSONNES

INDEX DES LIEUX

TABLE DES CARTES

TABLE

Achevé d'imprimer par la
SOCIÉTÉ NOUVELLE FIRMIN-DIDOT
en août 2003

La photocomposition de cet ouvrage
a été réalisée par
GRAPHIC HAINAUT
59163 Condé-sur-l'Escaut

Édition exclusivement réservée aux adhérents du club
Le Grand Livre du Mois
15, rue des Sablons
75116 Paris
réalisée avec l'aimable autorisation des éditions Perrin

Dépôt légal : août 2003
N° d'impression : 64858
ISBN : 2-7028-8627-2

Imprimé en France